U0143125

启 △ 笛

听 见 智 慧 的 和 声 | | |

张祥龙 著

中西印
哲学导论

A Comparative
Introduction to
Chinese，Western，
and Indian Philosophy

北京大学出版社
PEKING UNIVERSITY PRESS

目　录

第四部分　什么样的人生是好的？

第五部分　什么样的政治形态是正当的？

第六部分　什么是美？如何体验到美？

第七部分　当代西方哲学

序
PREFACE

　　世上已经有过许多种哲学导论，但眼下这一本却有独特之处。首先，如其书名所示，它不仅不局限于西方哲学的框架，而且也不止于以西方哲学为主，再添上一些非西方的哲学以为附庸，而是从基底结构上就是三体的。[①]也就是说，它承认并尊重中国、西方和印度的哲学传统的相互独立性，尽量原本地揭示它们各自的哲理特色，特别是各自独到的思想技艺和方法，并让它们相互摩擦和对话，既有相互欣赏的好话，也有相互批评的冷言，以便读者（当初是听讲的学生）产生痛切的思想边缘感。

　　其次，当初讲授这门课时，没有用教科书，而是采用了三家的哲学原著，通过解读它们来激发学生们比较原本的哲理感受，逐渐习惯于与古今中外的伟大哲学家们直接交流。

　　再次，此书主张哲学是对边缘问题的各种合理探讨，与流行的"世界观""方法论""总规律""科学的科学""批判理性""澄清语言的逻辑结构"等说法都不同。"边缘"意味着处于半实半虚的境地，超出了现成的理性手段，要面对深邃的不可测，但毕竟还是站在广义理性之中，要讲出一番道理，可加深我们对自己生存和所面对世界的理解，而不只是激发感觉和形成信念。所以哲学不是科学，当然也不是科学的科学，而科学在其边缘处或大变革时，倒可能是哲学。以下解说此"边缘性"时，甚至引用了量子力学解释中的"非定域性"的例子。当然，这只是激发思考的手段，并非认为一定要通过非定域性来理解哲学的边缘特点。同理，哲学不同于宗教和艺术，但在后两者的边缘处，也可发现投入生命的和活泼动人的哲学。

　　[①]　当本书及其序言已经完成之后，一个偶然机会，看到余敦康先生的《哲学导论讲记》（北京大学出版社，2018年）。它也是以中、西、印三个哲学传统为主导而构成的，突破了以往哲学导论的窠臼，但与眼下这本书仍有重大差异。除了双方的理解视野、哲学观和论述风格等方面的不同之外，还有两个构造方式上的区别。首先，余书基本上是平行地阐述三个传统，虽有一些宏观的对比，但不像本书这样，让三种哲学以各自的方式参与到对各种哲学问题的解决中来，并在其中产生缠斗。其次，余书中，作者直接表述自己对三大传统的理解，而本书则主要通过与哲学原著的对话来阐释。

书名只叫"哲学导论",而非"比较哲学导论",是因为此书的重心在探讨"什么是哲学?",而不是对各种哲学进行比较,后者只是进入前者的隧桥之一。在今天,不具备哲学的"他者"视野,或超出某一种哲学传统的格致工夫,就难以领会哲学本身的微妙含义。可以说,哲学已经进入了一个"之间"化的时代。没有在诸哲学传统之间的"惚恍"(《老子》21章)体验,就不会有哲学理解本身的真际与可信。之所以仅仅讨论中、西、印三方,是因为我的知识局限。事实上,任何民族的深远文化传统中,都可能蕴含着哲学,关键是我们的思想眼力能否看出它们来。

此书源于我在北京大学、山东大学和中山大学的多年授课(成稿详情见本书后记)。与学生和助教们的互动,不仅有助于我相关思考的持续深化,而且让我时或体会到思想的愉悦乃至边缘情境,而这样的对话,现在也可以通过文本来进行了。此课主要使用两套原著教材,一套是商务印书馆出版的《西方哲学原著选读》,另一套是我自编的《"哲学概论"课教学资料》(正文及注释中简称《资料》),以复印本形式在校内流传,主要包括古代中国、古代印度和现代西方哲学的原著节选和某些注解。后者没有正式出版,可喜的是,本书编辑已经将此《资料》的电子版放到网上,读者通过书末"参考文献"开头处的二维码,即可阅读。

壬午年(2002),我为那套自编的《资料》写了一篇前言,让我来引述其中的一段话,以追怀这18年来的教学与思想经历,激励正要叩响哲学门扉的有心人:"为了引出哲理思索的原发趣味,不仅要突破一个人或一派人的理论框架,还需要突破某一个文化或文明的思想定式,尽量在不同文化的哲理思考的对比中来领会哲理活动的根本丰富性、变易性和相映成趣的效应。'道通天地有形外,思入风云变态中。'非如此,则无由见得人类思维百川奔海、互激互荡的惊涛骇浪和洋洋大观,生不出至奇至伟的大感受。"

张祥龙

庚子年(2020)秋日写于北大畅春园

开　讲　辞

同学们，"哲学导论"是你们进到哲学系的第一门课，是你们感受"哲学是什么"的热身运动。你们高中受到的少许哲学教育往往是反哲学的，只会倒你们对哲学这门思想艺术的胃口。希望你们能从当下这门课中体验到什么是真正的哲学，尽管只是初步的，但却是真活的。

这门课程有这样一些特点：

第一，它跟世界上绝大多数的哲学导论课不一样，不以西方哲学对哲学的理解为中心，不认为希腊、欧洲和美国的哲学是唯一合格的哲学。你们可以在市面上看到各种哲学导论的教材，包括各个国家出版的和翻译成中文的，几乎全部以西方哲学为中心或主导，至多加上一点东方哲学的花边而已。这门课是以中国、印度和西方三大文明的哲学为主要思想资源，大致形成一个三相结构（trio-structure），就此而言它是独特的。多年前我就开始尝试，持续下来觉得效果还不错。作为现代的中国人，哲学对于我们来说从来就是中西比较的，在这个全球化——如果我们从正面来理解它——的时代，对哲学的理解如果还是以西方中心论为导向，不仅是不公正、不全面的，更是不深刻的和缺少思想意趣的。

第二，这门课不用教科书，而是要以读原著为主。虽然我在讲授中一定会带有我个人的思想倾向，但也不会强迫你们来接受。这门课的主要文本依据就是原著，大家一开始肯定会感觉困难，毕竟这些原著上下古今几千年，纵横中外几万里，哲学家们的风格与语言又不一样，有的很晦涩难懂，尽管绝大多数外文已经译为中文，但读起来肯定会感到陌生。这就像让你们突然去尝试一下野外求生，开始时必会感到艰难，但如果坚持下来，就会得到极大的收获和锻炼。依据教科书的教学过程就像让你们在城里头过活，还配给一张详细的地图，你就知道该怎么走，一般不会迷路；但是我们这门课就是要把你推到原著里边，那里也是有思想理路的，但需要自己去摸索。起初我也会给你们提供简略的地图,就是这份教学大纲,以及我的课堂讲授,不过还是希望把你们培养成能在野外生活的人,也就是能直接借助古今中外第一手的哲学著作与伟大的哲学家实现对话的学习者,这里面有你们自己的思想体验乃至生活体验。总之是期待用哲学本身的魅力来感染你们,因为哲学经常是要靠感染而得到传播的,不完全靠论证(当然里面有论证),所以读哲学原著是极其重要的。

读原著的好处是能够为你们未来的学习奠定一个内在生动并且丰富可靠的基础。学哲学不读原著是不可能的,将来你进到中国哲学史、西方哲学史等各门课,也一定要读原著,让我们就从这门课开始养成这种学习习惯。哲学阅读首先是要和哲学家打交道,而不是和二手的、三手的哲学论著和教科书打交道,对吧? 尽管论著和教科书在后来的学习和研究中也有用,但在一开始,就要接触始源的东西。你只要认真听课、看原著,就会有回报,不止是分数的回报,而且是你未来学习和人生的回报。以后你学哲学也好,不学哲学也罢;这次是自己报的哲学系也好,被调剂过来的也行,都没关系。既然来了,如果你得不到本应得到的真东西,就辜负了这场经历,所以希望大家能全身心地投入此课的进程,尽快熟悉它的路数。没办法,每门课有自己的风格和个性。

第三,本课所用的教材。必用教材是两套:一套是商务印书馆出版的《西方哲学原著选读》(上下卷),这是北大哲学系外国哲学史教研室多年前编的;还有一套是我个人编的,即《"哲学概论"课教学资料》(上下册)。这些教材在这门课使用了之后,最好不要丢掉,毕竟都是原著,后者还是费了很多心思选的,都是中西印哲学的原始文献,是源泉性的,可以反复阅读。

第一部分

哲学的含义与东西方哲学家

第一章 什么是哲学？

第一节 哲学的语源和多重意义

一、哲学的语源

什么是哲学？让我们首先从"哲学"或 philosophy 这个词开始讲起。它最初是古希腊人创造的，在中国历史上没有出现过；而且是日本学者最早用"哲学"来翻译 philosophy，然后我们借用过来的。西方文明作为一个近现代的强势文明，其文化范式和思想范式，从 19 世纪末和 20 世纪初广泛进入中国以来，逐渐笼罩了整个中国的学术圈。今后我们要徐图改变这种被动状态，但首先要明了彼此的底细及其关系，因此我们需要从"哲学"的源头处讲起。philosophy 的希腊文是 φιλοσοφία，将它拉丁化就是 philosophia。philo-（其动词是 phileō，名词和形容词是 philos）的意思是爱，sophia 的意思是智慧，有的女孩子叫索菲亚就源于此。西方有一本书《苏菲[即"索菲亚"的另一种中译]的世界》也跟这有关，它就是讲一个女孩的哲学奇遇的。

智慧或 sophia 不是一般意义上的聪明。智慧的人可以表现得很聪明，像苏格拉底；不过也可以表现得不那么聪明，而是像老子、庄子讲的某些得道者，显得笨笨的，有时还怪怪的，甚至孔子也讲"刚、毅、木、讷，近仁"（《论语·子路》）。聪明人的智性是对象化的，比如算得快，记性好，甚至知识广博、善解人意；但智慧的人更具备创造能力，能想到聪明人想不到的东西或者某个新的层面。而且，智慧含有更深远的时间维度，可以帮助人长久地生存，不止是个人的，还有家族、民族、国家乃至整个人类的生存。另外，智慧能够把人的潜能和谐地实现出来，让人活得幸福。希望你们在哲学学习中直观到智慧的闪光,当然它不是现成的,要靠你的真切追求和当下际遇才可能获得。这门课如果能对你有所帮助,首先就要倚重那些历史上的大哲学家,其中的一部分确实可以给人带来智慧,哪怕只是一点点,却是画龙点睛的那一点。对智慧的理解,本来应该更倾向于实践的、生存的智慧,但在西方的哲学传统中,sophia 一般就特指"理论智慧"了。不过在古希腊的时候,后来翻译为"理论"(theory)的这个词,最初意味着"动人的沉思"。

这两个部分—— philo- 和 sophia ——结合起来就是"爱智慧",因此"哲学"对于古希腊人,其原意就是爱智慧。还不要忘了,"爱"对于古希腊人(其实也对别的民族的人)有"热烈地完全投入"的意思。你说我研究哲学,喜欢哲学,这都还不算是真正的爱。孔子有句话:"知之者不如好之者,好之者不如乐之者。"(《论语·雍也》)"爱"和孔子讲的这个"乐"是有相通之处的。古代的东西方哲人发现,世上居然有这样一种东西,你能被它本身而不是它的用途所吸引,甚至迷恋于它而不能自已。一接触它,就感觉人生一下子清新起来、美好起来,如同找到了一见倾心的情人。的确,如果你能遇见一种智慧,完全醉心于它,一下子就被它带走了,忘却其他,这太难得了。这爱在古希腊人那里是有性的含义的,其实在孔子这儿也有。孔子那么喜欢《诗经》,特别是《关雎》:"关关雎鸠,在河之洲;窈窕淑女,君子好逑"云云,孔子说它"乐而不淫,哀而不伤"(《论语·八佾》)。汉语中"乐"有两种读法:lè 和 yuè。所以,如果你能在哲学的爱智慧之欢乐里,感受到音乐的动人旋律,那就对了,不光是规律,还有某种不能够用概念说出来的更深沉美好的东西。

二、对"哲学"的中文表达

耶稣会士在明末清初到中国的时候,有时将 philosophy 翻译成"爱知[智]之学",有的就直接音译为"斐禄所费亚"。后来在 19 世纪 70 年代,日本学者西周把它译为"哲学",流传至今,因此这个词带有强烈的西洋和东洋色彩。在中国近代学术史上,中国人不仅向西方学,也向日本学。虽然西方打开我们的国门比日本早,但是作为原初古文明的中国,负荷既远且重,所以向西方取经的脚步和热切程度在那个时候还是落后于日本的,而日本人又使用一些汉字,因此中国很多现代学术词汇,不止是哲学词汇,都是日本人翻译后我们挪用过来的。其实有的日译词不怎么合乎我们的思路（如用"辩证法"译 dialectics 从意思上就讲不通）。

　　还有一个问题，哲学这门几乎是最高的智慧之学，为什么不用我们中国本土的名号？这样的词我们也不是没有，比如《庄子·天下》就讲到"道术"，"古之所谓道术者，果恶乎在？曰：无乎[所]不在。"之后阐发了它的各种表现，可谓根深枝繁、宏大精微，所以中国人也完全可以用"道术"一类的词来表达对终极智慧的追求啊。而我们毕竟要清醒地认识到，现在正是西方文化横行天下的时候，学术上也是西风压倒东风，讨论哲学根本离不开西方，而我们又是通过汉语和汉字来思说读写，所以哲学的上手之处就只能是中西比较或中西纠缠的。如果真像有些人预期的，21 世纪是中国文化的世纪（太乐观，而且太单质化构思了！），到了 21 世纪的某个时段，中国国力居前，文化影响巨大，那时候我们哲学系会不会改成"道术系"呢？如果真是这样，我当然乐见其成。不过这种可能性目前还看不到，只是一个愿景；即使是这样，我们也应该存着这个心，我们心不死，不会无条件地认同这个 philosophia，不会把它视作唯一的标准。但是我们现在必须与时偕行，"哲学"还是要讲，哲学的概念也必须要用，某些理路也要吸收，否则就是闭门造车，其技必劣。

三、哲学的本质多样性

　　哲学既然是爱智慧，那么要怎么爱智慧，具体爱的又是什么智慧呢？这都是躲不开的问题。这里我需要特别强调一点，本课所讲的智慧或者哲学，不限于狭义的哲学，即不限于我们大学课堂主流对 philosophy 的理解，也就是从古希腊开始，一直延伸到现当代的西方哲学，以及以它们为研究范式的哲学；它还包括东方的，比如中国和印度的，甚至包括一切符合我们的哲学界定（见下文）的精神追求，也就是包括任何民族的追求终极智慧的学问。哲学应该是广义的、多元的和多范式的，此主张本身或许就是一种智慧；这一点和科学不一样，虽然科学讲到底也是多元的，不过这个问题太复杂，只有讨论科学哲学或者穷极科学根本处才能够突显出来。在科学团体内，科学的呈现还是非常单一的，比如在目前学术界的主流里，只有一门西方人创立的物理学,很难搞出一个和它有重大差别的中国物理学来,尽管也不是完全不可能。但哲学不一样,每个传统的哲学的话语体系,都有其相对的独立性,也都有其存在的合法性和必要性。

四、哲学与人生的关系

关于哲学的含义,第二个需要关注的就是哲学和人生的关系。哲学追求的智慧和我们的生命或生存有没有关系?现在科学技术被视为第一生产力,它已被证明拥有强大的改变世界的能力,似乎当今谁不搞高科技就要落后,就要受欺负,那么哲学是怎么一回事?它与个人乃至人类的生存有什么关系?我们这种人类已经生活了那么长时间,历史上那些活得长的民族,都是有生存智慧的,没有它根本延续不下来,当然也可能有些有智慧的民族因为一些别的原因在历史上消亡了。可以说,爱智慧是现存人类(*Homo sapiens*,解剖学意义上的现代智人)的本性。历史上有些人类就灭亡了,比如尼安德特人,一种古智人,在三四万年前就灭绝了。去考察他们的营地,会发现这些人使用的石器上万年内都没有重大变化。他们生活在欧洲大陆和亚洲西部,地理上相差几千公里的尼安德特人,比如从法国到俄罗斯,他们的生活方式却没有什么大的区别。当然,这方面的考古正在获得新发现,一些对尼安德特人的传统看法也正在修正,但他们的工具和文化缺少变化这个论断似乎还没有被推翻。其原因也让人猜想:比如,他们原初的身体结构和生活方式比较适应那时的环境,可以长久地保障他们的基本生存,所以也就没有发生实质性的改变。他们的平均脑容量不比我们少,甚至还更多些,是不是其脑结构有什么特别的地方,或者说与现代智人相比有不同的神经回路,导致了他们一味坚守传统?

一个现代智人的社群被孤立几百年甚至几十年,它的口音、服饰乃至某些生活方式就会改变,尽管在某些方面还会一直坚守。比如我国福建等多山地区,隔了几条山,口音就不同了。还有江浙一带,相隔几十里就有一种方言,他们彼此听起来都费劲。我们这种人类不仅好变,而且爱琢磨事情,不安于现状。每个人群都要应对自然或者人事的挑战,所以最初的人类思考(包括原发的哲理思考)都带有很强的求生存的意味,当然也可以很缥缈究极,比如神话、宗教。西方哲学自从柏拉图和亚里士多德之后，理论色彩越来越重，有背离哲学最初意向的倾向。歌德在《浮士德》里面借魔鬼之口说出这样的话："亲爱的朋友，理论都是灰色的，只有纯真的生命之树长青。"（该剧第一部）浮士德最初饱读经典，但浸泡久了，就觉得乏味，就不想要这些理论——首先就是哲学理论——了。他觉得自己应该要生活，要生命力，于是出卖自己的灵魂，和魔鬼做了交易：你给我青春的生命和大能，我把人格押给你，只要我何时满足了现状，就算输了。

就这样，哲学在西方的形象变得越来越灰色，就像猫头鹰一样，所以现在哲学的标志性动物似乎就成了猫头鹰，这里边也有黑格尔的原因。他写道："哲学把它的灰色绘成灰色……不能使生活形态变得年轻，而只能作为认识的对象。密纳发［雅典娜］的猫头鹰要等黄昏到来，才会起飞。"①白天过去了，傍晚时别的鸟儿都回巢了，猫头鹰这时才飞出来，站在树枝或雅典娜的肩头上，冷静地打量一切。黑格尔的意思是，哲学就要像猫头鹰一样，在生活的事情发生之后，一切都平静沉淀下来了，它来反思已经发生的事情，这样才能冷静地认识事物的本质。这种对哲学的看法，甚至在古希腊时期也不是全对的，更别说对东方了。中国古代哲学从来都和我们的生命体验息息相通，有着知行要合一的传统。还有，中国哲人认为黑夜和白天相互补充，阴阳相交、相对相成而发生，你看太极图就是这样。对我们的祖先来说，哲学与生命是不可分的，单纯地去冷静反思是不够的，在某些关键点上甚至是不对的，会丧失掉应机的智慧。

五、哲学靠技艺形成传统

哲学还有第三层特点，对于不同的哲学而言都是至关重要的，就是爱智慧一定要形成一个传统。虽然说哲学思考是人的本能，哲学问题大家也都在思考，人在生命中最困难的时候，最富于创造激情的时候，或者初见哲学的时候，都可能是"很哲学的"，但是这种感受往往不长久，就像遭遇诗歌的感受

---

① 《西方哲学原著选读》（下卷）（简称"《选读下》"），《法哲学原理》序，北京大学哲学系外国哲学史教研室编译，北京：商务印书馆，1999年，第443—444页。

一样,读的时候很感动,后来就淡化和忘却了。历史上留存下来的哲学都是特别有影响力的,形成了伟大的哲学传统,比如我们将会学到的印度哲学、中国哲学和西方哲学。

哲学靠什么形成一种传统呢?要有一种内在的运作机制,或意义发生和保持的结构,就像棋类游戏的结构一样。我们在生活中可能都会发明一些简单的游戏,但大多是娱乐之后就遗弃了。可后来发明了一种下棋的游戏,比如我们的围棋、西方的王棋等,它逐渐形成了一定的规则,造就了一个结构,让棋子总能够重摆,棋局可以不断更新,人们就能够从这种游戏中获得不断的乐趣甚至思维上的磨练,这样一代一代传下去,就形成了一个传统。哲学也以类似的方式形成自己的传统,造就了所谓的哲学史。所以我们现在谈的哲学有两层意思:一层是哲学活动源于人的自发思维(自下而上),另一层是哲学要形成一个可持续的传统(从过去到未来),一纵一横;这第二层意思要以第一层为前提,但是如果没有第二层的结构保障,第一层便不能够被很多人分享和理解,至多也只是类似于文学和宗教里灵感的显现罢了。

那靠什么形成哲学的棋局结构呢?这就要凭借某种技艺(technē),它特别能够启发和维持当时哲人们的原发思想。比如《周易》之于中国古人,数学之于古希腊人,瑜伽之于古印度人。当然,各民族的语言也是技艺,而且是更根本的思想技艺。所以不同的语言、文化和具体技艺中产生的哲学,其风格可以相差很远,没有可以度量它们谁更高明或谁更真实的唯一标准。

六、哲学的无用之大用

还有一个问题,就是哲学有没有用?这不仅是摆在哲学学习者面前的问题,也是摆在每一个勤于思索的人乃至每一个不甘平庸的民族面前的问题。可以说,哲学可能是现存学术体制里最没有"实"用的学科,甚至比文学都不如,更别提计算机软件、金融、机械等学科了。不过,哲学虽然没有实用,但有虚用,而这虚用可能正是要害所在。或许在你最不留意的时候,最苦闷的时候,或思考一个艰深问题的时刻,哲学出现了,给了你关键性的提示。你不知道它什么时候会来,而在哲人看来,恰恰是这不知道什么时候就用上了,也不知会把人带向何方的特点，才真正给劲儿，如中国古人讲的"阴阳不测之谓神"（《周易·系辞上》）。哲学就像在下围棋的时候，布在空处的一枚子，开始时许多人不知道它有什么作用，甚至不知道它对你是好还是坏，不过走下去，就可能会发现这枚子是绕不过去的，有时候就成了决定胜负之所在。

　　我再举一个例子。中国派了不少留学生去国外求学，自己也在培养大量的研究生。我们学生学知识和考试的能力在世界上即便不是首屈一指，也是名列前茅。不过很多年过去了，在科学最顶尖的创造领域里却鲜有中国大陆人的身影。我个人感觉，其原因之一就是我们学科学的人才缺少哲学的真感受。我国教育体制受苏联影响，学科之间的壁垒很坚固。你一个数学系、物理系的学生去学文学系、哲学系的课程，会被认为不务正业，所以学生们就只钻研自己学科内的那些问题。开始时可能进步很快，成效显著，不过视野也被限制住了。在关键的时候，最需要突破的地方，感受不到问题和思维的边缘，发不出奇思怪想，便成不了伟大的科学家，只能是一个资深的科学工作者罢了。我也曾在西方读过书，接触过不同地方的学生，表面上外国学生比中国学生差的不是一星半点。我们的学生很能计算，又很刻苦，解决一个个具体的考题也往往是出类拔萃的。可是越到后来，越是到研究的摸索阶段，我们的优势就越来越小，甚至成了劣势了。因为在一个框架内太久，过于习惯它的规范，就不容易产生边缘想象，出不来有理可讲的怪招妙意。而这种哲学的头脑在我们的历史上却并不缺乏，中国人创造了多少新东西呀。这就是哲学之虚用的一个表现。一般说来，"异想天开"这样的表达不被看作褒义词，往往与离经叛道联系起来，不过它确实可以用来形容哲学。就是说，你的想法可能又奇又怪，又狂又妄，和流行的想法都不一样。但如果真的是深入有据的，那么就有可能触及根本。就像当年罗巴切夫斯基想到了非欧几何空间的可能，在大家都不去想或想不到的地方，他想到了，这个时候似乎天都开了。这是一种怎样的思想！那些伟大的哲学家往往都是异想天开者。可以说，这也是哲学的一个特点。这其实也是我们这种人类善变的一个表现。但善变也不一定都好啊，所以我们这种人类还是有很多缺点的。

　　作为人的原发思维，哲学近乎诗、艺术和原始宗教；另一方面，哲学又要讲道理，运用理性，好像近乎科学。就这样，爱智慧处在艺术、宗教与科学之间,却和它们都不一样。艺术要表现这个万千世界,科学总想把对象运转的规律搞清楚。当它们穷根究底的时候,哲学都可能冒出来。哲学就是这么没有定所,半实半虚。就像中国的横断山脉,经常有断裂,但是断裂中可能还有隐蔽的连续在其中,就像太极拳所讲究的,是"劲断意不断,意断神不断"。这是和科学不一样的地方。而这种藕断丝连或裂隙中的发生,恰恰向我们揭示了哲学最重要的特点,即它要涉及人类思想的边缘,也就是要面对边缘问题(marginal issues)。

第二节　边缘问题——哲学所应对者

一、概说

1. 边缘问题的含义

什么是边缘问题?它出现在面对"不可测"的边缘形势中,当我们穷尽了现有的手段,比如技术化的、常规科学的、感官常识的、概念推衍的认知手段之后,这个问题还是没有得到真正解决,但是它又好像可以被解决,而且在深入的追求中,的确可能得到时机化的解决。比如"一个注定要以死亡结束的人生还有什么意义?"这样的问题,就是个边缘问题,因为它不会像常规的数学、科学问题那样被解决,以至于可以得到"人生意义的规律",每个人都只要将这普遍规律应用到自己身上即可。相反,每个人都必须直接面对这个问题,别人的榜样和解答只是提示。然而,这个问题却也并不是完全不可应对的虚假问题,有的人就确实解决了它,导致其人生有了质的改变。甚至可以说,你想逃避它,却可能会在意想不到之处遭遇它,所以这样的问题尽管显得飘忽,却总让人欲罢不能。可见,边缘问题有可能是些对于我们来说特别重大、根本的问题,它们没有现成的答案,不少人甚至穷其一生也不能很好地应对它们,但绝不是不可解决的,以至于求真知的人们起码总是心向往之,有的真诚追求者也的确解决了它。

颜回讲的一段话,可以显示人处于边缘形势中的问题知觉。当他谈及对孔子的思想和教诲的感受,这样叹道:"仰之弥高,钻之弥坚,瞻之在前,忽焉在后。"（《论语·子罕》）平常你登高，越走目标就会离你越近，但是跟随孔子却不会，所以颜渊说自己越学习，越觉得老师的学问高深莫测，似乎离自己更远了；越是钻研它们，却越是感到坚韧而无法入内，不是那种外壳坚硬而里边松软的东西。颜回看到它在自己前面，就努力向前追赶，似乎将要赶上时，却突然发现它又在后面，实在是难以捉摸啊！可夫子和他的学说就在那儿，直观可见，美好动人，让人欲罢不能。哲学的边缘性、惚恍性在颜渊的感受里得到了生动体现，它表明哲学的问题是不可被充分对象化的。对这种问题的回答不是一个可以握在手里的东西，不像常规科学的问题，有一个研究范式来引导方法，而且对科学假说的检验和改进可以在实验室里不断重复，直至达到令人满意的可操作性和可确定性，由此一劳永逸地解决这个问题。既然哲学问题这么让人捉摸不定、高深莫测，那就干脆拉倒吧，靠直觉和艺术感就成了，可情况又不是或不只是这样。哲学的确可以讲出一番搔到痒处的真切道理，所以颜回又说："夫子循循然善诱人，博我以文，约我以礼，欲罢不能。既竭吾才，如有所立卓尔。"夫子有自己的教育方法，步步引导颜回，博文约礼，也就是用诗书礼乐这样的文典技艺开启他，又用礼仪道德来简约和提升他的为人，最后直到颜回穷尽了自己的才力，那时候感到有个卓然高大的东西就在自己面前。但"虽欲从之，末由也已"，又抓不到，无法完全依规矩而跟从之。这不是虚无主义，不是竹篮打水。因为我们可以问：通过这种瞻前忽后的学习，颜渊是不是更接近仁道了呢？当然是。孔子由衷地夸奖他："回也，其心三月不违仁。"（《论语·雍也》）而所谓"瞻之在前，忽焉在后"云云，是典型的哲学感受，也只有颜回这种得到了孔子学说乃至爱智慧之学要义的人，才说得出来。

　　总之，"边缘"意味着活的终极，它让思想走到了头儿，立于悬崖边上，因此它是半有半无、半虚半实，既不能作为对象、哪怕是观念对象被把捉到，却又牵涉全局，可以是那"动全身"的"一发"。

　　2. 边缘的非定域性

　　为了更有实验感地说明它，让我们来一瞥当代物理学的边缘处，也就是量子力学的一个关键特性,即"非定域性"(nonlocality)(《跨越时空的骰子》①)。这是爱因斯坦当年为了反对海森堡-玻尔的量子力学解释而提出的一个词,后来反而被人们用来表示量子存在的特点。海森堡提出了关于量子自身态的不可确定性原理(也就是测不准原理:量子的位置和动量不可同时被确定),玻尔等人则提出哥本哈根解释,②它们在爱因斯坦——其实他本人就是量子力学的开创者之一——看来,都认可了量子行为的非定域性,而这是科学理性不能容忍的。③ 现在大家可能已有耳闻的"量子纠缠""量子叠加"等④,就是一种非定域性的量子行为。按爱因斯坦的看法,如果承认量子纠缠说,断言两个相距极其遥远的基本粒子比如电子之间可以有瞬间的相互作用,就等于肯定了一种"幽灵般的超距作用",而哥本哈根解释——量子(由观察导致的)坍缩前的状态只是一种概率——则是要让"上帝掷骰子";可实

---

① 尼古拉·吉桑:《跨越时空的骰子:量子通信、量子密码背后的原理》(本书中简称为《跨越时空的骰子》),周荣庭译,上海:上海科学技术出版社,2016 年。

此书集中说明了"非定域性"(书中翻译为"非局域性")的含义。"本书的中心概念是非局[定]域性关联(nonlocal correlation)。"(《跨越时空的骰子》,第 8 页)此书的作者乃至序言(含中文版序言)作者,都是参与证实和应用量子力学的非定域性特质的前沿科学家,可谓是行家里手。书中的解说相当地道、原本,比如它对相关证明的具体方法像贝尔不定式和贝尔检测(书中多称为"贝尔游戏"),有着清晰的数理说明;可同时,作者吉桑又通过比较简洁生动的方式和文笔,使如此高深和难以理解的思想(许多物理学家、哲学家都曾经乃至现在也跟不上它)可被勤于思考的人们领会。当然,前提是求知的渴望以及反复的阅读。

② 沃尔特·艾萨克森写道:"根据玻尔等量子力学先驱提出的哥本哈根解释,在这样一种[对基本粒子的干扰]观察做出之前,粒子的实际位置状态仅仅是这些[被'波函数'描述的]概率。对系统进行的测量或观察使得波函数发生坍缩,系统瞬时归于某一特定位置或状态。"(沃尔特·艾萨克森:《爱因斯坦传》,张卜天译,长沙:湖南科学出版社,2014 年[原书 2007 年出版],第 400 页)

③ 有关细节,可参见沃尔特·艾萨克森的《爱因斯坦传》第 21 章,以及乔治·马瑟的《幽灵般的超距作用:重新思考空间和时间》(简称"《幽灵般的超距作用》",梁焰译,北京:人民邮电出版社,2017年[英文原版 2015 年])。

④ 量子纠缠(quantum entanglement)说的是:"两个在空间上分得很开的物体形成一个单独的一体……"此时,如果我们'扰动'两部分中的其中一个,这两部分都会发生'振动'。"(《跨越时空的骰子》,第 62—63 页)或者,"无论现在距离多远,两个曾经有过相互作用的粒子的量子态此后必须合在一起描述,一个粒子发生的任何变化都会瞬间反映到另一个粒子。"(《爱因斯坦传》,第 399 页)这就违背了这样一个定域性原则,即任何相互作用的传播速度不能超过光速。

而量子叠加(superposition)讲的是一个量子与自己的纠缠,也就是它的两个对立的状态会同时存在:"在量子世界中,原子核处于一种'叠加态',也就是说,它同时作为已衰变和未衰变的混合态而存在,直到被观察时波函数发生坍缩,它才变成已衰变,或变成未衰变。"(《爱因斯坦传》,第 401 页)于是有"薛定谔的猫",在未被观察到时或"箱盖打开以前",这只量子态的猫"既死又活地坐在箱子里。"(《爱因斯坦传》,第 402 页)而非要说它在被观察之前,"事实上"或是死的或是活的,没有意义,那是坍缩后的状态。

际上，它们背后肯定隐藏着定域性的因果关系，只是我们还没有找到而已。

在他看来，科学乃至人类理性的底线是"定域性"（locality，又译作"局域性""区域性"），绝对不可违背。那什么是"定域性"呢？一般说来，"定域"指某个确定的地方，所以"定域性"是指这样一种思想倾向，即认为无论什么东西，都有个可对象化的来头或因果出身，不是突然从虚空中蹦出来的。更平白地讲，定域性原则说的是：万物既可分得开，也需连得上。① "可分得开"是讲两个在空间中分离的系统是独立存在的，所以我们可以分别认识它们，不会像量子纠缠所说的，一个量子的变化可以瞬间或同时连带出另一个相距遥远的量子的变化，以至于无法分开对它们的认识。"需连得上"是指：一个系统要影响另一个相距遥远的系统，必须凭借某种可对象化的接触，或者叫做"点对点"的接触，比如通过在它们之间传递某种波、信号或信息，而这种传递的速度不会超过光速。"如果太阳此时突然消失，那么在引力场变化以光速传到地球所需的八分钟内，地球轨道将不会受到影响。"（《爱因斯坦传》，第395页）可以看出，这样两个要求相互需要，说的本是一个意思。只有可分得开，才会有对各自因果链的需要；而唯有需要连得上才会有影响，导致了在无因果连续处分得开。可以想见，定域式的思维曾经多么有力地控制着理性的领域，并且可以有着多么不同的表达方式！二值逻辑（是或非是）、实体/属性说、形式/质料说、因/果说、形式推衍、功利计算、真理符合论、真理一致论，等等，都是定域性的思想表现。当人们板着面孔告诫你要"服从客观规律""现实点儿"，或对你大讲"成功学""关系学"时，其论据也几乎都是定域化的。

与之相反，"非定域性"则意味着可以超定域地相关联，或者表现为一种顽强的不可充分确定的原本状态；而且，这样的关联、状态以及对它们的理解，无论如何都不可能被收编到定域性解释中，不管你把这解释扩展到什么样的广度和深度，比如建立定域化的"统一场论"，或找到什么"隐变量"。然而，这种超定域现象尽管出格，却不是反理性的"幽灵"，其关联性和真随机

① 有的阐述将定域性原则只与"需连得上"挂钩，而将"可分得开"说成另一个原则，即"可分离性原则"。但有的阐述者将两者都归于定域性原则。我们这里依随后一种说法。

性(不在任何意义上的事先确定)(《跨越时空的骰子》,第 3 章)是可以理解的,当然要用新的思路。可以看出,"量子是定域还是非定域性的?"这个问题,对于爱因斯坦和玻尔等人而言,是一个边缘问题,而不是一个常规科学的问题。

　　为了捍卫定域性原则,爱因斯坦主动出击,与玻尔等人进行辩论。两边各出巧招儿,思想火花四溅,极大地促进了物理学思想的深化和哲理化。在这些主要当事人生前,他们的辩论没有得出谁对谁错的结果。但是,约翰·斯图尔特·贝尔(John S. Bell)于 1964 年发表的一篇论文中,提出了一种判定方法("贝尔不定式"),按照它,如果相关的检测实验可以做出来,就可以判别这两边主张的对错(《跨越时空的骰子》,第 2 章)。可以想见,这样的论文在当时得不到物理学界主流的重视,但得到了一些年轻科学家(有的当时只是研究生)的关注。1982 年,法国科学家阿莱恩·阿斯派克特(Alain Aspect,即《跨越时空的骰子》的法文版序言作者)领衔的实验小组实现了贝尔检测,之后一些物理学家们又多次、更为精确和几乎是全方位地实施这种检测,它们的结果都符合量子论的预言。也就是说,反复实验的结果都证明非定域性才是量子世界、也就是我们这个世界的根底的特征,爱因斯坦坚持的"定域实在论"(local realism)在这个基底层次上不成立(《跨越时空的骰子》,序言和导读)。① "爱因斯坦 1935 年作为一种破坏量子力学[的海—玻式解释]的方法而提出来的量子纠缠思想,现在已经成为物理学中最不可思议的内容之一,因为它是如此与[基于日常和传统科学中的因果思维习惯的]直觉相悖。然而,每年都有支持它的新证据出炉,公众对它的兴趣也与日俱增。"(《爱因斯坦传》,第 403页)一位世界领先的物理学家蒂姆·莫德林写道:"非定域性的发现和证明是二十世纪物理学的一个最惊人的发现。"(《幽灵般的超距作用》,第 11 页)在

---

　　① 《跨越时空的骰子》一书的作者和法文版序言作者是参与验证量子的非定域性的科学家,他们都肯定量子力学乃至我们这个世界的非定域性。"自然是非局域[即定域]性的。"(《跨越时空的骰子》,导读第 3 页)"实验证明量子力学是正确的,并迫使大多数物理学家放弃了爱因斯坦所竭力维护的局域[即定域]实在论。"(《跨越时空的骰子》,序言第 2 页)但他们认为,由于量子的真随机性,要实现信息的超光速传播是不可能的,这一点缓和了量子力学与相对论的关系。此外,此书作者吉桑也不认为玻尔的一个主张——哥本哈根解释是"完备的"——是对的(《跨越时空的骰子》,第 106、125、131—132 页)。

中国,这幽灵般的量子纠缠,在其实用层次上也得到公众和媒体的关注。2016 年 8 月,科学实验卫星墨子号发射,随后几年内,它成功实现了远距离的量子纠缠,即两个有量子纠缠关联的光子被分发到相距超过 1200 公里的距离后,仍可继续保持其量子纠缠的状态,由此初步实现了量子保密通讯。但是在学术界,特别是思想界和哲学界,量子纠缠及其非定域性的去幽灵化,还远远没有完成,所以至今它在某个重要意义上仍是一个边缘问题,在人们的思想中构造着边缘形势。

回到我们的思路,可以大致这么说:量子行为的非定域性,可以看作是我们要表达的边缘性的一个例子。量子纠缠超出了链式因果关系,量子叠加则超出了存在(是)与不存在(不是)的逻辑对立,真随机性抵御一切现成性,对于之前的物理学和相关存在论的理性而言,它们是虚无的或"幽灵般的";但它们又的确是微观物理的真实状况,有其可被认识乃至利用的渠道和方式。测不准并非不可测,概率也是一种认知,只是那种要想追求绝对的客观性和铁定的确定性的科学特权,在终极处(而非坍缩之后的世界里)是不可能了。这让许多科学家包括爱因斯坦和大部分哲学家为之困惑,为之绝望,因为这与他们的基本思维方式相冲突。由此看来,这个世界的根底毕竟是半虚半实、有无相交的,既是非对象化的,又是可能得到认识的。可见,对"量子行为是定域还是非定域性的?"这个边缘问题答案的解释,也不是完全确定的和现成化的,其中也包含着消抹不掉的随机性和纠缠性。

总之,虽然边缘性思路——边缘问题无法以充分对象化的方式解答,但可能得到时机化的解决——涵盖的内容要比定域性更宽广,但两边的思想倾向在一个要点上是相近的乃至一致的,即都主张对象因果化、二值逻辑化的或定域化的思维会在根本处失效,但却有一种另类的理性和认知,也就是专注于现象本身(经验实验或生命意识所直接显示的)而不诉诸境外者的合理认知,如对"量子纠缠""仰之弥高""瞻前忽后""有无相生"等状态的认知,可以进入那片"最不可思议的""最惊人的"(上面两段引文中的话)领域,尽管这领域本身乃是非定域式的。在此,科学与哲学好像是融合起来了。

二、举例

下面再来列举几个边缘问题。

问题一:什么是幸福? 这是一个典型的边缘问题。可能有人觉得这个问题好对付,谁都可以提出自己的答案。但恰在你觉得这个问题得到了解决的时候,它却从你的手边溜走了,因为真实的答案要能经得住时间的颠簸。有些人认为有钱——可普遍兑现的量化价值——就是幸福,但有不少人有了钱也不幸福。一个人追求金钱,累积了巨大的财富,可是越到后来,幸福感非但没有增加,反而不知所措了。他觉得幸福不在这儿,就去找爱情,再去找信仰。有了爱情和信仰就幸福了吗? 也不一定,他可能也不会满意,就继续找下去。每找到一个东西,似乎觉得还是不够幸福,比幸福差一些,差的是什么呢?

有一个英国的研究机构研究幸福,给出幸福指数,衡量一个国家居民的幸福度。他们把幸福量化,是受了功利主义的影响。其实幸福首先是个深刻的哲学问题,就像生命的价值一样,是不可以被充分数量化的。当然你会说保险公司就是干这个的,不过我们现在是从哲学的角度来讨论这个问题,而那种量化幸福感的做法已经没有思想的边缘感了。英国机构的研究表明,"最幸福的国度"是一个太平洋上叫瓦努阿图的岛国,比美国、日本甚至北欧、瑞士都要幸福。不过他们的人均收入每年才三千多美元,比那些国家少得多。那它怎么就是最幸福的呢? 相关报道援引了当地一位知识分子的话,颇有哲学含义:"金钱造就贫困,所以我们要保护瓦努阿图人不受西方教义的影响。大自然给了我们生活所需的一切——土地和家庭,我们绝对不需要电视让我们感到幸福。"据说他们就使用过一次电视,那就是世界杯的时候,实在是想看,就租了来看,后来又还回去了。如果他们完全不用的话,不依赖这种现代科技,是不是会更幸福呢? 其实这里面有些中国古人的顺应自然的想法,也与某些哲学主张相关,比如有的哲学家说欲求越少,对外界的依赖越少,就越幸福。但许多人为什么要追求脱贫和富裕呢? 个人的优哉游哉不就是幸福吗? 还是说幸福一定会涉及你爱的人,比如你的家人乃至家族? 如果要给老人和孩子们以获得幸福的机会,没有一定的财富,可能吗? 可财富多了,又可能是麻烦。真的是"瞻之在前,忽焉在后"啊! 就像歌里唱的:

"青春[这里也可看作是幸福]好像一只小鸟"①，而且是野外的小鸟，在我们的手心里是活不了的。

有人说，幸福只是个人主观的当下感受。那吸毒者是不是幸福的呢？另外还有一个快乐箱的设想，来帮助我们澄清这个边缘形势。它说有一只箱子，里面有生命支持系统和让你快乐的设备。你进去后，不但生命需要都解决了，而且你的所有欲望也都能得到满足，你会是一直快乐的。同时告诉你，所有已经进去的人，迄今还没有出来的。你愿意进这个箱子吗？据说在美国某大学的哲学导论课上，面对这个问题，没有学生选择要进去。

有一些人的人生，我们觉得他们活得太痛苦了，太枯燥了。就像维特根斯坦，你看他孤独一生，曾经放弃了巨额遗产，去做一个乡村教师。性格乖戾、极难相处，很多朋友包括罗素都和他陌路了，他还曾经多次想自杀。尽管

---

① 这句歌词来自歌剧《茶花女》(威尔第作曲，皮阿维作词，小仲马原作)中的《饮酒歌》。大致的上下文是：

男：让我们高举起欢乐的酒杯，
　　杯中的美酒使人心醉。
　　这样欢乐的时刻虽然美好，
　　但诚挚的爱情更宝贵。
　　当前的幸福莫错过，大家为爱情干杯。
　　青春好像一只小鸟，飞去不再飞回。
　　请看那香槟酒在酒杯中翻腾，像人们心中的爱情。

合：今夜我们千杯不醉，
　　那么就让我们为爱情干一杯再干一杯。
　　啊，让我们为爱情干一杯再干一杯。

女：在他的歌声里充满了真情，它使我深深地感动。
　　在这个世界上最重要的是欢乐，我为欢乐生活。
　　好花若凋谢不再开，青春逝去不再来。
　　人们心中的爱情，不会永远存在。
　　今夜好时光请大家不要错过，举杯庆祝欢乐啊！

合：啊，今夜在一起使我们多么欢畅，一切我们流连难忘。
　　让东方美丽的朝霞透过花窗，照在狂欢的宴会上。

女：欢乐使生活美满，
男：美满生活要爱情。
女：世界上知情者有谁？
男：知情者唯有我。

合：今夜在一起使我们多么欢畅，一切我们流连难忘。
　　让东方美丽的朝霞透过花窗，照在狂欢的宴会上。
　　啊，啊，照在宴会上；啊，啊，照在宴会上；
　　啊！……啊！……

生前就赢得了极大的赞誉和一大批追随者,但死的时候身边没有亲人和朋友。可他在弥留之际向看护他的人说出了这样一句话:"告诉他们[他的朋友们],我度过了极为美好的一生。"在维特根斯坦这儿,在斯宾诺莎那里,思想的极大丰富与物质匮乏乃至社交匮乏形成了鲜明的对比,他们都说自己是极为幸福的。那么幸福是不是就只和思想世界有关系呢?可话又说回来,幸福和金钱、名誉、社会关系等真的没有关系吗?确实有一部分人,一无所有却照样心胸坦荡,就像颜回、维特根斯坦和斯宾诺莎那样。一些宗教也主张过苦行生活,但是大多数人估计是做不到的。总之,"什么是幸福?"无疑是个边缘问题,也是个终极问题,和我们的生活品质密切相关,值得我们去深思。

问题二:生死问题。比如死亡对于我们来说是个边缘现象。我们可以思索死亡,可以经历到别人的死亡,但是我们无法经历自己的死亡而仍然讨论哲学。我们可以争论乃至定义生物学视野中的死亡:停止呼吸、没有心跳、脑子停摆,或是别的什么症状。有的哲学家说我们可以直接经历自己的死亡,但不是在生物学意义上。如何经历呢?这就需要进入边缘思考了。这个现象的边缘性还在于:既然人总会死,那么人的生命还有价值吗?叔本华就说:如果生命的结局永远是死亡,那生命岂不是一场错误?这么想对吗?我们甚至还可以设想,许多年后,或者因为自然的变化比如行星撞击地球,或者因为人类自己的科技发展和滥用带来了毁灭性的后果,人类灭亡了,那么到头来,人类的存在岂不是一场瞎折腾?死亡到底是不是可怕的呢?从"彻底的唯物主义者是无所畏惧的"这个角度讲,死有什么可怕的?反正我也经历不了自己的死亡后果。但总有人怕死怕得要命,他怕的是什么呢?也有人在面对死亡时大义凛然,其人格炳耀千古,像苏格拉底和文天祥,但他们完全不怕死吗?死亡真的是可以战胜的吗?为什么有些人本来对于死亡,甚至自己的死亡,都可以谈笑风生,但是一旦面临死境的时候,在医生告知他还有半年、一个月甚至一天可活的时候,却恐惧起来了?对死亡的恐惧,是因为我们愚蠢,还是人的本性呢?安乐死对不对呢?自杀是一个人自己的事情,还是道德上的错误乃至罪孽?可见生死是个大问题,既被我们以明显的或隐蔽的方式关心着,又没有现成的答案。

有一个外国电影,里面的男女主角被告知还有三分钟可活。男主角恐惧极了:哎呀,我们只能活三分钟了!女主角却很兴奋:哇,我们还有三分钟可活！在面临死亡的时候，人的一些根本性的东西会显露出来：有的是恐惧，有的是舍生取义，他们觉得有比死亡更重要的事情。自杀的人则觉得，有比死亡更令他感到恐惧和厌恶的东西，他宁可选择去死。西方高科技总是把衰老和死亡看作类似于疾病的东西，是必须被克服的对象，希望找到一种不死药，或者通过器官移植或其他新技术使病变或衰老的器官更新，让生命尽可能地延长。甚至有报道称，在不远的将来，长生不老乃至某种意义上的永生是一个可以通过科技实现的东西。他们想把人类的自然死亡从现实中剔除，我觉得是不可能也是不可取的。因为自然死亡是我们人类不可避免的命运，它是激发哲学和宗教的一个重大边缘经验，激发我们思考人生和世界的深层意义。

明代有一位哲学家罗近溪先生，是泰州学派的重要成员，在太湖做县官却总是讲心性之学。有个同僚不理解，觉得他迂腐不堪。有一天，上边一位官员来审核一批囚犯的死刑，那位同僚要揶揄罗近溪，就告诉此官员："罗县令是道学先生，整日讲心性呀。"于是那官员就说："既然如此，罗先生，堂下这些死刑犯们的心性该怎么讲啊？"言外之意就是说：你们心学总是讲至善是心之本体，良知良能皆备于我，怎么全没有体现在这些人身上呢？你讲的那些都是些空话吧？罗近溪就说："这些人没受教化，本心受私欲蒙蔽而做坏事，以致被判死刑，这是很悲哀的。但是，我们这种只讲心性的人，比起他们现在的心态，就差了许多啊。"那个同僚掩口而笑，可这个官员一下子来了兴趣，追问道："如何差了许多？"罗先生答道："我们平时讲心性，也只是虚虚谈论过去而已，何曾真是为了性命？可您看，现在这些临刑之人，把一切名啊利啊都抛在一边，一心只想保全这性命。此心多么纯净至诚，多么专注不二！如果我们保有这种心，用它求道、求仁，谁不会成为圣人啊！"那官员一听，嘉叹不已。①心性讲到这儿，就真是讲到终极边缘处了。

大家如此年轻，目前可能不会认真考虑这个问题，也没有特别感同身受的体会。可有的人体验过牢狱之灾，甚至面临过死亡，比如陀思妥耶夫斯基经历过被假处决，触动极深。你去读他的小说，就能感受到那种边缘处涌流

---

① 《罗汝芳集》(上)，方祖猷、梁一群、李庆龙等编校整理，南京：凤凰出版传媒集团，2007年，第293页。

出的东西。释迦牟尼看到衰老、疾病和死亡的人类现象,心灵被它们的锋利边缘划伤,就毅然放弃王子的生活,出家求真理。哈姆雷特(尽管是文学人物)在面对父亲被杀的边缘情境时,说出了"To be, or not to be—that is the question."("是,或者不是/存在,还是不存在/生存,还是毁灭——这就是问题所在。")所以,"'死生亦大矣。'岂不痛哉!"(王羲之《兰亭集序》)

那些境界高的文学作品,往往都含有边缘感受。比如苏轼的《念奴娇·赤壁怀古》,读起来既波澜壮阔又沉郁深邃:"大江东去,浪淘尽,千古风流人物。故垒西边,人道是,三国周郎赤壁。乱石穿空,惊涛拍岸,卷起千堆雪。江山如画,一时多少豪杰。"这里面是不是有边缘性的东西?眼前与往昔交织,生与死相互激荡。乱石穿空,惊涛拍岸,那是大自然的边缘情境;浪淘尽千古人物,则是人间的边缘转折,还有"三国周郎赤壁"这种历史事件的慷慨一瞬。瞬间与永恒、自然和历史交织在一起,将一切现成者都荡涤悬置了。这江浪应该是时间流的比喻,但又何止于比喻?滚滚长江的浩瀚与浑浊,更是活的时间和正在发生的历史,将那些可感可见的卓绝人物和历史事迹都带走了。于是沉思往事,描画周公瑾的奇伟事绩,却是作为祭品呈现:"遥想公瑾当年,小乔初嫁了,雄姿英发,羽扇纶巾。谈笑间,樯橹灰飞烟灭。"述此惊天大战,却写那郎才女貌、仙风道骨,正见其神韵。接下来又是昔与今、死与生的相交相融:"故国神游,多情应笑我,早生华发。"再想到自己人生起伏蹉跎,不由发出深深慨叹:"人生如梦,一樽还酹江月。"此梦非彼梦,不是黄粱一梦,不是认梦之后就全然放纵,而是浮华落尽而见真幻交织中的苍茫无尽,抒发生命和历史的纯边缘震颤。用艺术把它表达出来,开大境界,令古今多少人读来都是心潮澎湃,回声不绝。我们这门课就是希望能从哲理而不只是艺术上,让大家获得对这种边缘情境和边缘问题的体验。

问题三:世界有没有开头?现代科学讲,宇宙开始于约140亿年前的一个奇点大爆炸。但是大爆炸之前是怎么一回事?(以前的)科学家说,时间是从大爆炸才开始的,谈论那个"之前"没有意义。哲学家却觉得思考这个问题有意义。这里不应该由物理学家垄断一切解释,在物理学无力处还可以有哲学思考。比如我们完全可以设想,在大爆炸之前,是不是有另一个世界的毁灭,由它坍缩成了所谓奇点,然后再大爆炸,产生了我们现在的宇宙?哲学和物理学的关系很微妙,前者并不是无视后者的研究,独自冥想,而是在后者能力不及的视域盲点后面，开出一个境界，做合理的思索。再反过来看，如果你说世界没有开头，那你是什么意思？我们怎么可以设想一个无限的时间已经过去了？无限意味着没完没了啊，怎么会导致一个现在的世界呢？这都是典型的哲学问题。康德就把这个问题放到了他的《纯粹理性批判》中，作为一个二律背反——两个相反的命题皆有道理——来讨论。

问题四：你怎么证明你现在不是在做梦，不是在梦中听我讲课，而是在现实中听课？这其实很像庄子在《齐物论》末尾讲的那个故事，也就是著名的"庄生晓梦迷蝴蝶"的寓言。有一天，庄子梦见自己变成了蝴蝶，"栩栩然蝴蝶也"，他快乐地展翅飞翔，逍遥得意，可忽然一下子又醒了，发现自己变成了正在吃惊发呆的庄周，"蘧蘧然周也"。他就困惑了，刚才是我梦中成了蝴蝶呢？还是蝴蝶在梦中成了我呢？哪个更真呢？我们暂且先不考虑是谁梦为谁，而是考虑你怎么证明现在不是在做梦？这在某种意义上也是哲学问题。你说靠直觉和常识可以证明啊！但我们现在就是在追问常识的根源，而且常识也经常是错的，不是吗？人生如梦，比如我们讲到的苏东坡就有这样的感慨。东方哲人常揣测这个问题，各自的解答却可能不尽相同。虽然都说人生如梦，但是佛家认为这个梦是彻里彻外的，整个人生世界如梦幻泡影，什么时候得了大开悟，明白了真理，才会如梦方醒，不沉迷在那里面了。

另外，关于科学的界限也是边缘问题。我们对自然的改造是不是有个限度？还是说科学家永远有权利做他们的科学研究呢？科学本身有价值吗？或者说，它是不是最高价值？我们是不是应该在科学发展到一定阶段后，就限制甚至禁止科学家继续搞某类研究？还是说科学家有天赋的权利去自由地探索自然，把自然界的精灵一个个全都释放出来？再比如，生病也可能成为边缘问题。西医叫感冒，中医叫外感风寒，哪个更对呢？西医说感冒是由病毒引起的，中医说是阴阳不调造成的，哪个更有道理？

边缘问题还有一个特点，就是它是有时间性和情境性的。今天这个问题对你还不是边缘问题，明天可能就是了。例如，如果你的病被顺利地治愈了，它就不是边缘问题。而万一你的"感冒"特别严重，西医的治疗似乎没有效果，你就求助于中医，也没有痊愈，这时双方相互指责对方耽误了病情，你该何去何从？你是不是会从学理上来考虑一下中西医的根据呢？由此可能会产生一种独特的边缘感受。所以，一些你从来没有意识到，或从来没有认真看待的问题,在某些情况下会变成边缘问题。那时你会在这种边缘形势中感到焦虑、恐惧、痛苦,也可能感到巨大的喜悦或从没料到的幸福。人就是一种边缘存在者。我们其实很脆弱,很容易受到伤害。但同时,我们的人生意义和道德醒悟却往往要从边缘形势中得到。我们总会觉得,现成在手的东西的意思还不够,味道还不足,或家长老师的教诲是老生常谈,听不听无所谓。所以佛教讲人生的特点就是"求不得",它可以被理解为:得到手的东西就不是我真要追求的。

　　总之,哲学就是要应对边缘问题,它永远出现在人类精神的惊涛骇浪处,不可能是四平八稳、一劳永逸的。如果你们凭借一般印象而认为,哲学是一套体系,哲学家必须是那种通过构造概念化学说来告诉你世界是怎么回事、灌输给你一个世界观的论证,那就错了。那不是我要教给你们的哲学。如果你们自己看原著,尤其是从西方的或东方的哲学的源头看,就可能会对哲学形成一个直观亲切的感受。因为哲学原本就是鲜活的,缘边际而行,不是板着面孔的。可以说,哲学的面孔最生动,可以称作"酷"。我不知道这个词现在还流不流行,但用来形容哲学很贴切。"酷"的原义是"酒味厚,香气浓",衍生义有"严酷""极其""惨烈"等。在我看来,哲学就是特别"酷"的:严酷、残酷、酷烈,但又味厚香远。我刚才讲的生死问题就是特别残酷的,特别是对你们年轻人,大谈每个人都要死。但"酷"更多意味着一定要达及尽头极致处,要走到最边缘。比如,酷暑、酷热、酷爱等都是这个意思。当然流行语中的"酷"还有 cool(帅气、绝妙)的意思。你如果能真正走进哲学的话,应该是特别"酷"的。

第三节　对哲学的工作定义

一、工作定义

　　基于哲学的根本特点,我现在给出一个关于它的工作定义:

　　哲学就是对边缘问题做合理探讨的思考和学问。

　　严格说来,这只是为了教学和理解的需要提供的一个说明。通过前面的论述,它已经呼之欲出了。这种领会与曾经乃至当下流行的对哲学的看法是不同的。一个常见的说法是认为哲学是世界观，科学只探讨世界的某一个部分，而哲学是要对世界和人生做根本性的和整体性的研究。这种看法已经不成立了。科学现在也探讨世界的根源问题，比如前面提到的大爆炸理论。它探讨世界的方式也可以是整体性的，比如系统论、混沌理论就都是这样。其实哲学和科学之间最重大的区别不在于它探讨的是整体还是部分，而是所探讨的问题达没达到边缘。科学在每次科学革命的时候也会出现边缘问题和边缘思考，就像牛顿、爱因斯坦、海森堡、玻尔所面对的和进行的，所以他们的思想里富含哲理。真正伟大的科学家也往往有哲学头脑，他们既是科学家又是哲学家。不过一般情况下，科学家都是在解决科学中的具体难题，已经预设了一个科学家共同体共遵的科学范式（paradigm）——比如大家共同认可的牛顿力学、相对论，以及与它们相连的实验手段、传播途径、鉴定方式等——并以之为研究前提。因为有这么一个范式，科学难题基本上能保证是有解的，不管它是正解还是负解（即证明此题无解）。数学也是这样，像哥德巴赫猜想、四色问题都是这样一些难题。有一些难题，在解决它们的过程中发现原来的那套范式不适用了，起码对于某些不安分的科学家来说是这样。他们发现的事实似乎与原范式下的相关推论有着根本的冲突，正解和负解都不合适，于是感到需要一个新的范式了。幸运的话，天才的科学家就会找到新范式，影响一些敏感的年轻人，科学革命的时代就到来了。

哲学的重要特点就是它并不主要活动在具体的范式内部，不以一个特定的范式为前提。当然我们之前也讲到哲学也有各自的传统（传统可以视为柔性范式），以某个柔性范式为立脚点，但是哲学研究的灵魂活跃或游离在范式之间。就它没有一个确定的范式规范而言，它是流浪汉；但同时也是开拓者，因为一旦一个形式上确切的研究方法确立起来了，研究对象被论域化、明确化了，它就让位给科学了，或者说就形成了有关的具体科学。历史上，西方哲学不断地孕育出科学。只要你能把某类东西当作对象，以范式化的方式来处理之，这种研究就成为科学了，所以哲学曾经孕育和分娩出物理学、宇宙学、生物学、心理学、医学，等等。而如果可以说"社会科学"的话，则哲学还产生或参与产生了政治学、宗教学、社会学等。就像康德《纯粹理性批判》序言所说，传统哲学的核心形而上学自认是"一切科学的女王"，但后来不断受到人们，包括她自己生下的儿女的驱赶和遗弃，于是抱怨道："不久前我还是万人之上,以我众多的女婿和孩子而当上女王——到如今我失去了祖国,孤苦伶仃被流放他乡。"[1]这不仅是形而上学的命运,也是整个纯哲学的命运。所以哲学永远在流浪,总在路上。它一直是个"茫茫大士""渺渺真人",永远在开道,而不是在维修和完善已有的道路。

宗教也探讨边缘问题。宗教里涉及的重大问题大多是边缘问题,也是哲学要思考的,比如生与死、信仰、道德伦理,等等。而且一些宗教的开创者,尤其是东方的,很有哲学头脑。但是宗教一旦形成之后,开始依赖教条和教会机构,尤其是教义的解释权被垄断之后,基本上就只靠信仰了。它里面的边缘感就逐渐消失,需要那些能复兴宗教的伟大思想家才能再次挖掘出来。这就是类似于科学革命的宗教革命,比如路德的宗教改革,以及六祖慧能的禅宗变革。

接下来看定义中的"合理"。什么是合理的? 这本身就是个哲学问题。西方哲学特别强调合理性或理性。比如黑格尔就有一句被广泛引用的话:"凡是合理的就是现实的,凡是现实的也都是合理的。"表述得更准确些就是:"凡是合乎理性的东西都是现实的,凡是现实的东西都是合乎理性的。"[2]那么"理性"又是指什么呢? 对于传统西方哲学家的主流来讲,最典型的理性形式就是数学和逻辑。在黑格尔这里是所谓的辩证逻辑。如我们以上说过的,他们一般都认为形式化的数学及其衍生的形式/概念逻辑是一切理性的标准。因为它是普遍的、自明的、可核查的、不可错的,又可以用来解释或规范世界现象。但我们这里所理解的哲学及其"合理",不限于这样的逻辑。当然它里面是有广义逻辑的,只不过不一定是形式逻辑和概念逻辑。这儿所说的"合理",是指那些有助于加深你的理解和领会,也就是有助于你对一个问题的边缘思考和解决的思维活动,而不一定会加深你的现成信仰或帮你解决具体的科学难题。

在这样的哲学活动中,要形成一个"学-问"传统。这个词不局限于黑格尔式的灰色意义上,而是在"学"和"问"的动态过程中,两者回旋互补,在学中问,在问中学,然后再继续追问的过程。哲学出自发问。你之所以会发问,

---

① 康德:《纯粹理性批判》,邓晓芒译,北京:人民出版社,2004年,第一版序,第2页注释2。

② 黑格尔:《法哲学原理》,范扬、张企泰译,北京:商务印书馆,1979(1961)年,第11页。

是因为你已经感受到问题的边缘性了。你还不能确切知道所问,对吧？要是那样,都已经知道了所问的东西,你就没必要去问了。但你如果完全不知道所问,你也发不出这个问来,所以"问"永远出现在知与不知之间。你好像已经感受到什么东西,但却抓不住它。哲学就是要把问中的学阐发出来,也把学中的问唤将起来。"学-问"还有一个重大含义就是我刚才讲的,形成一个哲学传统,找到一个哪怕隐蔽的下棋规则,使问学或学问可以持续下去。无论中、西、印,都有自己的哲学化方式和一套话语,这样才能形成一个悠久的哲学传统。

二、答疑

问一:边缘是生死现象呢,还是因为你想不通,引发了一个边缘性的问题？另外,相对于边缘性的问题,我们在一生中不边缘的问题是什么？

回答:生死现象本身可以是边缘问题,也可以不是。比如你们听到伊拉克自杀袭击造成许多人的伤亡,一般也就当新闻听了。想到自己的死,就比较可能引出边缘意识。但也不一定,人也有逃避边缘、躲开它的恐惧和痛苦的某种本能。如果你想不通生死的含义,却要面对它,寻找答案,那么它就成了边缘问题。不边缘的问题太多了。我们平常所遇到的绝大多数问题都是在某个框架里面的难题。比如钥匙丢了,如何开门进去？理工科学生解题、科研攻关,你们写读书报告、参加考试,几乎都是在应对非边缘的问题。只要带有很强的对象性,不管是目标的确定,还是手段的现成,实际上是范式的预定,因而只需你努力勤奋地去大干、去解决的,都是不边缘的活动和问题。当然,如果你在奋斗中,忽然有了创造性的领悟,想到了用现成手段不能完全解决和确定的问题和思路,那么就可能进入边缘形势,提出边缘问题。从负面角度讲,你的奋斗如果突然被一个不幸乃至灾祸打断,那么你也可能会面对边缘情境。

问二:在以前,哲学被看作是一种世界观,但现在您说这些都是过时的看法,哲学是对边缘问题的合理探讨。其中"边缘"这个词语是不是可能意味着,现在这个世界发展到了一个新模式,它追求一种新的生存方式。比如要生活得更新潮啦,要有更多财富啦,要认识以前不知道的事物啦。是不是这些情况才把人生问题、科学问题推到了一种边缘？

回答:不是,主要不是这个意思。不是被新情况推到边缘,有很多人面对新情况也谈不上进入边缘形势。而是说人在生活、学习、科研、宗教等行为中,在某些特殊情况下就会遭遇边缘形势,形成边缘问题。从无到有是上升的边缘形势,从有到无则是下降的边缘形势。这些都不是只有我们这个时代才出现的。人类一开始就生活在边缘之中。当然这个时代有它的新边缘,但也要个人、家庭、社团去在各自的经验中体会出来。

问三:生死是边缘问题,但是在生之前和死之后,我是不知道的。生死都是从我的经验来,经验通过我的感性和理性才能够得到确证。边缘问题的思考是不是可以得到一些确证呢?

回答:边缘思考当然可以而且势必利用一些得到确证的东西。比如"凡人皆有死"就是一个迄今得到确证的东西,"受到残酷压迫的奴隶就大多数而言没有幸福可言"也是一个得到确证的东西。它们是我们讨论边缘问题如有死的人生的意义、幸福的意义的一些支点和脚手架。但这些问题无法仅从这些确证事实得到真切的回答。人无法以确证的方式经历他自己的死亡,但这并不能排除他能够以非对象化的方式经历自己的死亡。比如罗近溪面前的死刑犯,岂不就具有这种让人绝望的经历? 这些经历不在边缘之外,而是就在边缘处。康德讲物自体不可知,但他为什么还能谈到物自体? 因为他的本意是说,物自体不能够作为一个经验对象来被人知道,但它却在他的哲学中发挥着非对象化的重要思想功能,所以这物自体就在边缘处,参与造就边缘问题。你说你生之前和死之后对你不可知,但是谁敢否认自己的死亡对本人而言是一个充满含义的问题? 这其实也就隐含着,你从发问的角度上隐约知道了自己死亡的含义,虽然还很恍惚。就此而言,它不是一个科学问题,也不是世俗意义上的宗教问题。你要是能以对象化的方式来经验自己的死亡,比如像有些宗教人士讲的人死后还能够打量自己的尸体等,那就不是哲学问题了。

问四:您说到哲学和宗教的区别。但我想到,难道从事哲学的人的内心对自己所从事的事情,没有一种信仰感或者没有一种宗教感吗? 我自己是哲学系的学生,我就觉得信仰很重要。

回答:只有做些区分才能回答你的问题。搞哲学的人可以有明确的宗教信仰,也可以没有,都没问题。一个有信仰的人从事哲学的时候和他仅仅从事信仰活动的时候,思想方式是不太一样的。从事哲学活动的他要思考,要讲道理,要感受到边缘性才行。比如存在主义的早期创立者克尔凯郭尔,他是虔诚的基督教徒,但是他跟教会的那些牧师不一样,他提出的关于信仰的问题和他的深刻回答,是具有强烈边缘感的。搞哲学的人对自己从事的职业也是有热爱和不热爱的区别。如果他/她有幸找到了边缘问题的答案,在这个问题上就有了信念,叫信仰也可以。但不是一开始就靠明确的信仰来思考哲学问题。不过说到底,几乎没有人不信着什么的(哪怕潜在地)。"信则灵"也有非对象化的道理,但那种自然的相信与明确的宗教信仰不同。

问五:"边缘"基本上等同于模糊的或者多解的吗?

回答:不一定是模糊的。我只能说,边缘问题本身可以是很清楚的。你想想,我面对我的生病、我的挫折、我的死亡,这都是很清楚很重大的问题。但是,说到对这类问题的解决,就没有一劳永逸的定解和唯一解。情况不会是:这个问题被永远解决了,像二加二等于四一样,再也不会产生怀疑了。不同的人或在不同的时候,所感受的边缘问题可以是不一样的。但是毕竟,有大家一起感受到的边缘问题,比如整个家族、社团、国家、民族乃至人类共同面对的生死抉择问题,且正是它们造就了团体的凝聚力和内在认同。如果你要用量化了的或很实用的方式来思考和解决它,那就不是在应对哲学问题了。只要面对的是哲学问题,比如幸福、长久安全,它就不能够被充分对象化,但却能被真切地思考。从对象化的角度看,它们的边界是模糊的。但是哲学完全有理由认为,自己正是在思考那些对象化的思维达不到的要害处。所以边缘问题本身具有自己的清晰性和严格性,用别的方式,比如实证的方式,就连边儿也碰不到,何谈真正的解决?

问六:实用型的科学家不研究边缘问题,而哲学家去研究;但如果每一个科学家都去研究各自的边缘问题,是不是我们就不需要哲学家了?

回答:不是。科学家之所以是科学家,就是因为他不能够老去研究边缘问题,不然就是哲学家了。为什么?我给你讲一个道理,这是西方一位很有名的科学哲学家库恩讲的。一些人觉得,科学比哲学强。科学永远在进步,在解决一个又一个实实在在的问题。哲学呢,对"什么是哲学?"还充满了争论。那些哲学问题争了两千多年了,还争不清,所以哲学好像总在原地踏步。

库恩解释了科学不断进步的原因。因为科学家们在成熟科学的阶段，都属于某个科学家团体，这也就意味着他们从其合理的经验出发，承认了一些共有的前提，也就是一个科学研究的范式，然后研究才可能深入。如果大家对自己团体的前提（比如牛顿三定律的真理性，什么样的实验可以判定某个假说是否成立）还在争论不休，那么就绝不可能把那时的物理学推进到那么深入的地步。这就是"信则专，专则深入，深入而更信更专"的道理。如我们前面讲的，比较成熟的哲学也有自己的游戏规则，但那不是严格的科学范式，只是柔性的工作范式、话语范式而已。所以哲学的思考更自由，更能进入范式间的空隙来应对边缘问题，但付出的代价是得不到完全普适的、总可重复的和可明确操作的解决方案。哲学活动可以对边缘问题获得确定的解，但是没有人能证明这个解就是唯一的解。

第二章　西方哲学的诞生和希腊哲学家

第一节　西方传统哲学的诞生和门类

西方哲学作为我们使用"哲学"这个词的来源,产生于西元前 7 世纪左右的古希腊。在我看来,对西方哲学产生最关键影响的是当时的西方数学。古希腊的数学和在它之前的埃及的、巴比伦的数学不太一样。在东方,最初的数学家都是非常注重实用的。比如埃及要建金字塔或重新划分尼罗河每年淹过的土地,巴比伦要建粮仓、开水渠,就亟需解决计算体积、面积之类的问题。即便是观察和计算天象,也有确定星座以预言人世命运的实用动机。他们的文明出现得早,天赋也高,所以数学和许多技艺领先世界,其文化代表了当时那个地区最高的成就。因此,我们可以看到,希腊早期求智慧的人,许多都要去埃及或者巴比伦求学或游历,就像我们现在去欧美留学似的。但是从某个角度讲,确实是青出于蓝而胜于蓝。虽然希腊从东方学了很多,包括相当多的数学、天文学的新知识,但是这些知识技艺在希腊人手里往往会经历某种重要的变化,让它们变得轻巧起来。所以数学在他们那里变得形式化了。这就是说,他们不但会计算,而且能给你一个形式上的证明,保证这么算是不会错的。这就是康德在《纯粹理性批判》第二版序里说的数学的"思维方式革命"。比如三角形内角和等于两直角,作为直观现象的规则不是希腊人最初发现的,但是希腊人给了它最初的形式证明,确证它是不会错的。不是这一个三角形或另一个三角形这样,而是所有的三角形依其本性就只能这样,而这个所谓本性,按康德的解释路子,是与人看待三角形的方式内在相关的。当人将那些先天就置入了自己认识能力中的东西,以形式化的方式表现出来,就形成了他们眼中数学对象的本性,而数学证明就向他们揭示了这种奇妙的内外沟通或回旋。虽然古希腊人没有像康德这么强调数学的有效性源自人本身,但他们(尤其是毕达哥拉斯学派)深深感到数学形式本身的原创性,为之惊叹不已。后来欧几里德把前人的发现整理成《几何原本》。它不是把一些命题以外在方式编排在一起,而是从几条似乎具有直观明见性的公理和公设出发,逻辑地或形式严格地推衍出所有命题,也就是定理。这是很了不得的成就,在古代一直被视为科学的标准模式,对西方人影响深远,甚至斯宾诺莎的《伦理学》就是仿照这本书的形式写成的。虽然后来非欧几何表明《原本》的第五公设(平行线公理)也不是普遍有效的,但是像《原本》这样的尝试是我们东方人没做过的。当然我们也有我们的数学传统和独特方法,比如《九章算术》,在那时的成就也不逊于他们。双方的路数不同,没有质的可比较性。

　　比如著名的毕达哥拉斯定理(中国人叫勾股定理),这个数学现象也是他人先发现的,不过毕达哥拉斯(Pythagoras)给出了证明,显示这个东西(如果承认其前提)从逻辑上就不会错,所以称它为定理。毕达哥拉斯学派兴奋极了,据说为了铭志这一发现,杀了一百头牛来献祭和欢庆。这样一个定理我们现在觉得耳熟能详,在课堂学习的时候也觉得稀松平常,类似的甚至比这复杂得多的定理,我们不知道学了多少呢。但是对于那时的毕达哥拉斯及其学派,乃至许多希腊人来说,这简直太不可思议了!本来在直角三角形中,斜边和直角边的量值是不可公约的,也找不到一个确定的比例关系,但是一旦自乘或平方后居然就出现了一个不会错的和谐关系。这样的一种确定性在他们看来是最高级的智慧,是属于神的,而且毕达哥拉斯学派本来就是一个宗教团体,他们相信数里面隐含着世界的终极真理。毕达哥拉斯也曾在音乐中发现了数的比率关系。有一次他从一家铁匠铺旁经过,听到那些打铁声形成了和声,就进去测量,发现铁锤的重量正好成比例,而且不同的比例(2:1、3:2 或 4:3)会形成不同的和声(八音程、五音程或四音程),都是数学关系。[①]

　　毕达哥拉斯到处发现数学关系,以至于他认为"世界的本原是数"。这是一个了不起的思想成就,虽然带有形式化的偏见,但却是个天才的偏见。

----

　　① 汪子嵩、范明生、陈村富、姚介厚:《希腊哲学史》第一卷,北京:人民出版社,1997 年,第 273 页。

在毕达哥拉斯之前和差不多的时期,已经有希腊人提出了各种世界本原说。比如泰勒斯说本原是水,阿那克西曼德认为是无定,阿那克西美尼认为是气,赫拉克利特认为是火,等等。这些本原似乎都是一些有物质质料的东西,但是毕达哥拉斯却视本原为数。尽管当时他们心目中的数可能也有质料,但数本身的特点引导思想逐渐偏向纯形式。而且数被发现是有和谐(比例)或和音可言的,整个世界的根本处就充满了数的和谐关系。这很了不起啊! 也很可怕,因为可计算的纯形式主宰着我们的世界与人生。从他开始,西方哲学就进入最有其特色的唯理论(rationalism)阶段了,而它的灵魂就是数之比例(ratio)。西方哲学和科学遵从的理性(rationality)就源于兹。

在毕达哥拉斯之后出现了巴门尼德、柏拉图、亚里士多德,这一派的特点就是形式感特别突出。没有希腊意义上的形式化数学,就不可设想会出现这样的哲学。泰勒斯提出"本原"(archē)的问题本身,已经带有了强烈的形式感。尽管一开始提出的本原好像是质料性的,但一个可以脱开变化生死的本原,其自身就是一种超出生存质料的形式,或亚里士多德讲的"事物的本质""形式因"和"目的因"①。后来希腊人逐渐加强和深化了这一思路,他们认为真实的东西一定有一个确定的形式,甚至可以是没有质料的纯形式,而且它更真实。比如亚里士多德认为神或世界的终极就是纯形式,它自身不动,或不被推动,却能推动世界的运作。这当然和数学的影响密切相关。因此柏拉图在他的学园门上刻上了一句铭文:"不懂几何学者请勿入内。"他认为,如果你不懂几何学,又怎么会理解比数学更具形式感的理式学说呢?

毕达哥拉斯学派提出的"数是万物的本原"的观点,虽然后来的绝大多数唯理论哲学家们表面上不再坚持它了,但他们还是继承了他思想中形式感突出的那方面,而且对于数学极为推崇,希望在自然语言里面找到类似于"数"(算术和几何)的语言,可以用来推论甚至能够在广义上进行计算。他们最终发现了一种有纯形式感的自然语言——概念化、范畴化和形式化的语词、判断和推理。唯理论哲学家们相信,它们的搭配——比如概念化语词的种属配合,判断的分类,推理的三段论——最后能显示出、产生出更高更

---

① 亚里士多德:《形而上学》,吴寿彭译,北京:商务印书馆,1981 年,1013a23。

严格的智慧,所以后来的唯理论哲学越来越理论化和逻辑化,表现为概念化构造的推衍体系。这种朝向形式化的努力,一直是西方哲学的动力。到了近代,毕达哥拉斯的理想又再次直接复活。西方的近代物理学就是尽量把物理现象数学化并取得了突出的成就,很多学科也都尽量数学化,这种思潮被称为新毕达哥拉斯主义。实际上,我们的时代,尤其是我们子孙的时代,就是或将是一个被毕达哥拉斯主义牵引的时代,也就是一个数字化、算法化(algo-rithmation)的时代。通过计算机、互联网、人工智能等,毕达哥拉斯之数改变和控制了我们的生活,而且还有愈演愈烈的趋势。除非有深刻哲理的导向,做出不寻常的努力,我们已经无法从整体上挣脱它了。

西方哲学主流走的就是这样一条道路:从数学然后到具有数学形式感的自然语言,再到以此语言构建的概念范畴化系统,通过逻辑(形式逻辑、辩证逻辑、数理逻辑等)手段,构造起一个又一个哲学体系,用来理解和处理边缘问题。这是西方哲学独有的一个重要特点,和中国、印度等都不一样,而且绝大多数西方哲学家也以此为傲,认为哲学只能这么搞,追求尽量形式化的概念推理和严格论证,追求一种数学领头的科学化哲学系统——逻辑上、语法上、语义上的清晰严谨。由此而贬低东方的所谓哲学,认之为不过是一些老生常谈或玄之又玄的人生智慧或者宗教体验罢了。这种对哲学的看法在我国当今的哲学圈里,依然影响很大,就像对中医的偏见在医学界乃至公众中的影响依然很大一样。但在我看来,哲学完全可以是多样性的。西方哲学或概念化、形式化的哲学不应也无法垄断对终极问题的探讨。我们完全可以有别的路子,从某个角度看更有效,而从总体上看大家各有各的长处。这也是我们这门课想要传达给大家的。

除了受希腊数学的影响,西方哲学的形成还受到了西方语言的影响。西方语言和中国古代语言相比,有一个重要的区别,就是它们形成判断的时候,必须要有系词,要用到比如英语的 be。我们说"这花红了",英语讲是"The flower is red",必须要加上一个系词,这样才能形成一个判断。只有判断才有真假可言,这对真理的表达至关重要。可能因为这层关系,西方人就觉得 be 有着不限于语法上的更深刻的意义。他们的哲学首先就是要探讨这个 be 的本来意思是什么。从这个问题出发,同时也综合了其他的考虑,形成了西方哲学里的一个核心门类,叫做 ontology("存在论""本体论"或"是论";on 是古希腊语中"是"[eimi]的一种变体)。be 一般被翻译成"是",在西方语言中同时有"存在"的意思。所以前面讲的哈姆雷特的问题(To be, or not to be?):去活还是去死,或去存在还是不存在,去是还是去不是——既是个生存问题,又是一个真理问题。在西方,生存问题(与伦理问题息息相关)与这种意义上的真理问题的关联是极其紧密的。

在西方哲学的门类划分中,如按研究对象来分,存在论和宇宙论合在一起被称为形而上学(metaphysics)[①]。形而上学是西方哲学的核心部分,探讨世界上什么东西是最真实的,什么东西存在以及存在的含义是什么,这个世界是如何构成的,等等。另外,到了近代,产生了作为哲学主流的认识论或知识论,研究我们能不能认识真理,如何认识真理。这两部分,即形而上学和认识论,构成西方哲学的核心。以前还将逻辑学放到里边,但 20 世纪以来,数理逻辑的出现,让人倾向于将逻辑归为近乎数学的学科。但毫无疑问,逻辑对于理解西方哲学特别是分析型的哲学,是重要的。

在这之外,有价值哲学,包括伦理学、美学等。伦理学研究什么是美德,什么行为是对的,什么行为是错的;美学研究美的本性是什么,为什么我们可以说一个东西美或不美等。再者,按照哲学与其他学科或精神活动的关系,形成一系列交叉学科化的哲学门类,比如大家耳熟能详的科学哲学、宗教哲学、法哲学、教育哲学、政治哲学等。又再者,不同的民族、文化、国家、地域也有自己的哲学或哲学史,比如中国哲学、印度哲学、俄罗斯哲学、德国哲学、非洲哲学、拉丁美洲哲学等。如今哲学的用法已经很随意甚至流俗了,基本上就相当于基本原理的意思,似乎每个专业、行当或类别都可以有相配的哲学,甚至有餐饮哲学这样的叫法了。

---

① "形而上学"(meta-physics)的字面意思是"物理学之后",最初是编纂学意义上的。编辑亚里士多德著作的安德罗尼柯用它来指称置于《物理学》之后的亚里士多德的著作,拉丁化后就是 Metaphysics,成为《形而上学》(也有中国学者将它译为《物理学以后诸篇》)这本书的书名。这部分著作探讨"存在之所以为存在的含义",于是这书名也就具有了自身的哲学含义,指比"物理(哲)学"更抽象、更根本的原理。《形而上学》如今被视作亚里士多德最重要的哲学著作。

第二节　西方早期(古希腊)哲学和哲学家的特点

一、古希腊哲学的特点

在接触具体的西方哲学家之前,先将古希腊哲学的主要特点大致勾勒或总结一下,这样大家就可以拥有打量或品鉴这些哲学家的眼力。

第一个特点就是先前讲的,希腊哲学受数学和西方语言的影响深远。西方的语言和文字的形式是特别突出的。其中英语还不算典型,德语、拉丁语、希腊语更有代表性。它们的语法功能统统要通过形式指标来表现,不仅时态,甚至单复数、主动被动都要有形式变化。在西方人看来,真实的东西一定是用形式的东西表达的。语言现象是流动的,而形式的东西、语法的东西才是稳定的,所以最本质的东西一定是形式化的东西。柏拉图的哲学之所以成为主流,除了他本身的天才之外,很重要的一点就是他提出的"理式"(以前大多译为"理念";英文翻译成大写的 Form)指的是原本的形式,特别能牵动西方人思想的敏感处。

第二个特点就是它要寻找一个形式上确定的"什么",用来说明世界的本原(archē)或实在。比如提出水是本原,火是本原,数是本原,存在是本原,理式是本原,实体是本原等。这很深刻,特别是当它们刚提出或相互争辩时,不过和古代中国人的理解方式很不同。例如老子讲的"道",是个终极本原,却被他说成"惚兮恍兮,其中有象;恍兮惚兮,其中有物。窈兮冥兮,其中有精,其精甚真,其中有信"(《老子》①第 21 章)。这就不是一种形式上确定的"什么",或某种高级对象,因为能说出的"什么",属于定域性的范围,也就不是那惚恍而成真成信的道了。这个特点体现在西方文化的方方面面,比如西方传统的建筑、雕塑、绘画等艺术,都是追求形式上的精确,在这个基础上再追求美感。希腊人觉得裸体雕塑才既真又美,因为它把人体或神体从形式上恰当地表现了出来。西方绘画讲求的就是形式上逼真,一颗珍珠画得好,会让

---

① 本课《资料》(《"哲学概论"课教学资料》)(上册)收录有《老子》(又称《道德经》)全本,故随文注中不再给出《资料》的页码。

你觉得真实的珍珠就在眼前熠熠放光。中国人嫌这样做太呆板了,我们讲究的是神似而不是形似。比如不少古代文人画就是挥洒自如的大写意手笔,觉得这样才能出意境。但西方人可能会觉得,这也太简约了,甚至太简陋了或太神秘了。

第三个特点是希腊哲学对于眼前发生着的世界,采取一种旁观者的态度。我们之前讲了黑格尔对于哲学的旁观者看法,而毕达哥拉斯早就发表过类似的观点。有一个国王问毕达哥拉斯:你们自称哲学家的人,既不从事实际事务,也不是政治家,到底是干吗的啊? 毕达哥拉斯回答说:给你打个比方吧,就像在奥林匹克赛会上,我们既不是运动员,也不是场边的商贩,我们不图名也不图利,而是最忠实的观众,以一种旁观者的态度来观察和反思赛场上发生了的事情。按照这个看法,哲学是通过退后一步的冷反思来追究万物的本质和真理,这和东方人的相关态度是不一样的。

第四个特点是希腊哲学乃至整个西方传统哲学的主流,推崇理性,贬低情感和身体。它既然看重形式和持旁观者态度,也就一定会推崇与此相关的冷静的形式理性、逻辑理性和概念化理性,贬低情感、激情和欲望,拔高心灵而轻视身体。西方哲学表面上是无性的,不像中国哲学讲阴阳,因而从本性上就关注性别和生育现象;但是西方当代的女性主义哲学家还是批判整个西方传统哲学是成人男性化的,是对女性思维方式的贬低和歧视。

二、几位古希腊早期的哲学家

1. 泰勒斯

泰勒斯(Thales,又译作"泰利士""泰利斯")被认为是第一位希腊哲学家,鼎盛年(即他大约四十岁时)是西元前 585 年或孔元前 34 年。"西元"就是一般称谓中的"公元",不过我不认同"公元"这个表达法,因为里面隐含着西方中心论。它实际上是"耶元",也就是以耶稣出生之年为起始来纪年。如果它是"公"(common)、是通用的话,那么其他的纪年方式就只能是地方性的,只属于某个特殊文化的。这样的时间规范及其文化含义,我绝不同意。虽然囿于当下的现实情况,可以多用西元计年,但也不能承认它在法理上的正统和特权地位。所以,我们要用"西元"来标明它的西方性而非普遍合理性。① "孔元"是以孔子出生那年为元年的一种纪年法,是受西方影响而产生的一种纪年方式,并非中国古代通行的干支或帝王年号等纪年法。但用它起码可以在纪年结构中平衡中西,又比较适合现代人的习惯,也可以让我们对中西哲学家们的先后有直接的比较。

泰勒斯是米利都人,是希腊七贤中唯一的哲学家。米利都从地理上讲位于现在土耳其的西海岸,与希腊本土隔着爱琴海,是希腊移民建立的殖民地,但却开风气之先,率先产生了哲学。这可能和它的地理位置靠东有关联,从那里到两河流域和埃及都更方便。他曾"留学"或游学于埃及,向祭司们学习数学,接受了灵魂不死的观点。他在数学上也有重大成就,以更加形式化的方式发现了一些几何定理。比如他发现以直径为一条边,连结圆周上的任意一点构成的三角形一定是直角三角形。他没有著作传世,观点和残篇散见于其他哲学家的著作或记述里。西方的第一部历史书即希罗多德的《历史》中,记载了关于他的一些事迹。

据说他准确预言了西元前585年5月28日的那次日全食,这让他声名远播。当时美狄亚和吕底亚两个国家正在打仗。他之前就预言了日食,但没人理他。后来两方厮杀正酣之时,突然天黑了,两边都吓坏了,以为是神发怒了,就都罢兵不打了。泰勒斯喜欢仰头观天象。有一次仰观时不小心掉到了坑里,旁边就有一个女仆嘲笑他只关心天上的事,却看不到自己脚底下,以致犯了低级错误。后来这样的话常被用来形容哲学家,他们更关心诸如永恒的天体或形而上学的实体那类东西,却对于脚底下的现实视若无睹。泰勒斯却不是或不只是这样。他说哲学家只是不屑于实际事务,比如赚钱,但如想赚的话就如探囊取物一般。为了证明这一点,一次他通过观测,知道来年气候适宜,橄榄会大丰收,就提前许久,以很低的价格把榨橄榄油的作坊都租下来,到了第二年果然有了超常的橄榄丰收,于是就赚了一大笔钱。

就哲学而言,他首次提出"什么是世界的本原?"这个问题,超出了以往的宗教和习俗的视野,深刻地影响了之后的哲学家。他的回答是"水是万物

---

① 我公开发表的文章和著作中,有时也用"公元",但那几乎都是编辑们或排版者们擅自改动的,并非我的原本表达。

的本原",与我们的老子的看法如"水几于道"有可比之处。

但是决定西方哲学命运的主要是唯理论这一派,它可以被看作是由毕达哥拉斯开创,巴门尼德继承并发展,最后由苏格拉底、柏拉图、亚里士多德奠定的一个研究范式。尽管也有不同的声音如经验论,但唯理论还是主导了之后两千多年的西方哲学。下面我们讲一下苏格拉底和柏拉图。

2. 苏格拉底

苏格拉底(Socrates,西元前469—前399,孔元83—153)是雅典人。他的母亲是助产婆,他后来也把自己比作思想上的助产士,自嘲曰:如同不生孩子的女人去帮别的女人生孩子,自己没有智慧才会去给别人接生智慧。他有很多特点。比如长相丑陋,但是两眼炯炯有神;作战非常勇敢;酒量很大,可长饮而不醉。另外,每隔一段时间他都要出神一回,通宵站在一个地方发愣。在军营时大家都知道,也不去管他。他就那样站一个晚上,第二天太阳升起的时候,他对着太阳祈祷之后,就恢复正常了。苏格拉底的这个出神,据他后来说,是有一个灵机,或者说是一个神灵的声音,告诉他一些事情。比如告诫他不能从政,而只能做一个闲散的哲学家。

退伍后,苏格拉底便到雅典的大街上和人讨论哲学。他想找到一个比他更智慧的人来聊天,以追求真理,但是没有找到。他的一个学生就去德尔菲神庙卜问:阿波罗神啊,这世界上有没有比苏格拉底更智慧的人?传达神意的女祭司告诉他:没有。这个弟子很高兴,回去告诉老师,可苏格拉底百思不得其解:我觉得我是最无知的人啊,所以总想找一个老师来请教,但是神为什么说我最智慧呢?多年以后他得出了答案。这期间他找了很多自认为很有智慧的人,经过一番询问和讨论之后,却发现他们并没有智慧而且常常自相矛盾。比如苏格拉底请教一个人:什么是勇敢?那个人就说:勇敢谁不知道呢?坚守阵地决不退让就是勇敢。于是他们就开始讨论,到最后这个人自己也发现:勇敢不一定要坚守阵地,适当的时候退却也是勇敢,比如诱敌深入。他又会给出其他的定义,但总会被苏格拉底的问题引导到与自己矛盾的地方,由此而得到越来越深的领会,甚至得到某种智慧,尽管不一定能达到定义式的确切答案。苏格拉底谈话的对象包括一些在雅典很有影响的人物。通过这样的对谈,他们不仅发现自己没有最初自许的智慧,还会被搞得很难堪,由此而嫉恨苏格拉底。苏格拉底后来明白了:神说我最有智慧,是因为我尽管没有智慧,但还是知道自己没有智慧,也就是自知其无知;而那些人同样没有智慧,却认为自己有智慧。和他们相比,在自知这一点上我还算有点智慧,因此神才说我是最智慧的人。

这样苏格拉底得罪了不少人,最后以思想罪被起诉。苏格拉底说在他出神的时候,有一个无名的神告诉他怎么做。他还觉得希腊神话中对诸神的有些描述是不靠谱的,起码与真理无关。于是那些人就起诉他不信本邦的神,要另立新神,腐化青年,破坏城邦的意识形态。法庭按照雅典的诉讼程序审案,最后民主投票表决,281 票对 220 票,判处他死刑。苏格拉底不认罪(如果他认罪,可以轻判),不求宽恕,做了著名的演说,后来收在《申辩篇》中,在结尾处说道:"分手的时候到了,我去死,你们去活,哪条路更好,只有神知道。"

"那条船马上要到了!"克力同告诉监狱中的苏格拉底。根据希腊的风俗,一年一度的朝圣大船返回后的第二天,就是执行死刑的时候。于是克力同和苏格拉底的其他朋友和学生们策划好让他越狱。关系都疏通了,钱也准备好了,而且警备也不严,因为雅典人就是嫌苏格拉底讨厌,总是像只牛虻一样叮人,愿意逃就逃吧,就当是把他放逐了。苏格拉底却说:我不跑,因为我和雅典有契约。虽然他们起诉我的理由都不成立,但是审判走了合法的程序,形式上是对的,所以这个判决有效。我如果逃跑了,就等于是撕毁了我与城邦的潜在契约,成了个不义之人。临死前,苏格拉底和学生们通宵达旦谈论哲学,论证灵魂不死,说身体死了,灵魂就可以脱离开肉体的束缚而得其自由,由此唱出了一曲天鹅之歌。

狱卒拿来毒汁,苏格拉底从容饮下。学生们失声痛哭。苏格拉底说:不要哭,我把我妻子打发走了,就是不愿在哭声中离开。请你们平静、勇敢,让我安然而去吧(话外音是:你们怎么知道我去的地方不如这里呢?)。狱卒告诉他接下来该怎么做:喝了毒药后要来回走,走着走着两腿感到无力,躺下来就行了。他会从脚底下开始发硬发凉,最后凉到胸口就没命了。苏格拉底照做,身体凉到大腿根的时候,揭开盖头向一个朋友交待:我还欠阿斯格雷彪(古希腊的医药神,人病愈后要向他献上一只公鸡以表感激)一只公鸡,请你代我还了。再问时,他已经死了。叙述者最后说:他是最善良、最明智和最公正的人!那时候伯罗奔尼撒战争结束不久,雅典战败,国势衰落,还以民主制的程序判决了这么一位哲学家。所以后来的一些政治学说,包括柏拉图和亚里士多德的,都对这类民主政治尤其是类似于暴民政治的民主制,心存忌惮。苏格拉底之死把雅典钉在了思想史的耻辱柱上。

苏格拉底和别人交谈是要寻找定义,比如勇敢、虔诚、美的定义。光举例子,说外在特征都没有什么用。他说我要找的是勇敢本身是什么,一旦找到了它,抓住了使得勇敢成为勇敢的那个最深的"什么",我就拥有了知识而不是意见,就不会出错了。希腊人认为最真实的东西是像语法一样的稳定的形式,这就是思想。世界上所有的事物都是以一个模型、一个最终的形式为根据的。一旦把握住了这个形式,就像数学中证明了定理,就把握了所有的相关事例,比如所有的勇敢表现。坚守阵地不意味着你一定勇敢,退却也不意味着你一定怯懦,但是勇敢本身是一定不会不勇敢的。

除了形式感非常突出之外,苏格拉底还有一个特点,就是他特别强调论证。他之前的哲学家已经开始论证了,但苏格拉底不只是像数学证明一样地论证,表明这个定理和推导过程不可错,而是要去论证大前提本身。他要论证他定义的勇敢一定是勇敢本身,这里面就含有一种批判的反思精神。关于什么是哲学,有一种看法认为:哲学是对所有认知的批判;而批判就是要从头审查:为什么这个是知识而那个不是,知识的前提是什么,等等。这样一种反思的批判意识,在苏格拉底这里很明显,以至于说出"不经审思的生活没有意义"这样的话(未经审思的老农民的人生没有意义吗?)。苏格拉底和别人讨论,在对话中将别人不到位的观点引向其反面,自己否定自己,这种方法(它在芝诺那里已有表现)就是辩证法的起源。不过,苏格拉底虽然总是在摧毁别人的观点,但他并不像智者们那样是相对主义者。他的批判指向更强的根据,寻求一个绝对的前提。苏格拉底真的以为自己完全无知吗?他没有自己坚持的东西吗?他的观点都是根据情境而言的吗?很明显,不是的。苏格拉底本人有极深的坚持,尽管这种坚持可能还找不到合适的表达,也就是他所追求的定义。柏拉图就把他追求的这个东西或绝对前提,直接标出来称为理式或理念,当然是在对话中借苏格拉底的嘴说出来的。

3. 柏拉图

柏拉图(Plato,西元前427—前347,孔元125—205)也是雅典人,原名阿里斯托克勒。贵族出身,受过良好教育。从他的塑像可以看出他非常英俊,有男子气魄,肩膀宽,前额宽,所以叫"柏拉图"("宽阔"的意思)。他 20 岁遇到苏格拉底,成为他的众弟子之一。8 年后老师被处死,让他对雅典深感失望,出去游历了 12 年,到埃及、南意大利等地访学,向毕达哥拉斯学派和埃利亚学派学了关键性的东西。柏拉图 40 岁回到雅典,建立了著名的学园(Academy),中文翻译成阿卡德摩,这个词开始是一个地名,后来就因为这座学园之故,把所有科学院或纯学术研究的机构都叫 academy 了。我曾经到过雅典,好不容易寻找到它的遗迹,几乎没有剩下什么东西了,只是立了块牌子。希腊人也不把它当回事儿,可能是因为那里遗迹太多了。柏拉图在学园执教了 40 年。他死后学园又存在了近九百年,培养人才,提供种种咨询,直到西元 529 年查士丁尼大帝封杀所有非基督教的异教学说时才关掉。西方古代的很长一段时间内,对思想的管制远甚于东方。要知道,在中国,儒、释、道等学派一直共存。如前所及,学园门口写明:"不懂得几何学的人请勿入内。"在柏拉图及其学派看来,不懂几何学或数学就不可能懂得理式之学。数学是纯形式的推演,从那儿才能够进入哲学的殿堂。这也是西方古典主流哲学最重要的教训之一。这座学园育出大批才智之士,包括亚里士多德。

柏拉图两次去西西里,想依靠叙拉古国王来实践自己的哲学,不过都失败了,还被卖为奴隶,依靠朋友们的帮助才得以脱身。柏拉图在《理想国》中说,只有哲学家成为国王或者国王成为哲学家,国家才有希望。这就是"哲学王"的提法。可是在西方,哲学家尝试政治几乎没有成功的。

柏拉图的作品,现有 35 篇对话、13 封书信,绝大多数对话的主角都是苏格拉底。它们给人总的印象是:苏格拉底总是在发问,苏格拉底总能驳倒别人(少数例外),苏格拉底总在侃侃而谈,苏格拉底总是有理…… 由此可见,所谓"批判思维",或苏格拉底式的追问,总归还是有限度的,因为它毕竟要以柏拉图心目中的"理"或理式为前提,而它们并未受到深入的批判审察。此外,20 世纪德国的一些学者还发现了柏拉图的"不成文学说",也就是在他的著作集之外的一些思想表达,或者说是柏拉图生前没有形诸笔端而只口头表述并在学园内部流传或"秘传"的学说。它们大多是从其他人(比如亚里士多德)的记载中辑录出来的,带有强烈的毕达哥拉斯学派的味道。柏拉图对西方哲学的影响极为深远,以至于 20 世纪的一位大哲学家怀特海讲:两千多年的西方哲学不过是在为柏拉图做注脚。总之,柏拉图是特别能代表西方传统哲学特点的这么一位哲学家。他80岁时,在别人的婚礼上安然去世,被葬于学园之中。

　　西方哲学家我就讲这三位,虽然可讲的太多了,比如毕达哥拉斯、恩培多克勒的人生也十分有趣。另外,耶稣基督也该讲一下,他不止是宗教家,也是某种意义上的哲学家。

第三章　语言塑造哲学，东方哲学家

第一节　语言、文字与哲理

一、语言与文字的原发性

之前曾讲到，要想理解一个哲学传统，非常重要的就是要了解它的语言文字。因为人从生到死都浸泡在语言氛围里，从远古到现在，再到将来，从非洲、美洲到欧亚，代代如此，日夜潮汐于其中。一开口、一思考，就是语言。所以可说，人类的基本思想方式在某种意义上是由语言文字以匿名的方式塑造成的，我们就活在语言文字构造的意义世界里。海德格尔讲："语言是存在之屋。"其实他之前的一些思想家比如洪堡特也看到了这一点，早就主张语言是一个民族生存所必需的"呼吸"，是民族的灵魂所在。"语言产生自人类本性的深底，……语言不是[人类、民族]活动的产物，而是精神不由自主的流射，不是各个民族的产品，而是各民族由于其内在的命运而获得的一份馈赠。"①但是传统的唯理论者不这么认为。他们相信人是理性的动物，语言只是工具，它的恰当使用只是表达思想，而不是从内部塑造思想。如果那样的话，就是对于人类灵魂的蛊惑，就像柏拉图谴责"诗歌"对于哪怕最优秀人物的"腐蚀"一样(《理想国》,605C)。不过到了近代，逐渐发展出这样一种观点，认为语言比我们的显性思想更有力，在更前面，思想是由语言牵引着、孕育着

---

① 威廉·冯·洪堡特(Wilhelm Van Humboldt)：《论人类语言结构的差异及其对人类精神发展的影响》(简称《影响》)，姚小平译，北京：商务印书馆，1999 年，第 21 页。

的。① 这既是无法否认的事实,又并非是反理性的,因为在语言中生成的合理性才是活的理性。

虽然人群或民族皆有语言,不过一般说来世界上只有四种文字是真正独立创造出来的:西元前 3000 年左右在美索不达米亚由苏美尔人创造的苏美尔文字;西元前 3000 年左右出现的古埃及文字;不迟于西元前 1300 年就有的中华文字(它的出现应该更早,因为那时的甲骨文已经相当成熟,之前应该就有了早期的文字,只是还没有找到充分的直接证据);最后是西元前 600 年左右,在墨西哥及中美洲的玛雅文明创造的玛雅文字。在这些文字被独立创造之前,人们根本不知道有文字;在这之后,别的文字都以它们为源头来衍变。这四种源文字中,只有中文虽然经历了甲骨文、篆(含金文)、隶、楷、行等变化,一脉相承没中断过,而且是由原来的民族为主体还在使用着。这是人类文明史、文字史的奇观,是远比中华四大发明更伟大的一项发明。我们居然还在使用同一种文字,来阅读和领会已经三千年甚至更久远的文献、诗歌、历史记载、哲理表达,简直就是奇迹,是一份特别丰厚的命运馈赠。

汉字是完全独立的,蕴含着我们祖先对世界极为独特的领会。比如"愛"有一个心,要用心去爱,简化后无心了;"車"中间有一个轮子,简化后的"车"轮子没了。总之,简化字既丢掉了汉字本身包含的许多蕴意,也没有在电脑操作输入法上的"简化"可言。汉字还包含了哲理信息,和易象也有相通的地方。比如"水"的古体"〣"和易象中的坎卦"☵"是同结构的,这一点德国的伟大哲学家莱布尼兹也注意到了。简言之,论古老原发,汉字在所有活文字中独占鳌头;论精妙深藏,她较于任何文字也不遑多让,甚至有过之而无不及。关键是,她不仅是文字中的大熊猫,而且因其独特性、原本性而具有不能被任何文字乃至语言代替的思想和哲理功能。我们的古汉语和西方古代语言相比,是极其不同的,就像华夏文明和西方文明据以产生的欧洲之间的距离,因分属欧亚板块的东西两头而极其遥远。印度在中间,从语言上属于印欧语系,不过在哲理思想上与我们比较接近,这其中的原因我们以后

---

① 这个观点在最近的研究中,比如在认知科学和文化人类学的研究中,得到进一步的确认和细化。基本的共识是:"语言对于认知具有结构性的影响。"(language has a patterning effect on cognition)引自 Jeremy Lent, *The Patterning Instinct: A Cultural History of Humanity's Search for Meaning*, Amherst, New York: Prometheus Books, 2017, p. 22。

再讲。

二、汉语与西方语言的结构差异

汉语是形式特别不突出的语言，与西方语言正成对比。从语言学角度讲，汉语属于典型的孤立语(isolating language，又称分析语)，而西方语言比如古希腊语、拉丁语、德语、英语等，是屈折语(inflecting language，又称综合语)。孤立语的特点是语词在使用时没有形式上的变化。"我是老师""你们是学生""他是医生"，三句话中的"是"没有形式变化，一"是"到底。但英语中"I am a teacher""You are students""He is a medical doctor"，这个"是"(原型是be)依人称和单复数等而有词形上的变化，表现为am、are、is。这就是屈折语的特点：通过词形的变化(所谓"屈折"即"[成套地]变形")或不同的成套形式指标——如动词变化表——所标明的那些形式变体，来行使语法功能，比如人称、数量、时态、语态、语气乃至词性的变现。组成语句当然也要服从语法，如名词性部分加上动词性部分形成主谓结构，还有以上提到的形成判断句时要用系词"是"，而且一个词就可以综合多个形式指标，像am就同时是第一人称、单数、现在时、主动态、陈述语气的形式指标。而孤立语如汉语，则是通过词序、加语助词(如：之、乎、者、也、是、盖、了、着、被、的)等方式来表达这些语法含义。

我们学习西方语言，一开始最不习惯的就是这些屈折变化，觉得太啰嗦了，如此之多的形式讲究！要是学希腊语、拉丁语，就更是繁杂极了。德语也要比英语讲究，到处都是语法变式、形式指标的变体，动词更是五花八门地变现，是西方式的"七大姑八大姨"的亲属关系网。这种语法形式指标化的特点，塑造了古希腊人、古罗马人和一般意义上的西方人的思想方式，让他们看重形式，特别是看重语法形式所体现出来的固定的本体和法则。因为形式的屈折反倒突出了一个不变的本体。比如各种"是"的形式变体，都围绕着或指向一个"是本身"或"是的原型"，而词法、句法都在以不变的法则规范着无数的言语现象。抓住了这种实体和规则结构，就好像把握住了一种本质上更高级的知识，而且，在这种语言经验中，他们对形式的"一生多"与"和谐共现"的能力也会很有体会。比如从一个动词可以生出那么多的变体，或多个变体的意思可以直接融合于一个词(如刚说到的am)身上，这可以看作形式的共鸣与和声。从这种语言中产生了毕达哥拉斯、巴门尼德、柏拉图、亚里士多德，产生了希腊的数学、语法学、音韵学，希腊艺术，后来还产生了复调音乐、哥特教堂，文艺复兴的绘画、雕塑，等等，实在是渊源有自啊！

　　另一方面，西方的唯理论者，比如黑格尔、谢林，认为汉语缺少语法，缺少确定的形式，以此来贬低汉语。谢林写道："中国语言全然没有语法或语法形式……[汉语中的一个单字]它既可作名词，又可作动词、形容词或副词。这就是说，正因为它什么都可以是，所以实际上它什么都不是，即：它不是自为的存在……原始语言并没有发展为语词的单个性，个别没有脱离整体，……发达语言和与之有联系的原始语言的区别不在于单纯的音节增加，而在于其内在性质的不同。原始语言的运动与自由发展的语言的运动之间的关系，就如同天体有规则的运动与动物自由自在的、任意的、形形色色的运动之间所保持的关系一样。……只有这样的语言才真正有语法或语法系统。而原始语言不需要任何语法形式，正象天体不需要脚而可以行走一样。中国语言中可能保存有原始语言的特征，当然也包括原始语言的质料的特性。"[1]谢林本人应该是不懂中文的，他的这些讨论估计是基于传教士或其他语言学家们的研究。必须承认，谢林这些说法有其准确之处。比如汉语没有多少词性的区别，缺少形式突出的语法，其语词的意义不能从词的"单个性"来决定，而要从它与其他词的关系来构成。但是，由此而得出贬低性的判断，比如认为汉语属于或近乎"原始语言"，而欧洲语言是"发达语言""自由发展的语言"；汉语语词没有"自为的存在"，"一旦脱离整体，马上就不存在了"[2]，却是不成立的。他自诩的"发达语言"，只是形式上发达罢了。而形式发达却可能意味着在其他方面——比如"关系"上、文字对语音的独立性上、文字意义的直显性上——不发达。所以并不能证明这种发达是更高级、更先进、更自由发展、更符合人性意义上的发达，而且，汉语语词虽然比西方语言的语词更蕴含关系，具有构意关系的而非形式语法的综合或和声，但也不能说它没有自为的存在。"一"与"二"，"红"与"绿"，"高"与"低"，难道没有其自身的区别与对位而必须到实体性的"整体"中去找吗？像谢林、黑格尔这些德

---

① 谢林：《神话哲学》，引自《德国思想家论中国》，夏瑞春编，陈爱政等译，南京：江苏人民出版社，1995 年，第 153—156 页。
② 同上书，第 155 页。

国古典哲学家们,就喜欢用"自在-自为-自在又自为"来排列存在与精神价值的高下,而且总是要将东方的特别是中国的形态,不管是语言的、历史的还是哲学的,排在"自在的""原始的"或"缺少概念的""缺少自主人格的"这样的底位,从而将欧亚诸民族的获得自由的能力(自在又自为的能力)从东到西地升值上去,就像《指环王》中的格局一样。我并不是要说汉语是这个排序中的高级语种,而是认为这个判断高低的结构标准本身是无效的。这类标准所依据的仍然是毕达哥拉斯式的思维,相信不仅数学对象、物理对象,就是一切文化的、精神的价值也能被"形式化数学"那样的形式化标尺来量尽。这样的精神傲慢来自纳喀索斯(Narcissus)式的自恋,其实只是站在一个民族或文明的视野或语言范式中,来看待异己者或他者时产生的偏见。

三、洪堡特对汉语的评价

另一位德国大思想家,即与谢林、黑格尔同时的洪堡特,虽然也看出了中西语言之间的这些区别,甚至在对待"屈折语/孤立语"的位置判断上,带有类似的偏见,却没有谢林、黑格尔这样的文化种族主义观点。他知道得很清楚,"汉语排斥所有的语法形式,……缺乏语法标记",所以"似乎应该把汉语视为最远离语言发展的自然要求的语言,最不完善的语言"。但他马上否认了这个提议:"这种看法经不住进一步的推敲。事实上,汉语也有很大的优点,它对精神力量也产生强大的影响。"(《影响》,第314页)当然,中国人自古以来所表现出的原创发明力,无论是在文字上、技术上、知识上,还是在治国上、道德上和哲理上,是不可能通过一个没有自由追求、没有人格自为性和劣等的原始语言取得的,除非你假设思想、民族精神与语言毫无关系。洪堡特在探讨汉语为何有"很大的优点"时,在其他理由之外,还以某种方式提出了看待语言特点的多元观。他写道:"所有其他缺乏屈折变化的语言或多或少都有屈折的倾向,不过总是中途而止,没有达到发展成为屈折语的目标。汉语则不同,它完全沿着另一条道路发展,始终如一地遵循着自身的基本结构原则。"(同上书,第315页)这里隐含的意思是:只在一种基本结构或范式中,才可以有依据地排出高下优劣,而对于像汉语这样与西方语言或屈折语完全不同的语言基本结构,那些形式指标的衡量法就失效了。"在我们熟知的所有语言中,汉语和梵语[洪堡特心目中屈折语的典范]构成了语言发展上的两个明确的极点，二者在与精神发展相配合的适当性方面有所不同，但在各自系统的内在一致性和完整性方面却是相似的。"(《影响》，第 317 页)"恰恰是因为汉语从表面上看不具备任何语法，汉民族的精神才得以发展起一种能够明辨言语中的**内在形式联系**①的敏锐意识。"(同上书，第 316 页)汉民族之所以能够有这种"明辨言语中的内在形式"而非屈折语那种外在形式的"敏锐意识"，主要原因是汉语中音位语音与语义在相当程度上的分离。"汉语几乎一无例外地以非语音的方式来表示形式关系[因而使此形式关系成为内在的]，这个特点使它有别于所有其他已知的语言。"(同上书，第 315 页)这里的"语音的方式"指屈折方式，即语词的屈折变化可体现在词的语音音位上，实际上也就是体现在语音表示的词形改变上，如我们以上讲到的(be 变为 am、are、is、was、were、have been 等)；而"非语音的方式"，则主要体现在汉字、声调和语词(包括其语音)的"位置和排序"(同上)上。汉语的声调比如现在普通话的四声，从语音音位(比如"红"的音位是 hong)角度看，"红"与"烘""哄""讧"的音位语音一致，但声调不同。对于西方语言而言这就是非语音的差异，因为它们的音位形式一致。汉字不是西方的拼音文字，也就是说，它不追随语音音位，而是追随语言的意义建构。"汉字这种字符在更大程度上成了概念[即意义]的标志而不是语音的标志。"(同上书，第 317 页)汉字的拼音化注定不会成功，因为拼音化只能达到浅层的、日常的部分无歧义表达，而只有表意的语境化才能实现自由的意思明了。

　　汉语的这几个特征是相互连锁的：汉语的发音特点使得古汉语中单音节词盛行，导致有意义的语音数目比较少。而西方语言的单词就有不少双音节乃至多音节的(如 pos-it、po-si-tion、po-si-tion-al)，屈折还会造成粗略的一义多音。汉语语音数量少，但要表达的意思或语素(最小的语音语义结合体)却很多，所以势必有大量的同音异义字或一音多义、一音多字现象出现，靠声调分流也还是远远不够(如现代汉语中，在 yī 这个音和声调上，就有二十上下个字——从"一"到"黟")。于是语音与语义就必须在颇大程度上分离，以使得精深繁多的意思得以构成。这样汉字就必须是表意而非拼音文

---

　　① 本书所有引文中的黑体，都是引者即本书作者所加。引文中的字下点，则是原文就有的加强符。

字。汉语语言学追求的也就不能是屈折的外在语法形式,而只能是意义结晶的内在形式。由此也就不能有西方语言的那种语法,而要依靠词序或词位、声调、语气、对仗等非语音的、非屈折的或"上下文式的"构意方式,可称之为"表意型'屈折'语法"。不过,这样的解说也可以倒过来,或以别的方式重组,比如也可以设想,书写或文字以及词序和语气的重要地位很早就开始影响了语音的特点。

四、汉语之独特

因此不用担心,中国人——无论古人今人——能够把任何想表达的意思说-写出来,而且能够说-写得清楚、精妙和引发思想的创造灵感。"昔我往矣,杨柳依依。今我来思,雨雪霏霏。行道迟迟,载渴载饥。我心伤悲,莫知我哀!"(《诗经·小雅·采薇》)三千年前的诗句文字,今天仍然可以用普通话和各种方言直接吟诵,直接品味。"道可道,非常道;名可名,非常名。无名,天地之始,有名,万物之母。故常无欲,以观其妙,常有欲,以观其徼。此两者,同出而异名,同谓之玄,玄之又玄,众妙之门。"(《老子》第1章)翻译《老子》的西方语言译本不计其数,仅英文译本就有一百余种。如此浓的兴趣说明此文本的意思是可理解的,同时又说明其蕴意或"玄妙"是非对象化的,总保存着可以再解释或再"坍缩"的意义空间。与此类似,有汉语古文底子的人读起这一章来,从他/她本人的阅读角度来看,其语义是清清楚楚的,但从领会其哲理而言,则是意味无穷的。

汉语中原没有词性的分别。比如"红"字,按西式语法,"彩霞红透了半边天"里是动词,"红白相间"里是名词,"红苹果"中是形容词,"这个人真走红"的"红"则是副词。根据上下文,它是什么意思我们一目了然,并不需要语法形式指标来管着。但它内部有自己的表意型语法,只是它这个表意方式或"名",是"非常名"的或不可屈折化的。西方语言就并非如此了。英语还不明显,red(红,红的)已经身兼形容词和名词两重意思[①];但在德语中,das Rot(红色)只能是名词,要是做形容词,第一个字母就要小写,变成rot,词尾

---

　　① 相比于德语、俄语、希腊语等,英语特别是美国英语的形式指标有些退化了。但即便是当做名词的red,也不是完全没有形式指标。比如有时第一个字母大写(Red,意为赤色分子),或带冠词(the red,赤字),或有复数指标([in] reds,各种红色)。它原本的屈折形式redness也还在使用。

的屈折也不同:这些都是由形式指标来管着的。我们的语言中还有平上去入的声调变化(福建话、广东话有 6—9 个声调),这就更让西方人感到云里雾里了,怎么如此多的音高音低也能区别和构成意义?

汉语主要是靠语境(context)来表达意思,这是关键。表现为以上讲到的各种途径:词序、声调、对仗、语气、表意书写等。比如,中文字词的顺序不能颠倒,这和西方语言不同。德语中的"我爱吃这米饭"(Ich esse gern den Reis),米饭(Reis)带着一个第四格定冠词(den),表明它只能做对象或宾语,不能做施动者或主语,所以从语法角度讲放在句子开头(Den Reis esse Ich gern),全句的意思也是一样的。中文就不同了,"我喜欢吃这米饭"要是词序倒过来,就变成了"这米饭喜欢吃我",意思就大不同了。另外,我们还靠对仗来形成上下文的节奏与语意和声。不但诗歌讲对仗,而且文章也可通过它来成篇,骈文即如此,《滕王阁序》为其中名篇,《老子》第一章也是对仗的,这样句子的内结构就对衬出来了。成语、对联中的对仗比比皆是。此外,还有语气、音调、气韵等,虚实相通,由此汉语和中文就有了内部结晶的结构,即使古中文没有标点,我们也知道在哪里停顿,因为语境将句子的结构也构造了出来。总之,很多意思隐含于字里行间,既有相互纠缠,也有自身叠加,这和西方人把什么都明摆出来不同。因此一句古中文,翻译成外文需要长得多的文字。

关于这种差异,可举马致远的《天净沙·秋思》为例。"枯藤老树昏鸦,小桥流水人家,古道西风瘦马"似乎全是西方语法讲的名词,但组在一起照样成句,意境一下子就出来了。翻译成英文就加了很多零碎,大家可以自己去读英文翻译。① 如果对应翻译第一句,似乎就应该是 withered vine old trees evening crows,但这在英文中不成句子啊,于是就要加上冠词、副词、动词等。"昏鸦"要译成 evening crows fly,它必须飞着,在中文中那些昏鸦却可以是飞着也可以停在树上、枯藤上。这样就不仅把原来可能的意思局促化了,还丧失了不少美感,这多半不是翻译者的问题,而是语言本身的不同范式造成的。

---

① 许渊冲的译文是:"O' er old trees wreathed with rotten vine fly evening crows; / 'Neath tiny bridge beside a cot a clear stream flows; / On ancient road in western breeze a lean horse goes." (*Song of the Immortals: An Anthology of Classical Chinese Poetry*, tr. Xu Yuanchong, Beijing: New World Press, 1994, p. 278.)

我们这种语言鼓励什么样的思维方式呢？当然是构意关系优先，靠得近靠得远，是前是后，都有绝大的构意后果。所以一定会看重广义语境或生活情境的发生结构，想问题也一定是主要追随意义构成的内形式，而非规范行为的外形式。从哲理方法上讲，就是不离动态的发生过程而领会此过程及其中的事件：道只在道道(开道、走道、道说、道情、念道、家道、公道、人道、神道、地道、天道、门道、易道……)中道，此为"中道"的源义。所以就要内在综合地考虑问题，不执着于独立的形式化实体，像柏拉图讲的理式，笛卡尔突出的"我"这样的反思实体。中国人喜欢追求的东西一定是内在发动起来的，是在构意关系中显现出来的，或者借用吉桑解释量子力学的话，是"真随机"的。(《跨越时空的骰子》，第3章)所以我们才会那么重视人与人、人与自然的关系，首先是家庭关系及其礼数，而不是外在的法律。我们不相信有能够依靠自身成真的事物，这和印度人尤其是佛教很相近，这是佛教能在中国取得成功的一个前提。因此中国古代哲理是在发生型的动态关系中，找到指向过去未来的知识结构和知识样式，比如阴阳结构、家庭结构以及时机化的样式，等等。

第二节　东方哲人的特点及东西方哲学思想的参比

一、释迦牟尼

下面来讲东方的哲人，先讲一下印度。释迦牟尼原名悉达多，虽然其生境与中土相隔着万水千山，但却是对中国文化影响非常深远的一位伟大哲人。他创立了佛教，被尊称为佛陀。按佛经记载，他的父亲是迦毗罗卫国的国王，他的母亲梦见白象入胎而受孕，大地震动，天雨曼陀罗花。后来，这位母亲在回娘家待产的路上，扶着无忧树把他从右肋生了出来，一点痛苦都没有，这些都是异象。分娩应该是很疼痛的，但因为他是未来的佛陀，所以他被分娩就没给母亲带来痛苦。悉达多刚出生，就下地走了七步，手指着天地作狮子吼曰："天上天下，唯我独尊！"有相士预言，这孩子未来不是转法轮王就是统一印度的王。他父亲希望他成为后者，因为他们的小国家常受人欺负，做转法轮王虚无缥缈，而国家的强大是迫切需要的。这一年是西元前563

年,孔元前 12 年。

父亲害怕悉达多看到人间的负面现象,会动了出家的念头,就把他养在最优裕的环境里,屏蔽掉所有的人生苦难。这位王子 16 岁时就娶了一位美丽的公主,生了儿子,一切都按照他父王的意愿进行。但有一次,车夫驾车带他出了城,他遇见一个病人,颇感惊骇,慨叹说人间还有这种人啊! 那个车夫告诉他:许多人都是要生病的。后来再次出城,看到一个老人,才知道人都要衰老,十分震撼。又一次,看到一个死人,车夫告诉他每个人都要死,他的心情阴暗到了极点。最后看见了一个出家人,问车夫这是什么人? 车夫说这种人离开家去求真理。年轻的悉达多的心里一下子光亮起来,暗下决心一定要出家,求得那超出一切人生无常的终极真理。印度文化特别能孕育宗教的天才,印度人也特别能感受人世痛苦的边缘性,然后就出家求真理,形成了各种各样的宗教。悉达多回到王宫,就在一个夜晚让车夫赶车夜驰,远离家人,到了可静修的地方后,就与车夫互换衣服,放弃一切荣华,到森林中修炼,那一年他 29 岁。六年里,他践行苦行来摆脱身心欲望,以求开悟。有时一天只吃一麻一麦,都快要饿死了,真正地瘦到了前胸贴后背的地步,但自知还是没有得到真理。终于,他感到这不是真正的开悟之法,就决定放弃苦行,寻找新的修行方式。于是开始进食,喝了一位牧羊女给他的乳糜。另外五个人本来等着他成道然后传给他们真理,看到他进食,大家觉得再无希望,就离开了。

喝过乳糜之后,释迦牟尼得了气力,坐在菩提树下发誓:"我不得菩提智慧,就决不从这儿再起来!"在树下坐了许多天(7 天或 49 天?),战胜无数心魔,直到一天深夜,释迦牟尼入三昧至深禅定,得无上正等正觉的菩提大智。于是大地震动,天鼓齐鸣,奏出妙音,世界为之欢庆,天雨曼陀罗花、曼珠沙花、七宝莲花,等等。他又继续了多天(7 天或 21 天?)禅思,觉得这智慧过于微妙(就像量子纠缠对于常规思维过于微妙?),世人难于明了,就想干脆入肉身涅槃算了。不过(因受大梵天王的劝请?)转念一想,得道殊是不易,世间人只是因为痴妄太重而无法懂得此甚深微妙法,如果能去除痴妄执着,也可入菩提智,所以最后还是决定入世传法。于是佛陀起身离去,行至鹿野苑,向那五个同伴传道。那五人约好不理他,但是当释迦牟尼走过来时,脸上和全身带有的圣洁光彩一下子把他们征服。于是佛陀初转法轮,讲苦、集、灭、道四谛。先是得了这五个弟子,后来得到无数弟子。他余生的 45 年一直在印度传法，还成立了僧团。入僧团的人就要出家，也就是要离开人间的家。就这样，他把儿子和堂弟都剃度了，为此他父亲痛不欲生，便去找他，向他行礼致敬，然后说（大意）："您当年出家已令我痛苦不堪，如今您又为您的弟弟和儿子剃度，我更是痛彻心扉。我请求您以后不经父母允许，不要为人授沙弥戒。"佛陀同意了。这种冲突真是非常感人！但佛陀与耶稣对家庭的态度还是很有区别的，耶稣的态度更决绝："爱父母过于爱我的，不配作我的门徒。""人的仇敌，就是自己家里的人。"（《新约·马太福音》，第 10 章）不过这两方都是要背离或超出人间的家庭，以求得更高的真理。

佛陀 80 岁的时候，因为化缘的食物不清洁，生了病。据说佛陀也是知道的，但为了不拂逆供奉人的善意，还是吃下了那食物，于是就不行了。佛陀安然侧卧于河边两棵树之间，就像卧佛寺的卧佛塑像表现的那样，交代了身后事，甚至还度化了最后一名弟子，便入了涅槃，也就是圆寂了。天地震动，日月失辉。这一年是西元前 483 年，孔元 68 年。弟子们将佛陀的遗体用香木焚化，得到很多舍利子，分由多处保存珍藏。我国现今在法门寺还保有一枚佛指舍利。

我们来看传统中的释迦牟尼形象的特点。第一，他的人生中有一些异象，如出生、悟道、去世。第二，他顺随当时的印度风气，认为求真理就须出家，只有离开这个人间才能拯救这个人间，并在人间家庭之外建立僧团，包括女性僧团，成为同道者们的另一种"家庭"。第三，他的起点是看到人生的无常和苦难的无边，最后求到的真理就是佛法正觉，找到造成它们的根本原因，以及对治这原因的方法。第四，他不讨论形而上学的问题，不像柏拉图等人那样爱追求理式啦，存在本身啦，而是认为人生的苦难根深蒂固，如毒箭嵌在肉里，要害是想办法拔出毒箭，排净毒素，而不是讨论这支箭的组成成分和结构。从他的思想可以看出，释迦牟尼是以人生的边缘问题即其深重苦痛来发起他的学说。四谛（四个真理）的第一谛就是苦谛，而且这些苦难在尘世是无法避免的，凭借形而上学思辨或任何对象化的化解方式是摆脱不掉的。他的更具体的学说，我们以后会讲到。

二、孔子

我们接下来讲一下孔子为人为学的特点。

孔子(西元前551年9月28日—西元前479年4月11日,孔元元年—孔元73年)名丘,字仲尼,春秋时鲁国人。他的父亲叔梁纥70岁时还只有一个妾生的儿子,因想要一个正妻生的儿子,就娶了当时十五六岁的颜征在。夫妻俩"祷于尼丘",果然怀上了一个孩子,就是孔子。孔子出生于西元前551年9月28号(按阴历是八月二十七号),所以现在有学者呼吁,将中国的教师节改为孔子的出生日9月28号,教师节当然要与"万世师表"有关。按《史记·孔子世家》记载,孔子出生后头有圩顶,就是中间凹了一点,取名为丘,其实他父母祈祷的尼山也是丘。因是家中第二个男孩,所以字仲尼。孔子的出生和耶稣基督、释迦牟尼都不一样,没有任何异象,有点特殊的就是他的头型。

孔子年少时不幸,三岁丧父,十几岁丧母。父亲去世后家中肯定相当困难,靠年轻的母亲支撑。"吾少也贱,故多能鄙事。"(《论语》9.6)[1]他说自己年少时社会地位低,就去做了很多看似粗鄙卑微的事,比如帮人管牲畜、办丧事等。不过他在贫贱之中最后成就了自己,很是了不起。孔子晚年回忆自己求学为学的一生,意味深长:"吾十有五而志于学,三十而立,四十而不惑,五十而知天命,六十而耳顺,七十而从心所欲不逾矩。"(《论语》2.4)孔子三十而事业初立,开始教学生。后来到齐国听到《韶》乐。回到鲁国做官,做到了大司寇,主管司法。孔子一心想恢复周礼的仁道精神,其实是逆当时那种礼崩乐坏的功利化潮流而动;而当时的各国君主们都追求像齐桓、晋文一样的霸业,所以当政者渐渐就不再信任孔子。最后,他失去了或辞掉了官职。

为了实现自己的政治抱负,孔子离开鲁国,开始了多年的漫游。在这周游列国的经历中,有各种各样的遭遇。孔子希望遇到能够赏识他的国君,通过恢复周礼、实施仁政而治国平天下。他说你这样做,别人就会直接感受到你的政治的美好,就会被你吸引,认同你。不过没人听他的。孔子一直希望自己能够有机会治理一个哪怕是很小的地方,以实现自己的政治主张。他完全相信自己能让这个地方成为东方的周地,最后让天下影从,因为当年周族就是在丰、镐这样的小地方治理得极好,使天下人心归附。

---

[1] 本书自此以下,《论语》多半引自《"哲学概论"课教学资料》(上),张祥龙编。《论语》分为20篇。这里的"9.6"指第9篇(子罕篇)第6章。下同。所列序号依《论语译注》(金良年译注,上海:上海古籍出版社,1995年)。

周游期间有几次是极度危险的。比如陈蔡绝粮，他弟子中也有人动摇了，孔子却依然弦歌不绝，教他们习礼。而且，孔子还测试他们，一个一个地问："我们为什么会落到这个地步啊？"问到子路，子路说："老师啊，是不是我们还没有达到仁道和真知，所以别人不信我们，不跟着我们干？"孔子答曰："如果达到了仁道和真知，就能让别人都信服、都跟着我们干的话，还会有伯夷、叔齐、比干吗？（也就是，还会有那种不被人理解而要为真理献身的人吗？）"子贡就说："老师，您的道是不是太高了？咱们要不就适应时代、与时俱进一点儿，把咱们的道往低处降一降吧。"他说话就比子路委婉和高明多了，但同样是对老师的追求产生了怀疑。孔子就说："你的志向不高远啊！无论是农人、工匠还是我们，都只该关心是不是把自己的事情干好，其余的听之于天，怎么能总是考虑要适应世人的口味呢？"后来颜回（与"颜渊"同）来了，面对老师的问题，就说："老师，我们的道至大，所以天下人目前接受不了。如果我们没修好道，那是我们的耻辱；但如果我们的道修好了，当政者不听，那就是他们的耻辱了。不容于天下怕什么？不容然后才能见出君子的珍贵！"孔子听了很高兴，笑着说："颜回啊，如果你有钱，我就去给你做管家啦。"孔子和弟子的谈话都是很生动的，你读《论语》，仿佛孔夫子就活生生地在你面前说话。其中一些篇章，甚至连孔子的衣食住行和行事风貌都记录下来了。因为弟子们觉得后人读到这些，就会产生有助于理解夫子教诲的直觉感受。真正的圣人气象，就是在实际人生的日常关系中透露出来的。

14 年后，孔子返回鲁国。当时他的一个学生冉求在鲁国做官，率师打败了齐国的入侵，得到信任，就说服当时的鲁国执政者迎接孔子归国。归来之后，执政者对孔子很是敬重，尊为国老，但只是一个虚衔。孔子晚年最重要的事情就是编纂了古代的文献，成就了儒家的新六艺：《诗》《书》《礼》《易》《乐》《春秋》。其中《春秋》还是他根据鲁史的记载自己作的，是一本史书，后来也被奉为"经"。"孔子成《春秋》而乱臣贼子惧。"（《孟子·滕文公下》）这是孔子晚年的悲愤之作，"我欲载之空言，不如见之于行事之深切著明也"（《史记·太史公自序》），其中充满了微言大义。孔子说：我已到晚年了，我的道没有实现出来，"君子病没世而名不称焉"（《史记·孔子世家》），我死了亦不愿我的道和主张随之而亡，要自荐于后世，就要靠《春秋》，"知我者其惟春秋乎"（《孟子·滕文公下》）。那一年，鲁国猎到了一只野兽，大家都不认识。因为孔子见闻渊博,就请他来看。孔子看到就抚尸痛哭说:这是神兽麒麟啊!可是麒麟应该在太平盛世才现世的,你怎么这个时候出来了?他们都不认识你,还把你打死了。至此,孔子就不再写《春秋》了。这就是著名的"获麟绝笔",《春秋》因此也叫《麟经》。孔子悲伤麒麟,何尝不是感伤自己的人生经历和抱负呢?隔了一年之后,孔子就去世了。

孔子晚年连遭打击,儿子死了,子路死了,颜渊也死了。颜渊死的时候孔子的悲伤无以复加,孔子哭颜渊大概是《论语》中最悲恸的章节了,"天丧予!天丧予!"(《论语》11.9)他深感"吾道穷矣"。孔子临死前歌了一曲:"太山坏乎!梁柱摧乎!哲人萎乎!"(《史记·孔子世家》)孔子是很爱音乐的,不仅听而且唱,但最后唱出的乐音是如此哀伤。他死后,弟子们如丧考妣,在墓旁为夫子守"心丧"——如同给自己父亲守丧但不穿孝服(《礼记·檀弓》)——三年,然后才哭别。子贡却又在墓边建草庐,在里边接着守了三年心丧。后来还有一些学生和邻人围着孔子的坟墓聚集而居,形成了孔里。汉高祖刘邦得天下后,来此地祭孔子,开帝王祭孔之先河。子贡赞孔子"其生也荣,其死也哀"(《论语》19.25),活着的时候繁荣茂盛,也能让天下人繁荣兴盛;死的时候那么悲哀,自己悲哀,弟子们悲哀,乡人国人皆悲哀。

孔子的理想和政治抱负,终其一生都未能实现。后来汉武帝接受尊奉《公羊春秋》的董仲舒的建议,"[在官学中]罢黜百家,独尊儒术"。孔子生前未能实现的,死后由他的思想、他编辑的文献、他的后学的鼓舞而兴发起来了,而且自此后两千余年一直是中国由官及民的正统。中国人讲真理是有时间性的,一时半会儿不成没关系,只要是真的合乎大道,时间久了总会找机会显露出来,而且一旦成立就会生生不息。太史公在《孔子世家》末尾引用《诗经》中的"高山仰止,景行行止"来赞美孔子,其实他的父亲司马谈是尊道家的,司马迁对道家也很是同情。但是面对孔子,他还是不由自主地极表崇敬:"自天子王侯,中国言六艺者,折中于夫子,可谓至圣矣!"(《史记·孔子世家》)

孔子有一个特点我想在这里强调一下,也是孔子对自己的评价,即"好学",它很能代表孔子和儒家的特点。孔子说:"十室之邑,必有忠信如丘者焉,不如丘之好学也。"(《论语》5.28)在孔子这儿,好学不只是埋头苦读,而是在学里面得到快乐,而且是最高的快乐。只有这样,才能叫好学。孔子在众弟子中只认可一个人好学,那就是颜渊。其他人也都在学习,有的甚至很刻苦很聪明地学,但还说不上是好学。如第一堂课就讲到的,汉语里快乐的乐和音乐的乐是一个字,也很有意思相通之处。"子在齐闻《韶》,三月不知肉味,曰:'不图为乐之至于斯也。'"(《论语》7.14)孔子听了《韶》乐后,余音绕梁三月不绝,期间吃肉都不觉其肉味,并说:我从来没想到过音乐能把人打动到这步田地! 至乐在孔子那儿就是仁的象征,而且乐与仁是《论语》的一个主旋律。"贤哉回也! 一箪食,一瓢饮,在陋巷,人不堪其忧,回也不改其乐。贤哉回也!"(《论语》6.11)这就是"孔颜之乐"。在孔子的思想里处处充满着音乐的思想旋律,《诗》《书》《易》《礼》《乐》《春秋》皆然,"兴于诗,立于礼,成于乐"(《论语》8.8)。

下边我们对孔子的特点来做一个总结。

第一,孔子一生中没有什么异象,没有什么神意私授。房龙在《人类的故事》第 41 章中写道:"在伟大的人类导师中,孔子几乎是唯一一个没有看到神示的,唯一一个不说自己是某一个神圣力量的使者的,唯一一个任何时候都不声称受到了上天启示的人。"孔子需要学习,"非生而知之者"(《论语》7.20),这和耶稣不同。耶稣没有学习经历而且也不用学,他是神之子,生来便注定全知全能全善,只是受了四十夜的魔鬼试探,但也不过是测试而已。孔子没有出家,而是主张要在家开始孝悌礼义的学习,这样的学习才更真切,因而和释迦牟尼的出家修道也不同。实际上,孔子的学习可以在一切地方一切时候进行。学就是朝向世界、朝向历史、朝向人群,更深切微妙地打开人的心灵,在学习中感受到人生与世界的结构和真理,尤其是那种既是时间性的又能跨越时代的真理,所以就在入世中来化世。这样的思想,越体验就越能感觉到其内在的亲切和丰富。只有中国人,使用汉语的人,才会认为孔夫子是我们最伟大的圣人,要到别的民族比如西方民族和印度人当中,是不会拿他当圣人的。你必须有所神异,没有神异能力就免谈。

第二,孔子思想的起点是人伦关系,尤其是亲子关系,不是人神关系,也不是人和理式的关系。儒家思想的起点是孝悌,"孝弟也者,其为人之本与"(《论语》1.2)。家庭的亲亲之爱是源头,但是只有亲子之爱还不能成为仁者,还需要通过六艺的学习,把这孝悌之爱升华、扩充到世界中,渗透到接人待物之中,所以"艺"对孔子而言极其重要。

第三,孔子学问中,"乐"(lè、yuè)占有特殊地位。他的生命行为的根底处处有乐，所以一生是苦中有乐，乐以忘忧，尽享好学之乐、诲人之乐、仁者之乐，乃至闻《韶》入神之乐。这种乐有自己的超越性和真理性，甚至能让一个人为之杀身成仁，这是儒家的特点，和西方不一样。苏格拉底坚持原则，临危不苟，做了烈士；耶稣基督为人类赎罪，自愿上十字架，也是某种烈士。我们中国的圣人没有做烈士的。并不是说中国的圣人没有先天超越的东西，他们具有甚至更真切的超越生死的坚持，只不过要有颜真卿、文天祥遭遇的那种机缘，因而与西方圣人为坚守形式化原则而赴死不同罢了。

第四，孔子是性情中人，彬彬有礼，但是喜怒哀乐也溢于言表，可谓"乐而不淫，哀而不伤"（《论语》3.20）。孔子极有个人气质和鲜活的生命力，根本不是一副板着面孔的理学先生的样子，起码和宋儒里的程颐、朱熹不同。他从容中道，挥洒自如。比如孔子讲到自己的人生历程，按照西方唯理论的讲法，"五十而知天命"当是最高的哲学领悟了，但在孔子这里就不是，还有比它高得多的境界。"六十而耳顺"，有人说耳顺那是没有立场，在孔子这儿这是纯粹的误解，这里没有"乡愿"式的和事佬。"耳顺"是说孔子能在许多情境中发现前面讲到的那种乐感，而且这还不够，"七十而从心所欲不逾矩"（《论语》2.4），这时候从心所欲，让心自由活动，天性抒发，但是处处恰到好处。这就像《明儒学案》中描述的王阳明晚年，良知处处时时呈现，随心所发皆是至善的知行合一。这才是孔子的圣人气象，在可敬可信之中还有可爱可亲，和其他文化中的思想伟人不同，而且孔子也时有幽默。比如他就调侃自己是丧家狗，微嘲子路弹琴是大老粗。生起气来，则大呼："小子鸣鼓而攻之可也！"（《论语》11.17）可谓嬉笑怒骂皆是文章。

第五，孔子为人从容中道，时机感特别强。如刚才所讲，他总能点到妙处，在教学中也是如此。孔子的学生们问同一个问题，他的回答都不一样，针对不同的人、不同的情境而回应。比如第二篇中弟子们问孝的几章所显示的。这样的例子在《论语》中随处可见。"不愤不启，不悱不发"（《论语》7.8），弟子想一个问题到了临界点，将要突破但还未突破之际，孔子一点拨，则举一隅而能以三隅反了。那些确定的、现成的知识，孔子就不愿去教，说那是器，而要追求的应该是道。所以颜子才会讲孔子的教诲是"瞻之在前，忽焉在后"，而孟子则赞孔子是"圣之时者也"（《孟子·万章下》），说他是最有时几（不止是"时机"）感的。时几感就是顺应形势吗？当然不是。在这里，活的时间就是一切,对世界的真知灼见、道德和价值都在里头,包括必要时的杀身成仁,但不是教条式的"文死谏,武死战",而是恰到好处,正是时候。孔子一生政治上不成功,当然会痛苦,而且也不刻意掩饰这种痛苦。不过孔子找到了乐的途径,但是此乐也不能完全克服苦,那是交织在一起的。他临死前就是伤心,但是伤心不是完全灰心丧气,他的悲哀也是恰到好处,都是"时",也都参与构造着未来儒家的成功,所以才是"圣之时者也"。我们在阅读《论语》的时候,也要尽量保持着这种"时"。你要是想要找到一个一劳永逸的答案,那就完了。时体现在艺中,孔子的思想充满了艺术感。西方的伟人也有自己的气象,也很崇高伟大,但不是孔子这般气象。不是的。只有在中华的语境中,才会出现孔夫子,而且如前所说,他这样的人只有在这里才会被当作圣人。

三、老子、庄子和韩非

老子姓李,名耳,字聃。略早于孔子,出生于春秋时期楚国的苦县厉乡(现河南鹿邑),算是当时中国的南方。其实孔子出生的鲁国离那里也不太远,但是算北方。所以有人说老子代表楚人精神。老子是周守藏室之史,相当于周王朝的图书馆馆长和史官,既博学又智深。孔子曾向他问周礼。老子回答孔子的这方面的具体内容,如今已不得而知了,只有一些告诫性的话被司马迁记了下来。孔子谈及老子时说:"鸟,吾知其能飞;鱼,吾知其能游;兽,吾知其能走。走者可以为罔[网],游者可以为纶,飞者可以为矰。至于龙,吾不能知其乘风云而上天。吾今日见老子,其犹龙邪!"(《史记·老子韩非列传》)把老子比喻成龙。龙没有固定的形式,神龙见首不见尾,东鳞西爪。尽管当时老子还没有归隐,但是隐士的那种风采,身上那种触机而发的非定域特点已经很浓重了。

老子在周都洛邑待得久,乏味了,又见周朝衰微,就离职远走了。过函谷关时,应守关人的要求留下了《老子》五千言,也叫《道德经》,最后不知所终。《史记》讲,这五千言影响了庄子、申不害、韩非,他们"皆原于[老子所言]道德之意,而老子深远矣"。司马迁赞孔子是令人"高山仰止"的"至圣",赞老子"深远",其道"虚无因应,变化于无为"(《史记·老子韩非列传》),都很贴切。老子思想也是中华文明的瑰宝,是不竭的哲理源泉,启发了许多后来者。

老子和孔子各自的具体主张差异不少。老子重人与自然的关系或人的自然无为的生存形态,而孔子首重人与家中亲人的关系,追求一个使亲情升华为仁道的大同世界。但双方也很有些内在相通之处,都注重语境和时几,都不认为真理是能用定义和确定的形式加以陈述和把握的。

和西方哲学传统中的成人男性中心论倾向不同,老子反而认为婴儿更有智慧(《老子》,第10、20、55章),无知的人或显得无知的朴素之人更有智慧。因为他们是更合乎恒道的,更不可测,被褐怀玉——虽然穿着破衣服,但是里面全是好东西。老子讲"知其雄,守其雌"(《老子》,第28章),"同谓之玄,玄之又玄,众妙之门"(《老子》,第1章),崇尚女性、雌性、玄牝(同上书,第6、10、20、28、52章),因为她们柔弱,像水一样,而且能不断生出新东西来。老子讲道的时候,还喜欢讲惚恍玄冥,要把形式上能对象化或定域化的东西统统化解,完全随时随势而动。所以司马迁说"老子所贵道,虚无因应,变化于无为,故著书辞称微妙难识"(《史记·老子韩非列传》)。老子讲的道表面上好像什么都没有,没有形式和对象可抓,现行本第40章甚至说"无"比"有"更根本(但更早的战国中期的郭店本中,此章不是这么写的),至少也是"有"和"无"相生相成(同上书,第2章)。道成就于无为处,无为而无不为,即所谓"为无为"(同上书,第3、37、63章)。

司马迁接下来谈及庄子:"庄子散道德放论,要亦归之自然。"(《史记·老子韩非列传》)庄子把老子讲的道德扩散张大,让它充分气化和自由化,但要害还是要归返于"坍缩"前的自然,无为而为。庄子名周,字子休(亦说子沐),宋国蒙人(现河南商丘东北),曾做过那里的漆园吏。庄子散化、解构道德,让它完全没有心机,在他的著作中到处都有体现。比如《逍遥游》开篇就讲,北冥的巨鲲化为巨鹏,奋力飞将起来,水击三千里,盘旋而上九万里,然后向南飞翔六个月才止息。它自己哪有这么大能耐? 全因驾乘着天地间的飓风,顺其自然,这就是无为,但又无不为,成就了人为努力绝难达到的事情。就像大鹏乘势而行,你如果也能做到顺自然之势行事,"乘天地之正,而御六气之辩[变],以游无穷",就是得道者,就是圣人、神人、至人;而"至人无己,神人无功,圣人无名",得了道反而没有自己的名声了,因为那时"天地与我并生,而万物与我为一"(《庄子·齐物论》),还没有被心机化的窥测和算计所败坏。庄子说"相濡以沫,不如相忘于江湖"(《庄子·大宗师》),得道了,与万物为一,就像岸上的鱼儿回到水里（用时髦的话讲就是，从量子的坍缩态回到被观测前的叠加纠缠态）一样，完全忘掉岸上的或体制中的是是非非；而这相忘于江湖才是真的笑傲江湖，是摆脱一切名声利益追求的逍遥游。得道就如鱼回到水里，你觉得不稀罕吗？这个稀罕极了！这和西方人的求道不同，他们必须有理想可以追求，有上帝可以崇拜，有原则可以持守，有敌人可以斗争，所以一定要在"岸上"追求名声，追求力量。

庄子本人也确实看不起官位名声，因此《庄子》记载了不少视高位如草芥的故事。庄子在濮水边上钓鱼，楚王派大夫二人前往邀请他任宰相，向他恭敬致辞："我们大王想用楚国来麻烦您了！"庄子拿着他的钓竿接着钓鱼，头也不回地说："我听说贵国有只神龟，死了已有三千年。你们大王宝贵它，将它藏在匣里，置于庙堂上。可这只老龟如有知，它是愿意变成骸骨被人宝贵万分呢，还是愿意活着在泥里拖着尾巴爬呢？"两位大夫回答说："它当然愿意活在泥里边拖着尾巴爬来爬去。"庄子就说："那你们走吧！我也是愿意拖着尾巴在泥里边爬来爬去呀。"①

还有一个故事。他有一个朋友惠施经常和他辩论，是名家的代表人物。惠施在梁国当宰相，庄子去看他。有人对惠施说：庄子来是要取代你的相位。惠施恐慌起来，就派兵在国中三天三夜搜捕庄子，但没搜到。后来庄子去见他，说："南方有一种鸟，名字叫鹓雏，你老兄知道吗？这鹓雏从南海起飞，向北海飞去[正与大鹏的路线相反]。它一路上不是梧桐树不止歇，不是竹子的果实不吃，不是甘甜的泉水不饮用，何其高洁！但有只猫头鹰刚找到一只腐臭的老鼠，以为是无比的美味而在享用。正好鹓雏从上边飞过，这猫头鹰怕鹓雏抢它的腐鼠，就仰头吓阻，大叫道：'嚇！'今天你要因为你的梁国而来嚇我吗？！"②

《庄子》里有很多这样机智的寓言，而且文辞洗练优美，让人读起来心胸顿开，觉得人生怎么还有那么清新奇丽的境界。"藐姑射之山，有神人居焉，

---

① 原文是："庄子钓于濮水。楚王使大夫二人往先焉，曰：'愿以境内累矣！'庄子持竿不顾，曰：'吾闻楚有神龟，死已三千岁矣，王巾笥而藏之庙堂之上。此龟者，宁其死为留骨而贵乎？宁其生而曳尾于涂中乎？'二大夫曰：'宁生而曳尾涂中。'庄子曰：'往矣！吾将曳尾于涂中。'"（《庄子·秋水》）

② 原文是："南方有鸟，其名鹓雏，子知之乎？夫鹓雏发于南海，而飞于北海，非梧桐不止，非练实不食，非醴泉不饮。于是鸱得腐鼠，鹓雏过之，仰而视之曰：'嚇！'今子欲以子之梁国而嚇我邪？"（《庄子·秋水》）

肌肤若冰雪，淖[绰]约若处子。不食五谷，吸风饮露。乘云气，御飞龙，而游乎四海之外。其神凝，使物不疵疠而年谷熟。"(《庄子·逍遥游》)他就是要用这种"荒唐之言，无端崖之辞"来展示不可形式化表达和理解的道。因此司马迁说庄子"其言洸洋自恣以适己，故自王公大人不能器之"(《史记·老子韩非列传》)，想用政治上、体制上的东西来束缚他，是办不到的。

　　总结一下老庄的特点。第一，他们追求的道隐而待发，因应变化，不露不固，不让你对象化更不用说形式化。鱼不离水，鹏不离风，生命不离元气。第二，他们讲说的那些得道的人，其生活充满了内在的丰富，而且能长久生存，因为这样的人得了无用之大用。庄子讲有一棵大树，别的树都被砍了，可它没有，长得无比巨大。这是由于大家都不要它，在人看来它毫无用处。正是因为没用，才得其大用，所以它才能活得长，不然早就被伐倒裂身而致用了。这是寓言，里面有很深刻的东西。海德格尔借用过这个寓言，说我们这个世界就是追求功用，后来发现原子弹特别有用，带来比一千个太阳还亮的光明，反而对人类构成了致命的威胁。现代人不懂这个无用之大用的道理。一个好的生态环境好像没用，人活在其中根本意识不到它的好处，可一旦破坏、失去了之后，你就知道它有多重要了。

　　稍微讲一下韩非子。韩非把老子的思想用起来，但是只为君主服务。苦心孤诣写了《说难》《孤愤》等五十余篇文章，讲法术势，告诉君王如何预防权力在不经意之间流失，如何以"为于无为"的方式保持权力、统御臣下，以及如何以形名之术(带有势道的法令规章)来富国强兵。秦王嬴政看了他的书，推崇备至。后来他到了秦国，他的同门李斯忌惮他以后得势，就找个机会将他陷害下狱，接着毒死了。司马迁说："余独悲韩子为《说难》而不能自脱耳。"(《史记·老子韩非列传》)韩非汲取老子和黄老学的一些东西，揭示权力运作的非对象性，十分精彩深刻。不过老子讲的"为无为"是彻里彻外的，而韩非讲的"为无为"只是掌权者攫取权力的手段，在不可对象化之处玩弄权力的游戏，因而十分危险。老子的思想平和深远，因为想得透彻，真正是道法自然；而韩非是马上要有大作为的，他讲的法术势策略在短程内很有效，但它构造出来的权力的内部有一种自毁机制(他被同门和信奉他学说的君主杀死即一例证)，时间一长(比如专权者一旦去世)就无法维系了。所以秦帝国在历史的瞬间就自毁而亡了。

除了法家,孙子的思想也和老子有相通之处,可以将他的思想看成是道的反用。黄老学就更是老子学说的一种变异,杨朱的贵己重生的思想也与老子有关。春秋战国时代的思想家,都是在那个"一文多元"(即一种文明、一个周天子,但有多个诸侯国,多种地方文化)和大变革的时代,受到各种边缘势态激发而萌生了各种奇思异想。多元而又不散漫的文化有一种根本的活泼真实,元气十足,是孕育中国古代哲学的根基所在。自秦汉以后,中国文化就呆板多了,但毕竟还有新的机缘。

四、东西方哲人的对比

最后,对东西方哲人做一个对比。

双方有深刻的相似之处。(1)东西方哲人都关心终极的、边缘的问题,苦心孤诣地以各自合理的方式来尝试解决。(2)东西方哲人都有特立独行的不寻常之处,有一个自己的精神世界,找到了某种维持哲思的意义机制。"意义机制"是指能够不断生发意义的机制。有的机制生产粮食或生产工业产品,而意义机制则生产意义,是个源头性的生成结构,而哲学家从根本上讲是在寻求意义的源头。(3)他们都是通过某种技艺来使这个意义机制实现出来。孔子教授旧六艺(礼-乐-射-御-书-数)和新六艺(诗-书-易-礼-乐-春秋),道家讲究手艺、坐忘心斋的气功技艺,西方人的技艺偏向于数学,印度人的技艺偏向于瑜伽、苦行。

东西方哲人之间也有很不同的地方。(1)西方的哲人更关心终极是什么,而且他们的形式感都很强。东方的哲人更关心人生与终极的关系,终极如何在人生中构成,人生经验如何被终极转化。印度人相比于中国人,又特别爱追问人生有无根本意义。如果有的话,如何达到?如何去除掉人生根本处的苦难?而中国的哲人更关心如何理解和实现出人生和世界自身的内在意义。印度人认为有时候要超出这个人生来理解它和世界的意义,只有站出去才能看清楚。中国人不是,无论孔孟老庄都不要从本质上超出这个世界,而是要乘着人生的船,就在风波中来修理这条船,在世界里面找到世界的意义。所以并不想把这条船靠到某种形式理想化的码头上,以自以为永恒稳妥的方式来改造它。对中国哲人来讲,生命本身就是意义的来源。孔子说"未知生,焉知死",道家追求的是此身生命的长生久视和尽性尽命。

（2）东方哲人都知道终极的真实是不能被当作任何对象来定域式把握的，无论是形式的对象还是物质的对象及其关系都不行。印度和中国在这一点上是相通的。印度人讲的梵、涅槃无形无相、无色无味，老子讲的道，孔子讲的仁也都是这样。但是印度人认为寻找终极实在的那个方式，是可以被特殊化，甚至对象化的。比如说出家修行，它就是一个特殊的形式，要离开家去修行，还要坐在那儿入禅定，有固定的姿势，有固定的阶段和要求，而且最后要出神通，出更高的三昧境界，这个我们以后会讲。孔子老庄从根本上讲，都是入世的。孔子的仁道就不仅不强调，甚至要避免这种特殊化，也不去追求求道方式的特殊化，而是就在人生本身的伦常和技艺运作中，来开启那达到道、达到仁的途径。孔子人生的特点就是"其生也荣，其死也哀"，似乎与永恒无关，但反而被子贡推崇，"如之何其可及也"！（《论语》19.25）老庄特别是庄子虽然表面上是出世的、隐逸的，但是相比于印度和西方，他们也还是在这个世间，没有脱开身体，没有脱开对人的活体生命的意义追求。后来的道教居然还要追求肉身的长生不老，可以看作是老庄在我们这种文化中的一种变异，尽管老庄本人是没有这种成仙成神的追求的。

（3）从大的局面上看，只有中国古代哲人的话语是在同种文字中延续的，到现在还能被我们直接理解，这是我们学习东西方哲学的一个不同。现在读印度哲学著作的中外大学生，甚至研究生，不一定要懂梵文。印度古人的很多东西是用梵文写的，有些是用巴利文写的，只有很少数的专家懂，一般人包括知识分子根本看不懂。现在西方懂古希腊文的也都是少数专家，虽然欧洲有些国家在中学会开古希腊文、拉丁文的课，或许也有年轻人可以直接去读柏拉图和亚里士多德，但是应该不会太深。而我们一直没中断，大家都能阅读古代思想家的文字，虽然阅读有些文献可能困难一些。

第二部分

终极实在

第四章　西方的终极实在观

第一节　什么是终极实在？——驱散虚幻感的真实

我们现在来探讨"终极实在"（ultimate reality）。这里我没有用西方人常用的"存在论"（ontology，又译为"本体论"），因为存在论只是西方传统哲学探讨终极实在的主要方式，东方人有另外的途径。今天要讲的就是西方的或古希腊的存在论，具体表现为唯理论的形成。它是西方传统哲学的主干。如我们以前谈到的，从"唯理论"（rationalism）这个词大家就能看出来，它是尊崇理性（rationality）的，而它理解的理性是一种数学化、观念化、对象化的理性。因此，它不能垄断整个理性，因为理性并不止于这一种类型。东方人虽然不强调这种形式化理性，但也不是反理性的，而是有自己对于"什么是合理的？"的另类终极理解。

西方这一边，由于下面这几位哲学家的贡献，古希腊哲学就形成了它的学问格局，造就了一种哲学化的柔性范式。之后的哲学家都要用它的基本话语和基本方法，要不然你就进不了当时的哲学主流。在某种意义上，如果我们把哲学看成一盘棋，下棋的规则就在这儿形成了。

一、虚幻感的成因

什么是终极实在？很明显，它指最真实的东西。但什么是最真实的东西？这就是在变化过程中还能够保持自身身份连续性的东西。过了半个世纪，你还是你，能够让你保持为你自己的就是这个实在，而能让你在经历任何变化后还能保持它的，那就是终极实在。之所以提出这个问题，是因为人类自古以来，总在经历着一种很强烈的人生和世界的虚幻感。什么是虚幻感（*the sense of illusion*）？它产生的条件是这样的：你觉得总会有某种东西是应该而且可以把持住的,所以你会执着于一个东西。但是时间的过程会将你把持的这个东西带走,突破这个东西之所以是这个东西的界限,于是就产生出虚幻感。这是岁数大的人、人群甚至民族都会强烈感受到的,我们以上讨论哲学的含义时也涉及它。所以,不少有反思头脑的人,包括一些西方哲学家,就把我们生活在其中的世界叫做虚幻的世界。虚幻就是没有料到的、打破了身份界限的变化。

对于造成这种虚幻感的变化,赫拉克利特就深有体会。他不是正统的传统西方哲学家,他的某些观点和典型的唯理论在终极实在问题上的立场,恰恰是对立的,和东方的思想倒有相通之处。赫拉克利特讲"我们不能两次踏进同一条河""我们踏进又踏不进同一条河,我们存在又不存在"(《选读上》①,第 23 页)。这等于说,就河水的流变而言,一次也踏进不了,因为你刚踏进去,那条河又变了。在苏格拉底之前的哲学家,没有像柏拉图的对话集、亚里士多德的著作集那样大部头的东西传下来。后来一位德国学者第尔斯,就把他能找到的古希腊哲学家的残篇编辑起来,形成《苏格拉底以前哲学家残篇》(同上书,第 18 页注释 1)。他的姓氏第一个字母是 D,《选读上》里的赫拉克利特部分,就用 D 来表示是他编的关于赫拉克利特的残篇,序数也依原作。其他部分也照此模式处理。赫拉克利特讲的水流,实际上代表时间变化,我们不可能两次踏进同一条河流,甚至一次也不行,是因为时间变化无常,我们守不住。这在很多人看来就是一种虚幻。

东方古人也有非常强烈的虚幻感,但是他们对待虚幻的方式与西方人不一样,下面我们都会讲到。孔子说"逝者如斯夫,不舍昼夜"(《论语》9.17),感慨时光流逝如河川般日夜不息。很多诗歌也都表达这种感受。像李白的诗"君不见黄河之水天上来,奔流到海不复回。君不见高堂明镜悲白发,朝如青丝暮成雪",深叹那浩瀚时流里的人生无常。所以要及时行乐,"人生得意须尽欢,莫使金樽空对月。天生我材必有用,千金散尽还复来。……五花马,千金裘,呼儿将出换美酒,与尔同销万古愁"(《将进酒》)。用狂放驾乘虚幻,用纵酒高歌来与时波光浪相配相荡,激发出这千古名篇。我们前面讲到,

---

① 《西方哲学原著选读(上卷)》(简称《选读上》),北京大学哲学系外国哲学史教研室编译,北京:商务印书馆,1999 年。

如果结局总是死,生又有什么意义呢? 这种死亡的体会就是虚幻感。这种虚幻感笼罩着、浸泡着个人、民族和人类的历史。如果一个存在者历经时间之后还能保持为它/她/他,就维持住了自己的身份(identity)。尽管在这个界限内也会有重大变化,比如一个人长大、进学校、结婚生子进老人院,但他还是他,那个界限没被突破。问题是:哪个界限突破了,他就不是他、我就不是我了? 是肉体的还是精神的界限? 他进了精神病院就不是他了吗? 为什么家属还要认他? 这是个有些热度的哲学问题。你说是精神的,我之所以是我是因为我有一个灵魂。但是有人说不行,身体不答应。假如有了换头术,把这个人的头换到另一个人的躯干上,这个新人是原来的哪个人? 不少人会说,当然是提供头的那个人。但也有人不同意,并提供论证,比如说腹部的神经也参与心灵的构成。所以这不是一个简单的问题。

二、虚幻的特点与克服

虚幻是没有料到的变化,突破了广义的身份界限。虚幻让人感到迷茫,感到生活的意义被带走,被"幽灵"化。原来觉得挺明了的、对象化目标很清楚的一个局面,在变化的侵蚀下,感受不到了。比如大人看孩子,你们的父母当年看你们,那么真实的一个孩子,可从小到大,经过多少变化、多少磨难、多少担心害怕呀! 你们长大了,离家了,将来结婚了,只过自己的小日子了。于是父母觉得:我们的那个可爱的孩子到哪儿去了? 现代社会中,这种虚幻感越来越强,所以孩子生得越来越少。佛陀看世界也像父母,充满了慈悲,看人类都是谋虚逐妄的憨儿痴女,所经历的说到底都是痛苦失望。但是虚幻不等于虚无,因为幻中还有些什么东西。水中月、镜中花,毕竟还有个月有个花,虽然你抓不到,捞不起来,它跟完全没有是不一样的。这就是一种非常典型的惚恍不实却又欲罢不能的边缘感受。你感到人生虚幻了,实际上也就感到了它的边缘。有的人说,因为都是虚幻,那就什么都可以不在乎了。可又有几个人能做到完全放开?《庄子·天下》里讲到一种态度,就是我就把自己当成了土块,这总算达到了完全放开的境界了吧? 你随便打、随便拍、随便扔,没关系,我都不在乎了,"块不失道"嘛。但谁能做得到呢? 你觉得虚幻,可实际上你还牵挂着,你觉得而且总是希望还应该有个真实的东西在那儿。这就是边缘的心态。你所有现成的手段都无法充分解决这个问题,但你还是期待来解决它。科学即使将来能让我们长生,它就能把虚幻排除了吗?我觉得根本不会,而且会产生更大的、更危险的虚幻。今天真实的东西明天就不一定真实了。我们这一辈人经历了多少超出界限的变化啊!五六十年代中国什么样,而现在中国又是什么样?那时盛行的是阶级斗争、"文化革命",可到了七十年代末,改革开放、出国留学、市场经济,当初被反对的又都被拥护起来了。真是白云苍狗!所以时间跨度一拉长,不虚幻者几希,哪有什么现成的东西能一直站得住啊!我们现在看未来,你觉得你可以看得清楚吗?你说未来是进步、光明,科技能够带来无穷的便利和难题的突破,还是不可预知的大灾难呢?赫拉克利特还讲了一句话:"时间是一个玩骰子的儿童,儿童掌握着王权。"(D52,《古希罗》①,第23页)"儿童"掌握着人生世界的王权,你不知道它下一步投出来的是几点。而西方唯理论就是要尽全力去把这个"玩骰子的儿童"变成"理性的成年男子",用形式理性来驱除随机性。

　　还有一点,我想说只有人才有强烈的虚幻感,才能经受极大的苦难,过与不及都产生不了虚幻。能感到虚幻说明你很具备人性,很有些思想能力了。太强了像神,什么都看透了,不会有虚幻感。你能想象神发感慨吗?比人低一点的动物有没有虚幻感呢?也难说。大猩猩或海豚说不定有点儿,老被拿来做表演可能也会有些不高兴。更低级的动物似乎就很难有虚幻感了,植物更没有了(这种看法可能出自我的狭隘,想一想电影《阿凡达》中的植物和动物)。只有在中间的人,才有特别深远的时间感、时间意识。他/她对自己的存在、自己的价值很有自我意识,很能去执着它,但又守不住它。人会觉得,我的存在何等重要,我要是没有了,就一切都没有了。而且人还能感受到这个悬空重要着的"我"。你说一条狗它能感受吗?告诉它"明天就宰了你",它会一晚上睡不着觉吗?不会吧。只有人能自作多情,自我造幻,所以人经受的苦难也无与伦比。有些人光吓就能被吓死。这是人悲惨的地方,又是人高贵的地方。《旧约》的时候,还只是耶和华在那儿显摆、呵斥,人们对他只感到恐惧和服从。到了《新约》,就要出来耶稣基督。他从人类母亲那里诞生,有一半人性,所以他上十字架的时候能经受苦难。你看福音书描述

---

　　① 《古希腊罗马哲学》(简称为《古希罗》),北京大学哲学系外国哲学史教研室编,北京:商务印书馆,1982年。

的,他被钉十字架之前那些痛苦,他在十字架上感到的疼痛、被羞辱。神把他的独生子献出来为人的罪恶赎罪、受苦,这样的一个故事才能打动人,才能向全世界扩展。如果他全是神性没有人性,就没有什么可动人的,他只是强大、了不得而已。佛家讲一切有情者、有感受力的生灵都能感受痛苦(虚幻感的"低级"形态),所以都有根本的价值,甚至蚂蚁也有,所以不能杀生。这也是一种非常动人的思想。

哲学上提出终极实在这个问题就是要问,在这一切虚幻之后和之中,还有没有不虚幻的东西?有没有不令人绝望、痛苦的东西?而且这个东西对我们来讲还是有意义的。岩石和土块没有虚幻,可这种无虚幻(不是岩石和土块本身)对我的人生没有意义。而一旦找到这个最终极的实在,像斯宾诺莎讲的,我就应该能够享有无上的快乐。而且它永远不会变,不会背叛我,它是永恒的情人、永恒的父母、永恒的朋友。这是何等光辉灿烂的精神经历。因此,终极实在是哲学探讨的人类和世界的最重要的存在特征。它能够使人解释虚幻、克服虚幻而达到真实,能够使我们的生存保持活泼的连续性。更深刻的是,它能使我们的生存充满了意义,不被中断,不完全破灭。伟大的宗教创始人几乎都在许诺这个东西。比如基督说:你饮了我的水就永远不渴,但你饮了经验对象化的水还会再渴。

东西方哲学是怎么看虚幻的成因呢?为什么会有虚幻呢?西方传统哲学把虚幻的形成归结到变化,所以终极实在本身一定不能变。印度人认为虚幻的产生是由于我们把根本的东西加上了名相,而那根本的东西本来是没有名相的、不可形式化的、无法指称的。我们说它有个样子,我们认定它是具有可执着形式的存在者,这就是虚幻产生的原因。总之,名相遍布于我们日常的意识中,但它们依附的根本乃是超名绝相的纯意识。中国人认为,由于我们不能理解变化中的几微结构,就会产生虚幻。如果你能够理解它,顺几微之势而行,就没有负面的虚幻。

第二节　毕达哥拉斯、巴门尼德和芝诺的终极实在观

我们先来讲一下西方的古代唯理论克服虚幻的策略。西方的哲学家要寻到一个终极的不变者,能经受得住时间的变化。而且他们找到的这个不变

者还要能够用来解释变化的形态。比如 a = a 这是不变的,但是它不能解释变化的形态。这种完全"不生育"的不变也不行。

一、毕达哥拉斯

先来介绍一下毕达哥拉斯的应对策略。我们已经反复说到他了,因为这个人和他开创的学派对于了解西方文明和哲学实在是太重要了。他既是数学家、哲学家、政治家,又是一个宗教的创立者,创立了毕达哥拉斯宗派或学派。这个宗派既是学术的,全力研究数学和科学(因为他们将数及其知识结构看成世界的本原),又是个宗教,门徒对老师极尽虔诚,把毕达哥拉斯尊为神。此外,它还是一个政治学派,今天叫党派,在意大利南边叫克罗顿的地方改革城邦的政治。开始还挺成功,后来得罪了当地一个叫库龙的有权势者。据说这个人想加入这个学派,而毕达哥拉斯学派说他不够格,没同意,于是库龙就煽动起狂徒把这派给屠灭了。有一种说法,说是毕达哥拉斯在逃跑的路上,遇到一块豆子地,让他丧了命。这派有很多禁忌,绝对不能踩豆子就是一个。他年轻的时候去古埃及,学了数学和灵魂不朽的学说,也包括这些禁忌,所以,他就遵守自己宣布的规定,不踩豆地,最后就在那里被凶徒追上杀死了。但是毕达哥拉斯学派后来还延续了好几百年,发现了很多数学定理和科学知识,极其深远地影响了古希腊哲学。我们下面要讲到的巴门尼德、柏拉图都跟这派有极深的渊源,在某种意义上他们都是毕达哥拉斯主义者。亚里士多德虽然也看重形式,但不认为它首先或主要地体现在数上,经验对象也有真实性。于是发展出另一种唯理论,并在中世纪占了上风。到了近代,随着新物理学的兴起,哥白尼、伽利略、开普勒等科学家相信,要深入认识世界就要通过数。毕达哥拉斯主义又复活了。"数是万物的本原"的思想在我们这个时代,以变化了的、更精巧的方式拥有了巨大的影响力。我们现在生活在一个数字化的时代,而且越来越数字化。通过西方文明的全球化,毕达哥拉斯主义一直在笼罩着我们,它曾经笼罩着西方文化、哲学、科学,现在又笼罩着我们人类的生活,所以这个人很了不起,不管是就其天才还是就其奇特和怪异而言。

毕达哥拉斯说"数是万物的本原",也就是说,数是那个能够克服虚幻,让我们理解终极实在的东西。在古希腊哲学家看来,有一个东西,万物都出自它,毁灭之后又回到它,它自身永不毁灭,这就是本原(archē)。我们前面讲到了,泰勒斯提出来水是本原。跟从他的米利都学派的另两位哲学家,提出无定是本原,气是本原。伟大的动感哲学家赫拉克利特则提出火是万物的本原。但是到了毕达哥拉斯,提出数才是万物的本原。数是可形式化的东西,似乎是通过纯形式而被深入理解,而西方的语言结构鼓励的恰恰就是这种思维。所以这个命题一旦提出,就产生了巨大的思想回声,震荡了两千多年。

为什么数是万物的本原或世界的终极实在,因而能克服虚幻呢?毕达哥拉斯学派回答说:第一,数本身是最基本的。亚里士多德这么记载毕达哥拉斯的观点:"数学的本原就是万物的本原。由于这些本原中数目是最基本的。"(《选读上》,第18页)这就是一个重要的理由,数目在存在者中是最基本的,它们既不是水,又不是火,又不是气。数是万物的本原,这种说法给人的感觉和说水是万物的本原很不一样。万物的本原是水,很有一些经验常识上的道理。我们的老子讲了类似的意思,很多民族的创世神话也这么讲。但是数是万物的本原,好像只有古希腊人、只有毕达哥拉斯提出来了。还可以进一步追问:为什么数是最基本的呢?它相比于水、火、气有什么特殊之处呢?答案就是数关系最为确定。数可以没有物质质料,因而数关系本身没有变化可言,因此数字、几何图形表现的结构最为确定,形式鲜明、自身如一。几何学中的三角形并不是你画的那个三角形,那些能被画出的三角形只是用来象征、逼近理想的三角形。2 + 3 = 5 不是两头牛加三头牛等于五头牛,而是理想的永远不变的那个二加上三等于五。因此毕达哥拉斯特别尊崇"一"这个数,主张"万物的本原是一"(同上书,第20页)。因为这个一首要的含义就是唯一不二,它还意味着第一、自身同一,绝无变化,所以它在数中又是最根本的。"二"就不行了,因为在毕达哥拉斯看来,它是"不定的二"(同上),是不确定的,而这个"不定"就把二的思想价值一下子降得很低,"二"就意味着可以这样也可以那样,有两个选择,歧路亡羊,所以二代表的是现象界和人的意见,游移不定,可对可不对,存在又不存在。像赫拉克利特讲的,我们踏进又踏不进同一条河流,在这个意义上,我们存在又不存在(同上书,第23页)。毕达哥拉斯主张,这只是意见,它们的真理性还是要到"一"里边去寻找。

第二,毕达哥拉斯认为数可以用来解释一切。"他们又认为自己在数目中间发现了许多特点,与存在物以及自然过程中所产生的事物有相似之处,比在火、土或水中找到的更多,所以他们认为数目的某一特征是正义,另一种是灵魂和理性,另一种是机会。其他的一切也无不如此。"(《选读上》,第18—19页)四是正义,因为它最公平,二加上二等于四,二乘以二还是四,总是绝对平衡。一是灵魂和理性,这是最高的。哪一个数是机会?七。因为机会就是一次,过时不候,所以它应该是十里面最大的素数,只能被一和它自身整除。就这样,他用数或数理来说明一切人生的现象、世界的现象。这是他的一个很独特的见解。相信数目和几何图形(如正方形)能够和正义这种人间现象"相似",所以可以解释它们。而且他认为只有这种解释才算说到了根子上,不再变化了。正义的根本永远是四,不会是五,也不会是八。五是婚姻之数,因为它是第一个偶数和第一个奇数的和,也就是一个雄数与一个雌数的结合。他认为这样就可以把世界解释清楚了。初听起来实在是太天真了,可是到了近现代,由于西方科学特别是近几十年计算机网络和人工智能的突飞猛进,他编织的数本原的神话正在参与构造巨大的人类梦,但也可能是《盗梦空间》或《黑客帝国》中的那种梦。

第三,数含有内在的和谐。在毕达哥拉斯派看来,数之所以能够解释一切,除了它和万物有相似性之外,还有一个重要的原因就是"在数目中间见到了各种各类和谐的特性与比例"(同上书,第19页),而和谐代表数的内在生存结构的丰富性,找到了和谐就是找到了变中的不变即真理。毕达哥拉斯定理($a^2+b^2=c^2$;a、b是直角三角形的直角边,c是斜边)就是一个典型的和谐。不像我们学数学,觉得那些定理都是干巴巴的,在毕达哥拉斯学派眼里,他们能找到一个和谐的数关系,感觉真是太奇妙了。三角形三个角的平分线总是交于一点,这也是妙哉妙哉啊!这种和谐关系把他们的思想激荡起来,相信真正的人生真理就在数里面,这才是希腊人的真本事。任何事物就它的存在本身和不变性而言,都体现了这种和谐。毕达哥拉斯认为十是最完满的和谐。当然毫无疑问,一占有一个本源地位,它又是奇数又是偶数,而任何奇数加上一就成了偶数,偶数加一又成了奇数。总之有各种各样的讲法或数的和声法。讲法越多、和声越多,就说明越真。十是和谐的象征,因为一里潜藏的和谐在十中充分显示出来了:$10=1+2+3+4$,前四个数相加正好等于十。让这四个数各占一行,就构造出一个完全自相似的和谐结构 ∴·,这一派称之为神圣的四元体(tetraktys),认为它包含着许多和谐关系。[①]

现在时兴用标志性的图案或"徽标"(logo)来代表团体、公司。如果这样的话,中国古文化可以用太极图来表示(但现在它跑到韩国国旗上去了),而毕达哥拉斯学派如果有一个会旗或会标,应该会把这个四元体画上去。这一学派的成员在祈祷的时候会说:"凭着他(不能直接提毕达哥拉斯的圣名)传给我们的神圣四元组,永恒的自然的源头,我祈祷……"这个四元组图形乃至它的扩大版,居然也出现在了中国儒者们解释《易经》和河图洛书的地方,并把中间那一点看作是天地万物之心。天圆地方,而人象为三角,天地人的和谐就表现在此十个圆点组成的三角中。"天之道如环无端,故其象圆也。地之道奠定有常,故其象方也。人受性于天,受形于地,犹三角之形,其心则圆之心,其边则方之边也。"[②]这是咱们中国人的象数。毕达哥拉斯造就的是西方的象数。在双方哲学的技艺发端处,都有推衍的结构。但我们的象数不是或不只是这种形式化(几何图形和十进制的数字)的数,我们的《易》

---

① 用这四个数就可以表示三个基本和谐音(4/3、3/2、2/1)和一个双八度和谐音(4/1)。这些和音的比率可以通过击打铁砧的锤子的重量、琴弦的长度、瓶子中水面的高度,甚至是宇宙星球之间的距离而表现,但它们的"本质"是数的比例。此外,组成10的此四个基本数或四元体还表现为:1为点,2为线,3为面,4为体;而且点或1的流动或移动产生了线,线的流动产生了平面,平面的运动产生了立体,这样就产生了可见的世界。所以毕达哥拉斯派的最有约束力的誓言之一是这样的:"它[四元体]蕴含了永恒流动的自然的根本和源泉。"(《古希腊哲学》,苗力田主编,北京:中国人民大学出版社,1989年,第78页)此外,四元体还意味着火、气、水、土四个元素;人、家庭、市镇和城邦这社会的四元素;春夏秋冬四季;有生命物的四维(理性灵魂、暴躁的灵魂、贪欲的灵魂、作为灵魂寓所的躯体);四种认识功能(纯思想、学识、意见、感觉),等等(若-弗·马泰伊:《毕达哥拉斯和毕达哥拉斯学派》,管震湖译,北京:商务印书馆,1997年,第115页以下)。

除了通过四元体之外,对10的完美性和神圣性还可以通过更多的方式或花样来认识,比如数从10以后开始循环,还有就是认为10包含了偶数与奇数的平衡。所以,尽管毕达哥拉斯派认为奇数(有限)比偶数(无限)更真实高贵,10却如同1那样,占据了一个超越奇偶对立的终极地位。于是我们读到毕达哥拉斯派的这样一段话:"首先,[10]必须是一个偶数,才能够是一个相等于多个偶数和多个奇数之和的数,避免二者之间的不平衡。……10之数中包含着一切比例关系:相等、大于、小于、大于一部分,等等。"(同上书,125页。译文有变动)由此可见,数的本原性有数理本身的结构根据。10之所以完美,之所以被视为"永恒的自然的根源",是由于在它那里,可以从多个角度形成某种包含对立、对称与比例的花样或"和谐"。一位著名的毕达哥拉斯主义者菲罗劳斯这么讲:"人们必须根据存在于'十'之中的能力研究'数'的活动和本质,因为它['十']是伟大的、完善的、全能的。……如果缺少了这个,万物就将是没有规定的、模糊的和难以辨别的。"(《希腊哲学史》第1卷,第290页)

(此注释的内容取自拙文《象、数与文字——〈周易·经〉、毕达哥拉斯学派及莱布尼兹对中西哲理思维方式的影响》,见《思想避难:全球化中的中国古代哲理》,北京:北京大学出版社,2007年,第109—110页。)

② 李光地:《启蒙附论·人为天地之心图》,引自《河图洛书解析》,孙国中主编,北京:学苑出版社,1990年,第347页。

结构是发生型的"二进制"的数，与毕达哥拉斯之数很不一样，造成的后果也不一样，这个以后再讲。

"由于他们在数目中间见到了各种各类和谐的特性与比例，而一切其他事物就其整个本性来说都是以数目为范型的，数目本身则先于自然中的一切其他事物，所以他们从这一切进行推论，认为数目的元素就是万物的元素，认为整个的天是一个和谐，一个数目。"(《选读上》，第19页)毕派认为天体应该是完满的，所以一定有十个天体。但是当时只找到九个，他们就说一定还有一个对着地球的叫"对地"，只是我们看不见。亚里士多德指责他们"捏造"出第十个天体(同上)，但是大家也不要光听亚里士多德的。因为这种推测也可能是西方科学推演精神的表现。数学化的物理学或天文学，可以先算出来某处应该有一个天体，引得人们去找。如果找到了，这才显示出科学的高明，能够预测。有的行星就是这么发现的，但确实又有捏造的味道在里头。可这就是西方科学和哲学的精神，从根本上讲，形式走在经验的前面。毕达哥拉斯学派后来在希腊哲学圈子里引起了非议，就是被认为捏造得太多太随意。捏造又可以分两种来看，一种是天才的捏造或者是有可能成功的捏造，一种是虚妄无聊的捏造。毕达哥拉斯的很多观点，从巴门尼德开始就觉得太不自然了，尤其是用数字来解释人生现象太不合乎理性了，于是就要寻求改变。但是又不能丢掉毕达哥拉斯教给他们的最重要的一个观点，即作为世界本原的终极实在本身应该是不变的，但它又能做形式上的推衍，能解释世界。沿着这个思路，我们来看第二位哲学家巴门尼德。

二、巴门尼德

巴门尼德是爱利亚(Elea，位于南意大利)学派的一员。巴门尼德所要做的一件重要的事就是，在当时古希腊的自然语言中，找到和毕达哥拉斯的数相对应的语词。用数直接解释世界现象，对于那时的大多数人来说显得太过牵强，人们还是习惯于用自然语言来表达和理解。但是日常语言又太散漫，抓不到那个终极实在，所以巴门尼德要在自然语言中找到一个尽量逼近数的东西。这会是什么呢？我们看到，在毕达哥拉斯的数中，不变的一和不定的二是很基本的，而且一最能表现真理和终极实在。而最能表现一的形状是立体的圆形，滚圆的球，它的直径全都一样。巴门尼德深受毕达哥拉斯学派的影响,也特别推崇一和滚圆的球。更重要的是,他在古希腊的自然语言中,找到了一个他认为近乎一和圆球的词,就是"存在"或"是"。它的原形是εἰμί,拉丁化后就是 eimi;它的中性分词是 on,阴性分词是 ousia。on 就是西方哲学的核心部分"存在论"(ontology)的词根,后来亚里士多德把 ousia 叫做实体,是形而上学的脊梁。不过在巴门尼德这儿,eimi 的意思首先应看作"是"。依靠它就能够形成判断"S 是 P"(比如"这朵花是红的""苏格拉底是聪明的"),而判断是有真假可言的语句。

巴门尼德感到这个"是"很有魔力。它的出现造成了判断,出现了真值,即:或者真或者假,因此这个"是"本身必定跟真理有着内在的关联。一旦理解了"是",你就抓到了整个世界的毕达哥拉斯定理。在现象里头找不到真理,没有公度性(就像在直角三角形的直角边和斜边之间没有公度性),但在"是本身"(就如同这些边自乘之后)的层次上,和谐、真理、确定、变中之不变一下子就出现了。这是我在替他设想。无论如何,他认为"是"这个字是最重要的,因为它最近乎一、真、确定不变。如果他能找到一个"是本身"的含义,使得 S 永远是 S,永远不是非 S,那就错不了了。

他认为这个"是本身"或"一"只能用思想而不能用感官来抓住,因为它不是现象,而是本体的东西。他说:"别让习惯用经验的力量把你逼上这条路,只是以茫然的眼睛、轰鸣的耳朵或舌头为准绳,而是要用你的理智来解决纷争的辩论。……第一条是:存在者存在[是者是],它不可能不存在[是者不可能不是]。这是确信的途径,因为它遵循真理[是之为是]。另一条是:存在者不存在[是之为不是],这个不存在必然存在[不是必然是]。走这条路,我告诉你,是什么也学不到的。因为不存在者你是既不能认识(这当然办不到),也不能说出的。"(《选读上》,第 31 页)存在者只能存在,它不能够不存在,按照语义(是者是,是者不能不是)它就是这样的,按照这语义塑造的道理更是这样。你能认识不存在者吗?如果你说可以,请告诉我这不存在者在哪里?它不只是不在现实中存在,而且不在道理中存在,那你如何认识它?你是不是觉得这里面都是些很简单的大实话?不,这里面有思想的回声和共鸣。表面上很像逻辑的同义反复,实际上不止如此。这是古希腊和西方哲学的命根或宿命,因为"是"这个词除了系词"是"的含义外,它还同时意指"存在",由此而与整个世界与人生的终极实在相关了。所以在读巴门尼德的这些残篇时,所有的"存在"都可以而且最好同时读成"是",让语法形式的构造与终极实在的构造共鸣起来。

巴门尼德可以这样想:"S 是 P",比如"这匹马是公的"在经验中可能错,S 实际上可以不是 P,比如这匹马被兽医检验为是母的。但是"是"本身不能够不是,它总是是,是其所是,非其所非。这里面有逻辑,又有蕴意深厚的哲理。伟大的哲学传统刚出发的时候往往有这种自锁。但是这自锁不是完全不生育的或解释不了世界的,而是能够生发出、延展出很多意思来。我们也有我们的语言哲理宿命。像儒家讲的"仁"字,它本身就包含了道理,"仁者人[亻]也"(《礼记·中庸》),而且它一定是"二"个人之间才发生的。这就是中国汉字跟儒家哲理的一种共鸣。思想的起头处往往需要与语言的共鸣谐振。你去读《老子》,"道可道,非常道",这三个"道"之间有共鸣啊!为什么"道"这个字既指道路、真理,但同时又有道说的意思?这就是宿命。这里好像是语言的凑巧,eimi 一身兼有存在和是的意思,道兼有道路、真理和说的意思,但这种共鸣在思想的起头处往往特别重要,甚至是哲学家思考的出发点。

巴门尼德还论证道:你之所以不能思考不存在者,"因为能被思维者和能存在者是同一的"(《选读上》,第 31 页)。能被思维者也就是这个能是者,能被你思维的东西才能被你判断,也才能达到真理。但是,你不能够思考的东西它就不存在吗?你会说,好多东西我没想它,它就在那儿存在着呢。他会告诉你:不,你说你没想到它,实际上你已经以这种方式想到了——我说的是"能[可能]被思维者",不是"现实地被[你]思维者"。尤其是涉及它的真理性的时候,没有你的思想和判断,怎么会出现真或不真的问题呢?从这以后,思想和存在、真理的同一性,是西方哲学中的一个重大命题,一直到黑格尔甚至以后。你首先要把握住这个存在是"是",能思想的和能是的是离不开的,然后推及存在。这就有些数学性的思维方式了。但我顺便说一句,我们能不能找到一个能被思考但是肯定不存在的东西呢?应该是能的,比如说"方的圆"或"最小的正分数",我们能思考它,它对我们有意义,但是它不存在。可见,巴门尼德的这个重要命题也可能是有纰漏的。

从巴门尼德开始,西方的哲学家开始做论证,近乎数学论证。这里可以很鲜明地看到数学的影响。其实在毕达哥拉斯学派那里，已经有论证了，但是在巴门尼德这儿更突出。比如巴门尼德要论证为什么只有存在者存在，存在是唯一的，不存在者根本就不能考虑它时，并没有像赫拉克利特讲的那种既存在又不存在的状态，他说："它[存在]既非过去存在，也非将来存在，因为它整个是在现在，是个连续的一。"（《选读上》，第32页）按他的说法，存在只有现在时，在英语中就是is，而was和will be都不可能。所以它没有变化，只能当场存在，永远现在，不给"不存在"留下任何一点可能。这是西方的存在理论和时间观的一个很紧密的联系。它只截留现在这一维，不要过去和未来。因为一旦过去未来加入，那就"滚滚长江东逝水"了，历史的虚无感就出来了，所以一定要排除掉。

　　他还用一个反证来证明存在是不可能从其他东西产生出来的，它只在自身里头。对于"存在者"，"你愿意给它找出哪种来源来呢？它能以什么方式、从什么东西里长出来呢？[它既不能从存在者里生出，这样就会有另一个存在者预先存在了]我也不能让你这样说或想：它从不存在者里产生；因为存在者不存在是不可言说、不可思议的。而且，如果它来自不存在，它有什么必要不早一点或迟一点产生呢？所以它必定是要末永远存在，要末根本不存在"（同上）。存在不能从另一个存在者里头生出来，因为如果是那样，那么就已经有存在了，就不用再生出它了；它也不能从不存在里生出来，因为那样一切就都乱了套，什么都可能了，所以那是不可思议、不可言说的。而且，只有"存在"和"不存在"这两种可能，这是西方的逻辑思维"A或非A"（A $\lor$ $\neg$ A）的规矩。这两种选择都不成立，所以存在无生成可言。也就是说，它不能从任何东西中生出来，它总是它自身，因而永不消逝。证讫。这样，他就得出一个具体结论："存在者是不动的，被巨大的锁链捆着，无始亦无终；因为产生与消灭已经被赶得很远，被真信念赶跑了。它是同一的，永远在同一个地方，居留在自身之内。因为强大的必然性把它用锁链从四面八方捆着，不能越雷池一步。因此存在者不能是无限的，因为它没有缺陷；如果无限，那就正好是有缺陷的了。"（同上书，第33页）

　　这是古希腊人的思想，他们认为有限比无限更伟大，因为只有有限，才可能存在，才可能终止无穷后退。不过这一见地到后来就变了。尤其是到了基督教主宰的中世纪,无限的地位比有限崇高得多了,因为神是无限的,永恒的存在就和无限联系起来了。在巴门尼德这儿,存在还是有限的。我们知道,古希腊的城邦就那么小,就是要有限,就是要像一个圆,而一旦涉及无限,它就老完不成,怎么能够是一或存在呢?但存在的有限不是软弱的有限,而是纯粹的、同一的有限,因此存在本身"好像一个滚圆的球体,从中心到每一个方面距离都相等"(《选读上》,第33页)。这是西方形式化思想在哲学里面的体现。

确实,巴门尼德发出了西方哲学存在论的第一个强音,透露了这个哲学和它的文化、数理、语言最深沉的相互共鸣的讯息。也就是说,唯一的存在、同一的存在才是可思想的,才跟真理相关。所以存在本身就是真理,真理就是存在本身。真理和存在都是唯一的、自身同一的、不变的。它就是神,既是思想上的神,又是存在者意义上的神。神的最重要的一个特性就是他是自身永远存在的——"自在永在者"。① 因此,他是终极者,或唯一的终极实在。后来基督教要论证神是唯一的(不可能像古希腊神话里说的,有多个神;真神只能是唯一不二,否则就不是真神),就可以利用爱利亚学派和柏拉图。巴门尼德的老师克塞诺芬尼已经做了论证:只能有一个神,神或终极实在的含义就规定他是唯一的。克氏的另一个论证则规定神是不动的,他并不像宙斯、赫拉、阿波罗、波塞冬、阿芙洛狄忒、雅典娜那样欢蹦乱跳,爱东游西逛,时不时还乱搞男女关系和策划战争,而是只喜欢思考,只赞同公正和至善。现在,科学是神。科学的解决唯一不二,对同一类现象只有一种正确的解答,这是对的吗?到当代,西方的科学和哲学的这种"一癖"已经受到挑战了。欧几里德几何是唯一的吗?或者说,它是刻画空间形式的唯一真理吗?忽然间,19世纪就冒出来两种非欧几何。牛顿后边又出现了爱因斯坦,爱因斯坦旁边又出现了量子力学的非定域解释。医学里头,西医之外还有我们中

① 在这一点上,巴门尼德和克塞诺芬尼对神的看法与犹太-基督教的观点是一致的。"神对摩西说:'我是自有永有的,……'"(《旧约·出埃及记》第3章第14节,圣公会版)"我是自有永有的",这句话的英文译文(New International Version)是:"I am who I am."("我是我所是。")所以又可以译为"我是自在永在者"。由此看来,后来基督教利用古希腊哲学(比如柏拉图和亚里士多德哲学)来论证基督教神学,是有理路上的根据的。

医,虽然很多西方中心论者说中医不是科学,这个争论以后有机会再讲。

三、芝诺

好,现在来讲芝诺悖论。什么是悖论? 悖论是指从 A 能推出非 A,又能从非 A 推出 A。你断定一个事,顺着它就走到了反面;按反面的主张走,又导出正面。在希腊有一个著名的说谎者悖论:一个克里特人说"克里特岛上的人都说谎"。他这句话是真话还是谎话? 说它真时它马上假,说它假时它又会真。①芝诺悖论倒没有这么严格的自相抵触,它是用来否定运动的可能,而且是借用对手的立论根据来实现自己的论证。芝诺为什么要否定运动呢? 因为他要支持老师巴门尼德的观点:存在是一、是唯一的。既然存在是一,那么存在就不会有变化,而运动是一种变化、一种多,所以如果能够证明运动是虚假的,那么就可支持巴门尼德的存在观。请注意,这个论证和我们前面讲的虚幻问题是内在相关的。

芝诺认识到,反对巴门尼德的人往往会说存在不止是一,还有多。我们平时就可以接触到多少种不同的存在呀! 毕达哥拉斯也相信有多啊,除了一之外还有二三四五六七八九十。但芝诺接着说:如果你承认了多的存在,那么我就从这个多来论证运动不可能,岂不更能表明巴门尼德的正确了? 芝诺所谓承认多的存在,是指在任何(无论多么小)一段距离内,都有多个点的存在,没有小到没有了多的跨度(比如达到了不可再分的原子)。根据亚里士多德的论述,芝诺提出了四个著名的悖论。我们就讲前三个。

第一个即"一半的论证"。它的"根据"是"移动位置的东西在达到目的地以前必须达到途程的一半处"(《选读上》,第34页)。如果完整地叙述这个论证是这样的:你要走过一段距离 a 到达终点,你就必须先走到 a 的一半处(1/2 个 a);但是你要达到这一半处,你又必须先达到一半的一半处(1/4 个

---

①　这个悖论还不完全严格。说它真时,它就会变假,因为说此话者也是克里特人,所以他说的这句话为假(谎)话;但说它假时,会得出"有的克里特人不说谎",而只有当此说谎者属于这群不说谎的克里特人时,才会导致原陈述为真。后来有人找出了"说谎者悖论"的严格形式,比如:"我正在说谎",当你追问这句话是谎话还是真话时,就会出现悖论。当然前提是:只有说谎(假)话与说真话两种可能,它们互为反面。

a）。以此类推，永无尽头。你总在达到一半的一半的一半的过程之中，实际上迈不出一步。因为你的步子被无穷地切分，所以你根本就动不了。合乎逻辑吗？合乎啊。

第二个可称为"阿基里斯追不上乌龟的论证"。阿基里斯（又译作"阿喀琉斯"）是荷马史诗里面希腊联军最厉害的勇士。希腊去打特洛伊，只要他不出战，希腊联军就节节败退；而他一旦上阵，就会把特洛伊打得稀里哗啦。而且他跑得特别快，绕着特洛伊城追了三圈，把对方的主将赫克托尔追上杀死。这个论证的要点是这样：在赛跑时，跑得最快的也永远追不上前面跑得最慢的。因为追者必须达到被追者的出发点，这样跑得慢的被追者必定又领先了一段路；再追，还是这样。同理，阿基里斯和乌龟之间有一段距离，阿基里斯跑得很快，当他跑到乌龟原来的地点 A 的时候，乌龟已经向前爬出了一小段距离到达 B。阿基里斯接着再追，到达乌龟刚才的地点 B 时，乌龟又爬出很一小段到了 C。以此类推，无有尽头。所以，由于任何一段距离中"多"的存在，他永远在无穷地接近乌龟，却赶不上、更超不过乌龟。这很合乎逻辑理性啊！就他的叙述框架而言，找出一个破绽来很难，历史上多少人试图反驳他都未果。

第三个论证，"飞矢不动"。它所依据的假定是"时间由霎间组成"（《选读上》，第35页）。飞着的那支箭实际上是不动的，因为箭在飞的过程中，它在每一瞬间只占据着与它自身长度相等的一个空间，所以在那一瞬间它是不动的。而所谓的飞矢的飞，就是由无穷多个这样的瞬间集合而成。但是，由于每一个瞬间都不动，无穷多个瞬间的不动加到一起还是不动。

芝诺把运动问题的边缘性推到了一个极端，向常识挑战。历史上许多人想反驳他。其中有一位哲学家，学生问他：您说咱们要怎么反驳这个该死的芝诺呢？老师不说话，来回走。学生说：老师啊，这是怎么回事？老师说：我刚才已经把他驳倒了！你看见我动没动啊？我达没达到我的目标终点啊？但如果芝诺在场，他会说：您在现象上是动了，但是按道理讲，您在终极实在的层次上还是没动起来，所以您相信的那些运动和变化只是幻象或意见。如果您说您真的动了，请从理论上而不只是现象上给出您的论证。

关于芝诺悖论，我点一下一个关键处。如果你承认任意一条线段是可以被划分为无穷多个点的集合，而且每个点是一个静态点，我叫它"死点"，你就进入了芝诺悖论的有效范围之内了。①所以如何看待"这一点"很重要。世界最终极的真实之处有没有这么一个点（以使得"点对点"的定域因果链能起作用），有没有那么一个静态瞬间，是关键所在。"飞矢不动论证"说，飞着的箭在一个瞬间占据了和它等长的空间，有这么一个瞬间吗？这是需要质疑和思考的。如果承认它，像初等数学告诉你的，那么它就把你的思想在根本处框住了、定住了。你就会倾向于同意：这个世界可以表现为运动，可那只是我的感官所感知到的假象和现象，而理性告诉我们，本质、最终极的实在是不动的。你回想一下，自己在做计划的时候，是不是越是需要反思，你的思想就越单一，越线性理性化，越芝诺化？可是你在日常思维里，尤其是那种不经意的边缘思维里，却满不是这么回事。你起床抬腿就走，你怎么敢抬腿就走？地上万一有个陷阱怎么办？骑上车就敢走（也不怕它散架），这个车就受你的边缘意识控制，穿街走巷，超车赶灯，管它什么悖论！那时候你的思维是动态的，乘长风破万里浪式的。但是越是讨论正经事的时候，越是需要论证、需要"是其所是，非其所非"的时候，这些个"死点"就冒出来了。你就会设想出许多困难、许多个"万一"，左不是，右也不是。你就会纳闷：怎么忽然要干成一件事就好像比登天还难了呢？与之不同，赫拉克利特说世界的终极处只是一团永恒的活火。那个点本身根本不是死点，而是燃烧着的带有趋势的活点或火点。这和中国古代的思想有某种相近之处。

---

①　当代以分析方式来论证道德悖论的人们，也往往诉诸芝诺式的框架。比如"电车难题"（1967年由 Philippa Foot 提出，到本世纪影响不减）：一辆失控的飞驰电车将轧死五个在这条轨道上工作的人（后来被有的人说成是：这五个人是被不法分子捆绑在轨道上）。但它将经过一个交叉口，电车上的那个司机（假设是你）可以拉动手柄，使电车转到一个叉道上，从而避免这个悲剧。但问题是你可以看见那个叉道上也有一个人在工作（或也被捆绑在轨道上），拉动手柄就必然会轧死她/他。现在的问题是：你应该拉动手柄吗？无论你怎么回答，A 或非 A，都有道德缺陷（比如功利主义就会掉进这个坑里。按它那"为最大多数人谋求最大利益就是善"的原则，它应该选择 A，也就是拉动手柄。但选择去轧死一个或少数无辜者的决定，绝非令人心安）。它已经设定了一个芝诺式的无限死点的集合，即排除了时机性的二择一的局面（比如民间的"你母亲和妻子掉入水中，你先救哪一个？"之类的说法，或"如果人类最后剩下三个人，只有两个人吃掉第三者才能活下去，该不该吃她？"的设问［《为什么人类还值得拯救？——刘慈欣 VS 江晓原》，载《新发现》2007 年第 11 期］），也就是你无论怎样选择，都会遭遇道德困境。可是实际生活中的突发情境不会是这种形式逻辑（A 或非 A）化的，或让人的道德本能无法活动起来从而注定"追不上乌龟"的。每一个具体的生活情境的每一刻，都是潜藏多种可能性的活点，不会被光滑的思想逻辑完全彻底地压扁为一个个的死点。当然，我没有要否认这种"思想实验"的哲理价值的意思，只是希望让人看到，它仅仅是各种激发思想的方式中的一种，而且是像芝诺悖论那样的比较偏激的方式。

下面我来概括一下这三个人之间的关系。毕达哥拉斯以一统多，多源自一。一是数的本原，数是万物的本原。他承认多，但是多的根子还在一（一是第一个数，由一累加能形成一切数）。巴门尼德就不要多了，唯一不二。这"一"转化为观念化的自然语言，就是存在、是，或者存在本身、是本身。它不可能不是，它跟不是没关系，这样就把变化完全赶出了哲学，没有不存在了。真实的就是存在的，是静止的、完满的，这才是世界的本性。表面上你感到的那些东西都是虚幻，表象认识只是意见（你觉得它一会儿动一会儿静，其实没动）。芝诺为了捍卫老师的存在论，发明了一种思想的定身术。经过他的论证，什么东西都定在那儿了、动不了了。你主张一的唯一不二，当然没有运动可言；而你承认多的真实性（也就是承认任一线段可以被划分为无穷多的死点），那么事物也要被定住。所以他的观点是多必归一。

他们的思想既怪异，又奇特，不同于常识，也很不同于东方的哲理（那边也有自己的奇特之处）。特别是芝诺的运动悖论，更像是在直接挑战人的基本理性。但我完全不否认这些"怪论"对哲学思维——边缘思维——的激发。它们像寒光闪烁的利剑，锐利而残忍；但有时又像钻石，在你领会它们的灵光中放出璀璨的光芒。去从各个角度打量它们、玩味它们乃至最后反省它们吧，不然你就永远进不到西方哲学主流的灵魂之中。

第三节　柏拉图的理式论

一、理式论

现在来看柏拉图的终极实在观。巴门尼德的"唯一不二"说，用存在定住了世界，获得了确定性，但是丧失了解释绝大部分世界的可能。对这个千变万化、多姿多彩的世界，他只会说：存在者存在，非存在者不存在。他下棋就走一步，你说这棋怎么玩儿？一步棋太单调了。柏拉图觉得不安。他深受毕达哥拉斯和巴门尼德的影响，把这两个人的学说结合了起来，同时还反着接受了赫拉克利特的思想。赫拉克利特讲万物皆流。柏拉图讲，万物皆流没错，但那是在现象世界，终极真实的世界却不变。只是这不变者不止是一，里面也有多。是的，根儿上是一，但它在现象界中就要表现为多。这主要体现在柏拉图思想的核心即理式论中。

"理式"这个词,拉丁化的希腊文是 eidos 或者 idea,在英文里的翻译就是一个大写的 Form。对这个词的最常见的翻译是"理念",但是有些专家认为不够好。"理念"意味着理想的观念,但柏拉图那里还没有多少观念论的影子。而且,这个词的意思含有很强的视觉感,是你用灵魂之眼看到的那个模型,根本的原型,所以有人建议翻译成"相",也有人认为可以翻译成"理式""理型"等。我个人倾向于"理式",即"理想的形式"。

理式几乎有无穷多个。因为世界上的每一类事物都依据一个理式而存在,使得这类事物乃至我们对它们的称呼得以可能。它就是这类事物及其名称的原因。比如,为什么我们管一个东西叫"桌子"呢?因为存在着一个桌子的理式,这张桌子只是因为分有了这个桌子的理式才成为了桌子,我们叫它桌子是比照着理式而如是称呼。这就像我们之所以说这个东西长 5 米,那个东西的体积有 27 立方米,是因为有一条理想的"巴黎米尺"(指巴黎米原器,其长度作为国际标准的 1 米,或"光米",即同位素氪 86 气体放电时产生的一种橙色光谱波长的 1650763.73 倍),使得我们说某物有几米长的可能。用柏拉图的话说就是,每一个具体的"米"都是因"分有"了那个理想的"米本身"才可能。只不过巴黎米尺是人为设立的,而理式不是或不只是人为设立的,而是完全理想化或形式化的。现实中的桌子可以不再是桌子,比如把它拆了或把它烧了。但是桌子的理式不可能变,你拆不了也烧不了它。它存在于一个理想世界中,也就是一个思想的、完满的但是客观的世界,不止是我们脑子中的东西,比如想到的观念。

亚里士多德这样记述老师的观点:"柏拉图也接受了这种说法[即要寻求普遍有效的定义],但他主张定义的对象不是感性事物,而是另外一类东西,任何感官对象都不能有一个普遍的定义,因为它们都是变化无常的。他把这另外一类的东西称为理念[即理式],认为感性事物都是按理念来命名的,因理念而得名的,因为众多的事物之所以存在,是靠'分有'与它们同名的理念。"(《选读上》,第 72 页)现象事物分有了理式的真实性,这张桌子才有了桌子性,理式是这一类事物"是其所是"的内在原因。比如美,你说这个东西美,那个东西不美,这棵树美,那只鸟美,柏拉图说:如果你心里不知道一个美本身或美的理式,你怎么知道去说这个美那个丑呢?你说这个长,那个短,你要是不知道长本身是什么,你怎么敢说这个长呢? 这个不只是哲学史的问题啊,这是一个直观的问题。他的一个很重要的论证就是断定:你一定已经有了一个确定无疑的标准,然后按着这个标准去言说去思考,你才能有相应的名称分类和理性思维。

"如果有人向我说,一件东西之所以美,是因为它有美丽的颜色、形状之类,我是根本不听的,因为这一切把我闹糊涂了。我只是简单、干脆、甚至愚笨地认定一点:一件东西之所以美,是由于美本身出现在它上面,或者为它所分有……美的东西是美使它美的。"(《选读上》,第73页)最后这句话中,第二个"美"是美的理式、美的相、美的理念,我们按照它才能说什么东西美。"是大[的理式]使大的东西大"(同上),一个人比另一个人高一头、大一块,不是因为那一块,而是因为大本身。因为多出来的一块不一定大,如果它相比于两人各自的身体是小的,而你说一个人大是因为这一块小东西,在古希腊人看来,这不就荒谬了吗? 他之所以大是因为大本身。"绝对存在的东西[之所以]是绝对可以认识的"(同上书,第85页),就是凭借理式。这就是巴门尼德的存在论思想在柏拉图这里的延伸。万物最后总有一个不变的实底、标准、理想形式,一切都按照它来走,它给了万物以存在或相对的稳定性和秩序,使得我们对实在的多种认识成为可能。

我们对现象的理解是意见。为了说明这个意思,柏拉图让对话这样进行:"既然知识相应于存在,无知相应于不存在,我们就该找出一种处于知识与无知之间的东西,如果有这种东西的话。"用这种东西就可以说明我们平常的认识。于是对话者就回应道:"当然应该。"苏格拉底就接着问:"不是有一种东西叫意见吗?"(同上书,第85页)对方马上承认。这是唯理论的经典之说。"意见"就是我们平常对现象的认识,表达为一些人云亦云的观点。意见不一定是从别人那里来的,你感官认识的东西也是意见,都可能出错。比如一个东西你这么看是圆的,那么看可能就是方的,或者是三角的,这都算意见。柏拉图在此同意毕达哥拉斯的观点,认为意见的本性是不定的二,不是唯一的那个一,因此是介乎知识和无知之间的东西。所以爱意见者就是普通人,爱智慧者就是哲学家,而爱智慧就是寻求那唯一不变的东西,也就是对理式的知识。

二、四线段喻

对这样一个存在和认知的格局,柏拉图用著名的四线段喻或四线段论(《选读上》,第91页第3段)来阐明。在我们《选读上》第91页注释3中,编者根据柏拉图所讲的这个四线段论画出了一张图,但是它有一定的问题或缺陷,需要改进一下。

书上的图把每个线段画成同等长度,这不符合柏拉图的原意,因为他希望线段的长度代表认识的真实性。[①]而且,将此图以水平的方式来画,也不如画成是直立的好,因为后者才能表现柏拉图心目中认知的高低。好,我们现在就依柏拉图所说,用一根竖立的直线来表示我们的认知和相应的存在者,此直线上的线段长度表示认知和存在的纯粹性或真实度。

让我们在全线段距底端的三分之一处,画下第一条线(最长的水平线)。此线的上部代表知识或可知的理性世界,下部代表意见或可见的感性世界,最下面的线外处则象征无知或不存在。知识代表真理和存在本身,意见里面可说是有一半真理,一半虚假,或既存在又不存在,所以它的真实程度要比上面少一半,而相应的线段长度就是二比一。然后,按照这种二比一的比例将两部分的线段再行分割,就形成了四个线段:从下往上,依次是肖像(比如画家画的桌子的图像)、事物(现实的桌子)、数学对象(对桌子形状的几何表达和数字计算)和理式(桌子的理式)。数学对象——无论是几何的还是算术的——也是不变的,但是它的真实性比不上纯粹理式,因为数学是有感性前提的。比如几何要借助可见的图形来进行讲解,虽然数学家们心目中真正指向的是纯数学的对象。而且数学要利用假设或直观明见的公理,由此向下推衍,得出定理,所以它不能上升到最根本的"第一原则"(《选读上》,第90页)。而在线段的第一段,也就是理式的部分,情况就不同了。那里假设只是跳板,要被理式的辩证法超过,由此形成理式向上的运动,达到越来越纯粹的理式,最后朝向那作为一切理式之源的至善(同上书,第93页)。

---

① 柏拉图通过苏格拉底说道:"假定你面前有一根线,分割成两个不相等的部分,分别代表着可见的东西和可知的东西。然后再把每一个部分按同样比例分割成两段,表示明暗程度的不同。"(《选读上》,第91页)这"明暗程度"就是认知的纯粹程度,或体现理式的程度。

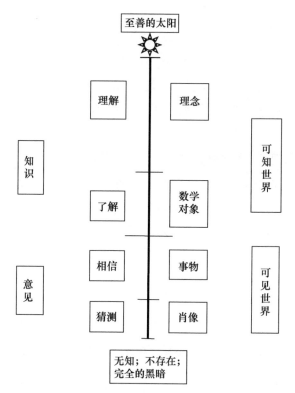

图1　柏拉图关于存在-认知的四线段喻

　　这里的思路大致是：知识的世界是存在；意见的世界是现象，相当于存在与不存在的混合；最高处有一个至善的太阳，是纯存在，或者说是一切存在和知识（光明）的来源；最低处是完全无任何认知可能的黑暗、混沌和不存在。这是柏拉图对整个世界和认知的看法，与基督教的天堂、地狱和人间的三重世界观大致相应。关于认知能力，相应于肖像的是猜测或想象，相应于事物的是相信，相应于数学对象的是了解，相应于理念的是理解。数学让我们了解认知对象，让我们能够解决问题，但是它没有让我们真正理解。比如，毕达哥拉斯之数（"四"）真的能让你理解什么是正义吗？柏拉图认为只有纯理式才让人理解。这就是著名的四线段论，非常清晰地表达出柏拉图和正宗的西方唯理论对世界和人生的看法。

三、总结

我来总结一下柏拉图的终极实在观。第一，一类事物凭借一个唯一的实在者而存在，它就是这类事物的理式。理式依靠自身而存在，而具体事物则依靠理式而存在。第二，理式是超感觉的、超意见的，它永恒不变，只能通过思想（语法、逻辑、纯形式推理）来达到，不能通过感官来感知。比如，感官看到的只是经验的三角形，而它是可变的；只有用灵魂的思想之眼才能把握纯粹的三角形，这时候对于三角形性质的论证才是严格的、可理喻的。第三，理式是一类事物及其名称的第一原因。桌子的理式是所有的桌子的第一原因，勇敢的理式是所有勇敢行为的第一原因。换句话说，人的某些行为之所以被称为勇敢的，是因为它们分享了勇敢的理式，就像所有的米数分享了巴黎米尺指向的"米理式"。概言之，事物之所以存在或是其所是，乃是因为分有了相应的理式。后来亚里士多德把理式看作形式因和目的因，但是他说世界不能只有形式因和目的因，还要有质料因和动力因。

总之，理式是唯一的、超越的，是事物存在的源头。它是多中之一，但是这个多中之一和毕达哥拉斯讲的那个多中之一已经不太一样了。它是按一类类事物给出的，而且这个理式可以用自然语言表达，是表类语言的脊梁。"桌子"就归为桌子的理式或理念就行了，不需要把桌子再换算成数了，不用再做数的思辨，而只需做概念或范畴语言的思辨。这样柏拉图就结合了毕达哥拉斯和巴门尼德，还有赫拉克利特，形成了他的影响两千多年的一个学说——理式论。它虽遭到了当代哲学的严厉反驳和反复批判，但是我不认为这个东西已经死亡，它在西方文明中的根子太深了。

最后总结一下西方广义唯理论的终极实在观。我们上面曾说到，唯理论（rationalism）这个词的源头是 ratio，就是成比例、有比例，唯理论讲的"理"或"合理"跟数学里的"有理数"——能够被表示为整数和成比例数（分数）的数——息息相关。毕达哥拉斯认为一切都能够用数（就是有理数）来表示，后来发现不行，根号二（$\sqrt{2}$）即正方形的对角线与边长（设其值为 1）没有可比性，找不到那个 ratio，当时就傻了，觉得受到了重大挫折，据说还将发现者或泄露者沉海处死。西方人按着形式走，形式上出了毛病，他就觉得不行了，天要塌下来了。因此，毕达哥拉斯学派后来就更加重视几何，因为碰到无理数，虽然数字上没法表达，但还可以用几何结构来处理。在这里，合理就意味着能找到一种量度、量法，在所有的参与者中间找到某种公约数或公约比例，能够把大家都量尽，由此产生一个和谐关系。毕达哥拉斯定理就是一个典型的成就。后来西方数学、学术、科学的发展，就是找到更深密的乃至非线性的数或形式，使得原来无量度的地方出现量度。比如无理数被以尽量合理的方式纳入实数，就在更深密的层次上被合理化了。无穷小、非欧几何乃至现今的人工智能新算法（如"深度学习"的算法），都是这种新的毕达哥拉斯之数。但如果这种新突破充分实现它们的哲理意义，则可能导致对传统唯理论的反叛，不过这是后话了。具体说来，唯理论（特别是古典的唯理论）有这样几个特点：

第一，唯理论认为终极实在，不管叫它数、是或存在，还是理式（理念）或不动的推动者（纯形式），其本身及其关系是完全确定的、可度量的、充实的、自身同一的、超出了一切变化或时间过程的。比如，巴门尼德讲的存在只是现在，和过去未来没有关系，所以它没有变化。

第二，终极实在与现象有根本的不同，后者就是处于时间和变化之中的那种存在者，相应的认识只能是意见。终极实在是纯存在，现象是存在和非存在的混合体，既存在又不存在，当然也不是完全的非存在。我们生活的这个现象世界总让你牵挂着，但它又在流变着，所以不完全真实，你抓不住它本身。纯存在是使具体事物得其存在的原因。如果用"是"来表达，则"是本身"是使所有的"是者"们是其所是的原因，因而先于且高于具体的是者或芸芸万物。这种纯存在在宗教中就是神或上帝，他或他/她们才有纯存在，不可能不存在。可怜的人却既可以存在也可以不存在，而且其身体一定将会不存在，只有灵魂有神性，可以永远存在。按基督教的说法，人要通过不朽的灵魂跟神发生关系。这种思想局面或格局，可以名之曰"存在与现象的二元分叉"（dichotomy）。按照这一思路，整个世界和我们的人生分成一高一低的两个世界，即纯存在的世界和半存在半不存在的世界，前者从本质上就高于后者。这是一种根本上的二元论。我们这个现象世界是低一等的世界，还有一个更高的世界，你把它叫做理式世界、纯形式的世界、神的世界、上帝的世界、科学的世界、理想的世界都行。而非存在或不存在则是完全不可度量的、反理性的，不仅没有任何价值，而且是负价值，带给人生以虚无和混乱。

第三,唯理论的终极实在观是西方语言的形式突出特征的哲理体现。因此,这个传统和文化既偏执、分裂,充满了争斗,又非常犀利,有形式上的深刻和创新。这种思想方式造就了畸形的天才。尤其是当这种似乎独立的形式或纯存在通过现代科技得以体现(比如被实现为电脑和人工智能,具有了我们大脑的部分功能,并在不少领域里用来替代我们的智能),就具有了更致命的、重新塑造人类和世界的力量。工业革命让某种形式(如能量)获得了存在力量;而现在,原来脑子里的认知一旦变成了可用物质模拟和生成的东西,它就要深度地改造乃至威胁整个人类世界。

第四,对于终极实在和存在界的最合适到位的理解和把握,不是感觉经验、情感或行为感受,而是思想,尤其是他们欣赏的这种概念化、数学化、逻辑化的思想,将存在者当作理性化的、可以度量的对象来把握。

第五,对于终极实在的理解可以用某种精确化了的和具有推演力的语言来表达,比如说数学的语言、概念化的语言、逻辑的语言。这种对语言特别是类别化、概念化语言的信心,跟东方人的见地很不一样。这种信心的建立与西方数学对哲学的影响很有关系。在西方数学的范式中,你提出一个猜想或假设,如果表达它的"语言"(包括数学语言)是精确的,那么它是对的还是错的,应该是可以通过体系内的形式化论证来判定的,也就是有唯一解的。这种数学的思想延伸到了哲学和神学中,而神学就是宗教和哲学的结合。比如上帝是否存在,这样的问题被唯理论神学认为是可以通过严格的论证来证明的。这样,哲学就被视为一种是最高级的科学甚至数学,而与诗歌、艺术、宗教有了根本的不同。这是唯理论带来的一个重大思想后果。我们现在之所以有哲学系,与中文系、宗教系、艺术系都分开,跟这种思维方式很有关系。我们中国古代是没有文史哲的根本区分的。但真、善、美在西方传统中是可分的,哲学和科学探讨真,宗教探讨善,艺术探讨或表现美。

第五章 中国古代的终极实在观

第一节 西周的终极实在观

我们现在来看中国古代的终极实在观。这里的"古代"主要指先秦。中国古代的哲理主流是儒家和道家,后来又包括了中国佛教。它们和西方的唯理论在思想方法上形成了强烈的反差,就像地理上的欧亚大陆两端的对峙一样。中国哲理思维对变化的深刻性、不可避免性及合理性,有着终极的体会和认同。在中国古代哲理思想形成的时期,从西周到春秋战国,这样一个思想被各种智德之士反复阐述,并不是从我们后来认定的哲学家诸如孔孟老庄才开始的。比如周朝文化的直接塑造者文王、周公,都对它一再强调。在周朝建立的前后,它表现为一种忧患意识。周族人兴起于丰、镐这样的小地方,后来居然把庞大的殷商推翻了,所以周朝的建国者也深深感到天道不可以对象化方式来信托。原来说天子受到上天或(上)帝(天帝)赐给的天命,所以商朝的帝王们总认为只要祭祀充足,对上帝恭敬,这个天命是不会变的,但最后还是变了。周朝的创立者就一再告诫自己的子孙:我们要保住自己的江山,就首先要晓得,天道是不可测度和完全依靠的,今天有明天可能没有,所以只有用你们具有德性的行动和智慧来理解它、跟从它、维持它,社稷才能长治久安。

这些言论在先秦文献,尤其是最早的《尚书》《诗经》中表达得非常明显。比如《康诰》是周公告诫其弟康叔、其实也包括其侄周成王(他当时还很年轻)的话。周公辅政实际上是掌权,后来又把政权还给了成王。周公说:"敬哉! 天畏[威]棐[不可]忱[信赖]。"[1]意思是对天要敬畏,因为天的威权、力量

---

① 《"哲学概论"课教学资料》(上下册)(简称《资料》),第10页右。

是不可以依赖的,所以天威不可测度啊! 后来还用这类表达来形容帝王的心思和权威。这样的说法贯穿了周公的言论,而后来孔子最崇敬的人就是周公。还有"惟[天]命不于常[恒常]"(《资料》,第11页右),这个命就是天命,它可不会为了一个现成存在者的身份,就老老实实地待在他/它那里。所以一定要善待百姓,以生动的德行来匹配天命、留住天命。可见终极实在对于中国古代哲人,虽然变化无端,但不是反理性的黑暗混乱,而是可以凭借道-德理性——可表现为伦理道德,但其根扎在超出狭义道德的天道自得或至德之中——与之相通。另外《诗经》里也有不少类似的说法。如"天命靡常"(《大雅·文王》,同上书,第36页右),即天命不恒常,总在变化。对于《文王》这一诗篇,我们后面还会讲到。还有《召诰》中的一段,周公(或召公)告诫周成王:"惟王受命,无疆惟休,亦无疆惟恤。呜呼! 曷其奈何弗敬!"(同上书,第19页左)也就是:"王[你]承受了天命,说到吉庆是无穷尽的,说到忧虑也是无穷尽的。唉! 王啊,你怎么可以不加警惕呢!"(同上书,第21页左)后边是对原文的白话文翻译。我们的《资料》上册里选的中国古代文献,都有原文、注释和白话文翻译,为的是让古文欠佳的同学也能读懂,并由此逐渐加强自己阅读古文献的能力。这段引文中,说到周成王承受天命,也就是执掌了天下的最高权力,不止是吉庆,更有无穷尽的忧虑,因为天子的权力是从天上来的,而天本身的运作或天命所在,是没有定准的。可见中国古代哲理在这个要害处,是没有现成的"子承父业"的,因为"天子"之上,不是犹太-基督教意义上的"天父",而是无常规可言的"天命"。实际上连"以德配天"这个原则本身,也总面临再理解、再实现的要求。你怎么知道你做的就是可以配天的德行呢? 这不像西方数学定理的判定那样,是有明确规则可言的,而是总处于连续生成的张力之中,所以天子永远不能安享太平,而是要处于深深的忧思里,不断揣测和迎送天命的潮汐乃至风暴。

因此,中国古代的智者们关心的问题和思维取向,与西方的唯理论者非常不同。伯阳父就是一个例子。当时是周幽王在位,统治得很不好,恰又发生了强烈地震,"幽王二年,西周三川皆震"(《国语·周语上》,同上书,第58页右)。于是,周朝的太史伯阳父就这样来解释地震的原因:世界的根基是阴阳之气,如果阳气跑到阴气的下面,被阴镇住了出不来,就导致阴阳不调;阳气本来有向上的趋势,压制越久越狠,一旦爆发,就越猛烈,于是就发生地震(同上)并同时通过这个现象来预测国家的兴亡,说阳气久被压在下面就会阻塞地里的水源,水不能润土就导致饥荒等灾害,人民就会贫困,这样周朝就快要不行了,十年左右会灭亡(《资料》,第58页右)。果然,"烽火戏诸侯",到他预言的十年头上(幽王十一年),西周就被内患加外侵给灭掉了。周幽王被杀,周室仓皇东迁,从此进入东周时代。虽然这似乎是在以自然现象来解释政治现象,有的人会觉得是牵强附会,但细读也有其道理。特别是,阴阳结构可贯通自然与人事。比如说阳被阴压在下面,也可理解为贤人被当权的小人压抑排挤,或人们的正当愿望和言行被当权者蛮横压制,甚至可以解释为妃子褒姒篡夺正室申后的位置及其儿子姬宜臼的太子地位,等等。无论如何,从哲理上看,当伯阳父解释变化现象(比如地震)的时候,并不是西方唯理论者的那一套"以不变制万变"的思路,因为阴阳结构本身就包含深刻的变化,也正是为了说明变化而提出的。

还有一个史伯,西周末年的太史,也是一个很有智慧的人。有的学者认为他与伯阳父是一个人(看着也的确像,就其时代、官职和思想见地而言,也都像是一个人),有的则认为还是两个人。我们看到,中国早期的思想家大多不是史官就是对历史颇有研究心得的人,所以中国古代哲理一开始就脱不开变化,在通观历史的兴亡中得到对于终极实在的理解。史伯说不能"去和而取同",因为"和实生物,同则不继"(《国语·郑语》,同上书,第61页左至右),这是一句很关键的话。"和"就预设了区别,首先就是阴阳的区别,其次是五行的区别,虽然史伯这里没有提及阴阳而只提及五行,但也蕴涵其义了。更不用说,如果史伯与伯阳父是一个人的话,那么他肯定是阴阳与五行说兼备的。

史伯主张,只有那些有区别的东西(像不同的味道)相遇才可能交和,这样才能够生出新的东西来。如果只有相同的东西组合在一起,或只有肤浅的变化,比如数量的增加,它就不能生成新东西或新的可能,这样就为明显的或隐蔽的敌人留下了可乘之机,他们就可以利用对你的熟悉来整垮你。因此,一个国家的安危、一个人的命运如果寄托在"同"上,就很糟糕,没有什么活泼的气象,一旦有不可测的变化来了,就没有真实的应对之策,于是就"不继",也就是无法继续下去了。而"和"就不一样了,"以他平[交合]他谓之和"(同上页左),互为他者的人或事物相交相遇,总能生出新的东西来,面对突变就能有新的对策,你的选择也就多得多。所以后来孔子就说:"君子和而不同,小人同而不和。"(《论语》13.23)从哲理上讲,君子就是喜欢并能容纳不同者或"他者"的人,因而导致交和与更新;而小人则是狭隘短浅,只知与气味相投的人一起去谋求私利的人。所以史伯判断周王朝要出事儿,因为周幽王"去和而取同"(《资料》,第61页右),只与那些奉迎自己的奸佞小人(如虢石父)沆瀣一气,导致上下不交、官民相背、内外冲突,国家就危如累卵了。

第二节 《周易》的终极实在观(一)——易、阴阳和卦变时几

《周易》又叫《易经》,在它之前已经有别的《易》。据说是伏羲——中华文明的初祖——画了八卦,但说不太清楚伏羲生活在什么年代,大约是西元前40世纪吧。后来出现过很成熟的《易》的体系,比如夏朝、商朝各有《连山易》和《归藏易》。但是,我们手上的这本《周易》的故事则是从周文王开始的。"自伏羲作八卦,周文王演三百八十四爻[即六十四卦的爻数]而天下治。"(《史记·日者列传》,《资料》,第23页右)周文王把八卦重叠起来得到六十四卦,在被商纣王关在羑里的时候,于危难之中推演它们,创作了《周易》。因而后来的《系辞》讲,这本书就是生成于忧患之间——"作《易》者,其有忧患乎!"(《周易·系辞下》)

表面上这本书被用来占筮算命。其实算命的方法在全世界只要有人的地方就有。当时还有更尊贵的一种算法是用龟卜,甲骨文就来自它。但是,尽管世上有过这么多占卜术,无论是看手相、看骨相、巴比伦的看星象,或看水晶球,用纸牌占卜(《哈利·波特》中特里劳妮教授专门开占卜课)等,只有《周易》在哲理上成了大气候。《周易》首先引起儒家的关注,后来道家也跟进。孔子和他的弟子们写了十篇《易传》来揭示《易经》的哲理思想,这样一来,《周易》就生出了十只翅膀,号称"十翼",一下子就让此书在哲理世界中起飞和翱翔,对中国哲学和文化产生了巨大影响。这就是所谓的"人更三圣,世历三古"(《汉书·艺文志》),以此描述《易》的创作及其年代。三圣是伏羲、周文王和孔子,三古是上古、中古和下古。虽然《易》的表达有变化,但《易》卦象的结构及其蕴含的思想(下面马上谈到)却是一以贯之的。上一节介绍的那些注重天命及阴阳变化和他者交和的思想,就是从这个大背景中产生的,不止于政治的、伦理的和实用的考虑。总之,《易》历经数千年而绵延

不断,就像黄河长江一样,是我们华夏文明和哲理的源头。秦始皇烧了那么多书,《周易》却没烧,可能是觉得这卜筮之书对他还有用。"文化大革命"烧了那么多书,可《易》仍在民间流传。总之,无论从时间源头上讲,还是从思想影响上讲,《易经》都可谓中华第一经。春秋战国时期的儒家、道家、兵家、法家、医家、阴阳家统统取源于它,当然有的明显,有的隐微。

一、"易"的三个含义

按照汉儒的解释,《周易》的"易"字有三个意思:变易、不易、简易(《易纬·乾凿度》)。我觉得这确实抓到了《周易》的一个要害,所以我也采纳这个说法。"易"一身兼变化("变易")和不变化("不易"),而关于"简易",历史上讨论的不多,《易传》中也只有在《系辞》里讲到,①其义深邃。我把这个简易首先理解为易象结构的简易。所有的六十四卦都是由爻组成,实线(—)代表阳,虚线(- -)代表阴,你想这个是不是造成区别或他者的最简易的方式之一? 你还能想到构造一个更简易的区别的方法吗? 德国的大哲学家莱布尼兹看到了中国的阴阳爻结构,实际上是《伏羲六十四卦方圆图》(朱熹的《周易本义》称之为《伏羲六十四卦方位》),觉得极好,说这是我发明的二进制数学的一个表现。莱布尼兹的表示方法是 0 和 1,现在计算机编程还在用。0 和 1 有我们的爻象简易吗? 没有吧。0 和 1 形象不同,还是需要记住它们的区别;而阴阳爻象("—"和"- -")你根本不用记,它们简直就是从一个东西——原爻象——出来的,只是一个是连线,一个中间断了一下。这原爻为了呈现于世间,必须分身为二,凭借至简至易的区别造成存在之势,因此这二不是毕达哥拉斯说的那种散漫的、各有其存在的二,而是相互交叠纠缠(既相互对立又相互需要和相互构成)的原发之二,应该称为"一对"才是。

---

① 《周易·系辞上》:"《乾》道成男,《坤》道成女。《乾》知大始,《坤》作成物。《乾》以易知,《坤》以简能。易则易知,简则易从。易知则有亲,易从则有功。有亲则可久,有功则可大。可久则贤人之德,可大则贤人之业。易简而天下之理得矣。天下之理得,而成位乎其中矣。……阴阳之义配日月,易简之善配至德。"《周易·系辞下》:"夫《乾》,确然[刚健貌]示人易矣。夫《坤》,隤然[柔顺貌]示人简矣。爻也者,效此者也;象也者,像此者也。"

这"对"(—/- -)正是"一"的生命线,而"一"则是"对"(而非"两")的依据。①因此,阴阳爻中间的这个缺口是"灵犀一点通"之处,充满了意义发生的激荡,就像是水火相遇而蒸腾的喷口,正是边缘的构意源。莱布尼兹说爻组成的卦可以代表数,《方圆图》中间的方图里的六十四卦就是从 0 到 63。假如它是数,那就是象化了的数。只要看习惯了,你一瞥就可以从结构上直观到哪个数大、哪个数小,而且知道大小到什么程度,因为这里不是物理对象重要,而是关系和位置更重要。毕达哥拉斯学派用的是十进位数字,那些数学符号你都需要记住。而《周易》的爻卦象有直接的显象性和内在的紧凑性及粘黏性,因而能与我们的直观,特别是动态的边缘直观相通,所以具有追踪和表达动态过程的特点。这是它的"简易"的要义所在,我们下面会进一步阐释。

关于"易"的这三个特点的相互关系,我用一句话来表述:"易"就是在感受变易时凭借简易的方式来达到动态的不易;更准确地说,"易"就是以最简易的方式进入变易,以便直觉领会变易本身的不变样式。易要达到的好像是不变,但这个不变恰恰只是变化的样式,或者说是"变而通"了的"周普"样式。② 就像《周易》的八八六十四卦,每一卦都是变化的形势、格局,它从根子上是在变着的,而且正是这个变易在构造着这些格局。基于这种对终极实在的变易型的理解,中国传统哲学走上了跟西方很不同的道路。

这是中国人理解象数的要害。象数中更关键的是象,而象的推衍就会涉及数,当然数也可以表现为象。这种象数是如此简易,以至于它们不可以被充分地形式化和对象化,而是一种引发情境赋意和时机化领会的发生结构,和毕达哥拉斯的十进位数字和几何图形之数结构很不同,造成的思想后果也很不一样。毕派的"象数"思想后来没能在哲学中严格地延续下去,到了巴门尼德就剩"一"这个数了;到了柏拉图及以后,实际上只还剩了前面的

---

① 这是《易》理的要害处。世上万物万念,既非一,亦非二或多,而只是一对。"一对"抵制任何的对象化、定域化和静态化,而趋向于构象化、非定域化、叠态化和发生化。这里总有滤不掉的"重影""交汇"和"趋别",但又总可被时几化地调准、合作和命中。

② 《周易·系辞下》:"《易》穷则变,变则通,通则久。"变化到打通首尾、内外、始末,就是变通了,因而能够继续变下去,于是才能长久。这种变通就是一种"周普"或"周流普遍"的变化。某些学者就用"周普"来解释《周易》的"周"字,另一种解释是"周朝"之"周"(见黄寿祺、张善文撰:《周易译注》,上海:上海古籍出版社,1989 年,第14—15 页)。

三四个数吧。二也还比较重要,用来理解现象。而如果讲"正反合"的辩证法,三也比较重要。柏拉图(某种程度上也包括芝诺)开创了辩证法。四元素之说虽然在宇宙论和医学等古代科学中很有影响,但在哲学的核心部分,逐渐就不那么流行了。但是中国的《易》象数(包括五行说)却非常成功。

《周易》的灵魂就在于象数,或起码与象数内在相关。不讲象数的易学是相当残破的,甚至是没有灵魂的。新文化运动以来,很多治《易》的人觉得象数是迷信,就不特别关注了,把《周易》当作一个历史文献,从中发现一些历史和文化的事实,或者说它包含一些初级的哲学思想。大家看我们的《资料》的时候,可以看到这些古文献的编纂者们写的介绍,或者去读流行的中国哲学史教科书,乃至相关杂志、文集中的论文,可知他们评价《周易》及中国古代思想时的最高褒奖,往往就是"具有朴素辩证法的萌芽""原始的朴素唯物主义"。在这样一个崇尚概念化、逻辑化的学术框架里,我们中国古代思想的最高智慧永远只能是"萌芽",在最好的情况下也只是"朴素"。这种评价方式是我个人不同意的。这些"朴素""原始"之类的用语反映出一种根本的思想歧视。实际上,这种奇妙的象数引动了中国古代哲人长久的思考,从孔子及其弟子到后来的汉唐宋明清的思想家,其中包括道家、道教,里面有一个无比深邃的意义机制在运作。这是那些追求定域概念化的哲学家们理解不了的。比如黑格尔对它的评价就非常低,说中国人怎么能够依据这么直观的两条线和由之拼出的图形就理解世界的根本,从最具体的东西一下子就达到最抽象、最深奥的东西呢? 中间缺少了概念的中介环节,缺少思想发展的辩证逻辑,等等。如果你也认为哲学的根本在于运用概念化逻辑,那么《周易》确实就只不过是那种逻辑的萌芽罢了。

二、阴阳爻的互补对生义

要点就是要理解"爻"的哲理含义。这个字的笔画("乂")就表明了一阴一阳要相交,不是唯理论讲的那种现象与本质的二元分叉。阴阳没有任何本质上的高低,因为阴离了阳就根本没有阴,阳离了阴就根本没有阳,就像高离了低哪里还有高,前离了后哪还有前呢? 它们从根本上相互依存、相互补足、相互构成。后来儒家有点儿抬高阳,而道家更尊崇阴,但在源头处只能是阴阳互补交生的原结构。还有一个特点,阴阳碰到一块儿,就一定会生出新东西来,无论是生出新的存在者、新的元气、新的意义还是新的花样。因此,"生生之谓《易》"(《周易·系辞上》,《资料》,第127页左)。

有人受西方思想方式的规范,往往说:阴阳是构成世界的最基本元素,有时他们还将阴阳类比于古希腊人讲的元素。不过这一对阴阳可不是元素,因为它们没有任何自身存在的独立性,"故神无方[无定态],而易无体[无自体]"(同上),元素如水气土火却还各有这种独立特性。而且,阴阳之间不是A与非A这样的逻辑因素的区别。"阴阳"在古汉语中较早的意思是指,山坡或河岸朝向太阳的一面是阳,背着阳光或阳光被遮蔽的一面是阴,这个从它们的古字源上就能看出来。阳坡和阴坡并不是元素的关系,也不是逻辑关系、范畴关系,而是一对儿的关系,它们的特点是通过对着另一方(他者)而生出来的。所以阴阳既要对(结对、对立),又要生,用英语讲就是genesis by co-opposites。genesis是发生,co-是correlation(相互关联),还有complementariness(互补)之义,所以阴阳都是co-的,通过互补相对来发生,可称为"互补对生"。这个结构不同于辩证法讲的对立统一(unity of opposites),因为辩证法的对立统一缺少了阴阳结构的意义发生论的彻底互补性。黑格尔辩证法的出发点是主体,结合了芝诺、柏拉图的辩证法和康德的二律背反论及先验主体论,它已经有了某种存在性;然后凭借对于绝对理念的追求,进入它的对立面,即客体;耗尽了客体的合理性(说到底也是主体赋予它的)后,再转回来达到一个主客统一。这样一个正反合的辩证发展形成一种循环上升,指向最高级的绝对理念和精神。因此,辩证法预设了先验主体的独立性和原本性,而将它头脚颠倒,变成客体或物质在先,也不会改变它的基本思维方式,都是被定域性笼罩着的对立统一。阴阳结构多彻底啊,相互对立,但离了对方又什么都不是,具有原本的纠缠性和发生性,总可能生出全新的东西来。黑格尔的那个"正反合"也有出新,但它已经预定了一个框架,有主客体的某种分离,它的发展方向也已经确定了,总是从低级到高级,从简单到复杂。但阴阳哲理没有这种先定的框架,不受主客二元的束缚,其变化方向既可能从简单到复杂,也可能从复杂到简单,也可能循环往复,并无逻辑化的规律性和确定性。在这个视野中,从亡到兴和从兴到亡都可能,人类不一定总是进步,最后达到一个理想的社会。所以黑格尔不能理解它,是在情理中的。

阴阳说也不同于毕达哥拉斯讲的"对立是本原"的思想,不过毕竟有某种相似或形似。在人类哲理思想原生的地方,有时会出现这种相似。但是,毕达哥拉斯讲的对立本原跟这个"易"结构还是不太一样,因为它不够根本。我们的《选读》所录的毕达哥拉斯残篇中,既讲了对立是本原(《选读上》,第20页),又讲了十个对子(同上书,第19页)——一和多,真和假(曲),善和恶,正方和长方,光明和黑暗等。这些对子中,总有一边是更真实的,另一边是不太真实的。比如一是更真实的、更有价值的,多虽然也有一定的真实性,但是不如一真实。这与阴阳无真假高低可言而相互需要,还是不一样。而且毕达哥拉斯的结构缺少发生性,他根本没有讲到善和恶碰到一块儿产生了什么,生出又善又恶吗? 它是静态的,所以与阴阳的对立还是不一样。

中西哲理的一个关键就是如何看待"二"。两边都会重视"一",这是其地位注定了的;但如何看待"二",则表现出各自哲理思路的内在特征。我们以上说到,阴阳爻之"二"不是寻常之二,其特点可用两种方式来表示。一种是"交和之二"。阴阳好像是二,但它们一定会发生交和,由此而处于一与二之间的中和位置上。而西方哲学中的二则是一种"二元之2",我用阿拉伯数字的2,表示它是更形式化了的二,以上阐述的柏拉图的观点就是一个典型。另一种是"对生之二"。以前我常用"二对生"这个词,现在我觉得叫做"互补对生"更好。阴阳需要相互对立和相互补充,离了对方什么都不是,而且碰到一起一定会生发出新的东西来。因此,阴阳是男女夫妇关系、亲子关系、朋友关系、基因双链关系、量子叠加和纠缠关系。而西方哲学中的二是主次关系或主奴关系(比如毕氏讲的一与多,柏拉图讲的理式与现象,亚里士多德讲的形式与质料),甚至是敌对关系(比如毕氏讲的真与假、善与恶,柏拉图讲的理性的太阳与反理性的黑暗,亚里士多德讲的 A 与非 A,基督教讲的上帝与魔鬼)。

三、在卦变里赢得时几

阴阳互补对生实际上是一个让意义得以发生的结构,而且生成的意义不是主观的,而是原本的或原时的。换言之,它们不只跟心理有关,也不限于狭义的语言意义,还与存在或生命内在相关。在这样一个结构中,"阴""阳"这两个符号各自并不指称任何存在者、固定的状态或实体,而只能以"一对儿"的方式出现,造成最简易或最必要的粘黏式区别,使得意义、存在和生命得以出现。当然,阴阳无论就其字源还是原意而言,都与生存的源时空,即"日光之向背"或阴阳消长的"四时"相关,因此,它本身就会表现为构意时-空-间中的动态关系和位置,充满了直观的趋势表现力。看卦象有点像看中国字,也就是表意的汉字,它本身就在显示某种东西,不需烦琐记忆,无为而为。它还有一种内在的流变性,每个卦象都不是一个静态的和孤立的结构,所以解卦者能够从一个卦象看出它的发生性和可能性来。我们看卦象,一般都是从下往上看,从下卦或内卦(下面三爻)看到上卦或外卦(上面三爻),从初爻向上看到二三四五上爻,确实应该这么看。但把自下而上的爻解释成事物发生的第一阶段、第二阶段、第三阶段等是不够的,没有看到卦象的要害之处。

　　"象者,言乎象者也;爻者,**言乎变者也**。"(《周易·系辞上》,《资料》,第127页左)它说的是,《周易》经文中的卦辞部分("彖"①)所说的,就是卦象显示的意思;而那些组成卦象的爻及其爻辞所表现的,就是变化的趋势。相比于毕达哥拉斯的十进位数字和几何图形,象数有着强得多的发生性、流动性和旁通性。所以每个卦都包含着各种卦变的可能,也就是通过它的某种变形(爻的变性或重新组合),或与相关的其他卦象相互交换爻象,构造出新的卦,造成爻象和卦象的流动、变体和关联。"圣人设卦、观象、系辞焉,而明吉凶。刚柔[即阴阳及其爻象卦象]相推,而生变化。"(同上页右)爻象卦象的特点——至为简易,可翻转交换,关系和位置在先,等等——使得这种卦变可以随意和随机地进行,而且每个卦象经过各种变化后还跟原卦象有着深刻的联系或往来相通,名之曰"变通"。"一阖一辟谓之变,往来不穷谓之通。"(同上书,第128页右)我们常遇到的卦变方式包括:《乾》《坤》生六子(《乾》卦和《坤》卦通过交换爻而生成其他六个卦,再叠加而生出其他五十六卦),《乾》《坤》相交生出十辟卦(由它们一起组成《十二辟卦图》),其他的各种卦气图、八宫卦、李之才的《卦变图》,互体、旁通、往来、消息,等等。这里只枚举一些卦变的名称,就不详细解释了。大家如有兴趣,可以察看《周易辞典》等书。②

---

① 这里讲的"彖",指卦辞,不同于十翼中的《彖传》之"彖"。
② 张善文:《周易辞典》,北京:中国大百科全书出版社,2005年。

　　在算卦或筮占的时候,要准备五十根蓍草(或其他的代用物如竹签)。拿出一根不用,象征太极;然后通过十八次分合(及再分合)那四十九根蓍草以及某种方式的计算,就得出一个由六个爻组成的卦象。但你一般不能像查字典似的,马上由这个卦象或其中的爻象找到相应的卦辞或爻辞,得到你问题的答案。因为算卦本身是一个动态的发生过程,它邀请你进入其中参与它,在变化或卦变之中达到时几化的理解。换句话说,就是要感受到卦爻象相互转化的花样里的连通关系,这样才能找到合适的卦爻辞及其相应的理解方式,由此得到时中的答案。每一个卦都可以经历各种变化,却还跟这个卦有关系。比如《泰》卦一颠倒或翻转就是《否》卦,这两个卦之间就有"反对"或"倒象"的联系。实际上,现在的六十四卦排序的最基本的方式就是颠倒,后一个是前一个的颠倒。但是有的卦你颠倒完了还是它,那没办法了,就只能将所有爻的性别都改变,从阳变为阴,或阴变成阳,形成一个旁通卦。比如《乾》卦后边,第二个卦只能是通过六爻都变性而成《坤》卦了,这也表现出阴阳结构的互补对生。由于爻卦象的简易性,这种转化的花样是很多的,也是比较容易找到的。不过,越是巧妙的甚至高深的转化花样就越是曲折幽深。所以历史上或文学中与卦爻象相关的格局常常是一种难倒众人的困局,比如诸葛亮的八阵图,金庸小说中桃花岛上的八卦结构,等等。

　　解卦有各种各样的讲究,但其中的要害就是发现爻与爻、卦与卦之间的动态联系、相互映衬的关系和结晶的结构。以上讲到卦与卦之间可以通过卦变形成各种联系,而爻与爻之间则可凭借"承""乘""比""应""据"等关系而产生勾连,①由此而形成卦爻之间相互转化的花样。这种凭借卦爻的结晶结构来指向问题答案的思路,与毕达哥拉斯讲的"数的和谐代表着真实"有相似之处。但是毕氏那儿的和谐基本上是静态的,而这个爻卦象之间的和谐从根子上就在变动,这个卦生出那个卦,这根爻与那根爻之间有互相呼应(阴遇阳)的关系,等等。由于卦变和爻变对于《周易》是根本性的,它大大扩展了一个卦的意义空间和时间,但又不导致散漫无归,而是可使此卦翻转腾挪、里牵外连、蓄势待发,在适当的时机实现出、"坍缩"出它的某种含义。所以那么简易的卦象和爻象才能与那么隐晦的卦辞和爻辞发生有意义的当场关

---

　　① 参见刘大钧:《周易概论》,济南:齐鲁书社,1988(1986)年。特别是该书第三、四、五章。

联,并做出跨时间的追溯和预言。

卦象的变易流动性就从阴阳爻的"言变"本性而来。从造成原区别的两爻开始,按照最简单的方式就可生成所有卦象。一开始什么(对象)都没有,只有作为纯可能性的太极。太极要进入意识和现象,就必须以爻象出现,于是有了互补对生的两爻(两仪),太极图(☯)就是两爻关系的象征。两爻按照同样的方式再分就是四象,再分就是八卦,再接着分而又分,到了六爻时,六十四卦就出来了。①所以《周易》讲:"是故《易》有太极,是生两仪。两仪生四象,四象生八卦,八卦[重叠为六十四卦]定吉凶,吉凶生大业。"(《资料》,第127页左)实际上太极一定要表现为两仪,根本没有一个独立的实体太极。当然这里讲的"八卦"就代表六十四卦了,因为三爻组成的八卦一叠加就是六十四卦。这样,由爻卦象结构激发出的哲理思想就追随着有性生殖的或雌雄相交而生生的生命之流,乃至未来(阳)和过去(阴)相交的时间之流(因此阴阳结构的有效性也不限于有性繁殖)而乘风搏浪,其中饱含着生成变化的内在冲动和创新本能。所以象数虽然也是一种有形式表现的和可推衍的结构,你在象数及其哲理里头却找不到西方数学和哲学的那种形式突出的和崇尚绝对确定性的特点。这是两个范式、两种思维系统不一样的结构造成的(一个是近乎量子叠加和纠缠的结构,另一个则是近乎牛顿力学和欧氏几何的结构),可以说明不同层次的现象,其功能是相互补充的。

"是故刚柔相摩,八卦相荡。鼓之以雷霆,润之以风雨。日月运行,一寒一暑,乾道成男,坤道成女……刚柔相推,而生变化。"(《资料》,第127页右)这是《周易》的一个很基本的思路。刚柔就是阴阳,刚就是阳乾,柔就是阴坤。

---

① 《伏羲六十四卦次序图》(见《周易辞典》第21页,图18):

易象既不是几何的图形、事物的形象,也不是一般的数字,也不是形而上学的静态结构,而是引发我们感受变化的能力的那种意象结构,所以它确实能够帮助我们来理解边缘问题。我们讲到,边缘问题有一种闪避性。你总是抓不到它,但是它又困扰着你、吸引着你,也可以以非定域的时几化方式来解决。这种卦象、爻象所表现的思想,与对边缘问题的思考恰恰有很相似的地方。你想把它作为一个对象抓住吗?你抓不住。但是通过卦象乃至《周易》的整个结构,你就好像进入了一种像风吹、水流那样的边缘势态,于是就能够从思想(象思维①)上进入和领悟那种发生着的动态过程。正基于此,它才取得了其他算命之书之法绝对达不到的哲学思想地位。

　　《周易》(包括构造《周易》和解释《周易》的哲人)不但不要求摆脱变化,反而深知,要想理解甚至预言未来、明了过去,就不可能依据静态的思想结构、存在结构、数学结构,而只能靠自身包含着变化能力的、极为可塑的象数结构。通过它,把人的领会和动态的思维能力带到一个朝向未来和过往的冲动势态之中,就像音乐的旋律把我们的精神带到了一个非对象化的领会之中。象数结构很像中国古乐的音符或中国古代音乐的结构,借助它,你的理解力陡然上升,甚至能够冲向未来和过去。西方的数学结构到了近代科学也能预测,但这两种预测的结构和能预测的现象类型是不一样的。西方科学能预测的都是能够充分对象化的现象,越是稳定的宏观对象就越是说得确定。中国象数预测的大都是复杂的人生现象,不害怕时流和心态的变易。孔子根本不去为对象化的利益占卜,"不占而已矣"(《论语》13.22),但是他通过领会《周易》阴阳时几的要义来深究人生本身乃至国家、文明兴亡的趋向,从这个大占卜中得出了儒家对人生和世界的根本性的理解。比如什么是美德,什么是仁政,什么是天道和性命,等等。

---

　　① "象思维"一词及其相关思路由王树人先生首创和阐发。参见其《回归原创之思——"象思维"视野下的中国智慧》(南京:江苏人民出版社,2005年)等著作和论文。

第三节 《周易》的终极实在观(二)——答疑和《周易》哲理要点

一、答疑:实在可以是空心的

问一:"阴阳"展示的或让我们追随的是一个发生的过程,但发生的过程怎么能是终极呢?终极好像总应该是个根本性的东西,像古希腊哲学家讲的,要么是水,要么是原子,要么是数、理式、实体,等等。可《周易》这儿讲的就是一个阴阳相对生的关系啊,它又不是个什么存在,怎么能是终极呢?

回答:这个问得好,要点恰恰就在这儿,中国古代终极观和西方不一样的地方也就在这儿。发生源头、发生过程本身就是终极,中国古人就是这么看问题的,所以中国古代文明跟西方文明不一样。你们受西方传来的常规科学和哲学氛围的影响,对中国古代的思想方式已经比较陌生了。许多讲中国哲学史的书也是尽量将中国古代哲理往西方传统哲学的框架中套。其实,中国古人理解的天、天道和西方主流讲的上帝和存在不一样。上帝本身、存在本身能变吗?它绝对不能变。可中国古人讲"天命靡常",天也在变,作为终极实在的太极,就是一个阴阳关系或动态的生成关系。所以西方传教士在明代后期到中国来传教,其中的代表利玛窦就觉得,要让中国人理解西方的上帝困难之极。因为中国人总是觉得天是无声无臭的,它本身一定没有任何像人那样的具体位格、意志和事迹,也不说我们人类的语言,不像耶和华,对着摩西说话(《旧约·出埃及记》),和他签了十诫之约。总之,耶和华是一个有超越能力的人格神,还能干好多事情,能够六天内创造世界,和人签约,别人拜了异神他会很嫉妒,人不听他的话还要用烈火和洪水消灭人。这在中国人看来怎么能是天呢?这怎么能是上帝("上帝"这个词来自我们的先秦经典)呢?所以利玛窦为了让中国人理解什么是他们说的上帝,就先让你学几何学,与徐光启合作翻译《几何原本》。因为他很合理地认为,只有理解了几何学,你才知道有那种纯形式的存在者,慢慢地你才能理解上帝的神学特点。徐光启也的确相信了天主教,从一个发生终极观转到了一个不变的形式化的终极观,或者说让两者依不同境况而各行其道,并在科技(农学、天文历法、军器)和数学方面做出了卓越贡献。

问二:存在和终极实在是一样的吗？存在等于终极实在吗？

回答:当然不等于。在西方传统哲学里，它们基本上是一样的，终极实在就是纯存在。在中国古代的哲学传统中，则不是这样。终极实在是天道或太极，它既存在又不存在，它可能存在又可能不存在，它处在一个正在生成的过程的源头。一句话，它是非定域的。对中国人来讲，这才真实。一旦把它定住了，无论多高级的东西，马上贬值，所以中国人不会认为它是最根本的或确定不变的存在。为什么孔子是最高的圣人？因为他"毋意，毋必，毋固，毋我"(《论语》9.4)，是这么一位非常艺术化、动态化的思想家。不像墨家追求名实逻辑，或追求某种不变的原则。名家也是追求自身独立的名相，如公孙龙的"白马非马"论。但是那些人都没有成为中华的圣人，中国人觉得那些学说都不够真实，只有孔子、孟子、老子、庄子才行。佛教传入中国，就要适合中国的思维方式，后来就衍生出了禅宗。禅宗点悟人和传统佛学太不一样了。以前的佛教在天竺乃至到中土，都要坐禅入定，叫"定慧双修"。到了禅宗就把"禅定"(三昧)完全动态化了，一定要在人生的时机化过程之中实现，行、住、坐、卧处处有禅。你要是到不了这个境界就不算体会到真禅。为了打消执着，老师和学生之间说些机锋话语，甚至有打有闹，疯疯癫癫，在一霎那间开悟。印度人会觉得这无法想象，怎么庄严静修的宗教最后闹成这个样子？中国人则觉得这才是大智慧。唐朝禅宗六祖开出新风，风行天下，创造了人类宗教史、精神史的一个奇迹。这就是中国人的思想品质结出的硕果。

问三:实在怎么能是变化的呢？实在应该就是实心的啊！

回答:我们这门课讲的"实在"在英文里是 reality，这个词的意思就是真实，并不意味着实心。西方传统的本体论，亚里士多德讲的终极实在是"实体"，英文是 substance，它在下面支撑着变化，这个实在就是实心的，它不能变，它一变就全都变了。在它上边的现象或性质，却都可以变，变来变去，只要无碍于实体就无所谓。中国的主流终极实在观是互补对生的结构，包括我们要讲的老庄，这个实在是空心的、虚极而作的。但是在中国古人看来，它是更真实的，因为它能跟得上人生的变化过程，能够进入我们的生命，能够帮助我们丰富和保持这个人生。

二、《周易》哲理的要点

我来总结一下《周易》的几个要点。

第一，变有理。有变化的地方才能产生新的可能，才可能应对将来不可测的变异，所以才有真理，也就是真切的、让生命可能的道理。相反，不变的地方反而没有真理，因为它那里已经失去了新的可能。因此在《周易》里头，什么地方有变化，就"吉"就"亨"，没变化的地方就"凶"就"悔"。实际上，《周易》卦象的要害就是去体现变化和领会变化——"观变于阴阳而立卦"（《周易·说卦》），"《易》穷则变，变则通"（《周易·系辞下》）。这就是说，有变化处才行得通，才有活转和生命的延续。"日新之谓盛德，生生之谓易。"（《周易·系辞上》，《资料》，第127页左）中国人后来特别喜欢讲"生生"，生生不息，它的根子就在阴阳易象上。

第二，简入微。"易简而天下之理得矣。天下之理得，而成位乎其中矣。"（同上页右）这番意思我们以上已经反复陈述了：易象至为简易，在观念思维之前就以爻卦象带动起直感，所以跟得上不测的变化，使我们可以明了天下的道理，也就是追踪发生过程的易理。能够得到这种易理，那么就能成就我们在此过程中的地位或势态，我们对世界和人生的理解就进入微妙的状态了。这个"位"可以有多种解释：爻位、卦变之位、动态过程的可权变之位，相当于"势"（时势），促成非对象化的直觉领悟，总之是一种动态直观化或直觉化。跟得上变化、会利用变化的随机应变之势位，只有在最简易的象数结构中才能实现。《周易·系辞下》写道："夫《乾》，确然［刚健貌］示人易矣。夫《坤》，隤然［柔顺貌］示人简矣。爻也者，效此者也；象也者，像此者也。……《乾》《坤》其《易》之门邪？……夫《易》，彰往而察来，而微显阐幽。"这段话表明，《乾》《坤》的易简本性正是爻卦象的灵魂。随着此本性而行，才能打开《易》义之门，也才能进入《易》的"彰往察来，微显阐幽"的时间化和微幽化的境界。

第三，交为吉。交是阴阳相交，你看我们中国字都在体现这个意思，"爻"是这样，"交"也是这样。你可能会说，"凶"也是这样。但它之所以凶，是因为它把"乂"框起来了，或让它落到了陷阱里，就没有真正的交了。不交的地方或者没有变化，或者变化不深刻，就进不到非定域的原初叠加态。换句话说,阴阳不交就生不出新的可能,而位置的变化、数量的变化,也还远远不够。刚才讲了,《周易》解卦有一个原则,越是可变的地方,越是有奇特变化的地方,就越是吉利,不变的地方就凶险。如果你执着于不变的东西,表面上你强大得了不得,但是一旦面对未来,你的所有强势可能一下子就变成弱势,这样就很危险。如果你总是处于变化或可变之中,你就总有新招出来,情况变化了我也能变,我跟着变,或我能以变应对变,这就与只知坚守现成的优势完全是两个境界了。《泰》卦(䷊)是坤(三爻全阴)在上,乾(三爻全阳)在下,就很好;而《否》卦(䷋)乾上坤下,或天在上、地在下,似乎很合理,反而不好了。因为阳要往上走,阴要往下走,这样《否》卦阴阳就不交,所以不吉;《泰》卦阴阳相交得极为充沛,也就吉利得不得了,"天地[乾坤]交而万物通也"(《周易·泰·彖》)。

民国有一位解《易》的大家尚秉和先生,他引用他老师吴挚父的一句话来说明这个道理:"凡阳之行,遇阴则通,遇阳则阻。"[1](说例第20条)比如《大畜》卦(䷙)是艮上乾下,如前所说,看卦的时候要把它看成两个三爻卦的重叠,而且是从下往上看,初二三四五上。此卦的初爻为阳,向上碰到阳爻,这时就有危险,不能随便动;再往上还是遇到阳爻,就还是不能前行;到了第三爻,往上就遇到阴爻,形势就变好,"利有攸往",也就是利于前行了。解《易》没有一个原则是一脉通到底而无反例的,总还有别的解释原则或"《易》例"。为此你就要懂得变通,但是这个基本原则一般来说是没问题的,就是阴阳要相交才吉,只是观察相交的角度可能有不同。除了临近爻之间的关系外,还有所谓"应"的关系,就是说两个叠卦的对应爻之间有一种特殊关系。如果两爻是阴阳就是有应,如果是阴阴或阳阳就是没有应。比如《大畜》的初爻和四爻有应,所以初爻也不是很坏,这时候保守一些就可以不出问题。交为吉是象数结构本身向我们显示出来的东西,这与史伯讲的"和实生物,同则不继"属于一种思路。

《周易》强调变通,算卦只有变通了才准,一个事物变通了才吉利。要想达到通,不能靠西方传统哲学的普遍化。就像我们大家用一个共同标准、找到一个公约数或可普适的比例就通了吗? 不,中国人觉得那个通是硬通、假

---

① 尚秉和:《周易尚氏学·周易古筮考》(简称《周易尚氏学》),北京:光明日报出版社,2006年。

通,里头没有深刻的变,要凭借变化达到的通才是真通、灵通。实际上中医很充分地体现了这个原则。中医的原则就是要阴阳交,生出元气才有健康;阴阳相离则生命就有危险,或者阴阳错乱、失去了动态的平衡,也会生病。但是我觉得现在讲中医的书过于强调平衡,没有充分强调发生性。只有发生变化才能产生元气,就是不太平衡也没事儿;只求平衡,没有元气出来,人就衰老僵化了。

第四,中作极。中国古代思想特别崇尚中道,这在《周易》中就有体现,甚至在具体的解易原则中也有易象表达。卦象里边哪几根爻比较吉利、哪几根爻不太吉利呢?这里说的是比较大的概率,没有百分百的通例。一般说来,第五爻和第二爻往往是吉利的,因为它们在上下卦的中间,就上下卦而言,它居中就有两次和别的爻相交的机会,而别的爻只有一次,这样它产生阴阳相交的可能性就高。当然这是最简单的形式解释,还可以有更深刻的解释。比较容易出问题的,首先是初爻,因此那里爻辞常常告诉你要低调,这时候轻举妄动就会失利。更危险的是最上面的爻,走到边上去了,再往前没什么可交的了,就很危险,就像人一旦骄傲自满、眼空无物就容易坏事。

我们就以《乾》卦即《周易》的第一卦为例,来看一看这种中道。《乾》《坤》是《易》的门户,也就是一对儿纯阳和纯阴相对互补的变化之源。《乾》(☰)六条阳爻就是六条龙啊,作为一个卦来说是极为吉祥的。为什么呢?我们前面讲了卦变对于理解《周易》的根本重要性。《乾》虽是纯阳爻,但与《坤》(☷)的纯阴爻旁通,互补对生,所以不但有阴阳相交,而且交得特别微妙,导致全卦的阳气健行,其根正扎在对交发生而中行于元气之中。所以卦辞是"元亨利贞",对该卦做了一个整体的判断,它们的基本意思是"元始、亨通、和谐有利和贞正坚固"(《周易辞典》,第79页)。其意极其深邃,尤其"元"字,充满了源发生的时间蕴义。

现在来看此卦的爻象。"初九:潜龙勿用。"这根初九(阳爻数"九",阴爻数"六")爻表示的是一条潜龙,它应该潜藏在深渊里、大海里,不要大动或不要施展其才用。"九二:见龙在田,利见大人。"这个时位上的龙就可以呈现出来,去面见大人也是有利的了。这个"大人"表面上是一个有力量的人,但是也可以作广义的理解,可见此下卦的中位是很好的。"九三:君子终日乾乾,夕惕若,厉无咎。"这里或此时你就要谨慎了,小心啊,到了下卦的边上了，楚河汉界，所以要日夜警惕才能不出问题，面临危险也无大碍。"九四：或跃在渊，无咎。"这个"或"字表明不确定、犹疑，或腾跃，或返渊，所以也要谨慎，才能不出问题。"九五：飞龙在天，利见大人。"上卦中爻，巨龙腾飞上天，此时大吉大利，了不得啊！这时你怎么干怎么有理，而且必须去大干。这是最好的时候和爻位，所以后来皇帝就把这个位与势占了，所谓"九五之尊"嘛。故宫在建筑上也要体现九五之尊，很多殿都是宽九间、深五间，太和殿初建时也是，后来因特殊原因才有调整。"上九：亢龙有悔。"这下麻烦了，这一爻最危险，亢龙，太高了，太亢奋了，所以有悔。《乾》卦和《坤》卦很特殊，除了这六爻爻辞之外再接一个"用"，其他的卦都没有。"用九：见群龙无首，吉。"群龙无首，一般人认为不好，失了首领，但这里认为"无首"，阳刚变阴柔，才吉。把首藏起来，不让枪打出头鸟，不让它被充分对象化，而让它阴阳相交而中冲，这恰恰是中道思想。所以不是"首作极"，而是"中作极"。这个中从根本上是在"变化之中"，一旦离开生成变化就没有这个中了。哪里有一个确定的或可衡量出的中摆在那儿呢？所以这个中也被理解为"时中"。后来儒家道家都讲，在那个时机恰恰言中，恰恰命中。每一个卦都在表现时机，是生命时间的实现，每一爻也都有时间或时机，中国古代哲理特别强调这个"时"字，尤其是先秦，但后来慢慢就有些淡化了。

因此，第五，时成几。我们用正体字的"時"更能反映这个特点。左边的"日"当然指太阳，乃时间、阴阳的根本。右上边是"之"（止），代表草生长于土地上，又意味着行走。右下方是"寸"，原意是手腕上脉搏跳动处，又有分寸、尺度之义。所以"時"是指阴阳变化构成的内在尺度、节律或几微。

《易传》里讲：知几才能前知。"几"就是变化刚刚出现但是还未成形，一般人看不到，只有深通此道的高手可察知。这么说来，几在有无之间，大象无形，态势已经出现但还惚恍，这就是时、时机。现在那么多人玩股票，谁能赚钱？能够知几而把握先机者。一般人总是看到股票涨了买，跌了再抛，就已经失几了。谁不想得先机？只是你找到那个时机不容易啊。股票还可能被大庄家操纵，但战势的博弈之几，自然的反-动（老子说："反者，道之动"）之几，量子的真随机性之几，是不会被操纵的。所以，"夫《易》，圣人之所以极深而研几者也"（《周易·系辞上》，《资料》，第128页右）。

"时几"是理解《周易》的灵魂。以上讲的"三易说"——变易、不易和简易共同构成《易》理，说的就是这个意思。阴阳那互补对生之简易所造就的，一定是变易中的不易，也就是时几这个原变样式。阴阳必生发和变动，而这变易的瀑流在阳光中或变通中会生成稳定的、不易的彩虹晕圈，被我们直接感受到。因它是晕状的，所以我们在其中直观到的，不只是"现在"这个时间向度，就像西方传统哲学主流所认为的，而是由过去和将来交织成的当下，也就是时几。这里边的道理很深，我们慢慢体会它。

由《周易》表现出来的这几个特点，在中华文明后来的历史中处处都有表现，因此她重变化、重亲情、重发生、重时机、重中和。"刚柔者，立本者也；变通者，趣时者也。"（《资料》，第128页左）刚柔就是阴阳，这个"趣"是趋向的"趋"的另外一种写法。变通都趋向时、都有时，反过来，时里边充溢着变通，或就由变通构成。孔子及其弟子在其中看出"易与天地准"（同上书，第127页左）这样一个思想效应，相信《周易》是那能够体现天地万物变化内在机制的结构。《易经》也确实能够帮助中国古人应对终极问题，无论是个人、国家的安危存亡，人生的意义、幸福，还是生老病死，君子的修德广业，等等。《易》的思想处处都有运用，在中医、武术、烹饪、艺术、园林，甚至中国古代数学里都有。

《周易》的基本精神可以表述为："《易》之为书也不可远，为道也屡迁，变动不居，周流六虚，上下无常，刚柔相易，不可为典要，唯变所适。"（同上书，第129页左）"六虚"就是六爻，六爻或卦象不能被看成实体性的东西，而是阴阳差异或虚空处的发生结构、时几化结构，"六爻相杂，唯其时物也"（《周易·系辞下》）。如果把《易》看作不可变的典要原则，你就失去了《周易》精神了。它是要把我们带到变化所在的地方，理解变化，追随和深入变化，所以"唯变所适"。

《易》的这个意思在《诗经》的《文王》篇也有所体现。"天命靡常"，天命是变化的，但怎么能配合这个天，乃至获得天命呢？只有"聿修厥德"，才能"永言配命"（《资料》，第36页右），你要用自己的德行去呼应天的变易，以长久地配得上天命。正因为这样，所以"周虽旧邦，其命维新"，一个古老的小邦国，它的命运却在于能够出新。"有周不[丕]显，帝命不[丕]时"（同上书，第35页左），周朝十分显耀，而上天或上帝的大命要通过时几来赐予。这儿连"时"也出现了，一定要理解天命的时几构成的方式，这样才能够跟从上天，不被天时抛弃。

第四节　老子阐发的终极实在——道

　　老庄同样强调天命变化无常。老子本人是周朝的史官,对于变化有着深刻的领会。一般人看不到这个变化本身的真实性,认为真实的东西是不变的,可以被抓握到。或者,当人们看到没有什么东西能够被牢牢把住,金钱、权力都留不住实在,一个很强大的帝国、一个很兴盛的家族最后都没有了,就感到希望完全破灭,以为人生没有真理可言,一切"都付笑谈中"(杨慎:《临江仙·滚滚长江东逝水》),于是持一种历史相对主义和虚无主义的看法。但老庄的回答是不一样的,他们认为天下确实有终极真理和终极实在,只是它不能够被固定化、对象化、定域化,它就是道。道并不超越变化,不是那超时空的最高本体或总规律,而是一种让我们能够理解变化、进入变化、感受变化、协调变化的原结构,所以也是一种终极的意义发生机制。近百年来,由于深受西方传统哲学的影响,中国哲学史界常把老子的道解释为根本的实体,或者是统辖世界万物的总规律,我觉得都不妥当。

　　老子深刻地了解历史和世界的沧桑巨变。他发现时间浪潮的变化太可怕了,任何固定的东西都经受不住,一定要被风吹雨打去,这甚至比孙子讲的兵争还要变化莫测。你的每一个具体的坚持和执着,即便想尽一切办法,也还是守不住。那人是不是就对自己的命运完全无能为力了呢?当然不是。老子和庄子说,就在这让一切目标绝望的地方,在这似乎完全虚无的时刻,还有道。你一旦得了这个道,变化过程就无法摧毁你了,反而会为你所用,越变动就越来看护你、越来保持你,你就能够长生久视,这时你就"得道"了。

　　老庄对于道的看法和《周易》对于"易"或终极实在的看法是很类似的。只是老庄都不用易象,因为老子讲"大象无形"(《老子》第41章),不用再画出这些卦爻象来了,而是直抵那易象所要表达的枢机本身。在这个意义上,道和一般的无论什么规律都不同。

　　第一,它并不去规范世界,也不会像规律那样,被硬性地用来改造世界,因为道的本性是冲虚。它讲"道冲"(《老子》第4章),讲"致虚极"(《老子》第16章,后文省略书名)。金庸小说中的一些名字(令狐冲、冲虚道长)都是从《老子》来。冲就是虚，虚到极处，就"万物并作"。而且老子还爱用隐喻，说道就像水一样柔弱之极（第 8、43、66、78 章），所以人也一定要柔弱，不柔弱就会失去对原发的变化过程的敏锐感受，而原发的变化过程叫自然，自然而然（第 25章）。你一旦离开这种感受，你的思想就会将道硬化成那能被人所利用的规律了。规律是概括和规范变化的，而道是追随和协调变化的。所以规律是可以被反用的，敌人知道了你行事的规律，依照它来预测你、控制你和击垮你。但道不可被反用，因为它不是老老实实地听人摆布的，而是与时俱变的，你在这儿等它，它却到别的地方去了。

第二，人一旦得道，生活、言语、德性、行为、风貌全都会发生变化。当然，变化可能不止一种。比如，老庄描绘了多种得道者，有的吸风饮露，像处女一样清新；有的形残貌丑、疯疯癫癫，像济公一样怪诞；等等。但无论如何，得道之后，你一定会变得更质朴、更柔弱、更无我、更天真，也更天趣盎然，因为你已经与道相合，随天性而动，逍遥起来了。老子还说，得道者"如婴儿之未孩[还不会笑]，傈傈兮，若无所归！众人皆有余，而我独若遗。我愚人之心也哉，沌沌兮！俗人昭昭，我独昏昏。俗人察察，我独闷闷。澹兮，其若海；飂兮，若无止。众人皆有以，而我独顽似鄙。我独异于人，而贵'食母'"（第 20 章）。别人都是那么聪明，而得道者却显得又昏又愚又闷，像海像风，像是一个婴孩，总是依恋自己的、同时也是万物的母亲，即道，只吮吸这位万物之母的乳汁。西方传统的哲学与科学基本上是崇尚男性成人式的理性，而道家崇尚婴孩，崇尚阴柔，显得很天真，但深意在哪儿呢？婴孩是天地阴阳的孩子。如果你能够天真柔弱到那种程度，天地阴阳的变化就不会摧毁你，而是像父母一样看护你。你就不会被天地所憎所妒，而是被天地所疼所爱，总是想把你越养越好。这样就将本来不利的东西变成有利的了。

正是因为道家在预设阴阳互补对生的前提下看重阴柔，老子才说："为学日益，为道日损。损之又损，以至于无为。无为而无不为。取天下常以无事，及其有事，不足以取天下。"（第 48 章）为道就是进入道，需要日损，也就是越来越减少自己所把持的东西。最后达到无为，好像什么也不做，"群龙无首"，你就进到更高境界了，因为你的这种无为恰可以应机切中而为，所以无不可为。道是唯变所适的，也就是随着变化而生成和再生成的，不是任何现成的规范和知识。假如你把自己固定在一个确定的知识体系里，你就离道越来越远了,就像抱着越来越多的石头去游泳,你就会越来越不能感受水流本身的浮力和流向。这反映了中国古代哲理的非对象化、动态化的特点。它不是朝向某个确定的目标,为了追求它而执着于许多东西。这样的话,变化的潮流一下子就对你不利了,你得到的东西就终会被时浪淘尽。而是一定要进到无形无名,让变化之潮总也找不到冲击的实点,反而以其力为你所用,就像打太极拳一样,这样妙处就出来了。

老子、庄子乃至管子都认为水几于道,或者说是道的隐喻。水虚柔至极,没有自己的硬性存在形式,随势改变,而且还愿意往低处走,去往别人不喜欢的地方。但是水可以因势应时地变化,形成巨大的势态,也就是对变化趋势(即时机)极其敏感,能够乘变化之势来摧毁坚强者,出其不意,变卑下臭腐为高贵神奇(《庄子·知北游》:"臭腐复化为神奇,神奇复化为臭腐。"《资料》,第222页右)。所以攻坚强者莫甚于水,水滴石也穿。道也像水一样能够消泯一切坚强者,只是不会消泯那些像水一样柔弱随几的事物。后来兵家、法家都将老子这种"无为而无不为"的思路,用到兵争和权争中,但是法家在里面加入了对象化的目的和心机。比如韩非讲的法术势都是为君王个人的权力去服务,这是他理论不变的出发点。当然他讲要用术势来控制臣民,而不是只依靠可对象化的规则、命令、知识,这很合道性,可一旦有了那个不变点,它的作用在某些情况下就会失灵。韩非的遭遇和秦朝的速亡恰恰表明法家的局限,和老子讲的无处不在、化掉心机的天道还是很有出入的。孙子兵法讲得比法家更妙。孙子也讲势,要理解势和用势,而势是跟得上变化的趋向及其领悟。这些我们以后再讲。

第三,道是不能用概念化的语言来表达的,因为这个道太湍急、太沸腾了。"道之为物,惟恍惟惚。惚兮恍兮,其中有象;恍兮惚兮,其中有物;窈兮冥兮,其中有精。其精甚真,其中有信。"(第21章)可见此道虽然恍惚,不是逻辑范畴和因果律可以充分管辖的,但它也并不是不可知、不可道的。这种惚恍变化中有或才有象(无形大象)、精、真、信,就像非定域的量子态中也有或才有更深邃的真实和微妙。所谓"道可道,非常道"(第1章),是说道不可被那种概念化的、逻辑化、定域化的语言说出来,巴门尼德式、柏拉图式的表达在这里无效了。但是道在某种意义上又是可言道的,它能被对交式的、反着说的语言或惚兮恍兮的非观念化语言来道出。比如"万物负阴而抱阳,冲气以为和"（第 42 章）、"有无相生，难易相成"（第 2 章）等，就是阴阳对交式的语言；"无为""无状之状""反者，道之动"（第 40 章）等，就是反着说的语言。老庄之书，充满了诗的语言。《老子》几乎都押韵，许多章都是诗意盎然，所以海德格尔称老子所言为"诗意的思想"。而《庄子》开篇《逍遥游》里，已经溢满了中国式的浪漫语言了（《天下篇》称之为"荒唐之言，无端崖之辞"）。这种言道之道言又可称之为"象语言"。老庄讲的"水""谷""婴孩""大鹏""大树""风"等都是这样的象语言。其实"象"（这里不是指卦象，而是意象）是一种体会道、表达道的可行途径。庄子还讲一种"卮言"。卮是一种酒器，根据情况改变它的形态，空的时候就立起来等你来灌酒，灌满了就斜下来给你倒酒。卮言就是应合动态形势的话，用它们来"应于化而解于物"（《庄子·天下》，《资料》，第 234 页左）。比如后来受道家思想影响的禅宗里，有一个叫夹山的和尚去请教德诚禅师。德诚正在撑船，夹山就用隐语问他到底怎么悟道。德诚一桨就把夹山打到水里。夹山从水里刚爬上船，德诚就大叫："道！道！"夹山刚要说，又一桨打下去，煞住他平日的说话习惯。夹山忽然开悟，乃点头三下（《五灯会元》上卷）。这才是"道"！在突转的时机中道出自身，绝不被所道者稀释。可见，卮言或合乎时机的道言可以是无声之言。

第六章　古印度的终极实在观和中西印对比

印度文化博大精深，是人类最早的文明之一。按形成哲理语言的时间说来，印度哲学是最古老的，但它的哲学和宗教是不可分的。印度哲学对世界其他地区的哲学产生了不可忽视的影响。比如佛教传播到了中国乃至东亚，参与塑造了汉代之后的中国古代哲理。印度哲学对西方当代哲学也有影响。德国大哲学家叔本华说他一生中最幸运的事情就是读到了《奥义书》，给他开启了一个无比清新的思想天地。主要由于这种印度智慧——《奥义书》和佛教——的启发，他走出西方传统的哲学框架，提出了几乎全新的命题，并且影响了后来的哲学发展。印度人首创了数字零(śūnya)，和佛家讲的空(śūnyatā)原是一个字。零的提出可能受到了关于空的思想的启发，它认为空本身不是什么也没有，而是充满到无法形容，因而更重要，就用一个 0 来表示。这 0 通过阿拉伯人传到西方，我们现在也还在用。

第一节　概　　述

古印度最重要的文化经典就是《吠陀》，约产生于西元前 1500 年（甚至更早）至西元前 800 年。《吠陀》流传到现在一共有四大部，最古老的是《梨俱吠陀》，另外还有《娑摩吠陀》《夜柔吠陀》和《阿闼婆吠陀》。每一部《吠陀》又分四部分：《本集》《梵书》《森林书》《奥义书》。其中《本集》由对神的颂歌、祭礼和咒语等组成，是由雅利安人(Aryan)带来的。《奥义书》是对《吠陀》乃至整个前三书的哲理含义的反思和阐释，大约出现于西元前八世纪到西元一世纪。

印度处于欧洲与中国之间（偏南），印度文化的特点也几乎处于两者之间。创造《吠陀》的古印度人与欧洲人所使用的一大部分语言，都同属于印欧语系。但印度文明与欧洲文明非常不一样，后者比较纯粹地保留了原始印欧人的竞争性、侵略性、进攻性,哲理上也是形式特别突出。印度人发生了重大的变化,我觉得一个重要的原因就是印度文化并不只是雅利安文化。在印度河流域本来就有一个灿烂的达罗毗荼(Dravidian)文化,在 20 世纪 20 年代才被挖出来。除了其他方面之外,可以肯定的是这个文化为印度文明贡献了瑜伽修炼术,因为在遗迹中发现了做瑜伽的塑像,而在《吠陀》早期经典中并没有明确地提到瑜伽,迁移到其他地方的雅利安人文化中也没有出现瑜伽术。①后来的发展表明,瑜伽和《吠陀》《奥义书》的智慧有某种内在的契合(我们以下会说到),实际上显示出瑜伽修炼对于《吠陀》精神的再造,从而导致印度哲理形态很不同于欧洲哲学。这是人类文明史上很成功的文化与精神的融合。

　　印度人善做抽象、繁复而又不失精妙的思维工作,精神感受力非常深邃、敏锐、高绝,像喜马拉雅山一样,一定要达到超言绝相的地步,才觉得尽兴。季羡林先生用两句话来描述印度文化:深刻而糊涂,清晰而浅显。前一句用来形容我们今天讲的印度的正宗文化,即古印度教和《吠陀》经典传下来的主流文化;后一句是说被伊斯兰人征服后的印度土地上的伊斯兰文化。虽然印度人发明了因明逻辑,但是他们认为最重要最深刻的理解是超逻辑的,这就是所谓的“糊涂”了。另外,印度人对历史的记载尤其是历史的纪年不在乎,印度历史事件发生时间按不同意见差个几百年,完全无所谓。他们会对中国人为孔子是出生于鲁襄公二十二年(前 551)还是鲁襄公二十一年(前 552)争论不休大感惊诧。他们认为,重要的是得到真见识(insight),这是精神上的领悟,所以思想一定要飞翔起来,超出事实认定。往好处看,这真是一种难得的糊涂!

　　印度是对古代中国产生过重大哲理影响的唯一异文化,而且历史上通过丝绸之路进行的中印文化交流一直是美好的,非但对双方没有造成伤害,反而使她们尤其是中国文化得到了不断的丰富和促进,多样性增加,这是极难能可贵的。我觉得促成这种美好的一个关键,就是“丝绸”之路,它纤细得让强力过不来,而思想和货物却可以通过。当然,这种中印交好与双方的民

---

① R. Puligandla, *Fundamentals of Indian Philosophy*, Lanham · New York · London: University Press of America, 1985, p. 134, p. 297.

族特性和文明特性也很有关系。

印度人有着几乎是天生的宗教热情和天才,宗教流派丰富无比,甚至是稀奇古怪、无所不有。印度文学华彩照人,描写细腻婉转,但又不失真情和微妙的人生感受。其中最伟大的《罗摩衍那》和《沙恭达罗》,都有世界性的影响。季羡林先生说《罗摩衍那》三百多万字,实际上几千字就可以全交代了;但是印度人不这么认为,而是认为只有反复变奏才能把意思表达充分,由此看来她的文学具有强烈的音乐性。说到印度的音乐歌舞,更是从娱神到传情,绚丽动人,相信每个看过印度歌舞剧电影的人都留有深刻印象,虽是现代表达,但也源自深厚的传统。

印度哲理和宗教不分。不同于古希腊,印度的哲理就存在于宗教学说之中或者是存在于对宗教的阐发之中。正统的婆罗门教(后来称为印度教)尊《吠陀》为经典,从中衍生出很多流派,比如数论、正理论、胜论等。不尊《吠陀》为经典而且在某些方面有反叛的就叫非正统派,比如说耆那教和佛教,其也不可避免地受到《吠陀》和《奥义书》的影响。当然正统派和非正统派的具体学说也有明显差异。比如《奥义书》讲梵我的绝对真实,佛家却讲缘起、讲无我,这不一定是正面对立,但是毕竟倾向不同。佛教产生于西元前6世纪,相对于早期的《奥义书》也要晚一些了,经过了孕育、发展、繁荣、传播、衰落,到了13世纪左右在印度就消失了,到了19世纪后才有些复活的迹象。但是佛教在亚洲有着广泛的传播和影响,并成为世界三大宗教之一。在古代印度,除了唯物主义的顺世论讲享乐和物质第一,几乎所有的流派都分享着下面这几个共同的特点。

第一是信轮回转世。这个是中国原来没有的,后来随着佛教而传入。它说的是:人或者一个生命死了,灵魂却不死,根据你前生做的事情或善恶之业(karma)而再投胎,善业多的投胎的层次高,恶业多的层次低,而真正的大解脱恰恰是要超出轮回,就不用再投胎了。他们认为,另两种看待生命和灵魂的观点即身死灵灭和身死灵定是不合理的,后者只依据这个生命一生区区几十年的行为,就来决定其灵魂的永恒命运。情况应该是:灵魂超出了个体的身体,进行漫长的多世多重的生命历程,以承受业果,接受教训,忏悔向善,最终赢得解脱。所以,这整个思路反映出,印度古人追求的终极恰恰不是存在本身,而是要超出轮回的存在,进入另一种状态,也就是一种说不上存在也说不上不存在的更真实状态。

第二是苦行。印度人认为人生或生命的苦难只靠理智和献祭是无法摆脱的,如果不克制欲望,就得不到解脱。所以印度的哲学流派几乎都不满足于功利主义和享乐主义,而具有一个精神上追求的维度。

第三是印度人认为是无明(avidyā),而不是基督教讲的原罪,是一切苦难的根源。无明是指根本的认识出了问题,对世界、对自己的认知失掉了光明,失掉了真理。因此人类的苦难恰恰来自自己的无明,而超出名相执着的知识可以使人获得解脱和大安乐,甚至成为神,但是在他们看来成为神还不是最高的。

第四是他们认为瑜伽是获得解脱最重要的法门,有的流派甚至认为是不二法门。瑜伽修炼起于身,印度文化中身体还是很重要的,不是单纯地信仰就可以得救了,但是他们也认为最后要达到的是纯意识,而纯意识是高于身体的。

第五是印度哲学几乎都是人生哲学。印度正宗文化对人世间的享乐并不排斥,主张享乐在某些阶段也是应该的,所以印度教中不乏对生命的颂赞甚至对性力的某些赞美。但是在最终的看法中,人生是充满苦难扭曲的,要征服这种苦难就要追求真理。我的老师之一普利甘德拉(R. Puligandla)教授曾说:印度的宗教都始于悲观主义,终于乐观主义。悲观在于,它们认为人生有根本的问题和苦痛,因为人几乎天生都是无明的,易于去执着对象性的东西;乐观则在于,解脱的最后希望也在于人本身,不一定需要靠外力或神恩,靠自己的努力达到慧明就能获得大自由大解脱。

历史上印度受到异族文化统治近千年,先是伊斯兰教,后来是英国的基督教和军政势力,最后在甘地和尼赫鲁的领导下取得了民族独立。但印度的民族独立,和我们中国追求民族独立、应对西方挑战,所走的文化之路很不一样。中国通过抛弃自己祖先的文化,全盘接受西方的学术、科技乃至某种意识形态,认为只有这样才能走向现代化。而印度不是这样的。甘地受美国梭罗、俄国托尔斯泰(含某种意义上的基督教)的影响,尤其是继承了印度历史上《吠陀》《奥义书》及佛教等传统,提出非暴力抗恶的思想。甘地的非暴力主义似乎是个悲剧,他本人就被暴力暗杀,但他的伟大和思想光辉举世公认。可见现代印度的建国,是把复兴自己的传统文化与现代化进程、应对西方文化挑战结合在一起的。他们建国后致力于恢复传统，比如梵语在主流社会中早就死亡了，他们却要把它定为国家的官方语言之一。印度的总理在最隆重的场合，也总是穿戴自己的民族服装。

第二节　《奥义书》中的终极实在观

《奥义书》(Upanishad)，这个词的本义是坐得近，离老师坐得近，向老师请教，并没有深奥的意思，但是它的内容确实深奥，中文翻译成《奥义书》是很合适的。《奥义书》流传至今，比较有影响的大致有一百零八部，最重要的有十部：《伊莎》(或《自在》)、《歌者》(或《唱赞》)、《由谁》、《羯陀》、《六问》、《蒙查羯》、《唵声》(《蛙氏》)、《广林》(或《大林间》)、《爱多雷耶》、《泰帝利耶》，其中《广林奥义书》是篇幅最长、最著名，也是最古老之一。中国现在最好的《奥义书》译本是徐梵澄先生译的《五十奥义书》，我们《资料》上选的译文是由我的同事姚卫群教授翻译的。

《广林奥义书》开篇第二书讲创世，认为世界是通过死亡之神创造的，寓意奇特。首先出现的是水(又是水！)，然后由水凝聚成大地，再蒸腾出火，接着出现了生命气息(prana)，这个生命气息在后来的《奥义书》和瑜伽中都起作用，可以相比于中国人讲的那个元气。由死亡而来的创造者一次一次把自身分裂，就形成了世界的构架：元素、时间、空间、万物。这样世界就有一种整体的结构感，却也不能长久，因为起源处是死亡之神，世界就是变化不定的。

总之，对于《奥义书》的作者们而言，人生和万类生命就像被波涛左右的鱼虾蜉蝣，来去匆匆、轮回不已。《歌者奥义书》曰："此(世)行善(者)将得善生：或生为婆罗门，或生为刹帝利，或生为吠舍。而此(世)行恶(者)将得恶生：或生为狗，或生为猪，或生为贱民。"(《资料》，第387页右)古代印度人是实行种姓制度的：第一层是婆罗门(精神统治者)，第二层是刹帝利(世俗统治者)，然后是吠舍和首陀罗，这四个等级之下还有贱民。它原来有社群分工的含义，但自两大波入侵以来，逐渐硬化，而现代印度正在摆脱这种制度。正是因为认识到这种善恶报应的轮回和变化，《奥义书》的哲人们退归林下，清心寡欲，静观沉思，行苦行或瑜伽。这是印度哲人求真理的通常道路，想看出无定的世界背后，到底有没有能够超出无明和轮回的终极实在。经过无数

的卓绝努力,他们最后认识到:"这整个世界(都是)梵。"(《资料》,第387页左)

梵(Brahman),又音译成"婆罗门",是印度正宗哲学所肯定的终极实在。最开始这正统教派就叫做婆罗门教,中古以后尤其是近代以来人们称其为印度教。这些古印度哲人直观到,梵是这个世界的根本,世界由梵的各种化身构成。梵本身无名无相,由于我们出于无明把名相加到梵之上,就产生了这个光怪陆离的世界。名相或名色(拉丁化梵文 nāmarūpa,英文 name-form)的意义是广义的。关于某个东西的一个思想、一个概念、一个意义等都是"名",而你看到这个东西有一个形式、一个样子,可以让这个东西作为一个对象呈现在你的意识里的,都是"相"或"色",也就是所谓(对象化的)现象。任何一种有名色或名相的存在者,都只是相对的或幻化的存在,也正是一般所谓客观化的存在,注定了要被变化的大潮所摧毁,只有梵本身不毁不灭,"(不灭者梵是:)不粗,不细,不短,不长……"(《资料》,第386页右)。这也就意味着,名色化或观念-对象化的世界,包括物理学家们认为是真实的世界,可以是多重的。因为只有梵是唯一的,而被名相扭曲或"过滤"①了的世界,因所用名相的不同而不同。因此,当代有见地的物理哲学家们认为,"量子理论不是[对]这个世界[本身]的一个表示,而是对人与这个世界之间相互交融关系的一种刻画"(同上)。所谓"人与这个世界之间相互交融关系",用《奥义书》主流的术语来说,就是人加名相于梵而产生的一种关系世界。名相不只一种,所以这种关系世界也不会只有一个,"这样的多世界或平行世界的观点似乎也是宇宙学理论的一个结论:产生我们现在这个宇宙的过程应该也能导致其他宇宙的产生"(同上)。

说到梵的时候,你不能说它是什么,只能说它不是什么。梵并不是什么也没有,恰恰是因为有了梵,才能有这个那个。这种思路在《奥义书》中反复出现。梵不能被看见,但正是梵使所有的看可能;它不被听见却使所有的听可能;它不能够通过你的概念认知来领悟,但却使你的所有领悟得以可能。它是最原本的"使你能",但是它本身是你通过任何方式都把握不到的。当你把握的时候它就躲开了,所以人一般总要在梵那里遭到挫折。《由谁奥义

---

① 乔治·穆瑟(George Musser):《物理规律是客观的吗?》,载《环球科学》2019年10月号,第27页。

书》(I.5—7,9)这么说:"梵是那样一种东西,语言无法表达它,心思无法达到它,总要错过它,那无法被语词表达,但凭借它人们说出语词者,哲人知道那就是梵。梵绝不是那被人们崇拜的存在者。"印度人崇拜神,而且是多神的。没有哪个神是绝对的,因为这些神已经被加上很崇高的名色,不是最高的梵。梵本身是无法崇拜的,即使作为一个最高的对象来崇拜也不行。这是印度的宗教宽容的哲学基础。因为在宗教的崇拜形式和体制之后,还有更根本、更真实的大梵,所以宗教之间就不是你死我活、A 或非 A 的关系了。

对于梵,也有两种不同的看法——"确实存在两种梵的形式:有形体的和无形体的,有生灭的和无生灭的,静止的和非静止的,此有的和彼有的。"(《资料》,第 386 页左)要想得真正的解脱,一定要找到无形体的和无生灭的梵。这个梵作为终极实在和西方的唯理论讲的"纯存在"是不一样的,因为那个存在是能够被名相来表述的。梵跟中国人讲的终极实在"天""道"有某种相似处,但还是很有区别,这个大家会逐渐感受到。当印度人朝向外面的世界,在瑜伽修炼中达到三昧直观,所得出的一个结论就是:梵是唯一的终极实在。

另一方面,印度哲人在反观自己的内心世界时,发现不外乎是感觉观念、思想观念、意愿、欲望等,也是此起彼伏,像滔滔不绝的江流一样。于是他们也提出一个同样的问题,我们的精神世界背后,是不是也有一个不被变化摧毁的最真实的东西?经过长久沉思,尤其是经过瑜伽修证,他们最后达到了一个终极认识,而且是肯定的直觉认识:的确有一种不受所有名色、规范所影响的纯意识,叫"大我"(ātman,又常写成 Atman,阿特曼)。ātman 的原义是呼吸,德语中有一个相似的词 atmen,它的意思也是呼吸,显示出两种印欧语系的语言在此有着同样的词源;但是两个词的意义还是有所不同的:ātman 还有"我"的意思,而德语的 atmen 没有。印度人认为呼吸是与生命乃至意识共始终的,于是从"呼吸"迁移到另一个意义,就是"我"。当然这个 ātman 指大我,而不是经验之我,大我是不死的。阿特曼和西方近代哲学讲的自我(ego,subject)——或经验自我,或先验自我——也不一样,它超言绝相,不能被思辨逻辑推导出来,也不能被主词所指称,只能在人的非对象化的纯意识中被闪现出来。

"那阿特曼(应被描述)为'不是这个,不是这个'。(阿特曼)不被领悟,因为(他)不能被领悟,不被毁灭,因为不能被毁灭,不被系缚,因为不能被系

缚,(他)是自由自在的,不遭受(痛苦)的,不被伤害的。"(《资料》,第386页右)
如果你能把自己的人生和阿特曼契合,你就找到了自己原本的东西,找到了
自己的阿特曼,你就超生死了,"他(就)是你的自我(阿特曼),是内部的控制
者,不朽者。"(同上页右)正基于此,"他(阿特曼)知道:'我就是这创造,因为
我产生了这一切。'"(同上页左)

这里就出现了一个问题,阿特曼和梵是什么关系?难道这是两种不同
的终极实在吗?一个管着外在世界,一个管着内在世界?确实有的流派认为
内部的终极实在和外部的终极实在是不一样的,比如数论派(Sāṃkhya),就
是古印度式的二元论,当然这一派是在早期《奥义书》之后出现的。尽管《奥
义书》中也有不同观点的反映,但是它的主流倾向原本是一元论的。其实叫
"一元"都不合适,应该说是"不二"的。最后达到的"大我"和"梵",都会突
破内部精神、外部物质各自的樊篱,合而为一,因为它们本来就是一个。只有
看到它们本来就是一体,才达到了最终的智慧。前面讲到人与梵交融而产生
世界,那里所谓的人是名相化的阿特曼,所以与梵还只是相交而非同一。只
有纯粹的阿特曼与梵才是真正不二的。《吠陀》和《奥义书》智慧的顶点,就
是通过两个朝向终极实在的追求所达到的这么一个拱合:阿特曼就是梵。
"最初,此(处)唯有梵。他仅这样理解自己:'我是梵'［Aham Brahma as-
mi］。"(同上页左)你把你自己跟梵等同,你就达到了阿特曼;你认自己为阿特
曼,你也就达到了梵。"他是实在,他是阿特曼,他就是你。"(同上书,第387页右)

《伊莎奥义书》是奥义书中比较短的,但是很精辟,影响极大。它的前后
都有这样一段祷词:

> 唵!此全彼亦全,由全兴起全,从全取全后,所余仍为全。唵!寂!
> 寂!寂!(金克木译)

金先生翻译成"唵"的,有的英文译本写成 Om(奥姆),其中 O 由 A 和 U 组
成,所以这个"唵"就是 A-U-M,是印度文化里的神圣之音,经常念诵会引人
走进宁静和开悟。A 代表醒觉态,或醒觉的世界;U 代表梦境态,或梦中的世
界;M 代表熟眠态,或无梦的熟眠境界。你能进入无梦的睡眠,其中没有对
象化意识,但还是有原本的意识,不然你怎么第二天起床后,会知道自己昨夜
有了一个无梦之眠呢?那是极高的境界,也就是纯意识的境界。"全"字英

译是 full(ness)或 perfect,所以也可以译作"满"。第一个"全"可以看成梵我的那种超名绝相的世界,第二个"全"可以看成是加上了名相的、万彩纷呈的、又喜又悲的世界,由第一个全兴起第二个全。而从这名相世界取走了全部的名相之后,剩下的一点都不少,所有的真实、所有的意义还在那儿。因此,最后达到了名相都泯灭的境界,其实不光是"寂"了,而是和平和宁静,所以英文译为 peace。

"我就是梵""那就是你"是《奥义书》最高的一个境界了,这个思想的源头就是《无有歌》。印度人在谈及终极实在的时候一定要左右排闼,一定是说 A 也不行,非 A 也不行。这和西方的"A 或者非 A"的逻辑完全不同,也和《周易》的"A 并且对 A"不同,印度的逻辑是"非 A 并且非非 A"。在讲知识论的时候会再讨论。《无有歌》里头有一个说法叫"彼一",就是梵和大我的原型,"最初,黑暗被黑暗所掩盖。这一切都是无法辨别的水。生者为空虚所遮盖。彼一通过炽热之力而产生。"(《资料》,第 385 页左)"这造作是从哪里出现的? 或者是(他)造的,或不是。"(同上页右)它不认为是神创造了世界,而是认为在最根本的地方没有这种可指称出来的实体神(不然这神又是从哪里来的?),但是有创造,是从梵我以及对梵我的名相建构产生了世界。

后来的印度哲学主流就是遵循这种《奥义书》的智慧,具体的解释可以是各种各样的,并衍生出众多门派。不过有一个历史阶段,婆罗门教的地位被佛教超过了,因为统一印度的阿育王信了佛教,于是这个非正统的宗教开始四下扩散,中国也远承其惠。不过到了西元八九世纪,婆罗门教的中兴圣者商羯罗(Śaṁkara)提出了吠檀多不二论(Advaita Vedānta),它后来成了印度的哲学主流。虽然外来的侵略者压制印度本土的宗教,但是在婆罗门教或印度教的祭司阶层那里,这个正统一直在传承,而且在近代以来的印度教文化复兴中,从哲学上讲最尊崇的就是这个不二论,因为它和《奥义书》的智慧是一致的。

第三节 早期佛教和大乘佛教的终极实在观

一、缘起观和四谛

佛教的终极实在观是在《奥义书》影响下对其思想的一种反叛,是非正统的沙门思潮之一。早期佛教的实在观,一言以蔽之,曰缘起(拉丁化梵文 *pratītya-samutpāda*,拉丁化巴利文 *paticca-samuppāda*,英语 *dependent origination*)。"缘"可以大致看成关系,但却是源头发生性的交叠关系;"起"就是出现、存在、发源等。最早的佛教经典是释迦牟尼去世以后,众弟子几次集结的产物。弟子们将他们能记得的"佛说"都写下来,形成了《阿含经》。《阿含经》一开始是用巴利文写成的,没有用更尊贵的梵文,以此和《奥义书》区别开来。释迦牟尼反叛那个老传统,包括其中的种姓制,所以对其语言也有所排斥。他甚至曾训诫弟子们说:"你们不得把佛的教言译成吠陀语言,谁这样做,谁就有罪。众僧,我授权你们,各自用自己的方言去学习(并传授)佛的教言。"①所以佛法从一开始就是以多种语言形式流传的,后来大乘佛教倒是多以梵文来写出经论。在亚洲北部包括中国流传的《阿含经》有四部,分别是《长阿含经》《中阿含经》《杂阿含经》和《增一阿含经》。

《杂阿含经》中说:"一切行无常,一切法无我,涅槃寂灭。"(《资料》,第390页左)这是佛家的三法印,缘起学说就包含在其中。行(saṃskāra)就是心身造作的活动,里面掺入了名相,所以会造出业力(karma),引起轮回业报。它是十二缘(无明、行、识、名色、六处、触、受、爱、取、有、生、老死)之一,也是五蕴(色、受、想、行、识)之一。总之,行是一切精神和物质现象的生成变化过程,这种造作没有根本的真实性,所以说它"无常"。法(dharma)有很多意思,最基本的就是佛家把自己的学说都称为法:传法、初转法轮,等等。但是在这里,尤其对于大乘佛教而言,法是指一切现象、规则及其依据,它们也没有一个"我"或阿特曼在那里主持。这一看法与《奥义书》传统不同。

"涅槃"就是完全消除了对行为目标和法理依据的执着,由此而进入最终的解脱。按小乘佛教(流传于东南亚)的说法,成为罗汉就不再入轮回了,也就是入涅槃了。大乘佛教(流传于东北亚)是要拯救世界的,所以有慈悲心怀。大乘(chéng)其实念成大乘(shèng)更合乎原义,但是如今念法也约定俗成了。大乘佛教把自己叫大乘(Mahāyāna),而将之前的叫小乘(Hīnayāna),有些自夸的意思。这 yāna 指车载,引申义是能够达到真理的承载工具。大乘佛教说我们不只要成为罗汉以便了结轮回之苦,而是要讲菩萨

---

① 　A. L. 巴沙姆主编:《印度文化史》,北京:商务印书馆,1999 年,第 130 页。

行,也就是要做菩萨,"觉有情",要把世界上所有的人和有情众生都拯救了,我才入涅槃。这伟大的胸怀和博爱表现在这样的誓言中:"我不入地狱谁入地狱!""普度众生!"

行无常,法无我,是因为一切的根基皆是缘起。万物都是依关系而起,所以它们无自性,也就是没有靠自身就可以达到真实的东西——常、我。就像洋葱头,你剥到最后也没有一个坚实的东西。"所谓此有故彼有,此生故彼生,谓缘无明有行,乃至生老病死忧悲恼苦集。所谓此无故彼无,此灭故彼灭,谓无明灭则行灭,乃至生老病死忧悲恼苦灭。"(《资料》,第390页左至右)这里讲的就是缘起:彼不自生,它只是从此来生;此也不自生,它也只从彼来生。"谓缘无明有行",没认识到缘起的真理就是无明(此有、此生),去如此造作就会产生行(彼有、彼生),这样的行就无常,就导致诸缘分的集合,也就是缘起,使生老病死忧悲恼苦得以出现。接着就讲怎么把苦灭掉,也就是通过除掉了无明(此无、此灭),那么那些苦痛也就消失了(彼无、彼灭)。这里既讲了苦难的缘起,又讲了如何通过领会缘起进而消灭苦难。苦是因为把无自性者当作有自性者而产生的,所以这苦本身也无自性,也可以通过缘起的方式去除之。

以前我们讲到释迦牟尼的生平时,已经提及四圣谛(苦、集、灭、道,即佛陀初转法轮时讲的四个神圣的真理),以苦谛为引线,一以贯之,是佛教的核心学说:"一切法皆四圣谛所摄……云何为四?谓苦圣谛,苦习(集)、苦灭、苦灭道圣谛。"(《中阿含经》,《资料》,第389页右)佛陀讲,你首先要看到人生乃至所有有情者的生存是苦的,也就是知晓人生从根本上是错位的、坍缩了的。因为生存只是缘起(即"集",也就是众因缘集合),但一般人及有情者都认识不到这缘起的根底,而要把持之,因此苦难就无穷无尽,流下的泪水比大海之水还要多。所以,要知苦断执,把引起你苦难的那些执着断掉,这样就能达到苦因的灭绝,即第三谛。要灭除无明或苦因,就要走正道,即佛讲的八正道,这就是道谛。

五阴(skandha)即五蕴、五受阴,指色(rūpa,form-matter;形质,相)、受(感受、知觉)、想(表象、观念、想象)、行(造作的行为,除其他四蕴外的一切造作之行)、识(意识)五种感知世界、认识世界和改变世界的方式。"阴"或"蕴"的原义就是积聚、类别,指一切有为法,它将关系聚集起来,造成现象。

得道或开悟的人能够认识到,一个现象其实就是某种缘起,而无明的人则把这现象看作有实体的东西。造成这种情况很重要的原因就是,我们不知道它是五种原本的聚集方式造成的,而认为现象(比如这张桌子)本身是真实的。对于五蕴,也有人讲,色是外在现象,受想行识则是精神现象,精神现象中识更根本,总摄前三者。佛教和印度教都认为,色是由四大(地水火风)作用到我们的感官引起的色感现象,比较狭义地理解的受想行识就是对这种色感现象的接受、加工和把持。

由于一切事物和现象都由五蕴随因缘结合而生成,所以一切事物包括人的心灵现象都是无常的,它没有自己的根本真实性、长久性、持驻性。常人认为"我"多真实啊!因为有了"我",一切才有了意义,我要是死了什么意义也没有了,似乎一切都以我为中心。佛教认为恰恰这个最不真实,主张"无我"(拉丁化巴利文 anattā,拉丁化梵文 anātman)。小乘认为人无法有。"法"这里指物质现象的最终依据(有的小乘流派认为它是"极微",即极微小的物质元素),或者指佛陀讲的法,它们一定有。但是大乘认为法也无有。大乘的一个特点就是把缘起讲得特别彻底,所以"缘起性空"。"空"(śūnyatā)不是什么都没有,只是无自性。"自性"(svabhāva)指事物的内在规定性,无自性就是否定这种自性的自身真实性,也就是它靠自身来支持的真实性,所以空的意思就是没有自性,依他者而缘起(或靠假名而存在)。但是如果你觉得空是一个本身有真实性的东西,那就是又执着于这个空了,反而是造出了新的虚幻。就像佛教徒,如果认定自己追求的那个真理——缘起性空的真理——有多么高级、多么绝对,那就得不了开悟。换句话说,缘起性空是自涉的。

二、《心经》解读

接下来我讲《心经》。对中国佛教乃至中国文化而言,《般若波罗蜜多心经》几乎是影响最大的一部传自印度的佛教经典,除了它还有《金刚经》。《心经》浓缩了大乘佛教讲"般若"(念为 bō rě)或讲中观智慧这一派的基本学说。其文很短,只有 260 字,但意蕴极深极富,特别容易传播。它在历史上有多个译本,我们《资料》上录的是最为流行的唐玄奘的译文①。它的背景是佛陀在舍卫国城外灵鹫山说法,佛入定或进入三昧的意识状态,显出庄严相。佛祖的一个从小乘转来的弟子舍利子,向佛陀的另外一个弟子观自在菩萨(观世音菩萨)询问佛陀之道。观世音菩萨就从自己的禅定中出来,给舍利子解释佛教的终极真理是怎么一回事。观世音讲完这番话,佛祖出定,充分肯定观世音讲的:"如汝所说! 应如是行!"也就是,你讲的跟我讲的没有什么区别,就应该如此思、如此行。

先看题目。般若(prajñā)的意思是智慧,波罗蜜多(pāramitā)是到彼岸,合起来就是通过智慧把你渡到苦难的彼岸,进入一个新的境界,摆脱无明。"心"有要义、核心的意思,点出此经是般若波罗蜜多的核心所在;但也表明在大乘佛教里边,作为纯意识的心具有很重要的地位,到后来唯识宗的"万法唯识",就更是强调心识的作用了。简而言之,这个题目的一个意思就是通过智慧达到真心、本心,以摆脱苦难。

"观自在菩萨,**行深般若波罗蜜多时**",以后在讲《瑜伽经》的时候还会涉及这个"(瑜伽)行"。"观自在菩萨"(Avalokiteśvara)就是人们常说的"观世音菩萨",简称"观音菩萨",她或他——这位伟大的菩萨在有的传统中是女身,在另外的传统或文献中则是男身,还有无数应机化身,其本身则是无相之身——能够倾听世间向她求助的声音,以便给予帮助。此处是指观音菩萨在实行佛家的修炼功夫时,深入意识的根底(入其深禅定),获得了般若波罗蜜多的智慧,于是"照见五蕴皆空"。"五蕴"我们刚才讲了,是五种感知、认识和改变世界的方式,即色、受、想、行、识。菩萨入定以后,看到五蕴和由五蕴产生的一切现象本性皆空,都无自性,所以才能驱散无明,"度一切苦厄"。由此也可见大乘佛教的菩萨是何等慈悲! 她不是只为自己来求解脱和成佛,而是在参悟真理后,用此悟性为人间解除苦难,要去超度一切苦厄,不达此崇高目的,誓不成佛。

于是观自在菩萨就应答"舍利子",呼叫这个僧人的名字,然后告诉他:"色不异空,空不异色,色即是空,空即是色。受、想、行、识亦复如是。"色和空本质上没有区别,如果你觉得你通过修行摆脱了色、达到了空,得到了一个

---

① 以下引用此文本时,标点位置有少许调整。最后咒语的文字也有变化。

更高级的对象,或进入了一个更真实的无色空境,那其实是把自己拴得更紧了,反而得不到真理。般若派一定要讲源头处的中观,达到了空其实是和这个世界更深地打成一片,而不是离开这个世界。这是大乘佛教的特点,更是龙树《中论》的睿见。"众因**缘**生法,我说即是**空**;亦为是**假名**,亦是**中**道义。"(《中论·观四谛品》)缘起就意味着无自性,也就是空(色不异空);但这空也无自性啊,所以必是假名,也就是名色现象(空不异色)。可这假名已经被看出其"假"(凭借、假装)了(色即是空),当然就不再是无明一团了,于是有了"中"义,也就是双非(非 A 且非非 A)的直显(空即是色)。这些意思西方人能理解吗?巴门尼德、柏拉图完全不是这个路子。"色"之外,另四蕴也都是这样:受想行识也不异空,全都悬在空中;空也不异于受想行识,只能凭借它们而空。以下都是这个思路的变奏。

"舍利子,是诸法空相",舍利子啊,这些存在者们(即"诸法",也就是刚讲到的五蕴及其各种聚合)是空的或缘起的现象,其根本"不生不灭,不垢不净,不增不减"。前面的讲解表明,双非对于理解般若波罗蜜多是何其必要,所以这里要反复陈述,以开显"诸法空相"的边缘义。"是故空中无色,无受想行识,无眼耳鼻舌身意,无色声香味触法,无眼界,乃至无意识界。"领会了空,就知晓其实并没有自性化、实体化的色,也就无有那个意义上的五蕴,无有那个意义的六根(眼耳鼻舌身意)和六尘(即六根构造的对象:色声香味触法),甚至也没有观念对象化的意识界。但这里又没有否认与现象相互缘起的意识,不是什么东西都没有。六根六尘加上六识是十八界,都是本性空。

"无无明,亦无无明尽。"没有无明,是说无明无自性,是可以消除的。但是你去追求那个硬性的无明尽,像柏拉图那样用至善的太阳光明来扫尽无明的黑暗,也不行。因为明就潜藏在无明中,只是被遮蔽了,所以只能就着无明而得明,总是行在中道里。"乃至无老死,亦无老死尽。"佛家追求的就是超出苦难生死,所以"无老死",可以找到不同于老死的生存意义。但你能把老死都硬性地断尽,也就是像基督教那样追求此生之外的永生至福吗?断不尽的,因此在那个意义上,也"无老死尽"。"无苦集灭道",四谛也要否定,尽管它是佛祖讲的最神圣的东西,你要是执着于它也不行。因为佛祖讲的四谛的要害就是缘起,认为它本身就有真实性也不对。"无智亦无得,以无所得故",佛家修行中没有什么可得的。你以为最后修行得了开悟、当了罗汉你就得到了某个叫智慧的东西吗？如果这样想，就开不了悟。

"菩提萨埵"（bodhisattva），就是菩萨，菩提指智慧（佛祖在菩提树下入正觉），萨埵就是有情者，合在一起就是通过菩提智慧让一切有情者觉悟，所以菩萨的意思就是"觉有情"。"依般若波罗蜜多故，心无罣碍"，菩萨达到这种境界，真正认识到缘起性空的真义，心就不再执着于任何东西了，也就没有了罣碍。"无罣碍故，无有恐怖，远离颠倒梦想，究竟涅槃。"没有罣碍就没有恐怖，我们的恐怖之心都是因为有牵挂、有担心。黑帮要勒索你，一定是找你最牵挂处下手。人生的悲惨，也一定出在最担心的罣碍处。我们平常的世界是个颠倒的世界、错乱的世界，是个拿梦幻当真实、拿真实当梦幻或幽灵的世界。而智慧能够让人远离颠倒梦想，达到涅槃。"涅槃"（nirvāṇa）这个词怎么理解呢？从表面上看，它的意思是要死透，不然你还要进轮回。其实不是，它是把你对名色的执着全去掉，这叫涅槃。所以我们在活的时候就能得涅槃，这是大乘特别强调的一点。

"三世诸佛"指过去、现在、未来诸佛，"依般若波罗蜜多故，得阿耨（nòu）多罗三藐三菩提"。这"阿耨多罗三藐三菩提"指无上正等正觉、无上辨别知的智慧。"故知般若波罗蜜多，是大神咒，是大明咒，是无上咒，是无等等咒，能除一切苦，真实不虚。"咒是咒语，即所谓能够驱邪乃至降灾的口诀；又是总持的意思，总持你的身心，看透五蕴造幻的本性。这里指用很浓缩的语言来表达佛家的智慧，也就是"般若波罗蜜多"的大智慧。"故说般若波罗蜜多咒，即说咒曰：揭谛揭谛，波罗揭谛，波罗僧揭谛，菩提萨婆诃。"这是音译，照理说咒语无须追究其文字含义，但按某些解释，它们还是有意思的。"揭谛揭谛……"就是：快去快去，去到彼岸！大众去到彼岸，共证佛果！它催促你快去苦难的彼岸，也就是无明的彼岸。不管怎样，这篇经文对我们最有影响的不该是这个咒语，而应该是前边。

佛家尤其是大乘佛教在中国之所以产生了巨大影响，恰恰是因为它符合了中国古代哲理的某些东西，虽然也有很多不同。换句话说，佛教在中国很成功，不像历史上传来的基督教、拜火教、古印度教、犹太教等，这是有深刻根源的。其中尤以大乘佛教的般若智慧（以中观和如来藏心为最突出者）最为成功，激发出三论宗、华严宗、天台宗、禅宗、净土宗和密宗，对东亚文化影响极大。它的思路和我们讲过的《周易》的、道家的最内在之处有契合，能与中国思想接上气,而且还贡献了很新鲜的东西。魏晋之后佛教独领宗教和思想界的风骚好几百年,当时很多知识分子都觉得,只有佛教才真把道理讲透了。唐代开始,儒家就深深感到危机,觉得必须要去吸收和应对佛教的挑战,整合儒释道,由此逐渐激发出宋明道学。

来看一下《金刚般若波罗蜜经》(《资料》,第392页右),它所表达的也是今天讲到的佛家的见地,尤其是《心经》的见地。《金刚经》曰:"一切有为法,如梦幻泡影。"有为法就是通过五蕴造作的现象,乃至人对它们的无明执见,也就是认为这些现象是有自性的,其实它们产生的是如梦幻泡影般的幻象。我们绝大部分人的生存都浸泡在里头,所以人生如梦如幻,无真际可言。"如露亦如电",这种现象就像露水和闪电一样,过去就没有了。"应作如是观",这并不是什么都没有,恰恰是在这个虚幻之中有最真实的东西,如果你认识了它的缘起性空的本性,就能得大开悟,能摆脱苦难。这并非虚言,历史上千千万万的佛教徒追求真理,最后确实有一部分真开悟了,"真空幻有"就是说你把持为有的东西是幻,但是那个空或缘起却是有真义的。

佛经中我个人最喜欢的是《中论》(《资料》,第394页),龙树菩萨所作,是辨析力最犀利的。开篇就是"八不","不生亦不灭,不常亦不断,不一亦不异,不来亦不出",两头都给你削掉或堵死,这是典型的大乘佛教的讲法,也是印度人的论说风格。里面特别重要的,对中国佛学影响甚大的,就是这一节:

> 众因缘生法,我说即是无(空),亦为是假名,亦是中道义。(《资料》,
> 第394页右)

众因缘生法是第一层意思,讲缘起。"我说即是无(空)",鸠摩罗什翻译时,最后一字用的是道家老子的"无",后来人们就都用更合乎原文śūnyatā的"空"来替换了。这些缘生的法其实都无自性,也就是空的。如果你认为这个空是实在的东西,那就错了。你要是真正领会到空了,就会发现它和现象或假名是打通的,一定要通过现象来表达和理解它。因缘、空、假名三者无根本区别,完全打通,这就是"中道义"。这一节被中国僧人称为"三句偈",其要义是"空-假-中",即缘生者的本性是空的,但此空也必缘起,也就是说,空也无其自性,而是必凭借假名(现象、语义)而空,这种空假互补就是中道。

儒家讲中道,道家和中国佛家一样讲中道,因此这个中道义中国人就特别能领会。而印度人历史上却很难理解中道的微妙,使得他们读起《中论》来颇感困难。

另有一段:"涅槃之实际,及与世间际,如是二际者,无毫厘差别。"(《中论》,第25品20节)涅槃作为佛家追求的根本,实际上就是这个世间,或者说是这个世间本身的转化或清净化,就像莲花出于淤泥。因此,涅槃与我们生活的这个世间没有本质区别。如果你觉得那个涅槃之空际(即实际)与这个世界之幻际有质的差别,你就没得到中道义,反而是另一种虚幻了。连印度人都很难理解这个讲法。我舍弃家财妻儿来求你的真义,以便解脱得涅槃,不再入轮回,你却说涅槃跟世间没有区别,那我来干什么?连我的追求本身也都虚空了?但确实是这样的,你追求涅槃没有错,你也可能得到它,但你要追求一个与世间根本不同的涅槃,却是虚妄。我们的先人就能够领会这里边的中道义理,所以它在中国的土地上开了花结了果。

最后来做一个总结,即中西印三方传统主流思想在终极实在观上的相互参比。为了醒目,我将它列成了一个表:

表1　传统西方、传统印度、传统中国的主流终极实在观比较

("√"表示肯定,"×"表示否定,"?"表示不确定)

主流实在观 终极实在本身	传统西方	传统印度			传统中国
		奥义书	小乘	大乘	
1. 与变化(时间)有没有内在关联?	×	×	×/?	√/?	√
2. 是否服从形式逻辑规则?	√	×	×/?	×	×
3. 能不能被概念语言肯定性地表达?	√	×	×/?	×	×
4. 能不能被非概念语言表达?	×	×/?	×	×/?	√
5. 是否有性别意识?	×	×/?	×/?	×/?	√
6. 追求终极实在之活动与艺术、宗教有无根本区别?	√	×/?	×/?	×/?	×

（续表）

主流实在观 / 终极实在本身	传统西方	传统印度			传统中国
		奥义书	小乘	大乘	
7. 认识它受什么技艺影响？	形式突出的数学	各种意义上的瑜伽（佛家叫坐禅）；大乘加入了慈悲行为，如布施等			六艺（含象数）、气功、德行、生活中的技艺（如庖丁解牛）
8. 终极实在中有没有自我实体可言？	√	√	×	×	×
9. 是广义理性的吗（能被其他人类文明所理解的）？	√	√	√	√	√

第三部分

真知识如何可能？

第七章　西方传统哲学中的认识论

今天我们进入这门课的第三部分,讨论真知识的问题,也就是"真知识如何可能"的问题。东西方哲学关于这一问题的看法很不同。我们今天先讲西方传统哲学中的认识论。

第一节　"认识论"简介和"学习悖论"

认识论的英文是 epistemology,像存在论和其他哲学分支的名字那样,也是从希腊文来的。希腊文 epistēmē 的意思是"知识""科学",但是从字源学上来说,它的原初意义是"使某物站起来"(cause to stand),因此可理解为:知识让人的思想站起来。同时,这个词也曾被翻译成"知识论"。我在这里侧重使用"认识论",是为了避免"知识"或"知识论"这个术语被过度西方化,因为东方也有自己的知识乃至知识论,但它们不是 epistemology。

认识论是西方近代哲学中极为强大的一个分支,它要探讨的是人获得真理或者知识的可能性和途径的问题。当然,这里讲的"真理"与"知识",是关乎"终极实在"的。说得更具体些,认识论涉及两个问题:第一,我们是否能够获得真知识,也就是关于终极实在的知识? 如果我们无法获得,那哲学与人生就是另外一番景象了。但是西方哲学中的主流认为这是可能的,尽管也有怀疑论这样的反对声音。好,如果这毕竟是可能的话,那么第二,我们如何来获得这样的知识?

首先,什么是知识或者真知识? 对于西方人来说,真知识就是关于世界甚至是关于神的确定性知识。你一旦获得这种知识,就可达到确定不疑的认知状态。广义的真知识——东西方都算上——就是能够使我们明了世界、社会以及人生之真相的知识。但是希腊为代表的西方人加上了一个条件,即它是 certain 的,也就是完全确定的。当然,这里指的是传统西方哲学中的主流倾向。真知识就是指认识者与被认识者之间达成了静态的一致。你所思考的与所言说的，同被你思考的与被你言说的，达到了完全的同一，没有给变化留下余地。可见，认识论同终极实在观是息息相关的。如果终极实在被认为一直处在变化之中，那么按照西方传统哲学的标准，我们就无法达到关于终极实在的真知识，也就是像 2+2＝4 这样的确定不疑的知识。2+2＝4 这样的知识是不会变化的，不可以今天是这样，到了明天一不高兴就不是这样了。在西方传统哲理中，不变的存在和理式得到了肯定，这就同我们现在正在讲的这种真知识配套了。有的希腊哲学家认为本原是物质性的东西，比如提出终极的实在只是原子与虚空，其他一切都是原子的组合。这些组合方式都可变，但这两个终极的东西本身不变。这就一方面说明了终极实在是什么，另一方面也对于认知终极实在的方式（原子的组合）有所提示，尽管还没有说清。

　　当然了，认识论不同于存在论。我们前面讲到，西方人把关于终极实在的看法称为存在论，它探讨什么东西存在，又是什么使这存在者存在，也就是"存在之存在"的意义。认识论还多了一层，因为它还要考虑人同终极实在的关系。你说终极实在是理式，是存在本身，是原子，是虚空，但是我要是认识不到理式或者原子怎么办？在古代希腊，原子是观察不到的，是凭借推理推出来的。也正是由于这个认识论上的原因，西方哲学从古希腊到近代，包括漫长的中世纪，有各种各样关于终极实在的思想被提出来，莫衷一是。其中的原因之一就在于，没有一个关于终极实在的认识标准。你说它是这样，我完全可以合理地说它是另外一种东西。你说是原子，我说是水，是火；你说是理式，我说是数，是物质实体。所以，西方哲学经过一千多年的发展，到了近代，几乎就是一个大战场，众说纷纭。用康德的话来讲，形而上学成了一个角斗场，大家你说你的主张，我讲我的道理，各执一端，相互攻击，而且翻来覆去地走回头路。一直到现在，西方哲学也无法真正解决这个问题，只是越来越意识到以往的那些二元分叉，如实体与现象、物质与精神的根本分叉，是不成立的。这也是哲学同科学不一样的地方之一。科学不需要争论这些最基本的问题，大家对研究的前提早就达成共识，否则你压根儿就进不了这个科学共同体。大家就是要在这个框架下来思考与解决问题，越走越深，当然也越走越细。哲学不是这样的，它应对最边缘或根本的问题，要不时回到源头。

这样就有可能在那里提出新看法，造成相互争论而不决的局面。由于不满于这个局面，自笛卡尔开始的西方近代哲学加强了对认识论的重视。光讨论"存在是什么"并不解决问题，而且哲学也不能变成一门具体科学。因此首先要回答"我们能认识到什么""如何认识到"，再来谈"什么是终极实在"。

这就是西方认识论在近代兴起的方法论原因。这个思路可以从"学习悖论"来讲。它是苏格拉底——当然是柏拉图笔下的苏格拉底——（代替美诺）讲出来的，很能表现古典的存在论和认识论所面对的困境。苏格拉底说：

> 如果他所研究的是他所已经知道了的东西，他就没有必要去研究；而如果他所研究的是他所不知道的东西，他就不能去研究，因为他根本不知道他所要研究的是什么。（柏拉图《美诺篇》，《资料》，第 429 页左）

后来人们就把它称为"学习悖论"或者"研究悖论"。如果你要学习或者研究一个东西，那么你究竟对你所要学习或者研究的东西，是知道还是不知道呢？这里有两个可能，而它们都会导致学习或研究的不可能。说得更具体些就是：如果你已经知道所要学的东西，就没有必要再去学习；如果你还不知道，那么就不可能去学习，因为此时你连要学什么都不知道，也就无法开始这个学习。所以，学习是不可能的。这个问题同认识论问题关系密切。苏格拉底-柏拉图给的答案是说："学习就是回忆。"我们学习的东西已经是我们知道的了，但是是在前世知道的，这一世在出生时便忘了，学习就是由于某些因素的提醒，回忆起了以前已经知道的东西，也就是理式。因此灵魂必须不朽，可以经历许多个世代，使得对理式的保存和回忆可能。柏拉图像毕达哥拉斯那样受到了东方思想的影响，我想主要是埃及人的影响，相信某种灵魂轮回的学说。

苏格拉底惯于运用提问的方式来启发人。为了论证学习就是回忆，他仅通过向一个小奴隶来提问，就让这个孩子明白了几何学的知识，而这个小奴隶在他的此生经历中肯定是没有学过几何学的（柏拉图《美诺篇》）。苏格拉底想说的是：几何学知识已经被这个小奴隶在前世掌握了，现在的提问只是促动他回忆起它们而已。按照苏格拉底的意图，这样就避开了学习悖论的困境。但他真的避开了吗？我们好像还可以进一步提问：当小奴隶被问题触发，回忆起一个关于几何学的知识时，他是已经知道了还是仍然不知道这个知识呢？如果已经知道，他肯定不需要你来提醒；如果不知道，你提醒了也没有用。还有一个问题，如果他前世是知道的，那么在前世他是怎么学习到的？还有在前世的前世又是怎么学习到的？这样的提问可以一直继续下去。苏格拉底的答案似乎只是暂时缓解了这个悖论造成的麻烦。这恰恰是西方传统哲学在处理最困难的问题而感到无力时惯用的手法。我把它叫做"剁细法"。比如说学习，一个主体要认识一个客体，这二者之间具有很强的异质性，就像刚刚"学习悖论"表现出来的那样。柏拉图在主体与客体之间加入了一个第三者即回忆，这样就区分了前世的学习过程与今世的回忆过程，似乎把知者与被知者之间的距离缩小了、剁细了。这样你的想象力或者理性的思考力就能冲过去，感觉这个问题在某种意义上解决了。但是深究之下，还是不能说得到了解决。

又比如说，亚里士多德问：运动是怎么可能的？他说运动是不变质料上的形式变化。一块大理石，作为质料提供了雕刻的可能性。它既可以被雕刻成宙斯神，也可以被雕刻成美神，雕刻成宙斯神后还可以再改雕成美神、战神。这就是所谓的质料不变而形式在变，或可能性（质料）的现实化（被赋予形式），这就造成了运动。以这种方式，亚里士多德真的说清"运动"了吗？他的确对这一问题有某种推进。但是我们可以追问，形式的改变是否已经是在运动了？而这改变又是如何可能的？很明显，改变就意味着已经有所运动了。亚里士多德把原来的问题用一个新的关系和问题给代替了。希望大家在读哲学的时候，能发现哲学家夹带进来的东西，或凭借剁细法对问题的解决，这样你自己的思维才能渗透进去，才能看出后来的西方哲学进展的窍穴所在。当代西方哲学的进展，就在于发现这些传统问题实际上并没有得到解决，由此而提出更彻底的新解决方案。

在笛卡尔之前的西方哲学中，已经出现了一种看法，就是德谟克利特（还有别的学派，比如怀疑论者）讲的，人通过感官认识到的东西实际上同原物是不一样的。他是一个原子论者，认为每个物体都放射出微小的原子流，这些流压迫我们的眼睛，在上面造成了一个"印"，而正是这个印迹让我们看到了那个物体。关键在于，物体造成的这种印迹与它本身不一样，因为这印迹的形成还要依赖于我们的接受能力和方式,比如眼睛和神经的结构。所以,这印迹是物体同我们之间达成的一个协议、一种约定。可见感觉只是约定的,在原子与虚空之外的任何东西都不是完全真实的。这是一种很深刻的看法。古希腊的智者派也持有与此相似的看法。这一派认为"人是万物的尺度",人所认识到的万事万物,所谓的客观世界,都只是世界跟人达成的一种协议。所以就有这样一句非常著名的话:"人是万物的尺度,是存在者存在的尺度,也是不存在者不存在的尺度。"(《选读上》,第54页)所谓人道主义与人文主义,都跟这一句话有关联。那么,我们看到的东西只是一种"显现",而在这种"显现"之后的终极实在是什么呢?这里便有了某种可能空间。你既可以说它是物质实体,也可以说它是精神实体,当然还可以否定有这种固定住知识的根本实体。

　　怀疑论就认为,哲学实际上是达不到所谓的事情本身或终极实在的。塞克斯都·恩披里可这样概括古希腊怀疑论者皮罗(Pyrrhon,又译作毕洛、皮浪)的主张:"那些相信自己发现了真理的人,是'独断论者'。"(同上书,第175页)尤其是亚里士多德、伊壁鸠鲁以及斯多亚派都认为自己发现了唯一的真理,但实际上还有别的可能,因此他们是独断论者。柏拉图的学园派在后期也主张真理是不可知的。怀疑论的著名原理就是:"怀疑论体系的主要基本原则,是每一个命题都有一个相等的命题与它对立。"(同上书,第176页)所谓"相等的"是指,原命题(A)与那跟它对立的命题(非A)具有同等的效力。按照这一派的观点,只要是关于终极实在的问题,在哲学的视野中,都能找到一个对立命题。当你主张"世界是有开头的",立马就有人能证明"世界是没有开头的"。当你说"上帝是存在的",很快就有人给出"上帝不存在"的证明。又比如,关于有没有一种单纯的存在者(比如原子)的问题,肯定和否定的回答都既可以被证明,又可以被否证。有没有意志自由呢?对它的回答也可以同时被证明与证伪。因此,怀疑论关于人生的态度就是:"安宁由悬而不决、不作判断而来。"(同上)"悬而不决"就是epochē,后来胡塞尔阐述"现象学还原"的方法时,也借用了这个词,一般译作"悬置"。怀疑论者要我们把所有关于终极实在的判断都悬置起来,既不肯定也不否定,因为人没有资格来做出这样的判断。我们只能安于知道"人是万物的尺度"而已(所以你的尺度与我的尺度可以不同乃至对立)。所以,"应当毫不动摇地坚持不发表任何意见,不作任何判断,对任何一件事物都说,它既不不存在,也不存在”(《选读上》,第177页)。换句话说,对于根本的东西,我们只能说它既不是这样的,也不是不这样的。这就是怀疑论处理困境的方式,很不同于之前的“剁细法”,它是看出来这种“剁细”的方式是不可能解决这类问题的。这和东方的思想就靠近了,但还不一样。东方的思想在达到“双非”——非此且非非此——之后,仍然认为有一个终极实在向我们敞开,而古希腊的怀疑论者只限于不做根本的判断,以求得心灵安宁。这不像印度与中国的哲人,他们认为后面还有梵,还有大我,还有开悟,还有得道得仁,能改换人生,让它充满了原发的意义,这是另外一个境界了。但是在怀疑关于终极实在的判断能否被确证这一点上,双方是一致的。

最后我再讲一个例子,让大家看出西方认识论处于什么境界之中。提出的问题是:人们如何依据具体的感知来达到抽象的普遍认识?常见的回答是:我们从感知到的众多个别事物中,发现它们的某个共同点,于是一层层地抽象出来,就使感性认识上升到了理性思维。这个讲法的源头是亚里士多德。他认为我们的所有知识都是从感觉出发的。具体说来就是,认识从可感事物开始,达到可感印象,然后进一步达到想象印象,由此上升到可知的形式。这就是所谓的“抽象说”,即认为从具体到抽象,必须经历一个越来越概念化的过程。按照它讲的,我们在可感事物之间找到共同点,比如在红花、红果与红旗之类的事物中,凭借对每个相关事物的可感印象,再通过想象,达到了关于红的想象印象,这样就找到了共同点“红”,然后上升到作为一种颜色的“红”的概念——一个可知的形式。问题是,想象是如何能够找到具体事物之间的相似点的呢?在它这样做的时候,它是否已经知道了“红”呢?如果已经知道,这个过程就没有必要。因为已经知道了抽象出“红”的依据,就没有必要再通过抽象去得到关于“红”的可知形式了,它已经在那里了。如果不知道,那它怎么能够做这种瞄向“红”的想象呢?这就是传统知识论常常会运用的一种剁细法。它似乎给我们说明了一个从低到高的认识过程,但实际上,其中已经夹带了问题的结论。这种认识论上的造伪,促使近代的西方哲人反省这种方法的弊病,从而提出新的方法论思路。亚里士多德这样讲,别人完全可以用别的方式来讲。其实相比于柏拉图,亚里士多德已经有所改变,没有从不变的理式出发来解决问题,而是试图从现象本身、事物本身中得到知识。这的确已经有了一些现象学的精神。但是由于他的思维方式没有脱离巴门尼德、芝诺和柏拉图的大范式，所以只能靠再生想象和概念形式化来找到相似点或共通点。但想象和概念如何能找到这种相似与共通点，其本身就是认识论的一个重要问题，所以近代以来西方哲学家认为这样的夹生局面必须得到改变。

第二节　笛卡尔的"我思故我在"

这样就出现了笛卡尔。他生活的年代是 1596 年到 1650 年，对应我们中国的明末清初。他本人是一位伟大的数学家。之前我讲过，西方哲学从数学中得到了莫大的提示，甚至是直接的激发。笛卡尔是一个很典型的例子。他旨在改变大局，也就是西方哲学中这种公说公有理、婆说婆有理的徘徊局面，想找到一种完全确定的、排除了一切变化可能的、根本无法再怀疑的知识。"只把那些十分清楚明白地呈现在我的心智之前，使我根本无法怀疑的东西放进我的判断之中。"（《选读上》，第 364 页）就像几何学一样，人们把确定的直观知识当作公理，然后凭借逻辑往下推，那么得到的知识就像数学一样确定无疑，从而避免了以往哲学中出现的一切毛病，让哲学变成一门严格的科学。他为自己规定的做法就是，"从最简单、最容易认识的对象开始，一点一点上升到对复杂的对象的认识"（同上）。这可以被视为是他的方法论纲领。

这样，笛卡尔就要从"怀疑一切"开始，因为既然要达到无可怀疑的那个起点，就先要做一次怀疑一切的努力，让自己的思想经历最彻底的怀疑论的折磨与考验，以便赤地新立，找到不夹带一切前提的原点。他说了这样一句有名的话："必须在我的一生中有一次严肃地把我从前接受到心中的一切意见一齐去掉，重新开始，从根本做起。"（同上书，第 366 页）这在西方近代哲学中被认为是极为必要的，而它是在所谓"笛卡尔式的沉思"中实现的。东方哲学家特别爱做沉思，但笛卡尔式的沉思很不同，在他的沉思中更多的是思想实验与判断。

这样笛卡尔就怀疑了他能怀疑的一切，只要是能够被怀疑的东西，通通不可用，必须做得极彻底。据说笛卡尔出身贵族，身体不太好，身为一个法国人却跑到荷兰、巴伐利亚去当兵，以便到处旅行。冬天就在一个壁炉边上坐着沉思,甚至做了奇怪的梦,促成了他的新思想。那么他是如何把我们平时相信的东西通过怀疑一层一层剥离掉,最后只剩下不可被怀疑的东西呢? 首先被剥离的是感觉得到的东西。在西方传统视野里,这当然是最可以被怀疑的了。感官知觉的东西就如同幻影一样,它只是人同外部的东西达成的协议。由于达成协议的角度不同(比如从左看变为从右看,就是角度不同),对同一个东西所达成的协议就可能不一样。因此,感官知识不可用。其次,常识也能被怀疑。比如别人的存在,我右手的存在,也是可以被怀疑的,因为我们有可能是在做梦。我们在梦中见到的东西,跟醒时见到的东西是一样的。我们焉知此刻自己不是在做梦? 这里便有了"庄周梦蝶"的味道在其中。当思考得很彻底的时候,东西方哲人有时候就能走到一起。再往下怀疑,就要怀疑到物体乃至关于物体的科学,比如物体的存在及其运动的方式。再往后,你说数学总归不可怀疑了吧? 但笛卡尔说,不,数学也是能够被怀疑的。不管我睡着也好,醒着也好,$2+3$ 总等于 5 吧。但是他说这也可以被怀疑。因为你可以设想一个恶意的精灵,他总是想跟人们开玩笑。每次我们在计算的时候,这个精灵有能力让我们感觉到结果是 5,但实际上不是 5。这从逻辑上是可能的。所以数学知识,比如 $2+3=5$,也不能作为我们知识的绝对起点。它具有很高的或然性,但不是绝对不可变的。从这里可以看到,他的沉思非常彻底,其怀疑的力度震撼人心,使他最终成为近代西方哲学之父。

一个人一生中不进行一次或者多次这样怀疑一切的努力,就不配做一个在认识论上的哲学家。对于笛卡尔而言,可以被怀疑的知识,就是对于我这个怀疑者而言可能发生改变的知识,这些都要被排除掉。但他并没有陷入绝望,最终还是发现了一个无可怀疑、不可能更确定的知识出发点,就是"我在思考"或者"我在思想"。无论你怎么怀疑,你的怀疑本身也是一种思考,你对它的怀疑本身就是对它的肯定。所以"我在思想"这一点,比数学知识 $2+3=5$ 还要确定,还要根本,这里不可能出错,因为它是自我加强的。这就是笛卡尔迈出的关键一步,诉诸人的直接经验(虽然还只是思想经验),而不像柏拉图那样预设理式来获得确定性。

他接下来的一步是,从"我在思考"这一无法被否认的确定知识推论出"我是一个在思考着的实体"。于是得到这个著名的命题:"I think, therefore I am." 被翻译为"我思想,所以我存在"(《选读上》,第369页),通常被人简述为

"我思故我在",拉丁文是"Cogito,ergo sum"。他认为这是一个永远不会出错的真命题,可以作为全部认识论的出发点。但是其中也有破绽,被后来的哲学家特别是现象学家指出。比如说如何从"我在思考"推出"我是一个思考的实体性存在",这里面就有跳跃,可以有别的解释。"(我)在思考"这个现象是无法怀疑的,是某种原点,但问题是这个原点对我们认识世界有什么帮助?没错,你是得到了一个确定点,就像说"黄金是黄色的"所具有的确定性一样,但它是完全自锁的,你出不去,你被困在了自己的思想中。你这样思想的东西也有可能是虚幻和妄念,这对于认识真实有什么帮助呢?笛卡尔当然明白这一点,所以他首先把思想者等同于一个实体。但即便承认有这个实体,它还是被孤立于思想之中。问题在于如何达到对于世界的认识。于是他发现自己需要一个至高无上的上帝来帮助他。但是哲学家不能轻易把上帝拿来用于哲学思考,否则他就不是一个哲学家而是一个信仰者了。

对于笛卡尔,他首先要从理性上证明这个上帝一定是存在的。为什么存在?还是要依靠我的思想,也就是要从"我在思考"中得到上帝存在的证明。可怎么证明呢?他的基本思路是这样:在我的思想中,我总能想到一些东西比另外一些东西更加完满。比如认识比怀疑更加完满,吃得饱比挨饿更加完满,听音乐比挨打更加完满,你总能想象乃至感受到一个更完满的状态。问题在于我是从哪里得到的这个更完满的状态,尤其是比我本身更完满的状态呢?人绝对是不完满的,他无法创造出一个比他自身更加完满者的观念(不完满者只能出于比它更完满者,而不是反过来,这是中世纪神学的通则)。所以一个更完满的乃至最完满的观念,一定是一个更完满者乃至最完满者放入我心里的。而这个最完满者只能是上帝。因此上帝必定存在。大家想想这个论证有没有道理?如果这个上帝不存在,那我们心中就不可能出现一个最完满者的观念。但我们的确可以设想一个最为完满者的观念,那么这个观念一定是来自至高无上的上帝。这是一种认识论意义上的证明,不同于本体论意义的上帝存在证明。本体论证明是说,上帝是一个无与伦比的完满存在者,因此它就不能只在你脑子里存在,而必须同时在现实中也存在,因为同时在现实中与脑子里存在就比只在脑子里存在更为完满,所以上帝必定在任何意义上都存在,否则它就不是一个无与伦比者。

既然上帝存在得到了证明,那么,从我的清晰思想到现实的世界,其认识关系就上了保险，因为上帝就是这个"保险公司"的总裁。上帝既然是完满的，它就绝不会骗我（《选读上》，第377页），因此在我心中一切清楚自明的观念，就一定是真的。因为我自己无法达到这些观念，它们必定是上帝放到我心中的。关于这个世界，我的确能形成一些清楚明白的观念，比如关于物质广延的长宽高，这个东西一定有一个体积在这里，这一点是确切无疑的。这个观念的自明性由上帝的存在来保证，否则它就可以被怀疑。笛卡尔说："我清楚地想像到哲学家们一般称为'连续量'的那种量，或者有长宽高的广延……这些东西的真理性表现得非常明显，……我发现我的心里有无数个关于一定事物的观念，这些观念我们不能认为是纯粹的虚无，……[因为它们]不是我杜撰出来的，……凡是我清楚明白地认识到的都是真的。"（同上书，第380—381页）在他证明上帝之前，这些都不可能被最终断定，或者说被他的"怀疑一切"悬置了，但是现在都可用了。这是笛卡尔的大体论证思路。

因此，在笛卡尔看来，世界上有两种实体，一种就是"我作为一种思想实体"的存在，另一种就是通过上帝而得到保证的"物质实体"的存在。当然，第一种实体有更高的确定性。由此笛卡尔被视为近代哲学的创立者。由他开始，唯心论与唯物论的争论就有了一个新的支点。因为他的学说里包含了两种实体，而这两种实体之间有什么关系立马就成为一个新问题，是这个实体决定另一个实体还是被另一个实体决定等。唯心论与唯物论之争，在古希腊与中世纪的哲学中并不是一个主要的问题。

由此可见，近代西方哲学通过怀疑反思的方式找到了新的存在论的实体，就是主体——作为思考者的"我"，这在古希腊哲学中是不曾见到的。它从哲学上呼应了当时的时代精神，就是对"人"的突出，对宗教全面统治学术与生活的一种反抗。但是，它的基本思想同古希腊的唯理论是一脉相承的，都是要在终极处消灭变化，达到认识者与被认识者的静态统一乃至互锁。可是这样一来，就消灭了认识的可能。之前讲过，认识主要是认识者与被认识者之间的一种变化关系。"学习悖论"就揭示了唯理论的思路无法进入这个变化的尴尬。按照巴门尼德与芝诺，终极实在之处是没有变化的，所以他们以及那些还带有这种思想品质的哲学，就都无法回应"学习悖论"。后来许多学说实际上都是"回忆说"——对于学习悖论的不成功回答——的变体。到了笛卡尔，他旨在更为彻底地消灭这个变化，而不是从正面回应这个变化是如何可能的,所以仍然还在走这条老路。而到了黑格尔之后的当代哲学,情况就不一样了。这种哲学的一个特点就是要正面回应类似"学习悖论"的问题,把以前的夹带之风更为彻底地扫除掉。由于"新酒"(我思)还是装在"旧瓶"(我的实体性存在)里,笛卡尔找到的是一个绝对自立自锁的我,一个绝对的孤立点。因此他的终极实在观实际上是巴门尼德与芝诺的一个近代版本,还需要上帝的帮助来突破他的理论困境。

第三节 英国经验论的挑战

一、经验论的特点

这种挑战表现为:哪里找不变的知识? 英国经验论(empiricism)是近代笛卡尔之后,在英国出现的一个思潮,表现了英国人的典型思想模式。要知道,英国哲学一直是以经验论为主流的。英美哲学与欧洲大陆的哲学有重大区别,现在没有时间细讲。简单来说,英国哲学重视感觉经验,美国哲学关注实用效果,看重在实际活动中得到的有效验证的动态真理,而不是像之前唯理论那样通过形式理想化得到的真理,后者是欧洲大陆传统哲学的特点。

英国经验论向主体型的唯理论发起挑战,认为不存在超出感觉经验的绝对确定知识,也就是不存在先天观念意义上的知识。比如笛卡尔讲的"我存在"就是一种超出了一切经验的认知,反思到"我"作为一个思想实体的存在。又比如说上帝作为完满观念而存在,跟经验没关系。英国经验论认为这类知识都是不合法的,因为所有的知识都起源于感知经验,而感知就意味着从五种感官得到的认知。总之,经验论对唯理论的批判和反驳具有非常启发人的思想力量,但它自己也陷入了一些困境,因为它在某种意义上还不够彻底。对于这种局面,我们接下来将一层层加以分析。

首先,如果感官提供的只是如古希腊哲人所讲的人与物之间的"约定",那么这种知识就不是关于世界的忠实图像。通过它们,我们得到的只是一种暂时的、似是而非的知识。另外,它们还面临着这样一个问题:如果我们的一切知识都来自感官,那么我们如何知道在这些感官认知之后的事物本身呢?一切都是图像与印象,那么造成图像与印象的事物就消失了,而且,英国经验论还体现了一种传统西方哲学的局限,那就是认为每一次感觉都只接受一个感觉印象或者感觉观念。这一瞬间接受一个,下一瞬间又接受一个。那么这些感觉印象之间就没有内在的联系,它们之间的关联就只是谁先出现谁后出现,以及谁靠近谁,由此而引发联想习惯。如果情况是这样,那么这种感觉经验提供的知识,就浸透了偶然性,缺少内在的确定性,而西方认识论的传统要追求的恰恰是具有确定性的知识。

作为感觉对象的事物,比如红苹果,它只是一束感觉观念的集合(红色、甜味、体积、触觉、嗅觉),那么有一个作为客观对象的红苹果自身吗? 没有。这束观念集合就像一颗洋葱头,你把这些感觉观念剥离掉,里面什么也不剩。可见,这种看法接近于感觉观念化了的佛家缘起说。以前有人做过英国经验论(尤其是其中最为彻底的休谟的学说)与佛家思想之间的比较研究,但是英国经验论毕竟不同于佛家缘起说。二者的相似点很清楚,都反对存在着实体化的"我"和"法",但是感觉经验论讲的不是真缘起论。缘起论讲的是纯关系的起源,而英国经验论讲的知识起源是一个一个的感觉观念(大致属于佛家讲的"六尘"),在这最根本处没有关系,尤其是没有发生性的关系,而只是由感官提供给你的印象或者观念。

二、英国三大经验论者

英国经验论三大哲人——洛克、贝克莱与休谟,在一开始,就在某种程度上注意到了这些问题。

洛克(John Locke,1632—1704)希望能够保持我们的感觉观念与物质实在之间的某种固定联系,因为他知道一旦这个联系被切断,一切都只是感觉观念,那么刚才我们所讲的理论上的弱点都会暴露出来。洛克把我们从物质对象那里接受到的感觉刺激,比如蓝色、鸟鸣声、冷热感、香味、形状等,就叫做 idea(当然同唯理论讲的那个 Idea 是不同的),可以把它翻译成"[感觉]观念",但不可以是"理念"或"理式"。

他把感觉观念分为两种:第一性质的与第二性质的观念,就是为了让感觉观念与物质对象还保持某种确定联系,同时又顾及感觉直观的当下呈现性(你们看他又在运用"剃细法"了)。第一性质就是物体的广延、体积、形状与运动之类的性质,即"不论物体处于何种状态,它都绝对不能与物体分开"

(《选读上》,第 453 页)的那种性质。第二种性质是指颜色、声音、滋味,它们不是对象本身具有的,而是物体的第一种性质(比如说微粒的运动)在我们感官上留下的效果。换句话说,这种感觉观念相当于德谟克利特讲的"约定",它不是物体本身的性质,而是物体凭借第一性质在我们心中产生出来的感觉观念。比如火的热:火有它的物理性质、分子的运动之类,它们属于第一性质;但是它们给我们带来的热感,就属于第二性质。颜色当然也属于第二性质。很明显,第二性质比第一性质更为主观,更加依赖于主体的主观状态。以这种方式,洛克告诉我们感觉知识尽管可能是约定,但它们是基本可靠的,起码有一个确定性的根儿扎在物质对象本身里。

然而,第二位经验论哲人贝克莱(George Berkeley,1685—1753)很有理由地主张洛克的上述区分没有道理。因为广延、形状、运动等所谓的第一性质,在他看来,也不能够外于心而存在。你以为物体的物理形状,就是物体本身的性质吗? 它比颜色有什么优越性吗? 没有。你触摸它,感受到的广延和体积同样是感觉的观念。你今天摸它是一种感觉,明天你的手可能突然麻木了,再摸它又是另外一种感觉。你这么看它是这样,换个角度看又是另外一个样子。这和我们看到的颜色有什么本质的区别? 如果坚持经验论的基本原则,即感觉经验是知识的唯一来源,那么第一性质也是依靠于感觉的构造,跟随感觉的变化而变化的。同一双眼睛在不同的位置,或者不同的眼睛在同一个位置看到的形状与广延,都可以是不相同的。所以,大家彼此彼此,没有第一性质,只有第二性质,因为根本就不存在那种可以同感觉分开的性质。贝克莱的结论就是那个很著名的说法:"To be is to be perceived."(存在就是被感知)(同上书,503 页)。古希腊哲学就讲存在,到了他这里,存在就成了"被感知"。所以,以前我们国家唯物主义特别盛行时(当然现在也很盛行,有哲学上的唯物主义与生活中的唯物主义,大家现在几乎都是生活中的唯物主义者了),贝克莱被当作唯物主义最凶恶的敌人,因为在他这里,万法唯识,而且是主体的感觉认识。

可是,贝克莱这里出现了一个问题:既然事物的存在依赖于我们的感知,那么我们大家离开了教室,这间教室里的桌椅板凳还存在吗? 没人感知它了,完全没有人,放假了、锁楼了,它们还存在吗? 人们不用操这个心,但是哲学家必须关心它,他们必须将这个事情说清楚。贝克莱当然会注意到这个问题,因此他论证说,这正说明需要一个上帝,在我们不知觉的时候,他替我们来知觉着它们,以保障其存在。贝克莱是一位主教,他希望达到这个结论,但是你觉得这个结论很肤浅吗? 其实,哲学的一个重要功能就是让你认识到人类知识的局限,但是我们毕竟还在认知着,在满足着我们生存的需要。这样的认知可能性是从哪里来的? 我们的漏洞太多了,似乎总是预设了什么东西来让我们的生存认知得以可能。可见贝克莱得出这个结论,并不像它表面上显示得那么肤浅。它("上帝的感知")暗指我们的知识不离经验(连上帝都要用感知来维持它),但这经验超出了我们的感知。可是它太神学化了。西方哲学的一个漏洞就在于,最后常要把上帝及其各种替代者请过来做担保。

英国经验论在休谟(David Hume,1711—1776)这里达到了顶点。他不仅否认外物的独立存在,而且否认精神主体的实体存在。哲学家即便出自个人信仰相信主体灵魂的永恒存在,那也不过是宗教,而西方思想就是要把哲学与宗教尽量分得清楚。既然我们的前提是,一切都从感觉经验出发,那就要把这一条原则贯彻始终。由此,休谟就把经验论带到了它最为彻底的形态。

首先,他觉得光说感觉观念还不过瘾,于是主张,我们从感觉中接受的最生动直接的东西不是观念(这个观念已经是有所褪色的了),而是印象(impression),它直接压印(press)在我们的心灵上。这种当下的生动印象,在事后才淡化成观念。因此说到底,我们一切知识的出发点都是印象,也就是当下一瞬间从感官得到的刺激感受。这种即刻化的刺激感受是最原初的、实心的,也就是再没有内结构的。换句话说,它不可再被还原到其他东西,而其他东西都可以被还原为它。

由此,休谟得到了一个石破天惊的结论:既然没有任何实体能够超越感觉经验形成知识,为知识上"终身保险",而且印象只能是按照时间顺序一个一个被我们接收到,那么一切关于世界的综合知识就只能来自习惯(cus-tom)。什么是习惯? 就是联想的多次重复所造成的思想惯性,由那些常常前后相继发生又相近相似的感觉印象序列所引出的联想(association)积淀而成,这些联想所凭借的只有原初印象之间相似(或相续)的关系。所以他说,知识的根源并不是对事物忠实的描述,而只是来自我们的联想习惯。这可真是了不得！他马上又把这个思想应用到了科学研究所信赖的核心前提，也就是因果律之中。科学的知识在于告诉我们，有什么样的前提，就会产生什么样的结果，而且科学的因果知识告诉我们的应该是一种必然的联系，不然它就不是真理，不是知识，只是意见。这是自古希腊以来哲人们一直给我们的教导。但是休谟坚持说科学的因果律只是这样的知识——它仅仅来自习惯。在量子力学开始影响哲学的今天，休谟的思想洞察力令我们佩服，尽管这思想还基本上囿于定域性的视野中。

他用一个例子来说明。有两个球，可称之为球 A 和球 B。球 A 向球 B 运动，碰到了球 B（甚至还伴随着一个声响）；接下来球 B 就开始运动，移动到了别的地方。我们就说，球 A 的运动引起了球 B 的运动，前者是后者的原因。牛顿的物理学就要描述这样的因果关系。休谟却说，这里面没有因果关系，只有我们的思想习惯在起作用。我们看到了球 A 在移动，它接近了球 B，并接触了球 B，下一瞬间球 B 就开始运动，如此而已。你看到了球 A 引起了球 B 的运动了吗？这个"引起"能得到一个生动的即刻印象吗？如果有，请把它找出来。在这里，纯印象只是呈现给我们：球 A 在运动，遇上球 B，然后球 B 开始运动。我们在这里把它归为客观的因果关系，实际上是佛家讲的一种"造幻"。你想想，魔术师能不能模仿？现在的电脑技术能不能模仿？舞台上杀人，它是怎么杀的？目击者有没有可能目击得不对？完全有可能。因此休谟以醒目的方式指出：这里起作用的只是思想的习惯。所以，他主张，科学表达的因果关系或任何事实性的知识都没有必然性，因为它们只是思想习惯，一来有可能其中有假，二来有可能不再发生。我们看到太阳每天都从东方升起，并解释说这是由什么样的因果关系来决定的。但是，这个关系不是绝对必然的。太阳明天可以不从东方升起，这在逻辑上是可能的，虽然概率很低。

对于休谟而言，说知识只是习惯并非是怀疑论或虚无主义，因为我们这些基于习惯与联想的知识非常有用。因此，休谟说"习惯是人生的伟大指南"（《选读上》，第528页）。休谟认为这就够了，但是许多哲学家觉得不行，因为这等于在知识之船下面捅了一个大洞。西方传统的认识论要求得到确定的知识，认识者与被认识者之间应该达到的静态统一，被它破坏了。所以休谟的理论出来后，唯理论者们感觉如鲠在喉，一定要应对他的挑战。

其中一个最著名的回应者就是康德。康德在近代西方哲学中的地位无与伦比，在我看来还要高于笛卡尔。不过笛卡尔的地位也是不可动摇的，他是一个发端者。但康德极具原创性，只要他所触及的领域，几乎都有原则性的突破，因为他结合了经验论与唯理论，尽量充分地应对休谟的挑战。西方思想的发展就是这样的，前人的思想有一个破绽，你出来应对它，然后你的思想又有破绽，再有人出来应对，如此前进。

第四节　康德认识论的基本特点

康德说，是休谟把他从独断论的迷梦中唤醒（休谟的论证确实像是一剂劲道十足的醒药或泻药），从而构造出一种结合了经验论与唯理论的批判哲学。所谓"批判"，在此主要指对人类心灵能力的彻底审察，看它能做什么，不能做什么。他同意经验论的这个说法，即我们的一切知识必须从感觉经验开始，但是他不认为感觉经验是知识的唯一来源。它是绝对必要的起点，但是还有别的来源。如果我们承认感觉经验是一切知识的唯一来源，就落入了那个已经休谟化了的芝诺悖论的圈套，就得承认知识就是有用的习惯，你再说它是伟大的人生指南也没用了。康德认为知识的另一个来源是人所拥有的先天综合（Synthesis a priori）的能力。它首先是一种综合，而不是分析。什么是分析的知识？比如说逻辑的知识，A = A，跟经验世界完全没有关系，既是分析的，又是先天的。又比如说"黄金是黄的"，这不需要到经验世界去看个究竟，因为"黄金"中已经包含了"黄"，它只是把"黄金"中的"黄"给析离出来。再比如说"单身汉是处于未婚状态的男子"，这也是分析的，因为"单身汉"的词义就是指"处于未婚状态的男子"。但是"综合"的知识，比如"单身汉在中国是合法的"，就不同了，它要求有新东西加进来，形成新的知识。"单身汉是处于未婚状态的男子"对你的知识没有影响，因为你已经认识了什么是"单身汉"；而"单身汉在中国是合法的"告诉了你新的信息，因为其主语并不从逻辑上或语义上就包含了谓语所言说者。休谟认为，先天的认识只能是分析的，比如逻辑的和数学的知识；而综合性的知识只能由感知提供，原先我们不知道的东西，现在看到了，摸到了。这也是近代以来认识论的主流看法，即认为综合性的、能增进我们对世界了解的知识，只能是后天的或与感觉经验相连的。但是康德认为此外还存在着一种综合知识，它是先天的，不从感官而来，但是它能够从根本处影响我们关于经验的认知。这是康德独自提出来的影响深远的新想法。

康德给出了一些先天综合的例子，比如数学知识就是典型的先天知识。7＋5＝12是分析知识吗？凭借分析7、5、＋、＝的含义，你能得出12吗？康德说不能。后来有的哲学家，像罗素或者早期的维特根斯坦，认为数学命题也是分析命题，但后来证明这是不对的。这种数学基础研究中的逻辑主义将数学还原为集合论，而集合论被认为属于逻辑，但这里出了问题。实际上数论需要的集合论预设了两个公理，即选择公理和无穷公理，它们不是纯分析的，更不用说哥德尔的不完全性定理，它更表明逻辑主义和形式主义的不可行。不管怎么样，按照康德的说法，7＋5＝12是综合判断，增加了我们的知识。因为尽管你知道了7、＋、5，但是这并不等于你知道了12。因此这7＋5＝12，增加了我们的某种知识。康德还认为，用因果律表示的知识当然是综合的，但因果关系的范畴形式却是先天的，也就是人天生就具有的。

从表面看，康德的提法似乎与传统唯理论没有多少区别，两边都强调人有一种先天的认知能力，也就是说它不是由经验得来的。但实际上，康德的思路很有些新意，他强调这种认知能力没有独立的认识功能，所以不同于以前唯理论者所讲的那种先天观念。比如说，传统的唯理论者们认为我们具有关于上帝的先天观念，对于善本身、美本身、正义本身等，也是如此。而逻辑上的那些基本观念，也被认为是我们先天就拥有的，比如我们先天地就知道A＝A，也就是关于同一律的观念。更关键的是，传统唯理论认为这样的先天观念都具有一个先天对象。我们讲上帝，我心中有一个关于无比完满者的观念，这个观念在指称一个实体，或理想对象，我们称之为上帝。但康德说，他所讲的人的先天综合能力，是人先天具有的能够用来整理感觉材料的形式，表现为一些有先天综合能力的认知形式，比如先天的时空形式和范畴形式。它们的唯一功能就是用来组织和规范感觉材料。除此之外，它们一无所用。所以，经验论的"一切知识起于感觉经验"在此（就知识的内容而言）依然有效，你不能用先天综合能力来证明上帝的存在或者恶魔的存在。

今天课间有个同学向我提了一个好问题：我们心中那个绝对完满的观念，是否一个恶精灵放置于我们心里的？请大家思考一下，笛卡尔那个关于上帝存在的证明,能否同样证明恶魔的存在？我们心中是否有"一个东西比另一个东西更邪恶"的观念？当然有。无故杀人是恶于无故打人的。按这个法子往下推,我们是否有一个最恶者的观念？当然有,有一个关于最邪恶者的观念,否则我们无法想象这个比那个恶,一定有一个恶毒本身。那么这个恶毒本身如果只在我们心中存在,而不在现实中存在,它还是最恶毒的吗？按照笛卡尔的思路,这个最恶毒者一定存在,不然我们哪有能力构想出它来？而这个将最恶毒者的观念放到我们心中的,只能就是恶魔本身。一个要证明上帝存在的论证居然同样能够证明恶魔的存在,于是这个关于上帝存在论证的效力就要大打折扣了。

康德从中得到教训,而这个教训恰好是怀疑论者最深刻的见地。这就是,在西方传统哲学中一个能够断定的命题 A,总能找到一个跟它具有同等效力的反命题非 A。所以,康德说这种先天综合能力,不能去做那种形而上学的推论,只能用来整理感觉材料,不然就会导致 A 并且非 A 共存的悖论。

由于这种先天综合形式——直观的纯形式即时空,知性的纯形式即十二个范畴——的存在,感觉材料就被自发地组织起来;而能够找到这种组织的具体方式的认识,比如牛顿物理学,就成为知识。因而这种知识就不仅有感知的直接呈现性,还有先天形式赋予的确定性,具有现象中的必然性。我们人类已经被赋予的先天的知性范畴中,就有因果关系。因此当我们一旦去接触感觉材料,就不像英国经验论者说的那样,只依靠观念之间相近相似的后天关系,而是这样的:当感觉材料被我们感知到的时候,就已经被我们的感性直观和范畴概念的先天形式给整理过了。不然它就无法进来,不能被我们感知了。我们在每一次感知的时候,就已经偷偷地或不自觉地放入了我们自己先天具有的组织形式,包括因果关系。因此在康德看来,因果关系不是事情本身具有的,这一点他完全同意休谟。事物本身是物自体,无所谓什么因果关系,是人赋予了我们能知觉到的印象一种因果关系。但是康德和休谟不一样之处在于,康德认为人所赋予的东西不只是习惯,而更是先天综合的形式或者概念范畴。

当我们去认识的时候,结合感知把握到了这些形式,于是才能够发现它们是必然的知识。如果你带着蓝色眼镜看世界,你看到的东西中就必有蓝色,牛顿规律被认识为必然的,其实这种必然是我们放进去的。只是我们最后把它拉扯出来的时候,研究的大网就捕到了许多经验的鱼虾。可实际上这些都是经过先天直观和范畴组织过的,必然性已经被先行放置于其中了。这好像近似于柏拉图的回忆说了,科学研究是一种回忆,但与之还是很不同。先天综合形式不像柏拉图讲的理念那样具有自身的独立性,而只是一种空形式,没有自身的内容和对象,只有在感觉材料出现时才能有效运作。

由此看来,人类的各种知识并不是通过"空手套白狼"得到的。在每一次感知中,我们的先天综合能力就已经先行作用于感觉材料,然后我们在做科学研究时认识到了那些先行作用所参与造就的必然者。换句话说,我们的"手"或认识能力不是"空"的,像经验论者讲的只是"一块白板",而是带着那种先天形式的套具,它们让狼成为可被充分认识或被套住的狼。所以源自这种先天形式的因果规律不是思想的习惯,它们具有某种必然性。只是这种必然性不是关于物质对象本身或物自体的必然性,而只是关于这些感觉现象的必然性。因此,在认为通过观念推论就能达成绝对知识的唯理论与主张没有绝对知识只有思想习惯的经验论之间,康德找到了一个微妙的中间点。

由于我们具备先天综合能力,因此从根本上讲,人是崇高的,但是他/她并没有崇高到可以跟上帝媲美。"人为自然立法",这是康德极为响亮的一个思想口号,充分代表了西方思想在那个时代的精神。它主张,科学知识并不只是从自然界搜集资料,并加以习惯性的归纳总结,跟在自然现象后面跑。相反,科学知识依靠数学、依靠假说,可以走在经验观察之前。通过科学假说,才能设计出你做梦都想不到的科学实验,才能观察到从来都不会去观察的现象。因此科学永远都是在严酷地拷问大自然,逼迫自然万物吐露出那并不完全自然的供词。科学知识可以走在经验观察之前,但当它一旦用于形而上学,比如像那些唯理论者论证的"灵魂不朽""上帝存在"以及"世界有尽头"等,它就马上失效,于是公说公有理,婆说婆有理,陷于"二律背反"。哲学或未来形而上学的生命力在于最广义的批判哲学,而非观念化的形而上学,当然也不应只限于经验论。

康德的基本思想在于,确定性的科学思想之所以可能,是通过先天综合的形式与感觉材料的交合。这里很有一些真知灼见。康德说:"那第一个给等腰三角形作出证明的人(不管他叫泰利士还是叫什么别的名字)心里闪出了一道光芒,因为他发现不能死死盯着自己在图形里看到的东西,也不能死死扣着这一图形的单纯概念,仿佛从其中认出它的特性,而只能用自己根据概念先天地设想进去并且表达出来(通过作图)的那种东西造出那些特性来;要想先天地确切认识到点什么,就必须把一种东西归给事物,这种东西不是别的,就是从自己按照概念放进了事物的那个东西必然推出来的结论。"(《选读下》,第240页)康德的话是出了名的晦涩,有时一句话占半页纸,但是没关系,你仔细琢磨,这些都能明白。这里的基本意思就是说:你想认识到几何学的或者科学上确定的知识,就不能只盯着那个图形看,它只是为了唤醒我们关于该图形的根本知识的东西,当然也不能只靠概念论证,而要将你已经不自觉地放到事物中的东西——先天综合形式——再从经验到的事物中找出来。如前所说,这有点像柏拉图的回忆说,但是康德在根子上同柏拉图还是很不一样的。这种造就知识的能力是人先天带有的,但不是人在前世的什么地方看到,并组成了一个比现象界更真实的理式世界;而只是用来整理感觉材料,并使数理的、科学的、普遍必然的认知可能的纯形式。如果没有那个先天综合的能力,你就得不到普遍和必然的真知识,而只是一些经验上的观察与总结。只有达到了先天综合的那种确切与根本的程度,才能产生真正的科学知识。这是西方人引以为骄傲的地方,他们总是讲东方人的知识只是一些经验的东西。中国人的发明多,但是它们没成为近代意义上的西方科学(如何更通透地理解这一现象,还有待更多的讨论)。在这里,西方思想中形式突出的特点得到了充分的体现。在康德代表的西方主流思想看来,形式是走在我们认识的前头的。你要是不被它引领,就只能在事实后面爬行。

所以,康德最后说了一段非常著名的话:"有两样东西,人们越是经常持久地对之凝神思索,它们就越是使内心充满常新而日增的惊奇和敬畏:[它们就是]我头上的星空和我心中的道德律。"[1]为什么头上的星空让我们惊奇和敬畏?因为相比于人类,行星的运行、恒星系和各种天体的运转,多么雄伟与永恒!但是它们居然也源自我们理性的先天综合能力。比如行星的运行居然按照天文学发现的数学公式在走,而这些数学公式就是源于我们心灵的先天综合能力。康德在这里达成了西方式的"天人合一",充满了形式突出感,还有精确的计算性。他在这里表达的惊叹不只是美学上的,而且是科学上的

---

① 康德:《实践理性批判》,邓晓芒译,杨祖陶校,北京:人民出版社,2003年,第220页。

和哲学上的。真与美在这里达成了某种共鸣,它不只是出于上帝。康德也有对上帝的某种(合乎批判理性的)信仰,但是在这里并不诉诸一个实体的上帝,而是诉诸上帝赋予人的先天综合能力。它使我们能够同宇宙达成这样的呼应,以至于可能在观察到行星之前,就凭借天文学的数学公式预言它一定会在那里。浩瀚宇宙中如此渺小的人类,却因秉有这先天综合的能力而为这宇宙现象立法!至于康德对于"道德律"的赞叹,我们以后会讲到的。

从康德开始,西方思想已经进入了一个很现代的境地。不过在康德之后进入了德国古典哲学的阶段,在黑格尔那里达到大成。马克思以黑格尔为哲学上的老师,但是康德最为犀利和鲜活的哲学见地,反而在德国古典哲学的发展中被淡化了。在黑格尔之后,出现了现代西方哲学的思想革命,康德被忽视的革命性思想得以被重新发现。因此,康德的书值得我们一读再读。比如说后来的现象学,就现象本身来认识终极的实在与真理,这个思路与康德的某些说法是有内在呼应的。

第八章　先秦真知观

上边说了西方传统哲学在认识论上的一些基本倾向和思路,我想对此做一个很简短的总结,并与中国的知识论倾向做些对比,以引出下面的阐释。

第一节　中西真知观对比

一、西方认识论的特点

第一,对于西方传统哲学——此"传统"到黑格尔为止——而言,真理或真知本身一定是普遍和必然的,也就是完全确定的。这是巴门尼德对存在的看法,后来柏拉图的理式论也跟进,而且巴门尼德的老师克塞诺芬尼,即爱利亚学派的开创者,对神的看法已经表现出这种特点。在他看来,古希腊的神话和荷马史诗中讲的神,都不是真神。为什么呢?因为按照理性的尺度,神作为终极者不能是多个,只能是唯一的(想一想毕达哥拉斯对"一"的颂扬),而奥林匹斯山上的诸神(见图2)却一抓一大把。

此外,按形式突出的道理而言,终极者一定是正面的,因为和谐收敛的形式一定是好的,所以神一定是至善的。但这些奥林匹斯的神却会做坏事,比如策划战争、说谎欺骗、迷恋暴力、勾引良家女子等,真正的神是不应该也绝不会做这些事情的,而且神只待在一个地方,不会像那些整日惹是生非的众神那样跑来跑去。神怎么还要动换呢?运动变化是可怜的现象的特点,跟神没关系,所以神才能鉴察一切,是全知全善全能的。

这些思想传到巴门尼德,他就用"存在"来从哲理上说明神代表的终极实在,到了知识论里头也可以体现出来,就是强调真知的完全确定性、唯一不二性。所以,像赫拉克利特讲的"既存在又不存在"的那种流变,既像奔腾的河流,又像燃烧的火焰,就绝不会是真知识的状态。我们前面说到了休谟,他

图2　奥林匹斯山上的诸神

讲的那种基于习惯的认知,当然也不是真知识。这是第一点。

第二,真知识是出现在作为主体的人和作为客体的对象之间的。现在有不少人受西方传统哲学范式的影响,觉得当然是这样的,其实不必如此,我们以后会看到。于是就面临一个问题:主客从根本上讲是相互异质的,是两种状态,两者之间没有公度性可言。而且,西方传统的终极实在观认为终极实在是一种不变的实体,也使得这个问题更加突出。比如说一个物质对象,如果它从本质上讲是一个物质实体(这个实体本身不变化,但是其性质可以变化),那么通过感官和相关思维对这个实体的认识,就和此实体大不一样了。首先,两者的质地不同,不仅物质和精神分属两个领域,而且一动一静不相匹配。其次,你要认识它,你就一定会通过某种德谟克利特讲的"契约"来改变它,等于说你从它那里不可能得到完全忠实的反映。你抓不到它本身,只能通过它的各种表象和改变来认识它。这种表象和改变是否合乎物质对象的实体或本质,以及哪种表象和改变是合法的,就产生了无穷的问题。

由于这第一、二个特点,就导致了第三个特点,即在他们看来,真知识就是要找到主客共有的那种东西。主客不一样，那就尽量找到一个两者共享的，能将两者打通的东西。这个东西就是广义的形式。我认识不到这个物质对象本身，但是我的思维、我的感觉能够捕捉到它的表象所呈现出的形式乃至形式上的结构。这一特点在我们以前讲过的西方学说里都有表现。比如数是一种可计算和推衍的形式，通过数，主体跟客体能够联结起来。或者通过存在，或者通过理式，或者通过塑造质料的物体形式，或者通过原子在虚空中的分布样式，就可打通主客。这种看法一直持续到近现代，影响一直很大。笛卡尔是通过论证化的上帝接通了我与世界，而经验论则认为这个共享形式是感觉印象、感觉观念加上心灵联想。当然，还有康德讲的先天综合的形式。所以大家还是不统一，存在论或者本体论中的那种莫衷一是的局面，即使到了认识论中也并没有得到真正的改变。不像笛卡尔、康德等人期待的，通过彻底怀疑和批判就可认清人的认识能力之所在，就能够找到一个绝对确定的知识起点，然后使哲学变成某种意义上的科学或先验之学。这种绝对起点和确定性一直到现在还是没找到，哲学思想的角斗场依然刀光剑影。

所以，自古以来，西方人要获得普遍必然的真知的努力，一直受到某种深层的威胁，这导致了相对主义和怀疑论。这些重大威胁一直存在，不理解它们就无法真正了解西方正宗哲学的隐忧和出招用意。与之相比，古代中国或者印度历史上，这种相对主义和怀疑论的思想就没有获得这么突出的地位。所以，西方的认识论，在某种意义上经常要靠神或上帝来保证，我们在笛卡尔、贝克莱那里也看到了。当然，在中世纪是靠一个明显的实体神来保证。到了近现代以后，则经常是一种隐蔽的、以某种实体来扮装的神学，或者实际上是当事人的某种信仰、信念，虽然不一定是以信仰基督教为前提。这种认识论预设了某种东西的存在，凭借它我们能够对事物进行认识，但对这种东西没有做充分的追究。后来的一层一层的批判进展，让人们反思到，其实我们并没有把这个问题或这个关键东西认识清楚。在某种意义上，康德的"先天综合"的思想倒是预示了当代西方哲学的某些特点，也就是去寻找在主客还没有分离之前（但又没有脱离经验的）人的某种认知状态或者条件。

二、古代中国的真知观

设想一下,如果持另一种终极实在观,即不同于西方传统哲学的核心观点(主张终极实在是不变的存在本身),而是认为终极实在是处在变易之中的,那么整个知识论的格局会有什么改变呢?当然会有巨大的转变!而我们以前也看到了,这正是中国古代哲学的主流观点。如果终极实在处于变易之中,那么主客之间的所谓异质性就不那么硬性了。正因为整个存在的根基处是正在变化着的,于是就可以设想,所谓主体和客体是这存在的不同变体,它们正在参与同一个生成过程(比如阴阳大化过程),因而可以达到相互融合,或者说它们只是一个既行且知的过程的不同表现而已。这恰恰就是中国古人对真知识的看法。

所以这个主客异质导致的无公度性问题,在中国古代很不突出,因为终极实在本身就是一个发生的和相互理解的过程。我们可以先看一个例子。《庄子·秋水》(《资料》,第213页左)讲了一个寓言(这本书里充满了寓言),它是这么说的:"庄子与惠子[惠施]游于濠梁之上",濠就是濠水,在今天安徽凤阳县附近,梁就是桥。他们两位,即庄子跟惠施,是好朋友、净友,碰到就一直辩论。这二人站在桥上,庄子看见水里有鱼儿在游,就说:"儵鱼出游从容,是鱼乐也。"你看这鱼在水里游得多么快乐呀!惠施马上反驳:"子非鱼,安知鱼之乐?"你又不是鱼,你怎么知道鱼是快乐的?"你怎么知道['安知']……?"这就是认知的问题,而惠施特别强调主体跟客体的异质性对认知的阻障作用。庄子说:"子非我,安知我不知鱼之乐?"你又不是我,你怎么知道我不知道鱼的快乐?以彼之矛反过来攻击他。惠施马上反驳:"我非子,固不知子矣",我不是你,当然我就不能知道你;但是"子固非鱼也",也就是:有一点我是不会搞错的,即你肯定不是鱼;"子之不知鱼之乐,全矣",因此,你不知道鱼之乐是毫无疑问的了。这里惠施的论辩好像占了上风,逻辑上更进了一层。看庄子怎么说,他现在已经被逼到绝境了。"庄子曰:请循其本。"让我们回到原本处吧。你向我发问道:"'汝安知鱼乐'云者",你问我"你是怎么知道鱼是快乐的?"等,那么就表明,你"既已知吾知之而问我",你本来就已经知道我知道鱼之乐了,只是在问我是怎么知道的(这里好像有点儿诡辩,但其中的道理见后边分析)。那么我就告诉你,"我知之濠上也",我站在这濠水桥上就知道水中鱼是快乐的了。

这里庄子论辩的要点在哪里呢？就在这"请循其本"，即让我们追踪到我们辩论的根本处。那什么是此辩论的根本处呢？当然是思想语言的交替使用和相互理解。你问我怎么知道鱼之乐的，我回答；你懂了我的回答，于是再问；我懂了你的问题，于是再答。你既然能问我，我也能答你，说明我们有一种非常根本的语言上的和意义上的交流，也就是某种相互认知。你以为：我不是你（我非子），你也不是我（子非我），我们就相互"不知子"或不知晓对方的意愿或意思了吗？不是的呀！在某种意义上我是你的客体，你也是我的客体，我是主体，你也是个主体，但是我们居然可以通过语言乃至其他途径（比如表情和手势）而发生有效畅快的交流和相互理解。那么，即便我不是鱼，鱼也不是我，你怎么能断定我和鱼之间没有一种根本的、在主客分离之前的交流呢？我与你可沟通，那么我也可以在这桥上与水中的鱼儿沟通啊！这是庄子更深的含义和论证。表面上庄子是在抓话语间的"你怎么知道"这个话头，但是里边有深意。也就是说在主体与客体、主体与主体分离之前，我们已经处在了某种相互纠缠、交融的状态中，所以我们才能够进行语言和意义的交流。那谁能断定在我们跟鱼之间、我们跟万物之间没有一种根本的纠缠和交流呢？这是一个反映中国古代认知观特点的很犀利的论辩例子。于对话当场层层深入，丝丝入扣，首尾回荡，颇有些禅宗对话的味道，只是理路更清晰细密。

所以，中国古代关于真知问题的关键不在于主客的静态相符。也就是说，对于中国古哲人来讲，认识真理主要不是克服主客异质而达到普遍必然性的问题，而是一些动态的问题。也就是要在有无相交缠的生成之处，来理解、对付、预知生成变化的结构、趋向、节奏和样式。

中国人确实很实际，一切哲理都源自实际生活经验，可是中国人的实际不是说不要理论，关键是其理论走向与西方不一样。就此而言，中国古代认识论的一个很重要的问题就是怎么突破"时障"。我们生活在现在，怎么突破现在与过去，尤其是现在与未来之间的那个屏障，让我们的认知和思想能够穿透过去，尤其是能够走向未来，预知事态发展，这才叫真知。中国古人最看重的恰恰是这种知识。

这种突破时障、朝向将来的时几（机）化特点，在《周易》中表现得十分明显,而无论是孙子、老子还是孔子,概莫能外。传统西方这一面,我们已经看到,那些知识形态、认识论形态想找到的是普遍必然的规律,用它们来规范人生和世界。这种知识就不是预知活生生的未来,而是要制造未来。人为自然立法,科学改造了整个世界,把我们的未来全部重新塑造。中国古代的哲理不是这样的。它认为自然的变化、整个人生态势的变化本身就有合理性,我们不但要跟着它走,还要知道它本身是怎么回事。这与西方的认识论是大不一样的。

在这样的知识中,时几(机)、事态、记忆或者说是变化的样式,比如往返等,都是最受关注的。时几是时机之源,而"几"恰恰是《周易》特别强调的。"知几其神乎!"(《周易·系辞下》)认知的要害和神髓就是要"知几"。"几"是"动之微,吉之先见[现]者也"(同上)。这里"吉"指预兆,已经出现了这个势头,已经出现了存在的势态,但是还没有见诸明显的形式,也就是还没有被实现为可把握的存在者。有无正在交织着。"动之微",指非常微妙的变动,但是这个"动"已经出现了,一个趋向已经出现了。很多人都看不到它,只有真智者,也就是中国古人认为的那些得到了真知识的人,才能够看到此"几"。这是中国古代知识论的一个非常重要的特色,即感知和追随那朝向未来的趋向,具有很强的时间性、时几(机)性。但是为了朝向未来,就须特别重视过去,能够回溯以前的、古代的事情,在一圈圈的回旋中获得冲向未来的动势,而且,只有找到这种回旋的内在结构,你对历史的回顾才能帮你知道未来。因为历史有重复之处,但更有出新之处,必须领会了时几的微妙结构,才能真正突破时障。

除了这突破时障、朝向将来的时几化特色,中国古代知识论的第二个特点,就是用势。"势"和"几(机)"基本上是相通的。"势"往往是无形的。举个最简单的例子,山上的一个堰塞湖,或一块大石头处于悬崖边上,它们就有一种向下之势,但它还未被实现出来。如果你认识到了,并善于运用它,例如你有本事把敌人引到它下面,而你自己处于上面,再加上山道相当狭窄而无法躲避的话,那几乎就赢定了。或者说,时值冬日,但过几天将有反常的东南风,谁要事先知道了,像《三国演义》中的诸葛亮,那么现在还完全无形的风势到那天就会以时机化的方式实现出来,凭之而摧毁敌方几十万大军,改变历史走向。《孙子兵法》就是探讨怎么能把自己放到那个优势位置,而把敌人放到那个劣势位置,则我就能不战而屈人之兵。一到那种情况,敌人只能投降,不然的话,巨大的石头从上面滚落下来,人的求生本能就使之要躲开,也就相当于投降了,于是当即拿下。

所以我刚才问那个同学:战争之术是不是有不战而胜的境界?很多西方的战略家,比如克劳塞维兹,就不承认有这样一个境界,认为战争永远是打出来的。当然,事先谁谋划得好、安排得好,就可以创造得胜的机会,但是不战而胜这个境界怎么可能呢?敌人来就是跟你打的,怎么会不打就投降呢?我看我国军事科学院写的《孙子兵法》评论,有的就认为此境界无法理解,是《孙子兵法》中的神秘主义倾向。当然也不是完全否认,但是从道理上无法理解。这里我们看到了中国古代认知的一个重要特点,即通过"势"来认识真相,因为这真相处于变化之中。

其实在日常生活中,我们就生活在"势"里边。你想想你的 24 小时是怎么度过的?几乎绝大多数的时候都不用反思,顺势而行。你们在听我讲话,我根本不会注意到我发音的时候这个喉头是怎么震动的,话就讲出来了;你们也不去分辨我语音中的音素,囫囵个儿地就明白了我的意思。走路,抬腿就走;骑自行车,蹬上乘势就骑。势态根本不用反思,如果你还要去思考、细察,说明出了问题,比如你的车的车胎没气了,或者车链子掉了,或者你的身体哪儿不舒服了,以至无法用势。

第三个认知特点就是技艺化。中国古代认识论中更看重的是"技"和"艺",而不是逻辑分析、形式推理和抽象理论的建构。当然也有理论,阴阳五行就是很高深的理论,某种意义上也很抽象,但它是活的,一定要体现在活生生的生发和维持的过程之中。所以孔子要以六艺来教学生,同样可以想见,老子和庄子教学生,也是凭借技艺而活泼多姿的。你去看《庄子》,其中"庖丁解牛""梓庆造鐻"等,讲的都是手艺人,通过精绝的手艺而得道,此外还有或显或隐的气功修炼的技艺。佛家则重打坐参禅。这是印度传来的技艺,即瑜伽的变式。关于瑜伽,以后我们会专讲。但是中国的禅宗对参禅的技艺加以变化,不一定非要坐禅了。坐禅修行当然也可以,但只是开悟法门之一。嬉笑怒骂,搬柴担水,机锋对谈,棒打刀削,只要能够开启智慧、摆脱执着,让你进入人生思想的生动过程中的,皆是禅机。

由于这个缘故,在中国古代知识论的视野中,对变化的发生结构、时机生熟和实现样式的关注几乎是高于一切的。比如其中的一个变化样式就是往来或循环。我们以前讲到《周易》中至简至易的结构——阴阳结构，凭借这个简单的区别性特征来实现它的具体含义时，要通过大量的往来、循环来表现，所以中国古人对于循环结构非常敏感。如果它只限于形式上的循环，那就没什么意趣了。中国人觉得《易》讲的天地四时的循环，或过去未来之间的某种循环，比如按阴阳五行结构进行的循环，越循环越能出新意。《周易》说："神以知来，知以藏往，……一阖一辟谓之变，往来不穷谓之通。"（《周易·系辞上》，《资料》，第 128 页右）又说："夫《易》，彰往而察来，而微显阐幽。"（《周易·系辞下》）日月、阴阳往来的时间构成中，隐藏着往来循环的微妙结构，因而含有无穷的"神以知来"的可能。

因此，中国古代知识论的要害，就是要知变化之道。"子曰：知变化之道者，其知神之所为乎！"（《周易·系辞上》）什么是"真知识"？就是知晓变化的道理和样式。"是以君子将有为也，将有行也，问焉而以言。"（《周易·系辞上》，《资料》，第 127 页左）一位君子要想有所作为，要采取行动，就要去询问《易》以知变易的趋向。"其受命也如响，无有远近幽深，遂知来物。"（同上）《易》回应此君子的蓍问，如响应声，不管何种非对象化的隐幽事态，都可曲折透入而知将来之物。所以"往来"的根子在时几，往指过去，来即将来。"知来物"正是要害。"非天下之至变，其孰能与于此？"（同上书，第 128 页右）《周易》的神妙就在于可凭之明了天下之至变。于是在这儿摆弄摆弄那五十根蓍草，算将起来，实际上是算入了时几的微动处，就能够预测未来。现在的网络小说，不少是"穿越"式的，也就是当代的一个人，比如一名特种兵、一位工程师、一个大学生，凭借某种机缘回到了过去，在三国、宋朝、明朝、清朝乃至抗日战争时期大显身手。而这些主角儿之所以能干出一番改变历史的大事业，就是因为他预知了未来。但这只是文学的虚构，不仅从技术上做不到，而且还忽略了一个问题，即如果他改变了历史，那么他本人还能不能存在呢？很危险呀。未来影响了过去，而改变了的过去也会影响未来呀。但《周易》却是真真实实地"彰往而察来"，靠的不是取巧，而是进入非定域的感通之几。"《易》无思也，无为也，寂然不动，感而遂通天下之故。非天下之至神，其孰能与于此？夫《易》，圣人之所以极深而研几也"（同上）。《易》的思维与观念化思维很不同，它在后者的意义上是"无思""无为"，但又完全时机化，被情境触动后,就"感而遂通"天下之事。因为它进入了阴阳不测的神妙处,即可深入幽深事理而探究对象事物的几微征兆啊。

第二节　范蠡的"知时"说

一、范蠡与勾践的区别

范蠡是春秋时代越国极其重要的谋臣。他辅佐勾践度过了国家最困难的时期,十年生聚十年教训,最后灭了吴国。《国语·越语下》中记载了他和越王之间的对话,从中能看清楚他和勾践的区别,可视为是内行跟外行的区别。

勾践也是英雄人物,最后还成了春秋五霸之一,但是在最关键的问题上,相比于范蠡完全是外行。外行在哪儿?主要就在"知"。知什么?知时。勾践不知道"时"的真意何在。你想干一件事情,什么时候最适合干这个事情,或者现在你应做什么,以促成干成此事的时机,这可能是世界上的知识中最难的。比如,人们建构了繁多的经济学理论,但是让经济学家自己去炒股,他不一定能赚钱,可能大亏。这就是知时与否的区别。你怎么知道什么时候股市就达到最高点?你觉得是最高点了,然后马上撤出来,结果第二天再涨,亏了。你怎么知道它不再跌了?什么时候该吃进?哪个是最低点?你今天买进了明天还跌,就被套住了。而范蠡就有这个"知时"的本事。

勾践要伐吴,范蠡说不是时候,不能伐。勾践却觉得兵力足够就能打,分析了双方兵力和配置,他觉得知己知彼了,结果一开战就不行了。最后被困在会稽山,国破人也要亡。这时候想起了范蠡,此人事先就向他预告了这个结果。范蠡就对他说:现在是你和国家遇到最大危机之时,倾亡在即,这个时候最佳的策略就是"定倾"。以前应该是"持盈",状态好的时候你要保持它的饱满而不让它走向反面,而在你最倒霉的时候则要"定倾",复兴的时候就要"节事"。越王问范蠡具体该怎么办,范蠡就告诉他定倾之策。大家都知道这个故事。越王以最卑谦的姿态去向吴王祈求宽恕,到吴国去给人家做仆役,甚至尝大便等,最苦最贱的事情全干了。获释回来后,范蠡又告诉他要怎么做,才能报仇雪恨,因为光卧薪尝胆还是不够的。最后在范蠡的指导下,勾践灭掉了吴国。

这其中,"时"是最关键的。范蠡反复向勾践陈述"时"的地位、性质和表现方式。勾践虽常不理解,甚至为此发怒,怀疑范蠡骗他,但因前面的教训太深刻、太锥心,所以他还是像个小学生一样跟从,终于成功了。"圣人之功,时为之庸。得时弗成,天有还形。"(《国语·越语下·范蠡论天时人事》,《资料》,第65页左)其大意是:圣人之所以成功,是因为他利用或进入了时几或天时。如果得了时几而不知利用,以致不能成事,则天道就转到不利于你的相反方面去了。"上帝不考,时反是守。"(同上书,第64页右)上天没有成全你的时候,就要等待时(向有利于你)的反转。所以"时"的一个重要特性就是"反"或"反转",就像老子说的"反者,道之动"。要跟上这样总在翻跟斗的时几,的确不容易。"时不至,不可强生;……时将有反,事将有间。"(同上)时机未到,则绝不可强行生发;只有等到时间的反转浪涛涌起,事情的可乘间隙隐现,才是顺势翻盘而决胜之时。

灭吴之后,范蠡知道时几又一次反转了。越王是枭雄,可共患难却不可共富贵,于是赶快撤。他还劝他的同事文种,说这是应该离去的时候了,"飞鸟尽,良弓藏;狡兔死,走狗烹"(《史记·越王勾践世家》)。文种没有全信范蠡的应时判断,还犹豫不决中,就被勾践赐死了。文种给越王出了七条计策,刚用了三条就把吴国灭了。勾践说你剩下那四条准备用在谁身上啊?所以就不放心了,这个人就要被杀掉。范蠡跑了,有的还说是带着西施跑了,那倒反而没关系了。越王念他的好处,把会稽山周围都给他做封地。《史记》里头倒没写范蠡带西施走,只是说他带着亲随、金银细软离去。之后迁徙三次,每次都得意得很。一会儿到齐国,一会儿到宋国;一会儿做官,一会儿经商,富贵得不行。他自己都腻烦了,太成功了。"范蠡喟然叹曰:'居家则致千金,居官则至卿相,此布衣之极也。久受尊名,不祥。'"(同上)他要"持盈",所以赶快离开,跑到陶地经商,自号陶朱公,最后又是巨富。

由此可见,范蠡这一辈子把握时机的能力简直超乎寻常,可谓大智。这是中国式认知的某种体现。但是,这种认知和巴门尼德、苏格拉底、柏拉图、笛卡尔等追求的知识就很不一样了。他讲的知识有时间性,领会时几是其神髓,而那些人讲的知识没有时间可言。他讲的"知时"或"时知"不是那种可以放到教科书里教的普遍化知识,但也可以传授。据说他通过文子(计然)

学的是老子之道,其所学的思想后来在孙武、鬼谷子、孙膑之间也有传承。所以不是说不可教,而是不能现成地教。就像现在物理学的教与学,能懂理论,能计算出来,能做实验,就算教会了。不是这个意思,而是更像中医的传承。老中医带徒弟,言传身教、望闻问切,观察把脉多少年,还得看天资怎么样,逐渐磨合出切身的直觉认知才行。这是两种不同的知识形态。但是范蠡是如何知道时机的成熟与否以及应对之策呢?这是最难的。我们可以设想,他受到过《周易》、老子、(古)阴阳家、(古)兵家的影响,而我们还是能从《国语》的记载中,大致看到他是如何领悟和把握时机的。

二、范蠡如何知时?

第一,他通过观天地变化而知道什么是最恰当的时机。"天道盈而不溢,盛而不骄,劳而不矜其功。夫圣人随时以行,是谓守时。"(《国语·越语下·范蠡论天时人事》,《资料》,第63页右)他要学的就是天道的这个特点。按照一般的对象化的思维,"盈"就达到了最高点,比如往一只酒杯中注酒,马上甚至势必就要溢出来了。他说真正的天道,就是盈而不溢。天气越来越热了,好像热得要死人了,而居然就慢慢开始转凉了;冷到极点,受不了了,可最后又回来了。我们现在看四时觉得太寻常了,不过是地球相对于太阳的不同位置造成的。可是对中国古人却不是,或不只是这样。他们不止于从外面观察,而是直接进入其中,边体验边思考,就像阿基里斯直接体验他的跑步,而不全听芝诺对他的运动的分析一样。中国古哲人们观日月星辰,观四时递嬗,觉得天道太智慧了,怎么人就达不到呢?人大多走线性之路,而天体走的道路却是弧形的,曲折浑圆,最后总能转回来,循环不已。"盈而不溢,盛而不骄,劳而不矜其功",天成就那么多事情但是从来不骄傲,总是恰到好处,绝不啰嗦满溢,这才是天道。通过观天察地,观日月四时、鸟兽虫鱼和草木江河的变化,你就能开始领会什么是最恰当的活时间,最真实,最切身。希望你们有时间多观察,观出了惊奇和欢喜就有点儿味道了。我很喜欢物候学乃至博物学,记载一年的植物什么时候开花结果,蜜蜂什么时候开始采蜜,燕子什么时候归来,第一声雷何时响,第一片冰何时结,等等。多少年以后,从这些观察和记载就能看出好多门道儿,不仅仅能预知来年是旱是涝,是丰年是灾年,而且能让自己领会时几和时机的直觉能力增强。这里边深藏着许多东西。

"盈而不溢"或"A 并且非 a"这样的表达法,就呈现着这种智慧。它显示出,领会真知或者时几的要害处就在于达到 A 并且非 a。如果从对象化角度看,A 与 a 就是一个东西,或前后有因果联系,盈了就要溢,盛了就会骄,有了功劳就会矜其功。但从时几智慧的角度讲,A 是原发时态,还没有对象化,所以盈可不溢,盛可不骄;a 则是可测时态,已经塌缩成了某种确定的状态,所以盈、盛就成了溢、骄的原因。如将古印度思想主流以类似方式做一表示,其特点就是"非 A 并且非非 A",可叫做双泯,或者叫双遣,执着哪个都不对。西方传统的思维方式则是"A 或者非 A",二元分叉式的思维方式。"外面在下雨"这句话,或真或假,必定具有一个确定的真值。

如果你领会了这种时机,就知道它何时到来,最适合干什么。这就相当于桃子正好成熟,摘下来吃到嘴里最香甜,再过一天掉到地上就开始烂了,还差一天就还没熟透。所以攻击敌人就要选那个时机,你一攻他,哗地就溃败了。你守一个地方,敌人肯定不来攻,或者他来攻也肯定攻不下。"古之善用兵者,赢缩以为常,四时以为纪,无过天极,究数而止。"(《资料》,第 65 页右)这就是天机,达到最恰当、最适合("天极"),也就是中国人思想中的数,跟《易》的象数有关系,充满了时间的节奏感。中国古人对天象的观察,①跟康德讲的对头上星空的观察,有深刻相通的地方。这也是康德非常出色的地方,感到人和天有一个内在的共通联系。但不同的地方就在于:康德预设了主体跟客体的区别,只是这客体被他排斥到另外一个地方去了,物自体不可知,所以是人为自然现象立法。而在中国古代,像范蠡那样观察日月星辰、四季轮回,他领会到的天道是一个天人合一的时机化知识形态。

第二,要观阴阳。你要领会那个"势"也好、"时"也好,阴阳是其内在结构。这样一个互补对生的结构就像一架天平放在心中,你能感受到什么时候变化恰恰达到平衡点,或者最适合你干事的时机点,这样你才能够知时。阴阳其实不只是静态的平衡。不少人讲的中医或者阴阳观往往是静态的,阴多了就要补点阳,冷了就要穿衣服,上了火就要吃牛黄解毒丸降火,要维持一个静态的平衡。当然这也是动态的过程,但其实没达到阴阳观的最神妙之处。

---

① 这种仰观天象以明人时的做法,在中华文明的形成期就很明显了。比如《尚书·尧典》记载尧命羲、和"历象日月星辰,敬授人时"。敝作《〈尚书·尧典〉解说:以时、孝为源的正治》(北京:生活·读书·新知三联书店,2015 年)的第四章着重讨论了它的含义。

阴阳从根本上就是一个动态的生成结构,彻里彻外,由此才能够领会其要害。

对于阴阳观的理解有正解和反解两种。什么叫正解? 就是看到阴阳是天地根本的造势。阴阳造出天地,即最大的世界之势。天地之势态,"一阴一阳之谓道"。因为有一阴一阳的差别,就造成了最根本处的落差,万物就是因为此落差产生的动态趋向而运行,所以整个世界都是踩着阴阳两个风火轮在行走。宋儒程颢《秋日偶成》诗曰:"万物静观皆自得,四时佳兴与人同。"中国人也讲静,认识的时候一定要讲静。但并不是说世界万物本身的根底处是静的,而是说你只有静下心来,宁静以致远,才能看出那使世界变动的原机制。所以"道通天地有形外,思入风云变态中",有形之外就是阴阳结构,而这结构就运作在风云变态之中。这样,天时之知最原本、最微妙处就是阴阳变化之几。所以在这个意义上,天一定是"盈而不溢"的。你能看出这点,你就开始领会了。

阴阳的奇妙在于,它的本性只在造势和生变,永不会有只有阴没有阳。因为阴阳总在吸引对方,又总在闪避转化对方,"高下相倾"(《老子》第2章)。这种爱情、生命和意义的游戏永不会完结,因为它们是阴阳,不是杨贵妃和唐玄宗,不是交而安逸,"从此过着幸福的生活了",而是相交还会再生出差异和相交。因此范蠡讲:"阳至而阴[阳闪避自身,至极就转化为阴],阴至而阳;日困而还,月盈而匡。古之善用兵者,因天地之常[即阴阳],与之俱行。"(《资料》,第65页右)这里只有异交而和,并无一体而同,表现出"意义"或"天意"的至变性。

另外,就是反解。什么叫反解? 反解就是说你反着用这个思想。你要想打败一支军队,你想战胜某个势力或者某个人,你就要反其道而行之,反阴阳之道而行,让你的对手失去阴阳的原本发生结构,让他偏于一边,或偏阳或偏阴,使之阴阳不交,生不出新的可能。也就是我们以前讲的,让他阳阳自得,让他阴阴自闭。然后找到他阴阳变化最少、阴阳相交最少(这个相交状态刚刚消失,而新的状态还没起)的时候,一击即中,死而无反。范蠡又讲:"刚强以御,阳节不尽,不死其野。"(同上)如果去进攻敌人,对方抵抗顽强,说明他的阳和阴还有某种交,这个阳还是活着的,这时候就还不是消灭对方的时机,所以他让越王再等等,不要那时候去进攻。同时送绝世美女西施给吴王,送煮过的稻种给吴国,让他贪恋女色,让他灾荒连连,让他没有警惕之心。

甚至已经去伐吴了，但还是先不要跟他交战，"彼来从我，固守勿与"，他来跟我打，我们就不跟他打。"若将与之，必因天地之灾"，你要跟他打你就会因逆势强行而倒霉。"又观其民之饥饱劳逸以参之，尽其阳节、盈吾阴节而夺之。"（《资料》，第65页右）对方的阳走到极端，但是阴还没起，因为阳太过，阴可能就被排斥；而我的阴被培育到了极盛，它也没有离开阳。这时候灭吴，就不但能把它真正灭掉，而且这个国家再也不会复辟了，这就是"致天地之殃"；"战胜而不报[战胜它而不受反报]，取地而不反"（同上书，第64页左、右），因为这里是乘天势、应天时而行。我们知道春秋战国的时候，一些国家被灭了可再复国。比如，蔡国被楚国灭了几次才最终灭掉。吴国把楚国已经毁得不成样子了——伍子胥带兵打下了它的首都并挖出楚平王的尸体鞭打，但是没灭成，因不到灭此国的时机。可是范蠡就掌握了这个时机，恰恰是出兵伐吴三年之后，吴国内忧外患、自我崩溃，这个国家就再也复不了了。很阴损，但是确实琢磨得很透彻。他知道自己靠这个东西帮越王得胜，用的全是阴谋诡计，所以不能共富贵，就飘然而去了。

　　第三，"时"绝对不现成。你有一次做得不错，想故技重施就不行，时过境迁了。要到"和""交""际会"中，也就是到阴阳充分相交的时候和地点得到时几。所以不同于西方知识，其应用基本上是现成的。有同学问：怎么中国的真知这么难于把捉？西方的物理学知识预测哈雷彗星哪年会来，到时彗星就来了。我们这个怎么不一样？因为处理的对象不一样，一是物理的、充分对象化的天体，一是人际的、不可充分对象化的人事。前者处理的对象可以用数学框架中的物理知识来把握，按照康德讲，就是人类在那里为这种天体物理的现象立法，那个世界遵从先天综合的法则。可是中国古人讲的天道与天时，其充分运作时，恰恰是西方的这种知识达不到、预测不了的。现在预测长期的天气都经常会出问题，因为它即便可对象化，也难于充分对象化，因而是一个特别复杂的过程。当你面对的不是死物，不是哈雷彗星，而是要置你于死地的人，那就比天气还要难预测得多了。这是一个博弈的局面，是复杂性的强化质变。每一刻，你的所有计划安排都可能失效，完全扑空，因为瞬息就可能变化。这就是中国古人要应对的局面和赢得的知识，常人难于进入。所以，越王生气了。为什么生气？他前一次问范蠡说，能不能打吴国，范蠡说，虽然人事到了（他那边把伍子胥杀了），可是天时还没到，所以不行。

再过了一段时间,吴国歉收,天时也不好了,越王就要去打,范蠡又说不行,人事还没到,吴国的君臣和君民关系还没坏到极点。越王就生气了,怀疑范蠡在骗他。我问你人事,你答以天时;我问你天时,你又用人事来搪塞。范蠡你是不是在骗我呀?这种话反映出勾践的外行,他看不出真门道。范蠡对曰:"王姑勿怪",别生气,"夫人事必将与天地相参,然后乃可以成功"(《资料》,第64页左)。人事天地相参相凑,各种因素像不同潮流汇在一起,形成钱塘大潮,才能把吴国掀翻,这个时机才是真时机。

第四,"时"常常表现为"反"或"反行"。如前所说,时跟一般人的想法往往是相反的,他叫"时反"。"时将有反,事将有间。必有以知天地之恒制,乃可以有天下之成利。"(同上页右)他一再强调这一点。这里隐藏着循环观,是循环中出新而不是循环得越来越没有意味,这跟西方的思想很不一样。

第三节　孙子如何知胜?

一、"势"的含义

说到《孙子兵法》,大家都知道它主张"知彼知己,百战不殆"。但是《孙子》在中国流传了两千多年,争战的两方谁都知道这个道理,都要知彼知己,那么谁能胜呢?换句话说,都要知彼知己,可哪种"知的方式"才能制胜呢?

首先,能胜的人必须认识到"兵者,诡道也"(《孙子兵法·计篇》)。如果没有这个认识,根本就不要谈知彼知己。我派了间谍或探子,对方是什么样子,我这边大致都知道了,现在有间谍卫星、无人侦察机,也大有帮助。知己似乎也不难。之后,我用最合理的方式做出一个战役方案,像赵括那样,就算行了吗?恰恰不行。因为他不知道:兵者,诡道也!相比于主客式认知,这是一个质变了的格局,可说是诡变到了极点,相互都要欺骗迷惑对方,攻其不备、出其不意,所以"此兵家之胜,**不可先传也**"(同上)。要做现象学的还原(也可不用这个词),要害是将对于某种对象乃至认知格局、战争格局的执着,通通悬置起来,使之失效。实际上,你的认知在"军争"中没有固定对象,它是瞬息万变的。把你的对象化认知方式先放到一边儿去,这里没有现成的、事先就能决定下来的东西,也没有相关的那种知识,这些看法就和范蠡的见地大有相通之处。

　　《孙子兵法》的一个特点就是突出"势"的地位。我觉得此书中有四篇特别出色:《形篇》《势篇》《虚实篇》和《用间篇》。它们最能表现我今天讲的这种认知方式,最有紧跟纯动态发生过程的能力。有的人以为,一讲到非概念化、非对象化的动态型认知,就只是浑沌一片,凭个人直觉行事,其实大谬不然。这里边同样有道理,也有高手和低手的区别;同样有知识,只是知识的类型与西方传统哲学追求的不同而已。比如中医,不仅是一种技艺,也是一种理性的科学,只是它的理性首先是领会身体的阴阳五行之势态的理性,而非将身体仅当作解剖对象来对待的理性。中医有高手低手的区别吗? 太有了。中医的高手用药如用兵,神出鬼没,而且尽量是不治已病治未病,在病还没有对象化的时候就开始治了。

　　在孙子看来,取胜有两个途径:一曰战而胜之,一曰不战而胜。理解不到不战而胜的境界,就还没领会此兵法的精髓。狭义的"战",就意味着战胜一个对象,主客相争、主体和主体相争,或者两支可以对象化的军队相争;还意味着两种原则相争,就像西方现代医学关注人体与细菌、病毒的相争。这种兵法或医法没有意识到,相争的前提不是军力甚至情报的获得,而是阴阳错变构成的实际趋势。所以我们要在这个意义上来理解势。势也是几-机,或者说跟几-机很相似,在许多情况中它的存在样式是很不明显的。如果明显的话,大家就都看到了,就难以凭之取胜了。如果你想在双方博弈的诡异局面中取胜,就一定要能直观到这本质上是非对象化的势。

　　"势"(勢)这个字,下边是"力",可见跟力量有关;它上边(埶)是表现一个人在那里种植东西,与"[植]藝"(艺)相通,种子和嫩苗意味着发端,所以有势的东西能随时间而长大。如果就从这个字本身来看,"势"的意思就是通过技艺让潜在的力量发挥出来,变大变显,所谓"盛力权也"(《说文解字》),它首先不是指现成的"势",其中亦有权变。比如,我有十万军队,你有三万,我的军势好像强于你;可实际上,真正的势可不止于那个数字比例。"势者,因利而制权也。"(《孙子兵法·计篇》)"权"这个字原义是秤锤,总在移动中找平衡,以称出对方的分量,所以它充满了时机感——权变、权谋嘛。孔子也很喜欢这个字,他认为最高的境界是"可与立"而又"可与权"(《论语》9.30)。有相似志向的人在一起,可以共同学习,也可以达到共同的观点和立场,但是在需要权变的时候，也就是把儒家原则运用到具体情境中的时候，各自就很难找到知音了。同样，《孙子兵法》中"势"是"因利"的，它有一个落差可以让你利用，你随它而行就能得利和力。但"势"不是现成可及者，而是要在"制权"中获得。制权就是理解和进入权变。所以有一个注释者说："势者，乘其变者也。"（王皙语）你能驾乘变化的趋势而行，就可得其势也。

二、以势取胜

"是故百战百胜，非善之善者也；不战而屈人之兵，善之善者也。"（《孙子兵法·谋攻》，《资料》，第86 – 22页右）这是孙子指向的最高用兵境界。"百战百胜"，意味着是常胜将军，无敌天下，但还要靠对象层面的"战"①才能取胜，就不是"善之善者"，不是最佳。只有达到"不战而屈人之兵"的境界，才是高明者中的更高明者。它是可能的吗？我前面讲过这个问题，这里就不多说了。我认为这个"善之善者"的境界虽然非现成可及，却还是可能的。人类这种存在者对于势是最敏感的。你如果反省你的生活，比如你进到一个新环境里，你首先感受到的是对象还是势态？你觉得你的生活中，对你的思维和价值取向影响最大的是什么？由此就能看出这一点来了。所以，对于敌方，如果你能用势让他觉得不但绝望，而且充满了恐惧，就像面临泰山压顶之势，"三军可夺气，将军可夺心"（《孙子兵法·军争》），他不及多想就投降了。可见这种不战而胜的确是可能的。

"夫兵形[此'形'就是'势'，见下面对'形'与'无形'关系的讨论]象水，水之形，避高而趋下；兵之形，避实而击虚。"（《孙子兵法·虚实》，《资料》，第86 – 27页右）这就是用势，即你要把你的兵用得像水一样。水是一种势的存在，它没有自己的固定形状，从来都是从高流到低，气的势则正相反，从低处蒸发到高处，但两者都是见缝就钻、无孔不入。所以，"兵之形，避实而击虚"。如果你用兵如水，你选择的攻击方向就总是敌人最虚弱的部位，你也用不着费什么劲儿就可以赢得胜利了。就像《庄子》讲的庖丁解牛，他那把刀永远游走在牛体的虚处，所以他使用此刀十九年，解了数千头牛，这刀还像全新的一样。

---

① "战"在《孙子》中有狭义和广义之别。这里的"战"是狭义；而在有些地方，如"善战者，求之于势，不责于人"等处，则是在广义上使用，有非对象化的意思，也就是包含了这里讲的"不战"之意。

"故兵无常势,水无常形"(《资料》,第86-27页右),这就是势的根本时机性和随机变化性。

"水因地而制流,兵因敌而制胜。……能**因敌变化而取胜者,谓之神**。"(同上)我觉得这是一个要害。你怎么知道真正的兵势何在呢？那就要"因"。《说文》曰："因,就也。从口、大。"这个"就"在这里指依从、顺承、凑近。但有的文字学家指出,此字的甲骨文从口、矢,是"雌雄交以结果"的意思(《郑岗训字》),指阴阳交合而产生新物。如果加入这种解释,那么"因"的依从、顺承不止于对现成存在者的依承,而是通过顺从而引发阴阳相交,从而生发出新物新境。总之,孙子这里讲的是:要像水顺从地面的起伏而形成流势那样,用兵就要顺承你的敌人而造就胜利之机。怎么叫"因敌制胜"呢？因敌,就是将你跟你的敌人连成一气,这样你就能跟着他走,把自己放弃。不再像西方认识论那样,把你当成个主体,将敌人当作客体或仅仅另一个主体来认识,而是将敌我关系变为阴阳相对、相交、相生的关系。这时候你与他如影随形,你对他的状况了如指掌;而如果他不能跟着你变,他还觉得他有一个全盘的战争策略,他就感觉不到你的重心所在,而你却时刻可以感受到他的重心和趋势,那就行了。你对他来讲就是影子,他根本找不到面对面的对象,而他却在你的掌控之中。你能用他的力量来攻击他,用他的趋势来躲避他,那么胜负就不言而喻了。所以孙子说这个境界是神妙的,"能因敌变化而取胜者,谓之神"。这里讲的"因敌变化",如上所示,就是让我与敌进入一个互补对生的结构,如阴阳相交般地造势、知势、激变,并凭借势而与敌相通。彼阳我阴,用其势以躲避;彼阴我阳,乘其虚而入。因此,"因敌变化而取胜"就是指,能跟随或因从敌人,由此而能感受此连体形势中阴阳错变而生发之势态和时机,于是因势利导,胜敌于无形之中,没有固定的规律和形迹可循,故谓之"神"。

这就相当于《周易·系辞》所讲的"阴阳不测之谓神"。神妙来自阴阳不测,而阴阳之所以能变化莫测,是因为阴阳正在相交而生发新的可能。而相互争战厮杀的关系中,之所以出现了阴阳关系而不止于主客或主体间的关系,就是由于你和你的敌人形成了阴阳结构。他动,你也跟着动;他停,你也顺着停。这样的阴阳化的军争局面出现了,神妙的东西也就产生了。如果不领会这一点,那么《孙子兵法》讲的"不战而屈人之兵",就是完全神秘的了。

"故形兵之极,至于无形;无形,则深间不能窥,智者不能谋。因形而错

[措]胜于众,众不能知;人皆知我所以胜之形,而莫知吾所以制胜之形。故其战胜不复,而应形于无穷。"(《资料》,第86-27页)这些"形"和"无形"的意思是这样的:形一般是指表面上的、可对象化的现象,无形则是造成形的势态,或者是形引发的势态。用兵首先要领会无形,但是这无形又跟有形结合在一起,相互转化(这个意思后面讲"奇正"时会再阐述)。有时候形本身就是指无形之势(如此引文中的第四、第六、第七个"形"字),但是有时候跟无形相对,是指具体的对象化的表现,比如敌人的位置、移动方向、兵力、配置、布阵、主将等。所以用兵的极致就是能够在无形中或纯用势态来战胜敌人。那么即便你身边有一个间谍——叫深间——潜藏得很深,就在你的司令部中,他也不能拿你怎么样。因为他刚向对方密告你的计划,下一刻你的布置又变了。你永远在根据战场的形势随机而变,所以"深间不能窥,智者不能谋",他再聪明也谋算不了你。"因形而错胜于众"中的"形",就是无形之势的意思,因为你一旦能够"因形",顺承形的来龙去脉,那么它就升华为势了。你完全顺承此势态之形,就能放置胜利于众人面前。但是,"人皆知我所以胜之形,而莫知吾所以制胜之形",人们可以知道我胜敌之形,也就是我取得胜利的可见原因,或导致胜利的因果关系(你去看那些战争史家的著作,对每次战役的胜败原因都说得井井有条),却不能知道我之所以能够成就和利用这种因果关系的无形之因,也就是那最初在无形中隐蔽地构成胜利的势因。"故其战胜不复,而应形于无穷",每次胜利的形式或因果关联都不同,不可重复(西方科学的知识则要求必可重复),由于呼应时机化的形势而变化无穷。

三、阴阳、奇正构势

通过阴阳结构来领会势,会更加深密到位。以上对这个结构已经有所涉及,它在《孙子兵法》里还有很多表现,其中很重要的是奇正、虚实、有无(有形无形)等。我们来看《势篇》里关于"奇正"的这一段。开头是:"凡战者,以正合,以奇胜。"(《孙子兵法·势》,《资料》,第86-25页右;下同此篇)可以把"正"理解为阴阳正常就位,准备造势。比如摆出一个战阵,准备跟敌人厮杀,可谓堂堂正正之师。"奇"就是阴阳相交而激出的湍急之变处,或这种相交所生成的新可能,不可事先完全测度,可谓"阴阳不测",只在当场突然出现。高明的将领就凭借知奇、用奇和出奇来制胜。接下来，"故善出奇者，无穷如天地，不竭如江河"。善出奇，就是善于感受、捕捉乃至参与构造那阴阳相交而当场生发出的新可能，而且，阴阳交生出的东西里还有阴阳，所以这互补对生的迸发是不断的。高手就可以在这"出奇"的浪尖上奔跑、舞蹈，以至于"无穷如天地，不竭如江河"。孙子的语言极深妙，而且很美，是由于思深意邃而闪发出的简洁押韵之美，充满了诗感，颇得《老子》的神髓。"终而复始，日月是也。死而复生，四时是也。"你看日月、四时的生成式循环（往来）对他的启发。而这"复"（回复）的重要，在《周易》中体现为《复》卦，为汉代三国的解《易》者们所看重。"复，其见天地之心乎！"（《周易·复·彖》）有"复"才有"无穷"和"不竭"。

再往下读："战势不过奇正，奇正之变，不可胜穷也。奇正相生，如循环之无端，孰能穷之哉？"正因为奇正的根子在于阴阳的对与交，它们是一切势态的构成原因，所以战争的势态也就尽可由奇正来理解。而如此理解的奇正，并不指两种作战类型，而是就像阴阳互补对生的形态那样无穷无尽。尤其是，这"奇"和"正"本身也没有自性，也不可执着。比如明朝的朱棣（推翻了建文帝，做了明朝的第三个帝王）用兵好出奇，往往正面佯攻，然后用骑兵精锐从侧面偷袭，常常得手。后来南军的一个将领看出了他的这种套路，就针对它加强侧翼的防守，且多派弓箭手和火枪手，克制骑兵的冲击，于是大败朱棣。所以"奇"如果被多次重复，那么就无奇可言了，这时"正"可能反倒成了奇。如果朱棣那次改为从正面主攻，那么就是变正为奇了。诸葛亮制曹操，就往往用这种"奇正相生，如循环之无端"的策略，虚虚实实、真真假假，经常有奇效。这就跟上面讲的范蠡之时智有些相通的地方了。所以中国古代的知识和智慧，在最深的层次上都是奇变，或奇正之变，也就是对变化，尤其是突变的直觉理解，或对此变化的形成、趋向和样式的边缘领悟，然后因势利导，所以战胜而不复，让旁观者知其然而不知其所以然。不到出奇之处，就没有达到中国知识论的要害。解《孙子兵法》者多如牛毛，但是真正能切中它的肯綮之处或要害之处的真是不多，就是因为没有领会到中国古代知识论的根柢在哪里。此根柢扎在阴阳对生中，因而必生出势态，也必是时几（机）化的。西方传统认识论中讲的那种定知、固知、必知、我知，与之不是一个类型。尽管西方科学的发现也出奇，但那是在范式规范之中的出奇。

《孙子兵法》里描述势态或形-势,有不少精彩绝伦的文字能帮助你领会什么是势,如何捕捉势、感受势。概念化语言无法定义势,因为势是无形之形、时机之灵。但我要一再强调,势并不神秘,或者不只是神秘。虽然对于外行,它神妙无比。勾践和越国百姓会觉得范蠡简直跟神一样不可测,所以范蠡离去之后,封他领地,其上还建有庙,当地人都崇拜这位范大夫。但实际上,你真正进去了,领会了,就会知道这里头是学问,是可教可学的,只是教法跟教西方对象化的知识不一样。

看这一段:"激水之疾",被激发起来的水流具有内在的迅疾,"至于漂石者,势也",迅疾的山洪俘获泥土和石块,形成泥石流,它的势头能使巨石和大树漂移。平常时你能设想此势态吗? 你们如果到大山里去的话,比如北京周边的东灵山、云蒙山,看到山谷中一些比一间房子还高的巨石,会纳闷:它们怎么会在那里? 其实这都是被山洪或泥石流卷下来的。靠什么? 靠势。"鸷鸟之疾",鹰雕去捕捉兔子甚至山羊时,也有这种疾势,"至于毁折者,节也",在一霎那突施一击,极为凶猛,能毁杀对方,靠的是那瞬间的节奏所汇集成的致死力量。"是故善战者,其势险,其节短。"这是很重要的一个表述。势态要极险峻才能置敌人于死地,让他完全绝望;"其节短"则意味着时间节奏非常短促迅猛,无反思余地,让对手根本无法反应。所以他接着讲"势如彍弩,节如发机",就像拉一张弓弩,拉到满月状,这就是蓄势。你不知道我什么时候发出。我引而不发,在你根本想不到的时候,突然发作,那么短暂,一下子致敌死命。好的将军,总在以各种对方感知不到的方式暗中蓄势,随时可以扣动扳机。

四、凭势而得先胜

"故善战者,求之于势,不责于人,故能择人而任势。"此话中的"善战",也可改为"善知"。善战或善知者,都会将自己的追求和关注的重点放在"势"而非"人"上。这里讲的"人",从战争的角度讲,就是军官和战士们;而从西方认识论的角度讲,则是认知主体。我们一说起打仗用兵,就似乎首先是"人"的事。比如部队是否有光荣传统,士气是否高涨,军官是否尽力。打好了,说明将士齐心协力,敢打敢拼,有"亮剑精神";打糟了,就责备他们畏敌怯战,或指挥不当,或战术不对头。但孙子认为,真高明的将军,不责全求备于人，而是"求之于势"。因为势从本质上要先于这种主体意义上的人，得势则怯懦者可变为勇敢，无谋者可看出明堂，散漫者可拧成一股绳。"兵士甚陷[陷入危地]则不惧[反倒不惧怕了]，无所往[无处可逃]则固[军心稳固]，深入[敌后]则拘[自律]，不得已则斗[迫不得已则死战到底]。是故其兵不修而戒，不求而得，不约而亲，不令而信"（《孙子兵法·九地》），这样，这位"以势成军"的将军就显得特别能"择人"了，因为他用什么势就能选择出或不如说是造就出什么人。因此无论用兵还是求知，要害在"任势"，也就是承受、听凭和运用无形之势态。

"任势者，其战人也，如转木石。"能够知势和用势者，他/她指挥自己的手下，不是主体驱使客体，也不是一个高级主体命令一群低级主体，而是就像激水转动木头和石头。"故善战人之势，如转圆石于千仞之山者，势也。"这样以势用兵，就像在千仞高的陡崖上转动巨大的圆石，而敌人正处在巨石坠势的笼罩中。这样，取胜就全凭战势而非狭义的战争了。

你要能知势之所在，就总占先机，"致人而不致于人"，也就是你能掌控对方，而不让对方掌控你。"故善动敌者，形之，敌必从之；予之，敌必取之。"你要调动他，他也想调动你呀！谁不想让敌人进入自己的圈套里来呀？但他调不动你，你却能调动他，为什么？因为你与他以势相通，因而总能感受到那可导致转折的缝隙之所在，于是"攻其所必救也"（《孙子兵法·虚实》，《资料》，第86-26页左），他就不得不按你的安排去动。你在用势调动他，攻其所惧，夺其所爱，他就一定往那里跑，"故能为敌之司命"（同上）。

这种用兵总是能够出其不意，你的进攻点恰恰是他没想到的地方，所以"行千里而不劳者，行于无人之地也"（同上），深入敌后，走一千里毫无阻拦，那些当兵的会想：敌人怎么都躲着我们啊？其实是因为他们在沿着敌方最虚弱无人的地方走，所以千里杀将、摧毁对方指挥中心，根本没问题。"微乎微乎，至于无形，神乎神乎，至于无声，故能为敌之司命。"（同上）用兵达到如此几微和任势的境界，那么敌人的命就攥在你手里了。真正能够取胜的将军从来都是"先胜"，没战之前就已经打胜了，"胜兵先胜而后求战，败兵先战而后求胜"（《孙子兵法·形》，《资料》，第86-24页右）。这是因为"古之所谓善战者，胜于易胜者也"（《资料》，第86-23页左）。善战者已经通过任势处于胜位，面对的是很容易胜出的对手，所以一举手就胜了。"无智名，无勇功"（同上），胜已败者,还要用什么智慧? 还要标榜什么勇敢? 这不是故意的谦虚,也不只是自保的聪明,而是以道德、形势处事之人的自然品质。正如老子所言:"道生之,德畜之,物形之,势成之。……生而不有,为而不恃,长而不宰,是谓玄德。"(《老子》,第51章)

五、总结"势"的含义

1. 源自阴阳结构。《老子》讲:"万物负阴而抱阳,冲气以为和。"(第42章)阴阳相对相交,会产生出冲(虚)和的"气"。这无形有象的气就可以理解为"势"。阴阳无所不在,气与势也就无所不在。

2. 变趋性。势就是变化的趋势,特别是指潜在的、不可事先规定的、不可对象化的趋势。因此,势是可知的、可乘的或可用的,但要以非对象化、非概念化的方式来知来用。"故兵以诈[诡变]立,以利[因利而制权]动,以分合[用来造势]为变者也。故其疾如风,其徐如林,侵掠如火,不动如山,难知如阴,动如雷震。"(《孙子兵法·军争》)这是表述势的箴言和诗句,特别为日本的兵家所重视。

3. 时机性。势从根本上就是时机化、权变化的。知势任势的要害在知时任权,"势者,因利而制权也"(《孙子兵法·计》)。有人讲"三势",即"气势,地势,因势"(张预),不错,但其根在于"时势"。过去、未来与现在之间就充溢着原发之势。因此,范蠡的"知时"与孙子的"知势"是相通的。

4. 随机性。必"在其[事态]中",说到底,就是在阴阳交生之中。"鱼不可脱于渊"(《老子》第36章),此"渊"即时流的蓄积交叠处,随之而行,因之而用,方可得其真、知其势。所以知势、乘势与"知晓和运用规律"不同,前者不可机械重复,要在变化过程中当场生成和领会,是"日日新"的。

5. 悬中性。势既非个别者,亦非普遍者,实为中行而不形者,即所谓"悬权而动"(《孙子兵法·军争》)者。

总之,势是那可被直觉感受、可被理性运用的变化趋势和时机化样式。"权"或"时"则是对势的感知和认识方式。

第四节　孔子的知识观

一、德智相通

我们来讲孔子的知识观。如果没讲这一块,我实在是不甘心。光讲兵家啊,阴阳家啊,甚至某类道家,就可能会让你们觉得,中国古人知识观只是些高级的权谋机变,乘阴阳变化之势,立于不败之地。非也,不只是这个。在我的心目中,佛教进入之前,中国的主流学派主要是儒家、道家(含阴阳家、医家、农家)、兵家(含纵横家),以及半个法家(它执着于君主个人权力的那一半不属于这主流),不包括墨家与名家。到了先秦以后,墨家、名家很快就消失了。这些主流的学派都认为,阴阳大化(后来含五行)与天时几微是根基和要害。

但是,不同学派之间的差异可以很大。道家的道与德,与儒家讲的仁义道德,都是这个共根中长出的大树,可以叫作参天大树。它上接天道,下通地道,其中当然有阴阳大化。但儒家理解的天地阴阳却充满了道德伦常的情理色彩。杜甫《古柏行》里的一句诗,我觉得可以用来形容儒家的知识论:"扶持自是神明力,正直原因造化功。"诸葛孔明庙前的古柏参天而立,如有神力扶持,但这神明之力又源自哪里? 正是我们所讲的这个天道。古柏长得又高又直,也非人力可为,而是因造化而来。这古柏的"正直",也可以指道德品质上的正直,如孔明的"鞠躬尽瘁,死而后已"。正是由于它符合天地的造化,才能生长得如此正直。这不像康德讲的,伦理道德的根子只是一种被绝对命令要求的道德义务(这个学说今后会讲到),而是与我们对天地万物本来情况的认知息息相关。因此儒家的伦理学一样也有知识论,其德中有智。

二、知与智:"和一"破除"固我"

下面我们专门讲孔子的知识论。"知"在中国先秦文字里,可以发音为知(一声),也可以发音为知(四声)。作四声的"知"有时候也写作"智",在字形上多出了一个"日",就跟时间有关系了。真正的中国古代主流学派,一般追求的是智,不只是对象化的知。孔子周游列国时,在陈蔡绝粮,经历他一生中最困难的时候,部分弟子对老师的道产生了怀疑。孔子就问子贡:"赐也,女以予为多学而识之者与?"你以为我的特点就是学问渊博而强于记识吗?子贡回答说:"然,非与?"对呀,难道不是这样吗?孔子说:"非也,予一以贯之。"不对的,我的学问是一以贯之的。(《论语》15.3)这里的"一"大可琢磨。它不是一个可命题化、理式化的原则,像苏格拉底和柏拉图所追求的那样,但也不只是经验性知识的集合。孔子绝不只是教导人学习一些外在的知识,要是这样的话,那么以前我们讲过的"学习悖论"对于他也有效。相反,孔子尽管未到过希腊,但是他的方式对这种悖论特别敏感,意识到所有认知总是预设了一个更加本原的、能破除悖论的学-习。所以他不会同意用苏格拉底式的回忆说来解释学习,而是强烈地自觉到,原初的学习处于"存在又不存在"的几微之处,它涉及的是一个发生过程,而非仅仅对某些外在知识的掌握。所以这个"一"的根子不是同一,而是互补对生的"和一",史伯称为"和乐如一"(《国语·郑语·史伯论和同》,《资料》,第61页左)。此"一"有时候被理解为"忠恕",你能换位而感而思而行,否定性的如"己所不欲,勿施于人"(《论语》12.2,《资料》,第86-6页左),肯定性的如"己欲立而立人,己欲达而达人"(《论语》6.30,《资料》,第84页左),就是贯通孔学之"一",与"和一"之义亦通。但是我认为,这个"一"的更生动表现应该是孔子六七十岁达到的那个状态,他的思想能与实际形势如阴阳般应和,"六十而耳顺,七十而从心所欲,不逾矩",由此而生发出时机化的认知。

孔子学生樊迟"问知[智]",他回答说"知人"(《论语》12.22,《资料》,第86-7页右)。孔子的回答非常精练,知人是知的要害,它和知物很不一样。一般说来,要知物,你可以把它当作一个对象观察,或者放在实验室里,以各种方式折腾它,监测它,逼问它。但知人就难了。我们上次讲,人有各种各样的诡道,充满了欺骗反转的可能,其复杂性或博弈性是物所无法比拟的。要知人,就不可以充分对象化的方式或"守株待兔"的方式来知。所以孔子在认知上的一个重要特点,就是非主客二分化或非广义对象化。"子绝四:毋意,毋必,毋固,毋我。"(《论语》9.4,《资料》,第86-3页左)"意、必、固、我",这四样东西是孔子绝对没有的。"意"是什么意思?有人讲是"臆测",即没根据的揣测;还有人比如朱熹讲是"私意"。实际上,可以将这个"意"理解为脱离了认知情境的、让思想变得"必"和"固"的意念(意愿和观念)。我们平常经常有这种意念,如"多学而识之",如果只是这种知的话,它就是这种"意"。似乎只要我们记住这些知识,它们就跑不掉了。这种刻舟求剑式的学习和认知,恰恰是孔子所不提倡的。孔子的学习要求深入时机化情境,达到"意诚"或者"诚其意"。这样的"意"才能够乘情境之势而发作,也才能够避免把自己的认知当作"必""固"者,不认为它们是脱境而必然的。与这种脱境的必固知识相连的,就是"我",也就是对主体我的执着,成了一种 egoism,以自我为中心。这些都是孔子所没有的。在古代的这几位东西方圣人里,孔子这个特点是非常独特的。柏拉图、耶稣甚至释迦牟尼,他们都有自己的学说,都要在某种意义上树立起一套超越实际生活的原则。但是孔子就没有,或者起码没有那种意义上的学说原则。他讲孝悌仁义忠信,这些东西都是发乎人的生活情境。比如说"亲亲"——慈爱子女、孝爱父母,这是一个人的原发倾向,而他的学说就是乘此天然之势而行。

三、学(學) 习开启时中

按照孔子的看法,要避免这"意、必、固、我",就只有靠"学"。所以"学"这个字在孔子那里具有极其根本的地位,类似于西方哲学中讲的本体论地位,但是我们此处尽量不用这个术语。"学"(學)是整部《论语》的第一个字,"学而时习之,不亦说[悦]乎"(《论语》1.1,《资料》,第72页右)。"學"字原指对一个小孩子进行启蒙,使之觉悟。这个小孩子(子)原先懵懵懂懂(冖),你要用两只手("學"的上部的两边)把它打开,靠的就是这个"爻"("學"的上部中间),在这里有阴阳相交、隐显对开。这个"学"不限于得到外在的信息,当然也不止是回忆。它原本的意思是说要进入阴阳发生——爻——的过程中,才能够具有情境发生性,沟通往来、内外和明暗。"蒙以养正"(《周易·蒙·彖》)"山下出泉"(《周易·蒙·象》),在未发待发的纯一之蒙(《程氏易传·蒙》)中当场启发学生,触动几微,得到有边缘感的真知识。所以对于孔子来讲,任何东西,无论怎么好,包括他讲的仁义礼智信,只要不跟"学"相关,只要不进入"学"的时机化发蒙和生成的过程,都会变质,堕落成为不好的东西(A 变成了 a)。孔子这么讲:"好仁不好学,其蔽也愚;好知不好学,其蔽也荡;……"(《论语》17.8,《资料》,第86-18 页右)他认为,一个人"好仁"(爱人乐施)是非常值得称赞的,但是如果只是好仁,没有好学的话,这个人就会变愚笨。而"好知"(求知欲强)如果不入好学之门,则会流荡无归。下面接着讲的"好信""好直""好勇""好刚",也是如此。这是孔子知识论的一个突出特点,就是诉诸"学"的原本开启性、发生性和激活性,没有它就没有任何精神活动的时中和美好。

仁从根本上讲是一种"爱人",但是你要做到把对自己家庭成员的爱,推广到其他人那里,这就要通过学艺,然后达到"己所不欲,勿施于人"和"己欲立而立人,己欲达而达人"。你说你做不到,怎么办?儒家就是要通过教化和学习让你能做到。你天然地就爱某些人,首先是你的亲人,这是爱的源头,其中潜伏着知。儒家引导你把对子女的爱,对父母和兄弟姐妹的爱,以一种艺化的活泼方式延伸到其他人那里。孔子很清楚,"己欲立而立人,己欲达而达人"不是现成的,不可以只靠将它"金律"化就能实现。《论语·子路》中记载了这么一个事例,①一个父亲偷了别人的羊,他的儿子该怎么办呢?这时如果要实现"直"或"正直"的道德品质乃至社会正义,该如何想、如何行呢?如果说要"己欲立而立人",那他是应该替父亲着想,还是替那个被偷了羊的邻居着想呢?他是到官府去告发自己的父亲,还是应该替父亲隐瞒,然后以曲折的、当场生成的方式解决这个问题呢?孔子说,你应该选择"父子相隐"(父子相互对官府隐藏对方的过错),这才是真实的正直。它潜含的意思是:告发你父亲并非是真的正直,因为它会破坏你认知和伦理的根源,即亲亲之爱,也就是人的原生活情境本身的意义发生结构。孔子的这个说法引起了长久的争议,特别是在现代语境中,不同观点的相关辩论尤为激烈。②从这一个例子就可看出,认知尤其是"知人"并没有那么容易。既不是按照某个原则,也不是对应某些对象来认知就可以了,而是要以合乎时机的方式来知其要害,恰当运作,必要时要蒙以养正(在隐蔽中塑造正见和正义),才能达成一个最好的结局,成就此问题上的真知灼见。

---

① 原文是:"叶公语孔子曰:'吾党有直躬者,其父攘羊而子证之。'孔子曰:'吾党之直者异于是,父为子隐,子为父隐,直在其中矣。'"(《论语》13.18)

② 对于"父子相隐"这个难题,最近二十多年中,有过不少争论,比如《儒家伦理争鸣集——以"亲亲互隐"为中心》(郭齐勇主编,武汉:湖北教育出版社,2004年)所反映的。在此问题上,迄今很有哲理见地的一篇文章是黄启祥的《论"父为子隐,子为父隐,直在其中"》(载于《文史哲》2017年第3期,第123—134页),它主张孔子讲的"隐"并非"为[父之]罪隐",而是"为父[之义(为家,也为社会之长久正义)]隐",细致地论证了两者的区别。

对于孔子来说,任何知识永远都有一个时机分寸如何恰到好处的问题。正如我们以前提到的,他特别看重"权"的地位。"子曰:可与共学,未可与适道;可与适道,未可与立;可与立,未可与权。"(《论语》9.30,《资料》,第86-4页右)我们可以与别的同学一起学习("共学"),但是大家不一定都能达到道("适道");就算一部分人达到了对道的领悟,也不意味着这些人可以在实际生活中有共同的建树("与立");即便有些人一起有了共同的建树,也很难一起通权达变("与权")。这里"权"或"权变"也就意味着,要按照当时情境的需要做出最佳反应,这是最难的,也是这里所讲的最高认知和悟道的境界。另外:"子曰:'吾有知乎哉?无知也。有鄙夫问于我,空空如也,我叩其两端而竭焉。'"(《论语》9.8,《资料》,第86-3页左)孔子问:"我有智慧吗?"有点像苏格拉底的发问。回答是"无知也",我没有现成的智慧。一个普通人问他一个问题,孔子可能不知道答案的内容,"空空如也",这也说明他的"无知"并非谦辞。但这不意味着孔子完全不能回答此问题。他可以"叩其两端而竭焉",也就是叩击问题的两极,显露它在其原发情境之中的深层蕴意,即"执两用中",让提问者自己"山下出泉",领会到这个问题的具体答案之所在。孔子在这里的说法有些苏格拉底"自认无知而引发他人的原知"的味道,但是没有回忆说之类的观点。后来也有人讲这段话颇有禅宗意境。

孔子的知识观有一个很强烈的倾向,就是要通过"学"来突破自我的藩篱或现成状态的束缚,由此而沉浸到情境中,让它带着自己走,达到破土而出、当场生成的真知。这是其中庸思想在认知观上的表现。

从根本上讲,"中庸"的含义很简单,就是"时中"。在那个时刻,你的境发之知让你能恰好命中该事态,不多不少,全都是动态的,在意义和势态的生成过程中获得知识形态。因此这个"中"也可以理解为"正在发生之中"或"水火相交的喷发中"。所以孔子夸一个人、一件事儿,经常就是用"A而不a"[①]的形式,这一点我们以前已经说到了。A与a这两者从对象化的角度来看往往很相似,但孔子认为,A这样的认知是情境化的,处于正在发生之中,而a则已经离开了情境,成了对象化的东西。比如"贫而无谄,富而无骄"

---

① "A而不a"可以用逻辑符号表示为"A∧￢a"。中国古代哲理的另一种重要的表达形式是"A∧∞A","∞"的意思是"对"或"互补之对立"。阴阳关系就是这样,即"A且对A"。

(《论语》1.15)、"欲而不贪""威而不猛"(《论语》20.2)、"和而不流"(《中庸》),可比于范蠡讲的"盈而不溢"。孔子钓鱼,但他不用网来捕鱼;他用带细绳的箭来射鸟,但他从来不去射栖息的鸟。(《论语》7.27)另外,"子于是日哭,则不歌"(《论语》7.10,《资料》,第372页右)。这一条看似琐细,却反映了孔子的生活特点乃至思想特点。从中能看到,孔子常常唱歌,他对音乐有着出乎寻常的挚爱与深刻领会,因此孔子的学说中充满了乐感。音乐是时间的艺术。这一天他哭了,就不唱歌了。耐人寻味!另外:"子曰:务民之义,敬鬼神而远之,可谓知矣。"(《论语》6.22,《资料》,第84页右)有人看到这个"敬鬼神而远之",就说孔子是不信神的,是个无神论者。其实不然。他要敬鬼神,对鬼神或自己祖先的神灵充满了崇敬之意,怎么能说他不信神呢?只是孔子强调要"远之"。你要是把神讲得头头是道,他(们)叫什么名字,住在哪儿,互相之间是什么关系,就跟古希腊神话那样,或者基督教的"创世纪"那样,那就是让人与神太靠近了,或者是把神当人来看待,成为一种更高级的人了。这样神就会蜕变为"怪力乱神"。孔子要让人同鬼神离得"远",保持一个产生神圣感和美好感的距离,才"可谓知矣"。简言之,神的那种神圣性与神秘性,对你人生的开启性、保护性和真知性,只有在"敬[火]而远[水]之"这样的"正在交和发生之中",才会淋漓尽致地展现出来,这样的神才"不伤人"(《老子》第60章,《资料》,第171页左)。

"学而时习之,不亦说乎?"(《论语》1.1,《资料》,第72页右)"学"的那种"于'存在又不存在处'引发"的妙处是怎么被逗引出来的?学完一个知识后,过了好长时间都不去复习,它就会被遗忘了,就不存在了;或者你为准备考试去学习,只是硬背下来,让它对你当下存在,那也不是真知。一定是要过一段时间,当它对于你变得将忘未忘的时刻,或者是遇到一个恰到好处的机缘,在那样一个敏感的时点上,复习它,让它在存在与不存在的交接处被及时重现,即所谓"时习之"。这样,在此处的潜意识与显意识被豁然打通,这个认知与别的知识也一下子融会贯通,从而达到了举一反三的连锁领会。于是"学"的味道——触类旁通、山下出泉的趣味——就出来了。也只有这样,"学-习"中的人才能够"好学"(《论语》5.15、6.3,《资料》,第82页左、第83页左),以学为乐,这在孔子眼中就是一个人得到"仁"的重要标志。实际上,孔子弟子三千,贤者七十二,他却只把"好学"许给一个人,就是颜回。别的人都能学,有的可以学得很有成就,达到学以致用,但是未见得能够"好学"。好学的人能达到苦乐俱忘的投入境界,被人称作"孔颜之乐",它是一种更高境界的欢乐,与智慧、信仰、美感和道德皆相通。

四、学艺成仁

这就是孔子的知识观。最后需要再强调一下,这种学习首先是学艺,而不是学逻辑,也不仅是学科学和人文知识。这个"艺"主要是指儒家六艺,即《诗》《书》《易》《礼》《乐》《春秋》(古六艺是礼、乐、射、御、书、数)。"不学《诗》,无以言。……不学礼,无以立。"(《论语》16.13)"五十以学《易》,可以无大过矣。"(《论语》7.17)学艺(比如学诗、乐、《易》、《春秋》)让人摆脱"意、必、固、我"的空转,投入乃至融入诗境、乐境、易境、史境,且相互映照,达到主客合一的至诚。在此艺境中获得的"知"就让人能够"藏往""知来"(《周易·系辞上》),思想进入幽深的过去和依稀的未来,即所谓"至诚之道,可以前知。……至诚如神"(《礼记·中庸》,《资料》,第324页右)。儒家的至诚,发自亲子关系这种最原发无伪的亲爱,经艺的升华和延展,在超功利(但不反功利)的仁义礼智信中达到完满。这样的知识,就让君子仁人能够长久地与天地势态相配合,也就是"可以赞天地之化育,则可以与天地参矣"(同上)。这种认知主要不是军争之知、力量之知,而是仁义之知。仁义之知难道只是心性修养吗?只是道德伦理吗?对于孔子来说,绝对不止于此。仁义也是一种知识,而且是最具长远智慧的、让人快乐的知识。在短期内,可能是兵家或者法家的思想,容易得手;但是时间一长,儒家仁义的那个悠长效力就出来了。这就是为什么会说"仁者无敌",因为它符合长远变易的天下大势。所以《周易》说:"知几其神乎!君子上交不谄,下交不渎,其知几乎。"(《系辞下》)如以前说到的,"几"意味着处于存在又不存在的"之间处",态势已经出现但还没有被对象化。君子跟上面的比他权位高的人交往,绝对不谄媚;跟他下面的人交往,也绝不会慢待之。这是一种道德品质吗?当然是,但又不只是。君子知道变化之几,因此,你焉能知道处于更高权位的人不会忽遭异变而死掉,位于下面的那个人不会某一日忽然成了大事?这些都是说不准的。"几者动之微,吉[凶]之先见者也",几是非常微小的无形动态,但是征兆已经出现了。"君子见几而作,不俟终日",跟着时几走。儒家在这一点上跟范蠡以及兵家是一致的,只不过儒家更多地强调了人的长远之知,而加上了长程时间化、可能化和艺术化体验之知,就成为智,并具有了道德的品性。这样的智就是大仁大义,就超出了个人当下的生存本能和占有欲望。

因此,孔子就讲:"志士仁人,无求生以害仁,有杀身以成仁。"(《论语》15.9,《资料》,第86-14页右)因为你的知让你能够走向未来和过去,于是能"朝死存在"(海德格尔语),能够勘破"凡人皆有死"的那种死亡恐惧,一切以实现人生的充沛意义为归依。所以,当到了需要他/她献出生命的时刻,仁人志士就一定能够杀身以成仁。这对于他们而言是自然的事情,而且他/她对于自己人生遭遇的不得志,也很能看得开。"人不知而不愠,不亦君子乎?"(《论语》1.1,《资料》,第72页右)当别人都不理解他/她的时候,敢于"知其不可而为之"(《论语》14.38),逆潮流而动,却乐在其中。你以为儒家的"知时"和"时中"就一定要顺着明显的潮流走吗?不是的。仁人志士要行在潮流的前头,包括它有时的反涌和回流。孔子并不是先从事情的结果入手来考虑问题的,而是从根本的智慧出发,走在时间的前沿。毕竟,孔子所追求的仁道并不只是一些道德义务,但也不止于超道德的玄思冥想。

孔子开创的儒家当时与道家还有些冲突,所以我们看《论语》里面记载了一些隐者对孔子的讥讽(参见其18.5、18.6、18.7)。后来李白作诗曰:"我本楚狂人,凤歌笑孔丘。"(《庐山谣寄卢侍御虚舟》)儒家与道家,都表达了一种时机化的智慧,但是对"时"的理解格局不一样,因此就产生了儒道之间思想上的不同。但它们的相通处是更根本的。比较喜欢道家的司马迁在他写的《孔子世家》的末尾,仍然对孔子盛赞道:"'高山仰止,景行行止。'……可谓至圣矣!"(《资料》,第376页左)孟子发自内心地称赞孔子:"伯夷,圣之清者也;伊尹,圣之任者也;柳下惠,圣之和者也;孔子,圣之时者也。"(《孟子·万章下》)在人类出现过的圣人中,孔子是最充满时几感受的一位。可是要按照西方的哲学与宗教,就不能理解:一个"时"为什么是至高的评价?他们认为苏格拉底与耶稣都是为了超时间的原则而献身,这个才算是壮烈崇高。但是中国的情况不是这样,尤其是在儒家这里,"时"就是最深最高的知识、智慧和道德。司马迁在讲老子的时候评价说:"老子深远矣。"(《史记·老子韩非列传》,《资料》,第382页右)老子跟孔子可谓各有特色,不相上下。一个至圣,一个深远,是中华哲理的两个不竭源头。

第九章　古印度的直觉真知观及中西印真知观比较

第一节　印度瑜伽的思想背景

我们来看古印度的直觉认知法,即瑜伽(yoga)。先谈一下瑜伽出现的背景和含义。古印度哲理的主流由《吠陀》与《奥义书》代表,主张"梵我为一"。此"一"不是任何对象,不能通过概念来把握,也不能通过任何感官来直接感知。因此,当有必要用语言来表述"梵我"的时候,或者说表述印度人心目中的终极实在的时候,就要用"遮诠法":既不是 A 也不是非 A(¬ A ∧ ¬ ¬ A)。一般说来,"诠"指肯定性的说明,比如说"这花是红色的""盐是咸的";而"遮诠"就是否定性的说明,比如说"这花不是蓝的""盐不是无味的"。在印度哲理中遮诠法要更根本。"诠"指一切断定性的说明,不管它是肯定还是否定,比如说一个东西是 A 或不是 A;"遮"就是否定,"遮诠"就是否定掉"诠"这种认知方式和表达方式的根本性,以表达出或指示出真理之所在。这种方法有一个好处,就是能够把我们平常思维中那种二元化方式——不是 A 就是非 A(A ∨ ¬ A)——的执着给消解掉。

比如说龙树(Nāgārjuna,西元 2—3 世纪)的《中论》,我们以前提到过,一开篇就讲了著名的"八不偈"。"偈"(gāthā)是佛家用来唱颂的简短话语,往往是一个提纲挈领的引领或总结。这八不偈的内容是:"不生亦不灭,不常亦不断,不一亦不异,不来亦不出。"(《资料》,第 394 页左)有人觉得,终极实在如果不是一,那就一定是多(异)了。古希腊哲学家就是这么看的,要不就是一元论,要不就是多元论。而龙树认为,真正的终极即缘起,它既不是一,又不是多(异);它既不生又不灭(其本义应该是,它既不生灭,又不不生灭);既不常,即它不是持续的,但是它又不断,也不是断裂的。所以这个状态,你用概念逻辑或定域性思维恰恰没法儿理解和断定。但是龙树告诉你,真正的真理——"缘起性空"的道理——恰恰就要在这个"双不"遮诠出的或显示出的居中境界里被领会。所以它的确有很强的知识论功能,指示着一个认知方向,尽管"所指"好像空无所有,但方向是很明确的。然而,你毕竟不会满足于一座路标,而总想认知到最后的那个状态。你会问:这个真知到底是什么样的? 一般的回答是:它不是个"什么",因为它不是对象。但你毕竟可以合理地要求:无论如何,总得让我知道或进入那个状态才行啊! 这样我才能立地成佛,才能顿悟啊!

就此而言,印度自古以来就有一个可以弥补遮诠法不足的方法,让你直接体验到终极实在。它就是印度流行的"直觉法"或"直观法",而最被大家公认的直觉法就是瑜伽。除了顺世论之外,印度各个派别都以各种方式来遵行瑜伽,而且瑜伽现在也越来越有世界性的影响。在中国,不少瑜伽修行馆所在各地冒了出来。瑜伽本身也确实有它跨文化的魅力,不像印度教的一些具体说法,比如"种姓说"想要跨文化就很难。我们儒家以孝悌为本,听起来也有很强的文化色彩,但如果其中的道理讲透了,可不可以成为跨文化的人类追求呢? 这是可以争论的问题,也可以期待其中的转机。但是瑜伽不一样。它只要一只蒲团、一方斗室,或一个安静的环境就可以了。做得深入了,神游象外,能获得无上的快乐、安宁,甚至幸福。所以人在监狱里一样能做瑜伽。它的这种特点,对那些有心求道者,特别是那些人生痛苦而坚毅求道的人,有着极大的魅力。金庸小说中的少年英雄,如郭靖、张无忌、石破天等,大多有过各种形式的广义的瑜伽修炼的经历。这种修炼的可能,恰恰表明了生命本身的灵性、人的内在终极性以及与神性接通的可能。中国曾有过的气功热,就是它的一种大众化折射,而吸毒则是它的一种邪魔化。将来可能会有人利用高科技来逼近它、仿造它,比如让你戴上电子头盔后,就能进入准三昧(三昧是瑜伽让人达到的出神状态),但那是不是一种高级的吸毒呢?

在印度影响特别大的书,除了我们前面讲的《吠陀》与《奥义书》,还有一本名为《薄伽梵歌》。它是史诗《摩诃婆罗多》的一部分,截出来成为印度教徒广泛共尊的一个经典。徐梵澄先生把它比成基督教世界中的《新旧约全书》,或者伊斯兰世界的《古兰经》(《薄伽梵歌》佛协版译序)。《薄伽梵歌》里面几乎从头到尾都在讲瑜伽,不过是泛化的、多样化的瑜伽(我下面会解释)。这本书是人类精神史上最为灿烂的花朵之一。它在 18 世纪末传到了西方,被翻译成多国文字。德国人特别喜爱它，洪堡特、叔本华读到它和其他古印度经典之后，极度赞美。《摩诃婆罗多》描写两个有亲属关系的王族，为了争夺王权，将要开打一场大战。而就在此时，一方军队的统帅阿周那良心不安，看到两边对阵的都是亲属和朋友，心想：厮杀为了什么？王权难道比生命和亲情还重要吗？于是想放弃战斗。但这时候给他驾车的御者，黑天的化身克里希纳，劝导他去投入战斗，并讲了一番道理。克里希纳说，要得到真理就要修炼瑜伽，而瑜伽的基本含义就是将个人的心灵与宇宙的心灵（阿特曼）"联结起来"，并说有许多种瑜伽，如有为瑜伽、智慧瑜伽、王秘瑜伽、虔信瑜伽、舍弃瑜伽，等等，它们以各自方式来实现这种联结。黑天还告诉阿周那，"神我"或"阿特曼"是不会被杀死的，战斗中被杀的只是外相的我，关键是要恪守职责，尽到自己的义务。结果双方杀得天昏地暗，几乎全都死了。这个所谓正义的一方也没剩下几个人，最后夺了天下，也毫无兴味了。当然，最后这些死去的英雄们都升天为神，进入了他们的"封神榜"。从这首《薄伽梵歌》，人们可以得出各种各样的结论。比如你可以依据它而主张"以暴抗暴"，也可以得出"非暴力"的结论。与甘地同时代的另一位印度抵抗运动的领导人，就以此书为凭，力主发扬"以暴抗暴"的精神，把英国殖民者赶走。可是甘地却从中悟出了相反的道理，说不能以暴抗暴，那样永无真理可言，而要以非暴力的正义与真理请英国人离开，并取得成功。但甘地本人却被暴力杀死。总之，它是印度思想的一个重要源头，里面多有对各种瑜伽的解说。

但对瑜伽术最集中的表述，还是在《瑜伽经》中，那是对瑜伽修身法和求智慧法的一次总结。它大约在西元前 2 世纪出现，作者是钵颠阇利（Patañjali，或译帕檀伽利）（《资料》，第 395 页左）。如我们以前提到的，这个瑜伽修行术起源甚早，在雅利安人到印度河谷之前，已在当地的古老文明（大约存在于西元前 25 世纪—前 15 世纪）即达罗毗荼（Dravidian）文化中存在。这样一种修行方式和《吠陀》经典的内在结合，形成了印度文明中占据主流的哲理形态和宗教形态。在印度人看来，瑜伽确实是一种独特的认知方式。尽管它和西方的辩证法、数学和科学的认知方式不同，但它也不是光靠信仰，也不只是道德修行，而是这样一种技艺：它为你打开一个新的思想和存在的境界，看到你不用这方法就根本看不到的东西。我们中国古代流行的是儒家的六艺及各流派重视的技艺,包括道家的心斋、坐忘,而在印度最重要的认知方式就是瑜伽。不了解它,那么你对印度的知识观,就是完全盲目的。西方做哲学的人即便在知道了瑜伽术之后,也几乎都不屑于学这个,或者说他们学不会它,于是就简单地将瑜伽术归为一种神秘主义的修行方式,与知识无关。这是眼界狭隘导致的井蛙之见,不足为训。如果亚里士多德讲的人生最佳状态——"沉思"——得到瑜伽的开启,则会深入得多,也会成功得多。

瑜伽的思想背景是数论派(Sāṃkhya),又译为"僧佉""雨众外道""迦毗罗论"。这是出现于西元前四五世纪的一个流派。它提出了一种基本思想,后来在《瑜伽经》里头得到了体现,尽管两者之间还有一些差别。数论派表现为典型的二元论,它在形式上似乎符合西方哲学特别是笛卡尔哲学的思路,但其内涵与之很不同。数论派认为有两种终极实在,其中有一个更高的,就是"神我"(Puruṣa, Self),又译作"布鲁舍""原人",在此意指纯意识。另一种终极实在则是"非我"(Prakṛti, Non-Self),又译为"冥初""原质""自性",这是比较低级的,是组成世界的原质(primal matter)。它又被分成三种,从高到低。第一种叫做"萨埵"(sattva),是最高级的,它的特点是纯粹、微妙、光明。你体验到了它,就会变得聪明,感到欢喜,乐于助人。第二种叫做"罗阇"(rajas),它引起人的行为,要是一个人具有这种性质比较多,就喜好行动。它的特点就是让人精力充沛、干劲十足,但也给人生带来烦恼忧愁,经常要悔恨。第三种叫做"多磨"(tamas),它是一种粗笨的质料,沉重且黑暗。秉有很多这种原质的人就愚痴、懒惰、固执和残忍,但缺了它也就没有了宇宙的基底。它们也被称为"三德",虽有高低贵贱之分,但都是构成一个世界所必需的原质。"三德"一开始相互平衡,那就什么也不会发生,一切都处于潜伏状态。可一旦神我和这三德结合,就打破了它们之间的平衡,于是这个结合体就开始进化,造出世界。三德相互结合的方式千变万化,没有定则,就像"三体世界"的进程。萨埵多的结合体就美好些,罗阇多的就变化剧烈、烦扰不断,而多磨多的则黑暗凝滞,让人感到绝望。但从总体上看,它们的进化还是有或可以有目标的,这就是再回到三德的平衡状态,实际上就是神我与非我的分离,再次达到一个完美的均衡。

人的修行目标就是追求这种分离。我们的人生和世界实际上是神我和非我的一个不快乐的"错误婚姻",双方的性质差得那么远,甚至可以说是完全不同,却还非要绑在一起,造成了这个世界在根本处的不协调、不匹配。所以要追求人生的最为终极的意义,或者说要从痛苦中得到根本解脱,就要通过修炼(在《瑜伽经》中当然就是指通过瑜伽修炼),让非我和神我彻底断开,在意识中留下纯粹的神我。这时人的解放以及绝对的独存就达到了。这是此经背后的基本思想框架。

第二节 《瑜伽经》的基本用语

我们下面来介绍《瑜伽经》的基本用语。

"瑜伽"(yoga)这个词有两个含义,原本是指"结合"或"联结"的状态,然后衍生出来"沉思"(有的专家认为其原本意思就是"沉思")。徐梵澄先生的解释是:瑜伽的字根是 yuj,就是结合的意思。星象师上观天文,发现某颗星星运行到一个位置,同别的星星形成了一个结构,也就是形成了一种天象。这天象或是一个吉利的瑜伽,或是个不吉利的瑜伽,实际上就是一种好的结合或者不好的结合。这有点儿像我们的龟卜,龟壳上裂出的纹路表示吉或者不吉。因此,"瑜伽"从一开始确实就意味着"结合"。但是后来就衍生出"数""方法"还有"技巧"的意思,瑜伽就成了一种让你和某个东西结合的方法或者技术,这跟儒家的"六艺"以及庄子的"道术"意思有些接近。总之,瑜伽就是达到很高境界的道术,或者说是让人和至高真理、终极实在结合起来的方法,绝不止于修炼身形或修出异能。

第二个术语是"三昧"(samādhi,trance),其义为"出神",又译为"等持""三摩地""定",它的原义是"心专注一境而不散乱的精神状态"。但这只是一个含义,关键是怎么才能让心专注一境而不散乱。《瑜伽经》第三章有相关的解释。它的意思就是,你在做瑜伽的时候要直观一个对象,比方身上的一个部位——你的肚脐、你的鼻子尖或眉心、你脑子里的光,等等,或是观一个外边的萨埵,比如太阳、月亮、星辰或莲花。如果你直观得非常专注,忘掉其他,那么所观的对象就不再是一个与你对峙的东西,而是跃迁到一种新状态,放射出灿烂的光辉,让你这个小我消失于其中。表面上是这个对象主宰局面,融化了小我,但实际上是我这个主体与所观的客体完全融合为一,使人入神或者出神,进入一个更深或更纯的认知境界。所以佛经上讲:"由定[佛

家版的'三昧']令心不散,依斯[凭借它]便有抉择智生。"(《大乘百法明门论忠疏》)
从意识上说来,应该是指日常那种被内外对象控制和拉散的飘浮心态,转化
为我与对象交融互构的自结晶、自组织从而自激发的意义喷涌状态。

　　"三昧"分为"有想三昧""无想三昧","有种三昧""无种三昧",以及
"法云三昧"。下面会具体解释。

　　第三个术语是"等至"(samāpatti,thought-transformation),指"思想变形"
或"思想转化"。思想怎么能变形? 它的意思就是上一个解释说的,你的思
想完全跟这个所观的对象走,完全化身于、"等至"于这个对象,自己不再对
这个对象有所附加,这个所谓的对象就会"腐朽化为神奇",变成阿特曼的替
身,自主发光,从而导致思想的转化。如第一章《瑜伽经》第 41 条所说的,
"由于心的改变作用(modification)消失了,它变得像水晶一样透明,于是心
就获得了等至或思想变形的力量,也就是随所遇对象(不管是能观、所观还
是观的行为)而显现的能力"(此条未收入《资料》中,我根据英文版译出)。或许孙
悟空能七十二变,是否就是因为达到了等至?

　　第四个术语是"行力"(saṃskāra,residual potentials),指"残留的潜力"。
通过做瑜伽达到三昧,之后你的心就不再产生新的痛苦,不再给你增加新的
孽缘,也就是说,那种让你要受轮回报应的行为已经没有了。但原来的行为
还在产生余波或延时的影响,这就是行力。就像马达(喻行为)停止了,但是
它曾带动的那个机器还在空转,依靠惯性的力量来回运作。因此行力是过去
行为所遗留的一种倾向。

　　第五个术语很重要,"辨别智"(viveka-khyāti,discriminative knowledge)。
我们就是要通过瑜伽修行得到辨别智,才能够把认知的对象和神我区别开
来,这样你的思想就不再受对象的控制。这跟刚才那个"等至"的说法——
专注于对象——矛盾不矛盾? 不矛盾的。等至是通过直观对象并丧失小我
而达到,它与被对象或主客格局控制是两回事,或者说恰是相反的。你让对
象作为你专注的对象放出自身的光芒,实际上就是使对象不再是你认知的客
体,而是主客合一的"原象"(original image)体现,通过它而进入原本的意识。
这个辨别智是一种直觉的智慧,在总制(saṃyama,inner-discipline)中达到。
进入直觉智慧即辨别智以后,人会出现神通,能够辨别"刹那及其连续",然
后要不断精进,完全脱离执着,引向绝对独存。

最后一个是"瑜伽八支"，即达到辨别智的修习途径，包括外五支和内三支，前者是为后者做准备。

先看外五支。禁制(restraint)是要禁止你做某些事，佛家的说法就是要守戒律，不许杀人、偷盗、说谎等。劝制(observance)是要你去干某些事，比如去布施、救助他人，总之是去干好事。坐法(posture)指正确的坐姿，因为行瑜伽时，坐姿合宜能帮助你的心安定。然后是调息(regulation of breath)，跟道家气功有一些相似的地方，气息(呼吸状况)和你的心态直接相关，息越细越匀，你的心就越静。最后是制感(abstraction)，就是说把你的感官控制起来，不让它把你引向邪道，而真的能够制感了，会很有助于心灵宁静。达到了制感就达到了外五支中最高的境界。

内三支首先是执持(dhāraṇā, concentration)，心专注一境就不散乱，内在互连、冥通和结晶。实际上从这里就开始进入三昧，虽然只是最初的阶段。使它能够持续和更加纯粹的，就是静虑(dhyāna, meditation)，中国佛家把这个字就叫"禅"，禅宗的"禅"。最高阶段是等持(samādhi)，也就是三昧。这内三支合起来，称作"总制"(samyama)，由此而得到神通力，乃至辨别智和最高三昧。

第三节　《瑜伽经》解说

一、第一章"三昧"

下面我们进入这个经典本身。第一章讲"三昧"，第二章讲"方法"，第三章讲"成就"，第四章则是"绝对独存"。

第一章陈述了修行瑜伽的功能目标，相当于一个概论。"瑜伽是对心[纂改]作用的抑制。"①(1.2)心把终极实在给纂改了，我们的心加给了它"名色"，以这种扭曲的波动改变了终极实在，神我与非我就结合了起来，于是整个存

---

① 《瑜伽经》的节译(姚卫群译)收入《资料》第395—397页。以下引用它时，只用阿拉伯数字随文标出引文所在的章节，不再标出《资料》中的页码。

另一个含注解的《瑜伽经》中译本也可参考。即《帕坦伽利〈瑜伽经〉及其权威阐释》，〔印〕斯瓦米·帕拉伯瓦南达、〔英〕克里斯多夫·伊舍伍德著，王志成、杨柳译，北京：商务印书馆，2016年。它对1.2的译文是："瑜伽是控制心的意识波动。"(该书第7页)

在界就进入一个不纯粹的状态,造成了人生的错谬,所以,瑜伽就是要抑制并且取消这种心的篡改作用。

"(心)作用(有)五种,(它们是)痛苦与非痛苦的。"(1.5)非痛苦的心的作用一样是篡改。这五种作用是正知、不正知、分别知、睡眠和记忆。(1.6)下面就解释它们。印度人讲事情经常这样,说得很详细,有的人甚至视之为烦琐。往往先有一个提纲,然后分条阐发,还常有从另一角度的再解释。这里要注意,即便"正知"——"感觉、言语的认识和推理"——这种被西方知识论所认可的"主客相符"(而非"主客相通")之知,对于瑜伽行者而言也是真知的障碍。这里讲的"记忆",应该指对象化的记忆,而不包括使意识可能的原发记忆。没有后者的原发保持的能力,瑜伽行者们追求的纯意识即辨别智和三昧也不可能。"睡眠"也是一样,对于《瑜伽经》所属的古印度正统思想而言,睡眠分为两种,有梦的或对象化的睡眠和无梦的睡眠,只有前者才是对神我的篡改(参见《唵声奥义书》)。这五种心的作用通过修习和离欲(即脱离欲望的控制)得到抑制,这是瑜伽修行第一层的意思。离欲是这样一种至上意识,它不仅摆脱了对可见享乐的追求,而且去除了对超验享乐的追求。(1.15)也就是说,瑜伽行者不可沾沾自喜于自己的超验体验,沉溺于这种高级享乐而不可自拔。离欲意味着前五支或制感的实现,为进入三昧打开了道路。

现在开始解释三昧。"有想三昧伴随着想象、思索、欢喜和自我意识。"(1.17)以此为开端,以下讲的每个阶段几乎都分成"有"和"无"两部分,而"无"永远是更高深的,"有"则总是较低浅的,这是东方特别是印度思想的一个特点。可以想见,有想三昧要比无想三昧低浅,是后者的准备。瑜伽行者初尝三昧的味道,会觉得特别神奇,充满了喜悦、想象和思索,这都是"有想"。但是他或她不能陷没于其中,被这些"有想"缠住。"(以不断重复[本]心作用)终止概念为基础(的三昧)是另一种(三昧,即无想三昧),在它之中,仅保存着过去的行力。"①(1.18)无想三昧摆脱了任何的"想",也就是对象化的观念或"概念",所以它不再产生导致轮回业报的行力,于是在这种三昧中

① 《帕坦伽利〈瑜伽经〉及其权威阐释》,第34页。该书此段的翻译是:"另一种专注是专注于不包含任何对象的意识——有潜意识的印迹,如同烧过的种子。通过对不执的修习而稳稳地控制住意识波动才能达到这种专注。"

"仅保存着过去的行力"。"(对于)无形的(神)和并入自性(者来说,无想三昧是由客观)存在产生的。"(1.19)这就是我们前面解释"三昧"和"等至"时所说的,瑜伽修行要求行者专注于某个对象,与之合一,让对象本身发出光芒,也就是这里讲的"并入自性""由客观存在产生",这样就导致了三昧的出现。

"(对于)其他者(即瑜伽行者来说,无想三昧是)以信、力、念、定、慧为基础的。"(1.20)这里面首先讲到"信",所以下面就说,如果你信仰和崇敬一个神——自在天,那么三昧也能很快达到。大自在天是婆罗门教(后来称为印度教)的三大主神之一,即湿婆,是毁灭和创造之神,又是苦行和舞蹈之神。这种对神的信仰是瑜伽这一派和数论派不太一样的地方。数论派基本上不讲自在天,非常理性。瑜伽派觉得信仰自在天是更有效的,但这信仰不是盲信,而是将它当作获得三昧的"方便法门"。这有点儿像我们中国佛教的净土宗念诵和信仰"阿弥陀佛"。中国佛教的思想创新最繁盛的时候,比如天台宗、华严宗和禅宗,都不怎么念"阿弥陀佛",而是靠发现中观和如来藏心的真际,也就是靠发现人人具有的根本佛性来得开悟,一悟成佛。而这种信仰和念诵"阿弥陀佛",是一种较平易和快捷的方便法门,对于一般老百姓来说也比较容易掌握。何况我们也提到过,印度古哲受《吠陀》传统影响,对于某种神圣的声音,如"唵"声和咒语的神奇力量,相当信服。

"自在天是(与一般神我)不同的神我,他不为烦恼、业、异熟和意乐所触及。"(1.24)这里讲的"一般神我"应该是指有形象的具体神祇,比如风神、雨神、雷神等。大自在天作为毁灭和创造之神,虽然在民间信仰中也有形象,但那都只是其各种化身,湿婆本身却是"不为烦恼、业、异熟和意乐所触及"的。但此神毕竟也不只是一般意义上的"纯意识",而是具有某种神奇的但又关乎高深知识的转化力。所以下面马上讲:"在(自在天)那里,全知的种子是至上的。神圣的言语(唵)象征着这(自在天)。(应)重复这(神圣的言语)并思念它的意义。由此,心的主体(可)被证悟,障碍也不存在了。"(1.25—1.29)这里讲的"主体"不是西方近代哲学中的 subject(那种主体与客体相对而言),而是指神我。

"病、昏沉、疑惑、放逸、懈怠、欲念、妄见、不得地、不安定,这些引起精神涣散的(状态)是障碍。"(1.30)导致我们进不到三昧的东西,就是各种精神涣散。一般说来，我们的人生就活在精神涣散里头，总被一些外在的对象牵引着，内在意识的构成机制没有达到一种自结晶、自构成的状态，所以人就得不到真理。总感到满足不了，人生也就没有真正的幸福。要克服这个精神涣散，就要靠瑜伽修行。"为了防止（精神涣散，应把）心集中于一个实在。"(1.32)以前讲到，你可以选择适合自己的专注对象，比如选择身体的某个部位，或者是外在的某个对象，像太阳、莲花或神圣话语，只要能够唤起你美好宁静的感受都可以。

下面就通过阐发四种"等至"来说明"有种三昧"。如我们上面解释"等至"这个词的意思时所引用的第一章第41条所说的，等至相当于心与所观对象的融合为一。也就是说，由于瑜伽修行抑制了心对神我的当下篡改作用，这心就变得像水晶一样透明，于是就获得了等至或思想变形的力量，也就是随所遇对象而显现的能力。这是一个很重要的修行阶段。达到了等至，你就随着你所遇到的对象而显现，有点儿像孔子讲的从心所欲不逾矩。孔子的思想中有没有某种变化了的瑜伽行，乃至三昧？这是可以思考的问题。从古至今很少有人讲，好像只有道家有修行，而在孔子那儿没有。我认为是有的，不过这是题外话。

等至有四种。先分为有寻等至和无寻等至。"搀杂着言语、意义、概念差别（的）等至是有寻（等至）。"(1.42)而不去执着这些，就进入无寻等至。不一定要用语言，也不用概念，寻常的记忆停止，心仅作为客体照耀，就如同它没有自己的特性一样，这就是无寻等至。(1.43)然后讲有伺等至和无伺等至，它们都"以细微之物为对象"(1.44)。这个"对象"实际上已经不是平常意义上的对象了，所以细微之物又称为"细微元素"。什么是细微之物或细微元素？细微元素可以理解为萨埵的极致。你靠瑜伽的功夫，逐渐能够进入细微元素。我们平常看到的东西都很粗糙，只是某种对象，根本看不到构成它们的细微之物。但这个瑜伽行者可不一样，他或她在有伺等至中就可以看到、听到、触到细微者（它与非定域的量子态有关系吗？），从而达到"（事物的）实相"(1.45)。由此，就有特异能力出现，因为瑜伽行者至此进入了寻常人达不到的领域。而无伺等至的意识状态更厉害，因为它"作用于在各方面都不受限制的细微之物"(1.44)。这四种等至（有寻、无寻、有伺、无伺）都还只属于有种三昧，下面马上交待无种三昧是什么样的意识状态。

"从(较高程度的三昧或等至)那里产生的过去的行力,阻碍其他的行力。"(1.50)所谓"较高程度的三昧或等至",可以理解为不执着于现成状态的等至,比如无寻等至或无伺等至。这种等至不再产生导致轮回的行为,而且会产生助人进入神我的良性行力。这种良性行力可以阻碍、抵御那些染杂行为带有的和遗留的行力。然后,"由于抑制了所有的(行力,因而达到)无种三昧(的状态)"(1.51)。这一章至此就结束了,我将瑜伽修行认知所能达到的状态——有种三昧(含四种等至)和无种三昧,做了一个简略的概括。

二、第二章"方法"

第二章为你说明修行瑜伽的具体方法,也就是回答"如何达到三昧"的问题。"苦行、诵读和敬神是当为瑜伽。"(2.1)去诵读经典或诵唱"唵"声、咒语等,这是比较外在的,或可以通过意志控制的行为而达到的,但是也能产生效果。"(当为瑜伽的实行)是为了产生三昧和减少烦恼。烦恼是无明、我见、贪、瞋和现贪。"(2.2—2.3)"无明"是其他一切烦恼的基础。(2.4)我们一再讲,这是印度哲人们的共识:所有苦难和烦恼不来源于人的原罪,或一个罪恶的实体比如魔鬼,而是来源于人自己的无明,也就是认识不到世界和人生真相的愚痴。所以你们要仔细读这部经典,我们以前讲到的印度思想的很多因素都在里头。"无明是把无常、不净、苦和非我当作常、净、乐和我。"(2.5)这是一种根本的错位,所以造成了痛苦和不和谐。"由于变化、忧虑和习惯的苦,还由于'德'的作用的对立,差别的一切确实是苦的。"(2.15)可见,此《瑜伽经》乃至印度哲学主流认为变化、差别造成痛苦,只有当三德的平衡恢复,变化和差别消失,才可以除掉苦痛。中国人不是这样看,差异引起变化,而深刻的差异如阴阳差异引起的变化是新可能的生成,它带来的首先是欢乐。

"还未到来的苦是可以避免的。"(2.16)当然了,如果所有的苦都不能避免,那还做瑜伽干吗?"能观和所观的结合是可以避免的(苦)的因。"(2.17)能观是我们的主客化的认知能力,所观是你观的对象,这两者一结合,你会觉得自己认识到了真实情况。西方人认为我们的主观意识和客观实在达到统一就是真理了,但印度人恰恰认为这是痛苦的来源。"无明是那(能观与所观的结合)之因。"(2.24)正是无明导致了能观和所观的结合。"[痛苦的]排除是由于这(无明)消失(而产生的)结合之消失"，也就是能观与所观的结合消失了，"那就是观照者的独存"(2.25)。这就是瑜伽的目标。"排除的方式(是借助)未受干扰的辨别智。"(2.26)

怎么达到辨别智或让智慧之光进入辨别智呢？这就要通过瑜伽八支的修行。前面在说明术语时，已经简略介绍了它们的含义，这里的经文则给出了更具体的讲解。外五支中，"禁制是不杀生、诚实[即不撒谎]、不偷盗、净行、不贪。……劝制是清净、满足、苦行、学习、敬自在天。……坐法(是保持)安稳自如。"(2.30、2.32、2.46)这是外五支中的前三支。第四支是调息，也就是在前三支的基础上，进行呼吸上的调控。"调息是这(坐法完成)时，呼吸运动的停顿。"(2.49)这当然不是指完全没有了呼吸，就像前面说"停止记忆"不是说要停止一切记忆，而是说停止对象化的即作为"未遗忘的感觉印象"(1.11)的记忆。所以接下来马上讲："表现为外部的、内部的和完全抑制的(调息)，通过位置、时间和数量来调节。(它因而是)长(时间)的和细微"(2.50)。凭借调息，人的呼吸变得极其深长和细微，这样就为意识进入内三支或三昧做好了准备。"(调息也使)意适合于执持。"(2.53)执持就是内三支的第一支。这时候心就开始能专注在对象上，认知的一种新的形态即三昧状态就出现了。第五支即制感："制感(是这样一种方式，借助于它)，感官不与它们的对象接触，(产生)与心的本性类似(的状态)。"(2.54)所以制感把感官(能知)和它的对象(所知)切开，这样能知就获得了独立，进入非对象的或者说是知与所知融合的知识领域，这反而能够认知到更深刻的东西、更神奇的东西。这个思路受到数论的影响，很独特。

三、第三章"成就"

第三章讲修行瑜伽所能达到的成就，告诉你进入内三支特别是三昧和总制以后会出现什么情况。没有修行到一定境界的人，描写不出三昧的具体意识状态，而这些意识状态的存在对于印度人来讲简直就是天经地义的。就像我们虽然够不着天，攀不上珠穆朗玛峰山顶，但还是相信那天和山顶肯定是存在的，而且某些卓越人士可以进入它们的领域。但对西方绝大多数传统的哲学家来讲，这些状态根本就不可思议，对它们的讨论也只能是非理性的。印度哲人则讲，你只要去修行，这些状态就可能会出现。而且就其总体的情况而言,大家所经历的是一样的或很近似的,所以关于这些经历和意识状态,可以在同阶段的修行者之间进行交流和验证。就此而言,它们是更精微理性的体现。就像西方哲学家们如毕达哥拉斯、柏拉图、亚里士多德、笛卡尔、康德、黑格尔讲的东西,普通人很难理解,不知其所云,却被这些哲学家和西方哲学界主流认定为是更高级的理性一样。

内三支中,"执持是心住一处"(3.1),如果达到了执持(dhāraṇā,又译作"专注"),意识就可以完全集中在某个对象上,以摆脱小我的纠缠,开启出意识的潜能。"静虑是[执持产生的]观念在那里的持续。"(3.2)如前所及,"静虑"(dhyāna)这个梵文词在佛教的汉译中就是"禅",现代也有译作"冥想"的。它意味着执持产生的意识流的延续和稳定。"三昧是这样(一种状态):仅仅(三昧的)对象发出光辉,(自我认识的)本性似乎不存在。"(3.3)这个意思我们已经反复解释过了。三昧是前两个阶段的跃迁,从专注和持续的意识跃入冥想对象发出光辉的激发态。

这三支合在一起就是总制(saṃyama)。由于有了总制,就形成了更广阔的认知领域,打开了一个新的认识境界。(3.5)接着就讲了被总制打开的七个境界。首先是通过对行力(以往行为的余波)的直观,能够认识你的前生,这意味着意识突破了时障。然后通过对意识流观念的总制,打破空间障碍,于是能获得其他心灵的信息(掌握读心术)。通过对身体的总制,就能够抑制主体间的感觉力,于是就可以隐身。通过对太阳的总制,获得关于世界的知识。再通过对身体和空间的总制,就可以达到让身体轻如棉花的等至状态,于是瑜伽行者就可以在空中行走。(3.18—3.41)这相当于《心经》讲的"照见五蕴皆空",平常我们被对象束缚住的那种思维,就进入了一种更自由的、能跟非对象打交道的方式。

"只有认识了实在与神我差别(的人,才能获得对)一切存在和无限知识的至上(支配力量)。"(3.48)所以《瑜伽经》追求这样一种知识,它让你认识到实在与神我的差别并最终将它们分离,而不是像中国古人讲的天人合一或与世界万物和谐相处。印度思想更强调分离和斩断。不过这个分离是不是达到一种更加内在的和谐? 这是可以继续讨论的。"当罪恶的种子被甚至对这(差别的认识)的离欲所摧毁时,(就产生了)绝对的独存。"(3.49)也就是说,你不仅能够把感官和感官的对象、认知和认知的对象,甚至神我和实在,区别和分离开来,而且能够对这种区别和分离不执着,这种彻底的离欲就会摧毁造成生命苦痛的哪怕是潜伏着的罪恶种子。这时候就会出现绝对的独存,也就是神我的独存。这种"绝对独存"或者下面马上讲到的"辨别智"是怎么出现的?它跟时间意识相关。可见,实际上用不着到胡塞尔的现象学里寻找,印度古人就早已看出来,人的认识或者意识,首先是跟时间相关的,也就是与内在的时间意识相关。你要达到一种更高深的认知能力,就首先要参透这个时间流。

"通过对刹那及其连续的总制,(获得)从辨别中产生的知识[即辨别智]。"(3.51)之所以"对刹那及其连续的总制"可以产生辨别出神我何在的智慧,是因为神我与世界的差别与特性,都隐藏在时间的一刹那中。"整个世界每一刹那都经历着变化,所有那些特性都相对建立在时间的一刹那中。通过对刹那及其连续的总制,直接的知识从二者中获得,辨别智因而表现出来。"(3.51 原注)由于在刹那中看到无限丰富的可能性,以及差异与连续的交织,所以西方哲学中劈分开个别与普遍、客体与主体、当下与永恒的定域化思路,在此被克服。后来中国佛学一再讲"三谛[空-假-中]圆融""一念三千""理事无碍""法界无尽缘起""因陀罗网""华严三昧",其中的要害,就是对时间特别是刹那的无尽缘起的这种直接领悟。"所谓辨别智是直觉的,(它)以一切(事物)作为(其作用)范围"(3.53),说它"没有连续"(同上),是因为它切断了观念化因果的那种伪连续链,也应和了龙树《中观》里对伪缘起诸说的反驳。"当实在的纯净和神我的纯净相等时,(就出现了)绝对的独存。"(3.54)这里讲的"相等",就意味着它们相互分离了。

四、第四章"绝对独存"

第四章讲绝对独存及其三昧境界即"法云三昧"。"(神通力可)通过出生、药草、咒语、苦行、三昧获得。"(4.1)由此可知,神通力(比如前面提及的隐身、读心、遥视等)并不神秘。有人天生就有此能力,有人可通过服药、念咒等获得。但是《瑜伽经》并不推荐这里边的一些方法,比如吃药草就不高明,可能有副作用。还是通过三昧获得的才好,没有流弊。所以,"瑜伽行者的业是非白非黑的,其他(人的业则有)三种[即黑的、黑白的、白的]"(4.7)。当然是非白非黑的最好,即瑜伽行者达到的双非中道。这就是印度人思想方法的特点。由于这种非白非黑性,他的这些行为就不再产生会引起轮回的业力。再把剩下的那些熏习出的行力消除掉,就进入三昧的高级阶段,即无种三昧了。"直观了(神我和实在)差别的人就灭除了我执。然后,心倾向于辨别(智),并受绝对独存的吸引。"(4.25—4.26)还有"我执"的意识就是与"实在"(非我)牵挂着的意识;完全消除了我执,才能直观到我的独特之处,也才能辨别神我与实在,也就开始体会到绝对独存。这时候,"由于甚至在最高理智中也不残留兴趣,因此,从永久的辨别(智)中(就产生了)'法云三昧'"(4.29)。这就是三昧的最高阶段了。毗耶舍(Vyāsa)注释道:"通过摧毁行力种子的力量,其他的意识不再产生。这时获得的三昧称为'法云三昧'。"(4.29原注)这时达到的就是与实在毫无牵连的纯粹意识的自身激发态。中国禅宗的一个重要特点,就是它革命性地重新解释了这种三昧。慧能说的一个短语,特别能表现我们中国人的特点,又有佛家的和印度的印迹,它就是"自在神通游戏三昧"(《坛经》宗宝本,顿渐品第八)。那种被游戏感鼓动着的时机化三昧的味道,就由这个短语表达出来了。而印度人也就讲到法云三昧而已。这样,业和烦恼就被消除了。"由于'德'达到了目的,(德的)变化的连续就结束了。"(4.32)这就是指神我与非我分离了,于是神我就解脱了。"(当)没有神我对象之'德'变成潜伏(状态时),或(当)意识的力量建立在自己的特性之中(时),绝对独存(就达到了)。"(4.34)前面所有的修行和解说,都是为了这个"意识的力量建立在自己的特性之中"的绝对独存。至此,瑜伽行者们的最终目标就达到了,意识脱离苦难,得到了大自在。

第四节　西印中真知观对比

最后来做一个总结,将西印中的真知观做一比较,涉及我们以上的三讲。比较的对象分为:传统西方的哲学的主流、《奥义书》与大乘佛教,还有传统中国主流思想。先列出一张表如下:

表2　传统西方、传统印度主流、大乘佛教、传统中国的主流真知观比较

("√"表示肯定,"×"表示否定,"?"表示不确定)

真知观 比较点	传统西方 哲学主流	传统印度哲学 主流(数论、 《瑜伽经》、奥义书)	大乘佛教 (般若中观、 《心经》)	传统中国 哲理主流
1. 真知能改变人的生存方式吗?	√	√	√	√
2. 真知以主体与客体的分立为前提吗?	√	?(数论和《瑜伽经》主张主客异质、分立;但《奥义书》传统不是这样)	×	×
3. 被认识者可变化吗?	×	×	√?(缘起性空)	√("知变化之道"即知天道;在军争形势中,因敌变化而制胜)①
4. 被认知者可以被充分对象化吗?	√	×	×	×
5. 真知本身有无时间性?	×	×	√?(大乘空宗有"方便法门";亦讲"不生不灭")	√(天道与时势内在相关,朝向未来,有时机性;知道即知时)
6. 影响认知的最重要的求知方式	数学(逻辑)	瑜伽	佛教瑜伽(坐禅,包括口诵佛号和咒语)	技艺(如儒家六艺,如"庖丁解牛"式的生活技艺)
7. 认知的途径	观念思维 $A \lor \neg A$	(双非)直观 $\neg A \land \neg\neg A$	(双非)直观 $\neg A \land \neg\neg A$	艺术化、时机化的直观思维 $A \land \neg a, A \land \infty A$(对$A$)②
8. 认知与人的身体有无内在联系?	×	√	√	√
9. 认知与其他人类活动(道德、宗教、艺术)有无内在联系?	×?	√	√	√

---

①　孔子讲的仁义也是有变化或有"权变"可言的(《论语》9.30)。

②　a是A的对象化形态。"∞"相当于"对"或"对立互补",所以"A∧∞A"就读成"A且对A",比如"阴且对阴(即与阴相对互补者)",可以看作就是"阴且阳"或《易传》中的"阴阳"。

（续表）

真知观 比较点	传统西方 哲学主流	传统印度哲理 主流（数论、 《瑜伽经》、奥义书）	大乘佛教 （般若中观、 《心经》）	传统中国 哲理主流
10. 真知是完全普遍化的吗？	√	√？	×？	×（真知可普遍化或感通化，但不会被脱情境地完全普遍化）
11. 对真知的表述与真知本身有内在关联吗？	×	×	×？	√
12. 真知会减少文化多样性吗？	√	×	×	×
13. 真知的增长有内在限度吗？	×	√	√	√
14. 各自追求的真知可能威胁人类的根本生存吗？	√	×	×	×

现在我来大致读解一遍：

1. 真知能改变人的生存方式嘛？当然大家都认为能改变，包括西方。这种西方的真知太能改变人的生存方式了！西方现代科技改造了整个世界，以至于现在一些著名科学家提出了"人类世"（Anthropocene）。意思是：在经过了（属于新生代第四纪的）"更新世"（约260万年前至1万多年前）和"全新世"（起于1万多年前）的地质年代之后，由于近现代科技对地球的巨大影响，使得自近代工业革命以来，人类成为主导地球的地质和生态变化的推动力，因此命名此新时代为"人类世"。这个命名不完全是价值中性的，更不是要颂扬人类改造世界的伟大力量或"［追求］权力［的］意志"（尼采语）的得逞，反而带有深深的忧虑。比如，于21世纪初提出人类世概念的保罗·克鲁岑指出：自18世纪后半叶的英国工业革命开始，人类逐渐成为影响环境演化的重要力量，尤其是"在过去的一个世纪，城市化的速度增加了十倍。更为可怕的是，几代人正把几百万年形成的化石燃料消耗殆尽"①。因此，澳大利亚

---

① 引自百度网站的"人类世"条目。网址是：https://baike. baidu. com/item/人类世/6606588？fr=aladdin。2021.1.1。

科学家弗兰克·芬纳称人类可能在一百年内灭绝,"人类世"将终结。①没有人愿意自己和自己的后代灭绝,但科学家们即便看到了这种灰暗的前景,也不知到哪里去找根本上的解救之道。因此,我们从哲学上打量人类的真知观,看似迂阔,但却是在思考那关乎人类存亡的重大问题。陷于目前主流范式中的心灵想不到的可能,我们却有可能从范式间的空隙和边缘中触摸到。

2. 真知以主体与客体的分立为前提吗? 西方哲学,特别是其近代形态(如笛卡尔哲学)坚持这个前提,认为主体和客体是异质的实体,认知发生在它们之间,凭借主体掌握客体的形式(按照康德,这形式说到底也是主体赋予客体的)而达到。如果主体对客体的认知相符于客体的实际情况,就是真知,否则就是错误。即便是后来的一元论哲学,大多也或明或暗地认可这样一个"主体认知客体"的格局。这样的真知被推崇为人类改造自然的力量。最著名的口号就是培根提出的"知识就是力量"。而东方哲理的主流不承认这个前提,力求找到主客分裂前的意识状态、生存状态和感知及思维方式,认为那里才有能泽及人生的真知。所以真知不止是力量,而首先是智慧、善良和美好。当然,东方也有二元论的主张。比如数论就认为神我和非我是两种完全异质的东西,合则两伤,分则自得。但这种二元不同于西方的主体与客体的二分,因为神我从深度和广度上都无限地超出了主体,所以它与实在(或非我)的关系远不是主客式的,而且似乎沟通主客的形式也不是真知的基础。

3. 被认知者可变化吗? 这里讲的是终极的被认知者。在这个问题上,传统西方哲学的主流与古代中国哲理主流持相反的观点,而大乘佛教则很难说。要知道,大乘乃至印度哲学经常处在中间状态,而且有时还偏向华夏这一边,所以它才能传入中国的思想深层。中国是另类,只有中国人明确地认为被认知者是可变的,变易和不易是内在地结合在一起的,就像《周易》所讲的那样。

4. 被认知者可充分对象化吗? 这很清楚,东方都否认这种可能,而传统西方哲学家心目中的"对象",绝不限于外在的物质对象,而首先是灵魂中的

---

① 引自百度网站的"人类世"条目。网址是:https://baike.baidu.com/item/人类世/6606588? fr=aladdin。2021.1.1。

观念乃至理式对象。为什么说理式、观念也是某种对象呢？因为它们可以被概念、范畴和通名所表征和指称，服从逻辑（或者是形式逻辑，或者是辩证逻辑或先验逻辑），属于定域性思维，所以是观念对象，是《瑜伽经》讲的"所知"的一种。

5. 真知本身有没有时间性呢？西方与《奥义书》都认为没有，而大乘佛教在这个观点上模棱两可。但对于中国古人而言，真知肯定是有时间性的，它要获得能够朝向未来的几微，所以有时机性和当场发生性。

6. 影响认知最重要的求知方式是什么？西方人认为是数学与逻辑；《奥义书》认为是瑜伽，后者在大乘佛教里也叫禅修。中国人则推崇技艺或道术，它们的表现方式多种多样，且常常就是生活本身所运用者，如礼数、音乐、诗歌、历史（讲故事）、书法、武术，乃至劳动技艺，如木工、屠宰、种田、砍柴、挑水等的技艺。当然也包括中国古代的科技，如果它不脱离生活本身的需要，那么也是一种道术。

7. 认知的途径是什么？西方人是"A 或者非 A"，观念性的思维或者概念化的思维当然严格区分"是非""善恶""存在或不存在"，不留余地。印度的两种形态都认为直观或者直觉思维更佳，常用"非 A 且非非 A"的方式来表示。古代中国的认知途径是艺术化的、时势化的，"A 且非 a"或"A 且对A"，常表现为阴阳的互补对生。

8. 认知与人的身体有没有内在联系？西方传统是认为没有，或者是可以没有，柏拉图主义尤为明显。印度人因为要做瑜伽，所以认知当然跟身体有关系，但又强调最高的境界是纯意识。中国人重生活技艺，所以同样认为认知与身体有内在联系。在儒家那里，最高的真知——仁、圣之知——也不离这受之于父母的身体。现在有的科学家预测，再过一些年，人类的大脑就可以连接到计算机网络上，知识可以直接输入大脑，人的智力就会迅速提升许多倍，非生物智力将成为认知的主导，而人脑的内涵也可以转移到网络上，肉体就没有存在的必要了。你愿意成为这种无身可依、无家可归，然而能力巨大、长生不老的高科技游魂吗？

9. 认知与其他的人类活动比如道德、宗教、艺术有没有内在联系？传统西方在这一点上比较复杂。近代以来（不包括当代）否认这种联系，哲学的楷模是科学（演绎科学和自然科学），而科学研究被认为是完全独立的、只关注事实的。在古代时这一联系要含糊些，其实苏格拉底和柏拉图还以某种方式承认这种联系，尽管已经突出独立的知识，所以我打了个问号。其他传统都认为有此联系。所以现在你看一位在西式科学范式中从事研究的科学家，他的研究好像可以完全与道德、艺术、信仰无关。他的脑筋特别灵，专业特别出色，那就够了。他不对他研究出来的东西负责，他的认知和他的做人也可以完全分开。比如爱因斯坦，被科学界乃至全球媒体极度推崇，但他在做人方面是颇有瑕疵的，比如他对待前妻及子女的态度，可谓相当糟糕，甚至违背了基本的人道主义标准。而在印度和中国古代传统中，这是不可设想的，一个道德恶劣的人不可能是个智慧者。

10. 真知是可以完全普遍化的吗？西方人认为这是当然的，真知没有文化或地域的区别，一定是全球化、宇宙化的。崇拜西方的人首先就是崇拜西方科技的"打遍天下无敌手"。印度人那里我又打了问号，中国人就更不这样认为了。如果终极真理对于他们是不可用概念化语言充分表达出来的，那么凭什么可以将这种真知完全普遍化呢？生活情境、身体条件、语言结构和文化氛围，这些都是实现真理的内在要素，哪有什么完全超时间、超情境和超价值的真理呢？儒家为什么没有传教？历史上儒家主导的王朝在东亚这么强大，却为何没有派出任何传教团呢？因为儒家虽然坚信自己的主张是真理，也愿意别的族群和文化来分享，就此而言儒家义理是可依情境而被普遍推广的，但是没有去把它实在地普遍化的冲动。"完全普遍化"或"实在地普遍化"就是认知问题上的"普遍主义"（universalism），我在一些论文和著作中对它有专论。儒家肯定是一种"非普遍主义"（当然也不是"特殊主义"或"个体主义"），其中一个重要原因就是儒家的命脉"亲亲而仁"的亲子关联，是不能实在地普遍化的，但可以在情境中通过技艺而被普遍化（成仁）。它不像基督新教的"因信（基督）称义"那样，其所信者——基督或神——先天就是普遍化的。

11. 对真知的表述和真知本身有内在关联吗？你的语言表达方式和用这语言所表达的东西，有没有内在的关系呢？前三者都主张没有，不过在大乘那里有疑问；中国人却认为是有的，庄子在这方面很自觉。

12. 这几大传统各自追求的真知，会减少文化多样性乃至生态多样性吗？西方的真知当然会减少文化多样性，因为他认为他追求的真知超越所有文化,是普遍的、唯一的,而且是力量的高级体现。所以西方文化所到之处,科技霸权(以前是独一神信仰)的强力横扫一切,导致文化多样性急剧减少,就像生态多样性也急剧下降一样。而印度与中国都不会这样,所以中国和印度思想的相遇,不仅没有减少文化多样性,反而增加了文化物种。比如在中国原有的儒家、道家没有消失,还增加了中国佛教这么一个新的文化物种。这是因为双方的真知在根底处都是非对象化的、柔和包容的。

13. 真知的增长有内在限度吗? 西方人当然认为没有,总要更快、更高、更强嘛,所以高科技是永远还要更高、还不够高的科技。印度与中国人心目中的真知,都是有内在限度的,要"止于至善"。况且,岂能工厂化地生产瑜伽行者呢? 当然,西方的高科技说不定将来也会在这方面动手脚,用人工智能控制的人机连体设备来让你快速进入三昧。但这还是真的三昧吗? 要培养原本意义上的中医师,也大大不同于在医学院中成批地培养西医人才,必须以"师傅带徒弟"的方式,经年累月地学会望、闻、问、切这些充满了身体感和时机感的诊察方式,而开出药味搭配、随机而变的处方,取穴针灸和正骨按摩也是如此。

14. 各自追求的真知可能威胁人类的根本生存吗? 我认为西方人推崇的这种真知确实可能,甚至正在威胁到人类生存。人类未来将遭遇的危机,很可能会与之相关。但印度与中国的真知,你想想可能产生这种威胁吗? 不但不可能,反而会滋润和护持着人类的长久生存。

第四部分

什么样的人生是好的?

这一部分涉及伦理学和道德哲学,主要是讨论人生的意义和价值所在。到了这里,哲学问题的边缘性会更加切身,而且更接近我们的生活行为和生命思考。人生究竟有没有终极意义?要知道,虽然人生百年、倏忽而过,但人的巨大头脑却不甘心让自己的一生如万物一样"逝者如斯夫",而总要找寻这生活的根本意义。

有一种看法,认为人生本身就有意义。不论你思索与否,生命的意义都在那里,活着就在产生意义。甚至,只要我们过一种"日出而作,日入而息"的自然生活,朴实自足,那么这生活就会产生幸福感。这种说法我觉得有一定道理,而且有不少东方学派以这种或那种方式赞同它。但自从"文明"或"国家"出现后,特别是近代工业化以来,人类的生存就既不自然,也不自足,而是一旦个人离开了天真的童年(如果你有幸得到的话),就进入是是非非的割裂境地。人对人是狼的战场,能活下去就不错了,还哪管活不活得出幸福?但情况似乎又不止于此。幸福虽然有如海市蜃楼,可望而不可即,但没有谁在还能沉思的时候,会把她完全忘了,在有余力的时候不追求她。然而,她越被追求就变得越飘忽,你的追求会吓跑了她。所以只能靠回到朴素自然的人生,让幸福像酒香一样被慢慢地酿藏出来。

但这"朴素自然"却不意味着它现成地在那儿。若你把人生的意义或幸福现成化,甚至把个体的生存目标突出出来而无视生存氛围的生态质量,就背离了哲人的边缘思考,而这种生存的意义也往往是匮乏的。在这样一个生命异化的时代,我们大多数人通常就在某种流俗的意义上活着。不少人自觉或不自觉地相信人生的意义是现成的,摆在那儿的,可以被作为目标追求,得到后也可以牢牢掌握在手里的,比如财富、名声和权势。还有一种看法与此相关,认为谁会不知道最好的人生是什么样的呢？我知道有钱好、当官好、出名好、长生不死好、能穿越好，只是我还达不到而已。但是，如果一种最好的人生总是或大多是达不到的，那它还是最好的吗？就像在政治哲学中，最好的政治体制总是实现不了的，那还是最好的政体吗？何况，如果总是达不到，它是不是会造成新的痛苦？如果它不能润泽你的人生，又如何是最好的呢？斯宾诺莎在《知性改进论》里讲到：我希望找到一样东西，一种本身就好的东西，一旦找到了，它就可以给我的人生带来连续的无上的快乐。[①]后来他觉得自己找到了，就是他说的"至善"，并写成了《伦理学》。他的一生无比高洁，甘于贫穷和孤独，但这正是他出自其哲理思考而选择的。他靠磨镜片为生，名声遍布天下后，仍旧安心地磨镜度日，拒绝了德国著名大学的教职邀请。后来海涅感叹道：我们这些后人，实际上都是通过斯宾诺莎磨的镜片来看待世界的。

在人类社会的早期，关于人生的意义问题，许多神话、传说、宗教曾经相当有效地对其进行了解答。尽管文献不多，但凭借苏美尔、埃及、巴比伦、中国、印度等文明的记载，特别是通过《吠陀》《周易》等经典的阐述，可以发现在轴心时代（约西元前800—前200）之前，这个问题并不那么令人焦虑。先辈传下来被族人共认的理解，在后人的生活中不断被充实着、更新着。后来，尤其是近代以来，个人的主体性被突出，这个问题就变得越来越尖锐。人开始思考自己个体生命的价值和意义，传统的神话、宗教乃至学说，就都不够了。于是这个问题就在歧路越来越多的艰难情况下，被从哲理上加以思考。这时的思想者们就像庄子讲的那些被晾在岸上的鱼儿，相互帮

① 斯宾诺莎：《知性改进论》导言。这段启发了无数人的原话是："当我受到经验的教训之后，才深悟得日常生活中所习见的一切东西，都是虚幻的、无谓的，并且我又确见到一切令我恐惧的东西，除了我的心灵受它触动外，其本身既无所谓善，亦无所谓恶，因此最后我就决意探究是否有一个人人都可以分享的真正的善，它可以排除其他的东西，单独地支配心灵。这就是说，我要探究究竟有没有一种东西，一经发现和获得之后，我就可以永远享有连续的、无上的快乐。"（斯宾诺莎：《伦理学：知性改进论》，贺麟译，上海：世纪出版集团、上海人民出版社，2009年，第246页）

助又相互争吵,试图找到本来在水里的生命意义。

因此,"人生意义何在?"是一个重大的边缘问题,思考它是否会对人生造成不可忽视的影响。但它又不像数学问题一样,能期待有一种可以垄断其解决的回答。对于它,永远不会有一个现成的确定答案。但是这个问题对于每个人又都是可以理解的,人生本身就总在发出此问,特别是在我们混世混不下去的时候,或在生活出现重大变化时。确实有人在自己的人生中很好地解答了这些问题,像斯宾诺莎,像释迦牟尼,像孔孟老庄等,他们的人生充满了源发的意义,人活得尽性至命、顶天立地。因此,这个问题是人的天生命运,摆脱不掉的,其中有极为深刻的哲理。伟大的文学作品,像陀思妥耶夫斯基的小说,托尔斯泰的小说,莎士比亚的戏剧,普希金的长诗,屈原的《离骚》《天问》,王羲之的《兰亭集序》,曹雪芹的《红楼梦》,都会深思人生意义的问题,并且表达得生动感人。其回答也并非教条,而是闪烁着灵性的、现象学的、精神性的光辉。但我认为中国自新文化运动以来,绝大多数文学作品恰恰缺少这种思考,人生感受达不到边缘,不能通过主角和情节闪现出人类面临的最深刻的问题和追求。

第十章　西方伦理学的特点（一）
——从苏格拉底到功利主义

西方哲学家们把人生意义的探索浓缩为人应该怎样生活和行为的问题，伦理学（ethics）就是探讨它们的一门学科。在西方人看来，本体论涉及的是存在（being）问题，认识论是关于知识如何获得（how to know）的问题，而伦理学则是关于应该（ought to）怎样生活和行动的问题。它们之间是什么关系呢？这在西方哲学中，也一直是一个问题。可以把存在理解为关于"什么"的问题（世界到底有什么？）；知识涉及我们能否知道、如何知道存在本身，因此是个"认知"的问题；而应该怎样生活和做人，则是"应该"的问题。西方传统中，尤其是近代以来，有一种倾向，就是认为"应该"和"认知"是可以截然分开的："认知"只管辨认它是个什么，而"应该"则要操心它对不对。两者性质很不同，混淆它们就会造成麻烦：或者以事实代替价值，导致虚无主义；或者让伦理学价值渗透一切，造成泛道德主义。比如科学家或研究者探求尖端的科技知识，但是这种知识被认为和道德并无关涉，而且科学家获得的知识与具有人生智慧之间，似乎也没有什么直接关联。在西方古代伦理学中，这两者被认为是分不开的，但也不同于东方的理解。他们大多认为在知识与伦理的关系中，知识是主导性的，要用知识来统率道德伦理。苏格拉底主张"德性[aretē, virtue; 又译作'美德']就是知识"，你没有美德只是因为无知。如果你真的知道了什么是好的或什么是善的，你一定会去做的。因为"美德"的原义就是指任何存在者的优点、长处和本能。比如马的美德就是奔驰力，船的美德就是航行，失去其美德就丧失了其存在本性，而人的美德或本性就在于能明智地选择好东西。你说我知道了但我不去做，那只是因为你还没有真正知道。这和印度人的观点即"痛苦的来源是无明"有些相似，但是两者对知的看法还是很不一样。西方的传统型哲学家讲的知识主要是观念对象化的,而东方哲人心目中的真知则是非对象化的,而且,就其总体来说,东方认为知与行是有内在相关性的,甚至讲知行合一,并不认为知一定高于行。

西方伦理学一般分为两种:一种探讨人生如何才会更美好,而答案往往是美德,即人的德性使得人生更美好,这是人生哲学或者"美德伦理学";另一种则研究人的行为怎么做才是对的而不是错的,是善的而不是恶的,这类研究在近代以来尤为突出,可称为道德哲学或"道德伦理学"。道德伦理学又大致分为两种:一种是规范伦理学(normative ethics),它寻找道德的标准,按照它来衡量人的行为的对错;另外一种是元伦理学(meta-ethics),它退后一步来论证,我们找到的那些伦理学标准能不能得到有效的证明,还是说,这个问题从根本上就是一道无解的题,并没有任何一个说法可以比别的说法更有效,简言之,元伦理学通过对道德哲学的基本概念、语词、判断和命题的意义分析,讨论伦理学作为一门哲学学科到底可能不可能,它处理的实际上就是前面讲的"应该"和"认知"的关系问题。很明显,这两种伦理学有内在关联,但侧重点不同。

第一节　苏格拉底的道德标准

柏拉图通过苏格拉底之口讲出来的伦理学,特别鲜明地体现了西方伦理学的一些特点。现在,我们就主要通过柏拉图所著的对话《克力同》①,来阐发一下苏格拉底的伦理学。以前我们讲过,《克力同》的背景是:苏格拉底快要被执行死刑时,他的老朋友和受教者克力同最后一次前来劝苏格拉底随他离开雅典。这样的越狱安排对于他并不困难,但苏格拉底不同意。此篇就记述他们之间发生的对话。

克力同到监狱牢房的时候,苏格拉底正在那里酣睡,这让克力同觉得不可思议。按常理,很快要被执行死刑的人都会坐卧不宁。克力同没有吵醒他,等他醒来。然后,这探监者对苏格拉底说:坏消息到了,那只船很快就要到了,快跟我走吧。根据雅典的风俗,一旦此城邦派往德洛斯的阿波罗神庙的朝圣船回到港口,因这项朝圣而延期的死刑就要执行了。但是苏格拉底不

_____

① 柏拉图:《游叙弗伦·苏格拉底的申辩·克力同》,严群译,北京:商务印书馆,1983年。

走。这样,他们之间就此展开了辩论。克力同说出几条理由,论证苏格拉底应该越狱;苏格拉底则提出自己的理由,来论证说他为什么不该逃走。争论的结果,当然是苏格拉底赢了,这样他就留下来等死。可见,这是在如此关键的人生时刻、边缘时刻,发生在苏格拉底将要在其中死去的牢房里的一场深入对话。

克力同的理由大致有下面几条。首先而且最重要的是,这场对你苏格拉底的审判是不公平的,一帮卑鄙小人以无中生有的方式、莫须有的理由来中伤你,最后判处你死刑。其次,如果你不逃走,只会让亲者痛仇者快,尤其是你的儿子,会饱尝失去父亲的孤儿的苦楚。再次,如果你不走,别人会认为我重财轻友,不愿在朋友的生死关头出手相助。

苏格拉底所提出的理由,也就是自己为什么不该逃走的主要理由如下。第一,苏格拉底先把争论的前提确定下来:"我为人不但现在,并且经常,只是服从理智,此外其他一切都不能牵制我。"(《资料》,第 433 页右)也就是说,在这个事关生死的伦理问题上,我苏格拉底也只服从理智。这是因为,对这位"老苏"来说,理性才是人生意义的最高点,"一个不经考查的人生根本就不值得活"(The unexamined life is not worth living)(《申辩篇》)。因此他认为追求好的生活要远超过生活本身。这是典型的西方唯理论的人生观,而且这老苏自己就殉身于此。在他看来,自己需要遵从理性和德性而生活,以恶报恶、以错还错是不对的,不能因为他们审判我的理由是错的,我也去干错的事。这是第一层意思。

第二,苏格拉底认定,尽管审判的依据和结果是有问题的,甚至是错误的,但审判的形式是合法的。雅典人按照这个城邦当时的法律,起诉、审判、讨论,然后投票判决(281:220 票判苏格拉底有罪),而且苏格拉底也参与了,也给了他申辩的机会,所以这是符合雅典法律程序的审判。就此而言,这个审判结果是有效的。从这儿可以看出唯理论的典型特点,即形式才是最要害的。这个内容荒谬的判决依其审判形式,就成为合法有效的了。虽然《克力同》原文没有将这个"形式第一"的意思着重表述,但细读后可知它的确在那里,主要通过"契约""法律""国家"等语词和思路表现出来。所以就有下面这一条。

第三,苏格拉底认为,他是在自由选择、自由签约的情况下,认领了自己的雅典公民的身份，所以他必须承认雅典国家的权威，遵守雅典的法律，只要它合乎程序。他以雅典法律和国家的口吻讲：你和你的家族一直生活在雅典，"你父不是通过我们[即依据雅典的法律]娶了你母、生了你吗？……既是如此，你想你我应当平等，我们如何对待你，你就应当如何报复我们吗？……如果我们认为应当处你死刑，你就竭力企图破坏、颠覆我们——国家和法律，还要说这种行为正当——你这真正尊德性的人竟至于此吗？你难道智不及见：国之高贵、庄严、神圣，神所尊重，有识者所不敢犯，远过于父母和世世代代祖先？"（《资料》，第437页左）这段话论证的国家和法律的权威，即那从本质上就高于国民，甚至远高于父母、祖先对子女后代的权威，其实就是在论证国家和法律的"形式"权威远高于民众相互之间的"内容"（这里指血缘）关系造成的地位差异。国家和法律的权威并不表现在它们去做公正合理的事情（当然能这么做很好），而是体现在它无论做什么，只要合乎其形式，那么就会在此国通行无阻。不然，还有何权威可言？

这国家和法律的声音继续说：你苏格拉底如果不喜欢雅典的政体和法律，早就可以移居他处，但你没走，而"凡亲见我们如何行政、立法，依然居留的人，事实上就是和我们订下合同，情愿服从我们的法令。"（《资料》，第437页右）"你言语与行为都和我们订下了甘为守法公民的契约。"（《资料》，第438页左）所谓"契约""合同"，就意味着应该只按相关条款的规定来办事，不及其余。也可以说，契约规定了签约方行为的形式原则，应该只依条文办事，而不管这行为所从出的具体情境和各种理由。因此，苏格拉底作为自愿的雅典公民，就有责任遵守城邦的法律形式，有意逃避哪怕是不正确的法律惩罚也是不道德的、邪恶的。

这样，"不服从者，我们认为[他]犯[了]三重罪：一、不服从所自生的父母[这里主要指父母之邦]；二、不服从教养恩人[还是指父母之邦]；三、不守契约[体现为法律]"（《资料》，第437页右）。因此，越狱就是丧尽廉耻，不仁不义。最后，这法律和国家的声音说："不要听克力同的话，受我们劝吧，苏格拉底。"（《资料》，第439页左）经过这场内心法律声音参与的争论，苏格拉底坚定了自己的理性决断，没有越狱，甘愿赴死。

苏格拉底和克力同之争难道只是理性原则和个人欲望之争吗？按照唯理论传统，克力同讲的只是一些苟且偷生的理由、一些俗世的欲望，毫无道理。可果真如此吗？其实不然，特别是以后讲到中国伦理学的时候将会看到，你考虑你的家庭关系，你考虑自己的生命，都不只是俗欲。苏格拉底认为，有某个原则是从本体上高于现实生活的，或高于习惯性的文化的，按黑格尔的分析，这是苏格拉底被处死或被他的母邦所不容的根本原因。唯理论的伦理学和它的终极实在观一样有着突出的形式。苏格拉底的见解其实是思想上的革命，以新的形式(辩证理性)来顶替传统内容(习俗信仰)。曾有人讲过：历史从来不是按哲学家说的轨道走的，但是没有哲学家，就什么重要的事情也不会发生了。苏格拉底就是这样的哲学家。

第二节　亚里士多德论中道美德

一、善、理性实现和幸福

和苏格拉底的学说一样，亚里士多德的伦理学也从原则出发，但他同时也关注现实人生的需要，因此他阐发的伦理学好像更符合人的直觉。拉斐尔的名画《雅典学园》的中心处，画了柏拉图和亚里士多德。柏拉图拿着他的著作《蒂迈欧篇》，手指着天；亚里士多德手持自己的著作《(尼各马可)伦理学》，手掌按向地。这画反映了两人思想倾向的差别。相较而言，后者的思想更靠近人间。说实话，选择这两本书有些偏颇。如果要做平行对比，那么柏拉图手里拿的应该是《理想国》(或《国家篇》)，而亚里士多德拿的则应该是《形而上学》；或者两方都持伦理学方面的著作。在此画里，柏拉图手持的《蒂迈欧篇》表现的是毕达哥拉斯化的宇宙论，用数学或几何学化的理式来赋予混沌质料以结构，由此产生元素和万物万类。因此，它是一种形而上学的玄思产物，乘着数理的飞马在创世的冥想中翱翔，与人生的伦理学追求无内在关联。而亚里士多德手持的《(尼各马可)伦理学》，则旨在寻找使人生具有饱满意义或幸福的"实践智慧"(phronēsis)，与他自己在形而上学中探讨的"理论智慧"(sophia)很不同，尽管两者也有交叉点。

在亚里士多德看来，人生的实践智慧就处在人生自身之中，人和万物存在的意义就是他(它)们天然具有的目的(telos)——本能、天赋、天职(职能），而这个目的总而言之就是"善"（agathon，Good）（《尼伦理学》①，I.1，《资料》，第407页左）。事物和生命体的存在都有一个自然的目的或天赋，以及由这种天赋造成的行动、技术及学问。比如马的天赋就是善跑，床的目的就是供人睡觉，医术的目的或职能在于健康，战术的目的是胜利，而人的目的或天职就是实践智慧或德性造就的至善。这些思想表达在他的三部伦理学著作中，最重要的一部是《尼各马可伦理学》。尼各马可是亚里士多德的儿子，很早就夭折了。亚里士多德以其名字命名这本书，可以视作是一位父亲向儿子讲述人生的意义何在，怎么样才会有一个美好的人生，所以读来很是亲切。

　　亚里士多德认为，人生的意义就像万物的意义一样，是人天然具有的目的或天赋所在，那就是善或好。但人的特别之处在于其理性的终极性，所以他或她的目的就只能是至善（to agathon 或 tagathon，chief Good）。② 那至善是什么呢？就是"由于它自身而[让我们]渴望它"（《尼伦理学》，I.2，《资料》，第407页右）的东西，而且我们渴望其他事物也是因为它。有很多优秀的目的和美德，比如健康、美貌、财产、勇气、节制等，我们喜欢和追求它们，但有些时候却不是因为它们本身，而是以它们背后的更高善，尤其是至善为目的，但至善就不再以任何自身之外的东西为目的。所以，只有至善具有自足性、终极性和完满性，我们因其本身而渴望它，其他的善也都以它为目的，所以它是至善、首善或最高善。

　　这是亚里士多德思路巧妙的地方：至善就相应于他的终极实在观里的存在本身或实体。尽管对于实体究竟是什么，他有摇摆，但是对于实体的基本含义，他是确定的，即实体必须能仅靠其自身而存在，而属性则是依靠实体而存在，这就类似于至善和其他德性的关系。在亚里士多德看来，"存在"的首要意义就是它是凭借自身而存在着的，其他的东西则都要依据它而存在。这种原存在就是实体（ousia，substance），而最能满足其含义的第一实体只能是个体，比如"苏格拉底"，而不是依附于苏格拉底这个个体的诸普遍化属

---

① 亚里士多德：《尼各马可伦理学》（简称《尼伦理学》，本课《资料》所选中译本出自《古希腊哲学》，苗力田主编，北京：中国人民大学出版社，1989年）。

② 参见亚里士多德：《尼各马可伦理学》，廖申白译注，北京：商务印书馆，2003年，第4页注1。廖先生将具体的善（agathon）译为"某种善"，而将至善（tagathon）译为"善""那种善"，或在亚里士多德指明了的情况下译为"最高善"。

性,比如"理智""塌鼻子"(老苏的鼻子是塌的)、"雅典公民""被毒死者"。这说法好像和柏拉图的理式论证相反对,后者讲的理式不是像"苏格拉底""北极星"这样的经验个体,而是使一类存在者得以存在的普遍形式,比如"桌子""人""正整数""高""勇敢""美"这样的理式(eidos,idea;Form)。与这种注重经验的存在论的观点相应,亚里士多德认为人生本身就有终极意义,不需超越这个世界到理式化的世界中去寻找。不过作为柏拉图的学生,亚里士多德也很有唯理论的一面,所以他更倾向于这样的观点,即形式相比于质料才更是个体据以存在的实体。而且形式是分等级的,最高的形式是纯形式,它只有形式没有质料,是第一实体,是不被推动的推动者,在这个意义上就是神。这种纯形式具有绝对的现实性和完满性,体现在伦理学中就是沉思或思辨(theōrētikos)的生活,被认为是最少依靠他者的独立和最好的生活,也正是哲学家的生活。亚里士多德的思想就这样处在唯理论和经验论之间。

在亚里士多德看来,至善就是幸福(eudaimonia,happiness,well-being),它是人的天生潜能的充分实现,人生就以幸福本身为目的。"幸福看来是某种终极的、自足的东西,是各种实践的目的。"(《尼伦理学》,I.7,《资料》,第408页右)因此,亚里士多德的伦理学也被称为幸福伦理学。这里,亚里士多德把至善指认为幸福,把两者等同起来。当然,并不是所有哲学家都同意这个等式,比如康德就不认为两者是可以等同的,孟子也不会赞同。不过,我们还是首先来理解亚里士多德讲的"幸福"的意思究竟是什么。亚里士多德说:"幸福是什么,如若从人的职能入手,也许更容易达到这一点。"(同上,《资料》,第409页左)他首先从人的分工职能来讨论各自的存在目的或理由。比如,长笛演奏者的职能就是吹好长笛,雕刻家的职能就是雕刻出优秀的作品。那么人的共通职能或优异之处在哪里呢?"剩下的只是有理性东西的实践生命。"(同上)这跟动物的天赋乃至人的分工职能就不一样了,因为动物没有理性(nous,logos),而分工职能则不如人的根本职能那么有共通性(用人工智能的术语来说就是"通用性")。"事情如果是这样,我们就把人的职能看作是某种生命,这种生命就是灵魂的实现能力和合乎理性的行为。而善人的职能更完好、更高尚。"(同上)因此,如果一个人按照他天赋职能即理性——这里指"灵魂合乎理性的实现能力"(同上)——进行活动,就会实现德性(美德)和善。人的善好就是灵魂符合理性和德性的现实化活动。因此,灵魂合乎理性的德性实现能力是人的共通潜能或职能,而幸福就在于这种职能完整地终生实现和人生目的(telos)的持续丰满地达成。

由此可知,理解亚里士多德的伦理学,一个要点就是要领会他对合乎理性的德性实现能力的看法。"理性"对于他有两种,即认知理性和思忖(或算计、推理)理性,前者以不变的本原为认识对象,而后者以变化的本原为认识对象。实际生活中的伦理学当然主要依靠后者,这种伦理选择是思忖理性和欲望的联合造就的(《尼伦理学》,Ⅵ.2,《资料》,第412页右)。这两种理性会造成两种德性,即"理智的德性"和"伦理的(习惯的)德性",前者在伦理学中实现于"沉思"(或"思辨"),后者则与情感和行为相关,还要依靠良好习惯的养成,通过学习训练而获得。也有人将后者翻译成"实践的德性",它会赋予我们实践智慧。这一部分恰恰是他的伦理学说中最有特色的,其要害就是中道伦理。

二、中道是德性的本质

所谓中道(mesotēs,the mean,middle way),即思忖理性或实践理性在人的实际生活中的实现,也就是思考和行为的"恰到好处"(《尼伦理学》,Ⅱ.6,《资料》,第411页右),从反面说就是不偏不倚、不多不少,"增之一分则太长,减之一分则太短"(宋玉《登徒子好色赋》)。中道不是一个抽象的中间,也不是距离两个极端的长度相同的数学中间,而是具体德性的生动实现,"不及"或"过分"都会损害它,也就是损害相关德性或职能的发挥。比如,马的德性是善跑,(只能)慢跑和疯跑的马都会损害马的职能,让它们不成其为好马;眼睛的德性是观视,近视眼和远视眼都不算是一双好眼。

亚里士多德举了很多中道德性的例子。比如"勇敢"这个德性就是"怯懦"和"鲁莽"之间的中道,处于恐惧和无所畏惧之间(《尼伦理学》,Ⅱ.2,《资料》,第411页左)。勇敢者是无所畏惧的吗?当然不是。柏拉图的对话《拉凯斯篇》就已经讲得很明白了。勇敢者对于危险也一定有恐惧,但是他能应对恐惧,使其转化为适当的谨慎,同时不失去坚韧的勇气。但柏拉图追求的定义总是不断通过增加限定词来完善,往往到最后都无法给出一个具有直观明晰性的有效定义。但在亚里士多德这儿,他的中道德性观让我们直接从"怯懦"和"鲁莽"这些熟悉的,甚至是我们自己也常体验到的心灵现象出发,叩问两端而显露中间(参见《论语》9.8),于是可以非概念地、简易地直观到"勇敢"的德性意味,从而理解德性之本。这就是"现象学之看"——从现象本身来直观本质——的思想特点。另外的中道例子是:节制是放纵和乡巴佬的麻木不仁之间的中道(《尼伦理学》,II.2,《资料》,第 411 页左),慷慨位于挥霍和吝啬的中间,温和处于暴躁和无血性的中间,好客是爱奉承和慢待人的中间,看重友谊是谄媚和坏脾气的中间,诚实是夸大和自我贬低的中间,温良是过分害羞和无耻的中间。总之,中道是德性之本,**"德性就是中道"**(《尼伦理学》,II.6,《资料》,第 412 页左),因而是善的;而过分和不及都会破坏德性,所以都是恶的。用亚里士多德的话来说就是:"过度和不及属于恶,中道属于善。"(同上)

由此看来,中道不能归于超越现象的理式,而是就发生在情感和行为之中的揭蔽式真理。就在恐惧、愤怒、怜悯、欲求、憎恨、热爱、绝望等情感涌现中,在高低颠簸的快乐及痛苦过程中,人们感受到过度和不及,也就可能感受到时机化和分寸化的中道。于是有了那个为人传诵的揭示中道和至善的说明:在适当的时间、适当的对象、适当的关系、适当的目的、适当的方式,则是中道和至善,为德性之所有。(同上)

只有在适当的时间,针对适当的对象,通过适当的关系,朝向适当的目的,以适当的方式来感受和行动,才是中道和德性,再加上幸运,就会导向人生的至善或幸福。当然,如何理解"适当",也还是个问题。它不是观念知识可以有效定义的,需要人在情境中直接体验到,就像中道一样。无论如何,亚里士多德在谈及中道乃至至善的时候,考虑到了时间或时机,以及具体的情景、恰当的关系和实现方式,这就和柏拉图或苏格拉底讲的"德性就是知识"有区别了。这种时机化、情境化的求真思维,恰恰是西方唯理论所缺少的。后来海德格尔就很重视亚里士多德的这本书,认为这是真正的现象学,不是靠概念的建构,而是通过人生实际经验向你直接显示出原初某物或存在本身的意义。

不过中道是知识吗?当然是,但是这个知识不是柏拉图式的理式化知识,没有一个实体、理式或确定形式能安在它上面。它总在"之间",是涌现于遮蔽性密林中的林间空地(Lichtung),就像勇敢在怯懦和鲁莽之间涌现,闪发出德性的光辉。所以这个中道之"中"是动态的和时机化发生的,可以直接对我们显现出德性的善美。这其实代表了一种新的思维方式,也表现于亚里士多德的美学、政治学中,可惜它没有充分延伸到他的形而上学中去。当代西方哲学,有一种要回到亚里士多德的德性中道伦理学的倾向,而他的形而上学,则早已溃不成军了。

亚里士多德的中道观和中国古人对德性的看法有一些相通之处,比如孔子的中庸思想、《周易》的"中作极"等。但是,如我们刚提到的,亚里士多德没有将这种中道思想贯彻到哲理根本处。在他看来,中道只是实践德性的实现,而对于他的哲学包括伦理学来讲,更高的德性是理智德性。我们可以设想,如果亚里士多德把他的中道观真正地终极化,用它来改造形而上学,就像孔子把中道观贯彻始终,建天立极——"诚[即中庸的天理、性理、本心体现]者,天之道也;诚之者,人之道也。诚者,不勉而中,不思而得,从容中道。"(《礼记·中庸》)——那么最真实的东西如"至诚"也还是属于中道谱系的,即便最高的美德和幸福也是"时中"化的,不再依傍任何更高级的实体。假如是这样,那么对于亚里士多德来说,理智德性和实践德性的二元区分就不成立了,理智形而上学高于德性时中观的优先地位也就没有了。

三、思辨(沉思)是最高的幸福

不过还是回到亚里士多德。他始终认为理智德性要高于实践德性,而与理智德性或理论智慧(sophia)相应的人类活动是"思辨"。他写道:"这种合乎其固有德性的现实活动,就是完满的幸福。如我们已经说过,这种活动就是思辨。"(《尼伦理学》,X.7,《资料》,第413页右)在为这段话所做的注释里面可以看到,在希腊文中,思辨(theōrētikē 或[形容词作]theōrētikos)源自动词theōreō,后者的原初含义是观看、观察(《尼伦理学》,X.7,《资料》,第413页右注1),应该有"直观"的意思,同时亦有"默察""思考"之义。[①] 可以推想,这"思辨"是"理智直观"(nous)的活动。可能是考虑到这一点,一些英文本将思辨译为 contemplation(注视、凝视;沉思、思忖)或 speculation(沉思、推测、思辨),于是有些汉译本就将它译作"沉思""静观"。但苗力田的译本将它改译作"思辨",并注明是"理论思维"(同上)。"思辨"这个译法有一定道理,有助于区分亚里士多德的"沉思"与瑜伽式的沉思或冥想,但"沉思"或"静观"的

---

① 《古希腊语汉语词典》,罗念生、水建馥编,北京:商务印书馆,2010年,第386页。

译法也不错,英文的 contemplation 更佳,因为它兼有凝视和沉思两义。但是,说 theōrētikē 是"理论思维",却失偏了,过于受到后世的 theory(理论)之类的衍生义的影响。从我们以下的介绍中可知,theōrētikē 不会是正常语义中的"理论思维"。黑格尔的哲学可说是一种思辨化的理论思维,但它会像亚里士多德讲的,给思辨者带来连续、持久、独立和神圣的至高幸福吗?如果你想尝试一下,就去读一读黑格尔的《逻辑学》《哲学全书》吧,或者去询问那些多年从事研究它们的学者吧,问问他们这里边是否有那种幸福。这个问题下面还会涉及。现在让我们来看一看亚里士多德赋予它的含义。

为什么思辨或沉思是最幸福的呢?在亚里士多德看来,中道虽然有人的思忖理性或实践理性(phronēsis)的支持,也可以通过多年的训练养成习惯而掌握进入它的技艺,但中道不是总可持久的,比如因情况不同,需要的中道可能就不同。而思辨或沉思就不同了,它被认为是最连续的、最可持久的、也最独立的、自足的、闲暇的和快乐的。"思辨是最好的现实活动……而且这种活动是最具有连续性的,……因为其纯粹性和持久性,而具有无比惊人的快乐。……人们所谈到的'自足',将首先和思辨相联系,……智慧的人即使独自一人,也能进行思辨,……惟有思辨才因自身而被喜爱。"(《尼伦理学》,X.7,《资料》,第413页右)从原则上说来,你在任何情况下都可以沉思或思辨,而且你越是沉思,就越是因其自身带来的快乐而持驻于它,所以它具有连续性和持久性,而且,思辨在所有人类活动包括那些中道活动中,最少依靠他力。即使独自一人,只要能维持最简单的生存条件,就像释迦牟尼苦修或在菩提树下打坐时那样,就能进行思辨或沉思。这是因为,它首先依据和沉浸于其中的,只是人的思维和意识自身,是亚里士多德认为的属于人的形式方面或纯理智方面的能力,所以最能实现人的本性和潜能。

不止于此,亚里士多德认为沉思或思辨还能让人过一种"比人的生活更高的生活"(《尼伦理学》,X.7,《资料》,第414页左),因为沉思"是通过在他身上的某种神圣的东西"(同上),也就是纯理智直观的东西来进行的。"如若和人比较,理智是神圣的,和人的生活比较,理智的生活是神圣的。"(同上)这就是说,沉思或思辨让人身上与神相似的东西活动起来,从而与人身上的其他活动和德性分离,当然也与动物生活彻底分离。"其他动物并不分有幸福,因为它们完全和思辨活动无缘。神的整个生活都至为幸福。而人的生活只是在和神的活动相似时才幸福。"(《尼伦理学》，X. 8，《资料》，第 415 页左) 神的生活之所以全是幸福，是因为神是纯形式，没有质料和他者的牵制(有点儿像《瑜伽经》讲的没有原质纠缠的神我)，所以是随心所欲地、持续自足地实现着自身。思辨或沉思让人心灵中的纯形式或纯理智的部分主宰人生，或不如说是将人生转变为神的生活，而这一点只有成为思辨者才能做到。

这种对思辨或沉思的描述，让人想到的似乎更多是瑜伽那样的沉思，而不只是坐在书斋中的哲学家的思辨。但很明显，亚里士多德没有从事过瑜伽修炼，是否听说过也不好说。他也一直像苏格拉底那样强调理性智慧(sophia，索菲亚)的至高地位，而这种理性化的索菲亚，如他在《尼各马可伦理学》第六卷中所说，是理智直观(nous，努斯)和逻辑认知(其特点为推理、对象固定化，其知识可传授和证明)的结合，所以又似乎很不同于要超出推理型认知的瑜伽认知。现在我能想到的最接近亚里士多德之"思辨"的，就是我们上面提到的斯宾诺莎的哲学活动，也就是他那所谓的由至善"单独地支配心灵"，并给他带来"连续的、无上的快乐"(《知性改进论》导言)的哲理沉思，尤其是，斯宾诺莎明确指出，直观(可相比于亚氏所谓的理智直观)才是认识终极真理的最恰当方法，是高于感知和概念推理的第三种方法。这就比亚氏讲的索菲亚更靠近东方的沉思，但也仍然带有数学直观或理智直观的强烈倾向。

还有一个因素也可能影响到亚氏的思辨幸福观，它来自亚里士多德的老师柏拉图和师祖苏格拉底，这就是"迷狂"。我们说过，苏格拉底有一种禀赋或不寻常的特点，即有时进入一种迷狂或出神状态，听到某个声音(被他认为是神的声音)。柏拉图则在《会饮篇》中提出，迷狂是一种直接认识理式的方式。人可以通过诗人的迷狂、艺术家的迷狂、宗教的迷狂，甚至哲学家爱智慧的迷狂，来直接接触到更高的实在，获得特别的能力，乃至把握理式或理念。由此，亚里士多德可以知道，或起码可以推测到，人类有一种高于感知和推理的直观终极实在的出神能力，于是将它与理智能力糅合起来，提出"思辨"或"沉思"。当然，他本人很可能并没有进行纯粹沉思的能力，也达不到斯宾诺莎的直观沉思的纯洁境界，但他毕竟以最高级的方式提出了这种让人无比幸福的沉思或思辨，让后世的不少哲学家心旌摇曳，向往不已。黑格尔的辩证法肯定带有要进入这种思辨的潜在动机，而海德格尔后期讲的"思"

(Denken),也可能有类似的冲动。但谁能达到它,那就是如人饮水而冷暖自知了。无论如何,亚氏的思辨说表明,即便是西方的正统哲学,在其边缘处,也有少许超概念的意义追求。因此可以说,在某种意义上,即使是最正宗的西方唯理论者,在"幸福"或"至善"这个问题上也是分裂的:一方面是形式化理智或逻辑理性;一方面是实际人生的意义追求,可以表现为迷狂和让人浸没其中的沉思。而亚氏的沉思说或思辨说,就是一种要弥补这种裂隙的努力。

不过亚里士多德的哲学和伦理学,相比于苏格拉底和柏拉图的,确实更接近人的实际生存体验,很有些现象学的味道。但由于他生活和思想的环境原因,他的中道观和儒家的中庸观毕竟还是很不同的,因为他没能将这中道观与终极实在观打通,这一点我们上面已经说过了。总的说来,他的中道德性观近乎孔门儒家,而他的思辨幸福观却近乎古印度的路数,特别是《瑜伽经》描述的沉思、静虑和三昧(当然亚氏讲的沉思只是指向而非真的达到了三昧)。一般认为,亚里士多德对西方哲学的最大影响,是他在《形而上学》《范畴篇》等著作中探讨的存在意义问题和语言-逻辑本体论的体系。这种观点没有大错。不过我觉得他的哲学中最有生命力的却是他的价值哲学,即那些与人生意义和实际体验更相关的学说,比如伦理学、美学(诗论)、政治哲学等。他在那里表现出卓越的现象学见地和手腕,从人可直接经验到的意义现象中,尽量不破坏其生机活力地摸索到还在搏动着的本质。所以我在前面提到,在20世纪后半叶,出现了要回到亚里士多德的呼声。

第三节 斯多亚派和伊壁鸠鲁

亚里士多德之后,希腊本土的哲学开始衰落,西方世界进入了希腊化(Hellenistic)时期,其中流行的是斯多亚学派和伊壁鸠鲁主义。

一、斯多亚派

斯多亚派(Stoicism)名字的来源,是因为它的创立者塞浦路斯岛的芝诺(西元前336—前264,不同于身为巴门尼德弟子的芝诺)一开始是在一个柱廊(stoa)里讲学,学派也就由此得名。这一派主张,人应该顺从自然而生活,这就是善。拉尔修这样叙述其宗旨：

> 主要的善就是以一种顺从自然的方式生活，这意思就是顺从一个人自己的本性和顺从普遍的本性；不做人类的共同法律惯常禁止的事情，那共同法律与普及万物的正确理性是同一的，而这正确理性也就是宙斯，万物的主宰与主管。(《选读上》，第182页)

这是一个非常理性化的伦理学说，预设整个自然包含有一种"自然法"，即引文中的"自然的方式"。尽管这里好像没有突出地使用"自然法"或"自然律"这个词，但从他们的言行中可以看出这个意思，即自然有其内在的结构和合理安排，也就是引文中讲的"普及万物的正确理性"。它在植物、动物和人类那里有不同的表现，在人这里首先表现为"人类的共同法律"，可以看作是对人显现的自然法，是自然赋予人的天然合理的理性(logos)。更关键的是，斯多亚派相信哲人可以清楚地知晓这种自然法则，而且将它明白地表达出来，为所有理性者所认识和遵行。所以，这种自然法则对于所有人同等有效，是不受文化、地域、身份限制的共通的普遍本性，因而能超越各种历史局限，成为人间正义和美德的最终来源和依据。

由此看来，没有什么独立的人类本性，以作为"万物的尺度"（智者派的主张）。人的本性就在于这种普遍本性，也就是自然理性。所谓自然（physis）与人为（nomos）的二元区别并不存在，真的、好的人为就是自然。因此，所有人间的伦理和法律，都应该顺从这个自然赋予的理性规则和自然法。人间的法律定得好不好，行为做得对不对，生活是善还是恶，全看它们是否符合这个根本大法。这样一来，怀疑主义和相对主义就站不住了，因为最终的人间正义和道德善恶都有了终极标准，做不做得到就看你们自己的努力了。

这个思想承接之前巴门尼德、苏格拉底、柏拉图和亚里士多德的唯理主义，特别是苏格拉底的理性伦理观，启发了后来的罗马法、基督教神学和近代的自然法思潮或学派，乃至当代西方分析哲学中的某些人（凭借其逻辑学和语言哲学），在西方思想史上产生了重大而深远的影响。即便在隔着启蒙运动的美国《独立宣言》和法国《人权宣言》里边，也还可以明确感受到这个"人类的共同法律"和"普及万物的正确理性"的思想波澜。但相比于我们前面几个部分中讨论的古希腊哲学,这是一种相当线性化的思维方式,也是亚里士多德之后希腊哲学开始衰落的一个表现。柏拉图和亚里士多德构建起宏大的哲学体系,但是在主导的唯理论学说之外,也还是存有某种不安,通过柏拉图讲的迷狂和晚期反省,以及亚里士多德讲的中道、沉思(思辨)和个体实体观等表现出来。经过希腊人(含马其顿人)的自相争斗和向外侵略,与其他民族的文化融合,到了希腊化时代,知识人士的生活和信仰的天地被大大地扩张了、多样化了,却也越来越丧失了稳定和根基,所以会时常陷入恐惧、苦闷和虚无感中。因此,人们普遍地需要伦理学和宗教的支持。这时候,简单明晰的哲理构架和伦理规范就更容易被统治者和民众接受,而这种"简单明晰"也可能退化为线性教条。就像孔子的思想讲到"性"或人类本性时,说"性相近也,习相远也"(《论语》17.2),那是相当非形式化或非对象化的,含义深远,耐人寻味。到了孟子、荀子,开始大谈性善性恶,而后来董仲舒的"天不变道亦不变",程朱的"存天理,灭人欲",就更加容易被统治者解释、利用和推广了(其实董子与程子、朱子的观点也都很有其精微处,各自有一个有机的思想体系,不过统治者们不会考虑有机体系,只是觉得有用就拿来用了)。这是一个丰富性不断减少的过程。不过你们也须知道,国际学界对"希腊化时期"的评价,从历史上的贬低、忽视,到逐渐重视和再认识,发现了许多新的事实,也反驳了许多过去的偏见。现在的一种流行看法是:希腊化时期是希腊古典文化传播、转化乃至丰富化的过程,为罗马文明和基督教文明的繁盛做出了重要准备,并由此而影响到整个西方文明的进程。从哲学史和思想史的角度看,我不反对这种修正,也无意低估这个时期哲学成就——就像正在讲到的斯多亚学派之成就——的历史影响(以后将讲到的康德伦理学中,也有斯多亚派的遥远余音)。但是,就哲学思想的原创、精妙和深刻而言,希腊化时期的确不如希腊的古典时期。

斯多亚派对于西方逻辑的发展也起到了不可忽视的推动作用。亚里士多德的逻辑主要是三段论式的谓词逻辑,而斯多亚派则开创了命题逻辑,它的演算单位或意义单位是一个个命题(首先是简单命题,复合命题的真假都可以还原为简单命题的真假),而不是一个个单词,所以的确是一种简化,当然也是为了更方便地论证他们的伦理观。在他们看来,伦理活动就是一项非此即彼的判断、命题和选择。比如在美德与罪恶之间没有中间的东西,就像一根棍子或者是直的或者是弯的(不直),而一个人的伦理行为不是公正的就是不公正的。只有两种相互排斥的可能,而善是其中的一个极。你若是希望获得善,就必须按照普遍本性——自然律和相应的人的本性——的规定而活。人的本性是理性,只有它是合乎自然法的。"所谓按照自然生活恰好便是正确地按照理性而生活。"(《选读上》,第181页)一句话,人的理性本性来自普遍本性,就是普遍本性。

也正是因为这种哲理的简化,只关注普遍性的东西,是非判断完全二分化,但又强烈关注并不能被简化的人生意义和善恶问题,所以斯多亚派的主张中颇有一些近乎"悖论"或自相矛盾的地方。比如,一方面强调自然的合理性,自然产生的一切都是好的,另一方面又说人类生活中普遍存在着灾难和邪恶;一方面称许人的自由意愿或意志可以独自抵抗灾害,另一方面又说自然是彻底决定论式的;等等①。尽管如此,此派却最喜欢称许自身的融贯性、一致性和体系性。

总之,在柏拉图特别是亚里士多德那儿很深入和丰富的伦理学说,到了斯多亚派就被简单化了,但是影响却巨大,特别是当它延伸到罗马帝国时期的时候。比如罗马帝国著名的政治家、作家和斯多亚主义者塞涅卡(Lucius Annaeus Seneca,约西元前4—西元65)主张"肉体的快乐是不足道的,要紧的是精神安宁"(《选读上》,第189页)。这是针对罗马人的苦恼而发。他们虽然财富很多,但是精神上缺乏寄托,原来的信仰变得不真实了,进入迷茫期,直至最后让基督教盛行开来。这样,罗马精神就逐渐分裂成两半,一边是斯多亚主义的自律简朴,一边则是声色犬马的享乐主义。两者貌似对立,实则互补。因此斯多亚主义在罗马帝国里面盛行,下至奴隶,上至帝王,都有斯多亚派的哲学家。比如罗马帝国的皇帝奥勒留(Marcus Aurelius,西元121—180),生活特别自律,即便在军营带兵时也不忘沉思。其思索成果被辑录为《沉思录》一书流传下来,影响远超罗马帝国的疆域和时代。最后,就让我们

---

①　汪子嵩、陈村富、包利民、章雪富:《希腊哲学史》第4卷(上册),北京:人民出版社,2010年,第367页。

倾听奥勒留皇帝的两段沉思语录吧:

> 要记住,由于我是一个部分,对于一切出于整体而分配给我的事物,我都将满意,因为如果凡是为了整体的利益而存在的,对于部分就不会有害。因为整体不会包含着对于它没有利益的东西。(《选读上》,第194页)

> 分给每一个人的是无限的、不可测的时间中的多么小的一部分!它立刻就被吞没在永恒里。还有,分给每一个人的是整个实体的多么小的一部分!是普遍灵魂的多么小一部分!你匍匐在上面的是整个大地上的多么小一块土壤!想到这一切,就要认定:除了按照你的本性所领着你的去作,以及忍受共同本性所带给你的东西之外,就没有伟大的事情了。(同上)

二、伊壁鸠鲁的快乐主义

迎合享乐主义的思想家好像就只有伊壁鸠鲁(Epicurus,西元前341—前270年)。他这么写道:"我们认为快乐是幸福生活的始点和终点。我们认为它是最高的和天生的善。"(伊壁鸠鲁:《致美诺益库的信》,《资料》,第421b页右)从这段话可以看出,对于伊壁鸠鲁来说,快乐是终极的伦理目标,即最高的和天生的善,所以,我们可以称他的学说为"快乐主义"。既然叫"快乐",那么就肯定与身体的舒适感相关,不会像斯多亚派那样只强调灵魂理性和意志自由。但如果细加追究,他的快乐主义并不就是享乐主义。不过后人还是为了各自的目的而曲解了他。伊壁鸠鲁曾这么为自己的思想做辩护:

> 当我们说快乐是终极的目标时,并不是指放荡的快乐和肉体之乐,就像某些由于无知、偏见或蓄意曲解我们意见的人所认为的那样,我们认为快乐就是身体的无痛苦和灵魂的不受干扰。(同上书,第421c页左)

这里他说得很明白,快乐不限于身体的快感,所以也就"不是指放荡的快乐和肉体之乐",而只是指"身体的无痛苦和灵魂的不受干扰"。"身体的无痛苦"就是"身体的健康",无病痛;"灵魂的不受干扰"则指"灵魂的平静",脱

离恐惧与焦虑。(伊壁鸠鲁:《致美诺益库的信》,《资料》,第421b页右)

　　之所以有这种修正,是因为他的快乐至上论考虑到了时间,也就是如何在人的一生中,获得最多的快乐。因此,如果一时的快乐会导致更大的痛苦,那么就失去了获取快乐的原初意义。"因为快乐是我们最高的和天生的善,所以我们并不选取所有的快乐。要是它会带来更大的痛苦,我们常常会放过许许多多的快乐。如果忍受一时的痛苦将会使我们获得更大的快乐,我们还常常认为痛苦优于快乐。……面包和水,当它们被放入饥饿的嘴唇时,就能带来最大可能的快乐。"(同上)由此看来,纵欲过度或无节制的声色犬马,虽可能有一时快乐,却会造成身体的损坏和痛苦,例如酒醉而头疼呕吐,贪吃而致胃病腹泻。这都不只是一时糊涂,而且构成道德上的恶。这说明,即便感官的快乐,如果明智算计的话,也必包含时间的跨度,表现于"放过当下快乐""忍受一时痛苦"的选择中。这就与伊壁鸠鲁在讨论另一些重大问题时要否定时间的三向交织性的倾向有了矛盾。比如他在谈及死亡并不可怕时,就诉诸人的苦乐知觉的当下性这个时间向度。"如果一个人说他害怕死,不是因为死在目前使他痛苦,而是因为要在将来[比如几分钟后、明天、一年后]死而感到痛苦,那么他就是个傻瓜。……因此,所有烦恼中最可怕的死亡与我们毫不相干。我们活着时,死亡尚未来临;死亡来临时,我们已经不在了。"(同上书,第421b页左)这种摆脱死亡恐惧的讲法,即便对有些人有效,但起码与他的审慎快乐说不相容。依此逻辑,我们就可以说:一个人如果不以当下的享乐为快乐,而以将来的享乐为快乐,那么他就是个傻瓜。因为当我享乐时,痛苦尚未来临;痛苦来临时,我已非现在之我了。但如果按前面的讲法,当下的快乐/痛苦与将来的快乐/痛苦皆真实(因而须仔细权衡)的话,那么将来的比如一个小时之后的死带来的痛苦,也就必会给现在的我带来痛苦。

　　总之,在伊壁鸠鲁的学说中可以看到希腊伦理学的衰落之兆。他认为灵魂不痛苦就已经很好了,而不是像亚里士多德那样还在追求幸福。而他快乐至上的主张中的漏洞,也给了后来曲解他理论的人以可乘之机。

第四节 两种享乐主义——自我享乐主义和功利主义

一、自我享乐主义

在这个享乐主义盛行的时代,去审思它的主张是颇合时宜的。享乐主义(hedonism)是一种目的论(teleological theory),这类理论认为道德的对错只在于行为的结果或既定目标的实现。与它相对的是义务论(deontological theory),强调尽义务、遵守伦理规则本身的道德价值,只问耕耘不问收获。具体到享乐主义,它的宗旨就是:可感觉到的快乐(hēdonē,pleasure)是最高的善,任何能产生快乐的行为都是对的(*Questions that Matter*[①],《资料》,第449页)。可见,它只关注达到快乐这个目的或结果,不关注过程、手段和动机,从思想方法上看就是但问收获不问耕耘。从哲理上讲,它是目的和手段的二分论,而义务论则力图弥合两者,尽管往往也只能从主体或普遍形式的角度来尽力而已。享乐主义的哲学家们认定,人的天性就是追求快乐,或趋乐避苦,身体的快乐感高于一切。所以对人的最高惩罚不是惩罚灵魂,而是从肉体上折磨他乃至消灭他。对于这一派而言,一句话,趋乐避苦就等于趋善避恶。

可以想见,在精神比较涣散的人群或时代里,享乐主义会较容易产生和流行,因为它的确占了一部分似乎最为直观自明的道理。最强烈的人生感受不就是人们直接感到的苦乐或欲望的满足与否吗? 只要我们还有正常的身体,有谁能完全避免它呢?"食色[追求饮食、男女之乐],性[人的本性]也。"(《孟子·告子上》)这是告子的观点,也代表许多人的想法。而从反面讲,酷刑之所以可怕,让有良知的社会深恶之,就是因为它是对人的超限度摧残。但我们也发现,苦乐感觉离不开知觉之心、爱憎之心、时机化之心,并没有完全独立自足的感性直观,所以"食色"说到底就是人与其他动物共享的本性,而不是或不单独是最有人类特色的本性。这一点我们在以上讨论亚里士多德、伊壁鸠鲁更不要说苏格拉底的伦理学时,就已经看到了。只要引入"时间"这个

---

① *Questions that Matter*:*An Invitation to Philosophy*, ed. L. Miller, New York:McGraw-Hill Book Company, 1987,pp.422-423.

生存维度,那么"直接的快乐"就如同芝诺的运动悖论中预设的"死点"(完全无动感的瞬点)一样把持不住,很可能会转化为它的反面即痛苦了。

　　根据享乐主体的人数,即一个或多个(大多数),这种主张又可以分为"自我享乐主义"和"社会享乐主义",后者通常被称为"功利主义"。自我享乐主义(egoistic hedonism)或个人享乐主义(individual hedonism)在古希腊的代表就是昔兰尼派(Cyrenaicism,又译为"居勒尼派"),它在古希腊时代的后期有很大影响。这一派由阿里斯底波(Aristippus)创始于西元前4世纪,主要观点是认为我自己的感官快乐是最高的善,一切追求这种快乐的行为都是对的。可以说,"自我主义加上享乐主义就等于自我享乐主义"(*Questions that Matter*, p. 423,《资料》,第449页右)。所谓"自我主义"(egoism),就是主张每个人依其本性都首先追求自身一己的利益。加上享乐主义,这一派就声称:每个人依其本性,都首先追求自己的快乐或享乐,而这种当下的快乐(hēdonē)与还要涉及时间和快乐总和的幸福(eudaimonia)是有区别的。

　　他们因此而主张,"'目的'不同于'幸福'。目的是特殊的快乐,而幸福则是一切特殊快乐的总和,其中包括过去的和将来的快乐"(《古希腊哲学》,第226—227页,《资料》,第450页左)。这引文里的"目的",就是以上介绍的"目的论"所讲的目的,即被这一派唯一关注的伦理学价值所在,它的实现就是善好。既然人们行为的目的是特殊的快乐,或当下直接体验到的快乐,那么幸福要以快乐为基础,而且"人们追求特殊快乐是因为它自身。而人们追求幸福却不是因为它自身,而是因为特殊快乐。我们从孩提时代起就本能地为快乐所吸引[比如婴儿本能地吮吸母亲乳头,以获得快乐。但有人也可质疑:这只是为了快乐,还是首先为了生存?],这证明了快乐就是目的。一旦获得了它,我们便不再寻求更多的东西了[好像猪才有这种定力。如果孩子这般长大,就是个白痴](同上)。追求快乐是因为快乐自身,而追求幸福是因为快乐,因此快乐就比幸福更根本,是我们人生终极的意义所在。

　　快乐也是分等级的。"肉体的快乐远远胜于灵魂的快乐,肉体的痛苦远远比灵魂的痛苦难受。这就是伤害肉体的人要受到惩罚的原因所在。"(同上)你无故打了一个人,伤害了他的肉体,要受惩罚;无故说坏话,伤害了一个人的灵魂或内心,却不一定受惩罚。按照这一派的理解,这说明肉体的苦乐远胜于灵魂的苦乐。但是,这种情况也可能被归于:肉体伤害比灵魂伤害更加对象化,所以更容易被认定。总之,昔兰尼派对快乐的理解是当下化或"特殊"化的,所以与同样主张快乐是善好之源的伊壁鸠鲁派不同。如上所述,伊壁鸠鲁的快乐学说是要考虑时间历程对于快乐和痛苦的总和影响的,并不主张绝对意义上的"今朝有酒今朝醉,莫管明日是与非"。

就我们的实际生活状况而言,昔兰尼派的只关注当下快乐的原则是很难实现的,因为我们感受苦乐的意识域,不可能只聚焦在当下,而必牵挂到下一个、再下一个当下的苦与乐。设想一下,如果形势非常明确,你享受这一壶美酒之后,就会因你饮了这酒而被痛打、杀头乃至凌迟,你依自己的本性还会以这个特殊快乐为目的,以至于悍然不顾下一个后果吗?可能还有极少数铁杆酒徒会饮此酒,但这种人已经是病态的了。而一旦昔兰尼派承认要考虑下一个后果,那么它的原则就已经被突破了,下下、下下下……一个后果就会接着涌上来,它与伊壁鸠鲁的主张就没有什么重大区别了。而伊壁鸠鲁的学说,如我上面已经点到的,也无法自洽,如果得到深化,则有滑向亚里士多德的幸福说的趋向。

总之,肉体的或身体的苦乐是不能乃至于不敢被忽视的。苏格拉底的榜样毕竟只能是特例。就此而言,昔兰尼派和伊壁鸠鲁派有其不移的伦理学价值。但"当下的快乐"如果作为出发点,则只是理论的抽象,注定会被实际生活的真实体验所淹没。真实的当下快乐必联通了意识的过去和未来,因为"快乐"从来都不是自足的和独立的,它是靠与前后感受的对比而浮沉着的。就像无数哲人包括伊壁鸠鲁所注意到的,正是那已经存在的饥饿使当下咀嚼的面包让人快乐,也正是期待中的美味促使人去摘取尖刺枝上的果实。

二、功利主义

1. 功利主义的含义

与昔兰尼派只关注个人的快乐不同,功利主义(utilitarianism)要考虑多数人的快乐,所以它可以被视作自我享乐主义的多人化、集合化、社会化。功

利主义在近代才作为一个有影响的学说出现。它的词源（utility）意思就是
"效用""功利""利益"。在功利主义看来，道德上对的行为就是能够给多数
人带来更多的利益或快乐、减少不利和痛苦的行为，同样是重视结果和目的
的实现。所以我们也可以列出一个公式：享乐主义加上善行原则（benevo-
lence principle）就等于社会享乐主义或功利主义（Questions that Matter，p. 436，《资
料》，第453页左）。它的核心观点是：当且仅当一个行为促进了最大多数人的
最大快乐，[1]它就是对的，否则就是错的（同上页右）。[2]反过来看，谁的行为赢
得了大多数人的拥护（这意味着它促进了大多数人的快乐或利益），那这种
行为和发起者道德上就是正确的。因此可以说，功利主义的政治表现，就是
"多数人的利益决定一切"的民主制或民粹主义，尽管两者的具体主张中很
有些区别。20世纪里，在全世界包括我国，功利主义影响巨大，现在也还是
主导。功利主义的主张本身也经历了某种演化，因为对于什么是"最多的快
乐"或"最大利益"，在某些场合是不自明的，总需要进一步解释甚至争辩的。

2. 边沁的量化功利主义

功利主义学派的创始人是边沁（Jeremy Bentham，1748—1832），主张量
化的功利主义。他认为快乐并没有质的不同，"如果把偏见放在一边，那么
就可以说，'针戏'（the game of push-pin[一种儿童游戏]）的价值与音乐和诗这
样的艺术以及科学的价值是同等的。如果针戏能产生更多的快乐，它就比音
乐和诗歌更有价值"（同上书，第454页左）。由于认定人的快乐感是同质的（比
如挣钱、吃肉的快乐与倾听动人音乐、创作美妙诗歌的快乐是同质的），那么
在这样的思想框架中，这些快感就是可以被对象化和量化的。于是，他就设
想可以找到或设计出一种可以衡量快乐感——对于他也就是善——的计量

---

① 这个定义中的"最大"，可以理解为"尽可能多的"。

② 这个功利主义核心主张的英文表达是："An action is right if, and only if, it promotes the grea-
test happiness for the greatest number of people."，其中的happiness一般译作"幸福"，当然它也有"快乐"
的含义，但考虑到上面提及的"幸福"与"快乐"的不同伦理学含义，以及享乐主义和功利主义的具体学
说，这里将它译作"快乐"。这种翻译的正当性还可以在穆勒（见下面）的《功利主义》的阐述中得到证
实。他在那里写道："[功利主义]用happiness来意指pleasure and the absence of pain（快乐感和没有痛
苦），而用unhappiness来意指pain and the privation of pleasure（痛苦和缺少快乐感）。"（Questions that
Matter，《资料》，第455页左）

器。它有七个指标：强度、持续度、确定性、方便性、丰富性、纯粹性、广度(《资料》，第454页右)。可以凭借这些指标来做成"道德的温度计"(同上)，用它来测量一个行为能产生多少快乐，并由此评价和比较行为的对错。如果一个行为能在尽可能多的人那里产生尽可能多的快乐，那么这个行为就是对的、好的；而如果它产生的快乐少、痛苦多，那么这个行为就是错的、坏的。

但后来的人们发现，这七个指标本身也需要再解释。比如饿极吃肉与沉浸于音乐的快乐强度，哪个更高呢？杀掉少数(如五个)无辜者而惠及多数人(如五千)，虽然合乎"广度"指标，但它一定对吗？换句话说，它合乎"确定性""纯粹性"的指标吗？可见，不但单个指标在具体情境中的落实有时是做不到的，而且七个指标衡量的结果之间，也时有冲突，那么听哪个呢？再找更高阶的元指标吗？可这元指标与这七个次级指标之间的关系，又是成问题的。总之，越到具体的人生情境中，则这些指标的空虚和含糊就越甚。但我们又明明具有某种道德的直觉能力，可以在具体情境中得出比较有效和共通的道德判断啊！可这种能力能够像边沁设想的被量化、指标化吗？当代流行的"幸福指数"之类的东西，可以说源于边沁的道德计量器之说，有它们的某种浅层的合理处，但问题多多，基本上不可深信。

3. 穆勒的质化功利主义

另一位重要的功利主义思想家是穆勒(John Stuart Mill，又译作"密尔"，1806—1873)，他提出了一种关注快乐的质量而非数量的功利主义，可称为质的功利主义。他认同边沁的基本原理，即道德的对错全看该行为给多数人带来的苦乐结果；但反对边沁的那个"快乐同质"的前提，而是认为快乐是有质的不同的。他的大致想法是：我们面对着不同种类的快乐，相互之间可能会有冲突，而且这种冲突不是边沁的道德计量器的功能所能解决的，因为按照不同的标准、从不同的视角会得到不同的测量结果。实际上，我们面对的不是一个而是很多个道德计量器，关键是要找到一个更高的标准来指导我们选择该用哪个计量器。为此穆勒发展出一种注重快感质量而非数量的功利主义，也就是认为best(最佳)高于most(最多)的功利主义。

那么，哪种行为是更有质量或更佳的呢？受到西方传统哲学注重广义理性(包含经验主义者讲的理性)而贬低身体和情感的影响,穆勒的回答偏重精神的特别是智力的性质。所以我们就读到了他这段著名的话:

> 做一个[动物性欲望]不被满足的人,也比做一头[这种欲望]被满足的猪要好;做一个不被满足的苏格拉底,也要比做一个被满足的傻瓜要好。如果这个傻瓜或这头猪有不同的看法,那是因为他们只知道相关问题的这一面,也就是涉及他们自己的这一面;而与之相对的是,另一方则对有关的两方面都知道。(Questions that Matter, p. 446,《资料》,第458页左至右)

这也就是说,猪和傻瓜只知道有感官的快乐,却不知道有理性的、精神的快乐,而苏格拉底或聪明人则知道两面,或这两种快乐,而且是在比较了两者之后,还是选择了理性的快乐。这么看来,当我们面临不同快乐/痛苦的冲突时,就应该首选更合乎理性的或精神性的。所以,穆勒写了《论自由》一书,论证多数人做决定的民主制也不能以多数来压制言论自由。按照他的原则,苏格拉底就不能被雅典法庭的多数人判处死刑。

不能说这种质化的功利主义没有道理。它意在弥补边沁的量化功利主义的缺陷,其中之一就是"多数人(对少数人或个人)的暴政",用穆勒的措辞说,就是多数"傻瓜"对"苏格拉底"这样的智慧者的暴政。这种新见解也曾取得了重大的历史效果,有助于在西方民主制中维护精神和言论自由。但它也会引起我们的疑问。比如,我们就可以询问:这种质化的功利主义还是不是功利主义?如上所说,功利主义是一种享乐主义,主张人的身体快乐是善的源头。但穆勒现在说,智力的、精神的快乐更是善的源头,这也就是说,一个比身体的、感性的快乐本质上更高的原则反倒占了上风。那它是否违背了享乐主义乃至正常功利主义的基本原则呢?答案多半是肯定的。这种功利主义内部的"变节"也反映出,享乐主义从根基上就有问题,不但个人化的,就是社会化、多数化的享乐主义同样有重大漏洞,与人对美好生活的期待不完全相符。

马斯洛(Abraham H. Maslow, 1908—1970)曾提出一个"需求层次"理论,大致内容如下图:

图3 马斯洛的需求层次论

它的基本意思是:人有大致五层需求(needs),①下面是基础,上面则是人格的更完美实现。这个下宽上尖的三角形便显露出这样一个含义:下面的需求更宽广更基本,上面的需求则包含越来越多的理智和精神性;只有满足了下一层的需要,让它日用而不知时,才有动力去实现上一层的需要。可按照享乐主义,人生快乐的原型集中于第一、二层,至多包含了第三层的一部

———————————

① 其中"社交需要"指人的"爱(情感)和归属的需求",即人需要有家庭、社团、宗教等,以感受到爱意和实现自己的身份归属认同。在第五层"自我实现需求"(即在自我人生中实现超名利的真善美)之上,马斯洛还谈到"超(自我)实现的需要",即一种"忘我的高峰体验"。有的人将它列为第六层(见下图),但大多数评论者将它也归为第五层。

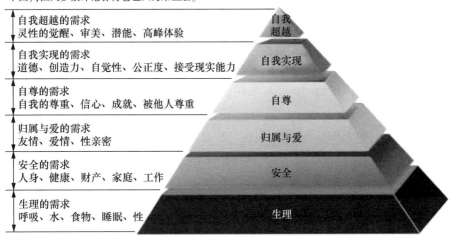

分,实在是一种"就下而弃上"的价值学说。像边沁那样将五层需求平整为同质的一层,也忽视了这些不同层次需要的区别和关系。穆勒的质化功利主义实际上是将人的快乐需求分了层,在一定程度上更接近马斯洛的这种理论;或者应该反过来说,马斯洛的学说是穆勒学说的现代转化版、丰富版和细化版。

但马斯洛的这个理论(含穆勒学说)也有问题,它基本上以孤立的个人为考虑的基点,并不符合我们的实际生活。实际上,从人类总体生存的角度来看,如果没有第三层中出现的家庭、社团等超个人的生存单位,那么第一、二层皆无从谈起;而有了这种人生的原结构,则第一、二层和第四、五层才有可能。但第三层也不就等于马斯洛意义上的最低基础,最低基础只应该放在第一层。总之,马斯洛的需求分层学说是一个柏拉图"四线段图示"的实用主义版本,用它的上下层次化(hierarchic)的金字塔结构来刻画人生的需求,是不合适的。比如,就像梅洛-庞蒂、列维纳斯所表明的,所谓"生理需求"的满足绝不仅仅是存活,而是与人的"更高"需求和能力实现内在相关;后期维特根斯坦的"语言意义源自游戏"说,也让我们再思考"针戏"这类儿童游戏的快乐满足对于人的语言和精神能力的意义;而海德格尔和巴什拉也揭示了,房屋或家居的作用不止于满足人的"安全需求",而是有着影响人的整个生存境界的作用。

另外,穆勒和马斯洛的理论包含有强烈的人类中心论和智力高级论,沿袭了西方唯理论的偏见。动物与人类感受生命的整体价值方式肯定有区别,但如果借鉴佛家的这个观点,即所有"有情者"或有感受苦乐能力的生命体都有其终极价值,我们是否更应该说:人与动物乃至一切生命体和生命圈之间,其存在的境界虽有区别,但不是绝对的价值高低的区别?

怀疑论者皮罗(Pyrrhōn,又译作"毕洛""皮浪")也不会同意穆勒、马斯洛及边沁的观点。他会认为如此明确地断定善恶对错,甚至给出质-量化标准,是一种无根据的独断教条。因为对于任何这类命题,都能够找到同样有效的反命题。实际上,人不能给出绝对有效的伦理学判断,所以要悬置各种判断,达到不动心的境界。在他看来,风暴时船上那头专注于吃东西的猪,确实要比惊慌失措的人智慧得多了。①

第五节　利 他 主 义

利他主义(altruism)与自我主义包括自我享乐主义相反,主张只有当一个人的行为有利于他人,而对自己没有明显好处时,在道德上才是好的。它与基督教或(似乎也包括)大乘佛教的某些说法——如"爱你的邻人!""菩萨行"——很有些关系。它在受到基督教道德学说影响的共产主义道德中,也曾占有明显的地位,比如"毫不利己,专门利人"或"公而忘私"的原则和雷锋这个被广泛宣传的道德楷模。

可以看出,利他主义不同于功利主义,因为后者讲的"大多数人的利益"也可以包括我自己的利益。还可以看出,它与自我主义(利己主义)直接对立。我们年轻时的道德教育和媒体宣传中,也只强调这个对立,好像世上的道德就只有它们及其对立关系似的。但实际上,利他主义与自我主义共享三个前提:首先,它们都是一种目的论,通过行为的目的实现或利益化结果来衡量此行为的对错;其次,它们都预设了在要害处"我"与"他人"的实体分离乃至利益冲突;再次,它们都假定了"利之所在"已为当事人知晓,关键只在于他/她如何通过"改造思想"或"狠斗私心"去实践此原则。换言之,这两个主义都预设了"知"与"行"的根本分离。此外,它们还共享一个结果,即在人的实际生活中,没有人可以真正实现它们。有哪个人真正做到了行为结果的"毫不利人,专门利己"? 又有哪个人真正做到了行为结果的"毫不利己,专门利人"呢? 前者阿里斯底波、杨朱做不到,荒岛上的鲁滨逊也做不到;后者基督做不到,那些道德楷模也做不到。这是因为他/她的行为发生在生存时间中、人际关系中(鲁滨逊也有潜在的和后来出现的现实的人际关系),不可能是清清爽爽的当下利己或利他的。有的人为之辩护道:它们的原则只是一种道德境界,而不涉及其行为的后果。但问题是,如上所示,这类学说一定要以行为造成的结果之利害来判断它的道德性呀。因此,这两种学说是道德学说中的两个抽象极端,就像数学中的抽象点,听上去有提示力,但注定要被实

---

① 《古希腊哲学》,苗力田主编,北京:中国人民大学出版社,1996 年(1989 年版),第 652 页。

际生活的内在动势所突破。而真的相信它们而去努力实践的人,长此以往,要么变为偏执者,要么变为伪装者。

可我们如何能无视人类历史上那些拯救弱者、舍生取义的高尚行为的伟大道德意义呢? 当然不能! 可难道只有"利他主义"可以标榜吗? 非也! 如上所说,利他/利己主义都预设了"自我"与"他人"的实体分离,可在人的实际生命中,特别是原本的以家庭亲爱为源头的人类生活中,我与他/她从根底处是不可分离的。子女与父母并非"我"与"他/她"的二元关系;而是终身认同的亲亲关系或亲属关系;而从家庭衍生到家族、乡里、国家、天下的人际关系,也有其主体间的内在关联。父母为子女,天然就是扶危济困而可舍身(忘掉自己小我)取义的呀。生长于这样的家庭,起码认同这样的家庭亲爱源头,并通过教育和人生经历而扩展之,才会有那些感天动地的伟大道德行为。这一点以下讲解儒家的伦理学说时可以看得更明白。可见,伦理学的原本形态应该从人与己相生相成的关系中开头,然后再通过展示各种人生情境和人的心理成长,来说明其他的道德形态,包括那些倾向于(也仅仅是倾向于)自我主义和利他主义的形态。

第十一章　西方伦理学的特点（二）

——康德的道德哲学

康德的道德哲学与我们前面讲到的伦理学学说，从形式到内容都很不同。在康德这儿，道德哲学的唯理论被主体化了，而且形式感更加突出，即道德上的对错主要不在内容，即不在于满足什么欲望、得到什么知识、产生什么结果，而在于当事者的行为动机及其表达形式。康德的道德哲学对西方近现代伦理学有着重大影响，尽管后来的道德哲学大多以反康德的面目出现，但谁也绕不过它，而且，康德的学说以其纯粹性、反常性自成一派，在义利的冲突激荡中显出人性的崇高。

第一节　道德哲学的边缘性

我们对于道德问题有一种直觉的感受能力，但要说清楚它的合理性，则人言人殊，歧路亡羊。对于这些问题，比如历代人物的千秋功罪、各类行为的忠奸善恶，似乎任谁都可评说，无需熟悉那些本体论、认识论的术语。但是深究下去，你如此评说的根据何在？你能否为自己的判断做出有效辩护？要充分回应之就很难了。道德问题的边缘性恰恰在此：我们心中似乎总有一架无形的天平，总潜藏着可能的真知灼见，但却很难甚至不可能找到一条原则来以不变应万变，来评判谁是谁非，百试不爽。比如爱因斯坦和卢梭是好人还是坏人？按照某些标准，他们都是为人类做出过重大贡献的人；但是爱因斯坦对妻儿(米列娃和一女两子)绝对说不上好，而卢梭更是将自己的子女统统送进了孤儿院。又比如儒家讲要亲亲(亲爱你的亲人)，另一方面又讲大义灭亲。这是怎么一回事？它们之间冲突吗？再比如堕胎从道德上是可以允许的吗？它是不是杀人？而强行不允许堕胎是否压制了怀孕女子的自由？

向日本投掷原子弹的行为,是对的还是错的? 另外,制造原子弹等高科技本身是不是具有伦理意义? 是正面的还是负面的? 从基因上改造人类,使之"更完善""更高级",是对的吗? 伦理问题在当代成了哲学中的热点,尤其是涉及人生具体问题的时候,不仅学者们广泛争论,政治竞选者也必须面对它们。比如美国总统大选中,每个竞选人都要回答堕胎是否合法的问题,而答案所造成的结果也会在选票中反映出来。

如我们上面稍稍提及的,历史上有重大影响的文学作品和历史学作品,比如《红楼梦》《三国演义》《史记》《伊利亚特》《俄狄浦斯王》《伯罗奔尼撒战争史》《摩诃婆罗多》《罗摩衍那》《哈姆雷特》《欧根·奥涅金》《战争与和平》《罪与罚》等,一方面对道德问题进行了严肃的反思,另一方面又让我们感受到人生的丰富、复杂和不确定,超出了任何一种简单的道德判断。由此而让读者对人性的莫测、历史的跌宕与人物的命运,生出层层感慨和叹息,但又不是虚无主义,而是幻中含真。但是,话又说回来,谁又能在生活中,在对于历史乃至宇宙的理解中,完全摆脱道德问题(想一想未来地球和太阳系的毁灭,你的感受中有没有价值和道德情感的波动)? 我们就活在道德感受和评价之中,无法真正保持超脱的态度。比如对偷走老农民卖粮所得钱款的小偷,对贪赃枉法的官员、残民以逞的暴君,对欺负弱者、残疾者的恶棍,对毫无廉耻的流氓文人,对竭泽而渔、破坏生态的奸商,我们有不可抑制的天然义愤;而对善良的人,比如天性纯良而孝慈忠义之人、为了他人而牺牲自己的人、忧国忧民的志士仁人、坚持自己理想和执着追求的人,我们又有着天然的敬重,甚至热爱。伦理学和道德哲学的最大魅力,不是去发现一些确定的道德法则,而是凭借我们每个人的生存体验、道德良知和适当学习,产生对于道德的深刻性、纯粹性、自由性、丰富性、奇异性,总之是非现成的真际性的更深领会。而且,道德良心的爆发往往采取与流行观点相反的方式,相当于老子讲的"反者道之动"。比如对于秦始皇,不少史学家和政论家都是从"历史功绩"上来说他是如何伟大,不过人们真正心仪的是秦始皇还是荆轲或孟姜女呢? 我每次看荆轲刺秦王(即后来的秦始皇)的记述,都惜乎其击之不中;孟姜女哭长城,老百姓就是要同情这位善良钟情的弱女子,而不是"鞭笞天下、威震四海"或"符合历史发展规律"的秦皇。无人真心敬重暴君或弄权者,管他符合哪条规律?! 金庸小说在道德上的魅力之一,也是从这种"反现成"

而来。

　　道德问题的复杂性和边缘性可以从各个方面表现出来。人的道德良知是被什么唤起又是如何得到辩护的呢？是不是有某种内在的机制或内在的规则在起作用？我们现在讲到的康德，就认为有一种东西在发挥着最终的作用，他称之为"纯粹实践理性"，而且依此提出了一种非常能激发人思考和争论的学说，就是上面已经提及的义务论。而且，康德学说的一个重大的好处是，无论你同意与否，它都可以引起你更深的思考。

第二节　"好意"(善良意愿)与"尽义务"

　　康德道德哲学的出发点是这样一个主张，即认为只有"好意"或"良好动机"是无条件好的。他写道：

　　　　可以毫无限制地被认为好的，只有好意。(《选读下》，第 309 页)

"好意"的德文是 der gute Wille，英文是 good will，有人翻译成"善良意志"，依今天的汉语语感已不太确切了。因为 Wille 这个词与 gut(好的、善良的)而非 hart(坚强的)或 eisern(钢铁般的)相结合时，其首要意思是指"意愿"或者"愿望"，而"意志"这个含义在此已经是第二位的了，它指的是实现意愿的心理坚韧性。[1] 所以将 der gute Wille 翻译成"好意"或者"善良意愿"要合适得多。[2] 从下面的讨论也会看到，康德在这里说的并不是意志，因为意志软弱之人的善良愿望同样是有真实的道德价值的。

　　由此可见，康德所追求的是无条件好的道德品质，这和经验论、功利主义就都不一样了。他只重动机，认为一个好的意愿本身就具有终极的道德价值，无关乎别的一切，包括享乐主义最看重的结果或目标。亚里士多德讲伦理学上最根本的东西一定是自足的，它因其自身就是好的和值得追求的，别

---

　　[1]　在古汉语中，"意"与"志"是近义词，可互训(《说文》)。"志"的造字本义为"心之所之"，即心之所趋、所向、所愿。在那样的语境中，"意志"与"意愿"的含义就相当接近，最早翻译康德的先生们可能因此而选"意志"来译"Wille"。但在当代汉语中，"意志"与"意愿"的意思相距相当远了，故不宜混用。——此注源自高源厚博士的提示。

　　[2]　因此，以下会将所引用的译文中的"意志"统改为"意愿"。不一一标出。

的美德也都是因为它而值得追求,这就是幸福,而达成幸福的最合适方式是沉思或思辨。这是唯理论伦理学的一个重要特点,即寻找那因其自身而自足、独立和符合理性的终极价值,并将它与经验化、度量化的相对价值严格区别开来。康德的道德哲学也是一种唯理论伦理学,但绝不是亚里士多德那样的幸福主义,而是认为自由的和服从自身形式规则的主体善良意愿就是这终极价值的源头,不管它导致的是幸福还是不幸,所以,好意是物自体在伦理学上的某种体现。康德认为,在认识论上我们无法把握物自体,但是在道德上,我们通过好意能够指向、接近甚至达到物自体,这是纯粹实践理性的能力。说得更明白些,"有条件好的"属于现象界,服从因果律,所以这里的"好"指"有用";而"无条件好的"属于本体界,与物自体相关,因而这个"好"就指"有德"。

　　只有好意是无条件好的,其他诸美德如理智、机灵、判断力、勇敢、毅力等,虽然在某一方面可能是好的,但是它们自身不具备根本的道德价值。所以康德认为:这些品格"在很多方面是好的、值得羡慕的;可是这些自然禀赋要由意愿来加以利用,意愿的特色就叫品格,如果品格不好,这些禀赋也可以变成特别恶劣、特别有害的"(《选读下》,第 309 页)。比如,商纣王据说是很勇敢的,秦始皇是机敏过人的,希特勒是口才出色的,但因其品格不好,这些禀赋足以助纣为虐。在康德看来,其他一切都可变,只有道德品格的优先地位永远不变,而决定此品格好坏的关键就是有没有善良意愿。这就像托尔斯泰著作中那些真正的好人,像娜塔莎一家人、比埃尔、普拉东、列文,往往善良到了几近迂笨、病态的地步。比如《战争与和平》里的比埃尔,表面笨得像熊一样,傻了吧唧,不谙世事,有时还耽于享乐,屡被人骗,却在道德上有着最终的闪亮点。而那些表面上很体面、有教养的风头人物,比如发西利公爵、鲍里斯和拿破仑,往往都是巧取豪夺、虚伪残忍之辈。这和康德的思想有呼应。

　　在康德看来,"好意之所以好,并不是因为它起作用或者有效果,也不是由于它适于达到某个预期的目的,而只是因为它的愿望好[可见康德讲的 Wille,在当代语境中的确是"意愿"而非"意志"],它本身就好;单就它本身看,就比哪一种能够通过它满足某一爱好、甚至全部爱好的东西都要贵重得多,简直无法相比"(同上书,第 310 页)。如果你是出于好意,即使做了各种努力却没有达到目标,"这好意仍然是一个本身包含全部价值的东西,象一颗宝珠似的独自闪闪发光。有用或无效并不能使它的价值增减分毫"(《选读下》,第310页)。一个人出于好意去救人,救没救成对他/她行为的道德价值毫无影响。当然,如果他/她真的救出了受难者,可以增加别人对其行为的赞赏,但这只是一种"道具","为的是使人们能够在日常交往中比较容易把握好意[因而也有某种外在的道德显示作用]",与真正内行的道德鉴定无关(同上)。这种看法和康德的家庭背景特别是母亲的影响很是有关。康德的父母都是基督教新教里的虔信派,推崇纯洁心灵的埋头苦干。虔信派认为,人无法直接知道上帝的恩典是否会降临到自己身上,依凭教会和参加礼拜都不行,关键是要以纯洁心灵去做好自己的工作,乐于助人,用全部的人生行为去证明神恩在自己身上。马克斯·韦伯说这种新教伦理对资本主义的发展有过重大推动,而在这里则可以看成是一种非功利主义的家庭信仰对康德的思想影响。

康德的道德哲学是最纯粹的动机主义、立意主义,道德与否就在于一个好意的立意。在康德看来,任何要追求某种成果的考虑或行为,马上就落入因果律统治的范围,进入现象界这个必然王国,于是就乏"善"可陈了,即没有道德价值而只有存在与否可言了。在康德看来,讲究享乐或功利的成果主义混淆了道德和事实,因为成果或目标——如他们讲的"快乐""促进最大多数的最大利益",乃至基督徒们讲的"蒙上帝的恩选"——是朝向某种状态的事实,涉及的是"(那个状态的)存在/不存在",与讲"应该/不应该"的道德不沾边儿。道德上善好的行为是那些不计一切利害、得失,与任何爱好、愿望、欲望的对象呈现都无关,而只是出于好意和履行义务(Pflicht,duty,obligation)的行为。就像雨果《悲惨世界》中的冉·阿让,只是出于承担道德义务——不能让他人为自己做的事蒙受冤屈——的善良意愿,就置己身不顾而自愿入狱。

在康德看来,好意的体现方式就是尽义务,而要尽义务就会依道德准则而非目的对象来行事。"一件出于义务的行动之所以有道德价值,并不在于它所要达到的目的,而在于它所依据的准则,因此并不取决于行动对象的实现,只是取决于行动所根据的用意原则,与欲望的对象完全无关。"(同上书,第314页)只有当你出于尽义务的"用意原则"也就是真正的好意去干一件事情时,这行为才是道德的,而"义务,就是必须做一个出于尊重规律的行动"(同上)。

第三节　形式主义的绝对命令

这就涉及康德道德哲学的核心方法论特征,即它是一种所谓形式主义(formalism)的伦理学,主张一个行为的道德与否只与用意的形式原则有关,而与用意的实质原则无关。他这么写道:"当一个行动出于义务时,意愿就必定是形式的用意原则所决定的,因为[它]完全脱离了实质的原则。"(《选读下》,第314页)"实质的"指的是涉及行为的目标内容及这行为的后果的那些方面。比如当我们掂量一个行为能不能满足我们或某些人的某种欲望时,就是在思忖它的实质方面。康德则说道德哲学不需要也不应该在乎这些内容,只有"形式的用意原则"才能达到道德的深度。那么什么是这种形式上的用意原则呢? 康德认为,如果你的行为是出于尽义务的意愿,那么你就会希望你的行为具有可被普遍化的纯形式,也就是成为一个能够被所有人遵守的行为,包括与你自己的所有行为融贯一致。如果是那样,那么它在形式上就会表现为直言命令(kategorischer Imperativ,categorical imperative;无上命令、绝对命令、定言命令、无待命令)。"直言"相对于"假言"(hypothetisch)。前者是无条件地言,所以是命令式的要求;后者是有条件地言,所以是对前提与结果之间关系的陈述。因此,直言命令或直言律令不同于假言判断或假言陈述。假言判断是有条件的,功利主义的原则就是假言判断,即如果你的行为促进了最大多数人的最大利益,那么它就是善的。直言命令本身就是律令,直接要求或命令你应该怎么做,因为它只有一条超出了所有内容的形式要求。

康德在他的《道德形而上学的奠基》中写下这段对直言命令的形式化说明:

> 因此,直言命令是独特的,并可以这样表达:让你的行为只服从这样的准则(Maxime),它使你可以同时希望让它成为一条普遍[有效]的法则。①

---

① 康德:《道德形而上学的奠基》,第二章。德文版统一页码第421页。李秋零的相应译文是:"因此,定言命令式只有一个,那就是:要只按照你同时能够愿意它成为一个普遍法则的那个准则去行动。"(引自康德:《康德道德哲学文集》(注释版)(上卷),李秋零等译注,北京:中国人民大学出版社,2016年,第38页)

这段话的意思是：直言命令与其他所有的伦理学规范都不同，它不考虑一切行为的目的和内容，不管它是快乐、幸福还是心灵平静，而只专注于行为的形式，即服从这样一条准则：当你行动时，你可以希望你的这个行为被所有人在所有场合都遵行。如果可以，那么这个行为就是道德的，否则就是不道德的或非道德的。它之所以不是假言判断(尽管这里也用了"如果……，那么……"的表述)，因为它包含着一个内在收敛的形式规范，不再依据外在的条件和对象化状态。

我们可以来分析一下哪些行为符合这条直言命令。比如偷窃和说谎就不被认可，因为，如果你想让偷窃符合这条直言命令，你就要同时希望偷窃成为一条普遍的法则，也就是希望所有人都去偷窃，而且是在任何情况下(而不只是在一些具体的情境，比如穷得快要饿死了)都这么做。可这么一来，就没什么可偷的了，普遍化的偷窃让你偷的东西也被别人偷走，最后就会取消掉偷窃的原意了(让自己占便宜)。说谎也是这样，能不能在必要的时候说谎呢？或者说，有没有道德上的善意谎言呢？比如修道院里私藏了一个抵抗战士，纳粹来搜查了，修女要不要对纳粹说谎？康德恐怕不会说，这修女对纳粹军官说谎——否认此修道院中有抵抗战士——是不道德的，但会说：她的这种隐藏至多只有功利上的所得，但绝说不上是道德的。换句话说，这个似乎是好心的说谎是非道德的(注意，非道德不同于不道德或反道德)。为什么呢？因为按照康德的学说，说谎不会符合直言命令。如果大家都说谎，就没有人相信对方的话了，那么谎也就说不成了。因此，说谎是不道德或起码是非道德的。同理，杀人和自杀也不符合直言命令。反过来，"不要说谎！""不许偷窃！""不能杀人！""要帮助受困之人！"则可以被普遍化，可以理直气壮地成为直言命令，不会被自己的普遍实行取消掉，所以它们是有道德价值的。按照这类命令去生活，大家会活得更好；而活得更好是道德的可能结果，而不是道德的条件。在康德看来，考虑一个行为道德与否的时候，不可考虑是否能让大家活得更好，但它自有顺带出的东西，其中就包括可能让人们活得更好。

第四节　爱做好事/出于义务做好事

一、康德观点阐述

康德的道德观和利他主义一样吗？利他主义者认为有道德者就要为别人谋利益，而不考虑这么做对自己有没有好处。康德的学说是利他主义吗？不是的，因为康德这儿根本就没有把利益纳入考虑范围，甭管是谁的利益。一旦考虑利益就不是直言的道德律了，就落入了后果主义之中，不是纯动机主义了。贺麟先生曾跟我讲，学习康德一开始可以不从《纯粹理性批判》入手，而从他的伦理学说开始。大家普遍认为，康德哲学最出色的地方是他认识论上的"哥白尼革命"，那是康德批判哲学的基石。但贺麟先生说，从康德的伦理学说入手更好，这样不仅与我们的生活体验更直接相关，而且通过他的直言命令学说，可以跟物自体发生感应，是非观念论的同时又是理性的，只不过不涉及理念对象或观念对象。

康德讲的"好意"或"善良意愿"，不是爱做好事，而是做一件事完全出自道德义务，感到我应该这么做，去服从内心涌现的道德法则，这样的行为才具有道德价值。有些人喜欢做好事，做了好事欢天喜地；有的人不爱做好事，但是在关键时刻出于道德义务感、听从道德律做了好事。哪个具有更高的道德价值呢？康德认为后一种人的行为，也就是逆自己爱恶而尽义务的行为，其道德价值更高更纯，但这却要面临某种挑战。

康德区分了合乎义务和出于义务（《选读下》，第 313 页）。合乎义务是指没有违背道德规范。比如商人不对没有经验的顾客抬价，童叟无欺，当然是合乎义务的；但是这种行为在一般情况下是为了生意长久，不是出于义务感，所以这种行为并不是道德行为。有的人爱做好事，比如每天清扫公共街道，为之愉悦不已，但如果其中没有义务感的动机，只是此人的爱好，那么此行为虽然合乎义务，有益于社区，与道德也没有直接关系。康德还举过一个例子：一个人保命或不自杀可以是出于义务，也可以是他的直接爱好。绝大多数人都愿意活着而不愿自杀，有的甚至为了保命而小心翼翼，这种行为合乎义务（比如"不可自杀"在康德时代是一个道德律令），但一般说来，其服从准则是出于爱好而非义务,所以没有道德意义。"与此相反,如果一个人饱经忧患,绝望之余,已经毫无生趣;如果这个不幸的人非常坚强,[虽然]对自己的命运十分忿怒,而不沮丧泄气,愿意死去却仍然坚持活着,活着并不是爱活,并不是出于爱好或畏惧,而是出于义务,那末,他的准则就是有道德意义的。"(《选读下》,第313—314页)康德的这种划分似乎造成了某种表面上的荒唐:心眼不好但却能够出于义务做事情的人,反而要比心眼好爱做善事、一贯做好事的那些人的行为更道德,后者的善行居然没有真实的道德意义! 这既反映了道德判断的深刻和非现成性(日常的好坏标准并不就是道德的标准),也表现出康德的动机至上的形式主义道德观的某种局限,与我们的道德直觉有某种暗合,但也有不符之处。

二、答疑

问一:康德只从出发点来看这个[合乎义务和出于义务的]分别吗?

回答:对。比如说,我就喜欢活,我活着觉得挺高兴,那么这种行为只是合乎"不要自杀"的道德律令或生命义务。或者,我喜欢每天给大家收拾厕所,干完以后我觉得精力更好,特别快活。有些人天性乐观、爱助人,他/她就愿意为大家服务,不为大家服务就难受。这种人太好了,一个社群里这种人多了,就既和谐又持久,但他/她喜欢干好事不是出于义务心,按照康德来讲这个出发点就不是道德出发点,跟道德与否就没关系,只是这个人天性美好的一个后果。我们大家喜欢他/她,但不是从道德深义上喜欢。

问二:存不存在又喜欢做、又是为了尽道德义务去做的情况呢?

回答:这个问得很好。估计肯定有人跟康德提这个问题。康德讲过一句话,他承认有一种可能,即道德完善的人会愉快地尽义务。我们以后讲到儒家时更可以看到这种情况。孔颜之乐对于儒家认为的最高道德,也就是仁,是很重要的。你达到了仁,那么你的行为本身就会使你快乐。就像对于真正的好学者,这个学里面就充满了快乐。康德从根本上也不否认这种可能,但他的理论是不是允许这种情况出现,则是另一回事。按照我们现在读到的表述,他的理论好像不会承认"爱做好事"的道德性。即便有这种人,也要给区分开,即区分你的行为哪个是出于你的爱好,哪个是出于你的义务心。在这种地方,他还说明不了两者合一是不是也有道德价值,或者有没有合一的可能。最后,他要推到上帝那里。下面大家会看到,康德有三条预设,以祈望、促进人的道德行为与美好的、让人快乐的后果结合起来。

问三:如果做一件事情出于义务,但是做了之后就变成爱好这件事情了,那还算不算道德?

回答:那当然算了,因为它出于义务心。关键是一开始由什么发动了这个行为。

问四:如果我出于善意或者义务感做了一件不好的事情,还是有道德价值的吗?

回答:那当然还是有道德价值的,不管效果好不好,甚至是反面效果,只要你是出于善意或好意而为,就是道德的。康德说后果不影响行为的道德性,好像有点儿荒谬啊。比如说,你想帮一个人但是把这个人给弄死了,你不但自己悔恨,而且受到众人指责,但按康德的说法,这不影响你的行为的道德本性。

问五:义务跟好意是不是一件事情?

回答:对,按照康德的讲法,"出于义务"跟"好意"应该是等同的,真正的好意就是那要尽自己义务的心意(尽管在实际生活中,某种原发的好意如孟子讲的"恻隐之心",似乎跟"出于义务"还有距离),它们最后都要体现到对直言律令的服从上。出于义务的心意的要害就是跟因果考虑绝缘,即不考虑行为的后果,而只在乎我的这个行为是否可以同时成为一个普遍性的行为。这就是被后来不少理论家批评的形式主义,但是它激发出很多新的伦理学,包括舍勒的现象学化的质料伦理学。舍勒跟康德对着干,你不是形式化伦理学吗?我则提倡质料化或情感化的先天价值伦理学。

问六:康德难道没有考虑到义务跟爱好之间有某种关联?也就是说,他有没有想到义务[感]最终可能源于某种天然本性的爱好?

回答:他肯定想到过你提到的这种可能,因为传统唯理论的比如亚里士多德的和斯多亚派的伦理学一直有这个倾向。但从最后的结果看,虽然如我前面提及的,他在有的地方承认这种关联,也认为人本性中的自由意愿造就了义务感,但他否定这种意愿可以等同于"爱好"或人的自然情感倾向。他与传统唯理论相通的地方是,都认为人的先天理性是道德之源,但他的独特在于将此理性自由意愿化和形式普遍化。康德在这一点上壁立千仞,绝不苟同,他的家庭的虔信宗教传统在他这儿升华成这么一种深奥和独特的理论。

问七:如果他不考虑目的的话,他出于义务的动机是什么,是什么迫使他出于义务? 我同意上个提问者的观点,出于义务本身就是一种爱好。

回答:鸡和蛋[哪个在先]有点儿分不清了啊。你的疑问是:这里面,也就是好意里头难道没有爱好吗? 如果我不喜欢这事,为什么会有好意,好意的"好"和"意"的根子在哪儿? 但是康德说这个根子是对直言律令(命令),其实就是它的可普遍化形式的尊重和服从,而不能出于任何其他的爱好或嫌恶的考虑。这种尊重不同于爱好,不顾及爱好,甚至会反对爱好,所以康德经常举反例。我不喜欢、讨厌我的生活,不想活了,但出于好意的义务感,我还含辛茹苦地活着。或者,我想活,但是义务感要我去死,我就去死,像苏格拉底。苏格拉底那时候应该还是想活的,虽然他七十多岁了。这儿可以说是"反者道之动"的一个鲜明体现。如果我们关注其优点,那么就可以说,康德在此恰恰是把道德学说中的那种非现成、无法被充分线性化的思维方式表现了出来。

问八:直言律令是不是绝对的? 比如我保存生命这一条是绝对的,违反了它就不是好意;苏格拉底可能是出于好意去死,但他这个行为又违反了那个绝对的直言律令。

回答:你的问题是:律令之间会不会有矛盾? 从表面上看,直言律令是可以有矛盾的。但康德说,矛盾不可怕,关键在你的动机。苏格拉底去死是出于尽义务,那他就是道德的;但如果没有那个特别的形式要求,人要活着也是尽义务。都是好意,表面上的矛盾他不管,纯动机主义在这儿就可以不为那个冲突负责。

问九:我还是就刚才举的例子"说谎话"问一下。当我在考虑说谎话的时候,我想到如果所有人都说谎话就不行了,就违反了这个原则,那这一步是怎么推出来的? 就是说所有人都说谎话是不好的,是怎么得出来的? 我想这也一定牵涉都说谎话会造成什么样的后果。

回答:是,确实是这样。后人的一些评论跟这相关。让我们顺着康德的思路来讲,应该是这样的:说谎话的目的在于避害求利,而大家都说谎话的话,这个目的就达不到了,因为那时人人都知道对方在说谎,都要求进一步的证据,那么谎话就不能或不易避害求利了。结果就是谎话说不圆,说不成,于是说谎话就在普遍化中自己取消了自己存在的意义。但这就涉及后果,也就是要考虑到这行为被普遍化后所产生的后果。这和一开始说的,动机是好意就不必顾虑行为的后果,是不是直接矛盾呢? 这可以再斟酌。不过你提出了一个很不错的思路或对康德学说的质疑,也就是,衡量一个行为可被普遍化与否又要考虑到后果,不能只限于动机。这没错,因为我们不能在动机中知道哪个行为是可普遍化的,哪个行为是不可普遍化的。

第五节　自由意愿、道德/幸福

一、自由意愿

在康德看来,人可以按照道德律行事,可以不顾后果单纯考虑动机,这说明人有自由意愿。人可以全然不顾一切利害算计,不顾一切现象界的因果关系,而只是诉诸一个形式规则。当然,一般人在最初只是不顾一切地遵从自己道德良知的声音,而不会想到它是不是直言律令,但是这个道德声音最后被判定为一条形式规则、一条直言律令或命令,也就是一条道德律,而这表明人有自由意愿。

自由意愿就是指人的意愿归根到底是自由的,不被经验中的必然规则所决定。在西方哲学语境中,经验中的必然规则最突出的表现是因果律,康德也认为这是现象界的知性构成方式之一,而奉行必然主义的哲学家都是决定论者。比如有一种必然主义,认为历史上没有什么偶然的事情,一切都是前因决定后果,所谓的自由意愿也是被人的生存处境等各种背景所决定的,只是你没有意识到而已。你感觉自己是在自由选择,但其实是被一系列或显或隐的原因所决定的,所以人从根本上不是自由的。康德反对这种看法。从理论上说或从纯粹理性的角度来看,人有自由因或没有自由因都是同样有效的,这在理论上无法被解决,坚持去下判断就总会得出二律背反的结果;但是从实践理性,也就是在道德行为中表现出来的理性的角度看来,人是有自由意愿的,因为人有好意,可以有仅仅出自好意或义务心的行为,而它最纯粹的表现就是可以摆脱一切因果考虑,只尊重和服从那能够被普遍化的直言律令。说到底,这是人在为自己立法,被自己理性中的直言律令的崇高和纯粹所折服,所以人是一个自由的存在者。这正是人的高贵之处,可以为了一条对自己可能没有什么好处可言的道德律而奋不顾身,在这一刻完全挣脱了享乐主义和利害因果链,破掉了"世人皆为利而来,为利而往"的迷咒。

康德的这个思路启发了后来的哲学学说,特别是德国唯心论。在康德看来,自由不是去满足自己的任意欲望,而是能够为自己立法,而这"法"或道德律可以被普遍化,成为人类立法的基础。因为这道德的律法不是外加给我们的,而是我们的最深本性所具有的,因此我们可以发自内心地无条件遵从它,这种自发地服从自己的理性就是自由。在这里,康德又把自由和必然在某种意义上结合起来了。后来黑格尔据此发展出人从必然王国走向自由王国的辩证法,马克思又接过来并改造黑格尔的思路,创立了历史唯物主义。

二、道德与幸福

在康德看来,幸福和道德不是一回事。这与古希腊伦理学的主流如柏拉图的和亚里士多德的幸福观不同,但却有接近斯多亚派的伦理学之处,只是将他们的"自然法"主体意识化为动机优先的道德律了。康德认为,幸福者不一定道德,道德者也不一定幸福;幸福是现象界的事情,而道德涉及本体界。不过,有道德者可说是配得上幸福。

对于追求幸福,把理性作为道德的基础并不是最好的,本能在此要比理性可靠得多,"一个人越是为了享受生活乐趣和幸福付出训练有素的理性,就越是不能得到真正的满足"(《选读下》,第311页)。大家可以考虑,一个殷实的农民和一个殷实的商人,谁更幸福呢? 农民出于自己的本能去经营土地,与天地四时相处,用不着商人的算计,也用不着政治家的钩心斗角,他应该是更容易得到满足乃至幸福。用本能寻找的伴侣或职业与通过理性算计所选择的伴侣或职业,哪个更能带来幸福呢? 在康德看来,靠本能更可能寻找到幸福,而理性对于求得幸福就并不是个高手了。实践理性的能力并不像亚里士多德讲的,是为寻得幸福而设,而是给人提供看似悬空但又普遍有效的道德律。它完全出于好意或义务心,似乎是主观的,却又可以普遍化而成为先验客观的。这也就如上所说,实践理性证明人的意愿是自由的,人能够特立独行(同上书,第319页)。就像韩愈《伯夷颂》中所讲:"若伯夷者,特立独行,穷天地亘万世而不顾者也。"周武王伐纣,天下影从,贤人赞许,只有伯夷和叔齐认为这是犯上作乱,坏了君臣大义,所以耻于同流并且不食周粟,最后饿死在首阳山。有人认为他俩是顽固迂腐,对国家和人民不负责任,但是如果按康德的思路来看,这恰恰显示了人性之崇高。人可以凭借自己的善良意愿、自由意愿而特立独行,不计一切毁誉得失,总是立于自己的良知之中,这就说明人可以是顶天立地者、承载终极价值者。所以在《实践理性批判》的结尾处,康德写出了那段(我们已经解释了一半的)深邃动人之语:

> 有两样东西,人们越是经常持久地对之凝神思索,它们就越是使内心充满常新而日增的惊奇和敬畏:我头上的星空和我心中的道德律。①
>
> (《实践理性批判》,第 220 页)

从经验角度看,人是多么偶然、多么脆弱、多么渺小,但是那遥远之极的星空和整个现象界,居然遵循着我们的纯粹理性立下的规则(即感性和知性的纯形式)。而人类行为的对错,也都可以按照我们心中的良知和道德律无一例外地得到判定。就此而言,人又是何其伟大和崇高!这种极度的反差,恰足以引起思深者如康德的惊奇和敬畏。

这段话也隐约透露出这两种理性的某种内在关联。人们一般认为,实际上也是很有根据地认为,康德讲的认知理性和实践理性有重大区别,前者参与现象界的可知结构的形成,而后者则以"无条件好"的善良意愿和为自己立法的自由意愿而在某种意义上达到本体界。但是,两者共享一个关键特点,即人能"凭空"立法。换句话说,人能够凭借自己的主体性而预设某种似乎是悬空特立的形式,不管是认知形式还是自由意愿的直言命令的形式,而这形式居然就可以与物自体发生非对象化的、非观念化的感应,以至于相应的客观存在者(不管多么宏大或微小)或价值(无论多么高贵和终极)就会依附上来,形成远超人类经验尺度的现象界和道德界。人只提供一条基因链,而众分子、原子和意素就攀附而上,进行"先天综合",循序构成这大千世界和意境人生!先验的"蓝色眼镜"居然就能让现象世界和道德价值真的变成蓝色!贺麟先生说学康德可以从其道德学说入手,顺势而可追究其认知学说的堂奥,其深意或许就在于此。而且,它也有助于我们理解东方的心性之学,

---

① 康德:《实践理性批判》,邓晓芒译,杨祖陶校,北京:人民出版社,2003 年,第 220 页。

尽管仍然存在区别。为什么"尽心"就能"知性"乃至"知天"(《孟子·尽心上》)呢？为什么"至诚"就可以"前知"而"如神"(《礼记·中庸》)呢？"阿特曼"(大我)为何与"婆罗门"(终极实在)是合一的呢？康德的学说不仅从道理上向我们提示有关的联系，而且还会使我们更加谨慎和缜密，注意将先验的悬空联系与实体化的对象联系区分开来，不轻易认可那些比附式的天人合一。

　　康德的道德哲学有着深深地打动人之处，唯理论在这儿开出了新的思想之花。康德指出人性的无比崇高，尽管人依然比神要低，按善良意愿而行动不一定能达到现实目的，但就好意和道德律的价值自足来看，人性与神性是相通的，甚至这人性在道德上的无条件善好，就是上帝能被我们理解、被我们设立的前提。因此，人永远不能够被当作手段来看待，他/她本身永远值得被当作目的来看待。"人，总之一切理性动物，是作为目的本身而存在的，并不仅仅作为手段给某个意愿任意使用的，我们必须在他的一切行动中，不管这行动是对他自己的，还是对其他理性动物的，永远把他当作目的看待。"(《选读下》，第317页)这里虽然谈到目的，但不是通过某种手段去达到的目的，而是与人的存在等同的自身目的。人类几千年的文明史中，无数人被异己的权力所奴役和驱使，成为野心家和逐利者达到外在目的的手段。黑格尔后来还津津乐道于历史是"理性的狡计"之实施，[①]认为理性的世界精神将各个时代的人们，包括那些野心家的情欲、爱好，当作实现自身目的的辩证手段，让他们在追求自己利益的同时为此精神"打工"，被耗尽后就被抛弃。但康德却保持了源头处的纯洁，坚持人性有终极价值，不管是谁，无论是上帝、天道、世界精神或帝王、独裁者，只要将人当作实现某种更高目的的手段，就是不道德的。这种观点有点儿像伯夷、叔齐观点的先验版，似乎有抽象和走极端之嫌，也的确有不足之处(下面讨论)，但它毕竟保存了人性中的那一星光亮和纯真，使之不被淹没在"存在的就是合理的，合理的就是存在的"(黑格尔)之类的黏稠合理性之中。

　　"人永远值得被当作目的而非手段来对待。"这是康德发出的那个时代的伦理学强音，也是康德的人道主义的极致表述。法国大革命要在现实中高

---

　　① 黑格尔:《历史哲学》绪论，王造时译，北京:商务印书馆，1963年，第72页。

扬自由、平等、博爱，却造成血流成河、人头滚滚。而康德则是从思想上把人置于价值的终极处，否认了各种以自由之名来扼杀人的善良意愿之自由的做法，不管它是否符合了某种理论框架表述的历史必然性，这就给予了人性以某种神性的地位，从而为不迷信的真信仰留下了空间。在这种信仰中，人的完满需要神，而神的真切则需要人。换言之，道德需要假定神才能带来幸福，而神需要人的道德性才能得其真态。

人的好意遵循直言命令，尽管就其道德性而言是足够的，但就其现实性和完满性而言则是不足的，所以需要一个终极的、全能的善良原因来补足。换句话说，好意不一定能促成好事，而人的道德源头却只有好意，这就需要一个上帝——能够将好意（善良意愿）成就为好事（带来幸福的至善）的终极者——来做最后的保证。"必须预先认定那最高的、独立的好事，即上帝存在，作为条件，这个灵明世界才能是最高的好事。"（《选读下》，第 319 页）这个上帝既不是西方的唯一人格神宗教中崇拜的最高存在者，也不是基督教神学通过观念论来证明其存在的理念实体，而是人的善良意愿在世界中充分实现所必需的预设、悬设，即引文中的"预先认定"，有时又被译作"公设"（Postulat, postulate；无需证明而认其为真者），如几何学中的"平行公设"（过直线外一点，只能做一条平行线）。

所谓公设或悬设，就是指，如果承认它为真，则会有某种事情或一系列后果发生。所以这个上帝的存在是悬设的、非充分对象化的，处于实体对象式存在与不存在之间的，用我们的话说，就是"信（即悬设他/她）则灵"的。康德学说的妙处，尽在这类"之间"。所以这上帝并非仅仅是一个理智上的假设，而是道德的实践理性本身的现实化冲动所趋向的，而且的确可能是有后果的。前面似乎完全不讲"后果"或"（外在）目的"的康德，这时却大讲后果或终极目的了。这是因为他在这里已经不再讨论道德与否的问题，而是道德者的幸福与否的问题，所以已经超出了他心目中的狭义伦理学，而处于伦理学和宗教哲学之间的位置上了。

按照康德的具体讲法，为了达到"让好意成为好事"的目的，需要预先假定三个公设，即灵魂不死、意愿自由和上帝存在（同上书，第318—319 页）。它们都不能像传统哲学和神学那样通过概念化命题推论而证明其存在，但却可以在实践理性的情境中被合理地悬设。"灵魂不死"的悬设使人的灵魂或先验意识可以持续存在,以保证道德律在世界上的完整实现。这就像印度古代哲理认为,如果人的灵魂只活一生,或只根据人一生中的表现就得到最后审判,那就没有给这个灵魂改变自己、摆脱无明的机会,而对其善恶福祸的最终判定——这是何等沉重的判决!——也就是不公正的。所以,轮回是必须的,即人的灵魂必须有机会一再进入(不同的)身体,承载报应,并通过自己的多世代的长久努力而得到解脱。"意愿自由"的悬设则使人的意愿可以是自由的,也就是可以在善良意愿的涌现中摆脱感性、习性的纠缠,只按照理智或灵明世界的规则(道德律)来行事,以成就纯金足色的道德。而"上帝存在"的悬设,如我们上面已经讲到的,就是一方面凭借这纯真的道德性而是善良的,另一方面又凭借上帝的全能而能够最终成就善良者的成功和幸福。

　　康德伦理学有什么不足呢?这是一个被许多人讨论的问题,我这里只稍加点评,其余的有待你们自己来揣摩。首先,如我们前面提及的,康德伦理学的形式主义并不能完全贯彻到底。例如,这种形式主义论证中的一个关键就是要设想一个行为被普遍实行后会怎么样,也就是这种实行会产生什么后果,就像让说谎被普遍化产生的后果会使哪怕善意的说谎也违背直言命令,而这就突破了严格的形式主义,涉及行为的内容和效果了。而我们刚刚说到的道德与幸福的联手也必涉及行为的后果,而这种联手是人类道德意识中潜藏的一个天然的乃至先天的向往。其次,判断行为的道德与否完全不考虑人的情感或爱恶,也有牵强之处。这一点在你们向我提的问题中也反映了出来,好意与爱好怎么能完全分开呢?实际上,"爱好"(它可以是非对象化的)而不只是"爱欲"(它是对象化的),很难被完全排斥出伦理学的中心地带。我们以下谈到儒家伦理学时,会一再回到这个问题。无论如何,初学者在这个阶段,主要是理解和体会康德伦理学的特别之处、启发人之处。只要深入进去,浸润久了,其破绽自会显露,不要一开始就一门心思搞"批判哲学的批判"。

第六节　西方伦理学的共同特点

　　下面来概括一下西方伦理学的共同特点。只是暂时的小总结,仅供你们整理思路。只有当你将西方与东方特别是华夏的伦理学做对比,才会更深入地理解这些特点。

第一，西方伦理学是以个别和普遍的分裂、思想和身体的分裂、过程和结果的分裂，到近代以来则是主体和客体、我与他的分裂为前提的。个别可以是个人及其经验，普遍则可以理解为一种普遍化的原则或者社会公众。康德伦理学强调实质(行为的质料、情感)和形式(行为遵循的准则)的分裂，这实质包括因果考虑和我们的身体感受等。在近代哲学里，主客分裂是一个很常见的理论前提，然后再找主客之间的联系。当然，"分裂"也可能有积极的一面，比如配合一个已然分裂了的生存环境，让思想在其中变得更锐利，建立观察人生的新角度。

第二，伦理原则本身有相当强烈的普遍主义倾向。西方伦理学家认为自己制定的伦理规则可以适用一切情况，不从根本上考虑具体的时空，不考虑条件和情势的制约。所以，各流派都将自己的核心原则用形式突出的定义表达出来，比如快乐主义、功利主义、形式主义的定义，都是言之凿凿，甚至要搞出"道德的计量器"，一副以不变应万变的架势。

第三，人为性、抽象性非常强，基本上不考虑人的自然生命和生存形势的伦理学含义。因此，西方伦理学不是从人的自然的或实际的生活状态出发，即使个人享乐主义也只是从感官这么一个抽象的方面来理解快乐。西方人理解什么东西都走极端，但是有时其极端处也相当深刻，可以启发人的思考。不过大家可以想一想，我们人的生命本身是不是就有伦理学含义呢？动植物的生命有没有伦理学含义呢？

第四，从哲学方法上，西方伦理学有一个"个人全知预设"，即善恶和行为的好坏在某个意义上已经被当事人预先知道了。比如个人享乐主义认定什么是感官的快乐已经被充分知道，功利主义认为最大多数人的最大利益何在也可以事先知道，康德则预设人能明确知道义务何在、好意之好何在。苏格拉底虽然自认无知，却也很是知道行为的对错和生死的意义在哪儿。中国的伦理学不是这样，总要给生命情境和当下直觉以重要地位。到了当代西方哲学，这几条特别是最后一条也被动摇了。意愿主义、存在主义、现象学，甚至是实用主义，都感到所谓对错不能够脱开情境，不能脱开人的具体经历。当然西方传统中有很深刻的怀疑主义，也体现在伦理观上，但我现在讲的基本上是西方伦理学的主流，起码是很有影响的流派。

第十二章　中国古代的伦理学思想

中国古代的伦理学学说跟中国古代的终极实在观和认识论息息相通，甚至关系更密切，基本上没有西方本体论、认识论、伦理学的分割。华夏人真正关注的是一个维度丰富的世界，其中有天人之别，得道与不得道、有德与无德之别，但没有经验世界与一个本质上更高的世界如理式化世界之别。而且，中国古人在伦理学上有一个知行合一的传统或期待，尽管真做到它也很难。

第一节　杨朱、墨子的伦理学主张

杨朱(可能是战国时期魏国人)的著作没有流传下来，只是散见在其他的一些文献中。我们来看一下孟子对杨墨的表述："天下之言不归杨则归墨，杨氏为我，是无君也；墨氏兼爱，是无父也；无父无君，是禽兽也。"(《孟子·滕文公下》)这一段讲战国时杨朱与墨翟(战国初期宋国人)的学说既对立又同时流行。墨氏讲兼爱，也就是不只爱自己，同时要爱他人，以使人人相互关爱；而杨朱则相反，只讲自爱，也就是只为我的利益着想。只为我而无忠君报国之念，故"无君"；只讲兼爱而不以亲亲孝悌为本，丧失了对父母先辈的尊重，故"无父"。这样既无家庭观，又无国家观，就与禽兽没有区别了。这里的"禽兽"只是描述语，没有多少后世加上的浓重贬义。"杨子取为我，拔一毛而利天下，不为也；墨子兼爱，摩顶放踵利天下，为之。"(《孟子·尽心上》)杨朱讲一切行为都该为自己，所以即使拔他身上的一根汗毛就能够让天下人都得好处，也不能干；而墨子讲兼爱，即使从头到脚都磨损受伤也不在乎，就是要为天下人谋利益。杨墨之别与个人享乐主义和利他主义之别有些相似，但并不一样。先秦以后这两派都从主流思想中消失了，说明它们不符合中国古人的基本思想方法，但是毕竟当时很流行。杨朱也不只是昔兰尼那一派的个人享乐主义,因为他关注的是时间跨度中的趋乐避苦,不是只专注于当下感官的享受,因而近于伊壁鸠鲁的快乐主义;墨翟的兼爱也不是利他主义,而更近乎功利主义,即所谓"兼相爱,交相利"(《墨子·兼爱中》,《资料》,第86-32页左),相互帮助爱护则相互得到利益,反之,相互歧视憎恶("别相恶")则相互伤害("交相贼")。

可见墨翟全从利害角度来评价兼相爱和别相恶的后果,是一种关注行为后果或目标实现的目的论思路。"是故诸侯相爱则不野战,家主相爱则不相篡,人与人相爱则不相贼,君臣相爱则惠忠,父子相爱则慈孝,兄弟相爱则和调。天下之人皆相爱,强不执弱,众不劫寡,富不侮贫,贵不敖贱,诈不欺愚。凡天下祸篡怨恨可使毋起者,以相爱生也,是以仁者誉之。"(同上)可以设想,这种主张对于身处战乱频仍、祸篡怨恨处境中的人们,初闻之下会很有吸引力,因此它在战国时风行天下不难理解。但是它的思想方式过于线性直浅,无视人们相爱的真正源头——家庭——的特殊地位,使得他讲的"兼爱"实际上只是"互利",缺少人性的原发支持,又不如那些专讲获利的学派如法家那般可行,所以虽有真诚美好的愿景,也有墨家团体的相应实践,但在当时的现实生活中并未起到历史性的作用,而在后世也就消失于主流了。

杨朱如前所述更近乎伊壁鸠鲁,主张要尽量保守珍爱我这受之于天的身体,即"重己"(《吕氏春秋·重己》,《资料》,第299页右),以便它活得完整而又舒适,也就是"全生"(《吕氏春秋·本生》,《资料》,第297页右)。"能养天之所生,而勿撄[触犯伤害]之,谓之天子。"(同上)"天子"指天(自然、天道)的儿子,而这天的儿子就是要保全天父天母所赐给或生成的生命,让它获得自然的舒展,实现它的天赋价值。因此,生活要顺天然之势之时,怡养或实现自己的天年,不要被外物或名利所惑,这就是他讲的"为我"的基本意思。对于杨朱,"我"或"己"首先指我的身体,当然此身体与心灵并未分开,但毕竟以我直接感受到的身体状态为根。比如,能工巧匠"倕"的手指极其灵巧,但我还是更爱我自己的手指而不是倕的手指,因为它们属于我的身体,用起来最为有利(《吕氏春秋·重己》,《资料》,第299页右)。所以,杨朱特别反对那种无节制的及时行乐和贪图享受,因为它们会损害("撄")我的身家性命:"出则以车,入则以挐,务以自佚,命之曰招蹶[招致跌倒乃至瘫痪]之机;肥肉厚酒,务以自彊[吃得肥胖],命之曰烂肠之食;靡曼皓齿,郑卫之音,务以自乐,命之曰伐性[砍伐性命]之斧。三患者,贵富之所致也。"(《吕氏春秋·本生》,《资料》,第297页左)现在中国颇有些暴发户及贵富子弟,沉迷于豪车、宴饮、淫乱、逐乐,却不知它们实为"招蹶之机""烂肠之食"和"伐性之斧"。这道理两千多年前就已经被说得很清楚了。古代中国就没有西方那种纯粹的自我享乐主义,起码我没见到。这恐怕是因为古代华夏文化中,"时"的思想影响极大。即便是为我,也一定要考虑到"时"。杨墨的思想可以通过跟儒家做对比来理解,而孟子就把拒斥杨墨作为他的使命之一。

第二节 孔子的伦理学(一)——方法特点和亲亲为本

一、孔子伦理学的方法特点

与西方传统主流的伦理学不同,孔子的伦理学有一个方法论上的重要特点,即他不预设个人的反思理性从一开头就知道了什么是好、什么是坏。你觉得儒家讲道德、说仁义,好像早就知道了什么是道德仁义,可以用定义说得清清楚楚,其实不是这样的。在孔子看来,仁义道德的含义只有在与他人的某种特殊关系中、在人的实际生活经历中,才能逐渐明了起来。不过这种特殊关系又不是纯偶然的,而是像亲子关系、家庭关系那样,是绝大多数人的生命源头,同时也是一切道德伦理的源头。而亲子关系并不是伦理学理论层面的东西,也不只是经验的后果,它有某种先天性,既是生命的前提,又是几乎每个人的最亲密体验。

孔子的思想极其精妙,不落入任何现成的框架,当然也极其含蓄,所以要理解孔子很不容易,自古以来都是如此。相比而言,后世儒学,特别是宋明理学更好理解些,虽然体系宏大,又吸收了佛家道家的东西,颇有些深邃之处,但是在理论上毕竟是可遵循的。甚至孟荀也更好理解些,他们讲性善性恶,有个把柄可抓,而孔子只是讲"性相近也,习相远也",没说人性到底是善的是恶的。孔子罕言天道性命,仁也不能被直接定义。《论语》中"仁"出现一百多次,都是就语境而发,并没有一个是定义。对于同一个问题,孔子给不同弟子的回答都不太一样。所以理解孔子总需要一个逐渐品味的过程。按照王充《论衡·讲瑞》的记载:子贡事孔子一年,觉得自己比孔子强;到了第二年,自谓与孔子同;到第三年,则自知不及孔子。最后孔子去世了,一些弟子为孔子守墓三年,但子贡除此之外,又守了三年才离去。他原是一个商人,学问上领悟迅捷,才华横溢,最后对老师无比敬重。后来有人对子贡说:你才是更了不起的,你老师一生政治上那么失意,而你在这方面那么有成就。子贡回答说:如果用宫墙来比喻,我的墙矮,你们能直接看到我的好处在哪儿,宫室院落有多么华丽;夫子的墙则很高,你不得其门而入,就根本看不到他的好处在什么地方,其中蕴含之丰美崇高是你想象不到的。他进一步说:"仲尼,日月也,无得而逾焉。"(《论语》19.24)孔子的思想和人格就如同天上的日月那般恒久灿烂,有人要诽谤之,就如蚍蜉撼树,"多见其不知量也"(同上)。宋朝时有人写道:"天不生仲尼,万古长如夜。"(《朱子语类》第93卷)只有对孔子思想深有体会的人,才会说出这话。孔子的思想特点和魅力,是中华文明至关重要的光明来源。

二、亲爱为伦理道德之根

下面我们来看孔子伦理思想的特点。

第一,亲爱为根。在孔子看来,道德伦理首先不是一个可以被事先从观念上说清的原则,仁义礼智信等一切道德伦理都是有人生源头的,这就是家庭,尤其是亲子之爱。孔子讲仁的含义就是"爱人"(《论语》12.22,《资料》,第86-7页右),但这个爱不是墨子的兼爱和基督教的神爱/爱神,而是有源流和递进过程的爱。此"爱人"指爱他人(不是杨朱和昔兰尼派的"爱己"),所以这爱是人之间的相互关爱;而人与人之间的互爱不是还需用说教或道德命令(如"要爱你的邻人!")去发起的那种间隔之爱,而是一种他人与自己还没有从身心上完全分离的、还处在代际时间的构造(过去与将来交织为现在)晕圈中的原爱,因此首先是爱子女和爱父母,天然发动,知行合一,沛然莫之能御也。

　　子女与父母虽有个体的、实项的(reell)①区别,但从我们直接体验到的意向的(intentional)构成层次上讲,却不是作为个人的"自己"与"他人"之间的陌异关系,而是"亲亲"这个本源关系,也就是使生活意义与生存可能得以发生的关系。所以,"仁者人也,亲亲为大"(《礼记·中庸》,《资料》,第323页右)。要得仁,既不能超越人而朝向神和理式,也不能降低人而只图感性欲望和功利,而就是要做个真正的人。要做真正的人,就是要做人做到家;而要做人做到家,就必须首先将这个人做成家人,即相互既有区别(互为他人[二])又相互构成(互为亲人[亻])的双相一体之人[仁],这也就是在"亲亲为大"的关系中成就的"爱人"之"仁"。"孝弟[悌]也者,其为仁之本与!"(《论语》1.2,《资料》,第72页左)孝慈之爱和悌友之爱,是儒家最重要的德性即仁的根本,也可以说是要实现仁德所依据的根本。因为它们是将来向过去的充满爱意和敬意的回流,使人生时间或历程不止是从过去流向未来而不返的伤逝之流,而更是将来与过去相互交织出的爱意晕圈。于是,"君子笃于亲,则民兴于仁"(《论语》8.2,《资料》,第86-2页右)。由此可知,亲爱不仅是个体之间的关爱或私爱,而是包含着家庭之间、乡里之间,甚至国家之间的泛爱、仁爱和礼乐化之爱。尽管现实中的亲子之爱并不是不会出错的,确有亲子之间不亲爱的事例,但是在一个正常的社会中(比如占人类历史百分之九十五以上的采集-狩猎社会中以及后来的农业社会),绝大部分父母与子女是相互亲亲的,活在人的生命意向的构成之中。而且,在实际生活中这是最真切原发的爱,与生俱来,不受任何观念、信仰体系的操纵,古往今来屡验而不爽。

　　我们来考察一下,除了亲子之爱,是不是还会有更好的伦理源头呢? 耶稣讲:"你们不要想,我来是叫地上太平,我来并不是叫地上太平,乃是叫地上动刀兵。因为我来是叫人与父亲生疏,女儿与母亲生疏,媳妇与婆婆生疏。人的仇敌就是自己家里的人。爱父母过于爱我的,不配作我的门徒;爱儿女

---

　　①　"实项的"(reell)和"意向的"(intentional)是胡塞尔开创的当代现象学的术语,用来描述意识的结构。意识的本质就是要进行意向构成的活动,也就是意向行为(noesis)在视域中,通过对实项内容(即权能化的感觉材料)的统握或立义,构造出被我们直接体验到的意向对象(noema)。简言之,"实项的"指参与意向构成的行为和材料,而"意向的"则指被它们构造出的结果或(可能化的)对象,处于被我们直接意识到的更虚也更真切的层次上。

　　由于我们这门课没有详细介绍现象学,所以读者如不明了这些术语,就跳过去,完全不会影响你们的基本理解。

过于爱我的,不配作我的门徒。"(《新约·马太福音》10:34—37)基督教认为,有比亲子之爱更神圣、更高级的神人之爱。神爱世人,所以愿意把他的独生子拿出来为人赎罪,使所有信他、爱他的人不至灭亡,反得永生。这也是很动人的爱,借助了父子关系的形式。但是这个爱太遥远了,以至于空洞无依,因而是可以乃至必然要变质和被操控的。比如教义需要主教们和教皇来解释,教徒需要教会来组织安排,于是这异于家庭的权力机构就来顶替人的直接自明的爱意体验了。它告诉你谁是异端,你就去排斥;它要求你去参加十字军东征,你就去投身血腥的宗教战争。同样,"文化大革命"中讲对党和领袖的爱是高于亲子之爱的,于是歌中唱道:"母亲只生了我的身,党的光辉照我心""爹亲娘亲不如领袖亲"。当时有一位知识分子顾准先生(1915—1974),也是一位马克思主义者,还是很有些资历的革命干部,只因和当时意识形态机构的想法不一样,就受到迫害。读到关于他的回忆录,真是很难不落泪。他作为一个中国人,家庭意识特别强。因为他的政治问题,妻子儿女受到牵连,生活困难,他就省下仅有的一点粮票和钱,给家人寄去,但被退回来;回家则被赶出去,把粮票塞到棉鞋里放到家门口,最后还是被退回。因为家里人尤其是子女,认为父亲是反革命,要跟他划清界限啊。

哪一种爱更真切、更原初,更能打动人? 大家可以自己体会,自己寻找答案。儒家相信亲子之爱是最不会变质的源头,尽管它也处于经验的偶然之中,会受到各种各样的干扰(比如顾准先生一家遭遇的),但它毕竟有自己的先天命根,一旦恢复人类的正常生活,就会萌发和繁荣。法国当代哲学家列维纳斯讲"面容",奥地利当代哲学家布伯讲"我与你",但世界上最动人的面容,应该是婴儿第一次睁眼看到的自己母亲和父亲的面容,它有着根本的伦理心灵的召唤力(即便婴儿还没有反思意识),是最原本的"我与你"。在儒家看来,养育之恩是人的命运,是人的自由意愿的源头,而根本不是一个对象选择的问题。而观念化的道德观不仅不能理解而且不能容忍这种至情,一定要取消这种世代血脉相通之爱的源初地位,把它视为偶然的,甚至落后的、下行的。比如柏拉图的《理想国》主张要把统治阶层的孩子们集中起来由国家养育,选优汰劣。而且,没有一个西方的哲学流派承认伦理的源头是亲子关系,这是整个西方思想的瓶颈所在。

有一件事情我常讲,这是我直接听到的和接触过的。北大心理学系的一位女教授有两个孩子。长女很出色,后来去美国留学;儿子则不幸是先天性痴呆儿,但不是完全不懂事,他还喜欢佛家的东西。后来这个男孩走失了。母亲为了寻他,全国各地的寺庙全跑遍了,还是没能找到。她曾找我妻子(北大校医院医生)看病,对此事有所倾诉。过了很多年,我的妻子又遇到她,就问她现在是不是好一些了,毕竟岁月流逝,而且还有一个那么出色的女儿在。不过她说:还是不行,想儿子想得更厉害了。每到变天时就会想:他怎么样了? 他在哪儿? 衣服是多了还是少了? 我听到妻子的转述,深为这种纯情挚念而感动! 似乎只是一位普通母亲的天然感情,但谁又能说她那超功利的母性、人性不是人类最自发、最普遍的东西,不是让人为之俯首敬重的东西呢?! 儒家把自己的根子扎在这种至情至理里面,我坚信绝没扎错,质诸天地鬼神而不疑。

亲子关系对于理解儒家,是一个根本的、同时也很敏感的问题。它好像特别不适合现代性,因而很多现代中国学者将亲子关系看作是宗法社会的遗留,在人的伦理和政治行为中没有本源的地位。要建设一个现代国家和法治社会,就要把亲子关系降到和其他关系一样的地步,一切都要从个人的权利和义务出发,要不就是以超家庭的团体、机构的威权为出发点。儒家不能接受这些主张。有些海外新儒家认为,儒家如要适应现代化的大格局,就必须接受西方传来的科学(含社会科学及哲学)和民主,实际上也就是接受充分对象化的思维方式和个体主义或集体主义的伦理学。但是,儒家如果把亲子关系让位给个人本位、机构本位,那还是不是儒家了呢? 在这些新儒家看来,儒家和西方自由主义并没有什么本质区别,都是为了能够让个人的潜能得到发挥,实现一种由个人选择和奋斗成功的人生,只是儒家成就个人的方式有些自己的特色而已。这或许也是儒家现代化的一种路数,但是我觉得这是一条死路,会把儒家"亲亲而仁"的源头堵死。毕竟,道德和幸福只能从"家庭承包"入手,个体单干和人民公社集体制以及柏拉图式的国家垄断体制,都不足以作为源头。

只有在亲子关系中,我们才能知道亲子之爱是怎么回事,乃至真正的爱本身是怎么回事。到目前为止,绝大多数人都是从亲子关系中生成的,不过假如像某些西方哲学家、科学家设想的(也曾经这么实践过),把婴儿都收拢起来由专家指导的团体或国家拣选和统一教养,或者干脆由高科技来生产、培育和改进人类,那么儒家的根子就被挖掉了,其实也就是我们这种人类的根子被砍断了。但那些人说:我们也可以让机器人生育孩子呀,甚至有的电影也表现了这种情节。即便那种技术被创造了出来(这几乎不可能),机器人与其生育的孩子之间会出现我们上面阐发的"亲子关系"吗?那些人工智能化的父母与子女之间,还有我们讲到的生死与共、终生认同的至情牵挂和德性生发吗?

西方思想家和流行意识形态看亲子关系,大多只看到利害关系,比如家长要把自己的意志强加给后代,养儿女只是为防老的一种投资,等等。他们中的主流认为子女没有尽孝的义务。20 世纪 80 年代美国学界讨论了一个问题,即儿女回报和赡养年老父母是不是一种道德义务?争论当然有两种乃至多种意见,不过代表主流思想方式的一方主张,孝亲不是道德义务,因为有孝亲义务就意味着儿女从父母那里得到了满足自己请求的恩惠,这才有报恩的责任。比如某人在你的车抛锚时,在你的请求下帮你修了车,那么你从道德上就有回报他的义务,当那个人的车抛锚时,你就应该给他帮助。可是,儿女在出生前和幼小时根本没有选择能力,这个"被生育"是父母天然就给予他们的,也可以说是强加给他们的,并没有经过儿女的选择和请求,在这种情况下,儿女就没有义务来还报父母。这个论证里边有一些无效的论据,以成人的理性算计和自由选择为前提,远不是有效的和符合我们的道德直觉的。①

孝道的哲理地位,特别是伦理学的地位,是一个非常深刻的问题。孝爱父母及先祖是人的本性,还是只是文化培养出来的?这就是一个重大问题。很多人倾向于西方自由主义和威权主义的观点,认为孝道不是人的本性,对此我有不同的看法。植物里面亲本和子本之间根本没有孝的问题,树的种子一离开母树就自谋生路去了。动物里面有慈爱,哺乳类和鸟类的亲代关怀子代,母亲甚至能够为儿女舍出性命,但是没有回馈,后代一旦可以独立生活,这种关系就基本上终结。虽然中国古话里面有"慈乌反哺"的老话,说小乌鸦长大了能够反哺老乌鸦,可大家谁见过呢?到目前为止,好像没有生物学、

---

① 具体的一些论述,参见拙著《家与孝:从中西间视野看》第 3 章,北京:生活·读书·新知三联书店,2017 年。

鸟类学方面有关的肯定报道,网上甚至有一些解释,说古人可能是将"合作繁殖""巢寄生"等现象误以为是子代反哺亲代了,[①]所以我先假设没有这种情况。目前看来,只有人类有这种孝亲现象,人的子代会回馈父母或祖父母。但应该如何理解这个独特的现象呢? 我倾向于认为,它不是一个现成的特征或本能,像"食色"那样永远离不开。慈爱应该是人类父母的本能,但孝意识却像是人类天性中的一个潜能,你只要让它自然发展,就会出现,而且深刻影响当事人的意识成长;但由于文化的不同、时代的不同、生活方式和技术方式的不同,这个孝意识的冲动可能被压制,甚至被遗忘。

第三节　孔子的伦理学(二)——学艺、时中和乐感

一、学艺

孔子伦理学的第二个特点是:学艺。换句话说,就是学习儒家技艺或艺术以实现亲爱之潜能。孔子认为亲子之爱是伦理意识的源头,但若想让它有深刻广大的道德含义,而不只限于家庭中人和人之间的关系,就必须把它深化、粹化和泛化,实际上就是将其先天的(超功利的)、意向性的、时间化的和美感的那一维度凸显出来,而这么做的最好的方式就是学习儒家六艺,即诗、书、易、礼、乐、春秋,另一个六艺版本是:礼、乐、射、御、书、数。

如果限于家庭这个小范围,随着时间流转和子女长大,亲爱也可能被现成化,所以要把这种亲子之爱的意向构造性张大,顺其势而扩充到爱亲属、邻居、乡亲、国人、天下之人。但如果按照康德式的道德律令来推行,或者按照基督教式的诫令来推行,或者按西方现代国家的法律规范来推行,就会有丧失原本亲情的那种天然、自发、自明之特点的危险。孔子则认为,将这种亲爱推及他人的最好方式就是通过学习技艺(technē)或艺术(art),即学习刚才标出的六种儒艺,来让亲情不失原味地、有理有节地扩展开来。因为只有艺术才能有那样一种微妙性和时机性,让亲爱不失其源、不失其亲地实现为泛爱和仁爱。

---

① 比如:https://baike.1688.com/doc/view-d45364217.html。

这种亲情的恰当转化和推广是不容易的,因为亲亲虽蓄含着泛爱的潜能(一个不知真爱或亲爱为何物的孩子,如何能爱他人呢?),但有时可能与泛爱产生矛盾。我们都知道"父子相隐"的那个例子(《论语》13.18,《资料》,第86-9页右)。父亲偷了别人的羊怎么办?这时对父亲的亲爱与对别人的泛爱就冲突了,而且这类困难或大或小地在人生中是可能遇到的,你怎么应对?这时你该怎么对待你的父亲?去到官府去告发你的父亲,以便将他绳之以法吗?孔子反对,因为那样就会毁掉亲亲这个道德根基,所以首先要为你父亲隐藏;反过来,父亲也要为儿子隐藏,这就叫"父子相隐"。那这岂不是相互包庇、罔顾正义了?非也,正义("直")一定要实现,但不是以线性化的、对象化的方式按律实现,而是通过"隐"的方式来实现。至于可能的具体应对方案,并没有现成者,而需要当事人召唤出良知良能来艺化地实施。可见,只有艺术化的、就着具体情境的应对,才能将亲亲与泛爱有机地结合起来;而靠遵守现有规则来应对这种困境,几乎是不可能成功的,所以对孔子来说,不学六艺就不能成君子,而不成为君子你就根本没有成为仁人的可能(《论语》14.6,《资料》,第86-11页左)。可见儒家跟西方的宗教很不一样。比如基督教,按辜鸿铭先生所讲,是一种群众性的宗教。耶稣登山讲道(《新约全书·马太福音》5—7),很多人马上信他是基督或救世主,就皈依而成了基督徒。儒家不行,你什么时候见过儒者登高一呼,大家就都成了儒者了。士子必须学六艺,先成君子,然后君子里头出色的,比如像颜渊那样的,才能成为仁者。所以儒家特别强调的就是"学",首先是学艺,这个我们讲知识论的时候讨论过。

"好仁不好学,其蔽也愚;好智不好学,其蔽也荡;好信不好学,其蔽也贼;……"(《论语》17.8,《资料》,第86-18页右)无论多好的美德,也要靠好学来激活,才能实现出鲜活的自身,让它成为现在进行时和将来时,而不仅仅是一个已经完成时。好学或喜好学艺之所以如此关键,就是因为儒家的伦理学要凭借学艺来开启亲亲中潜藏的智慧或仁爱,而不能只凭借信仰、遵从命令和理智原则。

孔子讲:"己欲立而立人,己欲达而达人。"①(《论语》6.30,《资料》,第84页

---

① 更多的相关文本是:"夫仁者,己欲立而立人,己欲达而达人。能近取譬,可谓仁之方也已。"

左)其义是:你自己要做的事也帮别人做成,自己要达到的状态也帮别人达到。它被一些人称为儒家的道德金律,它的否定性表述(有人称之为银律)是:你不愿意别人对你做的事情,也不要对别人做,即"己所不欲,勿施于人"(《论语》12.2,《资料》,第86—6页左)。孔子这儿讲的似乎与基督教的道德金律①相似,都是一种将"己欲"和"[由己欲设想的]他[人之]欲"交织和平等起来的要求,但其实质不同,第一,孔子所言道德仁性的真理性不是从本质上更高的权威如上帝而来,而是出自人与人的原初关系,首先是亲亲关系。这种关系如母亲对子女本就是"己欲立而立人,己欲达而达人"的,孔子只是将它扩充和明确罢了。②因此,第二,既然这"金律"出自实际的人际关系,那么它从根底处就是人生情境化的,所以其真实含义要在每一次的实现过程中被当机生成。就此而言,它并不是西方人讲的"道德律"之"律令"或"律条",而是实现仁道之路标或形势指引。由此观之,称之为"律"——不管是金的还是银的——并不合适。

　　因此,孔子讲的这个"仁之方"(达到仁道的方式)(《论语》6.30,《资料》,第84页左)与西方的道德律和诫令是不同的。如果你只是从形式上遵守它而没有艺术化的实现契机在里面,就不是孔子讲的意思了。比如,我好抽烟,就要让所有的人都抽烟("己欲立而立人"嘛);我不喜欢吃大蒜,就不让任何人吃大蒜("己所不欲,勿施于人")。这就不对了,不过从形式上却完全符合这个规则啊。可见,要恰到好处地把这个仁之方的原意实现出来,既需要良知与生活促成的道德直觉,又需要时机化和艺术化的应对方式,想只通过从形式上来调整定义,改进"金律",使其含金量充足,总不会完满。③所以儒家一定

————————————

　　①　基督教的道德金律的表述见于《新约全书·路加福音》6:31和《新约全书·马太福音》7:2。两者都出自耶稣之口。前者曰:"你们愿意人怎样待你们,你们也要怎样待人。"(和合本)

　　②　耶稣否认个人对个人的具体互爱与道德或圣徒性有关。他在讲了上一个注释中所引的话语后,马上说道:"你们若单爱那爱你们的人,有什么可酬谢的呢?就是罪人也爱那爱他们的人。……你们倒要爱仇敌,……你们的赏赐就必大了。"(《路加福音》6:32—35)儒家却会认为,如果罪人能够爱那爱他们的人,那么他那源自亲亲的爱心就还没有泯灭,就还有良心被再发现的可能。耶稣却认为这种人与人的相互之爱没有道德价值,关键是一种超越所有互爱的超越之爱、单向之爱,表现为这里讲的对仇敌之爱,而其根在神人之爱。可见,他前面讲的"你们愿意人怎样待你们,你们也要怎样待人",是完全主观化和超经验化的(但未超功利:"赏赐就必大了"),与实际生活中的"相互对待"无关。所以,这种金律与康德讲的普遍形式化的道德律也有某种内在关系,只是不如后者严整和完全非功利化。

　　③　有关的讨论,可参见王庆节:《道德金律、恕忠之道和儒家伦理》一文,载《江苏社会科学》,2001年第4期,第95—103页。

要强调道德性的质料方面,或原发感情的方面,认伦理源头是亲情和男女爱情及其内含的义理。除了亲亲孝悌,《中庸》也讲到君子之道以夫妇为开端。有《关雎》歌唱的美好爱情,才有被兴发鼓舞的夫妇的结合,也才有子女和亲亲之爱;然后通过修习六艺,以艺术化的方式把原发的亲子之情和爱情扩充到整个社会之中。这是儒家伦理学的一条生命线。儒家视野中的艺术和美感,与道德感内在相关。不用说礼艺,就是诗歌和音乐也与道德相关。一个被美好诗歌和音乐完全打动的人,在那个时刻他可能是一个恶人吗?孔子讲:"《诗》三百,一言以蔽之,曰'思无邪'。"(《论语》2.2,《资料》,第74页左)可见,孔子心目中的《诗》,不是欲望——情感不同于情欲——的直接表达,而是情感在艺术结构和韵律中的升华,所以通过《诗》得到领会的思想总是无邪的。总之,"艺"就是让情合乎时机地实现出来,成为情理,真情就是真理。在孔子和儒家这里,伦理学与知识论和艺术美感是充分打通的。

二、时机化、中庸和乐感

孔子伦理学的第三个特点是:时机化。从以上所讲就可以看出,"时"在孔子的伦理学中至关重要。在孔子看来,道德的源头是在代际时间中发生的亲情,而这亲情是通过学艺更广泛地扩展开来,这里面充溢着时机化的领会和实践。同一句话、同一个原则,失其时机就失其情势、失其语境、失其原味,也就失去了原本的意义。《论语》中孔子回答学生的话,全都是按情境和时势来说的,比如2.5到2.8,学生都在问孝,孔子却给出不同的回答。孔子还特别鼓励学生通过《诗》来理解礼,或反过来。比如1.15和3.8,《诗》和礼的运用皆顺势应时。孟子赞孔子"圣之时者也",无比贴切。其原文是:"伯夷,圣之清者也;伊尹,圣之任者也;柳下惠,圣之和者也;孔子,圣之时者也。孔子之谓集大成。集大成也者,金声而玉振之也。"(《孟子·万章下》)孔子对于"时"的感受无与伦比,而且整个孔子思想充满了乐感("金声而玉振之")。这在古代轴心时代的圣贤之中,是很突出很特别的。我们也知道,孔子对音乐的爱是无与伦比的。

第四个特点就是中庸。孔子心中的美德包括至仁至善都是中道德行,也就是中庸之德。这德既是美德又是道德,这跟亚里士多德有相通之处。但在孔子看来,中庸已经是最高的德行乃至深刻意义上的幸福,不需再设立什么更高的德行如纯理智、更幸福的人生如思辨实践，或者设想那"比人的生活更高的生活"(《尼伦理学》，X.7,《资料》，第414页左)。因此孔子说："中庸之为德也，其至矣乎，民鲜久矣。"(《论语》6.29,《资料》，第84页左)中庸这种德行是最终极的，是人-仁的生命之至极。它虽然属于人世，却绝不现成，所以一般的民众，特别是乱世中的民众几乎"品尝"不到它。此乃民众和君子、圣人的差别。大家都有情，只是急迫时，百姓的这个情发出来不是中道，君子的则是中道。"喜怒哀乐之未发，谓之中；发而皆中节，谓之和。"(《礼记·中庸》，《资料》，第321页左)喜怒哀乐就是情，在还没发出来但已在心中有势态时，是原情，就是中；一旦发出来又时中合节，就像音乐的节拍打到点子上而产生共鸣，就是和。君子能够致中和，小人却达不到。《中庸》虽是孔子的嫡孙子思所作，但家学渊源，传承的的确是孔子思想，且其中多引用孔子之言。

中庸之德发自亲情。每个人心中都有还未发出来的亲情，是为原情。人从小到大到老，有时对此原情浑然不知，有时却知之甚真。它也不止于从个人的习惯和性格中养成，训练也很重要，学艺就是一种训练，因为它毕竟有亲子源头，有时机做成。因此儒家特别强调，中庸之道发出来的时候要"莫见乎隐，莫显乎微"(同上)，在你不经意的时候忽然生发出来，却正是良知的呈现，恰好命中要害。"溥博渊泉，而时出之"(同上书，第325页左)，如同那暗通深渊的充沛泉水，以时机化的方式不断涌流。像孟子所讲，你见到一个娃娃或孺子马上要掉到井里，恻隐之心和拯救之举一下子涌流出来。

那么，中庸之德会不会像康德说的，在动机不好的坏人手中，反倒成为作恶的能力了呢？不会的，这也是孔子讲的中庸与亚里士多德讲的中道的一个区别(处于鲁莽与怯懦中间的勇敢是中道美德，但它可以成为坏人的助力)。因为中庸不仅靠训练和技艺直觉来做成，而且有自己的亲爱源头(也是道德源头)及其时机化实现，其美德中必有道德，这不是任何训练所能达到的。所以中庸的"时中"里边就一定有"诚"——真诚、至诚，物我打通的状态。"诚者，不勉而中，不思而得，从容中道"(《礼记·中庸》，《资料》，第323页左)，而这种中庸至诚的意识状态不可能是不善的，"诚身有道，不明乎善，不诚乎身矣"(同上)。

按照《中庸》里孔子的思想，一个人达到至诚，感天动地，"唯天下之至诚，为能尽其性。能尽其性，则能尽人之[善]性；能尽人之性，能尽物之性，则可以赞天地之化育;可以赞天地之化育,则可以与天地参矣"(同上书,第324页右)。一个至诚的人,能够将天赋的本性统统发挥出来,就能与天人、物我感通,不仅至善,而且至智,深入人性和物性的终极,以至于能与天地相参,成为与天地并列的、参与天地创化的或处于天地"之间"的活体中道。"不诚无物"(同上),没有诚的话则连认识事物都做不到,所以(能够在某种程度上认识事物的)我们实际上总已经在诚里,只是"诚度"有纯有杂罢了。"诚者,天之道也",人能达到的至诚境界就是天道,天道自然流行;"诚之者,人之道也"(同上书,《资料》,第323页左),你按着这个诚道走,就是人之道,就是上面引的"不勉而中,不思而得,从容中道",也就是"君子而时中"(同上书,《资料》,第321页左)的境界。这样的境界,是西方伦理学到目前为止没有看到的。

在此"时中"里行走,就会千姿百态,执两端而显中道。比如孔子有时很想施展自己的政治抱负,好像很是追求后天经验中的目标,甚至说,如果能够不违背道来得到富裕,我给别人赶车守门都行(《论语》7.12,《资料》,第86页右);但又以同样,甚至更加真诚的态度讲"不义而富且贵,于我如浮云"(同上书,第86页右)。他既讲"大德必得其位,必得其禄,必得其名,必得其寿"(《礼记·中庸》,《资料》,第322页左);却也讲杀身成仁、见利思义、见危授命,等等。达到时中而发生出来的都是好东西,既不只是按因果律或功利主义的算计,也不只是尽义务,这是儒家的一个独特的伦理境界,与我们以前讲的西方学说都不同。希望大家能够辨析出来为什么不同。

第五个特点是"乐感"。我们在讲孔子为人为学时,已经讨论过它,这里结合伦理学的问题来进一步显明之。孔子的伦理学认为,达到诚和仁的境界中一定有快乐和乐感的涌流。这一点和西方伦理学中的快乐主义(伊壁鸠鲁)或幸福主义(亚里士多德)似乎有些相似,但其实还是很不同。快乐主义(含享乐主义)认为追求快乐是善行,不过那个快乐或者是感官的满足,或者是某种精神上的满足,但都是可以对象化的,甚至是可以计算的快感。还有一些观点是反享乐主义的,完全出于义务,像康德的主张,任何追求快乐的行为一定是非道德的或者是跟道德无关的。对孔子来讲,仁者或好学者必有内生的快乐,如至诚状态达到的那种快乐,就是后人所谓的"孔颜之乐"。孔子夸颜渊,实际某种意义上也是说他自己:"贤哉,回也!一箪食,一瓢饮,在陋巷,人不堪其忧,回也不改其乐。贤哉,回也!"(《论语》6.11,《资料》,第84页右)

颜渊为什么能在穷困中依然"不改其乐"呢？因为他在学艺中和人生行为中进入了至诚状态，其中必有欢乐的意向意识。《论语》里边孔子谈"乐"（lè、yuè）的不少，曾皙的"吾与点也！"（《论语》11.26）也算一个。还有孔子说自己："其为人也，发愤忘食，乐以忘忧，不知老之将至云尔。"（《论语》7.19）夫子不是无忧，而是此好学之乐和创作之乐可以让人忘忧，可见他的诚意之真。"不仁者不可以久处约，不可以长处乐。"（《论语》4.2，《资料》，第80页右）没有达到仁的人，不能长久生活在贫穷简约之中，也不能长久地生活在快乐或乐感中。"子在齐闻《韶》，三月不知肉味，曰：'不图为乐之至于斯也。'"（《论语》7.14）这是说他在齐国听到了《韶》乐，完全忘记了自己，很长时间里吃肉而不知其味道，于是说：没有想到音乐带给人的欢乐能到这个程度！音乐之乐和快乐之乐在此是相通的，这是儒家的境界。此乐不同于彼乐，既不是感官快乐也不是思辨快乐，而是与忧相伴的而又乐以忘忧的、包含了全部人生丰富性的至乐。

第四节　孟子的伦理思想

一、义利之辨

首先讲一下孟子的义利之辨。孟子去见梁惠王，王曰："叟！不远千里而来，亦将有以利吾国乎？"孟子对曰："王，何必曰利？亦有仁义而已矣。"（《孟子·梁惠王上》，《资料》，第88页右）战国时代乃至我们这个时代，人人言利、谋利，所以梁惠王一见到孟子，就以"利国"相问。孟子却迎头回复道："何必曰利？"即你没有必要首先就去追逐利益呀！因为像您这样只知追逐利益，那么就与其他也追求利益的人们处于你得我失的竞争中，这利益之"鹿"会落于谁手，就很难说了，但肯定是失多得少。而在所有的利益考量之前，"亦有仁义而已矣"，还有仁义或道德意识的独立性和总领功能啊！所以，"仁义先于利益"对于孟子有两个含义：一个是仁义有自己的人性源头，卓然挺立，不能被利益替代；另一个是仁义乃真实利益的引领者，有仁义就会有长久的和总体的利益。对比西方的伦理学，我们似乎可以说，孟子伦理学的第一层含义接近康德的学说，严格区分义与利；而它的第二层含义则接近功利主义，利益的非个人化也可以变成仁义,故有"仁政"之说。但由于孟子能兼顾两者,因而他与西方的这些主张还是很不同。我们先讲第二个含义,接下去的讨论则多与第一个含义相关。

孟子虽然主张仁义相对于利益的独立性,但又主张转化后的利益可以成为仁义。这个转化的关键就是共利或与他人共享利益。就君主而言,则是与百姓利益的共通化。换句话说,"利民"则有义,则可真"利国"。比如孟子鼓励梁惠王向周文王学习,梁惠王说学不来,因为自己有毛病,一是好货(爱好财货),二是好色(喜好女色)。孟子则说,这并非真正的阻碍,因为:"王如好货,与百姓同之,于王何有?""王如好色,与百姓同之,于王何有?"(《孟子·梁惠王下》)这里的"同",就是"共通"的意思。你爱好财货,如果与百姓共有或同有之,那么怎么会干扰你施仁政呢? 你好色,如果能因此而同时让百姓也都能娶妻生子,"[宫]内无怨女[因作宫女、侍女而无法婚配者],[宫]外无旷夫[因君主或权贵占有大量女子而找不到可婚配者的男子]"(同上),那么它就不是毛病而是德行了。这却不是功利主义,因为这"同"或"共通化"以突破自我而感通于他人(见下面所讲之"恻隐之心"及"亲亲而仁民"的思路)为前提,并不是以个人为基本单位而算计"多数人的利益"的结果。因此,当孟子要启发梁惠王时,并没有诉诸功利主义式的算法,而是以梁惠王本人同情动物(一头将被宰杀献祭的牛)的本心发动为例(《孟子·梁惠王上》,《资料》,第89页左),说明这种"不忍之心"就是他能够与百姓同乐同苦的根底。

为了将利益和仁义从制度上打通,孟子阐述了能够照顾到百姓利益的政治经济体制,比如井田制这样的土地使用的制度:"方里而井,井九百亩,其中为公田,八家皆私百亩,同养公田。公事毕,然后敢治私事。"(《孟子·滕文公上》,《资料》,第101页左)它的大意是:以一里见方的土地作为一块井田。这一块井田有九百亩,中央的一百亩是公田,八户人家各以一百亩为私田,共同料理公田。公田上的事情做完了,才可以做私田上的事情。[1]这是对百姓相当仁厚的共通化制度,所以能够培养家族和乡里的社团意识和道德意识,"乡田同井,出入相友,守望相助,疾病相扶持,则百姓亲睦"(同上)。

在孟子看来,"无恒产而有恒心者,惟士为能"(同上书,第91页右)。老百

---

① 《孟子译注》,金良年译注,上海:上海古籍出版社,2004年,第111页。

姓如没有稳定合理的产业,比如土地房屋的合理安排,就不会有恒心,也就是稳定的常心、善心。只有士,也就是儒家的知识分子,才能够无恒产时依然有恒心,像颜渊、闵子骞等(可见利益之上毕竟还有一境)。所以贤明的君主首先要给民众以恒产,然后就可产生出一系列的仁政后果:"五亩之宅,树之以桑,五十者可以衣帛[穿丝绸的衣服]矣。鸡豚狗彘之畜,无失其时,七十者可以食肉矣。百亩之田,勿夺其时,八口之家,可以无饥矣。谨庠序之教[乡下的教育],申之以孝悌之义,颁白者[老人]不负戴[头顶背负]于道路矣。老者衣帛食肉,黎民不饥不寒,然而不王[成其王道]者,未之有也。"(同上)"庠序"指古代的乡学,商代叫"序",周代叫"庠"。不要以为机构性的民间教育只是西方传过来的东西,儒家的根本就是耕读传家,其中的"读"在古代也有制度上的体现。只有以仁德合理的农事土地制度(恒产)为本,人口才能少有迁徙,家庭家族的关系才能够稳定,才能有恒心。所以儒家一定是重农抑(适当地限制)商,教化百姓,也就是让年轻人学习儒家经典,教之以孝悌之义。以实际生活中的健全家庭为根本,这是孟子讲王道政治的一个出发点。所以,孟子的义利之辨中,既考虑到仁义,又考虑到利益,不过终究是以仁义为导领。

二、亲亲而仁——恻隐之心

其次,孟子完全认同孔子以孝悌为本的思想,主张道德的源头是亲子之爱。"孩提之童无不知爱其亲者[亲亲含孝],及其长也,无不知敬其兄[悌]也。亲亲,仁也[此'亲亲而仁'乃儒家之根本];敬长,义也[亲亲中自有长幼之别,也就自有敬长的天然趋向]。无他[如它们不受其他因素的干扰],[就会]达之天下也。"(《孟子·尽心上》,《资料》第 123 页左—124 页右)孟子从小娃娃"无不知爱其[父母]亲"说起,彰显亲爱和孝爱的天然自发,并直接标明此爱本身——而非程朱认为的此爱之理——乃仁德之根,此爱乃人的"良知""良能",为人所不学而能、不虑而知(同上书,第 123 页左)。"无他"之"他"指背离仁义的他心,表明此亲爱虽然先天发动,却可能受到后天干扰,特别是非共通的逐利之心的掩盖,所以要有庠序教化。一旦干扰排除,任由人之天性自由健全地成长,则此亲爱仁义就如"牛山之[林]木"(同上书,第 121 页右)一样,会再度繁荣而通行于天下。所以,只要有天然的家庭存在,有亲亲关系存在,那么就能"亲亲而仁民,仁民而爱物"(《孟子·尽心上》),无论环境多么糟糕,儒家的道德文章乃至治国平天下,就都还有希望。

孟子的一个著名用语是"恻隐之心",也就是对他人(包括可能的)不幸伤痛的不忍之心。孟子写道:"恻隐之心,仁也。"(《孟子·告子上》,《资料》,第118页左)又说:"恻隐之心,仁之端也。"(同上书,第99页左)对比他所讲的亲亲与仁的关系——"亲亲,仁也"(同上书,第124页右)、"仁之实,事亲是也"(《孟子·离娄上》),可以说,对于孟子而言,恻隐之心与亲亲之心有内在的相关性,两者都是仁之源头、仁之发端或仁之核心。只是,恻隐之心表面上讲的是包括陌生人在内的共感同情,但细究孟子本意,这恻隐之心的源头还是在亲亲之心。

让我们来看孟子这一段非常著名的话:

> 今人乍见孺子将入于井,皆有怵惕恻隐之心,非所以内[纳]交于孺子之父母也,非所以要誉于乡党朋友也,非恶其声而然也。由是观之,无恻隐之心,非人也。(《孟子·公孙丑上》,《资料》,第99页左)

孟子描述了一个情景,说一个人突然看到一个小孩子马上就要掉到井里,井水很深,掉进去很可能就淹死了。这时,人都会不期而然地骤生"怵惕恻隐之心",也就是一种猝然爆发的伤痛感、危机感,及伴随它的救助之行。"恻隐"这个词非常生动,大意是从隐蔽处忽然生发("莫见乎隐")出来的伤痛不忍之心。这绝不是当事人预谋的,而是当场蓦然涌出的感情。这人不是要跟这小孩子的父母有什么结交,或者取悦于他们,也不是为了自己的名声,也不是讨厌孩子的哭声,那些都来不及了,他/她体验到的只是惊骇中的一股良知良能的喷发。可见此恻隐之心确实是超功利、超因果考虑的,勃然而兴(如诗兴?),随机而发,当事人自己也控制不住。就此而言,恻隐之心不止于同情(那还预设了个人之间的本体区别),而是超个体的人际通感的本然共振,如阴阳相遇而兴发出一团正气。这是孟子证明人有一种发乎本性的爱人之心的例子,也指示出道德价值出现的条件,既不同于功利主义,也不同于康德的形式主义。爱人当然首先是爱子女、爱父母,在这亲爱里面就有可以被推广到其他人的潜能,"若火之始然[像开始燃烧而可燎原之火],泉之始达[像开始涌流而可澎湃之泉水]"(《孟子·公孙丑上》,《资料》,第99页左),即他所谓的良能和良知。后来王阳明发展出"致良知"的学说,就是将这种原本的良知良能扩展开来。良知不是全知预设,毕竟你本人都不太清楚这个东西的发作,发生出来会让你自己都吃惊:人性中居然还有这样纯真美好的东西! 对父母等亲人的亲情似乎很寻常(机器人会有它吗?),其实对路人也有。比如你看到盲人,油然生出发自内心的同感真情和相助行为。那个时刻的你是非常珍贵的,切莫忘掉。

三、作为潜能的人性本善

再次,孟子主张人性本善,即所谓"性善"说。理由是人心中本来就有"四端"或四个善端,即恻隐之心、羞恶之心、辞让之心、是非之心。它们不用学习就能出现,不用思量就可随机发生,可见一定属于人之本性。不过,我们应该将孟子讲的人性本善,看作是人的一个根本的属性或本质,还是一种潜能呢? 我倾向于把这种性善看成根本性的潜能。潜能就意味着,如果你不干涉它,让它自然发展,这个善性就会生发出来,在条件合适时,实现为仁义礼智信,人就会成为君子仁人。但现实中充满了体制化、利害化的干扰,所以这种善端往往不能被充分实现,甚至在欲望横流的生活世界里被矮化,乃至从表面上被铲除掉了。孟子给了一个例子(同上书,第 121 页右):人心就像临淄南面的牛山,只要不破坏它,上面长的草地、灌木和树林就非常茂盛美好,但是当时的人们看到的这座山却是光秃秃的(就像孟子看到的人心表现)。这是因为它靠近齐国都城,人们为了逐利,老拿着斧斤去砍它,老放牛羊去啃它。孟子这段话中的"斧斤"可以视作"利害算计","牛羊"可以视作我们的"个人欲望"。但孟子发问道:我们看到的是秃山,就应该认定这山本来就是光秃的吗? 他说不是的。只要让它恢复自然状态,封山断路,斧斤、牛羊不加于其身,它的牛山本性就会恢复,对人而言就是良能良知的复归。由此可见,真正的礼乐教化不是拔苗助长,而是适时地指点归途,找回走失的良心——本来的心性。这些年来,我看到北京周边山峦上的草木,一年年地复原,渐有絪缊之气,就总想起孟子这些话。但愿这不只是自然生态的恢复,也预示着人心生态的恢复。

因此,"学问之道无他,求其放心而已矣"(《孟子·告子上》,《资料》,第 123 页右)。儒家学问的要害就是要把你那走失的、被放逐了的心找回来,这比你找回家中走失了的鸡羊还重要百倍。我们的本心都是好的,但这好心只是潜能,也可能变坏,不进则退。不过孟子讲性善,和孔子的"性相近也,习相远也"就有很重要的不同了;荀子则讲人性恶,需要礼乐教化来纠正,与孟子正相反对,也跟孔子原来的思路不同了。孟子的人性本善说是一种康德那样的先验论(transcendentalism)吗? 不是的,尽管也有可比之处。康德讲的人的自由意愿和道德律的根子在先天的和可普遍化的形式,与经验无关,因此可说是先验形式论的;但孟子讲的人性善是一种根本潜能,有待于在人生实际经验中适时地实现,所以是一种先天依据与后天经验交融的学说,首先体现在代际时间中的亲亲体验里。如果非要用"先验"这个词,那么可说孟子学说是先验时机论的。

中国哲学有一个很重要的特点,就是人的自然平等观,所有的人从根本上讲或者都是善,或者都是恶,要么都是"性相近",道家也是这种路子。这和古希腊的思想很不一样。柏拉图和亚里士多德都认为,人从根本上是分高低贵贱的,就像金银铜铁的质地和价值不同一样,所以他们都赞成奴隶制。到了近代,西方人发展出形式上的平等观,充任西方近现代政治哲学的基石。但"自由、平等、博爱"里包含的平等与中国古人主张的自然平等不一样,因为那种平等缺少自然的根基,是人为规定的(即便宣称"天赋人权"),所以它一定要形式突出地表现出来。每个人都有形式上的天赋权利,最后要体现为一人一票的选举权。这种选举权在历史上甚至在现实中,与你的种族、财产和国籍等可从形式上规定的东西直接挂钩。而自然平等观就不一定了,它不会承认那些带有歧视性的形式规定,但会承认人在家庭中、社团中的角色差别,文化精英和普通民众的差别,所以认为给长辈和有道德含义的精英更高的待遇、更大的权力空间和更重的责任,都是合理的。这是两种不同的平等观。

四、孟子思想的光辉

孟子生活在尔虞我诈、崇尚强力的战国时代,却反之而行,讲道德、说仁义、论性善,给了痛苦绝望中的中华民族以某种希望。无论时代如何糟糕,只要人性本善,虽然只是一种根本潜能,但总有依天道循环而再次萌发和繁荣的可能。孟子的书论辩犀利、气势磅礴,很多话语一直到今天还是熠熠生辉。比如"万物皆备于我矣。反身而诚,乐莫大焉"(《孟子·尽心上》,《资料》,第123

页左)。人的根本——性或本心——与天地相通,所以万物中一切美好的东西都已经在我心中潜在了。这样,我反身而诚,返回此身心之本来,在恻隐之心发作的时候达到良知至诚,它们就会将我心中的浩然之气培养起来,"我善养吾浩然之气"(同上书,第96页左)。凭借此气,人顶天立地,超出小我而与天地相参,就会感到极致的快乐。可见,孔颜之乐在孟子这儿也有新境界的出现,"其为气也,至大至刚,以直养而无害,则塞于天地之间。其为气也,配义与道,无是馁也"(同上)。"直养"就是通过正直的道德行为来培养它,没有道德的直行,或"义与道",这气就会衰弱下去。孟子讲得很生动,说白天你的浩然之气往往是被消耗的,因为你心中大都是些因果考虑、利害算计,但是到了晚上睡觉时,放开这些"斧斤"之心,就会有"夜气"(同上书,第121页右),也就是你原发的身心生出,睡一觉起来,人忽然清爽了,原来的良知又复苏了。所以你要注重夜气,像《唵声奥义书》讲的那样从 A(啊)代表的醒觉到U(乌)代表的梦境,再到 M(姆)代表的无梦之眠,让它们来滋养你,不要反复摧残它,这样道德伦理就能够被夜气滋养起来。不过现在夜生活太多了,白天的"斧斤"刚过,晚上的"牛羊"又来,夜气的培养也就很不容易了。

孟子的学生景春说:公孙衍和张仪真是大丈夫啊,"一怒而诸侯惧,安居而天下息"(《孟子·滕文公下》)。他们凭自己的计策和口才,合纵连横,让天下沸腾,一发怒就能让诸侯恐惧,一旦老实下来,则天下就安静了。这样一身系天下安危者,真是了不起的大丈夫啊!孟子却说:"是焉得为大丈夫乎?子未学礼乎? [这也算得上是大丈夫吗? 你到底学没学过儒家的礼义呢?]……居天下之广居,立天下之正位,行天下之大道;得志,与民由之;不得志,独行其道。富贵不能淫,贫贱不能移,威武不能屈,此之谓大丈夫。"(《孟子·滕文公下》)真正的大丈夫是要拿天下当自己的房子,也就是以天下为己任;立在天下的正位,即从亲情推及仁义;实行天下的大道,也就是"亲亲而仁民,仁民而爱物";最后做到那"三不能"——"富贵不能淫,贫贱不能移,威武不能屈"。在今天的氛围中,大丈夫也应该包括女丈夫。我们这个时代太需要这种精神了! 如果连官员都贪利,文人都逐名,知识分子也无行,这样的社会就没有希望了。

第五节 道家和古印度的伦理学（以大乘佛教为例）

一、道家与儒家伦理学的相异相通

道家和儒家有很深的相通之处，两家都尊《周易》，都认为世界的本性跟变化有关，有阴阳互补对生的时间化内结构，所以人和世界之间有前对象化的相通相融。双方也都没有"全知预设"，要得到真知识，不能只靠观念化、实证化的认知。它们都不认为道德是通过服从道德诫令来实现的，而是从人生的先天维度比如天性中，经后天契机被引发出来的，当然也都不认为人的天性仅限于欲望的满足。两边都看重技艺在求道中的作用，只是所关注的技艺的品类不同。儒家主张要通过文化型的六艺来培养教化这天性，所以主张礼乐教化和道德礼教。而道家主张"天放"（天性解放）（《庄子·马蹄》），认为不需要这些教化，把驯马的那些笼头缰绳去掉，才有马的真性显露，将人放回到纯朴的生活中，就像将岸上的鱼儿放回到江湖里，才是最根本的道德本义。但道家也认为，要充分实现道德，就需要学得和熟极某种技艺而生巧意道感（意巧而对道有了直感），特别是养生的和劳动的技艺，比如气功或道家"瑜伽"、木工、作画等。儒家是以家庭亲情为源头，修身齐家治国平天下；道家则是以深刻意义上的自然为源头，乘天地之正，而御六气之变。当年贺麟先生用三句话来表述儒道墨三家：儒家是到朝廷中去，道家是到山林中去，墨家则是到民众中去。

《老子》讲："人法地，地法天，天法道，道法自然。"（《道德经》第25章）这个"自然"不是自然界中所有存在者的集合，而是指一种原本的阴阳发生的状态、结构、潜能、势态。"大道废，有仁义；慧智出，有大伪；六亲不和，有孝慈；国家昏乱，有忠臣。"（《老子》第18章）这话好像是对儒家的严厉批判，不过它批评的仁义和孔子讲的仁义，其含义是不同的。这段中的"仁义"已经变成了某种是非化、程式化和体制化了的礼法，就像后来的腐儒只知道搬弄教条，而没有追究到礼教的根源，也就是人的天然发作的亲情、爱情及其礼义。《庄子》对此也有很多批评，而且《庄子》经常把孔子及其弟子作为故事里的角色，他们对天道也有认识，但其深度大多不如道家的修行者。不过总的说来,《庄子》对儒家还是非常尊重的,比如大家可以去读《天下篇》中一段讲儒家的话,评价似乎是最高的。儒道不是根本上对立的,二者相通之处更深刻,对立的地方则在中层或者浅层。郭店楚简中包含着迄今发现的最早的《老子》文本(大约于战国中期抄成),它的一个重要特点就是基本上不直接与儒家对立。换句话说,那些以前流行的《老子》版本中被认为是明确反儒家的段落,在郭店《老子》中有着很不同的表达。比如刚才的第 18 章,在这个新出土的本子中,是这样的:"故大道废,焉有仁义? 六亲不和,焉有孝慈? 邦家昏乱,焉有贞臣?"①就是说,大道废了,你还去哪儿找仁义啊? 这样和儒家的表述就很有些相似了,起码它不反仁义。老子只是主张,仁义、孝慈和忠义不能离开自然大道、亲和根本,或者说是那无为而为的混濛而发的原初状态。它们一旦脱离其"母"体、"水"体、"亲"体、"朴"体,分离为二,是是非非,就失其活性和本意,而难于有效应对随时可变的人生形势了。

二、道家的道德之特点

首先,在道家看来,最高的道德就是那能够蓄势藏锋、待机而发的"玄德"。"玄"意味着幽暗混濛、非对象化但可以随时最恰当地对象化,因此玄德绝不能作为一个对象、规则而被确定下来,而是指有无、彼此、显隐还没分裂的蓄势待发、可发的状态,这是第 10 章、51 章、56 章、61 章讲的意思,而且这个思路是贯穿《老子》全篇的,此书也称它为"孔德"(《老子》第 21 章)("孔"是"空"或"大"的意思)或者"上德","上德不德,是以有德;下德不失德,是以无德"(《老子》第 38 章)。上德不是我们整天讲的那些善恶区分的标准("不失德"),而是还没有标准("不德")时的源德。《老子》又名《道德经》,"德"的根本在"道",而此道乃自然蓄势而可机发之道。

我们以前讲老子的终极实在观时谈到过,他认为人生和世界是变化无常的,从长远看,比军争还要不可测,所以时间好像是我们的敌人,总是出其不意地战胜我们,把我们击倒。而老子表述的那个道,就是要我们把机心,也就是对于对象和自我的执着,完全化掉,达到虚无因应,这样时间之流才不

---

① 《道家文化研究》(郭店楚简专号),第 17 辑,北京:生活·读书·新知三联书店,1999 年,第 474 页。标点符号有调整。

会摧毁我们,而是反过来养育我们。我们就因道而成为天地之子,或成为由天道养育的婴孩。这就是一个从智计到玄德的转化。孙子欣赏那随军争的形、势生出的时机之智,所以主张因敌变化而制胜。不是对象性的战而胜之,而是顺乘兵争那正奇交错的时势,先于战斗而胜敌于无形之中,即所谓"先胜"。老子则认为,恰恰是玄德才能做到更根本的先胜。在我们人生的这场战争中,如果你采取以道统德、以天势带人势的生存样式,那么你就站在先胜的势态中了。这是玄德的根本含义。

其次,道家真正的道德之心一定要天真素朴。有人讲《老子》是阴谋家的哲理源头,"知其雄,守其雌,……知其白,守其黑"(《老子》第28章),心里什么都知道还装得很傻,引诱对手上当。其实从根本上讲不是这样的,因为机心一定要被消灭掉,"复归于婴儿"(同上),才能得道,不然就是法家了。如果还深藏执念,就不可能面对如此变化的局势还能立于不败之地。算计之心可以学到,但大道就学不到,而只能"损之又损,以至于无为"(《老子》第48章),将你的机心销损净尽(这正是难能又可贵处),达到"[真的]无为而[能]无不为"(同上)才行。到《庄子》就更是了,忘怀得失彼此,不计穷通生死,乘风培势,一下子逍遥起来。

再次,道德不可被定义。道德和道不可以作一般意义上的道德伦理来讲。什么是善,什么是恶,这些是不可能事先就知道得清清楚楚的。我们读第21章:"孔德之容,惟道是从。道之为物,惟恍惟惚。惚兮恍兮,其中有象。恍兮惚兮,其中有物。窈兮冥兮,其中有精。其精甚真,其中有信。"真正的孔德或大德的动态,就只是跟着道走,而道是什么样子呢?"惟恍惟惚",恍惚不定,处于非定域的未成形状态,但又不是什么也没有,它有象、婴儿之象、水之象、气之象、山谷之象、玄牝之象,等等。先秦道家是更倾向于阴柔的,也就是虚无的、(似乎)被动的那一面。当然一讲阴阳,那就都是互补对交的,这种玄德也就应该是这样的,似乎是暗黑如渊的,为常人所不喜的,但却其精甚真,其中有光明隐藏。

复次,道德有气象。得道的有德者在这个世间里,一定有独特的气象,千奇百怪。但主要有两种。一种是像处女一样,表现为吸风饮露、飘飘欲仙、美好逍遥的得道者(后世称为"仙人")形象。踩着祥云遨游四海,靠乘驾天地元气来往于天地之间。《庄子·逍遥游》讲列子御风而行,而更高境界是

"乘天地之正,而御六气之辩"(《资料》,第182页左),完全"无待",也就是不依靠、不等待对象性的、主客体式的东西,就能够凭借天地阴阳发生的非定域气态而生而行。喜怒与四时相通,"凄然似秋,煖然似春"(《庄子·大宗师》;《资料》,第198页右),像《逍遥游》讲的那只大鹏一样。另有一种得道者的气象,就是此人落到人世之中,显得特别的傻笨,或者是病病歪歪,诙谐诡怪。《庄子》描写了相当一些这类的人,如支离疏、哀骀它、子舆、浑沌之流。这两种得道者的形象在《红楼梦》里也都有:一入太虚幻境就是第一种,可谓茫茫大士、渺渺真人;一到人间就是第二种,变为跛足道人、癫头和尚。后者形貌丑怪、疯疯癫癫,用这种狂放不羁来躲避世间伦理的规范、人情俗务的羁绊。贾宝玉就是天道在人间的一种幻谲体现,把美好和狂放直接体现于一身,同时发生,所以特别有趣。庄子的梦为蝴蝶也有道象含义,这个就不讲了。

最后,道家认为道德意识是一个全新的出神境界,比日用伦常的或格物认知的那个境界要更高更深更根本。这种境界有各种叫法,比如"明"——"故有儒墨之是非,以是其所非,而非其所是。欲是其所非,而非其所是,则莫若以明"(《庄子·齐物论》,《资料》,第186页右)。道家讲不要去争儒墨之是非,因为那些"是其所非,而非其所是"(肯定对方所否定的,而否定对方所肯定的)只是相对而立的观点,如上了岸的鱼,所争论者已经脱开了生命的母体,越争越干巴枯槁。所以"莫若以明",还不如回到人自然具有的光明(玄明)或生机处。这种"明"实际上就是老庄心目中的道德——道化之德——达到的境界,是你进入了二元化的是非的分裂之前,阴阳相交而正在生发的动人状态。而得道者能够依其势而游,在它的恍惚中得到真、信,让人的生命自身放出光明,达到入神(ecstasy, trance),忘怀一切得失。老庄讲的虚极而作的玄明道境,近乎《瑜伽经》讲的那个三昧,跟儒家《中庸》的"喜怒哀乐之未发谓之中"的那个中境,或者孔子的闻《韶》三月不知肉味、孔颜之乐的那个乐境,有相通之处,不过道家会认为自己的境界更高。《逍遥游》展示的就是这么一个境界。它一开始就是兴喻,鲲化为鹏,实际上就是精化为气,气又化为神。人的意识达到一个更高深感人的精神和道德状态,能与天地万物相通,处处都乘势而行、恰到好处。还要指出的是,道家这种玄虚气化而相通于万物的道德,有着深远的生态伦理学的含义。它打破了人类中心论,赋予一切生态圈中的事物,包括表面上无生命的岩石、土壤、水、空气以根本的伦理价值。

三、儒道关系及其当代意义

让我们来简略审视一下儒家和道家伦理学的关系。先来看一下两家的相通处。第一,它们都非个体本位,而以生发型的原关系为人生意义和行为善恶的出发点。第二,这种关系的原本形态都是天然的,与人的生存和命运息息相关。比如人与人之间的天然关系,像亲子、家族和亲族关系;或人与自然(也含人与人)之间的天然关系,像那(无税赋或少税赋的)耕织自得、"同与禽兽居,族与万物并"的"素朴"(《庄子·马蹄》)关系。人一直已经身处其中,所以对人生的意义和行为的对错,从来就有某种前观念化的领会和方向感,比如对"亲亲"的领会,对"天地四时"的阴阳大化流行的领会,但总也不会定格为普遍化的伦理学原则,如唯理论者和经验论者所主张的。因此两边都看重《易经》。

第三,如果说西方的伦理学是建立在存在者(being)层次之上的观念化伦理学,总是依靠对象化的东西——理式、实体、规则,或可衡量的快感和利益,那么中国的伦理学则是建立在纯存在的发生势态之上的,可以称为生成化(becoming)的伦理学,或者叫做天然境域化的伦理学,强调人与人、人与自然的相互性、整合性和生成性。简言之,人的自然的或准自然——物理自然和人文自然的交织——的生存体验过程,是一切人生意义和行为对错的源头。这样就避免了一个两难局面,即人或者毫不知善恶(所以一切道德都是人为的、相对的),或者已经清楚地知道了何为善恶(所以"知"是负有道德责任乃至法律罪责的前提)的局面。在人类受西方塑造的近现代生活中,之所以遍布理想与现实、理智与欲望、法律与情境的冲突,一个重要原因就可归于这个两难悖论,也就是归于脱开了人的自然的、准自然的生存源头,或将它观念对象化、低级化所产生的后果。

第四,两边都有一个"得道"的伦理学境界,及其对应的人生层次。不止于道德的对错、快乐幸福,也不止于美德的获得,而是它们总和的再深化。孔子的"闻《韶》大悟""孔颜之乐",孟子的"万物皆备于我""浩然之气",总之是儒家讲的"仁人""圣人"之境。道家则讲究"真人""至人""圣人",如《老子》讲的"善为道者",《庄子·逍遥游》渲染的人生境界,皆如此。

我们来看一下儒、道伦理学的主要区别。

第一，两者的取向重点不同。一个是人间关系，一个是人和自然的关系，不过两家都考虑到了另外一点：儒家也考虑人和自然的关系，道家也考虑人际关系，只是侧重点不一样。这种区别的一个表现就是对待"情"的态度，儒家讲亲情、友情、乡情、同情（感通之情）等，学说根基就在"情理"（至情所含至理），而道家似乎要强调历史根底处的无情。其实道家又何尝完全不讲情，只是所重视的是素朴恬淡之情，或空旷寂寥的宇宙之情。可以说，两边对"何谓至情？"的见解不同。

第二，两者在是否要在人际层面上区分善恶，有很不同的看法。儒家肯定这种区分，而道家则否定它。儒家认为，孝悌与否、忠义与否、仁爱与否，是根本性的善恶区别，尽管孔孟也绝不会不考虑生命冲动（如"食色"）、生活情景（如"三年不免于父母之怀"）和自然过程（如"四时行焉，百物生焉"）来规定善恶标准。道家认为如果脱开了人类生存的自然境域，或元气状态，就如同脱开江湖的鱼虾、没有巨风托浮的大鹏，那些道德仁义都是无根的，甚至是虚伪的，还不如相忘于江湖。让"鱼"回到"水"里，什么伦理问题就都解决了，把道德仁义都忘了反而会更道德，更能合乎大道大德。这是不同的哲理路向，有冲突但不是根本处的分裂，因为儒家也完全承认有一个更根本的发生过程——阴阳、天地、夫妇和亲子关系的生成过程。

第三，两者诉诸不同的方式来求道，也就是各自看重不同的技艺。儒家更强调的是礼乐诗书等人文化的六艺。而道家就有很多了，除了坐忘心斋这样的修行方法（这一方法儒家的宋明道学也吸收了），另外还主张，在人生日常的技艺活动乃至劳动技能中就能够得道。比如庖丁解牛，杀牛也能悟出道来；梓庆造鐻，木匠做夹钟（或钟架）也能做出道来；甚至佝偻老头儿持竿粘蝉，也可以得道（《庄子·达生》）。这是道家深入体贴自然的特点的表现，所以李约瑟的著作《中国的科学与文明》（又题为《中国科学技术史》）就强调，中国古代科技的推动力主要来自道家和道教。道教徒好炼丹，像火药之类的东西就从中出来了。

再来看一下儒家和道家的当代意义，我认为是非常重要的，可以针对现代性的各种弊端而起作用。现代性（modernity）简单理解就是西式的现代化所需要的品性，它的盛行意味着西方的数学-形而上学的传统再加入主体化和高科技化,在近现代取得了知识、经济、文化、社会、政治包括伦理的主导地位。所以现代性是要全面地改造、征服各种意义上的自然,既包括道家意义上的自然,又包括儒家意义上的自然。现代性会损害家庭吗?家庭会因此变得越来越小、越来越无所谓和破碎吗?当然会。这并不是说谁要破坏家庭,而是现代性带来的生产方式、生活方式、流通方式、法律结构,一定会产生这种后果。现代性一定会破坏生态自然吗?你说不一定,高科技还可以用来治理污染。可是从根本上看来,是不是广义的污染越来越厉害呢?治了半天,整体上生态是在恶化还是在变好呢?煤炭的污染治理了,但全球水体的污染、核废料的污染、纳米级的污染乃至互联网层次、人工智能层次的污染,能被统统治理吗?道高一尺,则魔高一丈啊!大家自己判断吧。我觉得不容乐观,一些有识之士也深怀忧虑,预感人类并没有一个干净的和安全的未来。对此,现代性开出的药方是逃离地球,或者移民到其他的类地星球上,或是等到地球上人类灭亡之后,生态恢复了再回来。这实际上是承认,它自身的思路已经应对不了它产生的后果了。

儒道里面应对这些困境的思想,是极其丰富的。《老子》已经成为具有全球性影响的哲理著作,就是因为其中隐藏着克制现代性弊端,让人类能够"长生久视"的智慧。又比如《庄子》,已经十分警惕那种由于迷恋科技功效而带来的危险了。对于桔槔这么一种简单的取水机械,庄子已经感到,如若像世人那样痴迷于其"用力甚寡而见功多",就会带来重大威胁:"有机械者必有机事,有机事者必有机心。机心存于胸中,则纯白不备;纯白不备,则神生不定;神生不定者,道之所不载也。"(《庄子·天地》)庄子在人们为了功利而使用机械中,看到了"机事""机心""纯白[人的素朴本心]不备""神生[神圣信仰和生命环境]不定"和"道"的退场,所以主张像汉阴丈人那样,拒绝迷信当时的高科技。量子力学的创始人之一海森堡对此非常佩服,认为这位中国哲人在两千多年前,在那么原始的技术中,就能看出危险来,真是了不起。《老子》第80章设想的"小国寡民"的生存状况,也有这种边缘思想的提示力。这得是一种什么类型的思想,才能够这么敏感,感觉到技术中的弦外之音?而且,这种敏感是老庄整体的生存论哲理所牵带出的,可见它在现代和未来,对于人类的生存之道会有多么独特和整体的启发。

瑞士的神学家汉斯·昆(在德国的图宾根大学任教)曾推动过一种"全

球伦理"（global ethics）。他组织各个宗教的代表来讨论，主张在全球化时代，需要一个全球伦理来规范各个民族的行为。他们后来在芝加哥发表了一篇《全球伦理宣言》，带有强烈的西方伦理学色彩。《宣言》的导言部分声称："真理已被知晓"，也就是"一种不可动摇、无条件的准则"已被知晓，它们"适用于一切生活领域、一切家庭和团体，一切种族、国家和宗教"。[①] 这里面的全知预设和普遍主义太明显了！它最强调的就是一切人在形式上的"平等"身份和权利，毫不考虑道德的自然生成本性，不考虑人的身份的天然区别，如亲子区别、夫妇区别、家庭内外的区别，以及与之配合的家庭形态、地理风土形态和文化传统形态的区别，实际上只会有利于技术化金字塔上层的成年男性（"理科男"之类）。这种全球伦理，可以看作是巴门尼德以来的西方形而上学和基督教"上帝面前人人平等"观的当代体现，不符合儒家和道家的伦理观。我在一篇题为《全球伦理如何体现"家庭"与"孝道"？》的文章中这么评议："这些文件对于造成当代各种危机的最重要的一个原因，即现代技术体制对于人的生存丰富性和自然丰富性的剥夺和摧残，毫无知觉；而且，对于作为人类伦理的真实源头的家庭和亲子之间的原本关系缺乏任何有分量的关注。这样的全球伦理，恐怕更多的是技术体制全球化造成的伦理，或为这种全球化所需要的伦理，而不是非西方民族的现实生活和文化上的危难状况所亟需的伦理。"[②]

四、印度佛家的伦理学

最后，我来谈佛家，特别是大乘佛教的伦理，限于篇幅只能非常简略。佛家伦理观的哲理基础是缘起说、无我说，所以，它与儒家、道家一样，都关注原发的关系——到大乘佛教更是全息缘起的关系——而非个体，与西方的观念化的乃至个体主义的伦理学有明显区别。但它缺少儒家对家庭关系和道家对自然的强调，可由于其真空妙有的中道思想方式，大乘佛家也不反对这两种关系。佛家的缘起观，经过般若中观、如来藏乃至天台宗、华严宗的深化，达到一即一切、一切即一的相互充分穿透的互映互夺的缘起说，到了禅宗

---

① 《世界伦理宣言·导言》，宋旭红译，杨慧林校，载《基督教文化学刊》第 1 辑，北京：东方出版社，1999 年 4 月，第 374 页。

② 《基督教文化学刊》第 6 辑，北京：宗教文化出版社，2001 年 12 月，第 320 页。

再生动化。基于此,佛家就主张人与他人乃至一切有生命者("有情者")的内在沟通和平等,所以它在道德上看重的就是宽容、慈悲、博爱、律己,有着根本的和平性和利他性,最为人熟知的表现是不杀生。因此,佛家否定人类相对于其他生命种群有根本性的特权地位,就像耶和华神给予人类的那种。这点跟道家有相通之处,而且明确主张动物也有伦理的价值和尊严,所以杀生是不对的,故意踩死一只蚂蚁都不对,这个在当代也很有意义。

五、总结

我们来对这个部分做一总结,还是列出一个对比表:

表3　传统西方、印度大乘佛教、传统中国的主导伦理学观点比较

("√"表示肯定,"×"表示否定,"?"表示不确定)

伦理学传统 比较点	传统西方	印度(大乘佛教)	传统中国(儒、道)
1. 伦理道德考虑的出发点	个人(城邦、上帝)	个人(宇宙)	家庭、自然
2. 道德哲学还是人生哲学为主?	道德哲学(尤其近现代)	人生哲学	人生哲学
3. 伦理原则考虑具体的生存形势吗?	×	×?	√
4. 知道与行道可以不一致吗?	√	×	×
5. 自由的含义	自由选择	从无明(业力)中解脱	天然与和谐的生存状态(发生状态)
6. 自然(地球)本身有重大伦理价值吗?	×	×	√
7. 中道观的地位	不太重要	重要	很重要
8. 家庭(两性、亲子、世代)的地位	忽视	不重要	很重要(儒家)
9. 有伦理意义上的圣人境界吗?	×?	√	√
10. 可杀生否?	√	×	√?(有条件的可)
11. 伦理学类型	存在者(规范)伦理学	关系伦理学	关系生成伦理学

第五部分

什么样的政治形态是正当的？

第十三章　西方政治哲学

我们现在进入了政治哲学部分,主要探讨什么样的政治形态是正当的,或尽量正当的,它如何才能促成人群的美好生活。今天要讲的是西方的政治哲学,涉及一个古代部分和一个近代部分。但首先要说明"政治"的哲学性,就我们这门课而言,就是政治形态问题的边缘终极性。它不止是实用性的"应用哲学"或"应用伦理学",而是涉及人追求自己生存的根本意义的问题。

第一节　政治形态问题的终极性

这个问题和以前讲的三大问题或主题,即终极实在、真知识和最佳人生,都有关系。能不能看到这层关系,表明你有没有经过哲学训练的洗礼。有哲学头脑的同学去思考政治问题,与别人就不一样。有的研究者搞一辈子政治理论,也不一定有这个见地。如果没有哲理的视野,就只能在一个既定的框架里头鼓捣,不能从根本上来应对政治理论的立身之本的问题。

一方面,政治形态——尤其是它从思想到现实的转化——的问题深刻地影响着我们的生活方式和亿万人的命运,乃至民族和文化的命运,所以是一切人类群体、起码是其中的敏锐者都会极其关注的。根据顾炎武先生在《日知录》中所讲,有人总结了这么一句名言:"天下兴亡,匹夫有责。"此语的前一半就是指广义的政治,后一半则是说人人都该关注它。以前我讲到,这

"天下"二字,主要意味着文化的或"文教"①的天下,或者说是人(类)-文(明)的天下,但说到底也是指广义的政治天下,只是西方的政治理论里迄今还少有能涉及者。

另一方面,尽管这个问题如此切身地关系到每个人群,但如果我们深入思考它,就会感到,关于这个问题,的确没有现成的答案。比如,按照近代西方的思路和话语,政治哲学首先就是要探讨这样的问题,即个人在被国家权威笼罩和社会生活的相互制约中,如何活得自由而不被奴役? 人生如果没有自由,就会丧失根本处的意义,但是,对于"什么是真的自由?""什么是生活的意义?"这类问题,却有极其不同的回答。比如我们可以很合理地发问:这是什么样的自由,是个体的自由还是家庭的或社团的自由? 又比如,关于政治体制,"民主"现在是一个世界上相当流行的回答,即认为民主制是最好的政体,因为它能给予个人最大的自由空间,但除了刚提到的一些问题,还可以追究:是不是西方现在流行的这种代议制民主(representative democracy)就是最好的民主制? 要知道,古希腊人的城邦民主制就与这种代议民主制不同,它是一种直接民主,就像审判苏格拉底的法庭所表现的,当场一人一票做决定,不要议员、总统、法官等来代表人民做决定。有时甚至要靠抽签来决定官员是谁,或者干脆大家轮流做,因为你一旦搞竞选,有的人能力大,不管是钱多、影响大、胳膊粗,还是能说会道,他就能够操纵选举,让人感到还是不公平。当然了,这种直接民主,似乎只能在人口或选民不多的社群中实施,比如在希腊的奴隶制城邦中,那里只有成年男性公民才有选举权。不过,现在有了电子网络,有人就觉得直接民主又可以广泛实施了。所以如何衡量民主的优劣,如何解释相关的公平、自由、良序,都可以有不同的理解,难于定于一尊。总之,我们思考政治哲学问题,不应局限于近现代流行的西方模式,而要

---

① 唐文明写道:"在顾炎武的思想中,实以文教之亡为天下之亡,文教之兴为天下之兴,准此才可理解匹夫之责何在。"(唐文明:《近忧:文化政治与中国的未来》,上海:华东师范大学出版社,2011年,第14页)而"文教"的意义,"简而言之就是父子、君臣之道,父子对应于家,为文教根本,君臣对应于天下,为文教之极致。……就此而言,王国维在《殷周制度论》中以'亲亲、尊尊、贤贤'为理解礼乐文明之要义实为洞见。尽管在礼乐文明的根本原则与终极理想[如'大同理想']之间存在着很大的距离,但二者的一致性断不可否认。《中庸》中说:'君子之道,造端乎夫妇;及其至也,察乎天地。'就是对二者之间关联的一种提示。"(同上书,第12页)此论可以成立,最后对"二者的一致性"的论述尤为精彩。但还需强调:"尊尊、贤贤"的根子毕竟扎在"亲亲"之中(以上引文中已隐含此义),如果我们更深透地领会了"亲亲"之义的话;而且,对于"君臣",也应该做时机化的理解。

追溯其古代的即古希腊-罗马的根源。

但这样还不够,还要突破整个西方的政治学视野,看到东方和西方的政治哲理和政治制度之间,有着相当大的差异,尽管也有共通的地方。我们这一部分就要展示和比较不同文明的政治追求的相互关系,集中于古代中国与西方的关系。不少人认为,东西方的区别只是古今的区别,也就是说,东方的或中国式的政治追求属于古代,而西方的则属于现代。再加上他们采取僵硬的进步观,就想当然地认为,经过近现代反思的西方民主政治,是超出了文明差异的普适真理。从刚才说的已经可以看出,就在这所谓普适性内部就有不确定性和问题性,而这些问题比如"什么是真自由?""如何实现民主?",在东西方的差异中的确有实质性的反映。所以东方或中国在这个问题上是一个相对于西方的"他者",不能被西方模式统摄。我们还会看到,如果不预设进步观的终极合理性,那么即便是"古今之别",也不意味着先进与落后的区别。儒家接续的就是前文明的远古人类政治传统,再经过改造提升而大用于世。因此,我们的政治学思考还要突破"文明"的藩篱,而以人性的充分实现为基准。

对于中国人来说,自清朝晚期以来,传统的中国文明和政治形态面对着"三千年未有之大变局",当局又应对不力,以至于这古代政治结构急剧衰败,于是有救世救民之志的人们四处寻觅新路。所以,如今该采取哪种政治形态,走哪一条建立现代国家乃至未来的中华文明之路,就一直是中国人特别关心的问题。炎黄子孙为之争论、焦虑、绝望,但是又上下求索不已。1966年夏天,毛泽东在国务院接待处,也就是接待人民群众来访的地方,当场讲了一句话:"你们要关心国家大事,要把无产阶级文化大革命进行到底!"它呼唤和代表的政治大潮改变了我们这一代人的一生,中国大陆多少亿人的生活被掀起了万丈波澜,而且在世界上也激发出了某种反应,比如西方当时的学生运动,与它也有一种遥远的间接关系。但是无论是中国大陆的"文革"政治,还是巴黎的学生运动,或类似的造反之举,迄今几乎都是毫无结果的,也就是没有什么肯定性结果。"文革"潮退后,什么都没留下,包括与它相关的"文革"前的许多制度性遗产,也基本上被放弃。所以,后来就有了改革开放、三个代表、科学发展观,等等,一直到现在我们都还在摸索,真是"路漫漫其修远兮"啊!实际上这个问题不仅关系到政权的结构、政治正当性的来源、人民的生活质量,而且还关系到民族的兴亡、文明的命运。你采取什么政体,实际上是有很深远很现实的文化含义和生存后果的。

清朝末年,中华民族为了抵御外侮和入侵,或者叫"保国、保种、保教",进行了变法图强,但遭遇波折,最终在 1905 年废了科举,到了 1911 年及以后,则有政治体制的巨变,以儒家为主导的中国传统文化一落千丈。没有了科举,儒家这些读书人就没有了以前的那种政治出路,以及与其相伴的文化出路,于是到"新文化"和革命中找出路,或左或右,迁延百年却似乎还未尽得其正源。所以中国人对这些问题的关注一直在延续,而且,"政治"在一个后现代的视野中已经被泛化了,有这种视野的人处处都看见权力的操纵和危险,甚至就在哲学思想和文化现象中。我们想想看,中国人看着航天飞机、火箭冉冉上升,眼光里头有没有政治啊?可以说有广义的政治。

就世界范围而言,哪种政治形态是最可取的? 这也不是一个被解决了的问题。人类面临的许多重大问题,生态恶化、贫富分化、道德滑坡、恐怖主义或者说是"文明冲突",等等,都和这个问题有直接间接的关系。比如说要在伊拉克或者非洲推广代议制民主,或者像我们中国 20 世纪五六十年代做的,在喇嘛教盛行的西藏推行所谓民主改革,时机是不是合理呢? 这都可以商榷。

现在有一些敏感的知识分子,看出许许多多传统意义上的非政治的问题,比如性别的问题、使用什么话语的问题、教育问题、管理问题,甚至哲学的方法论问题,后面都有权力或政治权利之争。于是亚里士多德讲的一句话——"人天生是一种政治动物"(《政治学》I. 2, 1253a2—3,《资料》,第 416 页右)——就被赋予了新的含义。好,我们现在就来谈柏拉图和亚里士多德的政治哲学。

第二节　柏拉图的政治哲学

一、理想国

柏拉图本人最关心的就是政治哲学,也就是说如何拨乱反正——改正那使他的老师苏格拉底屈死的政体,找到最合理、最正义的国家形态,以使得雅典乃至全希腊重获生机,充分实现人类的生存理想。他阐发的各种学说,都是为了这个目标来服务的。他提出理式或理念为核心的存在论,"知识就是回忆"的知识论,乃至"美德就是知识"的伦理观,最后都要落实到政治体制、政治思想或政治哲学上。这样,他的这本叫 Politeia 的书(有的翻译成《理想国》,有的翻译成《国家篇》,译成《国家篇》可能更接近原义)就成为他著作中分量最重的一本。Politeia 是希腊文 πολιτεία 的拉丁化,源自 polis(πόλις,城邦、城邦公民),一看就知道与后人叫做 politics 或"政治学"的东西有关,其实也就是后者的词源。但这个词原本的意思是"城邦的公民权",从这儿再延伸,获得了更多的含义,意指城邦、国家、政治、政体等。所以柏拉图最关心的,就是设计和建立一个理想的国家,由最智慧、即最能领会理式或最有美德的人来领导,那就是哲学家。可见,哲学和哲学家在柏拉图和亚里士多德那里,是最风光的。哲学家不仅能够沉思或做思辨,而且要做王,做国家的绝对领导者、统治者,因为只有他才知道什么是正义,如何实现正义,如何让人过上最好的生活。在国家中,每个人该做什么,该得到什么,什么事情是对国家好的,或不好的,他都知道。所以他不仅在这个问题上是全知的,而且还有本事将正义实现于国家的现实生活中。可见希腊哲学的"爱智慧",要爱到这个层次上才成为整全的体验境界,因为人类的美好生活,如果要长久地、完整地实现于切身的生存形态中,就只有建立这种理想的政体或理想国。可见,那种强调希腊人追求的智慧是纯粹的象牙塔,是"为了智慧本身而非有用"的主张,是很片面的。但这也不说明柏拉图的爱智慧是实用化的,因为这理想国是要用理式来提升和重塑现实,而非为现实服务。

另外,柏拉图认为要治理好这个国家,就要让哲学王来选择比较优秀的公民做卫士,形成第二阶层。第一层当然是哲学王,第二层是卫士,这两种人组成了国家的保卫者或者叫统治者。哲学王提供智慧,卫士则负责将这智慧实现出来,实际上就是用权力特别是武力来保卫国家。当然,"卫士"也有某种思想的含义,这些人自小受到这个哲学化国家的全面教育,也是有某种智慧的。这两种人要完全献身于国家的公共利益,所以他们不能拥有私有财产和家庭,必须过着共产、共妻、共子、共餐的生活。他们不能从事商业和其他经济活动,而要让自己的生命完全和国家利益融为一体,整天投入的只是哲学、高尚的音乐、诗歌、体育、军事训练,这是斯巴达的一个柏拉图的提升版、理想版。在斯巴达这个城邦国家的现实中,有这些东西的影子,或者说有其元素。据说柏拉图的《国家篇》也受到过埃及文明的影响,他本人在老师苏格拉底被处死刑后,曾广泛游历,去过埃及,留下十分深刻的正面印象。①

统治者之外,剩下的就是广大的所谓群众,被统治者。他们都可以从事各自的职业,如农业、手工业、商业,有自己的财产、家庭,被实用的、渺小的和易变的生活目标牵着走。回想一下我们已经学习过的柏拉图的理式论及其伦理学吧。现在谈的理想国,就是它们在政治问题上的一个投影,或者该反过来说,它们是柏拉图为了建立这个他心目中的最好国家而构思的哲理。所以,对应于四线段喻中的分层,以及他的灵魂学说中的三部分——理性、激情和欲望,就有了三种国民。第一种人是金的,第二种人是银的,第三种人是铜铁的;第一种人的美德是智慧,第二种人的美德是勇敢,而第三种人或被统治者的美德是节制或自制(他们能节制就不错了)。

这种政体就叫“贤人政制”(aristocracy),后来柏拉图又称其为“王制”(basilicy)。柏拉图认为,就政治体制而言,这是最好的,因为它受哲学智慧的领导,是为了全体国民乃至正义理式本身而非统治者的私利而存在的。由它往下堕落,则主导者就由哲学王转移到其他两个阶层,他们的激情和欲望就不再完全服从智慧理性的指导,变得自行其是起来,导致政体的变质。于是,首先蜕变成了荣誉政制(timocracy),也就是像斯巴达那样,由武士阶层占了主导,但还保持了公餐,热衷军事和体育,视荣誉高于一切,尚武崇勇,绝对不被敌人征服。再往下堕落就到了寡头政制(oligarchy),它的统治者比较有钱,往往凭借财力获得政权,而当他们运用权力时,可以想见,就不再是为了公共利益了。于是主宰第三种人的欲望,开始压倒理性和激情。再往下堕落就是民主政制(democracy)。在这个政体下,每个男性成年公民都有选举权和被选举权,国家要求他们都要尽自己的公民义务。有时通过鼓励,比如国家出钱让公民去参加会议,甚至去看戏剧演出;有时则是强迫的,一个公民不能不为国家服务,包括服兵役。在我们现在的体制中,或者西方代议制中,绝大多数人的被选举权只是一种遥遥无期的逻辑可能性而已。想想看,有多少

---

① 汪子嵩、范明生、陈村富、姚介厚:《希腊哲学史》第 2 卷,北京:人民出版社,1993 年,第 604—605 页。

人能当选人大代表、区长、县长、省长？或总统、州长、市长、议员？而希腊的城邦公民们不是。他们人数本来就不很多，各种委员会或官员的位置很有可能轮上你，不管是被选举出来，还是被抽签抽中，或依次轮到。还有，重大事项可能要全体公民一起来投票表决。所以那里真的是"民主"或由公民们一起做主，遇到事情七嘴八舌，谁会演说，能说服或煽动大众，谁就容易得势。而且，受欲望主导的公民群众一般只看到比较近的利益，缺少长期的和连续的筹划视野。审判苏格拉底就暴露出这种民主制的弊端。政体再堕落，达到底层，就是僭主政制（tyranny），也就是最差的暴政。它的情况往往是：一个平民领袖靠煽动群众获得了政治权力，颠覆以前的政府和政体，而得到权力以后，就让它为自己的私利服务，奴役整个国家和人民。这就是柏拉图在《国家篇》里表达的政体等级思想。

二、政体的优劣

但是，基于雅典和希腊的实际情况，还有柏拉图本人政治上的失败经验，他逐渐变得更现实些了。他曾经想把哲学王的理想付诸实施，而当时在希腊本土和东边的希腊殖民地，似乎都不容易实现它，于是他的目光就投向了西西里岛。那里有一个王国叫叙拉古，也是希腊人建立的，是一个比较专制的政权，他就到那里去说服统治者，它的国王狄奥尼修一世、二世两代，柏拉图都曾试图去说服他们采取他的政治理想，但是三次尝试都失败了，有一次甚至被卖为奴。跟国王谈着谈着，对方不高兴了，觉得柏拉图冒犯他了，而这国王可不是待驯服的烈马，一次驯不成咱们再来一次，于是国王就把柏拉图卖为奴隶，还要靠哲学界的朋友，出钱把他买下来，再送回雅典（《希腊哲学史》第2卷，第607页）；另两次尝试时，他也险些丧失自由或受到迫害，幸得朋友阿尔基塔、一位毕达哥拉斯主义者的帮助，才脱身返回（同上书，第608—609页）。他失败以后思想逐渐转变，中期写出了《政治家篇》，晚期写出了《法篇》，逐渐从人治——你看《国家篇》的主张当然是人治了，哲学王和卫士来统治嘛——转向了某种法治。但是也一直没有主张人人平等的思想，人还是分成几等的，只是主张这个国家依法来统治，比完全由某个人或少数人统治更好。为什么呢？因为现实生活中，大家几乎都不服从理性智慧的指导，而让被私欲主导的一个人或少数人掌握了最高权力，就可能惹出大麻烦，所以要强调比较客观的法律的统治功能。但只靠法也不行，许多人都不守法怎么办呢？那就靠多数的力量来维持秩序（实际上是现实中的法律）。这样，按照《政治家篇》，他对于政体就又有了一个分类，也是蛮有趣的。他考虑到人们守法或不守法的政治生态造成的区别，再对政体做更细致的划分，代表了古希腊人的主流看法。后来亚里士多德对它有一些调整，但是基本上也就是这个格局了。柏拉图的这个分类，可以用简表显示如下：

表4　柏拉图对政治体制的分类

统治者人数 政体	一人统治		少数人统治		多数人统治
守法的政体	王制	>	贤人制	>	民主制
不守法的政体	僭主制	<	寡头制	<	民主制
备注："＞"意味着"好于"，＜意味着"劣于"，以箭头指示方向为准。					

首先是按照统治者的人数来分：一人统治的、少数人统治的和多数人统治的三大类；另外就是按政治生态环境来分：可以是守法的环境，也可以是不守法的环境。在守法的环境里面，最好的是王制，由一个哲学王来统治，这大致就是《国家篇》中描述的情况，加上对法律的强调。这种政制统治的效果是最好的，又正义又高效又有秩序，在现世中追求共同的理想至善。差一点儿的是广义上的贤人政制，或荣誉政制，最差的就是民主制。因为统治者的人数越多，则效率越差，集体共识的视野也就越不可能长远和崇高。

但可惜的是，现实生活中人们似乎不那么喜欢守法，尤其是柏拉图那个时代，雅典经历了伯罗奔尼撒战争的失败，陷入低谷，而以斯巴达为盟主的胜利一方也被成功和财富腐蚀，所以整个希腊世界都在逐渐没落，最灿烂的文明时代已经过去。因此，现实中不守法的人居多。在这种政治环境中，民主制就是最好的了，起码形式上是由多数人说了算，虽然会侵犯少数人的利益，甚至欺负少数人，但毕竟有较大的概率维持住大局面和秩序。民主制不行了就变成寡头制，再堕落，就是最差的僭主制。都不守法，则统治者人数越少，情况就越糟，掌权者的私利就越得不到制约，多数人的利益就越是被践踏。

所以后世就面临一个问题：如何让人民守法？其实，如果大家都不守法，民主制也很难维持，但大多数人总是力量大一些，可以用自己立的新规矩或新法律来扼制"不守法"的人。但如果少数人的利益长期被忽视,他们就可能铤而走险,社会的秩序也很难维持,因为要防范身边的人,难度比防范外敌大了不知多少倍,出了事儿的破坏效应也大了不知多少倍。另外,即便法律是对大多数人有利,那些得利者愿意守法,但那也还不叫真守法;只有实现出公利,也就是涉及全局的正义,虽然不同的人群得利有多有少,但人们觉得合理,才会有比较普遍的守法。而最真实的守法意味着,就像苏格拉底那样,这个决定的内容对你不利,甚至你觉得它不公正,但由于它的形式比如审判程序无误,你也愿意遵守,那才叫真守法呢。那么如何造成让人民愿意真正守法的一个政治格局呢? 尤其是,有没有让守法成为人们习以为常之事的根基建构呢? 对于这个最基础的要害问题,西方政治哲学中给予的东西不多,甚至像罗尔斯那样只谈"正义论"也不够,无论你论证得多么精密,总有其他的可能,所以在流变的政治现实中,你论证的正义原则总可能被错综的利益纠缠闷裹住,实现不了。如何解决这个要害问题,正是中国古代政治哲学的关注点,我们以后讲,它不一定叫守法,现在先用这个名词吧。但下面马上讲到的亚里士多德的政治哲学,就涉及这个问题,这在西方政治哲学中是很难得的。

第三节　亚里士多德的政治哲学

一、政制正当性之所在:公共福利

1. 人天生是政治动物

从《资料》(下册)第 415 页右边开始,我们选了亚里士多德《政治学》①(*Politika*)中的一些段落。"政治学"这个词就是从前面讲到的城邦、政治、国家这个词来的。亚里士多德将城邦看作是追求最高善的共同体,对于人有天然的、绝对的价值,离开了城邦的人,"他不是一只野兽,就是一尊神"(《政治学》I. 2,1253a29,《资料》,第 417 页左)。什么意思呢? 他认为城邦的存在是人"为

---

① 译文选自苗力田主编的《古希腊哲学》。

了生活而产生,却是为了美好生活而存在"(《政治学》,1252b28—29,《资料》,第416页右)。所以城邦在亚里士多德看来是一个自然的和构造价值的存在者,根本不只是契约的产物,"城邦是自然的产物,人天生是一种[城邦式的]政治动物"(同上书,1253a2—3,《资料》,第416页右)。这是亚里士多德的名言,在西方政治哲学中占着一个高点。另一个高点就是人天生不是政治动物,对吧?认为有一种"自然状态"是超(狭义)政治的,那是近代西方人的看法了。

亚里士多德不会同意这种近代学说,他认为,人比蜜蜂以及其他群居动物更是群居的、政治的,因为城邦不只是为了生存,还是为了美好的生存而存在。一只蜜蜂离了巢,离了蜂群,很快就会死去;人离开广义的社团,像被抛弃在孤岛上的鲁滨逊一样,那么即便他可以在一定时期中活下来,但其生活的意义已经所存无几。所以,"国家自然是先于家庭[此观点有待商榷]和我们每个人的"(同上书,1253a20,《资料》,第417页左)。结合这些话,可以看出我们前面引述的他的话(1253a29)的意思是,离开了城邦,离开了自然的共同体,这个个人或者是退回到动物才能活,靠本能而活,或者他要超出人类的局限,成为一尊神。人要是丧失了社团及其文化,也就失去了做人的乐趣和目的,所以鲁滨逊收容了当地土人"星期五",无比高兴,因为他开始有了一个小小的社团。要不然你就成为一尊神,你高于人,那你就可以独来独往,宙斯、维纳斯都不需要政治。但是只要是人,就必须这样,所以人离开了城邦的生活,就会因为他不能成为神,而变得极为恶劣。这种天生的流浪者也是好战者,因为他们相互之间毫无信任,非常可怕,人类的邪恶一面全出来了,善好的一面没有了。而如果人类能在城邦中遵守规则和法律,实现他的德行,"他便是最完美的动物了,但是,他一旦离开法规和公正,那么他将是一切动物中最凶恶的。……将是最肮脏、最残暴、最坏的纵欲者和贪婪者"(同上书,1253a31—37,同上)。因为他背叛了自己的政治本性,成为个别的流浪者,就会比动物坏得多。为什么呢?动物还能遵守自然加给它的本能,也就是一定的自然规则,所以动物的行为是可预测的,而且是和自然相合的;但一个没有社团和城邦归属的人,乃至这种人的团伙(还未形成新的有伦理规范的社团),则不知能干出什么勾当来。宁做太平犬,不做乱离人。人们之所以有如此沉痛乃至变态的感受,就是因为"乱世"中的人们,都处于这些"最肮脏、最残暴"的人渣团伙的蹂躏之中。①

2. 政治统治的正当性在于"共同体的共同福利"

对于亚里士多德来讲,不管政权是掌握在一个人、少数人或多数人手中,它的正当性完全取决于它是否为了这样一个政治共同体的"共同福利"（common welfare,又译为"共同利益"）来进行领导（《政治学》III.7,1279a29,《资料》,第418页右）。因此,即便这个领导人是为了多数人的私利来领导也不行。可见亚里士多德不是社会功利主义者,为了大多数人的最大利益来领导,也构不成政治的正当性或合理性。这是由于他认为整个城邦是一个生命体,有一个共同体本身的福利,它才是此共同体的灵魂,要高于共同体内的多数人利益的最大化。因此,亚里士多德认为不能在这个关键处,将城邦国家这个有机体切分为多数、少数、个人,要胳膊不要脚,或要躯干不要胳膊,因为它是人性的寄托所在,其共同福利才是实现人性丰盈和人生幸福的要道。这些道理他论述得比柏拉图还要透彻,城邦的正当性就在它的自然本性或有机生命中,不用到更高的理式那里去找依据。相比于近代西方的政治理论,他的政治学不仅是古代的,而且是后现代的,所以成为当代社团主义的思想来源之一。

二、中等阶层优越论

亚里士多德最有特色的政治学说是中产阶级或中等阶层最优论。这是亚里士多德的哲学思想,尤其是"美德的本性是中道"的政治体现,我觉得是相当的微妙和生动的。他认为他的伦理学对"德性和丑恶的规定也同样适用于城邦和政体"（《政治学》IV.11,1295a39—40,《资料》,第419页右）。这就是说,他的中道美德观完全可以转移到政治学说中来。按照这个思路,过强的人或者过弱（地位过低）的人对一个国家的政体都有不利影响。如果在政治生活中让这两部分中的某一部分,或两者轮换地占了主导地位,对国家都没有好处。"有一些人极其富有,有一些人特别贫困,第三部分则居于两者之间。

① 刘慈欣《三体》小说中,整个宇宙的星球文明之间的关系,从本质上讲也是乱世化的,用他的话说就是服从"黑暗森林"法则的。下面将说到的西方近代国家起源论中预设的"自然状态",也基本如此。

大家都同意,适度和中道乃是至善。显然,拥有中等财产的乃是一切幸运人中最幸运的。"(《政治学》,1295b1—4,《资料》第419页右)他这个话有很多含义。为什么不是拥有最多财产的最幸运呢?答案中隐含着很深的哲理。中等人士的生存结构就使他们最愿意讲道理;而过度美丽、过度强壮、门第过高、财产过多的人,以及与此相反,过度贫穷、过度软弱和出身太卑贱的人,都很难倚重道理,出了事情一般也不诉诸法律,因为他们的经济和社会地位使他们感受不到法律的真实和美好。

过度美丽反而不好吗?女孩子都喜欢美颜,现代商业社会还搞什么选美。你要是美得惊人,让人一见之下就发呆,这个对你一生很可能并不太好。当然,过度丑陋也不太好。一个女孩子不特别漂亮,但是她也有漂亮的时候,像《战争与和平》中安德烈的妹妹玛丽亚,她漂亮得恰到好处。什么好处呢?她在能给她带来幸福的人——罗斯托夫——面前,因为爱情而突然变得漂亮起来,对别的人则不怎么表现出来。让罗斯托夫的眼睛里出来这个西施,这是最好的。这个女孩子后来很幸福。所以红颜薄命啊,长得太漂亮的不行,除非她有德行来中和,亚里士多德这里隐含着这个意思。为什么呢?我们再往下看,他这个思路很有趣,因为"一些人不知领导而是被奴隶般地领导,另一些人则不知被领导,而是主人般地领导"(同上书,1295b19—21,同上)。"领导"对某些人来讲永远是个外在的沉重的东西,他们只知道被领导;对另一些人则轻如鸿毛,他们不知被领导,而只知主人般地去领导别人,所以领导对他来讲也是个现成的外在之物。我们年轻的时候正值"文化大革命",看着那些领导,比如"中央文革"的领导,坐着红旗轿车,哗啦啦地过去,我们要赶快躲闪,躲闪不及还把你的自行车扣下来。这种人就是只知领导,而我们当时就只能被领导。所以对这两种人来讲,领导、权力或国家的法律,都是外在的,或"过"或"不及",因此"这样组成的城邦,并不是自由人的城邦,而是主人和奴隶的城邦,一部分人盛气凌人,一部分人则心怀嫉妒"(同上书,1295b21—22,同上)。

自由人是什么人呢?是那样一种人,对于他来讲,领导既可以意味着去领导,同时又可以意味着被领导。也就是说,领导力既存在又不存在,或者说领导和被领导以可能的方式同时存在。这样的一种正反交织,主动和被动的交织,生发出了自由的身份、自由的感受、自由的生活和城邦的灵魂。这是亚里士多德最出色的地方,超出了他的二值化逻辑学,得其"实践智慧"之神髓,非常有趣。所以他讲的城邦是人性的生成子宫,城邦是一个活生生的有机体,有自己的灵魂。这话绝非虚言,因为有这些思想在后面托持着。"他们是最讲道理的"(《政治学》,1295b4,《资料》,第419页右)。为什么中产阶级是最讲道理的呢?不是因为他比别人的人性更善或者其他的什么原因,而是由其中间地位决定的。他们的力量还大不到超出法律,另一方面,他们又不必去过完全被动的日子,完全被法律规定,而是可以凭借讲论道理、因应法律、履行契约来获得切切实实的利益,所以法律对他来讲既不是太高又不是太低。法律是比他高,他要去服从,但是他在某种意义上又能参与立法,并能比较好地运用法律和规条,由此而得到机会。就像聪明的商人或实业家,一旦签订了于双方有利的契约,机会马上就出现了,或被构成了,由此人生就发生出了新的可能。于是,道理、法律对他们而言就不只是现成的规定,而是具有了某种生成性,可以生出机会和新意义。有法则、讲道理,他们就活得愉快;不讲道理、不依法则,就失其所长,就活得悲惨。因此,国家岂不是最需要这些人吗?这些人占了多数,这个国家的法律就行得通,社会就比较有秩序和某种和谐度,也会比较有创造新机会的活力。在这个意义上,是道理和法律给他们带来了某种选择的自由和尊严,以及稳定、安全的美好生活。

但是,同样的法律对某些极富有者、颇有权者就是轻飘飘的摆设,或被役使的奴仆。这些以权发财者,践踏法律,通过与领导的利益关系,以低价弄一大片土地盖房,然后再通过某些领导,以非常手段抬高房价,马上大发横财,因为他们与腐败官员们有机会来操纵法律、超越法律。他们的自由好像要比中产者多得多,但是这种超越法律的所谓自由的代价,就是其他大多数人没有自由,没有自主的生活,房价太贵,你们靠自己的收入都买不起房。所以,对于弱势群体来讲,法律和政体对他们就没有意义或者只有负面的意义,也就是只有管着他们、压着他们的意义。正是因为如此,那些超出法律的人,那些强人享有的自由也是不安稳的,总受着潜在的威胁,骚乱、革命或者是其他的报复在时刻威胁着他们。在这种情况下就会形成寡头政治、孤家寡人,或者是老百姓造反,形成平民政体,暴民化的"民主"政体,派别斗争不断,国家动荡不已。

这种情况在希腊的城邦屡屡上演。希腊分成数百个城邦(从形式上近乎中国春秋战国时期），这是希腊政治生活跟东方（如波斯、埃及）及秦朝之后的中国最不一样的地方。这样，它就有多得多的机会去试验这些政体，所以他们看到的政治变化实在是太多了。在一两百年间，甚至几十年间，就能看到不少政体的演变，一会儿这个制，一会儿那个制，走马灯一样地在变。一个城邦的公民也就是几千人、几万人，就是了不起的雅典，最多的时候不超过六万公民（按有的说法要更多些），斯巴达一万公民。当然它有大量的奴隶，还有公民的家属，因为公民的妻子都不算公民，孩子更不算了，公民只限于有自由身的本土成年男性。而这些有公民权的，他们对于政治的感受极其敏锐。城邦不大，就这么万把人、几万人，其中几千人积极从事政治，可能分为几个派别，大家都维持什么关系，组成什么政体，马上就直接影响了他的生活形态和生活质量。所以这些政治思想在那个地方十分发达，产生了各种各样的政治学说和政体形态。柏拉图和亚里士多德的政治学著作中，对于不同政体的区分、再区分，乃至对每一种政体及其变种的形态描述，对其演变轨迹的阐发，其丰富性和直观性是惊人的，值得任何"关心国家大事"的人们一读再读。

　　然而，他们并不只是描述和阐发，而是有他们的总体政治观。这就是哲学家与一般的政治学家的不同。按照亚里士多德，只有由中等阶层或中产人士主导的共同体或国家，才会是比较稳定的、有弹性的和遵从法律及道理的。因此很可能，只有在这种政体中才会产生那样的一种政治力量，它的行为的最终目的和效果是为了公共利益，而不只是为了那些主导政治生活的中产人士。因为亚里士多德认为法律对于中等阶层来讲是有生成性的，这种不受任何人操控的发生性——用现象学的话讲，就是意向性及其构造出的意向相关项（noema）——会超越任何现成者，实现出社团本身的意义和公正。所以中等阶层要实行的东西，必须既考虑到最富的人，也考虑到最穷的人，这倒不全是因为不这样的话它的方案就实现不了，主要还是因为中等阶层的居中地位使之天然地就会联系两端，所以它确有可能是为了共同福利而行动的。

　　这种由居中阶层主导的政体，在亚里士多德看来主要是指立宪政体，也就是立出一个宪法，大家遵守，凭借它而赢得人生的动态意义。于是，"在这样的城邦，立宪政体得到良好的发挥"（《政治学》，1295b36，《资料》，第420页左）。立宪政体不一定是民主政体。不过，考虑到现实情况，亚里士多德毕竟还是倾向于民主政体，这点跟后期柏拉图是一致的。而且亚里士多德的思路还更有深度,主张由中等阶层主导的民主政体,才可能是稳定的,而且可以是为城邦的共同利益来行事的。从这儿我们可以看出,他的哲学思想,他的伦理学思想,对于他的政治学说有很关键的影响。反过来说也对,即他的政治关切和探索——思考什么样的政治形态最能给人群带来美好的而不是悲惨的生活——也会影响他对存在本身和美德本性的研究。

三、柏拉图与亚里士多德的政治学说对比

让我们来对比一下柏拉图和亚里士多德的政治学说。第一,两者都相信国家的根本地位,甚至是存在论的地位。请注意,他们心目中的国家是指城邦型的小国家,有大致共同的种族、社群、历史和现实关切,因此跟现在的国家含义不一样。法国、德国、英国动辄上千万人,对于古希腊人来说是太多太大了,会淹没人群的团粒结构和日常生活中的身份认同。他们相信真正的国家是人类实现自身的必要途径,所以在他们那里,国家和社会或"社团联合体"没有分离。简言之,他们的学说属于国家化文明中产生的政治哲学的早期形态。

第二,两者都关注由国家实现出的共同福利。虽然亚里士多德与柏拉图在《国家篇》中表达的人治思想相距比较远,但是两者在关心超出阶层和派别的共同福利这一点上是相似的。哲学王的特点就是不为自己谋利益,而以其智慧为整个国家带来长远的稳定利益。

第三,亚里士多德提出中产人士天然利于国的主张,是柏拉图那里没有的,这是他们哲学思想的不同所造成的后果。他讲的中间阶层代表着经验的中流,而柏拉图设立的理式则是超越经验的顶端。由此,亚里士多德从根本上就倾向于立宪的民主政体,表现出他所说的实践智慧(或理论智慧)。我们以前讨论他的伦理学的时候讲到,实践智慧相对于思辨智慧,前者要在经验中构成,所以本身就有时间性或情境性,而后者自身是超经验、超情境的。虽然一般说来,亚里士多德认为纯理论的思辨智慧更高明,但实际上,他讲实践智慧的中道性时最得心应手,最能体现他关注经验自身合理性的特点,所以阐发得非常生动,让人直感到实践智慧有超出理论智慧之处。这个思路转移到政治哲学中来,就是中间阶层优越论。这个思想对西方政治学说有可观的影响,尽管在近现代只能在契约论的框架中运作。西方的民主制往外移植

的时候,为什么老不成功啊? 其中一个重要原因就是,如果没有市场经济里面的那个中产阶级,或社会政治生活中的中间阶层,这个移植就难以成活。你想移到伊拉克,伊拉克现在被弄得那么穷,它怎么可能让那个政体行得通呢? 有些地方的政治领导人又太强,比如埃及的穆巴拉克(1981 年至 2011年任埃及总统)是军队首领,掌握着实权,虽然那个地方有民主政体的架子,但是在被推翻前,他能够轻易地操纵埃及的政治。而推翻他的革命,口号都是在追求民主和公正,但就如历史上发生过多少次的情况那样,也只是换汤不换药。所以没有或缺少中间这一阶层,特别是它的政治体现,(关于民主的合理性)一切免谈。中间这一层的灵魂在于实践智慧,即中道。还记得吗? 美德在于中道,勇敢处于鲁莽和怯懦之间,并没有一个现成的勇敢的本质或理式,它要在生活中,在你的直接经验中,被活生生地感受到,被构造出来。这些都是亚里士多德的特点。

第四,亚里士多德的政治学观点与柏拉图的《政治家篇》中的讲法,有两个要点是相近的:一个是都认为依从法律是一个好的政体的必要条件,另一个是都认为在现实的政治生活中民主制是最可取的。但是,柏拉图视民主制为不好中的最少弊端者,而亚里士多德则赋予民主制以实现中道美德的可能。我们也知道,柏拉图还是主张,在良好的政治环境中,贤人政制最可取。而且,是他的《国家篇》而不是他的其他政治学著作,对后世产生了最深远的影响。按照这"理想国"的设计,国家由精英和普通公民组成,统治者不能拥有私有财产,精英阶层应该实行共有制,应该受到最好的教育,应该实施优生学,废除家庭,等等。所以在这个意义上,柏拉图是共产主义理想或公有精英主义在政治哲学上的开创者。

第五,亚里士多德一贯从各种人的比较自然的生活状态来考虑政治问题,而柏拉图关心理念上的设计与规范,两者的思想风格很不一样。所以亚里士多德要考虑富人、穷人、中产阶级的区别和特点,这都是现实生活中直接存在的,一眼望过去到处都有这种区别。而柏拉图理想国中的阶层化分,则是从理念上来考虑、设计的,富人处于低下阶层里,统治者反倒没有私有财产。所以柏拉图对被统治者只要求节制,其他就任其自生自灭了,"现象界"嘛,既存在又不存在,含含糊糊就算了;但对作为统治者或"存在界"的精英阶层,就要设计一整套像数学一样严格的生活方式和思想教育的方式,破私立公,层层选拔,为国家培养可以信任的接班人。所以,这个社会人为化的程度极高。亚里士多德设想的那个社会,毕竟是人的现实生活中可以直接体验到的,所以他给我们的一大启迪就是社会的自由度、和谐度的提高,主要在于非现成——既领导又被领导,既主动又被动——的中间层的形成和维持,而不在于现成的阶层划分和理论规定。因此,如果民主制只是一种形式规定意义上的表达民意的政体,就不一定有居中的发生性,也不一定能给社会带来和谐和自由。

在亚里士多德的理解中,自由一定是从中间发生出来的,是不能被完全现成规定或认定的。人天然就有自由? 我们下面会看到,近现代西方人常常鼓吹天赋自由,但亚里士多德不这么看。人只有某种意义上的天赋自由,比如组成家庭、家族和氏族的自由,但是文明时代的政治自由要通过城邦中的中间阶层实现出来,因为道理、规则对于这个中间阶层而言,是被激活的东西,这阶层需要它如同需要布帛粮油一样。只有满足了这一点,这个社会才是有自由的。至于它是不是有形式上的代议制,一人一票或其他的什么形式,那是另外的考虑了。

而且,有没有这样一种可能:它不是代议制,也不是那种直接民主制,但它有一个很强大的中间阶层,而且这个中间阶层具有某种非现成的发生性,不是被规定死了的,由此能给社会带来繁荣美好呢? 这个由你们大家来设想、来辨析。我希望你们来设想一种政治体制(可能目前还没出现过,甚至没人想到过),它能给人的政治生活带来更大的幸福和自由感,或者说是更多的意义。怎么想都没关系,有时候你跟前人英雄所见略同,也没关系。

第六,亚里士多德和柏拉图都是以合乎规范的成年男性为考虑政治问题的出发点。所谓"合乎规范的成年男性",是指有理智判断力的、具有公民身份的成年男性,所以对他们两人来说,家庭都不具有根本的重要性。亚里士多德提到了家庭,他认为政治共同体起源于男女之间的关系:"最早的共同体必然是[夫妇]配偶。"(《政治学》I. 2,1252b13—14,《资料》,第 416 页左)这有点儿像儒家讲的"君子之道,造端乎夫妇"。共同体在原初意义上就是家庭,家庭是由配偶(及子女)加上奴隶组成的:"[如赫西俄德所言:]'最初是居室、妻子和拉犁的牛。'因为牛乃是穷人的家奴,所以,家庭是为了满足日常生活需要合乎自然地建立起来的共同体。"(《政治学》I. 2,1252b13—14,《资料》,第 416 页左)这样的家庭就由两种共同体组成,即这引文中讲到的两种,丈夫与妻儿组成的共同体和主人与奴隶组成的共同体。这与儒家设想的家庭是亲亲源头的思想不一致。然后由家庭组成了村落,由村落组成了自足的城邦,但是他认为城邦是更根本的,它先于每个人,先于家庭。

所以在亚里士多德这儿,家庭作为一个自然的起头还占有一定的地位,但毕竟它的重要性、原本性都低于城邦。在柏拉图那儿就更低了,他要在精英阶层中消灭家庭,家庭对他来讲反而是一个累赘。因为在他看来,人在家庭中一定为他的小家庭私利盘算,不为整个国家的公共利益着想。这就表明,在西方古代的政治生态有机化的城邦中,人与人的关系那么亲密,整个国家形态还那么可直观感受,其理论和实践(亚氏思想大致可反映雅典政治现实)却还是要忽视家庭的根本地位。当然,这与他们对家庭本身的看法有关。如果家庭还要包含主人与人类奴隶(不只是牛马)的共同体,那么它就一定要诉诸城邦的力量和权威来保障这种"共同体"的存在了;而且,家庭就不再是纯亲情的发生地,而是从头就掺杂着异化和压迫了。

第四节　西方近代政治哲学中的契约论和权力制衡学说

一、契约论:从自然状态到国家

对于近现代西方政治哲学和政治现实影响最大的,就是那用来说明国家起源和合法性来源的契约论,由霍布斯、卢梭和洛克等人阐发。它的基本思想是:在国家出现之前,有一种人类生存的"自然状态"(state of nature),其中的个体是有理性的个人,他们相互平等,是自主的和自由的,都知道什么对自己有利什么对自己不利(西方理论中经常有这种全知预设),有维护自身利益的自然权利。在这些自主的、只知谋求各自利益的个人之上,没有更高的权威,所以人们之间的关系是不确定的和危险的,为丛林原则所主导,"人对人是狼"(霍布斯语)。为了摆脱这种让人整日活在恐惧中的不自在的自由,争取更大的生存利益,这些理性的人们就以某种方式签订一个契约,放弃自己的(部分或全部的)自然具有的自主权利,成立一个能够保障所有签约者的安全和其他利益的更高主权体,也就是国家。所以国家不是天然合理的,而是这个契约使它合理合法。一旦国家的统治者违背了这个契约,转过来损害众签约者们的利益,则此契约自动失效,这个国家的合法性就消失了,人们就恢复了他们的自然权利和权力,于是要努力摆脱这个不再合法的统治者,重签一个约,即重建一个有契约合法性的国家。以下让我们解释一下这个学说的几重内容。

首先是自然状态,它是不是在国家出现前的人类历史上实际出现过,在持有这个理论的人看来,并不重要。契约论当然需要一个还没有签约的"前约时期",以便赋予签约以道理上的可能。而且,这个前约时期或前约状态必须是为签约做好铺垫或准备的,无论是从物质上还是心理上。所以就有了自然状态中的安全缺失和争执仲裁的缺失,使签约有必要;又存在着一个个能分辨利弊的理性人,看得到签约的好处大于坏处。实际上,这个自然状态是否在历史上存在过,对于这个理论的有效性当然是相关的。如果人类在国家出现前所处的不是这种所谓自然状态,而是另一种或几种状态,那么国家的合法性基于契约的立论就不成立或是很偏颇了。

在这个自然状态中,主导局面的是一个个有趋利避害欲望的理性人。当然啦,他们首先是成年男性,而且是个体主义化的成年男性。虽然卢梭也讲到家庭,但是他认为家庭根本不是实质性的,只在抚育阶段才存在。"在所有的社会中间,最古老而且唯一自然的是家庭这个社会。"(《社会契约论》,《选读下》,第 67 页)只读这一句,你可能会觉得在他的契约论中,家庭一定占有某个重要地位。可是没有。再往下看:"连儿女也只是在需要父亲抚养的期间,才保持对父亲的系属。这种需要一终止,自然的联系就立刻消失;于是儿女解除了对父亲应有的服从,⋯⋯彼此同等地进入独立状态。⋯⋯家庭本身只是靠约定来维系的。"(同上)所以自然状态的主导者都是个体化的理性的成年男子,家庭在这个理论的视野之外。

在这种自然状态中,人们可以相互侵害,形成"每一个人对每个人的战争",这是霍布斯在《利维坦》中讲的,大致相当于亚里士多德所说的人脱离城邦后的恶劣状况。或者说,在自然状态中,人会面临某些不可克服的困难、不方便或争执,比如像卢梭的《社会契约论》所讲的(《选读下》,第 66—79 页)。生产手段发展了,生产出当下用不了的东西,私有财产就出现了,人和人之间就会多有争执,发生侵害个人的自然权利或自然法的事。比如一个人抢了另一个人的东西,在自然状态中,就缺少公正有力的仲裁;即便有了某种仲裁,比如大家议论说这个抢劫者做得不对,但还是缺少执行仲裁的力量。这种积弊达到一个限度,即维护自然权利的好处开始少于交出这种权利给有力的仲裁者和执行者的好处时,签约的理性冲动就出现了。于是这些作为个体的人们在衡量得失之后,决定签一个契约,交出他们的自然权利给一个权力共同体,让这个比任何个人都强大得多的、有权威的共同体来主持人间的公道和维护全体签约者的利益(同上书,第72页,《资料》,第443页左)。究其本义,这种共同体又可以被理解为让参与者共同繁荣的共荣体(common wealth)。

为什么美国人这么喜欢说"五月花号"?因为这件事好像可以佐证这个契约论,或能够用来说明欧洲人建立殖民地和建国的正当性(实际上能不能呢?完全可以再商榷)。"五月花号"是一条1620年从英国驶到美洲的移民船,载有102名(另一说是101名)乘客,其中大部分是不满于英国国教的清教徒。在它靠岸(Cape Cod,鳕鱼角或科德角)之后、上岸之前,由41名具有自由身份的成年男子共同签署了一份契约,后被称为《五月花号公约》。其中一个版本中有这样的话:

> 我们这些如下的签署人……为了上帝的荣耀、基督教的推进以及我们国王和国家的名誉,已经航行至此,[本来是]为了在弗吉尼亚北部建立第一个殖民地。现在我们在上帝和我们相互面前共同庄严签订公约(covenant),自愿结为一个民众政治团体(a civil body politic),以便我们更好地安排、保持和继续上述目标。由此而将不时地去实施、建构和形成公正的和平等的法律、规章、条令、宪章和公职,只要它们被认为对这殖民地的共善(the general good of the Colony)是合适和方便的,我们都保证遵守和服从。①

---

① 此《五月花号公约》(*The Mayflower Compact*)的部分英文原文(William Bradford 版)是:"In the name of God, amen. We whose names are underwritten, the loyal subjects of our dread sovereign Lord, King James, by the grace of God, of Great Britain, France, and Ireland, king, defender of the faith, etc., having undertaken for the glory of God, and advancement of the Christian faith, and honor of our king and country a voyage to plant the first colony in the northern parts of Virginia, do by these presents solemnly and mutually in the presence of God and one another, covenant and combine ourselves together into a civil body politic for our better ordering and preservation and furtherance of the ends aforesaid. And by virtue hereof to enact, constitute, and frame such just and equal laws, ordinances, acts, constitutions, and offices from time to time as shall be thought most meet and convenient for the general good of the Colony; unto which we promise all submission and obedience." (引自 *Avenues to America's Past*, by John S. Bowes, Morristown, New Jersey: Silver Burdett Company, 1969, p. 16。)

美国人认为这就是美国的建国精神,即靠人民的自愿签约而不靠超越于人民之上的神权、王权或什么权力,来组成自治的政治社团,并循此原则而建国。可是在现实生活中,很少有哪个国家能找到像《五月花号公约》那样鲜明的契约起点,但是他们可以按照契约论,将国家的根源说成是这样的。虽然它只是从某种道理上推论出来的,但对信奉者来说一样有效力。

按照它,国家的合法性就出于这个或隐或显的契约,一般称之为"社会契约"(social contract)。通过它,自然状态中的个人把他们的自然权利和自由转让给新出现的社会共同体,由此委任一些人去管理大家的事情,以换取整个群体的更大好处,就如同做生意,签一个契约对双方都有利。我让出了我的天然权利,我就要服从一个代我执行这些权利-权力的机构。以前大家互相不服从,各自都是平等独立的,引出的麻烦太多;可当我们有一个契约,让渡了某些或全部(不同的契约论者在是"某些"还是"全部"上,有分歧)自由和权利之后,获得的好处是:我们将生活得更安全,不必时刻害怕别人和其他集团的侵害,也更公正、更丰富。

对于大多数社会契约论者而言,这个契约对于双方都有约束力。个人应该遵守这个共同体设定的法律,服从官员的领导,而国家则必须是为了保障每个公民的生命财产和一切必要的权利来运作。个人如果违反了契约,有法律来惩治他,代理国家的领导人违反了契约,拿这个共同体的利益为他的私利服务,就要被罢免。如果统治者不顾人民的抗议而我行我素,那么就等于他或他代表的国家已经自动废除了契约,人民就有权推翻它,重续或重订契约,因为当初签约者将自己的权利让渡给了这个契约,而不是统治者(当然也有另外的看法,认为权利让渡是彻底的)。"契约"就意味着它不是永恒的、无条件的,其中的条款对签约各方在规定时间内都有效。后来的法国大革命很受这个影响。国王路易十六被人们视为背叛了契约,就要砍他的头,契约就要重订,于是干脆成立共和国,让国家的契约性鲜明地写在宣言或宪法上。

在这个问题上,约翰·洛克的《政府论》最有代表性(霍布斯的和卢梭的具体治国方案是歧出),也是影响最大的。他的本意是为1688年英国的光荣革命来辩护。英国17世纪政坛反反复复,一会儿共和国,一会儿是什么护国政体,这边克伦威尔,那边王党复辟,闹腾了将近五十年,最后找到了一条中间道路。当时的政治主流把国外的王室候选人找回来当君主,但是只给他不多的权柄,实质权力掌握在议会及其委任的内阁之中。有了这个开头,后来的政治进程就导致了英国的君主立宪制。因此,不少历史学家和知识分子认为英国的光荣革命是一条最好的争取民主之路,比法国大革命要好得多。后者太折腾,杀人盈野,效果也不好,王党复辟,翻过来倒过去,好长时间不得安稳,让国家受的消耗特别大,其传统文化也受到损伤。而英国的光荣革命,真可谓光荣了,付出极少而收益极大,该有的民主都有了,传统也没丢,至今还有国王代表着超党派的国魂。洛克的思想后来影响了美国的《独立宣言》,当然美国人就不再要国王了。

　　洛克的反驳对象是一个叫菲尔麦的保皇思想家,主张君权神授且可世袭。洛克在反驳他之后提出了契约论,特别表明在自然状态中人天然具有的自由平等的身份,以及他享有的不可被剥夺的权利。如果人原本就处在一种自由状态中的话,那么国家的实体性就被取消了,国家的合法性只能从与这种自由状态的交换中得来。所以国家根本就不是天然合理的,像亚里士多德设想的那样。但是我们也须注意到,亚里士多德设想的国家是城邦,那是真正意义上的"祖国",那个国家里很多公民之间都是沾亲带故或有共同祖先的,他们及其家族在那个地方已经生活了很多世代。

　　契约论把政治的终极实在性赋予了谁? 说到底,是赋予了自然状态中的个体自由。这种自由表现为一种选择权,也就是选择的自由,而不是生成的自由、中间阶层的自由(当然自由主义也希望中间层发达,但没有政体形式上的体现)。他知道哪个东西对他好,哪个不好,如果不好的多于好的,那么他就觉得吃亏了,然后从趋利避害的理智上考虑,大家搞一个社会契约,这样对所有参与者都好。做生意嘛,西方人的这种商人特点,当然还有《旧约》的"定约"精神,在这件事上表现得特别清楚。于是,国家就成了个体自由的一种实现方式。

　　这是西方的古代与近现代在哲学及政治学上很不同的一个要点。古代哲学里,理式和形式化实体是终极实在,近现代哲学则主张个体——能思之我——是终极实在(亚里士多德在两者之间摇摆,但还是以前者为主)。相应地,古代的基本政治单位是城邦,而近现代则是个人。我们看到匈牙利诗人裴多菲的诗:"生命诚可贵,爱情价更高。若为自由故,两者皆可抛。"其中的"自由"就是这种新的个体自由,既指自然人的个体、契约中或国家中的个人,也包括民族个体、由契约导致的国家个体,所以此诗就反映了那么一个汹涌澎湃的时代的政治追求。法国大革命一发动,整个欧洲甚至整个被西方文化影响的地方都为之震颤。黑格尔晚年那么保守,年轻时候却对这革命大唱颂歌。荷尔德林、谢林和黑格尔是图宾根大学的同窗好友。法国大革命爆发后,他们三人跑到院子里种"自由之树",抒发激动之情。黑格尔晚年还在讲,法国大革命就像日出一样伟大灿烂,但是他也说法国大革命是用头来走路的,因为他们完全靠思想,也就是社会契约论这一套,来改变历史。尤其是卢梭的那枝魔笔,最能够唤起人的热情,所以能够头脚倒置地搞出了影响西方历史进程的政治运动。在它之前,已经有英国革命和美国独立战争,但法国大革命是更富戏剧性和理论自觉。按照这个理论,个体的自由先于一切,所有的政治设施和法律规章的意义必须还原到它才有价值。这个思想震撼和改变了整个近现代世界,直到现在还是很有影响。当然在这之后,出现了马克思的政治理论,对世界政治包括我们中国的现代政治也产生了重大影响。不过马克思主义的开头,也是这种个体自由,只不过是从劳动(异化)的角度来观察它,它的最高阶段如共产主义,则被说成是这种个体自由的充分实现,也就是突破了国家的局限,甩掉了契约论的后一半,让人的自然本性在所谓高级阶段得到全面发展,"共产主义则是通过私有财产的扬弃这个中介而使自己表现出来的人本主义。"[1]从 20 世纪晚期以来,马克思主义的实践遭遇了一些挫折,看来契约论还是很有力量的,个体自由主义也还相当盛行,不断有新的表现。

二、三权分立说

另一个重要的西方近现代政治思想就是分权理论,和契约论相关。洛克在《政府论》中也提到了它,但是我们的选本中还是以孟德斯鸠的《法的精神》为主,他在其中比较清楚地阐述了这个理论。你要防止专制,尽量保护政治契约不被违背,除了保留人民的反抗权之外,还有很重要的一条,就是这契约不能只通过一个机构来实现,必须多于一个,让它们相互制约,不然人民

---

① 马克思:《1844 年经济学—哲学手稿》,刘丕坤译,北京:人民出版社,1979 年,第 127 页。

就总得反抗而重订契约了。美国人很自豪,说我们建国两百多年,从来没在政治体制上出过大问题,而这国家实质上就是当时十三州那些代表想出来的。在他们看来,这《独立宣言》和美国宪法(及其修正案),其完美的成功,就像仅仅射出了一箭,就命中最好的地方了,一直到现在都没有大的改变。而这个体制中,很重要的一个基础设计就是明确的分权。这个思想,我们可以看到,在孟德斯鸠的思想里有,洛克的思想里也有。

古希腊的哲学家也看到了单一的、无限制的集中权力的危险。柏拉图在《法篇》中就讲到,斯巴达之所以没有灭亡,而旁边的阿戈斯、美赛尼亚两个国家灭亡了,就是因为斯巴达搞了分权制,有两个王,而且有二十八个长老和民选长官。亚里士多德中产阶级优越论中也有分权的思想。我觉得这是西方人最有智慧的一个思路,确实是值得任何研究政治哲学的人来学习,起码应该参考。分权不一定要分到个人,它并不等于一人一票的民主。但是分权制本身是很有政治智慧的,因为权力是待驯化的老虎,让它尽性发挥就有可能吃人。分权的一个基本前提就是说,无论什么权力,对于被统治者永远是危险的,包括我站在这儿当老师的权力,我给你判分的权力,都是可能被腐化和滥用的。用东方的思想术语来说,任何权力都是一种加强的名相(names and forms)。按印度人的看法,世界现象就是在原本的终极实在上加上那些名相,扭曲了终极实在而造成的,所以这些现象都不纯粹,是一种体制对象化和力量追求的结果。而政治权力就更是这样,从根本上就要追求强迫力和控制,所以它永远可能意味着压迫、管制、蛮不讲理和掌权者的为所欲为。按照这个明智的分权思想,我们不要相信任何好听的标签、辩护、保证,因为就如孟德斯鸠所言,"凡是有权力的人,总要滥用权力,非碰到限度不止。"(《法的精神》,《选读下》,第 44 页)不要听他说,我们代表公民的利益,甚至高呼"人民万岁!",任何许诺都没用。权力会在不知不觉中腐蚀改变一个原来挺好的人,让他打起官腔,丧失人的基本同情,甚至为了维持和扩大他的权力干出各种恶事,这种现象实在是太多太多了。就像卢梭在他的《论人间不平等的起源和基础》中所讲的:"一经尝到了统治的乐趣,也就立刻把其他各种快乐都不放在眼里……心里想的也就无非是压服和奴役自己的邻人:好象饿狼一样,一旦尝到了人肉的滋味,就厌弃其他任何食物,一心只想吃人。"(同上书,第 75 页)人的权力欲就像狼,贪得无厌,一旦尝到了"人肉"或行使权力压迫他人的滋味，就不以人间其他事为乐趣了，一心只想"吃人"或加强自己的权力。尼采认为，"对权力的意愿"是一切生命存在者的本性，这对于西方文化尤其是其近现代文化而言，在很大程度上是对的，所以他们对它有极高的警觉。只是，他们对于"知识就是力量"这类说法中鼓吹的权力，却还缺少必要的警觉。其实，高科技表现的力量，也是权力意愿的表达，如果不在根本处套上笼头，也会吃人。

按照这一派的想法，自由是生命的秘密和意义，但是自由又最不受权力的拘束，它的珍贵无比和它的歧义丛生是并行的，所以孟德斯鸠讲："在各种名词中间，歧义丛生、以多种方式打动人心的，无过于自由一词。"（同上书，第43页）关于它，有各种各样的讨论，包括密尔著名的《论自由》。密尔提出，自由意味着成年人有权做任何不直接危害他人的事情，尤其是言论自由。但问题是，什么叫不危害他人？他主张，只要不直接损害他人，什么言论都可自由发表。那么什么是直接损害他人的言论呢？像在戏院人多的地方，大喊一声"着火了！"，这就犯了忌讳了，这个言论没有自由可言。因为你这么一喊，大家惊慌乱跑，会踩死人，发生事故，你就用言论损害了他人。如果你在旷野里，无论怎么叫唤，都没关系，言论自由不妨碍他人。可是到了我们现在这个社会，人类的相互影响力和人类对自然的影响力急剧扩大的时候，你说哪个行为不影响他人不危害他人，就不那么容易区分了。比如现在西方人就争论，色情录像带危害他人吗？暴力镜头多的电影危害他人吗？堕胎危害他人吗？这个怀孕的女子她就要堕胎，她说她有这个权利，人家说她危害了胎儿，她说，不，胎儿还不是人。安乐死、裸奔、人工智能、天天开车上班、跳广场舞、同性结婚、人肉搜索……危害他人了吗？我举这些例子是想让大家感觉到区别无害自由和有害自由的难处。

对于孟德斯鸠来讲，什么叫自由？自由首先需要否定权力的扩张性，也就是一定要限制绝对的权力，"以权力牵掣权力"（《选读下》，第44页）。这是他的基本出发点，为的是使得任何一种政治权力不至于为所欲为，达到所谓"和尚打伞，无法无天"的地步，于是就有了三权分立的设想和实施。三权就是立法权（legislation）、行政权（administration）和司法权（jurisdiction）。它们必须被分开，由不同的机构和人来管。孟德斯鸠和洛克都主张，要让它们相互制衡，不然的话，如果一拨人又有立法权去立一个法，又有行政权去执行这个法,由一家包办,那么这个权力就没有界限,没有结构上的客观依据了。你想怎么执法就可以怎么立法,想定你一个叛国罪、扰乱公共秩序罪,我就立一条针对你的法律条款,或者立一条新的法律条款解释,总能让你的叛国罪成立。所以立法和司法不分,执法或者行政与司法不分,都会产生自编自唱自评的专权局面,使人民的自由和基本权利没有任何政治体制上和形式结构上的保证,只能寄希望于统治者的清廉、公仆意识等。但问题是,如果连评价谁是腐败、清廉、公仆的权力也没有独立地位的话,那么就是一锅粥了。所以,"如果由同一个人或同一个要人团体、贵族团体或人民团体来行使这三种权力,即制定法律的权力,执行公共决议的权力,和审理罪行或个人争端的权力,那就一切都完了"(同上书,第45页)。那就意味着,没有自由可言,整个政治生活铁板一块、严丝合缝了。

最后我们做少许反思。第一,西方近代政治哲学的重要前提,是对政治参与者的资格判定,即一个合格的社会契约签约者或公民必须满足什么条件才行。首先,他是个个人;其次,是个具有理性判断力的成年人;再次,以前的公民定义还牵扯到财产、性别、肤色等,所以美国的废除奴隶制和给妇女以选举权都是很靠后的事情了。

第二,在一般情况下,他们认为,人性是经不住权力的腐蚀的,运用权力的人是不能够被信赖的,有点儿像中国人讲的"伴君如伴虎",西方人则有"伴权如伴狼"的意识,我觉得这是很出色的见地。相关的政治体制的设计,尤其近代以来,首先考虑的不是去追求最好,而是避免最坏。比如,他们并不追求如何让政府运作得最有效,如何让最有品德和才华的贤人得到权力,而是如何防止最坏的情况发生,避免恶人掌权而又拿他没办法。这里边有相当的政治智慧。我们需要天才的诗人、音乐家、思想家、建筑师,但是在正常的情况下,我们不需要天才的政治家,他是个平庸的政治家也没关系。小布什说话满嘴跑火车,错话不断,那才好,没关系,美国人才觉得可信;这个政治家表现得太聪明,人们反而不愿意选他,除非他有特别能打动人之处。尼克松很聪明,后来弄出一个水门事件,人们就看到,原来这个聪明人想把国家也玩于股掌之上,那还了得!但是,当处于民族危亡、国家遭难,需要天才和英雄出现的时候,就又不一样了。在这种时候,民主制就可能投票让自己寿终正寝,选出一个独裁者,恺撒、屋大维、希特勒什么的,一些历史上的独裁者都是按照民主的程

序上台的。今天的俄罗斯是不是在做同样的事？西方人认为他是，我们拭目
以待。

第三，西方近代哲学中讲的权力，首先表现为法律及其执行，而没有充
分考虑到法律和政体的生存基础，比如它们和社团生活的关系。这就和古代
的柏拉图、亚里士多德有了一些不可忽视的区别。比如在亚里士多德那儿，
他倾向民主制，但还是考虑过一个人统治的合理性，如果这个统治者是为了
城邦的共同福利而统治的话，那么他也不一定就不好。之所以能这么想，是
因为当时城邦这个社团还没有大到使人们之间的原本联系都消失，以至于只
能依靠完全不考虑个人情况的法律来统治。所谓自由、平等，这个"平等"二
字实际上意味着我根本不考虑个体区别，大家都一样，因而是一种平整化了
的普遍主义的设计方案。荣誉、爱母邦、责任感这些美德，在古代那个政治思
想中还能起作用，在近现代就已经没有了。然而，到了当代的西方政治思想
中，对于"社团"的原本作用开始有了较多的认识。

第四，西方政治哲学要解决的，主要是国家内部的政体合理性或政权合
法性的问题，缺少关于国际关系乃至文明关系的合理性的有力探讨。所以西
方政治的国内外的表现差距很大，在国与国之间基本是"寡头政制"或"僭主
政制"式的做法，基于强权欺人的丛林原则，所以有灭绝和损害其他民族、文
化和国家的殖民主义实践，以及自作自受的两次世界大战。而"联合国"，迄
今从政治上讲也仅是一个协调强权利益的机构。

第十四章　中国古代的政治哲学

　　这一讲主要阐述先秦时期的儒家和道家的政治哲理。我们已经说过，中国古代的终极观和西方的不一样，它认为只有一个真实的世界。虽然天和人有差异，有区别，而且可能是比较重要的区别，但是毕竟天和人都没有各自的实体性或完全的独立性，所以，这两者在一个深层的意义上是相互依存的。这和西方的看法不一样。西方无论是从哲学上还是宗教上，比如柏拉图、基督教，都认为有更高一层的更真实者，比如理式和上帝本身，它们被认为是独立存在的；或者是唯物主义，认为物质世界本身是独立的。当然他们也强调两者比如神与人、理式与现象的关系，但是，由于断定了一个超出人类经验的更真实的存在者，就造成了一高一低的根本划分。所以我们说，传统西方在这样一个基本点上持有着二元分叉的思维方式。而中国这一边，我们只能说它是互补对生的思维方式。由于有这个思想特点，尽管佛教传到中国后反激出了我们的道教（以前只有道家），中国佛教也有新特点，但是我们仍然看到，无论是佛教还是道教里面，神和人之间有着密切的互动。仙女要思凡，菩萨、神仙或者佛祖要救世，而人间的凡夫俗子仰慕仙界和西方极乐世界，因此修道、修佛。有的人据说能修成仙人和菩萨，像八仙，是修出来的，从凡人修成了仙，仙凡圣俗是可以相通的。以这种互动的方式，构造出一个人间和天堂相互交织的、很多样化的，而且实质上是相当美好的人生境界。

　　所以，中国古人对自己的国家形态、文化形态无比自信、自豪，我们是华夏，那些都是蛮夷：但闻以夏化夷，未闻以夷化夏。可这种自豪又不表现为像基督教的那种自豪，认定自己握到了一个实体性、观念化、对象化的绝对真理，于是非要向全世界推广，要四处派遣传教士、传教团体，觉得全球化是它的任务。中国古人从来没有这类冲动。你看到过儒家派传教团去传儒教吗？没有的。哪怕就是旁边的朝鲜、日本、越南什么的，我们也没有派过，联系都是民间的、自发的。在很多情况下，是他们来向中国学习，再带回去。我们周边这么多国家,为什么儒家没有这种扩展冲动?是中国古人不相信我们的华夏文化代表了终极真理吗?不是的,他们相信,没问题,我们的天道是太极,我们的华夏是天下之中心,但是其思维方式与西方人不一样。他认为他的这个真理一定产生于天时、地利、人和之中,所以一定要与人的实际生活、民族的历史传统和风土人情息息相通,才有生命和味道,所以实在没必要去强求。"强扭的瓜不甜"一直就是个共识。这是一个很长的故事,总之是中西双方的终极观和政治观都很不一样。东方这边几乎没有过宗教战争,西方人就觉得不可思议,几个大宗教碰到一块儿怎么能不打仗?他们历史上长期的血腥宗教战争,一直到现在影响还在,所以中东总不太平,恐怖主义屡斩不净。可是东方没有,这就是因思想方法的不同,延伸到政治观、宗教观、文化观所产生的政治和文化后果。

　　另外,也正是因为不设立一个本质上更高的实体化世界,所以,对于中国人来说,政治、文化的命运是根本性的,因为这个人间和天意是息息相应的。虽然政治不等于文化,一朝一姓的兴衰不等于那关乎中华文化命运的天下兴亡,但毕竟在具体的情况下是相关的。"治国"是"平天下"的前提,心怀天下的人也往往是爱国者。所以,只要是这个朝代久了,得了士子之心,它被外敌灭亡的时候,就会有一些可歌可泣的如文天祥一样的人物。

第一节　从西周到孔子时代的政治思想

一、《文王》诗篇中的政治观

　　为了了解中国古代政治思想的脉络,首先让我们来看它从西周到孔子时代的表现。我用四个短句来概括它:天道变化,天人感应,以德配天,文化多样。我们先通过《诗经·大雅·文王》这首诗来说明。按某些经学家的看法,这首诗是周公为祭祀周文王所作,目的是要让周民族世世代代记住和发扬文王的至德。我们的课以前也涉及过这首诗,但现在是从政治哲理这个新角度来理解。

　　所谓"天道变化",是说中国古人心里的终极实在即天道是变化着的。而"天人感应"是说,对于这些中国人而言,天或天道和人之间是有相互感应的，所以要"以德配天"。你想邀天命，你想要天来保佑你而不是惩罚你，没有别的办法，只有以道德来配合天，或与天相应和。想要依靠一个更高级的"天主"或"天的理式"都不行，因为这天道本身在变化，你不可能以一种超越性的实体来固定它，让它做你的靠山。而这"德"的一个很重要的实现方式不是形式上的统一规范，而是文化多样。这个我们下面再讲。

由于孔子和儒家的影响，中国传统文化、特别是其政治文化承继的基本上是周文化。这个文化的特点，从它的始祖后稷那里已见端倪(参见《诗经·大雅·生民》)，中间经过了很多代，到了文王就出现了一些重大的进展。文王是周族、周朝乃至儒家尊崇的圣人。虽然最后推翻殷商、建立周王朝的是他的儿子周武王，但是文王的地位是无比崇高的，因为他不单创作了《周易》这本智慧之书，在"丰"这个地方构建了周族王道的发祥地，让天下诸侯归心，而且他给予周朝一个特别鲜明的特点，即"与时偕行"，与天时一起变化而得其天意。此特点他们先祖就有，但到他这里有一个极大的自觉化和鲜明化。

我们来看这特点如何表现。"文王在上，於(wū)昭于天"，它是说文王的神灵与天相通，在天上显明。"周虽旧邦，其命维新"，这个意思是，虽然周曾是一个很古老的族群、邦国，但是它的命运在于出新。"维"实际上是个语气虚词，但是后来就渐渐读实而变为动词了，"变法维新"就是用这个词。"有周不显，帝命不时。文王陟降，在帝左右。"(《资料》，第35页左)这里两个"不"字要读成"丕"(pī)，义为"大""伟大""尊奉"。"帝"指天帝、上帝，但不是实体化的位格神，如西方宗教中的耶和华或上帝。实际上，此天帝就可以视为天、天道在祭祀中的体现。这一小段是说：天(包含上帝)和人(即周族、文王)的关系相互交织，实现为时机化("丕时")的显现("丕显")。先秦文献中的"时"，有时被读为"是"(此、这个)，但这里完全可以读为时间、时机之时。"帝命不[丕]时"即天帝以时为大，以时显明自身。

我们读这首诗，就可以联想到周族的历史。从它久远的民族史来看也好，或是从文王、武王、周公这么三个阶段，也就是它的建朝史来看也好，都充满了跌宕起伏的变化。我们以前讲过，后稷的出生就充满了戏剧性，这在《诗经》的《生民》篇中得到显示。他母亲姜嫄在田野土地上踩入了一个巨人脚印，因此而受孕。一开始很高兴，这个孩子是神给的。但是他出生以后，家庭对他有怀疑，要把他扔掉，所以后稷的名字就叫做"弃"。可把他扔弃了三次却没扔成。我在这方面还写过文章来讨论后稷出生里面的几个缺失，①即：神意的缺失，本来是神意导致的孩子，但后来神意的光环缺失，遭受歧视；父亲缺失，被当成野种，三次丢弃而不成，证明他不是妖孽，才把他抱回来；英雄缺失，他也没干过什么传统意义上英雄的业绩，只是种庄稼，会祭祀，所以不是古希腊神话中的那种战斗英雄。但这就是周民族的特点，如初生禾苗那样柔嫩，随时而变。种庄稼一定要跟着四时走，而且是依着原本的生发节律而行。周民族在后稷之后，经历了很多变迁，一会儿衰落，一会儿又兴起，公刘、古公亶父都是出色的领导者，皆"复修后稷之业"（《史记·周本纪》），也就是重续后稷开创的农耕之业、敬循天时之业。古公亶父非常出色，有深厚的柔德或仁德，感动了民众，随他迁徙而使周族复兴。那些蛮族常来欺负周族，百姓们爱戴古公亶父，就对他说：我们不甘受侵，愿跟随你同那些家伙拼命。但古公亶父说不行，为了我一家一姓（他是周族的领袖）让大家死人，我不干。于是他就迁走，从豳迁到岐。老百姓一看，这么好的头领，不能离开他，就扶老携幼跟着他迁走。迁过去以后，重立城邑，在新的地方为周朝后来的大业奠定了基础。

　　文王本人的经历也是饱经忧患。他曾被殷纣王囚禁起来，差点儿性命不保，于是在羑里狱中推演《周易》，用计脱身返回；又以贤明仁义治理"丰"地，德声传布四方，让天下三分之二的诸侯都认同他。武王接续文王的德业，将"镐"这个地方治理得很好，在适当的时机推翻了殷朝。建国以后不久，周武王去世，由于继位的周成王（武王之子）年纪幼小，就由周武王的弟弟周公旦来摄政，但很快就出现了管叔、蔡叔、武庚的叛乱。周公领导平叛，然后制礼作乐，整个周朝的文化结构或文明结构得以奠定。孔夫子终生最想恢复、最崇敬的就是周文化，"吾从周"；做梦都梦见周公旦，临死前梦不见了，很难过，说好久我梦不到周公了。老子也是周文化的产物。他是周王朝的守藏史，见周之衰，就离开了，出函谷关而莫知其所终。所以这种"理解变易"的倾向导致了周朝的开国者，包括文王、武王、周公，对于天道不可确定这一点有极深刻的认识。还有，看到这个变化既可以是悲剧性、灾难性的，又可以是

---

①　参见拙文《从〈诗经·大雅·生民〉解读周民族的思想特性——"姜嫄生后稷"中的"缺失"》，收入敝作《思想避难：全球化中的中国古代哲理》，北京：北京大学出版社，2007年，第10章。

充满希望和带来机会的,构成了周文化的基本精神。就在周文王开创出的
《周易》里面,充满了"生于忧患,死于安乐"、任何真实的变化恰恰可能是生
存机会的变易精神。

　　这些特点都在这首诗里有体现。"侯服于周,天命靡常。"(《资料》,第36
页右)天命是不恒常的,总在变化的,所以殷朝的遗民现在要服从周朝了。
"殷士肤敏,裸(guàn)将于京。"殷朝的那些士大夫,当年曾参与掌权的,他
们长得好看,在祭礼中表现得机敏,但是他们是到我们周朝的京城来帮助做
裸将(灌酒祭神)这种祭礼的,因为他们已经臣服了周朝,而且周朝对这些归
顺了的民族,我们以前讲过,都给予了实质性的优待,即让他们有一个诸侯国
的地盘,以便能在那儿保持住它自己的政统和文化。因此,周武王刚刚推翻
了殷纣王,就封纣的儿子武庚在原来的殷都,保持一个封地,以续其宗祀。但
是由于武庚后来参与叛乱,这个侯国就没有保住,于是周公就又封商纣的长
兄微子启在商丘这个地方,建立宋国。这里面就说到,殷朝的这些人来帮助
周王朝做祭祀。"无念尔祖,聿修厥德。"这里讲的"无念"中的"无"字,有的
注家说是语助词,无实义;有的当代人则将"无"读成"怎能不"或"不能不"。
总之,"无念"在这里就是"念",或是"一定要念"。于是这两句就意味着:要
念及你们的祖先,把你们的德行修好。这既是在对殷人讲,更是对周人讲的。
因为祖先对他们来讲,是德行的源头,更准确地讲,孝祖是德行的源头,是为
"祖德"。这样才能上配天命,也就是通过应和天道来构成天命,让现在的王
朝长久持存,即"永言配命,自求多福"。

　　于是我们读道:"殷之未丧师,克配上帝。"诗人一再总结殷亡的教训,殷
朝统治者在没有丧失民心前,能够顺应上帝,也就是天命,但后来不行了,所
以"宜鉴于殷,骏命不易",要拿殷朝的灭亡当作一面镜子,时时鉴照反省,才
能将这么一个很陡峭的、很容易转移他就的天命保持住,不让它从我们的手
指尖滑走。原因就是"上天之载,无声无臭",天的作为是没有固定的形式、
内容("声""臭")可以把捉的,完全看你怎么做,上天就怎么跟你呼应。因
而只有"仪刑文王",也就是拿文王作表率,追随他以便能追随天道天时,由
此才能够"万邦作孚",让天下的各邦各国信服你。

　　时间所限,我就不解读全诗了。但以下几个要点是要掌握的:首先是
"天命靡常",终极实在——这里被表达为"天命"——不恒常,总保持着一个

变化的势态，这一见地与传统西方的终极观很不同，那边的"理式""实体"
"唯一至上神""个体自我"本身是不变的。

其次，"文王在上，於昭于天"，祖先与天道相交，祭天要以先祖配祀，家
族的传承（"无念尔祖"）中隐含着天意，所以孝乃德之根本，以此为源才能
"聿修厥德"，以德配天，让变化的天命长久地眷顾于此。

再次，"周虽旧邦，其命维新。"因天命是一种时间绵延（天时）的过程，你
光靠保守也守它不住，一定要从时出新，让阴阳相交。这就意味着，既不能一
味守旧，也不能一味求新，而是体会《易》理，从"旧邦"这个传统（阴）的时机
化（阳）中生出新机会（"新命"），也就是生出那让人有新鲜体验、能够应对
新问题的德行，这样才能感动上天，让天命的更新不离周民族。

最后，要保持文化多样性，以应对更深意义上的无常天命。周人乃至整
个华夏古人都知道，即便人为的努力做得再好，时间一久，也免不了有漂沦衰
落和不测风云。所以无论保持天命多久，总有改朝换代的一天。像秦始皇那
样想"传万世而无穷"的痴望是极少数，越想"无穷""万岁"者就越是短命。
为此就要在跨朝代的层面上来应时配天，而这就意味着要构建跨朝代、跨族
群的天意联系，也就是要善待前朝、包括刚被你推翻或置换的前朝后裔，让他
们——首先是前两朝，再就是包括再前面的朝代（但不叫"统"而叫别的
了）——在一个小地方令其继续保持其文化和政体，给予极高的礼仪尊重，
由此而构造出和谐的历史、当前和未来。因为你的当下统治也要有这种时德
才会安宁，你也总有变为前朝的那一天，你也总希望未来的复兴（"通三统"
代表现在的时下之统和过去的两个政治传统的共存，但因这是一个循环结
构，所以也隐含着老统在未来的再现）。此所谓"通三统"，由孔子密传的《春
秋》公羊学阐明，①而且的确是中国先秦史的现实，②绝非康有为所说的"假
托"。秦汉之后，此说虽在现实中逐渐消失，但仍是历朝向往的黄金时代

---

① 　有关论述，除了《春秋》《论语》《孟子》《荀子》等先秦文献外，还可参见《史记》《春秋繁露·三
代改制质文》《白虎通》，蒋庆《公羊学引论》第 2、3、5 章，及拙著《拒秦兴汉和应对佛教的儒家哲学——
从董仲舒到陆象山》（桂林：广西师范大学出版社，2012 年）第 3、4 讲，拙文《儒家通三统的新形式和北
美阿米什人的社团生活——不同于现代性的另类生活追求》（载于《宗教与哲学》第 5 辑，金泽、赵广明
主编，北京：社会科学文献出版社，2016 年，第 237—251 页）。

② 　杨宽：《西周史》，上海：上海人民出版社，1999 年，第 120—123 页。此外，吕思勉的《先秦史》
等也都持此观点。

政治。

我们因此而看到，周灭殷以后，周武王马上要封前朝后裔。一定要封，不单封殷，还要封夏，而且把前几朝的后代都要各封一个诸侯国。我们看《左传·襄公二十五年》，子产说到这个事情，而且现代学术界像杨宽写的《西周史》也都肯定这种事情是真实发生过的。先秦政治现实中的封建（封土建藩）不止于分封自己的亲戚和大臣，而且要分封前朝后裔在某个地方，比如将尧、舜、禹、汤的后代封在蓟、陈、杞、宋建立诸侯国。所以《论语·尧曰》讲："兴灭国，继绝世，举逸民，天下之民归心焉。"只有这样，士人和老百姓才会认为这个新王朝应了天命，才取得了政治上的合法性，将"政治"升华成了"正治"。因此"三统"又叫"三正"，中国古代政治的正统观就由此而出。

这几点都是中国古代政治很突出的特征，但最后这点在先秦后的现实中就很少见了。世界政治史上，什么时候一个新的势力刚推翻一个朝代，建立自己的政权，不但不把前朝看作政治上的敌人，还要给它这种特殊待遇呢？按董仲舒的叙述，这种前朝文化的保留国要继续它以前的政治文化，即保持其历法、服装、旗色、习俗，等等，而且这个保留国的公侯去朝见当时的天子比如周天子的时候，可以不以臣子的身份，而是"以客称朝"，作为天子的客人受到礼遇。具体到这一点，我不敢保证一定是当时情况；但最重要的是，建立这种政治文化保护区或特区是历史事实，而且它们毕竟都受到了特殊的文化待遇，有助于造成中国先秦的文化异质性和共通性的并存，激发出春秋战国时期百家争鸣的盛况。

二、《洪范》中的大经大法

《尚书·洪范》是中国政治思想史上的重要篇章，可能还是出现最早的相关文献之一。通过它可以更清楚地看到这种政治哲理的特点。我把它总结为几个短语：阴阳五行，建皇极，扬天威，遏专制。"阴阳五行"指通过阴阳五行的哲理构架来理解天命；"建皇极"是说要建立一个最高的太极来统领人世，但是这太极是自然的，不是人为的；"扬天威，遏专制"意味着要把天威高扬起来，以遏制帝王的专制。

"洪"就是大，"范"就是结构；一般将"洪范"说成"重大法则"，我觉得还是弱了。这是一个宏大的天人相应的结构，既是根本的整体结构，又是政治的文化的生存结构,哪里只是法则呢? 它开篇(《资料》,第4页左)讲的是武王得了天下以后,去访问殷朝的遗民,也就是殷纣王的叔父箕子,"王访于箕子",为的是请教怎么治理天下,可见刚讲过的通三统可以在多重意义上表现。武王言曰:"呜呼! 箕子,惟天阴骘下民,相协厥居,我不知其彝伦攸叙。"按一种解释,"阴"就是往回、往下走,"骘"就是往上走,大致可以理解为阴阳的意思(我们的《资料》中注解为"暗中保佑";《尚书正义》①诠为"默定")。这句话是说,天是通过阴阳相配来生息繁衍老百姓,让老百姓和谐地生存,但是我不知道怎么让这个结构良好运作的大经大法、人伦关系和天地秩序,或者是治国安民的道理,对此您何以教我? 下面都是箕子的回答,有很多条,第一条讲的就是五行,是非常重要的结构。五行包含"水火木金土",水的特点是润下,火的特点是炎上,也体现出"阴/阳"相对相生的特点,但是这里面更关键的是提出了这个结构。

我们知道。西方政治哲学中的一个中心问题是如何通过权力对权力的制衡,来为人的自由选择留下余地。中国古代思想也有制衡,五行就是这样一种权力制衡的架构,但它与西方思路的特点有所不同,强调和而不同。"和"指五行之间的相生相克,我们下面马上讲。它既有限制、制衡的作用,还有一个很重要的、也是西方结构中缺少的,就是它有发生或生成的功能,所以不只是限制权力,还有在五行的相生相感之中,生成意义,生成新的可能和机会,从而转化权力——让它从强力转为义力——的意思。由此而使人民的生活不只是有秩序,而且充满了内在的快乐,表现为物质上的繁荣也好,精神上的丰富也好。这样看阴阳五行,就知道五行思想的根子在阴阳,它启示出相对相生的这么一个引发性的相互制衡,才是一切生命、存在和政体的源头。如果这样看,阴阳五行之中就包含着一种生成性的自由,不只是西方近现代政治学最关心的个人不受干涉的自由,好像那个自由已经摆在那儿了,等待着我们用良好政体来保护它,不管是通过保留人民的再选择权、言论自由,或者什么别的方式。

总之,按照《洪范》,这种政治体制和天人关系要有生发性,因为阴阳相交必有生发,如天地、夫妇的相交必有新生命、新存在的生成,其中充满了仁

---

① 《尚书正义》,〔汉〕孔安国传,〔唐〕孔颖达正义,黄怀信整理,上海:上海古籍出版社,2007年。

爱之意。所以生生不已就被认为是仁德,"天地之大德曰生"(《周易·系辞下》,《资料》,第 129 页右),这"大德"就可以读作仁德、仁爱,①所以仁爱之"生生"义在中国古代特别重要。天地生万物,就被视为天地对万物有仁爱的恩情;父母生子女,子女就接受了父母的仁爱。父母对你的慈爱就是仁爱的源头,当然你对他们的孝爱也是,因为两者相互促成。你的孝爱的一个重要表现,就是去再生育后代,让这种生生之仁传续不绝。这样的生发构成就不能被任何现成性控制住,只靠一套规则无法说明仁德大爱,而阴阳五行也绝不只是规则。所以《易传》讲,"阴阳不测之谓神"(《周易·系辞上》,《资料》,第 127 页左),阴阳碰到一起,它生出的东西是不会被事先完全操控的。你可以期待和准备,智者可以预测,但是它总有新的自由可言,新的存在状态或出其不意者的出现总是可能的,"上帝"在这里也是要"掷骰子"的。在这样一个语境下,自由的本义就是不被事先规定死,而是要在一个过程中生成,这样的人生才有自由。但这也绝不是胡来,怎么都可以,因为这发生是有结构、有趋向的,有阴阳五行的结构,有生存时机的趋向。但是这种自由,相比于西方比如孟德斯鸠等人讲的按法律行事内的自由,或者是面对几种现成的可能性的选择自由,还是不一样的,虽然两边都有秩序可言。

　　在我看来,五行根于阴阳。为什么呢? 因为讲五行都要通过阴阳,而且我们从结构上也能看出五行的阴阳义。夏天(南方)是火,冬天(北方)是水,春天(东方)是木,中夏(中域)是土,秋天(西方)是金。首先是相生的关系:水生木、木生火、火生土、土生金、金生水。为什么它生它呢? 你们自己琢磨吧,肯定能看出点儿道理。还有相克的关系,比如木克土,树的根扎进土里;土克水,以土堆坝而治水;水克火,那当然;火克金,那也当然,把金属融掉;金克木,斧头能砍树。这都是当时人的日常经验造就的常识,但也有超常识的道理结构。首先,相生相克是对着的,互补的;只有生或只有克,这个世界就完了。这就是阴阳的思想。生是仁,克是义,仁义哪一个都不可少。西方近现代的政治思想,只看到义,缺少仁。

　　其次,为什么是五行,你们想过没有? 我琢磨出了一个形式上的理由。

---

　　① 朱震解此句曰:"'天地之大德曰生'者仁也。"项安世曰:"圣人之仁,即天地之生。"(引自《周易折中》,〔清〕李光地纂,刘大钧整理,成都:巴蜀书社,1998 年,第 913 页)

从结构上看,这五行里面既有生和被生(阳性关系),也有克和被克(阴性关系),这是两大类关系:火生土,土又克水,水生木,木又克土;土生金,金又克木,木生火,火又克金,等等。你要让生和克能够施于不同的行目,五行是最少的,四行肯定不行,五行就能办到了,当然更多的也能办到。所以,如果要满足最为"简/易"的要求,那么最少要五个行目才能让生和克——即五行相互关联这个层次上的阴阳——的关系交错开,形成一个交织回旋的圆满结构,这就是阴阳、五行对接的内在结构上的要求。

我们知道古印度人和古希腊人都持四元素说:水火土气。为什么是四元素,不是五元素? 有不少道理,其中一个是,毕达哥拉斯认为 4 是除了 1 和 10 之外最重要的数。1 太重要了,乃数之源,10 是完满的数,那么为什么 4 又极为重要呢? 这我们提到过,因为 1 + 2 + 3 + 4 = 10。头四个数相加,最大的数是 4,总和是 10,所以 4 是非常神圣的,这看法出自形式上的考虑。我们的五行也有形式上的原因,但不是数理形式,不是脱离生命时间的形式,而是阴阳相生相克的形式,相互对生的形式。所以古华夏一定要五,而印度和希腊人则认为四就够了,四平八稳,稳定住了。

五行的生克关系可以用图来表示:

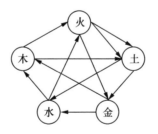

图 4 五行相生相克关系
(外圈箭头指示相生方向;内部箭头指示相克方向,构成五角星)

在此结构中,相生代表仁爱,相克代表制衡、限制。相生是为了让整个政治生活充满生机,以新新之气象和几微来将力量转化为美德,应时配天;相克则是不允许某一行目、某一方面、某一个人、某一种政治力量、某一个朝代,无限度地控制整个局面,为除旧布新提供可能。仔细读《洪范》,你会越来越体会到,中国古人就是靠这套思路创建了伟大的夏、商、周,他们就是觉得一定要分封,不然就没有生克格局了。这个传统到了秦朝才变。照秦始皇和后来一些人的想法,我夺了天下,我干吗要分封呢? 那不把我的权力分散了吗? 我就搞郡县制,这些官员都是我任命的,整个天下控于掌心,那多好啊。不,以前人就是不这么想,一定要分封。我把这个结构叫做"一文多国",一个文明多个国家,这才是天下嘛,天下一定有超出国家的更广阔视野。只是周王朝的王畿(京城及附属地区)地位特殊,既是文明的中心,又是政治的中心,但不一定是权力的中心,当然某些时候(比如西周时)可能是。要害在于它那超对象的政治和文明的感召力,持存了八百年。

再看"建皇极",也相当重要。"建"是"立","皇"是"大"(《尚书正义》)或"君主"①;"极"指"中",即根本的中道。合在一起,是说要建立至大至公的中极,以为君主的要道。我们读原文:"皇极:皇建其有极,敛时五福,用敷锡厥庶民。惟时厥庶民于汝极……无偏无陂,遵王之义;无有作好,遵王之道;无有作恶,遵王之路。无偏无党,王道荡荡;无党无偏,王道平平;无反无侧,王道正直。会其有极,归其有极。"(《资料》,第5页右)意思是说,要让天地的阴阳五行结构畅行无阻,既有秩序,又有生发,你就不能让它偏于一边,让某个人,某一种势力,或者阴多的或者阳多的存在者,来个一方独大。这里面很重要的是,人间最高统治者的权力一定要最高,高到超越了一切现成利益、好恶和党派,也包括超越自己的利益。

所以要"天子作民父母,以为天下王"。什么意思呢? 就是说,你这个君主,不管是从做儿女的经验还是从为人父母的经验中,总会知道做父母是怎么一回事吧? 好了,那就要相应于天地是万物的父母,君主则是民众的父母。所以你要顺应天地而行,也就是符合刚才我们讲的这个机制,不能纵容你一人的私欲,不能以你一家一姓的偏颇爱恶来主宰天下,但这又不是完全依法来治国,冷冰冰地全无情感,而是要为天下承担起做民父母之责。如果你尽不了这个父母的职责,那你就不配做天下王。所谓天子,就是天的儿子,就要按天覆地载的仁德义理来管理天下。你不按天地的这种结构走,就丧失了皇极,也就丧失了为政的合法性。

真正的皇极像天上的北极一样。整个天围绕着北极转,我们人间的政治秩序由天地阴阳推动着,围绕着这超现成的中道走,所以阴阳天地是这个

---

① 《尚书今古文注疏》下册,〔清〕孙星衍撰,陈抗、盛冬铃点校,北京:中华书局,1986年。

世界的父母,以五行、四时来生成、制衡、维持这个大家庭的连续存在。统治者和政治形态只有效仿、追随这样一个天地家庭,才能从中获得执政的生命力和合法性。由此也能看到,家庭是中国古代政治的原型,国家要向家庭看齐,而不是相反,家庭要向什么权力来看齐,甚至通过消灭家庭来成就理想国家。但是,这家庭绝不意味着小家私利,而是要通过它,将阴阳五行发挥到极致,成为打通天地人的大家庭,"亲亲而仁民,仁民而爱物"(《孟子·尽心上》),由此而行仁政、王政,治国平天下。①

另外还有一个情况,如果这个天子做得不好,他没有成为百姓的政治父母怎么办? 箕子用了稽疑(七)、庶征(八)、五福(九)三个大法来制衡他,实际上就是用它们来威胁、检测和制衡统治者。比如卜筮,你去诚恳地算命,皇帝能主宰算出的命吗? 当然不能,这个东西只能听天命的。风雨寒暑等自然现象你主宰得了吗? 在这个洪范里,自然现象都有政治含义,如果你统治得不好,风不调雨不顺,一会儿洪水,一会儿地震,一会儿干旱,你这政权就有问题,就民心浮动。所以中国古圣贤在这个政治氛围中,通过卜筮、风雨寒暑、生老病死这些狭义的政治权力控制不了的现象,来警示、约束和规范掌权者,告诉他们:你们的权力是有限度的,如果行为不端,不行仁义,不建皇极,那么就有管你们的地方,天地阴阳五行绝不会容忍残掠百姓、多行不义的假父母。

从这个角度看来,中国古代政治哲理中,确实有一个从根本上遏制专制独裁的倾向和一个宏大的平衡机制。当然,这个机制可能有时候显得太宏大了点儿,不够具体。尽管也创立了一些遏制权力的安排和机构,但是对于最高权力,也就是皇权,还缺乏在短期内能够有效制止它为非作歹的正规政治结构。其他一切能想的办法都想了,建立了对于官员的各种制衡办法,包括对于皇帝的制衡,比如设立谏议大夫、御史大夫乃至相关机构。官员包括宰相不称职,有御史或其他的官员来参他一本,可能导致他下台。但是你总不能把皇帝直接参下去吧,虽然有一定的制约,比如专门行进言、规劝之职的谏议大夫,他们的职责就包括劝谏皇帝,找皇帝的毛病,而且有各种各样劝谏的方法,但是,毕竟没有在权力结构上形成对皇帝本人的弹劾机制。

---

① 虽然这里使用了后世人如曾子(《大学》)、孟子的话语,但并非一种包含时代错置的过度解释,因为他们及孔子都接续《洪范》这些经典的道统,其理路一贯而相通。

无论如何,我们看到《洪范》九畴表达了中国古代文明的一个大经大法,与政治思想和实践直接相关。《周礼》和孔子心目中的礼就是依据这种天人感应、相生相克的结构来制定的。

第二节　孔孟的政治学说

一、孔子

孔子说他继承周文化,一点儿都不假,但也确有新东西进来。他明确表示,政治要以礼和德为中枢,而不以法政更不用说以力-利为中心了,其实法的背后也是力量。

> 子曰:"道之以政,齐之以刑,民免而无耻;道之以德,齐之以礼,有耻且格。"(《论语》2.3)

政是政令,刑是刑法,都是一种基于强力的规范,也就是广义的"法",即文明、国家出现以后,用命题化的强力来建立人为秩序的规则系统。以它们为主来施政,虽然可能维持暂时的秩序,让民众不敢犯事,但它们没有生成的、提升的功能,以至于广义法治下的民众并非心悦诚服,所以"无耻",即没有羞耻感,在法力达不到处就会干坏事。"礼"的外围虽然也有某种禁制性的法规,但它扎根于前文明的人性形成期,含有阴阳互补的生发结构,是人们出自家庭化的天然德性而自发生出的秩序。它融于日常生活的情境之中,具有艺术的微妙生发性和提升功能,"故礼之于人也,犹酒之有蘗也"(《礼记·礼运》,《资料》,第315页右)。"蘗"就是酒曲,是它们使谷物原料得到糖化、发酵而酿出酒味。礼则是人生的酒曲,有了它,人们就被活泼泼地诱发为一个有羞耻心乃至有品位的人,让这人生充溢着德性的馨香。因此,以德和礼来引导政治,则百姓不但守法,而且知耻,不再去偷鸡摸狗。子曰:"为政以德,譬如北辰,居其所而众星共之。"(《论语》2.1)这个德里面就包含了礼,就像北极星是天上的中极,而德礼则是人间政治的中极。以北极为居所,则众星拱卫环绕;以德礼为政治的家宅,则万民自然而然地向心影从。它的关键是,孔子心目中的礼和德是由天道而来,乃天礼和天德,不只是一套民间的约定俗成的规矩,道德也不仅是合乎礼仪的行为规范,而是与天意相通的渠道。

　　礼对于孔子和儒家的意义极为深刻,是一个根本性的生发和制约的机制,高到极高,低到极低,就在我们身边,时时处处,一言一行都有合礼和不合礼的地方。有一位美国的汉学家和哲学家说儒家的礼是社会语法(social grammar)。你要让你的行为有意义吗? 不符合这个语法,它们就没有社会意义。我跟你说话,不符合或明或暗的语法,谁也听不懂,对吧? 我觉得这个比喻有新意,比以前流行的解释强不少,但是还不够,因为礼不只是因行使"语法"规范而使得行为有意义,它还有生成的或发酵的那一面。当然,如果在乔姆斯基的"转换-生成语法"的意义上来理解礼,则好得多,但也不完全贴切。所以,以源于德也构造德的礼为极,就是孔子心目中的"皇极",能使整个社会国家以健全、自发、和谐的方式运转生存。

　　实际上礼和仁的关系,也是内在的。《礼记》中的《礼运》在近代中国的政治理论中扮演一个重要的角色,洪秀全、康有为、孙中山、毛泽东等对它都给与了某些关注,我没有时间详细讨论对这一篇的看法,只能投以一瞥。孔子在其中曰:"夫礼,先王以承天之道,以治人之情,故失之者死,得之者生。"(《资料》,第313页右)礼之义竟如此深邃! 天子用礼来承受天道,也就是那赋予人以性命的大道,于是就要顺依人类的天然性情而治理人间。离开了礼,就脱离了天道,就要死;得了礼,就通了天道,就会生。对于一个个人、一个家庭、一个民族、一个政权,都是这样。"是故夫礼,必本于天,殽于地,列于鬼神,达于丧、祭、射、御、冠、昏、朝、聘。故圣人以礼示之,故天下国家可得而正也。"(同上)礼源于天、效于地,总之是出自天地阴阳这个根本结构,所以才能表现于鬼神,比如在祭祀中召唤鬼神、祭奠鬼神,也因此能通达于各种具体的礼仪和生活情境。

　　用礼来诱导民众,那么天下国家就可以得"正"。"政者正也"(《论语》12.17),孔子爱做这种语言的游戏。"政"这个字里有"正","正"正是"政"的根本。但是这个意义很深。政要按天极走,这样就正了,而正了的好处在哪儿呢? 一旦政得其正,它就会自己走,不用你推着它,规范它,逼迫它,它就自行如星辰,也就是有了自然性或自发性。"正"是天地的原本结构,也有原发的意思,所以礼和法的不同就在这儿。法是带强迫性的规则,是禁令或逼迫式的。它定得好,也只能起到克制和规范的作用。在这个意义上,法不可能是真正"正"的。所以仁政不能主要靠法,它只能是辅助性的、不得已而用之的措施,是最后的手段。在法里面没有生成、创新和提升,其中阴阳不能充分相交相生,所以不能作为治国的首要原则。礼虽然也有规则和禁止作用,但还有生发性,且总是融于生活的情境时机的。比如在刚才那段《礼运》引文提到的很多礼中,都是人生某个时刻会碰到的事情的深义化、礼仪化。你长到二十岁就要行冠礼或成人礼,结婚要有婚礼,老人去世要有丧葬礼,对祖先有祭礼。当时学做君子要学六艺,其中射、御都很重要,既是技巧,也是礼仪。可见它都是融于人生情境中,引发你向善行仁的倾向,而且礼具有艺术性。以前人平日早晚要跟父母见礼,即晨昏定省,现在都不知道怎么行这些礼了,能问一句安就很好了。要给父母请安,怎么请,这里面都有艺术的。一个手势,一个身姿,都有讲究。实际上处处都有礼。你出门见朋友、办事情,也有礼节,做得合适会让人信任你、接纳你。更不用说那些大礼,比如祭天礼,是整个国家的大礼;还有春秋四时之礼,节庆之礼,等等。里面对于服饰、尺度、节奏、音乐、程序、动作,还有诗歌等,都非常有讲究,充满了艺术性。

可见,真正的礼是如此这般的一个微妙结构,使人在活泼泼的,充满了趣味、真情和终极感受的实践中,以前对象化的方式获得应对社会、自然的能力和意识。因此,一个人在其中被培育长大,他就成为一个有德行、有着耻心和敏锐成事的人,就能够将人和人之间低等的欲望和利害冲突化解于无形之中。按礼去行,对谁都有分寸,其中有前人智慧的引导,也有你当时的创新解释,在礼行中已融进了义理,所以能将那些冲突事先就化解于无形。贾谊说:"夫礼者禁[恶行]于将然之前,而法者禁于已然之后。……[礼]绝恶于未萌,而起教于微眇,使民日迁善远罪而不自知也。"(《汉书·贾谊传》)讲得极好,揭示了礼和法各自的生存时间向度,一个在罪行的对象化之前,一个则在其对象化之后。我们前面说到,《文王》里讲天的运作方式是"无声无臭"的,而应天之礼义的运作也是无声无臭的,与法不一样。法一定是有声有臭的,你去告状,去打官司,我的天啊,十分繁复,还要请律师,找证据。当然,如果被逼到了那般程度,也只有诉诸法律。但如果老百姓受了礼乐教化,"有耻且格",社团生活和谐,哪里还需对簿公堂呢?新文化运动以来,对年轻人最大的伤害,就是不再教礼了。不光是你们,我们这一代乃至上两代,都是的。与人交往不知道该怎么办,或者只有一些贫乏的行为教条,碰到生活中很多微妙的事情或情境,就不知该怎么恰到好处地应对,不是过分就是不及。

由于有了上面讲到的孔子看重的礼,而且这个礼是艺术化的,尤其是和音乐、诗歌有内在的相关性,所以,"兴于诗,立于礼,成于乐"(《论语》8.8)。孔子又讲"礼乐不兴则刑罚不中"(《论语》13.3)。他是在解释"正名"这个思想的时候,专讲法律、政治的时候,说出了这句话。人们可能会觉得奇怪,为什么礼乐不兴,刑罚就会打不中要害,甚至不起作用呢?因为没有浸透于生活的天礼和它造就的尺度感,假如出了问题,就只能用政法强力来解决,在那种情势下,刑罚就不中,也就是不能命中要害,做不到真实的惩恶扬善和维持秩序。老百姓如果没有礼乐教化的熏陶,会变成刁民,想尽一切办法来钻法律的空子,躲避惩罚,而官吏或法官则更要诉诸严刑峻法,于是判案要么过分要么不及。你看美国的法律,已经穷尽了在它的结构中的几乎一切办法,尽量公正化、范例化,但里面的错案,还是不少。那里监狱人满为患,冤案经常有,或者是没罪的判进去了,多少年以后才发现,或者是有罪的没有被判刑。他们重证据,但采信什么证据与人的价值评判和社会风气有关,其中大有解释的空间(知识论中的实证主义之所以有问题,也是源于此),所以证据有时也会骗人,而且骗很多人。因为有陪审团制度,由临时召集的公民们来决定嫌疑人有罪没罪,法官只是量刑。比如证据显示嫌疑人有罪,这个人就是他杀的,可多少年后,真凶找出来了,那个人又在犯案时被抓住了,并承认自己做了前一桩案,还提供了相关证据,于是那个嫌疑人就从被证据证明有罪,一转而被证据证明无罪(此乃怀疑主义的政法版)。或者是(很可能)有罪者没有被判罪,比如美国橄榄球明星辛普森杀妻案,许多人明明直觉到这个人有罪,最后就是没判,因为符合法律规定的有效证据不充足。所以刑罚不中虽有多个原因,但礼乐不兴是很重要的一种。孔子很早就看出这一点。只有在一个老百姓受到礼乐教化的淳厚生活情境中,极少数人犯了事,一审就能审出来,这个刑罚就一定是合适的、准确的,不会冤枉人。

只有礼乐才是深入家庭和整个社团生活的,具有原本的可理解性和恰当的领会尺度及时机。因此古人认为礼乐与天地阴阳相通:"夫礼,必本于天,动而之地,列而之事,变而从时,协于分艺。"(《礼记·礼运》,《资料》,第315页右)真正的礼乐是大礼大乐,所以其根是非对象化的时机化应和与应节:"大乐与天地同和,大礼与天地同节。……明于天地,然后能兴礼乐也。"(《礼记·乐记》)之所以可以将礼和乐弄在一起,是因为它们都源自天地阴阳的生发结构,音乐的那种感人至深的和声与礼仪的动静中节相互需要,相互作成,所以儒家政治思想的要害,就在于礼乐教化,我叫它礼乐政治,或者叫做礼乐天道政治。离开了这种礼乐社团的生活背景,刑罚也好,选举也好,都会流于外观而不中。因此孔子一生以六艺来教他的弟子,用来复兴周朝政治和周礼的真精神,以便让天下归仁,这就是"克己复礼为仁"(《论语》12.1)的要义。"克"既可以读为"约束""克制",又可读为"能够"(这样便"己复礼"连读),因后边马上有"为仁由己"一句。约束自己以回复到礼,这就是仁了,能够这样做的人就是仁者,因为礼之义太深刻,太丰富了。它绝不像新文化运动的主流所说,只是一套规范、教条;而说礼教是吃人的,更是不知真正礼教为何物的表现。恰恰相反,知礼让人活得美好,活得长久,活得有内在的尊严和自由。

所以孔子要讲"正名"(《论语》13.3),与上面讲到的"政者正也"之"正"有内在联系,它的一个表现就是"君君,臣臣,父父,子子"(《论语》12.11)。这并不只是在设定社会等级,里面提及的父子关系才是核心,比君臣关系还要重要得多。它是在礼乐的艺术结构中,通过正名来调音,把这种家音、政音调准,才能够让人们各自扮演适合自己的角色,奏出家庭、社会、自然的那种和谐乐音,而不是刺耳的杂音。一旦乐音的这种和谐尺度没有了,天下就只有靠法律和强力来维持秩序。"天下有道,则礼乐征伐自天子出;天下无道,则礼乐征伐自诸侯出。"(《论语》16.2)这是什么意思?孔子要复兴周礼,但那时候礼崩乐坏,权力落到诸侯那儿去,再往下落到大臣乃至家臣那儿去了。这样政治就失其正音,人人怀有不轨之心,诉诸阴谋暴力。如果从天子出,政治结构就应乎天、顺乎民(可从《周礼》中瞥见),只要这个天子不胡来,则整个政治就可能是按照天地正道走的。一旦降到诸侯,这个机会就不多了。当然五霸还不错,但这时候礼的作用就开始丧失,天下以力/利相争,既是力量的力,也是利益的利,争端就多了,所以天下无道。再往下就更不行了,战国时天道和周礼越来越式微,最后只有一个强大的力量才能一统天下,也就是再建秩序。但是这时候的一统完全变味了,变成同而不和的统一。因此到秦王朝统一天下,周礼的精神尽丧,到汉代有所恢复,但是毕竟没有回到以前的盛况。在我看来,周礼是中国政治中的相当高级的生态群落,汉代以后还有一些表现,但已经矮化了。

因此孔子要讲"无为而治"。有人以为孔子不会讲这个,只有老子才讲。有同学问:儒家道家在反对只凭人力施政上,是否很相近呢?的确如此。当然两者也还是有很多不同的地方,但从根本上都要顺自然走,这一点是一致的。所以孔子曰:"无为而治者,其舜也与!夫何为哉?恭己正南面而已矣。"(《论语》15.5)为什么他要讲无为而治?因为靠礼就能无为而治,政治和天地之间以德礼这个"洪范"相通,由这个生发美好秩序的结构推动国家的政治生活和文化生活,帝王垂衣裳而天下治,这是最高境界,舜就是这样,其中还包含"通三统"之类的文化多样性。总之,孔子心目中的理想政治是以家庭、家族为源头,孝高于忠,当然忠孝最好两全,都不偏废,但毕竟家庭和孝悌是源头。所以中国古人的政治自由主要从家庭的自由里面生长出来,以农耕为主要的生活形态,因为农耕能维持家庭、家族的稳定性和原发性,养人、教人、育人。君主按照天地、阴阳、四时来设官授职,大家去看《周礼》,天官、春官、秋官等都是按天地四时授官,按地域文化分封建藩,实行无为而治的礼乐政治,或者可以称之为天地礼乐君主分权制。但有一个问题,孔子儒家的理想政治是否一定是君主制?这个以后再说。在孟子的学说里,对君主有很多限制。目前我们姑且就这么叫它,称之为天地礼乐君主分权制。

我用一个对子来形容这个结构。

上联:耕读孝悌传家久
下联:礼乐文章继世长
横批:天下太平

耕读是基本的生活状态,经济、文化交织在一起,这在以前的乡村生活中,从周朝就有。地方上有庠序,也就是地方学校,农村中则可能有蒙塾。孝悌则是人伦和周礼的根。我的这个杜撰来自一个老对子,即:忠厚传家久,诗书继世长。我把它改写了,用来表达我所理解的儒家古代政治形态。礼乐是教化,文章有广义和狭义之分,广义者即天地万物、文明生存本身的结构文理,狭义者即现在的意思,指人们写出的诗文辞章。从隋唐以来,开科举,凭文章来取士,延续一千三百多年。这样的文化,这样的政治形态,才能够长久。一家一姓的王朝可以被推翻,这个结构却未被推翻,而是不断地再生,努力趋向天下太平。真正的天下太平很不容易，不打仗不见得是太平。太平是广大深致的和谐，Great Harmony。天下则是超国家的，也不限于国际。以家为根本，才有好的国家，也才有超国家的、接通天意的天下。杜甫年轻时候豪情万丈，"致君尧舜上，再使风俗淳"，立志要在政治上有一番作为，辅佐君王做尧做舜，让整个天下的风俗再次淳厚起来，也就是让天地礼乐君主分权制大行于天下。

二、孟子

孟子继承了孔子的不少核心思想，特别是亲亲乃仁德之本和仁政的学说，但做出了一些明显的改变。在政治思想上，他对礼的理解有两个方面的新发展。一个是他在某种程度上把礼内化为良心或良知，另一个则是外化为经济政治的体制，比如井田制。他说，对于老百姓，要先把他们在经济上安顿好了，才能讲礼，你才能跟他们讲仁义礼智信。

"恻隐之心，仁也；……仁义礼智，非由外铄我也，我固有之也，弗思耳矣。"（《孟子·告子上》，《资料》，第 118 页左）人见孺子将落井，皆有恻隐之心萌发，证明人心中本就有良知良能，以作为仁义礼智的根源，只不过平日常被遮蔽罢了。这是内在化的一面；另一方面，他又讲井田制，特别强调给民以温饱是实现礼义的必要途径。"是故明君制民之产，必使仰足以事父母，俯足以畜妻子，乐岁终身饱，凶岁免于死亡。然后驱而之善，故民之从之也轻。今也制民之产，仰不足以事父母，俯不足以畜妻子，乐岁终身苦，凶年不免于死亡。此惟救死而恐不赡，奚暇治礼义哉?"（《孟子·梁惠王上》，《资料》，第 91 页右）老百姓贫苦无助，灾年都活不下去了，还讲什么礼和义呢？以这种方式，在某种程度上，孟子把礼义和人的实际经济生活分开了。孔子不会这样讲的，"凡人皆有死，民无信不立"（《论语》12.7），礼和人的生存应该是相耦合、相一致的。当然孟子也希望一致，而且恰恰是要达到一致，但是有的时候讲得稍微偏了一点儿。至于他强调礼的经济含义，肯定是对的，不管他的具体方案是否切合当时的实际。

如我们以上阐述孟子的伦理思想时说到的，孟子设想的这种井田制给农民的负担轻微，使之有余粮储备来抵御灾年，同时又使民众安土重迁，家族得以繁衍。再加上建立庠校教化乡民，使之好德知耻，守望相助，遇困难时相互扶持，所以百姓亲睦。这样的耕读王道令人向往，但问题是怎么实现呢？井田制是古代的制度，如何找到在孟子那时实现它的机缘，就是个难题。这种理想对后世虽有不可忽视的影响和感召，但一直未能在大范围内长期实现。还有就是我刚才说的，内圣外王分开了，这就跟孔子不太一样了。

孟子的政治思想中，最著名的就是民贵君轻说，老百姓是更贵重的，君主的分量反而是较轻的。为什么呢？既然我们所有的人都性善，大家都有良知良能，那么老百姓就有资格成为国家的主体，这样的话，"民为贵，社稷次之，君为轻"（《孟子·尽心下》，《资料》，第124页右）就说得过去了。"是故得乎丘民而为天子，得乎天子为诸侯，得乎诸侯为大夫。诸侯危社稷，则变置。"（同上）诸侯要是危及了社稷，也就是危及国家和百姓的共通利益，我们就要把他变更掉，天子也是一样。这是中国式的以民为本，但不是以个人为本的契约论。这里，君主乃至天子没有任何绝对的专制权利，如果他残害人民，危及国家天下，人民或臣子就有权推翻他，因为天子的权力"得乎［即来自］丘民"。

"齐宣王问曰：'汤放桀，武王伐纣，有诸？'"（《孟子·梁惠王下》，《资料》，第95页右）商汤流放了夏朝的帝王桀，武王讨伐当时的帝王商纣，这些事情到底有没有呢？这不是臣下造反吗？它的道理或合法性在哪儿呢？好，孟子就告诉他一番：这君王残害仁人义士，已经不是君主而沦为一介有罪的匹夫了，所以"闻诛一夫纣矣，未闻弑君也"（同上页左）。这是很著名的话。纣王残害仁者和百姓，他就成了独夫民贼，所以我孟子只看到诸侯和百姓起来杀了这么一个独夫，没看到什么弑君！这里根本就没有犯上作乱的问题。这似乎是很革命性的思想，但也确实是中国古代的天地礼乐君主分权制的结构所允许的。天子是天的儿子，而天就以民为本，"天视自我民视，天听自我民听"（《尚书·泰誓中》，《孟子·万章上》引用），这与西方在近代契约论盛行之前"君权神授"的政治理论传统非常不同，西方是以一个本质上高于人的人格实体神来保证君主统治的绝对合法性。所以在华夏的政治氛围中，残民以逞者就自动失去了他的天子身份。

问题是谁来判断那个君主已经蜕变为"一夫"而不再是君主了？哪个造反是在替天行道，因而是合法的，哪个又是不合法的谋逆叛乱呢？的确，这里有模糊性，你们思考吧。回答肯定要涉及天下民心，但谁来代表民心？谁又能表达出民心所向？所以也必会涉及时势的构造。这其中有天理吗？当然有。也有一些指标,如军事上的控制力、舆情(百姓的直接感受)、天人感应的吉兆、通三统的成功,等等,但是有没有形式上的严格判定标准? 看来没有。所以孟子的这些话令专制君主特别痛恨,包括朱元璋,他没多少学问,以前可能也没听说过孟子的这方面言论。建立明朝后,政治上主要还是用儒家,把孔孟都放在孔庙里来祭祀。后来,他得知孟子的这些民贵君轻、"闻诛一夫""君之视臣如土芥,则臣视君如寇仇"(《孟子·离娄下》)的主张,勃然大怒,说这种鼓吹犯上作乱的人怎么还是亚圣? 下令马上把孟子牌位从孔庙里移出来,并下诏,如有敢劝谏此事者要治以"大不敬"罪。但他手下的一个大臣钱唐,冒死而谏,并说:"我能为孟子而死,是死有余荣!"最后朱氏有所退缩,孟子牌位又放了回去(《明史》第139卷,列传第二十七)。没办法,这个思想已经深入儒家和华夏政治传统的骨髓,无可撼动了。

由此看来,儒家要制约君主权力不是说着玩儿的,像新文化运动以来所认为的,儒家政治就是为统治者服务,中国的历史可用"吃人"两字概括,简直是颠倒黑白,不是无知的偏激,就是恶意的歪曲。如果看看整个世界的政治史,特别是西方民族的历史,相比之下,中华民族的政治史的光明性要多得多,很早以来就主要不凭赤裸裸的武力、财力或固定阶层来统治,而是通过科举选出的儒士来为官行政。对外(比如郑和下西洋)也限于宣扬国威和文化,不像西方殖民者那样,屠灭当地民族和文化,抢夺大量土地,贩卖奴隶和鸦片。在现实的历史中,哪个地方都不会是完全干净的,而相比于西方中世纪,古代华夏政治的光明性更多呢,还是黑暗性更多? 你们自己以后慢慢判断吧。要多读书,多比较,才能不偏听偏信。我个人也有自己的偏见,你们也不要盲信。

通过以上分析,可以大致见得,中国古代政治的主流在以民为本这个意义上,是非集权主义的,更不是秦朝式的暴政。下面我可能还会讨论这个问题。至于它是不是专制,这个再讨论,但是它绝对不是只为帝王考虑。因为那天道人事相参相成的大思路,确实就允许孟子用如此激烈的言论来表现,而且居然就占了主流,是他而不是荀子成了亚圣。只是我们中国三千年来,没有找到在短程内靠体制内的手段来合法地、和平有序地摆脱昏君、暴君的办法,这确实是个问题。有时手握重权的大臣可以黜废昏君,比如霍光,但在秦朝之后,更多的时候,好像总要通过农民起义这样的方式来改朝换代。但毕竟,儒家的这种思想也影响到了改朝换代的方式。农民造反起义,有些儒者也会加入,像孔鲋、郦食其、刘伯温、李岩等这些儒生或读书人都参与了,因为有"汤武革命,顺乎天而应乎人"(《周易·革·彖》)的学说,有孟子,有孔子的春秋大义(如"天子一爵说")在后面支持,才会有这么多的士子参与,也由此提升了造反的水准。在先秦的时代,因为有分封制,天子的权力被从结构上分散和限制,有利于维护文化的多样性,但又不妨碍华夏的文明一统和天朝的号召力,以及这个结构本身的纠错能力,所以三代的改朝换代都是由诸侯发起。我更欣赏这样的"华夏联邦制"的政治格局,因为它更鲜明地体现了五行相生相克的原则,这当然也是孔子认同的周礼体制。

除了分封之外,在皇权之下的各层权力机构中,都搞过分权制,如专设谏官机构,让官员相互监督,并有劝谏皇帝之责。换言之,中国古代政治中有悠久的监察制和弹劾制,并有当朝或上书劝谏君主的传统,绝非"一言堂"。而且帝王自身的家庭伦理结构对他也有制约,皇太后现象就是这样。一个君主(如康熙)还很弱、很小的时候被立为君主,皇太后可以管他,或代其理政(这时大臣的地位可能上升),甚至到他年岁更大些的时候,还可能对他有一定影响。历代君主大多自小受到严格的儒家教育,讲究修身齐家治国平天下,在一定程度上抑制了最高统治者恣意妄为的倾向。比较仁慧的君王,大多都受到儒家、道家政治思想的熏陶影响,明白民贵君轻,民为水,君与社稷为舟,水能载舟,亦能覆舟这样的道理,还有天人感应说的影响,所以能够在一定的程度上考虑人民的疾苦,遭到自然灾害的时候还要下罪己诏,出现的昏君、暴君毕竟是少数。很多君主平平无奇,这也就可以了,因为整个国家在大多数时间中,不一定主要靠他的能力,而是靠我刚才讲的那样一种由礼制贯通的生存结构和政治设计,在平稳和自发地运行。靠着家族及它们之间的相互制衡,整个地方有一层层的自治机制。从县一级开始,由儒化官员进行管理,重大事项则由宰辅和皇帝来决策,所以中国历史上大多数时候既不是暴力横行,也不是教会当政,而是由那些被教导要追求德性的知识分子来领导。确有糟糕的甚至极其糟糕的时候,但不是主流,不然这个文明不会延续这么长久。

在儒家"仕而优则学,学而优则仕"(《论语》19.13)思想引导下,中国自汉代以来出现了通过举荐、考试,或以文章、道德来取士做官的做法,尤其是后来科举制的建立和完善,使国家除皇权之外大部分的政治权力掌握在儒士这样的文化人手中,受到了儒家文化深入持久的熏染和塑造,而不是让武士、军阀、贵族、商人、贫民、教士来掌权。在明清自西方来的传教士眼中,中华文明是由"哲学家"①们来领导的。这就使得中国两千年来的政治大大减少了赤裸裸的武力、蛮权和暴政,以及以宗教审判庭为基础的思想专制。因此,我们可以说,科举制是儒家文化的伟大创造,在人类古代政治史上独领风骚。亚里士多德讲中间阶层或中产阶级的优越论,很微妙,很不错,但是华夏有自己产生中间阶层的机制。儒生不应叫阶级,因它也不靠财产,农家子弟一样可以中举人、中进士,而它培养出来的是一个文化的中间层,即被广称为"士"的知识分子层。了不得啊! 所以这个天下化的国家就有活力,有自由,有生生不息的源头,历经数千年而不泯。你看人类的古代文明里,有哪个能有中国古文明的强韧生命力? 这个中间阶层是以受教育和可进可退的文化人身份形成的,处于社会政治文化的中层。进可为官员,做到一人之下万人之上的宰相都可能;退则为普通士子,成为灌注到社会各种团体缝隙中的举人、秀才、退归林下的官员、有知识的乡绅,等等,让整个社会都受到儒家人文天道精神的引领。你们去读《儒林外史》,那是讽刺和批评儒家的,从中都能看出儒家的影响和它的运作方式。换句话说,从反面看,也能看出一些合理的东西,更不用说从正面和反面一起看,比如文康的《儿女英雄传》所表现的。只有凭借这样一个文化中间层,才能维持住相当程度的思想自由、信仰自由、生活方式的自由。

中国古代社会中,大部分人既不是奴隶也不是统治者,也不是近代西方国家形态中的公民,而是文化意义上的自由民或自由百姓,也就是自由的家庭、家族的成员,其中尤其以自由的士阶层为政治灵魂。从原则上讲,士这个阶层是对所有年轻人开放的,当然机会不一样,做官的、受过教育的家庭成员进入士这个阶层概率就高,但毕竟,中国以前的四书五经那些经典只是文字

---

① 利马窦写道:"他们全国[明朝]都是由知识阶层,即一般叫做哲学家的人来治理的。井然有序地管理整个国家的责任完全将会给他们来掌握。军队的官兵都对他们十分尊敬并极为恭顺和服从,他们常常对军队进行约束,就像老师惩罚小学生那样。战争政策由哲学家规划,军事问题仅仅由哲学家决定,他们的建议和意见比军事领袖的更受皇上的重视。……从帝国建立开始以来,人们就更愿意学习文科而不愿从事武职,这对一个很少或没有兴趣扩张版图的民族是更合适的。"(利马窦、金尼阁:《利马窦中国札记》第一卷第六章,何高济、王遵仲、李申译,北京:中华书局,1983 年,第 59 页)

写就，造纸术、印刷术发明后，可以发行许多，办个私塾也比较容易，所以一般人家的孩子也有可能接触到。像《儒林外史》第一回中的王冕，就是个典型。他幼年时家中贫苦得很，但也找到读书和自学的机会，以至成才。确有这种乡绅或塾师，家中开私塾，让族中的或交了学费的孩子们来读书，见到穷人家孩子中聪明好学的，就允许他也来一块儿就读，很简单，坐在后边就可以了，书本和纸笔的费用也没有多少，岳飞小时就在沙盘上学写字。一开始可能用《千字文》识字，《三字经》启蒙，背诵经典，学做对子，如此而已。所以这种教育的覆盖面可以相当大，这样的社会中，人们就享有相当多的自由和机会，上升渠道向全社会的几乎所有的阶层开放（隋唐时商人子弟虽不能考科举，但成为成功的商人也是一种上升），与种姓社会、贵族与平民严格划分的社会、种族歧视的社会，十分不同。正如广为流传的《神童诗》所说的："朝为田舍郎，暮登天子堂。将相本无种，男儿当自强。"这是当时的现实。"天子重英豪，文章教尔曹。万般皆下品，惟有读书高。"这种说法属于那样一个时代，也就是由读书人组成的文化中间层起关键作用的时代，现在我们还能这么说吗？这年头儿是惟有读书高吗？中国人的父母重视孩子教育的风气是从那个时代遗留下来的，但是现在谁敢说惟有读书高呢？

总的说来，中国古代政治，在相当程度上是一种家基文-化政治，其中丰富独特的内涵无法被西方的政治理论框架把握住，所以像某些偏激人士做的，用极权主义（totalitarianism）和专制主义（despotism）来概括中国古代政治都不合适。极权主义肯定不对，这是 20 世纪出现的一个政治术语，意味着把什么都管起来的政权形式，对全体人民实行全方位控制。比如说，纳粹或者是意大利的那种极权，后来西方也用它来称呼苏联式的政治形态。它把老百姓生活各个方面统统管控起来，不单是垄断了狭义的政治权力，还包括思想、经济、居民身份、大众传媒、社团活动，甚至居住地、出行、通讯、交往、婚姻、食品等等，不管是公众还是私人，政党还是国家，都没有区别，统统掌控和规范。改革开放前，你要是国家重点培养的知识分子，你的婚姻"组织上"都要给你管起来。一个农民想进城，他的公社没开介绍信，他连车票都买不到。当然后者只在某个阶段，主要是"文化大革命"中的一段时间内实行。这绝对不是中国古代的状况。中国以前的各个阶层，士农工商，都享有极大的生存自由。你愿意信道、信佛、信儒，随你的便；老百姓，你愿意种什么庄稼，你愿意在哪儿住,在国内到哪儿旅行,从事什么行业,随你的便。

什么是专制主义? 专制主义就是在政治权力方面,一个人(或少数几个人)说了算,独断且随意。西方人常将君主制说成专制主义。在这个意义上,中国的君主制是不是专制主义的呢? 从表面上看,天子在人间的权力至高无上,拥有最后的决断权,"奉天承运皇帝诏曰"所宣示者不可违背。但中国的君主制是文化型的,受礼乐教化、科举选士和种种分权制度的约束,在很多情况下不是君主一个人说了算。前面说到,先秦的分封制、也就是孔子最心仪的周制,在许多事情上,比如郑国、鲁国、齐国的事情上,肯定不是周天子一个人说了算。即便是汉代以来的制度,我们前面说过的宰辅制、监察制、弹劾制等分权、限权措施,也减弱了天子"独断且随意"地掌管一切的可能。此外,天子一人能管多少事呢? 国民生活中的大多数事情都是在家族中解决的,闹到县官那里的已经没有多少了。一个知县、一个县丞,加上主簿、典史,带些衙役,怎么能全方位地治理整个县呢? 对比我们今天一个县的层层机构和行政人员,就可知旧时的政治大部分都是无为而治的。县官最重要的事情之一就是应对当地的家族关系,如果他处理好与家族的和家族间的关系,那么就会政令畅通、公益自行了。你想,那时候,那么大的中华帝国,才有多少官员? 我们现在有多少官员? 你去算一下就知道了。所以,古代中国是不是专制主义,的确是个可以再讨论的问题。我的态度是,起码不要将它跟西方的专制主义混淆,最好不用这个词,我们就说华夏君主制即可,或天道礼乐的君主分权制。孟德斯鸠讲:"中国古代的帝王并不是征服者。……[他们]有合法的权力,而无专制的暴政。这个国家的权力必须是适中的。"(《选读下》,第49页)孟德斯鸠不像伏尔泰那么赞颂古代中国,而是对中国文化有批评有赞扬。他的这些话值得我们深思。

第三节　老庄的政治学说

一、以回归自然来止恶

老庄认为,任何伦理、礼制、法律的人为确立,都是不真实的,会干扰天道的自发运行。道家和儒家相通的地方在于,都主张政治和人的生活应该由天道来管，由自然来管，只是各自对天道的理解不一样，实现的方式不一样。我前面说了，老庄反对依靠礼制、法律来治理社会，这就比儒家更激进，不但法律不行，不能作为政治的第一原则(这一点儒家完全同意)，礼也不行，尤其是有形的礼。道家讲回归自然(《老子》第25章)，这个自然里有没有亲子关系？当然有，但是他们认为那就像马要喝水、吃草、奔跑一样。人出于天然本性，就会亲爱自己的父母和子女，但这是无需规范的天性，把它弄成某种礼制，把它显象化或礼仪化，就像将那在泥水中自得的乌龟制作成庙堂里的尊贵漂亮的神龟，使之丧失生机，就违背天道了。比如祭祀祖先、祭祀天地的礼规，各种社团角色和官职的正名，还搞一套套科举制和(虽是辅助性的)律法条文等等，这些道家都不喜欢。可儒家认为人的亲亲本性或情感会自然地表现为礼节，慈爱和孝爱中已经包含了礼的种子和萌芽，父母与子女之间天然地就有上下角色的差异和相互对待的不同方式。为了保证它们不被异化社会(农业文明的社会已经有了异化关系)中的利害关系损害和掩盖，就需要礼乐教化。何况这种教化如果做得好，也是顺适人性的自然倾向而为之。

道家认为坏的事情发生了，不应该用与之相对的好的事情去对抗，去克服，那样只会引出更多的坏事。那要怎么办呢？回到源头。坏事情为什么发生呢？不是因为好的东西少了，而是因为人的占有欲望(任何区别优劣、好坏的体制性规定都会刺激这种欲望)多了，失去了源头；只要绝伪弃智、见素抱朴，回到源头，从底下撤出这个欲火之炉，坏事情就没有了。所以老子说大象无形，大道不称，人法天地之道，而道法自然。这些讲法都说明，他认为自然是非体制化、非形式化和非对象化的，高明的政治就要遵从之。"其政察察，其民缺缺。"(《老子》第58章)"察察"的意思是建立刑名，或建立国家体制、法律体制，明赏罚，辨高下，清楚地区分哪个好哪个不好；这样老百姓就处处看出利弊得失，拼命地趋利避害，于是鬼心思多了，各怀竞争之念，反而导致恶行越来越多。

"世俗之所谓至知者，有不为大盗积者乎？所谓至圣者，有不为大盗守者乎？"(《庄子·胠箧》，《资料》，第205页左)这里讲的"大盗"，自然是相对于"小盗"或寻常的盗贼而言。小盗凭借溜门撬锁、扒包顺货等小技巧来行窃，而大盗则凭借"至知"和"至圣"，也就是智慧和圣德来行窃。这真是石破惊天的犀利议论！"彼窃钩者诛，窃国者为诸侯。诸侯之门，而仁义存焉。"(同上书,第206页右)小盗偷了一只带钩,可能被刑杀,而大盗偷走了一个国家,人们却称他为尊贵的诸侯!《胠箧》的意思是说,你制造了箱柜来防盗贼,建立了国家体制来防混乱,箱子上面还捆了绳子、加了钮锁,后来那个大盗贼来了,连这箱子柜子一起拿走,还深怕你捆的绳子(智慧)不牢,你加的钮锁(圣德)不坚。也很深刻呀!"诸侯之门,而仁义存焉",他如有权解释什么是仁义,这个仁义就归他了(除非有直观明见的人生实际经验——如亲亲经验——来辨伪)。一旦将好东西对象化、体制化了,就会被人操纵。"民多利器,国家滋昏;人多伎巧[技巧,智巧],奇物滋起;法令滋彰,盗贼多有。"(《老子》第57章)人为设施越多,则局面越是混乱危险。"故以智治国,国之贼;不以智治国,国之福。"(《老子》,第65章)关键是要回到原本的、素朴的、还处在惚兮恍兮,其中有精、有真、有信的那种生活状态。回返江湖,鱼就得其所了。"我无为而民自化,我好静而民自正,我无事而民自富,我无欲而民自朴。"(《老子》,第57章)这就叫"治大国若烹小鲜"(《老子》,第60章),治理一个大国就要像烹烧一锅小鲜鱼,不能总翻弄(人为干预),不然就碎了,要让它自己慢慢熟。

二、小国寡民

老子描述的更加具体的政治形态,我也觉得特别有趣的是"小国寡民"(《老子》,第80章)。他主张国家要小,人民要少(古希腊人会很有同感)。为什么?因为国家大了,老百姓就会觉得没意思了,他们生命直觉中的国家感、民族感,一下子就被淹没了,被巨大的城市、人口和帝国强力淹没了。所以国家一定要小,人民原本的那种团结精神,那种亲情关系,那种家族关系,那种原发的生存感受、边缘感受和家园感受才得来,美德也就自然会出现。国家一大,美德就被人为化,恶行就被带出。起码值得你们好好思索一下。你看现在大城市里人生活的状态,再看那所谓穷乡僻壤的一个小村落,住着家族化的十几户或几十户人家,活得好好的。按现代财富的计算眼光,他们贫穷。但实际上他们"穷"而不"贫"。这种穷怕什么?人家是简约生活。小到一定程度,自然本身的德行就会出现。所以孔子主张周礼,其中就是以小国为基本生存空间的。"兴灭国,继绝世,举逸民,天下之民归心焉。"(《论语》20.1)孔子最反对大国灭小国,在《春秋》中对这种行为一定是讥贬诛绝,因为它把人类生存的美好政治空间堵塞了；反过来，兴灭继绝，则会让天下之民归心，因为他们的心又回到了最适合它的家乡。

再看老子怎么讲这小国寡民："使十百人之器勿用"（《老子》第80章），马上谈到技术上了。老庄真是了不起！两千多年前，对于机械对人类的威胁，就如此敏感。一个"器"，或现在人称的器械、机器、机械，它要是能代替几十个人、几百个人的力量或工作量，就不得了了。这个东西是恶魔，或是潜在的恶魔，它把我们人全异化了。不是我们使用它，而是我们都得跟着它跑，按照它的力量原则来塑造我们的生活。总之，它带来暴力，带来很多的机心，所以不能用它，这样的器械都要弃置。"使民重死［看重生死］而不远徙［不向远处迁徙］"（同上），什么旅游黄金周，什么全球化，统统不要。我们的生活本身充满了意义，我干嘛老跑来跑去的，好像商人一样靠地区差寻找利润，或像现代城里人要通过旅游来娱乐。我刚讲了，如果我们的生活小到一定程度，自然到那个程度，人生的原发意义，就哗地一下子全出来了，日月四时，春花秋月，比看电影、看电视强多了。外面下雪时，我们北大的校园要比电视里的纽约好看得多，所以用不着折腾。"虽有舟舆，无所乘之。虽有甲兵，无所陈之。"（同上）它也有车船，虽不一定是"十百人之器"，但是不用，武器更不用，因为"坚强者死之徒，柔弱者生之徒"（《老子》第76章）。"使人复结绳而用之"（《老子》第80章），回到结绳记事的时代！我们现在还敢退回去吗？我们放弃电脑，连钢笔、铅笔也不用，写竖行的毛笔字。可是，没有穷天地、亘万世而不顾的气魄，你做不到。这是生存方式的断然抉择。

"甘其食，美其服，安其居，乐其俗。"（同上）这不是回到"原始社会"，茹毛饮血（其实原始社会也不一定只是茹毛饮血，可能我们对原始社会有偏见）。为什么"甘其食，美其服"？因为那个地方人的生活方式，使得他吃的东西就令他喜欢，他穿的衣服就令他觉得很美，他的居所就是那么让他安心，他的习俗就是那么让他快乐。"邻国相望，鸡犬之声相闻，民至老死不相往来。"（同上）邻国（注意是"小国"喽）离得那么近，相互可以隔河相望，却老死不相往来。为什么？因为这里的生活已经在各种意义上都自足了，我干嘛要去他那个国呢？天地、万物、阴阳、四时、五行、亲情、乡里，都在给我们带来源源不断的生命意义，还需要什么呢？

三、阿米什人和简朴生活者

要理解这一章,可以参考美国和加拿大的阿米什人(the Amish people)。你觉得老子讲的小国寡民不可能吗? 不见得。逆所谓的人类技术发展的历史潮流而动,不可能吗? 也不见得。关键看你的信仰真不真。很多的乌托邦实验确实失败了,可阿米什人却巍然屹立。这一群人又可译作阿门宗人。我在美国上学的时候,还和两位同学一起去看过他们在印第安纳州住的村庄。啊,有趣极了! 穿着三四百年前欧洲的衣服,出行用马车,耕地用牛犁,不通电网,不受现代教育,特别重视家庭和神的内在关联。他们曾在欧洲因信仰受迫害,是基督教的一个异端,从那边来到北美,寻求精神生活形态的自由。历史上,他们跟美国政府有过不少摩擦,但最后还是坚持下来了。经过两百多年,美国政府和各级法院与他们达成一些或明或暗的协议,大致解决了双方因世界观和生活方式上的巨大差异造成的冲突。

我们到了那里,看见一个小女孩,大约十三四岁,独自驾着一辆空马车,穿着以前的那种裙子。我们就问她:“小姑娘,我们想看看你们的村庄,能不能让我们坐上去?”她很友好地说:“可以,可以。”眼中充满了友善和笑意,跟现代人的眼神都不一样。我们乘上她的车,心中充满快乐,一直被拉到村子里。村子边生活着一个木匠的家庭,他和他的太太比较开通,让我们参观了他的屋子、工作间,以及他制作的优雅又朴素的轿式马车。他在工作时,还是可以用电的,但不是电网的电,而是他自己用天然气发出的电,电压低,无法驱动现代电器。之后,我们在村子里走了走。要想进到阿米什人的房子里边,那是不行的。敲开门,那主妇就挡在门口,态度不错但是不让进去。里面是一大群孩子,有七八个吧,好奇地伸头探脑看我们,有的还光着脚。哎呦,那眼睛亮晶晶的,可爱极了。

美国还有一种人,可称之为简朴生活实践者。有一本他们写的书,咱们这边也翻译了,叫《简朴生活读本》(The Plain Reader)[1]。它叙述美国现在的一批人,厌倦了现代生活,或者说是从现代生活中猛醒,希望退回到现代技术之前的时代。大家相约买一块地,组成一个村落,逐步淘汰现代技术。先放

---

[1]　司各特·萨维吉编:《简朴生活读本》,蒋显璟译,北京:光明日报出版社,2000 年。

弃电视,家庭关系马上就紧密些了,饭桌上谈话多了;再放弃收音机,家里就更安静了;然后放弃动力机械的打谷机,是为了维系与邻人的关系。收获季节时不等人,庄稼的果实不及时入库,一年的收成就没有了,所以那种打谷机好像很重要,脱粒、烘干一条龙,哗啦啦地自动入仓,但要过简朴生活的人们也要放弃它。如老子所讲的,"损之又损,以至于无为"(《老子》第48章)。一旦放弃,邻里关系马上就加强了,大家必须团结一致,相互帮忙,在那几天一直抱团儿苦干。遇到其他事情也会这样,人与人的关系、社团面貌就很不一样了。这本书里还讲了很多他们的生活,比如生孩子,不到医院去生。文章里讲:在油灯下,孩子出生了,早晨,他/她的哥哥姐姐醒来,一看,哎呦,自己的新弟弟、新妹妹出来了! 这是什么样的生命感受啊! 这本书封底有一段话,它说:"这是一本关于欢乐的书,你读它的时候也许会感到绝望,但随后,你可能会干出些了不起的事。"这可以叫洋道家和洋儒家了。

四、至德之世

庄子的社会和政治理想之所在,被他称作"至德之世",在《庄子》的《马蹄》等篇中得以表述。这种至德之世的思想深受老子的影响,但也有自己的特点,因为庄子更倾向于人和原本的自然生态融为一体,对这种原本自然生态有各种生动描述。在某种意义上,庄子对于盲从于技术的潜在危险,对于人的源社会结构的被破坏更敏感。他在《马蹄》里讲:"夫马,陆居则食草饮水,喜则交颈相靡,怒则分背相踶[踢]。马知已此矣!"什么意思呢? 马的天性就是吃草喝水,高兴了就互相蹭蹭脖子,不高兴了就背过来用后蹄互相踢打,如此而已。它的聪明才智到这个地步也就够了,让它活得高高兴兴。(接下来,我就不一定引用此篇原文,而直接解说了)但是这时候来了善于治马的人,比如伯乐之类的,给它加上了轭缰、笼头等,于是马的这个聪明劲儿也就被逼出来了。你给它套上车辕、戴上笼头,它就知道怎么折毁车辂,曲颈脱轭,不想干活,抗击车盖,吐出口勒,这时马的智力就像一个盗贼一样了。这是伯乐之罪啊! 没有这种人为管理,没有这种国家形态加在人民身上,老百姓就不会发展出这些邪门歪道的聪明才智来。所以他说"彼民有常性",人民或者说人群是有常性的,实际上就是有一种天性,即"织而衣,耕而食,是谓同德"。庄子设想的也是一个农耕的社会,就是男耕女织,其中人们的德行、思想、感情都是相通的。"一而不党,命曰天放。"跟儒家一样,他也要讲"不党",但儒家说的是"君子……群而不党"(《论语》15.22),庄子则说全体社团之民的群而不党。"不党"就是说不分拨儿,没有贫富、贵贱的划分,大家群然一体、自由自在,这个状态叫天放,即天然的开放、放任或解放。所以"至德之世,其行填填,其视颠颠。"在那个世道里,老百姓走起路来"填填",他眼睛看上去就"颠颠"。什么意思?你到最偏远的山里面,那里的老农走起路来舒缓稳重,他们的眼神醇厚专注,自得自乐,别的事情都不去想。现在还有没有这种老农,我不知道,但古时一定有的。"当是时也,山无蹊隧,泽无舟梁",那时候山里面也没路径和隧道,也就是没有像现在这样的路,水上没有船,也没有桥,不需要。你们应该知道,现在的公路修到哪里,哪里的生态和民风就为之矮化。"万物群生,连属其乡。禽兽成群,草木遂长",生态环境达到顶极群落的极致丰富。"是故禽兽可系羁而游,鸟鹊之巢可攀援而窥。"你可以跟野兽做朋友,同它们一起游玩,而且你爬上鸟鹊的巢去看,它们也不飞走,知道你根本不会加害。"夫至德之世,同与禽兽居,族与万物并。恶乎知君子小人哉!"根本没有君子小人的区别,和万物、禽兽共生,大家浑然一体。"同乎无知,其德不离;同乎无欲,是谓素朴。素朴而民性得矣。"这样,老百姓的常性、民性就得以实现,也就是人的本性得到了最充分的发挥,这样的社会在他看来就是最好的,不劳你国家来管治。

　　但是我们也可以问:那时候人以什么具体方式存在? 看来还是有家庭,男耕女织。庄子讲到了耕织,隐约地但没有明确地讲到家庭。这个至德之世里,是以个人如《逍遥游》中说到的"藐姑射之山"上的"神人"为基本生存单位呢,还是以家庭、家族为基本单位呢? 国家应该是没有的,但有没有部落或部落联盟呢? 书中都未提及。可见,老庄对于具体的社会结构讲得不清楚,但是他们的基本意向很明确。《桃花源记》有一部分就是老庄的思想,另有一部分是儒家的思想。你们自己去细读《桃花源记》的《诗》,里面讲到祭祀,《记》中也两次提及家,看来传统和礼仪还在,这是儒家的。但是我们以上阐述的老子、庄子的思想,在其中也有生动体现,比如:"春蚕收长丝,秋熟靡王税。荒路暖交通,鸡犬互鸣吠。……童孺纵行歌,班白欢游诣。草荣识节和,木衰知风厉。虽无纪历志,四时自成岁。怡然有余乐,于何劳智慧?"

　　总之,老庄特别是庄子的社会政治理想是摆脱一切非天然的社会政治规则、法律、体制和政府，相信人在天然的和尽可能天然的状态下生活得最好，也最可持续。人类有自己天然合理的生存结构，我们可以设想，他们也赞同原本意义上的家庭和家族的根基地位，但是不需要儒家讲的礼仪、教化来干预，也不需要这种或那种国家来多管闲事，趁机奴役天下。这么看来，他们思想中也预设了一个人类和万物生存的"自然状态"，所以道法自然。但这个自然状态不同于西方近代政治哲学家们讲的那种"自然状态"（state of nature），因为那种自然状态是以功利化的理智个人为基本单位，而在这里，在老庄设想的原本的社会中，主体与客体没有被割裂，人和人也没从天然的结合状态如家庭亲亲中分离。所以，在这种天道流行的自然状态下，不会出现一切人对一切人的战争，也就没有对社会契约或国家的需要。这个状态是自足的，因为它的基底是家庭和家族的联合体，以及它们与自然万物的相互配合。从老庄和孔孟看来，西方人设想的自然状态根本不自然，他们设想的文明实际上就是这种非自然状态才需要的那种国家文明，往往就沦为汤因比讲的处在挑战与应战的争斗过程之中的文明。

五、自然人

近代以来，物竞天择的社会达尔文主义流行。这也提出了一个问题，即在真正的自然状态下，人到底具有什么样的生存方式和思想方式？对它的回答关乎我们如何理解人类存在的本底，或者说有没有那样一个本底？还是说，就像很多思想家认为的，人没有什么本底。比如马克思就主张，人只是一种被技术力量驱动的社会动物，随着它所处时代的生产力和生产关系的不同而不同。但是老庄和孔孟相信人类具有自己的本底自然状态。这是一个可以再思考的开放问题，哪方的答案都不一定完全对。

还可以设想，如果我们回到约13000年以前，那时候据说是东北亚的一群人通过现今的白令海峡——它当时因海平面降低而形成了陆桥，进入了北美大陆。那时候在他们面前展现的是一望无边的整个生存的可能性，没有人跟他们竞争，他们在几百年、几千年中，拥有一大片让自己充分展现的"桃花源"天地。他们那时候过的是一种什么生活？从那种生活中产生了一种什么样的思想？他们的宗教、神话、伦理、哲学、技术，应该很有趣。这方面研究得还很不够，而且西方人过去以后把人家的原初文明祸害得一塌糊涂，一些研究也带有明显的现代偏见。其实,在那样一种自然状态下,他们特别强调与自然的和谐相处,很不同于某些近代理论所讲的,人那时要和自然做斗争,为了生存就要打猎,把野兽当做猎取物,总是想办法猎杀得越多越好。可是,按照我们现在了解到的北美印第安人的宗教观或世界观,他们认为人与动物、植物乃至万物,是一个有机的大家庭,相互间有内在的交流。当然他们那时也要猎取动物,以维持自己的生存,但那种猎取不是主体对客体的战胜和赢获,而是不同生命之间的相互支持和循环。这是一群"相信动物权利的猎人?!"①猎人要说服被猎的动物,并为它们祈祷:麋鹿啊,野牛啊,我没办法,我取用你的身体,但你的灵魂会转投更好的地方,神灵会公平地对待一切。最后猎人要把它说服到这样的程度,这头野牛自动地甘愿让猎人把它拿下。这不是我的杜撰,美国人类学家斯佩克(Frank Speck)写道:"在他们[古代印第安人]的观念中,动物世界享有和人们紧密的、共存的权力。……打猎不是对动物的战争,不是为了食物和利益的屠杀,而是神圣的职责。"(同上)按照另外两位学者马丁(Calvin Martin)和斯奈德(Gary Snyder)的讲述,"神圣的猎物必须愿意将自己交给看护人,……被捕获时伴随着一种欲望——想进入猎人的圆锥形棚屋、圆锥形帐篷或泥盖木屋,想抽他的烟草,想听他和朋友们唱歌讲故事"(同上书,第76页)。所以是自愿地甚至欣然地走向其命定的结局。我们可以看到,印第安人确实有一套哲理来支持这种信仰,因为他们对自然的各种存在包括石头、土地和一切自然力量及其福祉,都有一种从根本上的尊重,不能过分索取。只能取对于生存最必要的,而且充满着对于被取者的尊重,对野兽和植物的尊重,而且认为人和其他生命从根本上没有谁高谁低,大家是相通的。如果将它们当做图腾,那它们就是更高贵的了。所以,他们的一位叫黑麋鹿的传奇巫师这么讲:"难道天不是父亲、地不是母亲? 难道所有长角、带翅膀、有根的活物不是天和地的孩子们?"(《从非洲到禅》,第87页)于是,这位巫师就祷告说:"给我力量让我走遍柔软的大地,它是

---

① (美)罗伯特·所罗门、凯瑟琳·希金斯主编:《从非洲到禅:不同样式的哲学》,俞宣孟、马迅等译,上海:上海人民出版社,2003年,第75页。

一切存在物的亲戚。"(同上)①这是很天然的生存状态下产生的很天然的、也可能是体现出人类本色的人和自然关系的看法。我们这个大陆板块，欧亚大陆和非洲，很早很早以来，就被武力崇尚或很多不纯粹的东西污染了。古代的中国，因为居于东端而和围绕地中海的文明来往不多，而且有我们自己很独特的文化、文字，所以中国古代世界观又是比较独特的，反而和印第安的世界观有些相通的地方，比如阴阳思想，对人和自然关系的看法，但我们这边还有《易》的传统，所以出现了老庄、孔孟这样的政治社会理想，它背后是这样一种文化和历史的背景。

第四节　对比和总结

先列出一张中西政治哲学的思想倾向的对比表：

表5　传统西方和传统中国的主流政治哲学观比较

政治哲学传统 比较点	传统西方主流	传统中国主流
1. 人为性还是天然性？	人为性强(特别是近代)	天然与人为互动(道家偏向天然)
2. 考虑社会政治问题的基本出发点	理智的个人(近代)、阶级或城邦(古代)	家庭、家族、天下、自然
3. 所关注的主要经济形态与生活形态	工商业，城市生活	农业，耕读传家辅以城镇工商
4. 规范社会、政治行为的主要方式	法律、政令、宗教(中世纪)	礼乐教化辅以法律政令
5. 维护自由的方式	权力制衡，对(不直接危害他人的)私人行为的法律保护，成人个体公民选举制	"天"(民、自然、文化)对"人"(当权者)的制衡，皇权之下的官吏与法律体系，科举制、谏议制、监察制，家礼和家规，地方上依靠家族的无为而治，人与自然的和谐相处(包含天人感应)

① 以上两处引文的原文出自奈哈特(John G. Neihardt)的《黑麋鹿如是说——一位渥格拉拉·西奥克斯族的圣者之生平》(Black Eld Speaks: Being the Life Story of a Holy Man of the Oglala Sioux)，第3页、第6页。此书由黑麋鹿讲述，奈哈特成文，Lincoln & London: University of Nebraska Press, 1979 (1932年初版)。

（续表）

比较点 \ 政治哲学传统	传统西方主流	传统中国主流
6. 维护了什么自由？	拥有私有财产、个人选举，经商、部分言论、殖民扩张	生活方式、思想方式，家庭与家族的延续，地方社区，文化多样
7. 什么类型的人或团体长久地处于社会政治生活的主导地位？	富人（商人、实业家、银行家）、律师、主要媒体、教士（中世纪）、政党	读书人（儒士、道士等），治家有方的家族，皇族、官宦家族
8. 具有什么样的活跃中间阶层？	中产阶级	士阶层
9. 能有效防止政治上的恶性专权吗？	能（民主制的常态下）	不定
10. 能有助于抵制技术及其体制对人的生活的控制吗？	不能	能
11. 有利于文化多样性与传统文化对生活的浸润吗？	不利或中性	有利
12. 应对未来的时间尺度	短程的	（可能是）长程的

最后做一个简略总结。第一，两方最明显的一个差异就是西方政治学说人为性很强，表现为它设想的政治结构、人际关系具有突出的形式架构和权利定位。比如理想国的分层设计，近代以来对个体的权利的强调和在法律上对这种权利的细密规定，国家源出的社会契约，政治上比较固定的阶层论或阶级论，等等。这些都是很有形的，也就是把人和人的社会政治关系以突出的形式（条文、理论和法律）固定下来。而中国古代的政治学说主流，则尽量追求自然和人为的天然感应，凭借相生相克的结构，如洪范和周礼，引发天然的生机和良善，克制各种偏离和邪恶，以达到无为而治。到了西方近代的社会契约论和国家本质说，其人为性达到了极点。它不考虑人和自然、文化传统的关系，完全建立在功利最大化的考虑上，就像在实验室中做实验一样，设计出一个以成人理智个体为中心的理想的、契约化的社会。与这相比，西方古代的政治学说要更自然（physis）一些，强调有文化社团传统的城邦的政

治源头性,但是也没有给予人的自然生存状态的基本单位(比如家庭和家族及其相关礼制)以根本地位,所以在柏拉图那里,家庭在统治阶层中消失了,在亚里士多德那里也是城邦先于家庭。中国古代的政治思想很不一样,儒家和道家都看重各自心目中的天然的人类生存结构,即家庭-乡里或者人与自然的耦合互荣机制。道家对于家庭也有一种含混的原本尊重。

第二个重要区别是方法论意义上的,即西方政治思想一边有某种"全知预设",而中国古代这一边没有。比如,近代西方政治理论以成人化的男性哲学为考虑基本政治理论的出发点,所以人即便在所谓自然状态中也是全知的,也就是说他知道什么对他好,什么对他不好,清清楚楚到这个程度,以至他算计得失之后,就能知道自然状态逊色于权威机构的代理,于是就签了个契约,建立国家。所以,它是以契约式的公正平等和自由选择为原则,而要明智地签订契约和做出选择,就必须预先知晓相关的信息。西方人发明的一人(开始时是男性公民个体)一票的选举制也是这样,预设他们都知道候选人的情况。但现在已经可以看到,在活的小社团不起作用的情况下,这种"知道"几乎势必会被财力、权力和媒体裹挟。中国古代的政治学说是以人的天然生存单位,尤其是体现阴阳原则的家庭、体现生存时间的家族,乃至体现天地空间的自然,来考虑政治问题的,不需要全知预设。因为家与自然中已经隐含着实际生活本身具有的非概念的和德性的知晓,不可被或很难被操纵。家族的集体延续,尤其是它们在文化意义上的延续,是最被中国古人关注的。不管是哪种意义上的断子绝孙,中国人都觉得这是天底下最可悲的事情。西方人特别是近现代的西方人,他们不管别人,我活得好,我身后哪怕洪水滔天也没关系。这当然是少数了,但毕竟他们更关注的是个人的利益,还有就是国家的延续,到近代以来,还关注党派的延续。

第三个重要的比较点是对自由的看法。两边都关心,人在广义的国家体制的束缚和压迫下,还怎么能维持自由的生存? 换句话说,如何做一个从政治上讲有自己人生意义的自由人? 这对于双方都是根本性的问题。北岛创作之初写了一组短诗叫《太阳城札记》,我很喜欢。北岛年轻时候与我相熟,他当时写出一些诗,就会给我们这些朋友们看。说起这个,我眼前就又浮现出他那帅气挺拔的钢笔字,以及疏朗的诗行,从白纸上一层层地跃入人的心灵。要知道,那时是在"文革"中,这些诗不可能发表。他用很短的字句来

表现这组诗中的每一个主题,其中也有他对自由的感觉。他写道:

> 自由
>
> 飘
>
> 撕碎的纸屑

他把自由解释成飘,或纸屑的飘飞这个感受。你觉得自由是这样的吗?撕碎的纸屑,一撒手,哗啦啦地飘下。它是非必然的,有气感,所以是非线性地飘旋下去,而不是咣当一下子落下去。我想他的自由观基本上是西方的,也有道家逍遥游的些许意味。每个人是一片纸屑,人的心灵不被规定,人的命运也随风而起伏。所以国家不能把人都管死,到极权化社会那你就别飘了,大家都是一个模子刻出来的,是像罐头一样做出来的(其实这是做不到的,因为它违背人的天性,而且这种极权体制从长远看也缺乏活力)。

我现在也可以写一个对应的表达,当然我跟北岛的诗才没法比。我是这么杜撰的:"自由:生,展叶的幼苗",或者"自由:升,盘旋的鹰",顺着山崖前的那股气流旋升上去。说自由是"生",一定是阴阳相交而有生命的发生。一个幼小的生命不断地往上生长,舒展开自己的枝叶和潜能,这是带有欣喜的自由感。中国古代政治理想,就是要让人与天地(天道)相呼应,所以说"天地之大德曰生"(《周易·系辞下》)。这种生发是源头性的,因而会生而又生,是谓生生,其中有发生性的自由、希望和正义。这样的思路我们之前讨论过很多了。人生的自由来自人的生存结构和势态,这个结构——首先是政治结构——保证人生中有一种盘旋升腾的气息,可以让人顺势往上走,获得善良、美好的德性、生活来源和人生意义。这里面具体讲起来就多了,不必展开了。

可见,如何抵御和制衡文明产生后出现的权力机构(首先是国家)的权力过大、为所欲为,由此而变为极权统治,板结不化,对于双方都是最重要的问题。西方主要靠民主制,公民集体决策来实施权力制衡。雅典等民主城邦是公民直接参与决策或选择官员,甚至是抽签制,或轮流制,大家轮流做领导,总之是不让一人或极少数人长久地把持权力。近代以来变成民选代议制。还有一个重要思想和实践是分权制,到近代更发展出明确的三权分立的构架。他们认定,权力的本性一定是恶的,不得已而用之,就一定要让它们相互制衡。这是很聪明的想法,再加上密尔《论自由》的影响,注重维护少数者的权利,防止多数人的专政。美国宪法后来加了一些修正案,其中很重要的,就是要保障人们的言论自由、信仰自由、结社自由。通过这样三大方面的措施,也就是民主制、三权分立和言论自由来保障在国家的体制下,人还可以活得有意思,还能飘得起来。

中国古代主要靠儒家、道家解释的天道,来以各种方式对统治者(君王和各级官员)做引导和制约。儒家有礼教、洪范九畴乃至民本学说来约束统治者,在官制上也有措施,这些我们上面反复讲到了。家庭伦理对君主也有一定的制约力。君主的母亲、祖母或亲族,都可能是有制约力的。君主要为子孙后代着想,他稍微有点儿理智,就不会做得太过分。以这些方式,中国古代社会中有家庭、家族、乡里社团这样的无为而治的团粒结构中的自由,这是那时生活中最重要的自由。胡适先生基本上是反中国传统文化的,虽然他可能在某些方面很有研究,但他从精神上是反对的。但就是这么一个自由主义者,他到哥伦比亚大学去讲中国古代政治问题的时候,他的中国文化背景促使他也讲到这一点。他从自己的经历讲起。胡适年轻时,那是清朝末年,到省城去上学。他走了好几天,路上没见一个警察,但秩序井然,这在西方就无法设想。当时的中国虽然已经衰落得很,但基层的治理模式还在,各地都是家族自己在管理,解决地方的治安问题和公共事业的问题。我们以上还讲到,古代中国有科举选官制、宰辅制、谏议进言制,等等,以打破贵族、官僚对权力的垄断,在长时间内为中国老百姓,特别是为知识分子的生活,赢得了可贵的自由空间。新文化运动以后,这种自由空间是扩大了、深化了,还是缩小了、浅薄化了呢?当然,中国古代政治思想中没有最高级别的分权制和选举制,这是一个需要克服的缺憾,可以通过汲取西方智慧和深化华夏古代智慧来改进,阴阳五行的相生相克结构应该进入权力的最高层。

第四点,政治行为中最活跃的单位,当然首先是(以家为根的)民族,但那是整个人类的政治行为的基本单元,不足以区分中西方。除此之外,在西方政治史中,有活力的政治单位或者是经济阶层即阶级,在古希腊即如此(城邦虽是重心,但决定城邦兴衰的则是经济阶层的关系),之后如罗马帝国乃至近代,此状况也有延续;或者是后来中世纪的宗教及接下来的教派;或者是近代以来的政党,代表阶级和派别的利益。在古代中国,对政治影响最大的单位则是文化,可以突破阶级和党派的分野。儒、道各自对政治有不同的影响,佛教也有过影响,比如南北朝时候不少君王信佛,西藏(乃至蒙古)的政治长久以来由佛教密宗主掌。科举制是一种文化政治的措施,为不同阶层的人提供了上升渠道。为什么写诗赋、做文章好的人就可以做官?在现代人心目中,诗人似乎离行政管理者的角色相当遥远,如果不是最遥远的话。但主导古代中国政治的儒家,承续孔子的六艺教化传统,就是这么认为的,即只有诗化、史化、礼化、乐化、哲理化的政治才是更高明者。所以中国古代政治的文化性很强,相比于其他文明,更加自觉地以家和孝道为根基。

时间所限,我们所涉及的还是很少。很可惜,没有讲法家,希望大家自己去读。说实话,我讨厌这一派的思想,但也尊重它,特别是韩非表述的法家,严苛深峻,洞烛幽微,对权力流变、把持的方式的揣摩达到了很高的哲理境界,但于关键处还有漏洞。[①] 在中国历史上,秦王朝的命运系于法家,而在这个短命的残暴政权(西元前221—前207)灭亡以后,这派思想就一蹶不振,但在阴面还是有一些影响,到现代又有复活。韩非吸取了道家的(主要是黄老学)、兵家的甚至荀子的部分思想,又有天才而邪辟的发挥。马基雅维利的《君主论》是《韩非子》在西方的相应者,但水准似远不如《韩非子》。

---

① 参见拙著《拒秦兴汉和应对佛教的儒家哲学》,桂林:广西师范大学出版社,2012年,第一、二讲。

第六部分

什么是美？如何体验到美？

第十五章　美的体验和西方哲人的美论[①]

我们现在进入了一个新的部分，要尝试着从哲理角度来领会"美"，看它是一种什么样的体验，它出现的条件，以及中西印的不同哲学传统如何理解它。这一章主要关注美的含义、美的体验和西方哲人对美的看法。

第一节　"美"是一种典型的边缘体验

一、何时体验到美？

我们先来发问："什么是美？"对于它，很难只用定义来回答。当然了，每个关心这个问题的哲学家最后可能都会形成对美的总体看法，尤其是西方哲学家，大多喜欢追求普遍定义。但是，所有对美的定义必须以对美的直接体验为根基，这是理解美的一个要点。让我们将它与其他类型的经验做些对比，你就更清楚了。比如，你想知道什么是三角形，什么是圆形，什么是桌子，什么是手机，甚至什么是白矮星、黑洞，即便你没见过，别人或专家也可以描述它，向你大致呈现出它的基本含义。但是如果你完全没有体验过美，我怎么给你一个对于美的描述呢？对一个没进过城的人，我跟他说城里有摩天大楼，他会觉得很费解。他一直生活在乡间、旷野里、山洞里，你说摩天大楼他就觉得很奇特，怎么跟山一样高，但是你还是能够告诉他，他还是能够形成比较有用的、比较生动的关于摩天大楼的心象、意象或者概念。但是你怎么向一个没有相关体验的人说美呢？怎么描述美呢？比如来了个外星人，他太理智了，他们那种高级生命中没有美的体验，你怎么向他们陈述、让他们明白

[①]　此章乃至其他的一些章节，是根据不同时间授课的讲稿整理，所以所提及的当时或最近发生的一些事情，可能时间间隔较大，跨度或许有十年之久。

"美"是什么呢?

回到地球上来。当你与一个从没听说过美的人谈论美感时,你可能说:"那是一种非常舒服的感觉。"那当然啦,美的感觉让你很舒服,很满足。于是他就可能回答:哎哟,那就像饿了吃红烧肉吧。你们听说过吗? 我小时候经历过饥饿,到了上午第四节课,老师讲什么我慢慢地快听不清了,头脑昏沉。记得从学校走回家,路上我有时候要蹲下来,头晕得不行,脑子供血不足。那时候,要是有一碗红烧肉,或者是一块核桃酥饼,现在你们可能都不太愿意吃它们的,我们当时可觉得是"美不胜收"了。但那真是美吗? 还有小时候外面下着大雪,我们跑回家,钻进暖被窝,感觉挺美好的,但是这是美吗? 好像还不是,那是满足,那是一种快感,一种愉悦,但是还不能说就是美。你说那确实还不够,还要加点儿神魂颠倒的感觉。可神魂颠倒,那不是喝醉酒的感觉吗? 喝酒喝得说胡话,好像也还不是美感,要喝得像李白那样,"与尔同销万古愁"才行呢。所以我觉得还是要从美的体验谈起,不然何美之有啊?

美虽然总在躲避我们的捕捉,但从另一个角度看,它其实也没有那么神秘。每个人只要有健全的意识,而且他/她的生活经历没有残酷到把自然意识压制住,应该都有过某种或浅或深、或浓或淡的美的体验,也就是经历了某种美感。一个孩子,一个农妇,在看到雨后彩虹、野花山蝶时,也可能产生美感。它好像首先是感性的,但我们下面会看到,也不全是。在"美感"这个词里,"感"不只是感性,而是指你感受到了没有,有没有一种生命的感通。所以,我要是同别人谈美的时候,我就会说:你是不是有那样的时刻,你觉得一个东西好、可爱,不是因为它对你有用(比如它能让你饿了饱,冷了暖)。换句话说,不是说它满足了你的某些欲望,比如食欲、性欲、社交欲,等等。而且也不是那种道德上很好的体验,你爱帮助人,或者你被人家帮助,这虽然都是很美好的经验,但好像还不只是这些。关键是你觉得这个东西好,就因为它本身,你体验它的时候,你就觉得可心,觉得有味道,让你一听一见之下就飘飘然,的确有神魂颠倒的味道。然后我的谈话对手就可能告诉我,他/她生活中什么时候曾出现过这样一种体验。你们自己现在可以想一想,就像刚才我说的,你是因为这个东西本身而颇有些感动,觉得它特别可爱,可爱到让你有些发呆,把别的考虑都忘了。什么时候? 什么情境?

有同学说,到西藏看到大片的油菜花,产生了美感。我们常听到的美感体验的例子中,不少是在跟大自然或乡村的接触中产生的。但我估计,西藏当地的村民看到油菜花,可以感到喜悦、舒服,但一般不太会产生美感。为什么? 多半是因为看得太习惯了,已经变成一个比较对象化的经验了,而内地的城里人与那里的油菜花有可观的距离,背后还衬着雪山和蓝天白云,忽然一下看到,就可能邂逅美感。尤其是不要事先听那些导游描述,说那里的花儿多美多美,那就完了,因为让纯真美感出现的空当被堵死了。最好自己去,我这个夏天第一次到西藏,没有跟旅游团,当然也不是一个人去,而是跟着《中国国家地理》杂志的探访车队去的,但还是挺受感动和启发的。川藏公路上居然有相当一些年轻人,骑着车从成都到拉萨,那个海拔一下要升到三四千米,而且路况崎岖,攀上一个山口,又要冲到下面的谷地,然后再向上骑。与我同行的杂志主编告诉我,那些人在网上晒自己的照片,在成都时照一张,帅哥美女,到了拉萨再拍一张,像乞丐一样。我们在海拔五千多米的米拉山口,看到很多这样的年轻人在那里休息,个个经历了极大的变化,脸晒得黢黑,人瘦得很,饱经风霜,但眼睛明亮,充满自信和欣喜。现在的年轻人就喜欢这个,因为他们就像蜜蜂寻求花丛一样往这种地方跑,就像我们年轻的时候。那时候"文化大革命",大串连,往全国跑,哪儿陌生就往哪儿跑。后来去爬山,不过爬的仅仅是泰山这样的山而已。我们也是骑车,从北京骑到泰山,中间颇有曲折,最后终于仓惶到达。因是"文革"前期,满山没有多少人,登上玉皇顶观日出,立于天地之间,觉得泰山美极了,于是壮怀激烈,忘却了一切烦恼。

还有就是艺术作品的体验,听音乐、看绘画、看雕塑、读诗歌小说,尤其是青年时代,比如你们的中学时代和现在,都比较容易进入,实际上是由于你们的心灵中还有大块的非对象化空白,使它们比较容易进来。当你被这些艺术作品打动得无以复加的时候,那种感觉就是美感。这样的作品中不少与爱情有关,而人回忆自己的初恋、暗恋,或者崇拜体验,其中就可能有美,但不保证,要看它的纯粹性和自发性。古希腊的爱神又是美神,柏拉图讨论美的时候也常讲到爱,乃至极其漂亮的女神。但是我们还不能说,你对异性产生的这种爱恋,或者说人类有性含义的爱情里,就一定有美。它可能是热热闹闹的、相互吸引的和充满了性感的,比如我们看美国好莱坞的电影,一般都有这个作料,爱情、暴力、阴谋、恐惧,成了现代社会中吸引人的元素。但这种"爱情"中的大多数是只有性感而没有美感,或只有怪异而没有奇异。这与他们比较早的五六十年代的电影,已经不太一样了。这些年越来越技术化,奇思异想和紧张悬念倒是不简单,非要把你挤压得喘不过气来不可,但那还不是有美感的爱。真爱、真美这种东西,是不怎么赶时髦的。你想用时髦激发出它来,激出的却是另外的东西。刚才我讲到的西藏,其中就不止是时髦。我还曾听到一位企业家告诉我,说他们几个朋友,数年前租了一辆车去西藏,就从成都往那边开,那时候川藏路有的地方还挺危险的。半路上去看冰川,来到一条杳无人迹的巨大冰川,简直激动得不行,这可能是体验到美感了。不过他们表达激动的方式是全身都脱光,大喊大叫,我觉得稍微有点儿过分了。我们年轻时感觉那么强烈的时候,也从来没想到干这个,只是长久地出神发呆。难道现在人们在出神时都要脱光?

有人说中国古人不会谈恋爱,没有西方的自由恋爱,如何如何,其实不然。你看《红楼梦》里面写的宝玉和黛玉的爱情,真是感人至深。比如三十二回宝玉和黛玉之间,有一段所谓"轰雷掣电"的对话。宝玉对黛玉劈头说一句"你放心",黛玉说"我不明白"。脂砚斋评曰:"连我今日看之,也不懂是何等文章。"你读中国的四大名著,一定要看评注本,能看出好多新东西。贾宝玉就有这个本事,因是情痴,说话有时就没头没脑,但是你仔细想,回头想,这没头没脑里有许多深刻的东西。宝玉接下来就讲出一番话,意思是:你还跟我装不明白,那我素日之意就白用了……黛玉一听,觉得比她自己心窝里讲出来的还要真切,千言万语就说不出来了,只能怔怔地望着宝玉。其实林黛玉是嘴最快的,但她在那个瞬间半个字也不能吐,完全失语。这时候,你觉得好莱坞式的高潮到了,来个拥吻是吧?但咱们中国,直到清代也没有这个。黛玉把宝玉的手推开,说你不用说了,我都知道了,然后头也不回,竟自去了。此拥吻缺失中才涌满了真意,应机退场中才有至情到场,而这至情中自有至理,幻化为美感的当场呈现。脂砚斋写道:"何等神佛开慧眼,照见众生业障,为现此锦绣文章,说此上乘功德法!"想到人生包括宝黛生命中的那些苦难和悲剧,此评语也真是感人至深,此智慧中则浸透了慈悲之情!所以我觉得,《红楼梦》等中国古代文艺作品里那些深致的爱情表达及其引发出的美感体验,比西方的绝不差,甚至更纯真美好。我们下面会展示,柏拉图对于产生美感的那种纯爱,有很出色的阐发,而我们的孔夫子也有很独到的相关揭示。

孔子对于爱情的体验,其实也有表达,哪怕是间接的。比如他主张"好德如好色"(《论语》9.18,15.13);①你爱一个德行就像你好(hào)一位好色("好色"这里指美好的女子),所以他对好色一定颇有体验,才会说这个话。看到一个美好的女孩子,他的感受一定是非常浓烈忘情、入境出神,而不止是一般的乐与哀,所以他才会说《关雎》这首诗"乐而不淫,哀而不伤"(《论语》3.20)。《关雎》就是青年男子追求女孩子,对吧?但也可以理解为年轻的周文王慕恋他后来的妻子太姒。《关雎》这首诗,你要仔细读进去,才会理解孔子为人为学的风貌。如果你对古文的感受不直接的话,不一定能读出味道来,但如果有适当的帮助,也是可能的。"关关雎鸠,在河之洲",由此兴发出一种氛围(这里边的深意,我们讲到孔子时再详述),在它的烘托中才能体会到"窈窕淑女,君子好逑"的韵味。"参差荇菜,左右流之"打开了一个意境,让"窈窕淑女,寤寐求之"活在其中。尽管后边这诗句说成大白话就是"白天想了夜里也想",但有"参差荇菜……"的导引,就不只是想得到而怕失去的干想了。"参差荇菜,左右采之。窈窕淑女,琴瑟友之",最后是"参差荇菜,左右芼之。窈窕淑女,钟鼓乐之",自然的纯真带动着爱情的真纯。夫子对这个特别喜欢,把它放在《诗》三百的首篇。

美感大致有两种,这个康德讲过:一种是比较感性的(但也需要先验想象力的托举),让人得到纯愉悦;另一种是感性与精神的互补互激,非常浓烈,里面甚至有痛苦与欢乐的交织。这就是美学史上两个著名的美学范畴优美与崇高,当然还有这两极中间的许多混合形态。一般说来,美感好像都是感性的,尤其是小孩子的时候。我记得小时候看到某种纯颜色,就像抽棍游戏所用的那些小棍上的颜色,就觉得美。比如纯蓝色,觉得这个颜色怎么这么有意味呀!看到蛋黄色又感到特温暖圆润。这些就都是感性美,而且是比较浅近的。康德认为它反而是更纯粹的美,呈现于毫无目的的纯欣赏之中,而加入了精神力度的美感叫崇高美,当然也不一定非要这么称呼。我下面主要谈的近乎第二种,即感性与精神互补相激的美感,但也会涉及第一种。

---

① 原文是"吾未见好德如好色者也"。《礼记·大学》所谓"如好好色",即在发明此意。

二、美感来临之时

在原发的体验中,当美感来临的时候,你一定会知道,因为一切都改变了。即便周围世界的形状和对象没有变,但是境界和味道却变了,好像你生命的含义一下子涌现了,生存本身开始放出了光芒。我们在前两部分,阐发人类苦苦寻找终极实在和真理,以便发现人生的意义。可居然就在那个瞬间,你体验到了那种浓郁美感的时候,一下子就进入这个意义漩涡的中心了。所以我们感到脊背发冷,心中发热,屏气出神,如醉如痴,其他什么都忘了。什么因果关系,什么利害关系,什么升学考试,全忘了。你的生命就凭着这个美极了的真感受,御风而行。我觉得庄子写《逍遥游》的时候,很可能或应该处在这种感受之中。那时候我们会感到,这就够了,不用别的,这就是最好的!真理如果会感动人生,那就一定是这种感觉,没有它的地方生活根本不值得一过。因此,同学们,朋友们,当美来临的时候,我们都是她的信徒,完全皈依她,我们把所有的生命意义全放在她的脚边。我们对美神的崇拜就像柏拉图描写的,后面你会看到,是发自内心的自发皈依。但问题是这个美神根本不受我们膜拜,她经常要躲着我们。你把她当个对象去拜,每天供奉多少东西,用了多少心思去追求她,她反而不来了。就像王国维讲的第三种境界,要"蓦然回首"时,她才可能偷偷地忽然闪现,让我们更加珍视她,那个感觉也就更浓更密。

所以一旦她来临,我们就觉得有什么事情发生了。虽然外边,你周围的人都没知觉到,但你却感到,她来了,又来了,就像舒卷的极光,像绚烂的彩虹,突然出现,你的生命一下子就进入了一个特别安静私密但又内在蓬勃的境地,意义像泉水一样喷涌出来。那时候,你仿佛体验到了很久以前经历过的东西,或者似乎是得到了有生命以来一直在寻找的那个东西。在这个意义上,我们完全被这个美感征服,但是又没有被控制的感觉。我们没有被绑架,我们感到更加自由,无比新鲜的自由,被层层海浪托举向上的自由,美好得简直说不出话来,只能够惊叹,只能够点头,只能够流泪,只能够发怔、发傻、出神,孔子"在齐闻《韶》,三月不知肉味",我想一定是这个状态,甚至更甚。

第二节　美感体验的十个特点

如果我们回顾一下这类体验,可以略略领悟到它们的一些特征。我总结了十点,突显我刚讲的那种体验的各个向度。

第一,这种原发的美感体验是终极的。也就是说,到了这儿,你的感受达到了极点,人生的风帆被鼓动得最为饱满,不能设想比它更美好的了。而且你会觉得只有这种体验让生命值得过,有了它才不枉活一场。

第二,它充满了新意。美感从来不会让你打哈欠,不会让你替它担心,好像有人唱歌,唱着唱着,你就替他担心,怕他的高音拔不上去。美感从来不会,它就像帕瓦罗蒂的歌声,越高越自在,或像大山孕育的甘泉,它的水一直在冒,清澈晶莹,欢欣涌流,而且一直把你带到好像从来没有到过的地方。在这个情景中,你根本还来不及把它和什么别的东西做比较,用不着通过比较来感受它的意义,它直接就向你呈现自身,而且你是充满感动,充满了脱胎换骨之感,跟着它畅游,所以这总是一种新而又新的秘密旅行。

第三,你在这里面会感到完全的自由,毫无被控制——哪怕是被神灵控制——的感觉,因为你还来不及感到任何约束和规定,你正处在意义涌流的浪尖上,你正出没于新鲜境界的波涛之中,所以你会感到完全的自由。

第四,就是我刚才描述的,你会感觉到完全的清洁纯净,而且你体验世界的视野,不管是时间视野还是空间视野,都急剧扩大,到遥远的过去和下面,也到无垠的未来和上面,但又没觉得你离开了这个人间,到那个"高处不胜寒"的天堂,坐在上帝的右手边。你只是得到了某种特别美妙的体验,还没有被别的什么东西绊住,无论是超越的或实用的东西,这些牵挂还根本没有,一切一切都不在话下、不在外边,你只是沉浸在美妙之中。所以我说它是清洁纯净的,不受别的东西污染。

第五,这种体验会带给你极大的信心,让你觉得就凭它,人生和世界中就应该有真理。我们居然能感受到这个东西!那你说这个人生,还只是被那些强大的力量来主宰的吗?只是被那些残暴的恶棍来左右吗?这些秦始皇、希特勒吗?不是,人生中一定有真理,有善良,或起码有不残忍、不邪恶的那个维度。美感给你这种信心,虽然它本身不是真,不是善,但是它跟真善是相通的。这一点我比较同意古典的看法,不论是西方的还是中国的,而现代不大讲这个了,真善美合一的境界(而非对它的观念化论证)被遗忘了。

第六,在这种体验里面,有我前面说到的生理上的反应,你背发冷,你心发热,甚至浑身颤抖,我们下面会看到还可能有别的反应。但是美感本身又不完全是生理的,尽管它有身体反应,但又不是能从生理上说明的,而是有心理上的巨大转化。可你又不愿意说,它只是我个人的一种主观感觉,虽然在西方哲学里面这也是一种美的观点。你觉得自己明明感受到了一个超出了个人乃至众人的根本的意义源头,因此你才会有那些信心。所以它与康德讲的第一种美感不一样,它不只是感性的美感。对那些感性美感,你可以说它们是纯主观的。我小时候觉得深蓝色和蛋黄色特别美,别的孩子不一定有这种感觉,人家说不定更喜欢绿色,红色或紫色。因此在这一点上,第二种美感体验是有某种真质性(真理性和质料性)的。你能跟别人交流,你觉得我既然有这个,我的好朋友他/她也应该有,所以你就会去跟他/她倾诉。如果他/她没有,你就会觉得:这是怎么回事啊? 他/她怎么就感受不到这个呢?

第七,美感有深入骨髓的时间性。也可以把这种时间性说成是当场发生性、暂时性,就那么一会儿,势头一过,它就退潮消逝了。你也知道它走了,无法按程序再现。但它还有一种回旋性,有的时候还会再来的。你只要足够真纯,是它真正的皈依者,等待它,虔诚地、纯真地追寻它,说不定以后它还会来,但是不保证,在这儿一切都没有必然性。我们可以靠一些技术、程序复现一些感觉,比如热感、痛感、痒感,或舒服的感觉、难过的感觉。别人可以在你身上制造出来,你也可以在别人身上制造出来。但是你能制造美感吗? 我觉得不大可能,尽管现在已经有人想利用高科技来制造美感的出神态。有的领导人爱对艺术来点儿指导,有时候会有启发,但是如果把这个东西变成了对艺术家的一种要求、规则,你们必须怎么怎么样,那么在这种框框下产生的东西一般就没有多少美感了。我不敢说完全没有,有的时候就对上味了,那个艺术家早就有艺术功底,又喜欢和工农相结合,人家在劳苦大众那里就得到了灵感,那确实也可能有出色的作品。但是你不能这么要求,在那个被要求之下生产、培养出来的东西,就像"文化大革命"中那些东西,我觉得没有多少真实的美感。有的弄得很不错,倾全国艺术家之力,创作了八个样板戏,到现在有些还脍炙人口。那是因为它当年太流行了,我们每天都被迫要从大喇叭里听,从早上起来就吆喝上了,然后不断地重复。到改革开放后,不怎么听了,忽然一天乍一听到,就特激动,时距的回旋效应嘛。比如我在美国留学的时候,有一次一位同学拿了一盘《红太阳》之类的录音带,里边都是我们那个年代的老歌,这些人就跟疯了一样地跟着唱,那里面是一种时代的共鸣。是有感动,但是里面有没有美感? 我不敢说绝了,也可能有一些,但是和我在"文革"中偶然听到《梁山伯与祝英台》小提琴协奏曲那种经历,就太不一样了。在那次之前,我没听过这曲子,耳边全是革命歌曲和样板戏。某天到一个朋友家,他有一台录音机,转动的盘上绕着很长的带子。他打开机器,我一听之下就不行了,受不了了,完全听傻了。刚开头几个波浪般的竖琴音引出前奏,然后小提琴的主旋律出来了,居然美到这个程度! 天哪,这协奏曲是西乐队演奏,但是那个意境又是纯中国的风花雪月、男女纯情,可又不只是江南的风花雪月啊,那么繁密交织的意蕴,直入我年轻生命的根底,激起丰满之极的幻真体验,把那个严酷的时代隔在了外边。我也不用听朋友说什么这是"草桥结拜""十八相送",那是"楼台会",我也不去管它是不是在"反封建""争自由",我就只是听它本身,被它征服,在它里面际会到我存在的意义。也不用论证,我就绝对深信那个协奏曲是极品,在适当的时机可以唤起人心中的纯情美感,当场勾起无数的人生感受,指示出还有那么一个真值得活的世界。

我们于是可以说,因为这种根深蒂固的时间性、时机性,美有一种出场的原罪。一旦它出现,就像是犯了罪似的,要通过躲藏一阵子来赎它,要再过一阵子找机缘来再现。因为美有一种捉迷藏的天性,就像赫拉克利特讲的自然——"自然喜欢躲藏起来"(D123,《选读上》,第26页),总要对搜寻的眼睛藏起来。他说的这个自然恰恰跟美是类似的。可是当你完全绝望的时候,不知怎么办、痛苦至深时,倒有可能在你不经意中它一下子又来了。所以我们可以说,美就像我刚才念的诗里面的女孩子,窈窕淑女,它是真正的窈窕之极。按辜鸿铭先生的解释,"窈"是隐微、隐藏,"窕"就是活泼欢快,女孩子害羞、半遮半掩,但是又青春活力焕发,很自然,这两种特点的完美结合就叫窈窕。所以辜鸿铭说他在英国留学,看英国的女孩子,比如英国修道院里纯洁的修女,说她们不窈窕,太严厉了。然后他到法国去,那里即便是献身于主的修女,也有窈窕之韵。他说中国女孩子的那种美,是西方人很少能领略到的,她是最馥郁芳香的花朵,西方人不久以前还茹毛饮血呢,怎么能体会得到呢?西方人听了以后,对辜鸿铭很崇拜,当时德国就有辜鸿铭学会。

第八,美在居间。美的体验永远在可把捉的两者之间,在 A 或非 A 之间,而且是一种特别活泼的、窈窕的中间。因此,你想直接追求美,很难得到,哪怕是人间天上的最高权力,在美神面前也要顺着她的脾气来才行。比如宙斯想要体验到美,就不能只靠自己,他太强大,动不动就打霹雳,还是得皈依美神。而美多在转折处、空当处才出现,可控的观念和意念往往会吓跑她。就此而言,赫拉克利特还有一句话可以用在这儿:"时间是一个玩骰子的儿童,儿童掌握着王权!"(D52,《古希罗》,第 23 页)

第九,由上面的分析可以看出来,美的体验是一种特别典型的边缘体验。德文 Ende 这个词,既指边界、尽头,也指终极、目标;它的形容词 endlich,意味着它是最终的,又是到了边上的、有限的、暂时的。所以它包含了我们说的好几个美的特征,像刚说到的美的时间性、终极性,以及这里讲的边缘性乃至有限性。美感过时不候,是有限的,不是老在这儿,"永恒地在场",可以随时听你召唤,不是的。所以它处在一个特别边缘的状态和体验中,无法被控制,无法被作为某种对象生产出来。我们可以说美的出现或美感是可以被确认的,我们感到:它来了,它走了,这些我们都可以直接感觉到,就像海潮涨起来,退下去。但是它不能够被确定或被规定,比如说如此这般它就一定会出现,于是艺术院校就可以按这个美的出现规律,来教你们怎么创作电影,怎么创作油画、音乐。不错,那些东西都很必要,你得学这些技巧,但是最后谁能用自己的作品把美召唤来,就绝不是按规律行事可及的了,而是要处在那样一种形势里,前面我们讲的那些美的特点都要在其中起作用。所以我们说,艺术作品创造美感出现的契机,但是无法保障鉴赏者能得到它,即便它是伟大的作品,也无法保障每次都在观众、听众那里产生美感。有些小说、电影、诗歌,看似挺热闹的,但是它们永远也产生不了深刻的美感。但伟大的作品就不一样了,机缘到了,就会激发出虹霓般的美感。我到目前为止,不知道读了多少遍托尔斯泰的小说,尤其是《战争与和平》,每次读都有感受。可问题是每次我都要心情放松,与上次阅读隔一段时间,在一个安静的环境下读。如果是为了什么目的比如为了备课来读,那就不一定是什么效果了。我将来说不定要开一门探讨俄罗斯伟大文学作品的现象学课,我觉得托尔斯泰的代表作品,确实有着深厚的现象学意味,能够就在人生现象中直观展示出根本性、终极性的东西。他和陀思妥耶夫斯基、普希金,都是极其伟大的作家和诗人。对人生体会深了,表现活了,就是现象学。我每次读他们都有新的感受,不同的感受,当然并不保证在不同的环境下都一定有强烈的美感产生。

第十,美是一种突出的人类现象,或人性现象,是崎岖人生山野中盛开的最天然、最芬芳、最动人的花朵。我不知道动物有没有美感。你到山里去,见一头老牛,在山坡上吃饱了草,独自晒着太阳,卧在那儿反刍,好像在沉思。它那时候有没有美感呢? 狼也许不全是为实用主义目的才在那里嚎叫吧? 月亮出来了,它对着月亮长嚎,是不是心中也有什么感受啊? 海豚的智力很高,它高兴了,就在海里跳跃,听说也会某种歌唱。但是一般说来,我们很难设想它们也有美感,虽然这很可能是偏见,一旦我们达到庄子那种天人合一(知鱼之乐),就会与天下生命共美感了。其实那也正是人类最应该有的状态。

我们也很难设想神有美感。我刚才讲到了宙斯,自己感受不到美。基督教说:神爱世人,甚至把他的独生子拿来给世人赎罪。这话里有某种美,但他的这种爱里面有没有美感呢? 我觉得很难想象,因为耶和华太强大了,强大到什么都知道了,全知全能的存在者就不会有美感。我们之所以有美感,因为我们既知又不知。从对象认知的意义上讲,我们的知识不够,不知道很多事情;但正因为这种不足,我们就通过我们的美感来知,不是认知,而是感知、晕知、境知、精神悠远之知。所以我觉得,全知全能的神多半是没有美感的,他有其他高强的智慧或者力量。那你要说了,美神总有美感了吧? 很可能,希腊的美神或爱神是女性,即从浪花中出生的阿芙洛狄忒(罗马人改称"维纳斯"),不那么全知全能,雅典娜那种智慧女神、战争女神还时不时地要欺负她一下。但还有一种可能,就是美神虽然能引发美感,但她自己却感受不到它。

所以,好像美是专属于我们人类的,尽管我们从心底里愿意自然中的植物和动物也拥有它。比如一只在歌唱的云雀,它感受到了什么? 我特别喜欢的一本书是《醒来的森林》,是一位热爱自然特别是鸟类的美国人约翰·巴勒斯写的,很美。他写他在美国东北部自然中——山林、河流、湖泊、农村、荒野、撂荒地——的观鸟体验,不是像认标本那样地认识鸟,而是让那活在它们的氛围和时节中的鸟儿们,唱出最动听的歌声。他描述什么地方什么季节有什么鸟,哪种生态环境中有最多的鸣禽,尤其是描写那些小鸟如棕林鸫的歌唱,甚至举止,又真实又动人。我能体会这些,因为我也曾忘情地听过鸟的歌唱。最美的一次是某年春天,我独自一人到黄山去。头一天晚上住在山下温泉的旁边,第二天爬上去,夜宿北海一家小旅店里。早上起来,深山幽谷里鸟鸣得实在是太繁盛了,在北方从来没听过那么美的自然歌声,与那雨后初晴的浩瀚云海、世外奇山的绝景一起,将我带入神话般的世界,如饮仙酿,之后好多天都神思恍惚,一辈子也忘不了那个境界。我有刻骨铭心的深浓美感,可那些鸟儿们有吗? 它们鸣叫起来好像忘却了一切,除了求爱求偶,也会求美吗? 也可能啊,我们不应该固持人类中心论,说不定它们感受到了春天,感受到了异性,在用它的歌唱换取配偶的呼应,里面说不定也有美感! 总之,我觉得美从根本上说来,是特别让人成为一个人或成仁的生命之泉,它跟善跟真(比如非定域之真)是有关系的,尤其是与善有关。

第三节　西方哲学家们的美论

为了给你们一个关于美的较开阔的视野,我想简单列举一下西方哲学家对于美的看法。先来看毕达哥拉斯的观点(《资料》,第561页)。我们前面一再涉及毕达哥拉斯学派,它对于古希腊唯理论的形成,对于西方整个文明的现代走向、当代走向,有着几乎是无与伦比的影响。他说数是万物的本原,他认为美是和谐与比例,很可理解。我们介绍毕达哥拉斯学派对终极实在的看法时也讲过,他认为和谐尤其是数的和谐是终极实在的一个特点。我们也知道那样一个故事,他走过一个铁匠铺,听到铁匠打铁的声音形成了和声,他进去以后测量了那些人的铁锤的重量,发现有数学比例在里面,后来他让弦丝的长度也合乎这些比例,就能在乐器上得到和声。其他可出声的东西,比如瓶子装水的高度,合乎比例也能得到和声。所以他说美是和谐,本质上是数学比例关系,在现实生活中产生了和谐。众天体的距离之间和运转速度之间也有数学比例,因此天体运行时会产生和声,最后形成一个和谐的天籁,我们平常听不到,只有天赋高的人才能听得到。因此整个宇宙万物的真实性就表现在它们的和谐里,这是他的基本看法。

他说的这个和谐是指对称而不是平衡(《资料》,第 561 页左)。所谓的对称,实际上是用它来形容差异、对立中存在的比例。和谐起于差异、对立、杂多的比例化统一,而不只是同一化的平衡。这是比较深刻的一个看法(记得吗? 西周末年的史伯也有类似看法,但更动态)。音乐是对立因素的对称统一,由表面的不协调导致深层的协调,就是由杂多到对称统一。

但问题是,只从形式上讲这个够吗? 能够找到杂多间的比例统一了,像他的毕达哥拉斯定理 $a^2 + b^2 = c^2$,里面肯定有和谐;a、b、c 在它们本身的层次上就是杂多,相互之间没有可公度性,但是一旦自乘,就忽然出现了这么一个和谐。但它一定美吗? 我当然不能说里边没有美,有些数学家或有些人对数字就特敏感。我有一个朋友,他的儿子刚进小学一年级,酷爱数学,他要不愿意干一件事,父母就对他说:你干好了这件事就给你一个奖励。什么奖励? 让他做数学题! 那个孩子对数学关系就特别敏感,能把数学题玩儿起来,那他说不定在这里面能感觉到某种美。音乐美感跟比例有关,但不能说所有按比例写成的曲子都会产生音乐美感吧。所以这是一个问题,毕达哥拉斯的观点很深刻,很富于形式感,按我的说法是形式特别突出的,但是否对我们理解美很有意义呢? 这个可以值得继续讨论。而且他更生动地说:"一切立体图形中最美的是球形,一切平面图形中最美的是圆形。"(《资料》,第 561 页右)为什么呢,因为它最对称,最和谐,但是否呆板了点儿? 所以受他影响的古希腊人就认为,既然天体是这么完美的东西,它的运行轨迹只能是圆形,像托勒密(约西元 90—168)的天文学——源自欧多克斯、亚里士多德的地心说——就是这么主张。可近代以来,开普勒却发现行星是按椭圆形来运行的。以前,托勒密的地心说为了弥合理论和观察的不一致,就设想有多层的圆形运行轨迹,并想办法将它们结合在一起。行星本身绕一个圆(本轮)转,这个圆又在各自的天层上绕地球转(均轮)。为了提高星历表的精度,有时又要在本轮上再增加一个圆,等等。虽然烦琐,但也延续了一千多年。古人就这样相信,最美的也应该是最真的。既然圆形如此之美,也一定是如此之真,它一定要或会跟真实对应起来。

赫拉克利特,我们没有特别讲他的哲学观,这种强调流变及对立斗争的哲理也在他的美感观中表现出来。他主张美在对立面的斗争中产生。"相反的东西结合在一起,不同的音调造成最美的和谐,一切都是通过斗争而产生。"(D8,《选读上》,第 23 页)所以一定要凭借对立差异之间的斗争,来产生美与和谐。(此说颇有点儿我们的阴阳说的意思,但他是用斗争来刻画对立面的关系,不像阴阳说主要讲互补对立间的生发。你说火遇到水产生气、元音遇到辅音产生语音是斗争还是生成呢? 可能都有。)所以他说战争是真正的王。实际上,他这个观点跟我们刚讲的毕达哥拉斯派的观点,有某种类似,因为毕达哥拉斯讲的和谐也是一种差异、对立、杂多的统一;但赫拉克利特的观点是更加动态化的,所以他对于美的非对象化的时间性,就有更深的感受,这点是毕达哥拉斯没有的。于是他看出:"自然喜欢躲藏起来。"(D123,《选读上》,第 26 页)将这个"自然"看作他心目中的美,我觉得也不算太牵强;也可以看作他心目中本原之火,即对立面的斗争造成的新鲜活泼状态。它喜欢躲藏起来,它不喜欢你把它当对象固定起来,或当作规则建立起来。"看不见的和谐比看得见的和谐更好。"(D54,《选读上》,第 24 页)看不见的当然就是不可对象化的,最起码是不可充分对象化的。这个就比毕达哥拉斯的说法更深刻一些了,不能说圆形就一定美,合比例就一定美。而且他还认为美是相对于不同的情境、不同的感受者而呈现的,所以美是相对的。"最美的猴子同人类相比也是丑的。最智慧的人同神相比,无论在智慧、美丽或其他方面,都象一只猴子。"(D82—83,《选读上》,第 25 页)

柏拉图认为美本身是美的理式,这个我们以前一再讲到了。他还有一个观点,即美感是灵魂在迷狂状态下对于美理式的回忆。柏拉图的美论下面会着重讲,这是西方传统哲学中最经典的、影响最大的关于美的学说。

亚里士多德认为,美是将原来在现实中零散的因素结合成了一个统一体(有点儿毕达哥拉斯派的意味),它是一种引起快感的善,所以美和善又相关,往往由人去模仿现实的艺术品引起(《诗学》第 4、6 章,《资料》,第 573—575 页)。可以看出,他跟柏拉图的观点很不一样了。柏拉图区分实在等级的四线段喻中,涉及认知能力,最靠下也最低级的那部分才是模仿。进行模仿的是艺术家,所以柏拉图对艺术抱有一个矛盾心理:艺术是造幻的,在理想国里面不允许诗人来蛊惑青年人;但是他对美的音乐是很欣赏的,尤其是那种古典的、能激发人灵感和斗志的音乐,被他看作是教育年轻人的最好方式之一。但是诗人比如像荷马那样的,一唱诵起来,宙斯来了,阿波罗、雅典娜来了,众神都活蹦乱跳地参与人类战争,他不喜欢。巴门尼德的老师克塞诺芬尼,就猛烈批判荷马之流把神讲成了一大帮闹事者，跟人差不多，干了不少坏事。他说神其实只能有一个，宁静不动，根本不喜欢窜来跑去的，其特点就是思考。所以你看，巴门尼德在克塞诺芬尼之后创立的存在论，完全继承了老师的思路，但把它哲学观念化了，唯一神变成存在、一、纯思想。柏拉图继承了它们，但是亚里士多德认为不那么简单，艺术的本性恰恰在对现实的模仿，但是模仿中有加工，把这些现实因素综合成了一个有机的整体，表现出现实中你体会不到的东西，也就是他说的那个可能的状态，所以艺术品表现可能的现实(《资料》，第576页左)，这样它才美。

　　奥古斯丁是罗马帝国时期的一位基督教化的柏拉图主义者，也是西方中世纪影响最大的两位神学家之一。他主张"美的根源是上帝"(《西感》，[①]第64页)。它听起来好像太简单了，可是他作为基督徒，认为上帝是一切意义的来源，一切存在的来源，当然也是美的来源。

　　到了文艺复兴，意大利诗人塔索认为"美是自然的一种作品，因为美在于四肢五官具有一定的比例"(《西感》，第73页)。毕达哥拉斯主义又复现了，文艺复兴在某种意义上就是复兴古希腊罗马，可是在哲学上往往就是复兴柏拉图和毕达哥拉斯。因为在中世纪的经院哲学中，是托马斯·阿奎那主张的亚里士多德主义占统治地位，既讲哲学是神学的婢女，又主张某种经验主义与自然理性的合理地位。但塔索这时又讲比例了，是毕达哥拉斯那种看法的一种自然化。你看文艺复兴时期那些绘画雕塑，都特别讲究这个比例。一开始都要学人体解剖，而且要画模特，或者是画石膏像。一直到现在，对于艺术院校学西方绘画雕塑的，这是基本功，与中国古代的画风大为不同。

　　我们来看休谟的主张。他说："美并不是事物本身里的一种性质。它只存在于观赏者的心里。每一个人心见出一种不同的美。"(《西感》，第108页)这是一种主观主义、相对主义的美论，在经验主义盛行的英国应该很容易被人接受。毕达哥拉斯和柏拉图的审美观则是比较超验化的，认为有一种我们大家能分享的形式美或理式美。休谟既然在哲学上就是那种看法，连因果律、科学都是一种有用的习惯，那么美自然也只能存在于观赏者心中，大家各看

---

　　① 《西方美学家论美和美感》(简称《西感》)，北京大学哲学系美学教研室编，北京：商务印书馆，1982年。

各的美了。在我们中国现代的美学界,也有人如高尔泰先生曾经持有这个观点。

另外有一位 18 世纪的英国人博克,他主张美的原因不在比例、适宜或效用,也不在于完善(《西感》,第 119 页)。跟以前的好多观点都不同,他主张一种纯感觉经验主义的、很具象的审美观。他对美的性质有一些有趣的总结:"美的性质,因为只是些通过感官来接受的性质,有下列几种:第一,比较小 [比如带英语后缀 ling 的];第二,光滑;第三,各部分见出变化;但是第四,这些部分不露棱角,彼此像融成一片[如曲线];第五,身材娇弱,不是突出地现出孔武有力的样子;第六,颜色鲜明,但不强烈刺眼;第七,如果有刺眼的颜色,也要配上其他颜色,使它在变化中得到冲淡。"(《西感》,第 122 页) 这好像是对第一种美感也就是纯感性美感的一种说明,反映的或许是那个时代英国上流人士的看法。当然了,对这第一种美感也不一定非这么说。总之,博克的观点是一种具象感性美感论,英国人注重感觉经验是常态。

接下来看康德的观点。康德写道:"美是那不凭借概念而普遍令人愉快的[合目的性的形式]。"(《西感》,第 158 页) 美不凭借概念,那她就该是属于个别事物的,只通过感官来感知到的属性吗? 不,她是普遍令人愉快的,所以她一定跟形式、范畴有关,但是这个形式和范畴在此不是用来把握感性杂多以便构造对象的抽象体,它们在美感体验中是自由活动着的。所以康德关于美的说法颇有形式感,但也颇有中道意味。照理说,带给我们普遍有效东西的是知性概念,但在他的美感论中,这普遍却是非概念的和令人愉快的,或者说快适的,也就是让我们得到快感的。仅仅快适、快感,那也适用于无理性的动物,美却只适用于人类,因为其中有"合目的性的形式"。合乎人之为人的理性目的,就与善相关了,但善却适用于一切有理性的存在者,不一定非是人类,所以神、天使也可以是善的,如果他们也是有理性的话,对吧? 但这与美相关的合目的性,却只能是"无表象的",也就是没有可明示的目的内容的。因此,对于康德说来,快适、美感(鉴赏)和求善,都能给人类带来愉快,但只有欣赏美的愉快是唯一没有任何利害关系的,也就是无对象和目标羁绊的,是完全自由的愉快。没有一种根本的自由感,哪会有美感呢? 他有一句很经典的话,就是:"美是一对象的合目的性的形式。"(《西感》,第 158 页) 你可能觉得,哎哟,真呆板啊! 可是别忘了,这种目的性实际上无表象、无概念可言。

这里的"对象",只是表示出这美感一定与感性直观相关,而这"形式",则是处在自由的表现之中。提出这样一种合乎无表象目的性的、非概念的形式美,虽然的确是在主张一种很形式化的美论,但只有吃透了其中的自由力度,才能真正理解它。

总之,康德想表达的美感是处在感性和知性的中间,也就是在自由的形式之中。光是感性托不起美感,光知性更是会把美感冻僵,需要感性和知性结合起来。但也不像那种认知中的结合,去构造和把握现象对象,而只是利用它们的形式,在那儿自由地游戏。这就必涉及想象力,不是再生的后天想象力,而是联结感性直观和知性范畴的先验想象力。在美感鉴赏中,这种想象力的原发创造性得到更自由的形式表现。康德在《纯粹理性批判》中主张,感性和知性必须结合起来才能提交对象,而这个结合要靠居中的先验想象力。而在他的《判断力批判》这本美学著作中,这个想象力的功能,就主要不是针对认知对象的构造,而是一种自由的创造力,在游戏中产生美感。整个表述相当微妙。我记得当年在北大上学时,选修齐良骥先生的康德哲学课,听到和读到《判断力批判》,特别受启发,写了一篇小文章抒发心得,得到齐先生欣赏,找我去他家(当时还在中关园的平房)谈话。那是一种很纯粹很自由的师生交往啊!而齐先生夫妇的生活本身,在我眼中就是有美感的。

我们再来看黑格尔的观点。黑格尔说:"美就是理念的感性显现。"(《西感》,第191页)这种观点在一段时间里(1949年至"文革"结束),在中国大陆影响很大。这种主张好像跟康德很有关,美是感性和广义理性(知性)的一种结合,但是它缺乏康德美论里面那种特别微妙的居中和自由。这是一种辩证发展的对立面之间的居中,但是这种居中总是受到一个更高理念的掌控或统领,说得更准确些,它是绝对理念通过感性形象的呈现。因此,在他的整个哲学体系中,美的地位就不如纯理念,美学和艺术是低于宗教和纯思辨哲学的。相应地,他认为艺术美高于自然美。

车尔尼雪夫斯基是俄国19世纪的一位思想家、评论家和作家,在我们那个年代的年轻人里边算是很著名的,主要是因为他写了一本《怎么办?》。这是本说理小说。他很受当时西方思潮的影响,但他毕竟是位俄罗斯思想家,因此他说"美是生活"(《西感》,第242页)。你可能觉得这话太笼统了,我们生活中有好多不美的东西。但他可以回应说,我讲的生活不是指那些可对象化的东西,而是指生存的可能性、生活的原初意义。他这么写道:"任何事物,我们在那里面看得见依照我们的理解应当如此的生活,那就是美的;任何东西,凡是显示出生活或使我们想起生活的,那就是美的。"(同上)你看一幅画,唤起了你对生活的憧憬,感到生活应该是这样的,那就是美感。比如俄罗斯画家列维坦画的白桦林,那是俄罗斯最常见的自然景象,说实话,真美,很纯粹的美!它让你感受到人生的魅力。你在这些画作中,看到一片麦田,一角树林,一块夏日的草地,他画的那种方式,让你觉得,哎呀,这就是人生!人生就应该这么丰富,这么美好,这么清静,这么和煦。大家知道,欧洲19世纪中后期,流行一种生活哲学或者生命哲学,以叔本华、尼采为代表,很有影响,海德格尔早期也深浸其中,他们对艺术和美的看法也很深刻和出新。①车尔尼雪夫斯基这个说法可谓生活哲学的俄罗斯版,但有特别的意味,让人想起俄罗斯那些伟大的文学作品的风格,而且深究下去,也绝不肤浅,只是含糊了一点儿。但他这段话就挺直观的:"美的事物在人心中所唤起的感觉,是类似我们当着亲爱的人面前时洋溢于我们心中的那种愉悦。我们无私地爱美,我们欣赏它,喜欢它,如同喜欢我们亲爱的人一样。由此可知,美包含着一种可爱的、为我们的心所宝贵的东西。"(同上)讲得多好!透露出亲爱的美感,或美感的亲爱性,深入进去会更有趣。

　　瑞士心理学家布劳(或布洛)在他的文章《作为艺术的一个要素与美学原理的"心理距离"》(1912年)中,说距离是一种审美原理,美感的一个显著特征就是(感受者与被感受者之间保持合适的)距离。现在所谓的"距离产生美",我们国内媒介老提起这话,可能跟这个人的学说有关。我觉得他的思路可以看作我们上面讨论的毕达哥拉斯、赫拉克利特所讲的对立结合产生美的一种心理学表达,与康德的非概念化、非对象化的美论也有关。但只说心理距离,还是太主观化和形式化了。

　　再介绍一位德国的心理学家和美学家立普斯(T. Lipps,1851—1914),他写了《论移情作用》,阐发了美学上的"移情说",对胡塞尔也有过影响。"移情"的德文是 Einfühlung,其中 fühl-en[-ung]就是感觉、感受和触摸,前缀

---

　　① 参考拙著《德国哲学、德国文化与中国哲理》,上海:上海外语教育出版社,2012年,第六章"叔本华、尼采和维特根斯坦——音乐化的哲理观和语言观"。

ein 就是进去、进入的意思,合起来也就是你把自己的感觉、感情移入、投入某个对象里,不管那是个人,是个物,是朵花,或是棵树,在其中自由、轻松地活动,就产生了美。所以立普斯说,"把自己'感'到审美对象里去",就是"审美移情"(《西感》,第 274—275 页)。"感"字他加了引号,因为它已不再是认知型的感觉,或对象化的感知,而是推己入物、处身于兹的感情移入,使自己与这对象融成了一片。

立普斯写道:"审美的快感是对于一种对象的欣赏,这对象就其为欣赏的对象来说,却不是一个对象而是我自己。或换个方式说,它是对于自我的欣赏,这个自我就其受到审美的欣赏来说,却不是我自己而是客观的[或理想化的]自我。"(《西感》,第 274 页)自我与对象之所以能这么相互换位,并在这换位中得到理想化(比如我成了"客观的自我"或"观赏的自我"),就是因为审美感受中的移情作用。他说:"就我的意识来说,我和它[被移情的对象,比如一个形体]完全同一起来了。既然这样感觉到自己在所见到的形体里活动,我也就感觉到自己在它里面自由、轻松和自豪。这就是审美的模仿,而这种模仿同时也就是审美的移情作用。"(《西感》,第 275 页)这是一种以我为主的物我交感而合一,物我皆被升华,东方人叫幻化。从形式上看,这种移情与做瑜伽时观照并融入一个对象(以至于对象本身放出光来)有相似处,但两者的效果不同,一个是幻化中生出美感,一个是对所有幻化的驱除,虽然在初级阶段也伴有美感的产生。

总之,美感起于移情作用。中国的美学家朱光潜先生于 20 世纪 30 年代写了一本很有影响的书《文艺心理学》,就提到这个观点(也提及"审美距离"),认为很重要,但他并不是完全同意。他举了个例子,有些人看《哈姆雷特》剧的时候,替哈姆雷特着急,因为剧中的坏角儿安排了一个人,拿着一把涂了毒药的剑来和哈姆雷特决斗。两边马上要打起来了,一个英国老太太就在台下喊:"当心啊,那把剑是上过毒的!"她完全移情到剧里面去了,以至于要警告那个演员,她心中的哈姆雷特:你小心点儿啊!朱先生说,这里面有美吗?是的,她很投入,很移情,但是她没在这个剧里看出美来。所以移情不一定产生美,尽管此学说中也含有某种灼见。

最后提一下海德格尔的美论。他认为美和真理内在相关,这一观点似乎很古典,但要害在于他的真理观是动态的、发生式的。真理不是你的观念与相关对象的符合,他说那是静态的"不错",不是真理;真理是当场应时的出现、发生,必打动人。所以他称真理为"揭蔽"或"去蔽"(a-lētheia)。我们原来处于一种被遮蔽的状态,如同在阴暗的森林中行走,忽然进入一块林中空地(Lichtung),揭开蔽障而见光亮,这擦着黑暗边缘的光明就是真理。就有点儿像我前面讲的美的来临,它有来和去的发生契机,不是干巴平板的"不错"。所以他说,美是真理的一种现身方式。真理既然是作为去蔽出现的,那么它现身的时候一定是带着美感,带着忽然闪现的光明。那光芒就是我们感受到的美,或者说,那种被嵌入作品之中的真理的闪耀就是美。艺术家让他/她的作品包含着引发黑暗与光明、大地与天空争斗的"缝隙",于是真理在此阴阳相交的争斗和发生中出现,闪烁出光芒,这种闪耀就是美。

以上就是西方哲学和美学中一些有代表性的观点,大部分属于传统西方哲学,最后的一些属于当代西方哲学。只是给大家一个感觉,要详细展开还有很多,但限于篇幅就不介绍了。他们要说明的是:美本身怎么回事,美的体验又是怎么回事。可以看到,这些主张各有特色,从最形式化的比如毕达哥拉斯学派的观点,一直到最有质感的比如博克的经验主义的美论;或者从最有宗教性的像奥古斯丁的,到纯感觉、纯生活的比如休谟、布洛、车尔尼雪夫斯基的看法;从客观主义到主观主义,从看重形式到看重移情,等等。但是,由于我们一开始说到的美感的根深蒂固的直接体验性,实际上,哪怕是唯理主义者、先验主义者、形式主义者,他们谈美的时候,也都涉及感性,比如黑格尔说的美是理念的感性显现,更不用说立普斯的移情说了。

第四节　柏拉图论美和美的体验

说到底,还是柏拉图的学说,从古至今,在西方影响最大、最深远。我们甚至可以在亚里士多德讲的引起快感的善①里面看到柏拉图的影响,因为善的源头是不被推动的推动者,是一种纯形式。这就超出了亚氏自己的形式/质料说,而趋向柏拉图的理式(eidos,idea)说了,即理想化的形式说。在奥古

①　亚里士多德在《政治学》中写道:"美是一种善,其所以引起快感正因为它是善。"(引自《西感》,第41页)

斯丁的上帝、康德的合目的的形式、黑格尔的以感性方式呈现的理念中,都可以看到柏拉图思想的存在。

一、美的理式

我们知道,柏拉图认为美的来源只能是美的理式或美本身。他在《会饮篇》(*The Symposium*)这篇谈美和爱神的著名对话中,通过第俄提玛,也就是一位苏格拉底也很佩服的女先知吧——你叫她女巫已经有点儿不够了,阐发了他的美论。苏格拉底这么回忆起第俄提玛对他的教诲:"一个人如果随着向导,学习爱情的深密教义[即哲学——对智慧的爱],顺着正确次序,逐一观照个别的美的事物,直到对爱情学问登峰造极了,他就会突然看见一种奇妙无比的美。"①一个人如果信仰爱情这门宗教,学习它的深密教义,那么就能对爱情形成一门学问。实际上,哲学家干什么呢? 对智慧的爱呀! 所以这里讲的爱情宗教,也是一门智慧宗教,因为它所爱的这奇妙无比的美,正是美的理式、美本身。"这种美是永恒的,无始无终,不生不灭,不增不减的。"后边这两个短语,有点儿印度人说梵的味道,但还不透彻。"它不是在此点美,在另一点丑;在此时美,在另一时不美;在此方面美,在另一方面丑;它也不是随人而异,对某些人美,对另一些人就丑。"你爱的情人、爱人,她/他的面孔那么美好地打动了你,但是她/他可能在另一点丑,在另一时不美,或在另一方面丑。其实,那个面孔、身材和微笑只是引起了你的回忆,让你忆起在另一个世界中看到的永恒者,也就是美的理式。"它只是永恒地自存自在,以形式的整一永与它自身同一;一切美的事物都以它为泉源,有了它那一切美的事物才成其为美,但是那些美的事物时而生,时而灭,但它却毫不因之有所增,有所减。"(《文艺对话集》,第272—273页)就此而言,柏拉图跟古印度人还是很不一样,毕竟他说出了一个美的理式,言之凿凿地形容了这理式的永恒性、自身同一性和原型性,而且它可以作为我们灵魂的对象被直观到。

这个观点在《斐德罗篇》中也有阐发,那里他讲到一种隆重的入教典礼,只不过是在天上,而上面所引的《会饮篇》描写的已经是在尘世中的灵魂的经历了。柏拉图写道:"那时隆重的入教典礼所揭开给我们看的那些景象全

---

① 柏拉图:《文艺对话集》,朱光潜译,北京:人民文学出版社,1980年,第272页。

是完整的,单纯的,静穆的,欢喜的,沉浸在最纯洁的光辉之中让我们凝视,而我们自己也是一样纯洁,还没有葬在这个叫做身体的坟墓里。"(《资料》,第569页左)那时我们的灵魂还在天上,美本身看起来是光辉灿烂的。所以人真是可怜,他/她的灵魂进入肉体,就像一个蚌被束缚在壳里,要费极大的麻烦才能从中挣脱出来,突然再次看到久违的美本身。

总之,柏拉图认为美与真是内在相通的,因为它们的源头都是理式。《国家篇》里讲道,善是最高的理式,所以它比知识、真理在某种意义上还要更美。至善像太阳一样放出光辉,以便灵魂可以看见各种理式,所以美和善在柏拉图的视野中也是内在打通的。

二、迷狂说(一)——含义与体验

要在人间认识这个美,你就要在遭遇美的对象时,以某种方式回忆起美的理式,于是柏拉图就在《斐德罗篇》中精彩绝伦地描述了这个回忆的方式、过程和体验。其中特别重要的一个思路,就是通过"迷狂"(mania)来体验到美的理式。它是一条捷径,既是回忆起美本身的捷径,也是认识终极实在的一条捷径。所谓迷狂说,实际上是柏拉图"知识就是回忆"学说中的一个奇变,不仅思路奇特,而且表达充满灵感,真可谓灿若云霞一般,洋溢着诗性的魅力。而且,迷狂说代表了他整个学说中的另外一个维度,是非理智主义的,反理智,但不一定反理性,打开了既神秘又亲切的这么一个美感体验的可能。它后来不被西方哲学中正宗的唯理主义所重视,但是对继起的新柏拉图主义和中世纪基督教的神秘主义产生过重大影响,到现在还是以各种方式表现出来。比如历史上的新柏拉图主义的代表普罗提诺(205—270),他的学说甚至个人经历就特别受这方面的影响。据跟普罗提诺在一起的人记载,他在几年中出现了多次迷狂。

这个所谓通过迷狂来回忆起美的说法里有这么几层意思:第一,我们的灵魂在前生的某个时候曾经追随天上的神灵,看到过天上和天外境界中的"真实体"或理式(《资料》,第566页右)。而且我们的灵魂在那儿是长有翅膀的,或者说,我们的灵魂是驾着长有翅膀的两匹飞马所拉之车的,所以能上到天界,看见那放射着光芒的理式。"我回到美。我已经说过,她在诸天境界和她的伴侣们同放着灿烂的光芒。自从我们来到人世,我们用最明朗的感官来看它，发见[现]她仍旧比一切更明朗，因为视官在肉体感官之中是最尖锐的；至于理智却见不着她。"(《资料》，第569页左)理智看不到，但是视觉这个我们感官中的最明朗者，①能够看到美丽的景象，比如你爱的那个人，她/他的美貌打动你。按照当时的说法，例如德谟克利特的流射说，她/他发射出的微粒爱流进入你的眼睛，再流入你的灵魂。柏拉图认为，得到了这种流，你的灵魂翅膀就受到滋养，于是这灵魂自身又开始复苏。以前在你降临世间、进入这个倒霉肉体里的时候，你的灵魂的羽翼不得不收敛起来，并且因受到挤压而被损害，此刻在你回忆美的理式的时候，这个过程又逆转过来了。

但问题是，我们灵魂驾驭的这两匹马，跟神灵的马还是不能相比，因为其中虽有一匹好马，另一匹却是劣马。好马象征着我们灵魂的神性，劣马就是我们的灵魂中的那些欲望。按照柏拉图的说法，人的灵魂有三层，最低是欲望，中间是激情，最上面是纯精神。由于这种复合状态，人类灵魂的遭遇和回忆美本身的过程，都是充满内在争斗的。少数灵魂的最上一层占绝对优势，于是劣马服从好马，它们就总能跟着神灵在天界徜徉，但大多数灵魂没有这种福气，就必经历天上地下的起伏。

第二，由于人的灵魂中有那匹劣马的干扰，灵魂向上飞升的能力就受到损伤，于是变得沉重，堕降人间，进入肉体，羽翼也损坏了。而灵魂的最高本性毕竟是精神的，"于是灵魂[在肉体中]感到极端痛苦和冲突。"(《资料》，第566页右)按柏拉图的看法，我们的灵魂与这人生的肉体是不般配的，灵魂极其高贵而肉体低贱，被欲望主宰，所以灵魂在肉体里无幸福可言，它越是有所觉醒时，就越是感到痛苦和冲突。换句话说，灵魂嫁给了一个不好的丈夫，或者也可以倒过来说，娶了一个不好的妻子。

第三，这个灵魂看到了人间美的事物，比如说一张美的面孔或者一个可人的形体时，它就会被触动，让它回想起以前在天上见过的那个美的理式，于是它的精神性又开始被唤醒，这个灵魂就进入了迷狂之爱，不是对性对象的欲望，而是真正的深爱。"他见到一个面孔有神明相，或是美本身的一个成

---

①　"明朗"不只是明亮，而是明亮与黑暗的交织。眼睛就是这种交织，如顾城的诗句："黑夜给了我黑色的眼睛/我却用它寻找光明。"海德格尔《返乡/致亲人》中的一个关键词"朗照"(auf-heitern)或"明朗"(Heitere)，就是源自大地(包含隐藏造成的黑暗)与光明的交合，由此而使人类有了家园和家宅。(相关引述和讨论，可参见拙著《家与孝》，北京：生活·读书·新知三联书店，2017年，第22—25页。)

功的仿影,他就先打一个寒颤,仿佛从前在上界挣扎时的惶恐再来侵袭他;他凝视这美形,于是心里起一种虔敬,敬它如敬神。"(同上书,第569页右)"寒颤"似乎是生理反应,"虔敬"似乎是精神反应,但它们是不分的。寒颤导致虔敬,而有虔敬的美感也才会寒颤,因此这寒颤就会转变为高热,以阴阳对开的方式与精神融合。"当他凝视的时候,寒颤就经过自然的转变,变成一种从未经验过的高热,浑身发汗。因为他从眼睛接受到美的放射体,因它而发热,他的[灵魂]羽翼也因它而受滋润。感到了热力,羽翼在久经闭塞而不能生长之后又苏醒过来了。"(同上)这时候灵魂羽翼的根部脉管在久被压抑和萎缩之后,又胀大和舒展起来。这就意味着灵魂又开始能够如其所愿地飞翔起来,也就是人又找到了真正的自己。

由此,他在不同程度上就能回忆起以前看到过的美的理式,就此而言,激发爱情的美感直观要比理智的思辨和推论,对于我们认识理式更有效,所以这是一条达到终极真理的捷径。

第四,一旦你有了这个美感,就不可遏制,会产生身心一体的异常经验。灵魂羽翼"遍体沸腾跳动"(同上书,第569页右)的再生,就如同小孩出牙时的感觉,也会沸腾发烧,又痒又疼。这时就只有凝视爱人时得到的情波,才能安抚这种苦痛。如刚才提到的,柏拉图乃至古希腊人一般都认为视觉在所有的官能中是最敏锐的,我们的视觉——包括我们灵魂的眼睛——看见了能唤起我们爱情的人,就从她/他那里接收到了情波,实际上就是"一道极微分子的流"(同上书,第570页左),于是灵魂"得到[情波的]滋润,得到温暖,苦痛全消,觉得非常欢乐。"(同上)

但只要你见不到你所爱的人,接受不到情波,那么这时候已经开始再生的灵魂羽毛,因受不到滋润又干枯了,于是就刺痛你的灵魂,你就会觉得精神上遍体受刺,疼痛得要发狂。这有点儿像屈原《离骚》或者他的其他诗歌中描述的感觉,"望美人兮未来,临风恍兮浩歌""悲莫悲兮生别离,乐莫乐兮新相知"。柏拉图说这是一种痛苦和喜悦糅在一起的感觉,它会使灵魂不安,"于他所处的离奇情况,彷徨不知所措,又深恨无法解脱,于是他就陷入迷狂状态,夜不能安寝,日不能安坐"(《资料》,第570页左)。颇有点儿像《关雎》诗里描述的"求之不得,寤寐思服;悠哉悠哉,辗转反侧"。白天想,晚上也想,日夜不得安宁,进入了迷狂状态。

　　第五,这种被美感激发出的爱的迷狂,它在这里被认定为第四种迷狂,也就是最高的迷狂,即哲学的迷狂。柏拉图一共描述了四种迷狂,前面三种是预言、禳灾和写诗所需的迷狂。(同上书,第 565 页)迷狂术 manikē 和预言术 mantikē,拼写很相似,后者只多了一个 t。不迷狂就不能预言。比如德尔斐神庙的女祭司,做预言前要斋戒、饮泉水、吸入燃烧致幻植物叶子的烟气,进入迷狂状态,才能做出预言。还有一种是宗教的,在禳灾仪式上,巫师及求免灾者都要进入迷狂,才能除掉罪孽,不管是祖先造下的还是自己惹出的。而没有迷狂体验的诗人,也是写不出动人诗篇的。"神智清醒的诗遇到迷狂的诗就黯然无光了。"(同上书,第 565 页右)

　　富于灵感的真哲学也离不开迷狂,所以柏拉图说他"以上所讲的都是关于第四种迷狂"(同上书,第 568 页右),这种迷狂是你对智慧的深爱带你进入的。这个爱不是理智的(理智与理性还有区别),而是活生生的、不顾其他一切的热爱,使你脱开欲望和理智的束缚,进入丧我而又自发的迷狂状态。这是古希腊哲学的一个重要特点,它讲得似乎特别形式化的地方,好像很抽象的地方,实际上又很具体生动,隐含着唤起爱情的契机。你看毕达哥拉斯讲的那些数、形之类的,多么抽象,但那是现代人的观察方式导致的,他却可以讲得那么具体。什么"五是婚姻之数""真理是个圆球""七是时间""四是正义",你想得到吗? 由此可表明它们在希腊人眼中另有一番光景。这是古希腊人非常有趣的地方,能在纯形式中燃起爱火,不像后世,一讲到普遍形式就是超越的,就是无限的、逻辑般冰冷的了。

　　这第四种迷狂为人提供了恢复、再增强灵魂的本来状态的机会,也就是让我们灵魂的羽翼再生,而且强大到能够挣脱肉体的束缚而飞回天上。因此,如果一个人对爱情的学问登峰造极了,在激情燃烧的时刻勒得住那匹劣马,使之服从好马的带动,于是对爱人、情人爱得特别纯粹,那么就会突然看到一种奇妙无比的美。这时候,你的灵魂受到滋润,它的马儿在合适的草原上吃到鲜草,又得到营养,哇,飞起来了! 你就又回忆起以前的经历,回想起在天上看到的景象,这时候你就得到了真正哲学的智慧,比如说直接看到了美本身、美的理式本身。

三、迷狂说(二)——进入的方式和引出的矛盾

要达到这种状态,怎么做呢? 他说要一步步地,从经历一个美的个体到两个到更多,再从美的形体到美的行为制度,然后上升到美的学问知识,也就是哲学,而这种上升的主要动力就来自迷狂(《资料》,第 565 页)。后面还有一些具体的描述,就是要让你越来越强地被美吸引,让自己对爱人或情人的爱越来越纯粹,被美本身而不是对象化的美的形体所吸引,征服那匹肉欲主导的劣马。但是这征服不意味着你因此就稳定下来、冷淡下来了,而是要在更炽热的爱情中变得越来越纯真、迷狂,这就是所谓的"柏拉图式的爱"的含义,在西方很有名。柏拉图式的爱就是精神之爱,不是没有热情,也不是没有身体的表现。就像我们前面读到他对"寒颤""高热"与"虔敬"内在关联的描写。在这种精神之爱的引导下,西方中世纪流行了一种骑士之爱。一个骑士选一位高贵的女子,往往是贵族的女子或者是贵妇人,就拿她当神,我把我全部的爱都献给你,一点儿都不求回报,这就叫骑士精神。据说这是引出后来西方人道主义的先导之一,也是中世纪基督教神秘体验论潮流的来源之一。虽然当时是天主教的绝对控制,但是那些讲爱的神秘体验的人们,以这种方式表达了一些实际上好像是超出了基督教的东西,但是大部分还是被允许的,因为他们是以《旧约》中《雅歌》的情诗为引子,所爱者是基督。儒家和中国文化中,也有这种从情诗、爱情向道德、礼教乃至政治和信仰的转移。孔子以"兴于诗"来带动"立于礼",追求"好德如好色",屈原的《离骚》以爱情言爱国,就是相关的例子。

从以上的简短介绍中已经可以看出,柏拉图对哲学迷狂的描述非常生动,而在亚里士多德的著作中,是看不到它们的。柏拉图讲的哲学的智慧之爱,从头至尾,都带有熊熊燃烧的爱情之火和迷狂的精神背景。但他的这个思路,在后世却没有在哲学主流里产生重大影响,而是在西方的某些精神维度里,比如已经提到的基督教神秘体验论或神秘主义,还有在东正教的俄罗斯精神里,造成了重要的影响。你们去读俄罗斯的文学,会读出来跟英法德的文学很不同之处。比如陀思妥耶夫斯基的作品,我们从中会感觉到很强烈、好像是有点儿癫狂的极度热烈。像《白痴》《罪与罚》《卡拉马佐夫兄弟》等,其中那些被认可的角色爱起来都有某种疯狂或迷狂。陀氏的天才体现

在,将不幸中的爱情表现得如此纯粹痴迷而出奇,以至于激荡起读者精神上的沸腾。写爱情,却绝无色情,只有苦难中的他者意识在纯爱中的燃烧,使这个悲惨世界还值得留恋。

这种迷狂现在是不是过时了?就说好莱坞电影或流行歌曲这些表现爱情的模式吧,其中有迷狂吗?似乎很少了。它本是求真理的方式,但现在求真理还用迷狂吗?信宗教还用迷狂吗?好像已经很难理解了,偶尔出现也是受人嘲笑的。假如你们同学里面有一个人出现迷狂,你们会怎么对他/她?你们会不会觉得他/她是个各色的、好笑的人?就像当年《白痴》的主人公从欧洲回到他的国家俄罗斯,大家怎么看他?但是,"迷狂"所指称的这种精神现象,却是人类最深邃奇特的人生体验,有见识的人已经逐渐看出它们与人的创造能力乃至感受幸福能力的内在关联。可以设想,将来会有人用高科技来促发这种体验,但被促发出的是真的迷狂还是仅仅似的替代品,则是个大问题。

柏拉图没有解决一个重要问题,即这种迷狂型的回忆理式说和他的正宗学说的关系问题。在《国家篇》《美诺篇》等著作中,他表达出的那种回忆说,讲的也是对理式的回忆,但却是通过理智的比如数学的尤其是辩证法的方式来进行的。它与迷狂回忆说是什么关系呢?好像是很冲突的。一个是如此冷静地衡量和划界,另一个却完全丧失了自我和形式规则。后期的《巴门尼德斯篇》《智者篇》等,就更理智了,完全通过追究理式、范畴之间的关系来做论证,比如论证"非存在"也有某种"存在"。而且,在我们以前讲解过的著名"四线段喻"中关于认识能力——理解、了解、相信、猜测(想象)——的阐述里面,迷狂该放在哪里呢?照理它应该放在最上面即理解那里,因为它最接近理式;可是好像又该放在最下面,因为迷狂中有奔放的想象,有一种热情的迷糊或两可。所以这是他思想中的深刻矛盾,甚至代表了西方文明中一直存在的根本性矛盾,既存在于信仰和知识中,也存在于社会和政治中。一方面好像是很理性,像数学、科学、技术、法律、理论,等等,另一方面则是信仰和激情。中世纪的德尔图良就告诉我们:正是因为它(即基督教的信仰)荒谬,我才相信。其实这句话并不是完全荒谬的,它有它的道理——有些真理是这样的,如果你不相信它,它就不会出现。这个思路后来威廉·詹姆士就论述过,在《信仰的意愿》一文中,他就告诉你,有些东西,你只有信了它,在奋不顾身地完全投入其中去追求它,你才可能在半路上遭遇到它的真理。而且,这种真理往往是人生中特别重要的,但它们好像跟最理智的思想不能相容,一旦局面明确,只需要解难题了,它们就消隐了。西方人也是人,他/她肯定也有激情的甚至迷狂的一面,可是这种激情与他们认可的理性经常有冲突,以各种各样的方式表达出来。你看最近美国一个黑人青年被警察开枪打死了,陪审团按照严格的法律,以冷静的态度来取证,比如通过看录像,听取各方证人和律师的陈述,最后判定杀黑人青年的警察无罪。底下那些人群情激愤,闹到上街示威游行,甚至干出烧车抢劫之类的事情。这边是激情,另一边好像很理性,两边贯通不起来。而柏拉图的矛盾就表现在一方面要在理想国里赶走诗人,不让他们用那些与真实"隔着三层"的"节奏和乐调"(《资料》,第563页)的影像来造幻,另一方面又是特别有诗性和美感,要诉诸与诗境相通的迷狂来直接看到理式。关于柏拉图和西方的美论,就先讲到这里。

第十六章　印度古代哲学的美学含义及印度诗学

第一节　印度哲理(印度教、佛教)的美学含义

　　古代印度哲理主要通过西方人所谓的宗教来表达,首先存在于印度教、佛教、耆那教这些大宗教中,当然也存在于其他的一些正宗或非正宗的宗教和流派里,它们本身就往往有美学含义。我们看到西方传统哲学的主体部分,比如说形而上学、认识论、伦理学,它本身是没有多少深刻的美学意义的。比如在亚里士多德那里,美是现实的可能化,所以现实或真实本身——无论是看作个体还是纯形式——无所谓美。当然,西方古典哲学从头就追求真、善、美的统一,这种追求到德国古典哲学更加自觉,但是由于他们基本视野中的终极实在是定形的或观念对象化的,比如数学化、理式化、实体化、概念化、主体/客体化的,所以按照我们以上对美的非对象化的理解,这些实在本身无美可言。这样,在他们对真实的追求和对美好的追求之间,就出现了他们也不愿看到的断裂或冲突。刚讨论的柏拉图就是一个典型,迷狂与辩证法龃龉不合。似乎是理性典范的苏格拉底本人就有迷狂经验,而这种时不时出现的出神体验("灵机")最后竟成了置他于死地的原因之一。

　　但是印度的古代哲学就不是这样,其哲理本身以及追求终极实在的过程本身,都有或明或暗、或显或隐的美学含义和美感体验。其中的原因就在于:第一,印度的伟大哲人们对真理的追求都要见诸人生体验,所以他们讲的真理不是跑到那高处不胜寒的天上去,寻找本质上更高级的理式,而是直接和他们的人生体验相关。我们前面分析美感特点的时候,首先就讲到实际体验的必要。美是无法只用理式和形式定义出来的,它要求人的完全投入、浸透于其中。而印度的真理追求和人生体验是不分的。你看佛陀的人生经历,他追求真理的方式和柏拉图的就很不一样,虽然古希腊人的哲学实际上跟他

们的人生往往还是相关的,但是这相关的直接性和知行合一性,都没法与印度人相比。佛陀觉得如果终极真理得不到,这生老病死的人生就毫无意义,而他又感到在家无法达至这真理,就毅然放弃一切荣华富贵,出家艰苦修行。最后他得到了真理,进入另外一个生命境界中。可见这个真理追求深刻地改变了他的人生,而且表现在他阐发的学说之中。读佛陀传记,体会他那苦集灭道、缘起性空的教诲和哲理,我们就可能感受到美。在唐宋大诗人、大词人比如王维、苏东坡的作品中,有时就可以见到这种空灵的美感。

　　第二个原因就是,印度的主流哲理比如婆罗门教——后来叫印度教——的奥义书智慧,还有佛教,都认为终极实在不能在任何意义上被对象化,不管是通过感官还是概念,而只能够是在去除了一切执着和各种名相冒充的混淆之后,才会在纯直观中显现。这也符合我们上面讲的美感体验出现的条件,即它不仅要在直观中出现,而且要非对象化地出现。我们一再强调,美感体验不服从任何强制的东西,它是绝对自由的精灵,不论是具体对象,还是说规则、观念这种抽象对象,只要想把它拴住、管住,像康德讲的听从道德律令,或像科学家对其做实证还原,只要是这种地方,不会有真正的美感,美早被它们吓跑了。柏拉图讲爱神(也是美神)是最娇嫩的(《会饮篇》),只能在我们的心上驻足,别的位置她都嫌太硬,只有人心那不受管束的深处,才是最软的地方,于是爱和美就总跑到那里闪现。正是因为古印度的主导哲理强调真理的非对象性,或相对于人心的完全柔嫩性,它才可以有美感(老庄之书的美感也源于此)。刚才讲了,释迦牟尼的生平和追求就有美的动人力量。我一再去读佛陀人生传记的时候,无论是东方人写的或者是西方人写的,都很受感动。读《孔子世家》也很感动,但是跟印度的风格还是不一样。所以佛陀的人生本身就打动了无数善男信女,而且他那缘起性空的学说,其中是不是就包含着对美的某种领悟呢? 是的。尤其是大乘佛教讲究"涅槃不离世间",让这哲理本身的美感通过佛像、佛塔、菩萨像,乃至佛教音乐的吟诵唱赞,而隐约呈现,以至于他们的艺术和他们的求真是相辅相成的。曾经在中国音乐学院举办的一次传统音乐节上,一位台湾南管乐团的女艺术家用闽南语唱诵《心经》,婉转悱恻,慈悲灵动,让"性空"带上了"缘起"的机缘,很有些美感意境。这方面当代儒家还不行,处于衰落期。也是在那次音乐节上,居然出现了儒家的《韶》乐、《武》乐,但我听着像是现代人的作品。可能是某些作曲家按历史记载的意境或结构去复原，但远不像那么回事儿，起码到目前为止还不行，以后可能会好些。只靠意愿、观念和技巧，成就不了真艺术。

佛教造像在中国产生了几大石窟。其中敦煌我去过，有些像真是塑得好！我还买了一个当地人模仿的圆盘木刻，上面的菩萨有慈悲之美，而且就是我们读过的《心经》中"观自在菩萨"的意境。"观自在菩萨，行深般若波罗蜜多时，照见五蕴皆空，度一切苦厄。"这菩萨像和《心经》唱诵，真可融为一体。《法华经》里的句子"梵音海潮音，胜彼世间音"，写得既真亦美。"梵音"就是佛讲的真理，它不是告诉你一个概念化的东西，只是思想的单音，而是如天台宗讲的"一即一切，一切即一"的像海潮一般的洞悟音。它向你涌颂的一个意思里，已经呼应了浩渺宇宙的玄妙和天籁和声。

印度文化的主流是源自《吠陀》的印度教传统，它将那不可被对象化的终极"梵我为一"作为这个世界的终极来源。而且，以非对象化的方式，这个梵-我浸透在世界之中，就像盐浸透在海水里。所以他们的这种"泛神论"，让人感受到神性或智性无处不在，又以一神或者多神的方式来表达，既是宗教的又是艺术的表达。三大主神（梵天、毗湿奴、湿婆）之外，太阳、天空、闪电、石头和树木，都有神性，都可以表达神意和智慧。这些都不止于那些可以对象化描述的形态，它们都可以相互转化变形，成为艺术的契机。这样还不过瘾，还要通过轮回、历劫来展示终极的空蒙、世界的虚幻，但是其中又有公正、道理和大慈大悲。所以世间生活充满痛苦、欢乐和不确定，但也有解脱的希望。在他们看来，这个人生和世界本身就是有美感的。当然了，不少流派都认为这些美感出自梵-我的名相幻化，所以不真，你要是追求它就会被蛊惑。然而，在大乘佛教这样的认为终极（涅槃）与现象（世间）无别的流派或见地里边，美幻与悟真就不矛盾了。无论如何，印度智慧认为这个世界从根本上是多样丰富的，生死起灭、大哀大乐，光辉灿烂而又恐惧幽深。所以既可以说它是极其美好、极其真纯的，但又可以说是极其荒诞、极其糊涂的。

笼统地看过去，印度文化的主流认为人生是戏，世界就是剧，有无数的角色在其中悲欢离合，情节曲折跌宕，感人至深，就像《金刚经》说的，如露亦如电，如梦幻泡影，主角就是梵-我和人心对梵-我的幻化。因此，印度文化的所有特点，包括它被人称道的那些长处（比如说印度人有灵性，精神创造非常丰富，而且特别有宽容精神，那么多本土宗教也很少发生宗教战争），还包括那些被人视为是印度文化缺陷的方面(如缺少历史感,根本处缺少形式化理性、懒散、种姓制,等等),实际上都来自这么一个精神世界和幻化的大千世界,也就是"梵–我–摩耶"。加在梵–我之上的那些名相造幻叫摩耶。没有摩耶,哪能认识梵–我呢? 没有假,哪会有真呢?

印度自古就有极其辉煌的艺术,建筑、雕刻、绘画、诗歌、戏剧,尤其是音乐和舞蹈,似乎常常从婆罗门教的庙宇中跑到人间来,因为它的宗教实际上就活在人间,或者人民的日常生活中,而且宗教之间又没有森严壁垒,所以印度的艺术遍布民间。从吠陀经典开始,经过奥义书,比如《唱赞奥义书》那样的方式,到两大叙事诗《摩诃婆罗多》和《罗摩衍那》——中文现在已经都翻译了,还有他们的各种戏剧,都是以诗为灵魂的,以宗教化的人生或人生化的宗教为依托的,塑造或者起码参与塑造了整个印度的文化。

另外我们看印度的现代诗人泰戈尔,曾经留学英国,可他又能够充分体现印度的传统,不只是文学传统,而是我刚才提到的那一种泛神论的传统。我记得"文革"中读到他的《新月集》,哎呀,当时觉得是我读过的最好的现代诗,一下子就偷走了我的心。它或用孩子的口吻、或用妈妈的口吻写成。新月嘛,刚出现一弯月牙儿,在不断生长,映照出一个天真烂漫、灵气四溢的童年世界。来看他的一首诗:

金色花

假如我变了一朵金色花①,只是为了好玩,长在那棵树的高枝上,笑哈哈地在风中摇摆,又在新生的树叶上跳舞,妈妈,你会认识我么?

---

① 按译者郑振铎的注解,此金色花"原名 Champa,亦作 Champak,印度圣树,木兰花属植物,开金黄色碎花。译名亦作'瞻波伽'或'占博迦'"。(《泰戈尔诗选》,冰心、石真、郑振铎译,北京:人民文学出版社,2002 年,第 173 页,注释 1)

中国学者刘华杰教授考证后,认为此花应是木兰科含笑属的黄兰(Michelia Champaca)。它是高大乔木,枝叶繁茂,有极香的金黄色的披针形花被片,花被片达 10—20 片(http://blog. sciencenet. cn/blog-222-279007. html)。图如下:

你要是叫道，"孩子，你在哪里呀？"我暗暗地在那里匿笑，却一声儿不响。

我要悄悄地开放花瓣儿，看着你工作。

当你沐浴后，湿发披在两肩，穿过金色花的林阴，走到你做祷告的小庭院时，你会嗅到这花的香气，却不知道这香气是从我身上来的。

当你吃过中饭，坐在窗前读《罗摩衍那》，那棵树的阴影落在你的头发与膝上时，我便要投我的小小的影子在你的书页上，正投在你所读的地方。

但是你会猜得出这就是你的小孩子的小影子么？……

（《泰戈尔诗选》，第173页）

从这小诗中你感受到了什么？亲子纯情，可爱的顽皮，捉迷藏的游戏，金色的想象力，林野边的村舍？可以很多很多，但应该还有印度的悠久文化和信仰，人与神在树花和童心中交织出的隐秘关系。甚至有人说，这诗中的小孩子可以看作是印度教中的神的某种象征，或起码是一个在人与神之间惚恍的形象。

如果不深入了解印度文化和哲理，知晓它的真善美是互渗通气的特点，你就会对它发一些外在的评论。对于它们，印度的知识分子，包括当年我硕士阶段的导师，他们都不会赞同。比如马克思曾这么说："这个宗教[印度教]既是纵欲享乐的宗教，又是自我折磨、禁欲主义的宗教……既是和尚的宗教，又是舞女的宗教。"①好像观察到一些特点，主要是它的感性的东西和精神的东西并存，但由于没有认识到两者——神圣和世俗——从根本上是打通的及其哲理原因，所以远没有切中印度教及古印度文明的真正特色。以下我们讨论印度的舞论时，你们既可以看到它的世俗性，但又会看到它的神性。

关于印度哲理之所以会具有美感或者是美学含义，最后做一简略总结。第一，哲理和人生体验不分。第二，终极实在就被看作是万物和人生的内在源头，但是它又不可被形式对象化，不像柏拉图理式那样可以作为理念对象

---

① 引自王树英：《宗教与印度社会》，北京：中国华侨出版社，1994年，第57页。

来直观、把握和追求。第三,因此,古印度的终极实在观的生活表达带有极强极深的泛神论的特点,往往以多神崇拜的方式出现,这些神也可以轮流由一个主神表现。所以印度人对谁当主神,是不太在乎的,关键是终极实在是超名绝相的,而这些神则是有名有相的,他们去信奉某个神或某些神,只是为了在具体的情境中,方便他们去领会那个终极。所以他们崇拜神灵时,既是虔诚的,又是不执着的,与西方人信仰唯一神的状况大不一样。我们读《瑜伽经》时看到,信仰自在天也能让人很快进入三昧,这有点儿像柏拉图讲的迷狂的意思。这种泛神论的倾向能启发思想中的美感,因为它基本上符合美感出现的诸条件(含于以上所讲的美感体验特点之中)。

再概括一下印度哲理的美学表现。第一,哲学和文学、艺术、宗教紧密接通,哲学–宗教的文本比如吠陀本经、奥义书、佛教经典等,本身就有诗性和美感,比如说《无有歌》《心经》。佛教大师中有一位叫马鸣(Aśvaghoṣa,约80—150),大乘佛教的创始人之一,他作的《佛所行赞》,还有一些戏剧,也是如此。另外还有印度的两大史诗,如前所论,它们本身是艺术品,但又是哲学和宗教。第二,宗教和哲理对美的本性有所理解。印度古代哲理一般是把美的现象视作心对梵我的幻化,但对美的本性的自觉意识会有助于我们认识这虚幻的一面,而趋向梵我的真际。你可能会问:如果美只是一种幻化,那等我们体验到了幻化之幻因,我是不是还有美感呢?我觉得应该还有,更纯粹了,那个境界应该也是美的。就像在大乘佛教的视野中,你得了"涅槃",就不再体会到美了吗?那岂不就灭绝了"世间"这个维度了吗?进入"涅槃即世间"(《中论》)的境界,就会体验到我们上面刚提及的"梵音海潮音"(《法华经》),它难道不美吗?当然,不同的学派对这一问题有不同回答,可以继续探讨。

第三,印度宗教实践中诉诸各种艺术,尤其是声音艺术如梵呗、唵声、咒语等和形体艺术来开启信仰之路。说到形体,印度教长久以来就有给神灵塑像的传统。又比如佛教,刚开始不塑像,后来到大乘佛教也塑像,而且不只是塑佛像,还塑菩萨、金刚力士,造佛塔等,对中国的影响很大,现在还有舞台上的千手观音的表演。这个特点在中印文化交往中起到了重要的作用。为什么是佛教而不是基督教(它起码在唐朝就传入了)在中国历史上最成功?当然啦,现在基督教在中国也扎根了,但它是靠和平的、自由的信仰交流,还是说靠某种外在实力乃至暴力而成功立足的,这是个问题。在中印交流中,终极处存在着无形有象的美感体验和美感实践,造成了那样一种真美不二、善美不二和神美不二的境况,所以仅仅一位观音菩萨的圣洁、慈悲、智慧和美好就打动了亿万中国人,包括无数"愚夫愚妇"。乡村中一个穷困的,甚至人生特别不幸的妇女,无知无识,但她对观音菩萨的那种虔诚信仰,不能说是"愚"。受观音菩萨信仰的激发,衍生出各种感人圣像,如妈祖,都是些让苦难人生也保留住希望的真切美感啊!

第二节　古印度的诗论(一)——新护阐发的"味"

在哲学导论里讲古印度的诗论,我们这门课可能是首创者。《资料》(下册)里边选收了欢增(西元 9 世纪,孔元 14 世纪)的《韵光》和新护(Abhinavagupta,西元 10 世纪或 11 世纪,孔元 15 世纪或 16 世纪)的《舞论注》,都不长,但是能够表现印度美论的特点。从表面看,它们似乎都主张诗歌的美感是人间化的,并不诉诸神,只是就人的艺术经验和产生这种经验的手法来阐发,因此这些著作的译者——他们做出了很有益的工作——的相关解释也是完全世俗化的。但实际上,这里艺术与宗教的联系是有的,起码有这么理解的可能。比如巴沙姆的《印度文化史》第 14 章,谈到印度古典文学的时候,提到了生活于西元 11 世纪(相当于我们宋朝时)的新护,说他"提出了最为人们广泛接受的理论。象那延加一样,他把'味'当作超验的、非世俗的体验,这种体验甚至等同于超越个人利害和情绪以及超越时空和特殊环境之上的最高宗教体验。在完全沉思冥想时,剧场的观众忘掉了自己,获得也是最高幸福的广阔无涯的境界。因此,平静似乎是最高的'味'"[1]。这是一个有趣的解释,打通了美感和神契感,符合我们在讨论美感体验的特点时的某些说法。味几乎就相当于美感,像这一章的作者(A. K. 沃德)那样,把新护讲的味当成宗教体验,表面上似乎有点儿过头了,但也确有道理。无论如何,我觉得这是一个值得我们借鉴的看法,虽然我并不同意他的每一句话,比如"味"并非如他所说,完全没有"世俗"的一面。

现在,让我们更切近地看一看这两篇文献向我们展示的印度人的思想。

---

[1]　A. L. 巴沙姆:《印度文化史》,闵光沛等译,北京:商务印书馆,1997 年,第 252 页。

先解释一下新护的学说,虽然相比于欢增,新护的时代更靠后。他的《舞论注》是对婆罗多《舞论》的解释,后者大约是西元 1 世纪或孔元 6 世纪左右的人。这位婆罗多在《舞论》的第六章就提出了"味"(rasa)的思路:

> 味产生于情由、情态和不定情的结合。(《梵编》①,第 45 页,《资料》,第 591 页左)

什么是情由?就是感情产生的原因,如剧中人物、有关场景以及情节。情态是什么呢?它是感情的外在表现,比如剧中人物的语言,还有他的形体表现。印度人爱说话,边说边做生动的手势,说到高兴处就跳舞唱歌。当代印度电影如宝莱坞生产的电影也保留了这种传统。什么是不定情呢?它们是八种常情(爱笑悲怒,勇惧厌惊)之外,33 种变化不定的感情,比如忧郁、疑虑、妒忌、傲慢等,它们也有各自的情由和情态。味则产生于这三种东西(第三部分除了"不定情"之外,还应该包括"常情",见下)的结合,这是《舞论》给出的定义性的说明。总之,味的含义近乎美感,或有美感的情调。婆罗多说:"正如各种调料、药草和原料的结合产生[感官品尝的]味,同样,各种情的结合产生[灵魂品尝的]味。正如食糖、原料、调料和药草产生六味[辣酸甜咸苦涩],同样,常情和各种情结合产生味性。"(同上)那么,味是怎么被品尝到的呢?回答是:"正如思想正常的人们享用配有各种调料的食物,品尝到[滋]味,感到高兴满意,同样,思想正常的观众看到具有语言、形体和真情的各种情的表演,品尝到常情,感到高兴满意。由此,戏剧的[艺]味得到解释。"(同上)好的演员就能通过语言、肢体、情绪的表演,表达出这些情调,酿成艺味。这里讲到的常情,既是我们普通人都有的那些感情,又应该是经过艺术升华了的。

过了差不多一千年,新护来解释《舞论》,特别阐发了味的非对象性和它的纯发生性的特点。他否认婆罗多对味的定义中隐含的现成制造论,也就是这三要素的结合就能产生味,或就能生成美感。这跟我们前面的讨论有相应的地方。新护写道:

> 情由、情态和不定情也不是认知味的原因。否则,情由、情态和不定情[就会]成为认知手段,而味[却]并不是既定的存在,不能成为认知

① 《梵语诗学论著汇编》(简称《梵编》),黄宝生译,北京:昆仑出版社,2008 年。

对象。那么,[艺术作品中的]情由、情态和不定情是什么呢? 它们是超俗的[即超对象化的],其作用是导向品尝[又可叫"品味"]。(《梵编》,第492页,《资料》,第592页右)

按这个理解,味或者美感是不能通过因果关系被产生或被认知的。要是那样的话,味的出现和维持就能够被从因到果地加以操纵,而且在出现后就能独立于实现的因素和时机而存在。所以新护就要反驳前人比如商古迦的观点。商古迦认为味是被演员模仿出来的,被观念推断出来的常情,而常情就是我们日常人具有的那些感情。新护问道:如果情况是像商古迦他们那些人讲的,那么为何在日常生活中就没有味呢?(《梵编》,第491页,《资料》,第592页左)我们日常生活中,人都有常情,但是我们日常生活中却没有美感或者起码不常见美感,活得挺乏味的,是吧? 情况应该是:

> 它们[这三个因素]的根本生命在于呈现性、经验性和感染性。(同上)

这是什么意思呢? 这三个因素的作用就是引发人们先前的常情经验所留下来的"潜印象"(《梵编》,第492—493页,《资料》,第592页左—593页左)。潜印象是被隐含的或潜藏的情感,相当于一种像地下水那样的情域,它来自我们生活和经历过的常情,但是在时流的冲释、过滤和积淀中被非对象化了,或潜在化了。而这三种要素的艺术结合,有可能使潜印象以"超俗的"方式再呈现,导致美感的出现,就像山泉的涌现。新护称这种艺术结合的方式为"普遍化"。当然,这里的普遍化肯定不是西方哲学中讲的观念普遍化(universalization),而是他所谓的"超俗"化,不再限于日常的情由、情态和不定情的对象化存在方式。他这么写道:"观众是沉入自己的常情潜印象。这些潜印象是通过情由、情态和不定情的普遍化而被唤醒的,因此,不会出现障碍。"(《梵编》,第492页,《资料》,第592页右)这里的"障碍",是指各种执着于对象的感知和思考方式,比如感觉("现量")、推理("比量")、事实陈述("声量")、"类比"("喻量"),乃至瑜伽行者的独自体验。因为"这些认识手段或由于存在实际需求等等而成为障碍,或由于依靠独自沉思而缺乏直观性,或由于完全沉入对象而缺乏自主性,因此缺乏美。"(同上)这真是非常卓越的见地,看出美的完全不可规定,只可当场被纯粹地直观体验。

因此新护写道：

> 味的唯一生命在于可品尝性，而不具有认知对象的性质。(《梵编》，
> 第 492 页，《资料》，第 592 页右)

也就是说，它必须直接被我们体验到，而且是带有品味性地体验到，就像孔子说的："人莫不饮食也，鲜能知味也。"(《礼记·中庸》)孔子讲的这个味和这里说的味也有某种关联(见以上婆罗多所说)，虽然遥远了一点儿。孔子说人都要吃饭饮水(或饮酒)，但是很少有人把饭和水(酒)的真味道品尝出来，实际上他说的意思是人都在生活，但是他们很少能活出其"中"的味道来，不是过分就是不及。吃饭不是太快就是太慢，吃不出、品不出食物的真正滋味。你们什么时候吃出美味来了？吃饭的时候，你不饿肯定无味可言，但饿得太过、狼吞虎咽也不行。为人也是一样，生活也是一样，怎么才能活出味道来？孔子讲"君子而时中"(同上)，这时候滋味才能自出。而新护的这个思路也是类似的。把潜印象以时中的方式激发出来，你就品尝到了味。所以味既不只是感觉的对象，也不是思想的对象，而是在潜显交汇处直接体验到的时物，即那个过时不候的美感境界。所以新护才会主张味的生命只在它的可品尝性，而不具有认识对象的性质，不管是什么对象，哪怕是沉思的对象也不行。

可见，美感中没有情感不行，但凝结为情欲的情感也不行，就像没有阳光不行，但中午的大太阳也不行，只有日将出和日将落时的霞光、雨后的彩虹，才显出这光明的美味。对于美感的彻头彻尾的自由本性，新护讲得很明确，一千年前的印度人，这么清楚地认识到美感的哲理特点，很不简单。印度人非常敏感，在这一点上远远超出了同时代的西方人。

所以情况就不像商古迦说的，观众因为看到演员对常情的模仿，就"推断出角色的常情，由此品尝到味"(《梵编》，第 470 页，《资料》，第 591 页左)。新护认为这是不对的。我也基本同意新护的看法，如果这里讲的常情是指日常琐碎的、被欲望驱动的常情，那么的确，从它们尝不到味，尤其是"推断"出的常情，与味无关。但事情还有另外一面。我们可以这样发问：在我们的日常生活中，或者说在日常体验到的常情中，就完全没有味吗？也不是的。那种平和的、发自人生需要的劳动生活及其情感里面可能有味。不是现在我们这种

为了挣钱、为了谋生而做苦力,在职场拼搏,这里边似乎没有味。可是你看尧舜的时代,有个老人在那里唱歌,后人命名为《击壤歌》:"日出而作,日入而息;凿井而饮,耕田而食。帝力于我何有哉?!"尧的统治特别美好,但老百姓根本感受不到他的统治力量。换句话说,政权的强迫力量,这老人一点儿也感受不到,他过的似乎是一种完全自由自在的生活,就是应时种田、吃饭、饮水,活得尽性尽命。他的"饮食"会很有孔子讲的那种味道,他的生活常情也应该是有味可言的。真正的盛世中国,我认为就应该是这种无为而治的状态,或政治生态中的顶极群落。但是在新护的时代,看来印度人的生活已经有些异化了,很快伊斯兰人就大举入侵了,印度古文明遭受了近乎千年的蹂躏。新护认为常情,也就是日常生活中的感情,是不会尝到味的,因为他那时(乃至我们现在)的生活常情已经被凝固化了,被目的、功利乃至痛苦驱赶。"味作为意义,就是这种超俗的品尝领域。"(《梵编》,第493页,《资料》,第593页左)该怎么理解这里讲的"超俗"呢?难道是指"超人间"吗?不是的。他所谓的超俗,实际上应该按照他的前后文,看作是超出任何现成对象,因为只要一有对象化,就出现不了味。

　　总之,新护《舞论注》中对于"味"的解析思路非常清晰,破两显中。"破两"就是说主体不行客体也不行,感觉不行思维也不行;"显中"指把味出现的中道条件讲得很准确,值得我们再三玩味。将 rasa 翻译成"味"非常好,跟我们中文感受通上了气,包括我刚才引用的孔夫子讲的关于味的话。"味"其实是中国美学里挺有趣的一个词。2012 年威尼斯双年展的中国馆的设计就突出气味。据说观众一进去就能闻见各种味,咱们中国茶的味道,酒的味道,燃香的气味,等等,活生生地呈现出中国人的生活境界,也蛮巧妙的。

第三节　古印度的诗论(二)——欢增论"韵"

　　欢增(Ānandavardhana)的《韵光》——原名《诗光》或《知音光》——提出"韵"(dhvani)来阐发味的本义,或达到味的道路。它一开篇就讲:

　　　　诗的灵魂是韵。(《梵编》,第232页,《资料》,第581页左)

实际上这是用韵来讲味。后来新护也写过《韵光注》。情况应该是,欢增受到婆罗多的影响,而新护又受过欢增的影响。

什么是"韵"呢?为了方便以下的解说,先从语言学上讲起。一个词往往由几个音(音素)组成,尤其他们印欧语系的词语是这样,元音、辅音形成音节,再组成单词(当然有单音节词,但极少有单音素的词),比如我们熟悉的 ātman(神我),由几个音素和音节组成。其中的音素比如 a、t、m 是单音,它们本身没有意思,你光是念 a,也 a 不出什么来(a-u-m 中的 a 是另一种情况,是人特别赋予的意思)。在咱们中文里,情况不一样,单音就有意思。"啊"(ā)有意思吗?有意思。前些年,有了网络,电邮出来了。电邮的英文叫 email,我们这边有好事者,翻译为"伊妹儿",似乎以音相对,但 email 中的音素本身是没意义的,而"伊妹儿"中相对着的音却是有意思的,整个词也隐含着一层言外之意。所以,这是印欧语系的特点,一个单音一般不成意思,但是几个音以某种方式合在一起,比如 dharma(法)、śūnyatā(空)、sat(存在)等,一气读出来,就能构造出某个意思,也就是他们所谓的词义。这种由音素组合而生成某种原本词义的现象就可以看作某种韵的生成,它意味着意义或一个新境界的出现,不可还原到那些音素上去。

至于印度美学中讲的韵,是对这个意思的深化和进一步的微妙化。欢增认为,词语声音的结合组成了语句,构成了某种意思,但只有在明面意思之外的那层隐含的意思,他叫做暗示义或者领会义,才是使语句成为诗句的韵,尽管它也要靠这些音、词和句(包括句义)去构成。所以他把具有特别丰富、强烈的暗示义的诗就叫做韵诗。中文把这个词(dhvani)翻译为"韵",挺巧的,诗嘛都要押韵,但是这个地方首先还不是指押韵,尽管与之也有关,关键是"韵味"或美感这个意思。我上次讲味,这次讲韵,韵是味的一种,而在我们中文里面,尤其是现代汉语里,又讲韵味。中国和印度确实离得近一些,尤其是古代,文化交流比较深入,所以这种翻译挺能传神的。可以看出来,欢增的这种韵论和后来新护的味论是有相似之处的。刚才我提到,新护可能受到过欢增韵论的重要影响,使他加深了对味的理解。韵与味的确相通。

欢增首先要说的是,韵是存在的。当时的一些评论者不承认韵的存在,觉得那是一种神神秘秘的东西,应该将那种体验归为更可把捉的东西,比如"庄严"(修辞效果)或转示义(如比喻的效果)。实际上,我们这门课常在"边缘"处行,如果你觉得边缘问题挺不好把捉的话,那么它在你或某些同学那里可能会显得有些神神秘秘的。"韵"恰恰就是这种边缘体验中产生的东西,它不能被对象性地形容,但是你能直接地、深挚地体验到它,而且这个东西一出现,就会影响你整个生活的境界,或者生存的品质。一个人生活有没有韵味或美感,和他有没有幸福感是很相关的。你光是经济上富足,生活却不一定幸福,但如果这个富裕能够换来一些美感,那就是最聪明或幸运的富足了。有的人家不太富有,甚至外表看来是贫穷的,但也可以有美感,因为如我们前面所说,美是完全自由的,根本不会在乎这些人间差异。

欢增认为韵不等于前人讲的那些修辞的方式(或叫庄严)所产生的效果;也不同于转示义,比如通过比喻之类的文学手法所产生的效果。那些都还局限在某些意域内,而韵要更加飘忽,不能直接来形容。你说"罗摩像狮子一样勇敢""悉达像花朵一样美丽",这是比喻。罗摩和悉达(罗摩的妻子)是《罗摩衍那》里的主角。"受到知音赞赏的意义被确定为诗的灵魂。相传它分成两种,称为表示义和领会义[暗示义]。"(《梵编》,第 234 页,《资料》,第 582 页左)知音是说那些能够欣赏美的人。无论是看到、读到诗,或戏剧歌舞,他能够欣赏其中的妙处。表示义就是指可以被文学手法表示出来的含义,转示义应该算是表示义的一种吧,而领会义是跟韵有关的,所以我前面讲了,领会义又叫暗示义。当然,表示义也有美学价值,也被认为是诗的灵魂,但是欢增更强调的恰恰是领会义或暗示义,它们有时也要借助表示义的衬托来显现。欢增认为,"表示义众所周知,……分成明喻等等许多种"(同上)。明喻就是刚才说的明显的比喻,但领会义或暗示义则是另一种含义。

> 在大诗人的语言中,确实存在另一种东西,即领会义[暗示义]。它显然不同于已知的肢体,正如女人的美。(《梵编》,第 234 页,《资料》,第 582 页左)

女人的"肢体"这里指修辞、比喻,而"女人的美"则指韵。领会义或韵不等同于已知的肢体,也就是可以被人们观察到的东西,或表示义。舍勒讲,人不会爱上一个疯了的女子,即便她的肢体很符合美感要求,除非这男子在她发疯之前就已经爱上了她。这其中的原因,就是因为疯了的女子已经丧失了美女的神韵。可见,女子的美不只是肢体的。但你可能要说,古希腊雕塑表现形体美,那些塑像又不是活的,可是我们却能从中看出美来。可关键在于,这些雕塑不只是表现肢体,它要表现的恰恰是活生生的东西。的确,雕塑家塑造肢体相貌,要合乎比例和线条格局,但他塑造它们是为了追求更深邃的东西。它们共同构造出某种超出形象的意义层,就像我们前面讲的,那些音素共同构造出一个词的意义。这样,我们就可以明了,领会义是非已知的,非现成对象化的,它不等同于任何意义上的"肢体",而是由肢体组成的整个生命所暗示的但又是直接呈现的美感。"这种领会义依靠表示义的力量提示"(同上),它离不开表示义,但是从美感体验上讲,很不同于表示义的那种效应。就如同在前面我们讲到的,在新护看来,味要通过三因素被当场构成,但是它的效应很不同于三因素和常情。对于欢增也是这样,只有这种暗示义或者领会义导致的韵效应,才能使一首诗、一件艺术品成为唤起美感的真品,也就是"成为知音眼中的甘露"(同上)。没有它,作者们就是干使劲,却没什么用,还是没有甘露,没有酒香,顶多就是二三流的作品而已,就像我们现在中国的电视剧,好多都是那种没有真正韵味的。

　　欢增将领会义或暗示义又分成了本事、庄严和味等。但是是在这个层次上再分,不要和前面讲的一般意义上的本事和庄严混同。"这种领会义依靠表示义的力量提示,分成本事、庄严和味等等各种类别。"(同上)"本事"就是直陈,一首诗也好,一出戏剧也好,直接地叙述或表达情感,但实际上是明说东而暗指西。他举的例子,经过翻译以后可能显得相当浅显,但是我们可以设想它的多种变化,而且它在原文中的效用可能要强得多。这种表达和其他文学方式结合起来,可能会产生真正的韵感,比如中文里面陆放翁的《钗头凤》,上阕就是直陈,叙述他生平的一桩伤心事:"红酥手,黄縢酒,满城春色宫墙柳。东风恶,欢情薄,一怀愁绪,几年离索。错、错、错!"它还是有韵的。而下阕("春如旧,人空瘦,泪痕红浥鲛绡透。桃花落,闲池阁,山盟虽在,锦书难托。莫、莫、莫!")最后的"莫、莫、莫",就是在明说东而暗指西,越说"罢了",就越意味着"罢不了"。全诗充溢着感人至极的韵味,我年轻时初读它,为之倾倒。当然,直陈不能只干巴巴地说个事情,那就没有韵了,假如陆放翁将此事写成回忆录那样的直陈,就不行了。

　　欢增说的庄严就是我们说的修饰、装饰,不同于表示义的那种庄严,即所谓明喻或者谐音。这里讲的庄严是指更加有生成力的,更加潜在地融于情境,并且鼓动起新情境的装饰,比如暗喻、隐喻、暗示,等等。

还有就是味,当音素与其他领会义相结合,也可以有助于味的构成。"有人会表示异议:'音素本身没有意义,不能成为展示者。'"(《梵编》,第279页,《资料》,第585页右)我们以上也提到过这种观点,但那是指音素本身不能成为明确的语义单位,而欢增的看法是,如果就诗追求的韵意而言,这种看法是不对的,因为它预设了一切有意义的东西都以有明显的意义观念为前提,不晓得还有潜在运作着的边缘意义,即那种刚发生又还没形成、正构造意味的那种音素。在构成暗示义或领会义的时候,如果这个音素用得好,就是有意义的,只是不具备对象化的观念意义。"对此的回答是:ś(颚咝音)和ṣ(顶咝音)与r(顶半元音)和ḍh(带气顶辅音)相结合,这些音素有碍于艳情,不能展示味。而这些音素用于厌恶,等等,却能加强味。因此,音素也能展示味。"(同上)《哈利·波特》里面,说蛇语(蛇佬腔)者多发"咝"的音。汉语里面有没有这种情况,也就是某种音素特别能表达某种意味或领会氛围?以前我没想到过这个问题,但这次备课到此,觉得可以反思一下。我讲的多半很肤浅,应该有反例,比如以a音结尾的诗,就似乎不太适合抒发爱情或幽微的感受,而是比较开放、响亮的情绪。我就随便念一首,以便对比。比如杜牧的《山行》:"远上寒山石径斜,白云生处有人家。停车坐爱枫林晚,霜叶红于二月花。"以a为韵,情感乐观。再看他的《秋夕》:"银烛秋光冷画屏,轻罗小扇扑流萤。天阶夜色凉如水,坐看牵牛织女星。"也是直陈,但用的是ing韵,意味就清灵得多。要是押a韵,还有这个境界吗?

语音(乃至文字的笔画)是语言的机体,能以边缘的方式被感受到。它好像只是一个物理性的东西,但是在语境里面就开始脱离它的纯物理性,没有沦为单纯的符号化的垫脚石,而是在参与构造语义时,以自己的方式赋予它某种泛音流韵。实际上这关系到了语言的音乐性,或者是言语的身体性,乃至这种音乐性与思想的关系,也就是海德格尔后期常讲的诗与思的联系。诗在语言中最富于音乐性,而思想好像是观念化的,跟诗没什么关系,但是对于黑格尔之后的西方当代哲学,尤其到了海德格尔这儿,这是相关的。对于中国古人也是相关的。你的思想要思到有韵味,才是深刻的,有道性的。我们反复引用了孔子的这段话:"兴于诗,立于礼,成于乐。"(《论语》8.8)他教的学生都是这个格局。他希望学生们有深刻的思想,去干一番政治上和文化上的大事业,也就是在东方复兴周朝及其文化,但他就是要以这个充满音韵感

的方式去教育他们,说明诗乐、礼乐和思想(不论是政治思想还是哲学思想)
是内在相关的。你不懂得诗,不懂得乐,不懂得礼,能当合格的政治家和哲学
家吗? 在孔子看来,这是不可能的。修身齐家治国平天下,没有诗、礼、乐的
兴发、灌注和成立,那是做不好的,起码得不到其中的诀窍。法家觉得这种
艺术化和政治化是牛头不对马嘴,墨家也认为那是无意义的繁文缛礼,完
全看不到儒家微妙的地方;而古印度的诗论,与孔子可算是知音了。

　　押韵是诗的音乐感的最明显表现之一。实际上除了押尾韵,还有押头
韵①;还有音步以及音高如平仄声的讲究,此外还有双声叠韵或连绵,等等。
双声与头韵有交合,但还是不尽同。就咱们中文而言,双声叠韵只是辅助,②
尾韵、平仄才是形成韵律的要害;但西方语言中押头韵的很多,比如英语古代
诗歌中,头韵曾是形成韵律的主要手段。你要做律诗,要填词,平仄和韵脚不
能错,起码不能大错。在我看来,诗词的最饱满、最有美感的体现一定是充满
音乐感的。但你可能要说,老师你上次念的泰戈尔的诗,在中文里是散文诗,
可也是诗啊。的确,散文诗也是可以的,因为有些思想本身就带有领会义,它
即便没有诗的音律身体,也还有着诗意,但这不是诗的正宗。我觉得真正的
诗,其成熟的天真形态是要讲究韵律的。你看朦胧诗,刚出来的时候,不少还

---

　　① 《剑桥英语词典》如此说明"头韵"(alliteration):"在一个诗句中,某些重读音节用相同的一个
辅音或辅音连缀,[或带不同的元音开头]——这构成古英语和广而言之条顿语诗律的基础。"(引自杨
建华:《论英语中的头韵及其与汉语的"双声"的区别》,《外语与外语教学》,2006 年 11 期,第 48 页)比
如:"Time tries truth."(时间检验真理);又比如英国诗人柯勒律治(S. T. Coleridge,1772—1834)的名
诗 Ancient Mariner(《老船夫》):

　　　　The fair breeze blew. The white foam flew,
　　　　The furrow followed free;
　　　　We were the first that ever burst
　　　　Into the silent sea.
　　　　(清风徐徐吹,白浪滚滚飞,
　　　　水花任意随船尾。
　　　　宁静的大海啊,我们第一个驶入你的怀抱。)(出处同上)

　　引用者如此评论:"在短短的四行诗中,押头韵的清擦音[f]重复了 7 次。加上浊塞音[b]音的 3
次重复,使读者似乎感到清风拂面,看到渔船破浪前进,听到紧随船尾的波浪声响。最后一行诗中[s]
头韵的两次重复,使人产生对水声的遐想。"(同上)

　　② 双声词的声母相同,其例子是:慷慨、吩咐、崎岖等。又比如白居易的《望月有感》中的"田园
寥落干戈后,骨肉流离道路中","干戈"和"流离"是双声。叠韵则是韵母的后半(韵腹、韵尾)相同。
比如"烂漫""徘徊""光芒""缠绵"。《诗经》中双声叠韵的运用很多,现代则沦为绕口令一类的语言游
戏。

是押韵的,后来就越来越少了,只是讲究意思本身带有的诗意或"暗示义"。再到后来,就越来越晦涩,连那种诗意也少了(因为真正的暗示义——"朦胧"——是不能被制造出来或凭借故意的晦涩而达到的),路越走越狭隘,有些诗人自杀,有些颓废。我这么说有点儿刻薄了,不太好,诗人自杀可能有更深的含义。

　　中国古代的诗歌,都是讲音韵的,也就是有格律或者潜在格律在里面。最早的《诗经》多是四言,念起来朗朗上口;到汉代骈文,对仗工整,音律铿锵,也可以说是阴阳相对相交。而乐府诗是配乐的,受民歌抒情格调影响。到唐代律诗确立,那就更讲究了。双声叠韵在《诗经》里太多了,到处都是。"关关雎鸠,在河之洲;窈窕淑女,君子好逑。""雎鸠"是双声,"窈窕"是叠韵,"关关"既双声又叠韵。此外,"鸠""洲"和"逑"押诗句的尾韵。这种充满音乐感的诗就赋予吟诵以一种当场构意能力,而这个意义也就跟这里讲的领会—暗示义是相关的。语音没有观念,但是它参与诗意晕圈的构成。什么是晕圈? 它不是词句的主要意思,而是烘托那些意思的流韵和背景。"烟笼寒水月笼沙,夜泊秦淮近酒家",这里 a(韵脚)和 long(两个"笼")及平仄等音素或语音也参与着它的诗晕构造,所以我认为散文诗只能是次一级的诗体。这么看来,诗意是不能够被普遍化的,或者说是观念化、直译化的,必有深刻的曲折生命隐含于其中,带有语音的身体局限或活体生机。一首梵文的诗翻译成汉语,面临巨大挑战,越好的诗越难译,这跟译哲学文献尤其是科学文献大大不同。科学文献基本上是可译的,因为那里的表述方式差不多都是观念对象化的。哲学文献有时候就难译了:ātman 是什么意思? 光是"大我""神我"吗? 不止啊。我们的"道"你就试着译吧,西方人译到现在还在争呢。但是诗也不是完全不可译,我们毕竟能被翻译过来的诗或神话打动,如荷马、普希金、荷尔德林、泰戈尔的诗,或《摩诃婆罗多》《格萨尔王》、苏美尔-巴比伦神话、古埃及神话,因为诗是语言和思想的音乐,而音乐则不止是特殊的,也有某种超观念的普遍感召力。

　　关于领会义的三个方面,即本事、庄严和味,欢增最看重的还是最后一项,即领会义的味的体现。他说通过表示义的"提示"(《梵编》,第 236 页,《资料》,第 583 页左),味被曲折地显现。所以味及表现它的暗示义,都没有自己的实体,没有可以做对象化把握的着力点。你怎么抓它都抓不住,越抓越没有。

> 表示性是每个词确定的自我。一个人从开始掌握它的时候起，它的惯用义始终保持不变。而暗示性是附加的，并非确定不变。对暗示性的理解以语境等等为条件，否则，不存在这种理解。（《梵编》，第318页，《资料》，第587页右）

惯用义是脚手架，而暗示义（或领会义）是"附加"于它们之上的。也就是说，暗示义总是作为边缘蕴含被附带出来，所以理解它必以语境或意晕为条件，也就是要根据上下文气，把它引发出来而体会于其中。对于这样一个可望而不可即的鉴赏格局，生活于9世纪的欢增的理解，已经很敏锐了，讲得非常好。

就比喻而言，虽然明喻中也有点儿曲折，比如说"罗摩像狮子一样勇敢"，的确绕了个弯儿，但弯得太明显，单靠它就构造不出真正微妙的境界。这种曲折太确定了，在这儿就是狮子的形象，罗摩的勇敢经过"狮子"这个弯儿，让我们的领会更生动了，一提到罗摩的勇敢就想起了狮子的威勇。但暗示义或领会义的曲折是完全没有实体的，你很难通过某种形象拴住它或绕住它。这次它出现了，下次换一个语境，或者换一个情境，你读这诗句的时候，可能又不一样了。它在不断地变化，一会儿潜伏，一会儿显露，是不可能做超时空的规定的。也就是说，这种暗示义是从语境或所谓"词义、词音的附属"中发生出来的，而这恰恰就是"韵味"的深层意思。

> 若诗中的词义或词音将自己的**意义作为附属而暗示那种暗含义**，智者称这一类诗为**韵**。（《梵编》，第238页，《资料》，第584页左）

所以韵出自暗含义，是彻底语境化的，而它是"附属的"这种说法表明了它的边缘本性，临场发挥的本性，它总是作为晕圈或者言外之意或者意外之韵来出现的。所谓晕圈就是说它不是那个实实在在的惯用意义，而是这个意义带有的光晕风圈。它当然是非实体的，就像音乐中讲的泛音，或汲水水桶外边的水流，这都是威廉·詹姆士对这种晕圈的形容，我觉得用在这里也是恰如其分的。所谓意外之韵，也是如此，即正经八百的词义所带出的附加义。中文里还有一些相关的表达，比如逸韵、幽韵、流光、暗香，等等。"逸"意味着总要躲开你的掌控，即所谓"逸世高人"之"逸"。以前的官府有时想把这些隐逸之士招过来,但是人家却"天子呼来不上船,自称臣是酒中仙"(杜甫《饮中八仙歌》)。"天子"代表权力,"船"意指那可明确表示出来的观念和体制,而"酒中仙"则指不受其辖制的暗示韵义。总之,即便暗示义附属于表示义,也只有当诗句的暗示义占了主导,超过了表示义,导致韵味的出现,它才是韵诗。

　　这样,他就一再强调暗示义是不能被命名的,味的领会与味的名称无关。(同上书,第583页左)实际上,可以理解为"道可道,非韵道",由于这种暗示义和韵味对于语言身体性和语境的依赖,跨语言的韵味品尝往往大打折扣,但它又的确是跨文化交流(无论是艺术、宗教、哲学的交流,还是流行文化包括政治文化的交流)中最重要的东西。现在人们经常呼吁跨文化的交流或国际化时代,其中最有成果的,能使双方真正相互理解的,甚至产生相互好感的,只能是那样一种交流,即让对方体会到、品尝到你这边的韵味的交流。要不然,交流就仅限于做生意和搞旅游,更糟的则是产生误解、摩擦和互殴。中国的一些网民说起日本来,简直是咬牙切齿;说起印度来,有些径称人家是"阿三"。可以想见,对方说起咱们来,也好不到哪里去。这都是从对象化的角度,挑对方的毛病。一个民族挑另一个民族、特别是邻近民族的毛病,真是太容易了。白人挑黑人的,雅利安人挑犹太人的,这个情况在全世界到处都在发生。国际交流不多时,这个情况倒还少些,偶尔见到少许异邦人来了,还挺新鲜的。我记得刚改革开放的时候,来几个外国人走在街上,后面可能就跟了一大群中国人围观。20世纪80年代初,中国大陆的留学生到了美国,受到社会主流欢迎,得到不少例外的帮助。可一旦进入实质性的交流,问题就出来了,双方的差异所引起的就主要不是好奇和善意,而是摩擦和历史积怨的唤醒。

　　总的说来,双方交流的增多会加深相互的了解,不管是正面的还是负面的,但要产生韵味却很不容易。你看佛家与华夏怎么就那么有缘?而其他的很多印度、波斯、中东的宗教,都曾来到中国,后来基督教也来了,伊斯兰教也来了,但是很多在中国待了几百年也不太兴旺,勉强维持,有的也就消失了。而佛家为什么能够成功?主要就是因为它讲的那些东西在中国知识分子和老百姓心目中生出了韵味,荡漾起回声。"缘起-性空-假名-中道",鸠摩罗什一翻译,僧肇、《起信论》再一演绎,哇,马上就不一样了!思想的精微处为人品尝,甚至美感也出来了。由此佛教就在中国立住了,不管遇到什么样的攻击,始终能坚持,甚至在一定条件下发展,开创出中国自己的佛教流派。

对于这个"韵"的理解范围,似乎还可以做一些推广。这种美感在我们的人生经验中,好像也并不限于艺术欣赏,或者对大自然的体验,而是在我们的政治生活、社会生活中,有时候也会出现。也就是说,一个民族也好,一个有自己传统的群体也好,你跟他讲很多道理,他听不进去,礼乐教化许久,却冥顽不灵;但是不知道什么时候,一件作品或一个思想,他一下子就听进去了,而且特别受触动,然后整个民族的心态都发生了改变。这种情况在历史上不乏先例。比如一个大宗教的出现,一个大国的兴起,一种新思潮的流行,其中那个(或那些)创始人往往就是具有这种造幻魅力的政治家或思想家,他造的那个幻象或现象里边就有韵。例如,清朝末年,严复翻译了赫胥黎的《天演论》(*Evolution and Ethics and Other Essays*),实际上严格的翻译应该是《进化论与伦理学(及其他)》。后来也有人老老实实地翻译了,对比严复的译本,你会发现这两个本子差得很远。严复只是从中节译了一些,然后加了不少他自己的注释和评议,所以《进化论与伦理学》经他这么一发挥,就变了味儿,成了《天演论》,但时机化的韵味却由此出来了。他用半文言翻译,在清朝末年的中国知识分子群里,读这个才过瘾,再经他一解释,这所谓的"物竞天择"就是一组极有吸引力的思路了。也就是,只有强者、聪明者才能够生存,却基本上不考虑赫胥黎讲的"伦理学"的那一面。要是你这个民族不强大,和平弱小,不够聪明(首先是掌握高科技力量的聪明),就要被历史淘汰。其实赫氏的原文还讲了伦理道德在"物竞"中的作用,不只是崇尚强力。但严复这么借题发挥,应和了当时中国人恐慌焦虑的心态,就把中国知识分子主流完全震撼了。这个东西一出来,趋新的人们为之笼罩,整个风气为之一变,激进改革乃至暴力革命的思潮由此汹涌。康有为、胡适、鲁迅,包括年轻时的毛泽东,一读到这个,就不得了了,如梦方醒。那时多少人觉得中国要完了,而它就像闪电一样击中了问题的核心,取得了"严格学术"达不到的思想效应。它靠的是什么?实际上就是韵味的共鸣,就是观念意义之外还出现了意义——领会义、暗示义,让当时的年轻人一说起它就来劲儿。这就是黑格尔所谓的时代精神,在世纪之交被《天演论》激发了出来,可见真正的时代精神实际上是不能够被概念化的。

我们现在来读一点儿中文诗,对你们而言这可能是最有身体感、音乐感、隐喻力的诗歌,以便增进大家对欢增和新护讲的韵和味的感受。李商隐的诗特别有韵味,还经常"无题",也就是不给你观念化的指标。他不说他爱谁,也不说他思念谁,也不说他所托何景,无题可言,只是一番纯表现,纯粹的当场引发。来看他《无题》诗中的一首:

> 相见时难别亦难,东风无力百花残。
> 春蚕到死丝方尽,蜡炬成灰泪始干。
> 晓镜但愁云鬓改,夜吟应觉月光寒。
> 蓬山此去无多路,青鸟殷勤为探看。

你看首联第一句中的"难"字,一般都要避免重复的,它却重复得好,音声回荡。第二句则是意境上的一个回荡,写得自然又深沉。当年我读到第二句,为之心醉。下一联更是不得了!"死""丝"发音一样,只是声调有别;"丝"又与"思"同音(在现代语音中,"蚕"音牵引前句的"残","灰"和"泪"则叠韵)。所以这首诗的成功,除了那些贴切连绵的意象,语音也是蛮重要的。到了现代汉语的普通话,这首一千多年前的诗读起来还有音韵活在其中,真是不得了!中国语言的这种连续性真是让人惊叹。当然,也有一些古诗读起来不押韵或不合平仄了,或者其中的双声叠韵出不来了。但这个语言总的说来还是一个活的身体,甚至大约两三千年前的《诗经》也是活体。《秦风·蒹葭》中的诗句:"蒹葭苍苍,白露为霜。所谓伊人,在水一方。"还在押韵,我的天啊,真是不得了!当时它是什么话?陕西话、山西话、河南话?或河北、山东话?实际上现行的普通话几乎就是满语化了的北京话,已经很简陋了(比如入声等其他声调没有了),我们以往的那些古音更多地存在于南方话里面。要读古诗,学点儿福建话、广东话,你才能够读出味道来。人家那边六七个声调(甚至九个),我们这里才四个,阴、阳、上、去,多贫乏啊!但是西方语言就一个声调,或者说声调的区别与意义无关。我们进入四声世界,西方人已然无法想象,咱们比他们多了三维;再想象七声,这些人活在怎样一个世界里呀?(另一方面,想象古希腊文那么繁多的语词形式的变化,而我们完全没有,他们又活在怎样一个世界里呀?)所以古人的那个感受力一定是非常细腻敏锐的。我相信,对于一个民族精神的养成,语音不是完全无关的。

再来看李商隐的《锦瑟》诗,它是一首准无题诗,只以首句的前两字为题。其曰:

> 锦瑟无端五十弦,一弦一柱思华年。
> 庄生晓梦迷蝴蝶,望帝春心托杜鹃。
> 沧海月明珠有泪,蓝田日暖玉生烟。
> 此情可待成追忆,只是当时已惘然。

诗中用了很多奇幻典故,相互交织,即便你明了了它们,也不失暗喻之效。古人相信蚌里面含的珠子会随着月的圆缺,增大缩小,因珠受月光浸润才有饱满的晶莹。"珠有泪",似在讲传说中的鲛人泣下成珠,但结合明月润珠乃至满月采珠之说,好像与人生恋情或悔忆之情也有某种内在呼应。从头到尾没说"此情"的对象是谁,也用不着说,管她是谁呢?有人说是他妻子,有人说是他情人,有人说是他本人的遭遇,等等,其实无所谓嘛。现象学还原把这个问题过滤掉了。里面一定是有深情,但它在这里如"锦瑟无端",就是五十根弦,没什么道理,后来改成二十五根弦也行,可它弹奏出的乐曲却动人于无形之中,让其"追忆似水年华"。"无端"说到底就是"群龙无首,吉"(《周易·乾》)。"蓝田日暖玉生烟",这美玉与日阳交汇所生出的精气("烟")似有还无,正如暗示义,也就像戴叔伦所言:"诗家美景,如蓝田日暖,良玉生烟,可望而不可置于眉睫之前也。"这也正是古印度的"韵""味"诗论的主旨,只是双方的论述思路与用语有别罢了。至于此诗里面的音韵和对偶互映,我就不再分析了。

最后做个总结。欢增讲的"韵"是那样一种体验,它会使作品获得艺术生命。"即使沿用旧内容,只要装饰一种韵,作品也能产生新鲜感。"(《梵编》,第340页,《资料》,第589页左)有韵的作品和没韵的作品,你一读之下就会直感到它们的根本不同,而且,这个韵不能够以任何固定化的方式来展现,正如刚才我们所讲,也不能被任何语言手段来指称,必须从语境或本身似乎无韵的音素缘合而涌现,可以说,它是彻底地缘起性空的。只要进入韵-味,无须借用别人的东西,"语言女神就会亲自为他展现愿望中的内容"(同上书,第590页右)。只要有韵有味,神意就来了,生命就来了。"这个以诗命名的神圣花园充满一切欢乐,具有与纯洁的味相适应的诗德和庄严之美。善人们能见到一切愿望中的内容。展现其中如意宝树般神奇伟大的韵,让灵魂高尚的人们享受吧!"(同上)"只要把握住味,就能焕然一新,犹如春季的树木。"(同上书,第590页左)

第十七章　华夏哲理的美感和诗乐境界（一）

——象之美与《周易》乾坤美论

现代中国人的美感已经相当洋化了。这并不是说，没有人通过各种媒介表现中国古代的艺术境界或生活世界，电视剧、电影、网络小说等有许多是"古装"和"穿越"题材的，但是迄今为止，这种努力是否产生出了强烈的美感，特别是华夏式的美感，是个很让人怀疑的问题。许多创作者们学习了各种创作技巧，也尽量去了解古人的风俗和生活习惯，但他们中的大多数好像并不明了美感的个中三昧，尤其是不知道中国古人的美感是什么样的，所以其作品只能以情节（历史事件、宫闱争宠、战争武侠、著名人物，甚至是穿越取巧）或华丽的形象来吸引人，而没有让人感动不已的美感境界。当然，华夏式的美感与其他文明或文化中的美感并不完全隔膜，应该说是颇有些相通之处，不然也就没有会心的文化间交流。但孔孟、老庄、李杜、韩苏、汤（显祖）曹（雪芹）的美感却的确不同于柏拉图、亚里士多德、《摩诃婆罗多》、莎士比亚、陀思妥耶夫斯基、荷尔德林的，有他们极其独到之处。下面让我们尝试着来揭示这样一个境界的特点。

第一节　华夏哲理的美学蕴义——几微之象

一、人生与世界本身的美

现在中国的大学里，有的哲学系设有美学教研室，一般也有中国哲学史教研室，但是人们大都觉得两边研究的是很不一样的东西。中国哲学史研究中国古代的形而上学、认识论，等等。美学当然也有中国美学的分支，但它仅仅隶属于美学领域，涉及的是中国人的美感和美观，很少有人能把两者充分打通。在我看来，中国古代哲学的主流——儒家、道家、中国佛学——和印度哲学主流共享了一个见地，就是终极实在不可在任何意义上被对象化，不论是物质对象的对象化、语言表达方式的对象化，还是概念的对象化，但这个终极实在又能以最深刻的方式——真善美的方式——影响人类的生存意义和命运。这是和西方的传统哲学和宗教非常不同的地方，有着极其深远的文明后果，塑造了东方文明、东方哲学和东方宗教的特征。我们作为东方人，说实话，一点儿都不需要在西方的辉煌成就面前自惭形秽。我们的祖先绝不比他们的笨，反倒是多了一些深邃的智慧。他们的智慧基本上到柏拉图、亚里士多德那里就终结了，尽管还有神秘主义的潮流，意识到终极者并非理智的对象，但那就像柏拉图的迷狂说，很难登上哲学的大雅之堂。到了近代，哲思或被主体化，或被物质（现象）对象化；而进入当代，经历了语言的转向之后，哲思有了一些重大转变，但在学院化的分析传统中，越变越琐细。到了最近的这几十年（我在此只是发一点儿小议论或小牢骚），你能在学完分析哲学的一系列课程之后还保有真实的哲学感就很不容易了。那时，你还能真心愿意搞哲学，而不仅是把它当作饭碗；还能就这些问题让哲思活起来，经过那么细微的概念分析、逻辑语法分解，还没有把这些问题凌迟处死，它们还是活的、相互照应着的，那你的分析技巧就真的比较到家了，说不定未来能像维特根斯坦那样，成为分析化的龙树或庄子。但是，就当代的情况而言，欧洲大陆哲学，特别是现象学可能更适合理解这些东西。作为东方人，不用觉得在西方哲学面前就矮了一头，好像一定要在大框架上处处跟着他们跑才够学术标准。根本就不是、完全不是、太不是这样了！的确，到目前为止，我们的现代科技比不上他们的科技，你没法儿不紧追其后；但是说到这些东西，尤其要说到美感的哲理性——即便柏拉图那儿有不俗的见地，但按其说一入美感就迷狂，或要靠迷狂进入美感，而对这迷狂的哲理性却没有中肯的阐述——我们这边就是另辟蹊径了。中国这边，迷狂也是有的，如孔子讲的乐感和诗兴，老庄讲的玄之又玄和逍遥坐忘。印度人讲的那些美感韵味中，也有迷狂，存在于潜印象的当场涌现里。"味的品尝犹如花蕾开放，无须登上推理、回忆等等台阶，而是在品尝中与剧中人物融合。……这种品尝产生于超俗的情由、情态和不定情的结合。"（《梵编》，第492页，《资料》，第592页）这种"超俗"情感体验在融合式品尝中呈现，无需任何"台阶"地"如花蕾开放"，其中一定有小我的丧失和超俗意境的开启。

　　不过，中印对迷狂却有自己很深入的哲理阐发，比如印度古人讲的梵我一如、缘起性空。你要是阅读一些印度的古代诗歌包括《吠陀》，去看印度的反映古代文化的电影，去印度教的庙宇和节庆体验一下，或去敦煌、大同看一看佛教的造像，听一听梵呗、佛曲、梵乐，你就会对印度那种泛神论（可以表现为多神论或轮换主神论）中体现出的哲理有所体会。中国古文化和哲理讲求阴阳冲和、至诚时中，让终极实在（比如天、道、性）以直接、互补和时机化的形式出现于我们的生存世界里。所以中国这边也讲"神"，如"阴阳不测之谓神"（《周易·系辞上》），尤其是佛教进来之后，我们从中学了不少，道教与之相互影响。但是我们这边的"神"，更加融入实际生活，就在这个求生存的技艺化世界之中，也可以东露一鳞，西露一爪。而且中国哲人在四时兴替（五行的表现，含长夏或季夏）的自然世界里面，也能感到深邃的美感，因此在某种程度上就不一定非要借助正规的宗教仪式或出家修行，乃至轮回报应等，来清洗人生浊象，获得精神的飞升。因为中国人的祖先，能够以本体和现象、神圣与日常、明显与暗藏互补对生的方式，在生生不息的新鲜时几（元气）中来求道、求真，因此能够从中体验到这个世界无处不呈现出的美感，只要你松开缰绳，不使利欲、体制这些牵制板结的东西去捆绑它、压抑它，它就会呈现。所以，无论哪派都认为，道"无所不在"（《庄子·知北游》）。这句话是庄子说的，后来禅宗、宋明道学，都讲了类似的意思，以至于要说满街都是圣人。在这样的视野中，美的可能也就无处不在。

二、《周易》之"象"

　　我们以前观察了《周易》对于终极实在的理解，现在来看它怎么谈美。《易》以阴阳为根——取象于爻（—/－－）和卦（如☷/☶、☳/☵、☲/☱），让我们看到一个大道流行的世界，其中天地取其位，日月照其明，四季变其时，北斗旋其星，夫妇合其德，父（/母）子（/女）得其亲。可见，这是一个天地人交织互动的世界，阴阳对生、五行生克①、卦气回旋②，所以能够生生不已，有它

――――――――

　　① 《周易》虽然没有明讲五行，但通过四时、卦气等渠道已经隐含五行思想于其中。参见刘大钧《周易概论》（增补本，成都：巴蜀书社，2008年）第24、64、106、128、131等页。
　　② 参见刘大钧《周易概论》（增补本）中"'卦气'溯源"和"今帛本卦序、先天方图及'卦气'说的再探讨"两章。

自身的生成和维持的结构,造就出人生和宇宙的无穷表象,但是又绝不止于那些显露出来的东西,而是真正意义上的气象万千。气象、纯象先于表象和对象,因而除了万物,还有阴阳不测的神意、应和天地的德行和"黄中通理"的美感①,它们的真实绝不逊于物类。这样看来,《周易》展示出来的天地人的道性和美感,不一定非要上升到印度人讲的那些神灵的或希腊人讲的理式的超越处,而是可以在气象或原象中直接显身。

理解《周易》乃至其美感的一个要点就是明了"象"义。自从王弼以来,尤其是自现代中国学术界受到西方认识论的深入影响以来,一般都有将易象解释为"物象""形象"的倾向,其功能在于"象征"。我不同意这种看法。王弼的"象生于意"(《周易略例·明象》)与《周易·系辞》的"立象以尽意",思想方向很不同,甚至可说是相反的。前者主张意在象之先,象是对意的表象,得到意后就可忘象或弃象;后者主张尽管"言不尽意",但这"意"是可以通过象而尽现的,所以象与意并生,甚至象在观念化的意之先。可见,要理解《周易》和生存世界的要旨,象绝不可被忘弃。如果象只是对意的表达,是预设了表征对象的形象、象征,那么区区六十四卦、三百八十四爻如何能象征尽天下万物? 它们怎么能做到"《易》有太极""与天地准"(《周易·系辞上》),凭之可以"穷理尽性以至于命"(《周易·说卦》),乃至于可以"至变""至神"和"前知"? 这就完全费解了。

《周易》中的象,出自阴阳纯差异的构意结构,内含原时空(参见"卦气图"),与世界同源同构,所以"[虽然其差异结构本身似乎]寂然不动,[但一遇到合适的时机和情势,就会]感而遂通天下之故[即万事万物及其缘由]"(《周易·系辞上》,《资料》,第128页右),因而是非对象化的"源象"或"能象",参与意义和存在的构成,使之能够出现(此意我们下面还会进一步阐发),当然首先是非对象化地呈现,之后再逐步堕入对象形态。简言之,易象是引发意义和存在的结构表现,因此也可称为"[构]意[之]象",充溢着时几、势态、丰饶(冗余)、回旋和晕圈(气象)。

---

① "君子黄中通理,正位居体,美在其中,而畅于四支,发于事业,美之至也。"(《周易·坤·文言》)以下将会进一步解释这段话。

第二节　《周易》原文解读——《易》象的美学性

一、仰观俯察天地之象

让我们读一段《周易》中的话：

> 仰以观于天文,俯以察于地理,是故知幽明之故。原始反终,故知死生之说。精气为物,游魂为变,是故知鬼神之情状。……范围天地之化而不过,曲成万物而不遗,通乎昼夜之道而知,故神无方,而《易》无体。(《周易·系辞上》,《资料》,第127页左)

"仰以观于天文,俯以察于地理",这是中国古人最爱干的事之一。为什么？因为这样他们就能直接看到"象",体验到里面的天地之道。所以日月、星辰、四时和山川就是象,但首先不是对象化的,而是在变化、运转和发生中的日月星辰、春秋四时和起伏流变。用卦象来表现它们,也是如此,似乎有形象,如爻卦象,但如我们以前一再讲的,这象的本然结构是动态发生型的,一定要在卦变、爻变的几微里达到时中。"是故知幽明之故",因此,凭借它们就知道光明和黑暗、阴和阳的道理。"故"可以理解为本义、根源、原因。观天察地,感受到日月四时、山川人文之象,就可领会明暗、阴阳的本源。这是中国古代哲学真正的源头,我们以前讲范蠡等人的思想时,已经提过。

"原始反终,故知死生之说。"中国哲人不讲轮回,而是喜欢讲原始反终,首先是在这个世界中四时循环的原始反终,日月星辰之行的原始反终。月有阴晴圆缺,太阳也是,在黄道上行走回转,严冬后又一个春天来了,这就是所谓原始反终。人生也都是原始反终,不是线性的。人生而有死,死了就全没了吗？不,人有子,人有孙；人死了,人的生命在他/她的儿孙(包括女儿、孙女)身上又复现了。这也是或更是原始反终,是中国人特别关注的一种象。他们觉得人生和世界的意义就在原始反终里,以此而知死生之说,也就是通过原始反终之象而知道死和生的旋舞真义。"精气为物",物的原象是气,是非对象化的。咱们中国人讲的物,不是西方人讲的物体。物的根是气,但气是什么呢？气,特别是精气,是阴阳相交生发出来的还没对象化的原象状态,而气本身就是时气,所以"精气为物,游魂为变"。游魂是什么? 可以大致理解为精气的转变形态,即精气正要或正在转变但还没完全散去的那种状态,在卦象上也有表现(八宫卦中第六卦)。这里说的精气对应下面讲的"神",而游魂对应的是"鬼"。

"是故知鬼神之情状",从游魂和精气的变化就知道鬼神的情状。祖先、星君、地祇等就是鬼神,天和上帝(这个词的含义与天几乎相同,后来传教士借来翻译西方的God)则是至高神,但不是对象化的。祖先和众神灵还能有个名字,立个祠堂,建个庙,摆上牌位,甚至受佛教影响而塑像,但"上天之载"(即上天做事)却是"无声无臭"的(《诗经·大雅·文王》,《资料》,第36页右),只能以精诚至德通其意。以前祭天怎么祭呀? 你们可以到北京的天坛去看看。那里摆了一尊天神比如人格化的玉皇大帝以供祭祀吗? 没有。真正祭天的地方叫"圜丘坛",就是一座三层的露天圆坛,是明清两朝冬至日举行祭天大典之处。祭天的坛一定要是圆的,而祭地的地坛一定是方的,天圆地方,天阳地阴嘛。这是老北京的灵魂,因为天地坛祭祀是我们中华文明的核心精神所在,反映这个民族当时怎么看这个世界——一个既是神圣的又是人间化的世界,怎么看我们的人生。以此来知晓鬼神之情状,就可知鬼和神没有自己的实体,只是阴阳相交所生发的某种情态,而鬼神与人间的非对象性的象意沟通,就是有美感的。因此,后来西方人来传基督教,中国人就难以接受。你说的那个耶和华上帝是怎么回事? 他怎么会让自己的儿子下凡来给人赎罪? 天何言哉? 天应该是无声无臭地发挥作用,怎么连儿子都下来了? 还要找一位童贞女子生养出来,然后经过一番活灵活现的对象化经历,复活升天。《周易》也特别讲《复》卦(☷☳),认为这一元来复(最下面一根阳爻的复现)意味着"天地之心"(《周易·复·象》)的呈现。但此复活非彼复活,一边是气象化的,另一边是对象化的,而终极处的对象化让中国人觉得特费解。所以传教士利玛窦在明代来华传教,就要教士大夫们学欧几里德几何。他相信,学了那种形式化的明见之理,你就可能知道上帝是怎么回事了,这至上神的对象化是一种人格理式化和形式实体化。其实,中国有自己的数学,比如《九章算术》,它所呈现的不那么形式化,但也很巧妙。

正因为易象首先是原象、意象和能象,而不是形象、拟象或象征,所以《易》才能"范围天地之化而不过,曲成万物而不遗,通乎昼夜之道而知"。也就是它可以周密地参与、塑范天地的变化，而不偏颇；曲尽其妙地助构万物，而无遗失；感通于昼夜阴阳之道，而能非对象性地前知。"故神无方而《易》无体"，因此，神是没有固定形态的，整个《周易》也没有你能抓得住的实体，总是随机变化以进入生成和隐灭。现代中国哲人爱讲体用，但须知这个体是《易》化的或非对象化之体，跟西方讲的本体(ousia, substance)不一样，它是纯阴阳对生的境域化之体。它有没有美感呢？有的。这么看《周易》，就跟我们以前讨论的深刻美感状态是相称的。只是现在大家对《易》还不熟稔[《周易·系辞上》："居则观其象而玩其辞，动则观其变而玩其占，是以天佑之，吉无不利。"]，那个美感出不来而已。这就跟念李商隐的诗不是一个境界了。那些诗一吟诵就有美感，即便是当代的年轻人，也能够体会到；但是念《周易》，你一般是不能直接体验到美感的。但是，你起码也要知道里面是有美感的，说不定什么时候就能感受到了。

二、立象以尽意

有了以上的读解，才能比较恰当地领会以下这段话的意思：

> 子曰："书不尽言，言不尽意。"然则圣人之意，其不可见乎？子曰："圣人立象以尽意，设卦以尽情伪，系辞焉以尽其言，变而通之以尽利，鼓之舞之以尽神。"……是故夫象，圣人有以见天下之赜，而拟诸其形容，象其物宜，是故谓之象。(《周易·系辞上》，《资料》，第128页左，第602页右)

"书不尽言，言不尽意。"所谓"书"，就是书写出来的文字，它不能穷尽我们的言说；而这"言"，也就是我们说的话，又不能穷尽我们要表达的意思，即"意"。有时候那个意思太丰富，比如《易》所追寻的前对象化的意，或者是美感中感受到的那团意思，你怎么跟别人言说？"然则圣人之意，其不可见乎？"那圣人悟到的真意怎么呈现呢？怎么能让他人和后人理解呢？对于《周易》的传人而言，这并不是一个令人绝望的"言说那不可言说之秘意"的局面，因为还有一条达到这意或《易》的渠道，即"象"。

子曰："圣人立象以尽意，……以尽神。"这一句极其重要，被许多人称引，我们上面也曾提及。由此可见，"象"是非常根本的体认世界与他人的意识隧道,在其他手段都失效处,它还能向幽深处再渗透或进入,所以它绝不会止于象征,因为在这言诠路断的边缘,连那些被象征、摹拟的东西也还没有出现。它指示出一条人类意识与世界打交道的独特道路,也就是王树人先生指出的"象思维"的领会渠道(见以上讲古代中国终极实在观的部分)。怎样理解这种象,决定了你理解中国传统哲理尤其是知识论和美感的基本方式和深度。

当然,这种象马上让人想到那些似乎是有形的卦爻象,但是切记,卦爻象不是形象和象征,而是"唯变所适"(《周易·系辞下》)的。我们一再讲过,易象从根儿上都是生成变化着的。卦象都是由阴阳爻组成,就是纯阳卦,它也旁通于纯阴卦,而阴阳爻或阴阳是无对象化实体的纯发生结构,因而这卦象本身就在原动着,也就是在转变着、生发着和时机化着的。所以,圣人才能立象以尽意,你直接用语言和概念表达不出来的意思,他用象却能引发式地曲折表达出来,因这卦爻象是构意之象,而非仅仅表意之象。《老子》里也充满了意象。它讲"大象无形"(《老子》第41章),实际上还应反过来读,即无形处有大象,而非形象。"道"到底是怎么回事啊? 不可道,但是又要道,于是一会儿用"婴儿",一会儿用"水""谷""玄牝""复根""冲气"等,这些虚恍之象就全出来了,美感也出现了。孔子也是,他要道说这个"仁"的意思,只能以象的方式来说。"仁"在《论语》里面出现一百多次,没有一次是以定义的方式来说的。从这个角度看,真是书不尽言、言不尽意啊! 那他能不讲仁吗?"天何言哉?"(《论语》17.19)天虽不言,但天以象示人啊。孔子不去言说怎么传道呢? 所以关键不在于说不说,而在于是否能以"成象"的方式来说。他每次讲"仁"都是情境化的,而每个情境都是一个融于上下文脉的意象。"[仁者]爱人"(《论语》12.22),"仁者,其言也讱"(《论语》12.3),"仁者先难而后获"(《论语》6.22),等等。有的似乎不是在说一个德性,比如"其言也讱"(说话迟涩)、"先难后获"(做事情先艰难后获取),这些跟仁有什么关系呢? 跟道德品质有什么关系呢? 不,有关系,不是线性的表述乃至象征关系,而是兴发式的意象关系。所以你看孔子那里面,每一次言仁都相当于一次构象,你只有联系到此话出现的情境和语境,以及他讲的其他话,回旋融酿,这个言说的氤氲味道或美感和原思才出得来。

"是故夫象,圣人有以见天下之赜,而拟诸其形容,象其物宜,是故谓之象。"这段解释"象"的话的要害,在于"赜",它的含义是"幽深玄妙"或"幽深难见"。既然圣人看到了事物的幽深难见处,或几微玄妙处,那么后边说的"拟诸其形容,象其物宜",就不可能是在说"形象"或一般意义的"物象",而只能是非对象化、超形象化的维度中的"形容"和"物宜"。我们以前讲《孙子兵法》时说到,那书中的"形"与"势"没有什么本质区别(所以"形篇"和"势篇"都是在讲形势[situation]而非形式[form]),用我们现在的术语讲,即都在诉求于非对象化的动态意象。因此,这里讲的"形容"可以是无定形的,而"物宜"也可以是气化和时化的。

三、象的含义

我来总结一下这种象的意思。它首先是非对象化的几象,从根本上是发生着的和变化感通着的。如上所引,"变而通之以尽利",此"利"首先不是利害之利,而是"美利"(见以下对《乾》卦的解读),所以才能以其美感"鼓之舞之以尽神"。这种象出自阴阳生发的结构,在它们构造出来的元气或蓬勃的势域中出现,而此象又同时构成了情境、境界,所以这种象一定要被理解为生成之活象,或我上面讲的"能象",而不是那种象征着什么的静态之象。在这个意义上,这个象不是形象,起码首先不是形象、摹像或象征,后来可能具有了某种形象,比如易象和意象,但是它们本身又在消形、去像,在卦变和原时空惚恍中摆脱凝滞。你看后世对《周易》的白话翻译也好,义理解释也好,一遇到这个象,就译为或说成是形象、象征,这绝对不合适。易象也是大象,大象本无形。"是故《易》者象也;象也者,像也。"(《周易·系辞下》,《资料》,第129页右)这段话中的"像"——有的本子就写成"象",其义就是被人领悟的"能象"。

因此,对这种象,只能直接体验,无法把捉说明。但这也不是说,对于它无法具有明晓的意识和事后追忆,而只能即刻遭遇。这种象是能够在时流中以动态的方式维持自身的,或显或隐,只是对它的意识,不能是更高阶的反思意识,而只能是与直接体验一同发生和进行的随附意识。胡塞尔的现象学表明,人的内时间意识流一定会导致超出当下行为意识的多余意识或随附意识,他称之为"自身意识",区别于"反思意识"。正是这种边缘化的冗余意识给予了我们以自觉、回忆和预想的能力,包括《周易》所看重的"前知"能力。

因此,这个象又可以被看作时象,带有内在的时间性,趋向于时机。"六位时成[组成卦象的六个爻位都在时机中成就此爻],时乘六龙以御天[乾卦的六爻如六条龙,应时而动,以统御天道]。"(《周易·乾·彖》)"变通者,趣时者也[易象的变通,都是趋向时机的]。"(《周易·系辞下》,《资料》,第128页左)康德写《纯粹理性批判》(第一版)以追究人类认识能力的来源时,被他自己的思路逼迫,发现感性、知性的认知都源于"先验的想象力"。这种原生的想象力——而非导致象征的"再生的想象力"——所构造的不是形象,而是他所谓的"纯象"(reines Bild,pure image)。经他的考察,最纯粹的象是时间,当然首先不是作为感知形式的时间,而是一种根本的、图几(Schema)化的时间。

这变通趋时的象具有原本的势态,所以我也称之为势象,又是气象。一个真正的儒者,不全在于他的行为合乎了多少道德规范,也不只是他的头脑掌握了多少知识,他还得有儒者气象。这是中国古人特别看重的。魏晋时品评人物,就是从"风骨""风度"这些方面去着眼的。竹林七贤最为著名的就是他们的风度,但我最欣赏的还是陶渊明的气象,可称为桃源气象,既素朴自然,又飘逸绚烂。

印度古代哲理文本比如《奥义书》《瑜伽经》和佛教经典里面有没有象思维呢? 也有,它们也用了相当丰富的象,如气、水、海盐、"无……"、"非……"、空(零)、缘、"唵"、自在天、三昧(沉思对象本身脱滞放光)。有的地方讲得也很不错,但是就其主要脉络说来,他们特别强调在瑜伽实践中赢得那样的直观意识,可透视终极,达到穿透(外在)时间把戏的"辨别智",象的地位似乎没有在《易》中那么关键。双方的特点不一样,没有谁高谁低的问题。

"意象"是当代美学研究中的一条重要思路。汪裕雄先生于20世纪90年代出版了《审美意象学》和《意象探源》,北京大学叶朗教授承接宗白华先生的意境说,多讲意象,出版了一本书,书名就叫《美在意象》。实际上,中国古人早就开始讲"意象""意境""境界""滋味""气韵""神韵",等等,因为他们是通过"立象[《易》象、自然之象、生命之象]尽意"之几微而领会到了大道、大美和神意。但是现代中国人,由于接触到西方的哲学、艺术而有了新的感受,从王国维的《人间词话》开始,做出了相关的新鲜阐发。甚至西方现代的诗人和评论家们也开始讲意象(image,imagery),如艾略特(T. S. Eliot)。他写道:"一个著者的想象只有一部分是来自他的阅读。意象来自他从童年开始的整个感性生活。我和所有人在一生的所见、所闻、所感之中,某些意象(而不是另外一些)屡屡重现,充满着感情,情况不就是这样吗?一只鸟的啁啾、一尾鱼的跳跃,在一个特定的时间和地点,一朵花的芳香,德国一条上山路的一位老妇人,从窗口里看到的正在赌牌的六个恶棍——在黑夜中,在法国一条小铁路的交叉站上,那里还有一辆水车。这样的记忆会有象征的价值,但究竟象征着什么,我们无从知晓,因为它们代表了那种我们的目光不能透入的感情深处。"①他看到意象来源的时间性和直接体验中的再现性,还说到"象征",但立刻看出,它究竟象征什么,却不得知晓,可见这"象征"并非在本义上使用,其"象"也并非真的是寓意之象,而应该是构意之象。

　　表现这两种象的区别的一个当代例子,是华盛顿越战纪念碑(Vietnam Veterans Memorial)的设计和建造。这座纪念碑的主体由耶鲁大学三年级本科生林璎(Maya Ying Lin)于1981年设计。它与附近的另外两座纪念碑——"二战"纪念碑和韩战纪念碑——的风格截然不同,没有任何具体的象征形象,只是"一道大地的伤口",即由嵌入地下(坡底切面)的两道黑色大理石墙组成的一个V(或<)形,中间低,两翼缓缓升起。石墙上没有任何题辞和说明,只有按死亡时间而非字母顺序排列的五万七千多名(后有所增加)阵亡和失踪战士的姓名。这是一个有着中国文化底蕴的年轻设计师——林璎是研究中国古建筑的建筑师林徽因(其夫为梁思成)的侄女——理解战争和死亡的方式:阴阳、生死、明暗在土地中相遇和交织,"(活人和死人)将在阳光普照的世界和黑暗寂静的世界之间(再次会面)",②由此生发出深沉宛转的哀-思气象,让人的悲悼得以宣泄,思想得以净化和升华。虽然在作品匿名的评审中,这个设计从1421个应征方案(其中不乏著名设计师所提出者)里脱颖而出,但一旦公布,却受到许多相关方、包括资助者和首倡者的严厉指责。不少人认为这座纪念碑的设计中没有美国国旗,不言及战争,再加上纪念碑位于地平面之下,而不是高耸于空中,被认为是在象征美国越

　　① 艾略特:《观点》。引自百度搜索的"托马斯·斯特尔那斯·艾略特"条目。又见《诗探索》,1981年第2期,第104页。
　　② 此为林璎的原话。引自百度百科"越战纪念碑"条目。

战战败的耻辱——"一道令人羞耻的黑色伤口",就像"一只蝙蝠"。① 甚至设计者的民族身份,也成为攻击的理由。这些偏见让不少人甚至要违背当初的招标规则,强烈要求重新设计这座纪念碑,形成了一股很难阻挡的反对浪潮。只是由于林璎的坚持和专业人士的支持,纪念碑的主导形象最后没有受到致命损害。但因为反对的力量实在太大,在这座纪念碑于1982年落成之后,主事者做出了重大妥协,请人在这座纪念碑旁又设计了一座"有具体形象"的或"寓意鲜明"的三士兵铜像,于1984年落成,林璎拒绝出席铜像的落成典礼,以示抗议。再后来,在纪念碑的南出口,又增加了一组塑像。②然而,这些政治秀和文化秀与这座纪念碑的正面艺术价值没什么关系。让它真正吸引人、感动人并取得巨大成功的,只是那道无任何具体象征形象但参与构成此"纪念"(Memorial)深意的"大地伤痕",以至于它成为美国人感念战争亡魂的"哭墙",也为设计者赢得了罕见的声誉。

第三节　《乾》《坤》两卦中的美论

我们下面解释《乾》《坤》两卦,尤其是阐释它们的《文言传》,由此来看易象的美论特点。《易传》有十个,《文言》是其中之一。但它只限于阐发《乾》卦和《坤》卦,对别的卦就不说了,可能是因为这两卦是《周易》的门户,一为纯阳卦,一为纯阴卦,而纯阳卦实际上旁通(《周易概论》,第57页)于纯阴卦,反之亦然,两者从根本上相互需要又相互对立,构成《周易》的根本,揭示了它的底蕴。

《乾》卦(《资料》,第23—24页)卦象是 ䷀。它的初爻(最下面的一爻)爻辞是:"潜龙勿用。"一般是这么理解:它是初爻,事情刚开始,大干的时机没到,所以不要施用。但是,作为上面那五根爻的前提,它隐含的意思是:所有的爻,开始时都不要施用,要非对象化,做一条潜龙。要知道,此卦的所有爻都

---

① *Maya Lin：Artist-Architect of Light and Lines；Designer of the Vietnam Veterans Memorial*（《玛雅·林：光与线的艺术家和建筑师》）, by Jeanne W. Harvey, New York：Henry Holt and Company, 2017, p. 21.

② 以上内容参考了360百科"华盛顿游记——越战纪念碑"条目,及 *Maya Lin：Thinking with her Hands*, by Susan G. Rubin, San Francisco：Chronicle Books, 2017, chapter 2.

取龙象(而"龙"就是变化之象),六条(加上"用九"是七条)爻辞中只有一条完全没涉及龙,其实也是龙性的,所以《乾·文言》中有"时乘六龙"之语。而这个易象就要求众龙,在这么一个潜隐待发的境域中来实现自身的真性。因此,第一爻的爻辞也可以看作是对整个龙象乃至易象(因乾坤卦引领其他卦)的根本性要求,即它们首先要潜伏在深渊里、江海里,非对象化地蓄势,这才是龙,也才能趋吉避凶。一条龙要是随便跑到陆地上去,那就跟一条小蛇甚至蚯蚓没什么区别了,别的动物都能咬你,欺负你。所以你就要潜到深渊里,进入境域或意识流的晕圈中,以待时机。这是"潜龙勿用"在哲理上的深意。

　　龙在乾卦里意味着意义、美德、神或者美,因此此卦的爻辞和《文言》要反复地审视叮咛这龙的非对象化的含义。比如"夕惕若厉""或跃在渊""亢龙有悔",这是从反面来揭示,如果它耽于现成状态,就没有什么好结果。从正面讲,这时最需要的就是谨慎随时——"因其时而惕""欲及时也""与时偕行""与时偕极"。而到"用九""见群龙无首"(这群龙没有固定的首领),才"吉",则是又一种正面的鼓励:因为不现成固着,才有阴阳相交,也才吉利。而九二爻的"见龙在田"、九五爻的"飞龙在天",都是在说这种龙如何现身和成就自身。龙作为一种阴阳不测之神,要在阴阳相交的居中状态、也就是平常人眼中的边缘状态里构成,其实也就是美感和真善的构成。说见龙在田、飞龙在天,并不是说这龙在此就对象化了;相反,它要告诉你的是,龙是非对象化的,但龙象或这个美好情境是可以在非对象的潜伏势态里构成,并适时地涌现出来,只要它是居中的和恰逢其时的。可见,龙象的根本处符合美感出现的条件。

　　《乾·文言》写道:

> 九五曰:"飞龙在天,利见大人。"何谓也?子曰:"同声相应,同气相求。水流湿,火就燥。云从龙,风从虎。圣人作而万物睹。"(《资料》,第603页左)

你看这个气象!虽然乾卦纯阳,其中却隐含着阴位,与坤卦(☷)一体相应旁通,所以在这种潜伏的阴阳对交结构中,生出了龙意、风云和圣人的意象。卦辞是"元亨利贞",我们以前(第五章)曾经大致解释过其义。特别是到了九五爻这个上卦居中之位的时候,可谓得几得势,风起云涌,韵味生成,美不胜收。于是怎么做就怎么有,怎么干就怎么得,怎么想就怎么行,一下子就成其大象,赢得了真理的呈现。这就是所谓的"云从龙,风从虎,圣人作而万物睹"的动人时刻,是以美感来打动天下的几象、时象的构成。但从以上的解说可知,这一爻的真际美象来自整个卦的隐显、伏兴的象结构。

于是,下文就针对整个《乾》卦来阐发:

> "乾,元"者,始而亨者也;"利,贞"者,性情也。乾始能以美利利天下,不言所利,大矣哉!(《周易·乾·文言》,《资料》,第604页右)

乾的卦辞是"元亨利贞",这段引文就再次解释它们,从而一气呵成地谈及"美"。乾的首义是"元",意味着深刻意义上的"开始"或"发端",当然是非对象化的纯气化、原时空化的"始"。尚秉和先生视之为"春"或"东"(《周易尚氏学》,第15页)。[①] 一年的开端就称为元旦。元是阴阳相交生出来的初创状态,是先于西方人心中那些二分状态的原初存在,即元气,首先是时气。这样的元就一定会"亨",也就是"嘉之会"(同上书,第602页右),很多东西交聚到一起,全方位地互通起来,产生出一个美好的状态,又可看作是将易象玩儿通了的游戏境界。就像印度人讲的,味出现了。四肢再美好,你不亨通于精-神,也美不出来。简言之,"元始而亨"可以理解为刚发动出来但还没对象化的原象嘉境。

"'利,贞'者,性情也"是什么意思呢? 对于这个"性",不同的注家有不同的解释。有人说它意味着阳,但我愿意把这性解释为阴阳,因为正是阴阳的互补对生构成了万物的本性。按照尚秉和的看法,"利贞"的本义是阴阳相交和合。"'利贞者性情',即谓阴之凝阳,变化和合,乃天地固有之性情,感之极正者也。"(《周易尚氏学》,第24页)说得很不错,但如讲得更细致些就是,性是阴阳相交和,而情或贞是阴阳相交生出来的各种情由、情理、情态的居中呈现者,所以"利贞者",就可以理解为由元亨状态而表现出来的性和情。你们都知道,"利"有利益和便利的意思,在这儿也有,但是是非对象化的意义上的,体现为人和万物的本性。"贞"往往被解释为"正",还有一个意

[①]　尚氏写道:"《说卦》'乾,健也。'《子夏传》'元,始也;亨,通也;利,和也;贞,正也。'盖天之体以健为用,而天之德莫大于四时。元亨利贞,即春夏秋冬,即东南西北。"(《周易尚氏学》,北京:光明日报出版社,2006年,第15页)

思是"筮占",但是在《周易》的语境中,此贞的首义多半不是筮占。而要说正,也应先理解为从本性中发出的中正之情。一句话,元亨利贞是由阴阳相交的初始兴发汇通而生出纯正性情的回旋过程。

"乾始能以美利利天下,不言所利,大矣哉!"只有乾的健行(一味生发循环)不息,或者说是乾的"云行雨施,品物流形;大明终始,六位时成"(《周易·乾·彖》),才能导致这"利天下"的深宏"美利",或者说这颗蓝色星球的美好本性。换言之,乾就是元-亨-利-贞,当然能够以美的结构境界打动、泽福人和万物,又不被"所利"局限,因为它那么广大原始,纯性纯情,哪里还会在乎什么对象化的利害。因此,不能说它对你好,对我好,当然它既对你好也对我好。天不言哉,四时行焉,百物生焉,可见此乾天(及坤地)的(发)生态——太阳与地球及月亮的交和——有好生之德(太阳与火星或土星的交和就没有如此丰沛的德行),这当然对大家都有利。但是你要真正领悟这个美利,却不可限于其所利,所利就是有利的东西,不管是利益的客观化也好,主观化也好,都是对象化的东西。所以"不言所利"才能真知其大利、大美,这样才"大矣哉"!

我们以前讲过,"大"字在中国古代的先秦具有非常丰富的意思。有时候念成太,太极之太,太一之太。"大"的字形是人加一。对于人来讲最要害的那个第一、唯一,最原本的东西,就是这大,因为它已经大到让一切"所利"或对象都装不下了。无论是儒家还是道家,都强调这个大是原本状态。你去读《庄子》的内篇,特别是《逍遥游》,里边有不少"大家伙"。比如一棵大树,一只大鹏,一条在山上的大牦牛,还有大风、大知、大年、大椿、大瓠,等等,大到你没法拿任何的利害来说它,因它已经大到毫无用处。可是它有其无用之大用。就像大树,它为什么那么能活? 据说在齐国的一棵老栎树(《庄子·人间世》),它的树干耸立高如山岳,枝叶展开,下面能荫庇千头牛,可见何其繁茂长寿。为什么别的树活不了那么久那么好呢? 在一位木匠大师的眼中,这树一身毛病,根本没用,是棵没人要的"散木"。他对徒弟们说了这话,晚上睡觉时,那棵大树就托梦了,对木匠说:你说我是散木,你却是个要死的散人,根本就不能理解无用的妙处。我要是一旦有用,不都让你们给用了? 就像那些梨树、橘树之类,全被人用光了,还要遭受被剥打揪扯的苦楚,不得善终。我一直在追求无用的境界,历经危难,现在终于达到了可自保的地步,这才是无用的大用啊。而说到"风",则要大到庄子讲的那种,鹏高飞几万里,向南翱翔六个月,全靠这大风的托扶。其实也就是靠气、势来生存,以获得人生的妙境。这才是大之为大者。以后你们读到这种地方,读到"大",都是这个意思。所以做人就要做大人,也就是庄子讲的至人、神人和圣人,找到为人的根本,就能"乘天地之正,而御六气之辩,以游无穷"(《庄子·逍遥游》)。用《易传》的话讲,就是"夫'大人'者,与天地合其德,与日月合其明,与四时合其序,与鬼神合其吉凶"(《周易·乾·文言》,《资料》,第 605 页左)。这人做得有多大呀! 一点儿都不小气了。什么叫小气? 那就是说,你把你的人生目标规定得都能够说得出来了,清清楚楚,那你就小了。

让我们接着读《文言》:

> 大哉乾乎! 刚健中正,纯粹精也。六爻发挥,旁通情也。时乘六龙,以御天也。云行雨施,天下平也。(《资料》,第 604 页右)

"大哉乾乎!"乾真大气呀! "刚健中正,纯粹精也。"这里面既有卦爻象上的讲究,又有它本身的意思。实际上《易传》都有象数的依据,在这一点上,《易》学就像毕达哥拉斯学派,后者大多是从算术之数和几何之形讲出道理来,后来柏拉图也是深受其影响,而《易》则通过象数来讲世界万物和人生伦理的道理。就此而言,它们在方法的源头处有相通的地方,只不过用象数讲好像更自然。这点我们以前也讲过了,象数比单纯的形式之数更简易直观,使之成为发生动态的追踪者。《乾》的卦象就是刚健的,而《坤》的卦象就是柔顺的。《乾》的六爻皆阳称"九",所以它刚健;二五爻为上下(三爻)卦的中爻,可谓中;三五爻以阳性居阳位,得其位,故曰正。九五爻居中又得正,可谓中正。"纯粹精"是说此卦纯阳,精一专注。"六爻发挥,旁通情也。"乾卦的六根爻全都发动、挥变(虞翻对"发挥"的解释,见《周易集解纂疏》,第 61 页)这是什么状态? 恰恰是前面说的刚健中正。实际上刚健中正并不单指二五爻,而是六爻乃至与《乾》旁通的《坤》六爻(甚至包括由《乾》《坤》相交所生的其他卦爻)的共同发挥所致。如陆绩所写:"《乾》六爻发挥变动,旁通于《坤》,《坤》来入《乾》,以成六十四卦,故曰'旁通情也'。"(同上)李轨则曰:"应万变而不失其正者,唯旁通乎。"(同上)真正的中正就意味着阴阳相交、旁通曲尽、回旋反复、生而又生,所以才会有纯粹、精诚的美感情境生于其中。"时乘六龙"说的是六爻龙象(即乾卦之象)的时机化。乾以时乘六龙,所以这六条龙或六根爻都是时间化的节奏或标志,由此"以御天也",也就是以时龙驾驭自然天道。可见"天"首先是天时,因此这六根爻才能把天的道理显现出来。这也让我们想起柏拉图讲的灵魂马车之喻。灵魂驾着两匹马,一匹好马,一匹劣马,要靠灵魂的高贵部分来勒住劣者、鼓舞优者。而在《周易》这里,乾驾乘的这六条龙都是好龙,没有本质上的劣龙,即便是上九爻的亢龙也不是真的不好,只是时机未中。"云行雨施,天下平也。"我们一再讲,乾的根底处就伏着坤,所以这表面的纯阳中已有阴阳的互补对生,这样才能从潜渊里喷发出风云雨露。君子看到这卦,就要以礼乐诗书的时几态,而不是强力乃至法律,来治天下。《乾卦·文言》向我们展示的,就是这样一种美感喷薄的境界。

我们现在来简略地观看《文言》如何讲坤卦中的美论。这是中国古代直接论述美义的早期记录,不敢说最早,但肯定是比较早的现存文字了。

> 阴虽有美,含之以从王事,弗敢成也。地道也。(《资料》,第606页右)

坤(☷)乃纯阴之卦,与乾卦旁通。它虽然有美质,但你也要把它含藏起来才真美。"王"这个字也是有象在里面的,后来董仲舒特别看重其义。真正的王应该是天地人(该字中的三横划)贯通(字中一竖划)。他/她最重要的功能是燮理阴阳,打通天地而让其相交,泽惠人间,而不是去管理具体的政务,那些都可派臣属去干。坤阴就要跟着这王去做事,与乾阳相交、生发而泽人,不敢自己主张而现成,这样才会成就美好大业。她体现出的地道,与乾体现的天道相对又相交。这些话虽然是在解释六三爻辞(阴爻居阳位),但也适用于全卦。《文言》对《坤》全卦的说明是:"坤至柔而动也刚,至静而德方。后得主而有常,含万物而化光。坤道其顺乎!承天而时行。"(同上)也是将坤的美好看作是阴与阳——至柔/动刚,静/方,地/天——相交对生以及她含藏谦柔以时行的结果。这正符合我们前面所讲美感出现的条件。

我们来看《文言》对《坤》第五爻的阐发:

> 君子黄中通理,正位居体,美在其中,而畅于四支,发于事业,美之至也!(《资料》,第606页右)

这是极好的一个爻位或时几。"黄"和"中"是什么意思？它们之间是什么关系？我们以上提到，卦气说或卦气图包含五行——木(春)、火(夏)、土(季夏)、金(秋)、水(冬)，而五行的中间是土，应和坤的地道，而土是黄色。"中"还有更丰富的含义，我们也多次论述过。中在此的表层象义是六五爻居上卦之中，但首先意味着阴阳相对交而得中，是一种原发生状态，是动态的居中或"正在发动之中"，在六五爻这个时刻和位置处于最佳状态，于是带动了黄之土。所以此黄中所通的首先是阴阳之理，而不只是乾阳通于坤地之理(《周易集解纂疏》，第92页)(如果不将"通"理解为"交"的话)，尽管也确有那个意思。阴爻("六")在阳位("五")上，阴下伏阳、接阳，这也算正位，有的注家就用《孟子》"居天下之正位"来看待它(《周易译注》，第34页)。

"美在其中"，美的状态或至美的感受，就在这个"中"。怎么理解？刚讲了，"中"指卦象的居中位置，但如果不忘我们所阐发的《易》的思想特征，那么这空间的中位就来自原时间的正在发生之中，也就是充满时几含义的"之中"——往来之中、显隐之中。这"爻位之中"，相较于其他爻位，正因它更充分地体现出了"时发之中"，所以才是"正位"。一句话，美出现在阴阳相交的发生态和时几态之中。可见，美绝对不是任何你可以去把捉的东西。"中"是一种境界，一种初生的柔态，像春天苞芽的萌动和花蕾的开放。因此，它能"畅于四支，发于事业，美之至也"。四肢的美不能还原为四肢，只有这个悬中之美的畅行能使我们的四肢变得美好。所以真正的大美必是真实的，一定会使得我们的事业美好昌盛，达到美之极致。从政治上讲，就是达到尧舜时代的天下大化、充分和谐而太平。

这是儒家通过《周易·文言》来直接讨论美，虽然简洁，却切中要害。乾卦揭示出"大美利天下"之美，而坤卦就直接来说"美在其中"的哲理了。这也有它的理由，因为坤卦是比较柔顺贞正的，阳一行，阴就和，所以它总是处在边缘境域之中。其实乾阳也是的，两边本就互补对生，以时行中，只不过那边是大明终始，乘龙御天，是一种刚健豪放之美;这边则更多掩映曲折，黄中通理，畅于四支，产生的美感更多地加入了女性的柔美、隐藏和后动，更加多样丰饶。

第十八章　华夏哲理的美感和诗乐境界（二）

——书法之美和儒释道的美观

第一节　文字书法之美

　　下面来讲一下中国的文字之美，也就是作为古六艺之一的书写之美。我们一再讲了，对于中国古人来讲，最真实的东西出现在几象之中，而几象是由阴阳对生所构造的，处在有无之间、正在发生之中。它既是境象，又是时象、空象、气象、意象。而中国的主流文字是汉字，大不同于西方的或印度的拼音文字，本身就含有象性。你直接看汉字的印刷体，每个字都有固定的写法，好像有点儿呆板，可是到了书法里面，这种象性就直接发挥出来了。

一、书写源于自然阴阳

　　我们知道，许慎的《说文解字》的《叙》把中国文字的源头追溯到易象，尽管那还不等于文字。他又说汉字构造的基本方式有六种，称为六书，首先就是指事、象形。他举的指事的例子是"上下"，①你直观就能看出它们的意思，因为你看到的是一个对生的事态或势态。象形举的例子是"日月"。所谓象形，也不只是用形式来象征，其根还在指事。然后，还有会意、形声、转注和假借。实际上，这个象形就像卦象一样，其根在变化之中。许慎讲的象形的形恰恰是形势之形，乃变中之不变，即变出来的动态花样，本身好像是静下来

---

　　①　许慎原文中的"上下"是"二"和它的颠倒体（见《说文解字注》，许慎撰，段玉裁注，许惟贤整理，南京：凤凰出版社，2007 年，第 15 卷上，第 1308 页）。因手边找不到可输入的符号，故用现代字体。即便如此，"上下"也仍有指事的可直观性和相对性。

了,但是里面又含变,以构成指意之象。所以汉字不是一般意义上的象形文字(hieroglyph),而是表意文字(ideograph),也就是从字体便可直观出、领会到字义和语义的文字,而不是如看象形图标(如交通符号、指路符号、表情符号)那样地看出其象征义;当然更非拼音文字,通过表征语音而联想出词义。

汉字书法就是将这种静动合体、形义贯通的象性千姿百态地发挥出来。"立**象**以尽**意**"(《周易·系辞上》),这个象和我们中文的象是有关系的。字象参与字义的构成而非仅仅象征字义,因此我们才能理解为什么只有中文才有作为重要艺术的书法。西方也有书法,你们去读《红与黑》,里面那个男主角叫于连,会写一手漂亮的字,还有一个本事,会背《新旧约全书》,所以被请去做家庭老师,生出很多风波。西方的书法作品那叫美术字,那种书写技巧不是重要的艺术,也没听说过哪位西方的书法家成了大艺术家。只有中国的书法,地位堪比绘画,甚至更高。而且书画同源,"书"的意思就是书法,它跟"画"是一个来源,也就是同源于几象。这样我们的书法就不再是雕虫小技了,因为它跟汉字乃至中国人的基本感受方式相关,参与他们艺术鉴赏力的形成。

汉字及其书法中一定有乾坤或者阴阳这种几象的结构,也就是阴阳相对互补而生出元气、生出意境这样的格局。比如,汉字笔画是不是像阴阳爻,都是一对一对的? 横对竖,撇对捺,左勾对右勾,点对提,等等。另外,汉字的结构是不是也是对生的,如上部对下部、左部对右部? 当然,所以对交而生意象。从汉代以来,中国的书论、也就是讨论书法的论述越来越多,其原因是书法逐渐成了特别有意思的艺术了。到了唐代,成其大观,出了好几位书法大家,而且书论也非常出色。我们先来看汉代蔡邕的《九势》,其中写道:

> 夫书肇于自然,自然既立,阴阳生矣,阴阳既生,形势出矣。藏头护尾,力在其中,下笔用力,肌肤之丽。故曰:势来不可止,势去不可遏,惟笔软则奇怪生焉。
>
> 凡落笔结字,上皆覆下,下以承上,使其形势递相映带,无使势背。
>
> 转笔,宜左右回顾,无使节目孤露。

藏锋,点画出入之迹,欲左先右,至回左亦尔。①

说书法肇端于自然,就是说,汉字的结构不完全是人为约定——西方自亚里士多德以来语言文字起源论中的主流观点,但也不是模仿自然之物这个意思上的自然,而是源于自然的生成结构,也就是他马上讲到的汉字的阴阳结构。唐代张怀瓘曰:

> 察其物形,得其文理,故谓之曰文。②
> 能发挥文者,莫近乎书。(同上书,第 599 页右)

"文"里面就有阴阳相交(乂)之象,而从这"文"或自然里,就有"母子相生,孳乳寝多,因名之为字"(同上书,第 599 页左至右)。中国人理解自己的文字及其书法,从来都是从根子上入手,认为它们贯穿天地阴阳人伦,通乎道术。张怀瓘的《书断序》说:"文章之为用,必假乎书;书之为征,期合乎道。"(同上书,第 599 页右)天地万物都有文。天上的群星日月乃天文,地上的山川地势河流则是大地的文理,人间的伦理礼仪为人文。将这样的文或文章题于竹帛,则为"书"。所以文章及发挥它的书写艺术起于自然,而且都源于阴阳。汉字书写能把文的意味发挥出来,尺牍之间,就能与天地呼应,颇有易象几十卦象和几百根爻就能"与天地准"的意思。因此在古代中国,文字几乎是神圣的,祭祀神灵祖先,立个牌位,写上名号即可。

二、毛笔时机化书写的艺术境界

文字特点之外,毛笔书写也是造就中国书法艺术性的一大因素。以上所引蔡邕《九势》中的一句话,即"势来不可止,势去不可遏,**惟笔软则奇怪生焉**",说得相当精辟。"笔软"不仅是说毛笔头由兽毛做成,因而是软的,不同于硬笔,比如西方古人用的鹅毛管笔;而且,毛笔饱蘸水墨,过度丰盛而要外

---

① 《中国历代书论选》(上册),潘运告编注,长沙:湖南美术出版社,2007 年,第 9 页。
② 张怀瓘:《张怀瓘书论》,潘运告编著,长沙:湖南美术出版社,1997 年,第 226 页。此段引文出自他的《文字论》。(《资料》,第 599 页左)

溢,在容易洇的纸上比如宣纸上书写,①这跟用硬笔书写,完全是两个境界。前者用势,"势来不可止,势去不可遏";后者用形,以没有晕化边缘的干线条来勾勒。所以饱含水墨的毛笔与纸张际会,就是汉字书写的时机化源头。笔一到纸上就不能停,不能以受命于观念的手来驱动,只能当场一气挥毫来构字成章。你一犹豫,势为之滞,字就成了"墨猪",再描则更差。简言之,"笔软"就必乘时势,乘时势则成晕入流,成晕入流即有"奇怪生焉"!蔡邕说的"奇怪",就是"奇异之境"或"奇特境界"。柏拉图说爱神和美神只在最柔软处(人心)驻足显身,而蔡邕的说法所暗含的意思是,就书法而言,这最柔软处就在笔软。

张怀瓘写道:

> 意与灵通,笔与冥运,神将化合,变出无方。
>
> (《张怀瓘书论》,第 60 页,《资料》,第 599 页右)

只有在水墨毛笔和润墨吸水的白纸之间,书写者的意向才可能通灵,因为笔与纸之间达到了一种隐秘契合,使他/她的精神融化合一于书写意境本身的势头,变现出无数种汉字姿态和韵味。笔就是阳,纸就是阴,阴阳相交、阴阳不测之谓神,只有此入神态——北京话叫"神了!"——能让意识摆脱拘束,乘兴恣意,当场化合变现出作品,却绝非信笔胡来,因而可能事后发现这作品含有内在格局和魅力。在这个形势里,连书家自己也不能预期写出什么来。王羲之乘酒兴写《兰亭集序》,事后据说写了好多遍,却没有一篇比得上当初的即兴之作。此《序》作的形式并非完满,这里改写一字,那里再加上两字;但是写得传神,全是当时的即兴发挥,神识写出神韵,就如张怀瓘所述:

> 幽思入于毫间,逸气弥于宇内。鬼出神入,追虚捕微,则非言象筌蹄所能存亡也。(同上)

幽思就是在幽僻处运作的思,是非对象化的、被情境本身的文理褶皱所引带出来的。它完全投入纸张笔毫间的逸动几发"之间",喷涌出来一个新的境

---

　　①　这就像过度丰满的内时间意识之流的当场突显,除了可能的对象化实现之外,必带有溢出对象意识的"自身意识"的晕圈或毛边,通过它们而与过去、未来的意识潜会暗通。我们的人生形态,就是内时间意识这只水墨毛笔在我们的意识宣纸上书写和绘画的结果。

界。写过书法或者会欣赏书法的人，"知音者"们，为之如痴如醉，捉摸不透他怎么就能写出如此天意盎然的境界！有时候你自己写得高兴了，忽然有神来之笔，写出几个好字，事后欣赏时也纳闷，我当时怎么居然就进到这个意境里来了？真真如鬼神出入，追虚捕微，就在那一瞬间完成了我的显意识里完全没有的东西。对象化的"言"和"象"，只是捕鱼、抓兔的器具——筌蹄，它们都赶不上文字之活象的动势之机，也就是"鱼"与"兔"的活泼生命。所以那些事先筹划的观念，提笔凝神想好怎么怎么写，都不会产生极品，因为它们都只是些筌蹄式的捕意抓象的东西，进不到逸气弥漫的当口，因而都不能决定这书写灵魂的存亡。

中国书法的创造形态，张怀瓘描述得很好。按照它，这种写字首先就不是在构造字形以表象某个现成的字意。常见的说法是，书写都是实用性的，我们用文字来代表我们所说的话，用我们的话来表达我们心中的意思。柏拉图、亚里士多德基本上都赞成这种观点，后来西方哲学史上的主流也是如此。我们的心中的意念，尤其是心中意念抓住的那个理式是最重要的，表达这个意念的话语是次一等的了，肯定要跑到柏拉图讲的"四线段"的下部即现象界了。但是话语还算四线段下部的第一档吧，它起码是当场说出和被听到的。文字就更差了，带有了更多的时间感，表面上帮助我们记忆，但实际上为蜕变或造伪留下更多可能。话语是对意思的模仿，文字又是对话语的模仿，对模仿的模仿就是思想的奴仆了。但在张怀瓘和蔡邕这儿可不是，倒过来了，恰恰是书写及其艺术化在创造，也就是在构造境界、构造意义，尤其是毛笔和纸张的水墨际会，这个意境是硬笔书写永远都达不到的。所以有张怀瓘讲的"逸气"，恰恰是边缘化的才叫逸，但是又能逸出味道来。

张怀瓘认为草书最可能有逸气，也就是最可能体现文字的几象意境。汉字书写里有各种书体，像篆书、隶书、楷书、行书、草书。这种草书，咱们看起来就像天书，但是让内行的书家一看，那才叫尽兴。张怀瓘最推崇草书，在其《书议》中写道：

> 然草与真有异，真则字终意亦终，草则行尽势未尽。或烟收雾合，或电激星流，以风骨为体，以变化为用。有类云霞聚散，触遇成形；龙虎威神，飞动增势。（《张怀瓘书议》，第 25 页，《资料》，第 600 页左）

"真"指真书,也就是楷书。他说楷书"字终意亦终",即其字几乎没有字体字义之外的笔势或蕴意,这一观点可以商榷。我看欧阳询、颜真卿写的真书,那是真好,字终而意未终。尤其是颜真卿的,遒劲端庄,字中精微,字外磅礴。他是忠臣烈士,他的书写将其精神展现了出来。但张怀瓘对草书的说法很出色。这种书体中,不少笔画被简省或虚化,跟我们平常习惯的字形很不一样了,字的结构被极度地拓扑变形,将书写挥洒的动势奔态——类似于詹姆士讲的意识流的"过渡状态"——突显出来,所以纯以势胜,即张氏所谓的"[笔画]行尽[而]势未尽"。换句话讲,就是"以风骨为体,以变化为用"。这里的"风"可以理解为笔势,如无形之风那样去造势;骨就是笔力,写出的笔画充满力道,凭空托持住了那舞动的身体。"风骨"连缀,含义灵动丰满,很难解释,但可意会。如果以骨带风,则是以笔力造势;如以风带骨,则是纯以风势来造出笔力。无论如何,这两者都是非对象化的几象构造,因而势必会变态百出,所以张氏说草书要以风骨为体,以变化不羁为用。他也因此要以自然中的风骨意象来形容草书境界:烟收雾合,电激星流;云霞聚散,龙虎威神;让我们马上想到《易传》所讲的"云从龙,风从虎,圣人作而万物睹[本性呈现]",那边讲易象,这边讲书象,都是"飞动增势"的。在书法中,草书可说是体现了《乾》九五爻"飞龙在天"的时机和境界。可见草书的高明处完全是纯当场的际遇和创造。谁跟谁际遇呢? 书者可以和他/她自己际遇,也就是和他/她都不知道的一个更有灵感的源发之他/她遭遇;当然还有墨笔和宣纸的际遇;等等。以上引文中张怀瓘讲的"触遇成形",其含义是全方位的。

"得造化之理,皆不知其[所以]然也。可以心契,不可以言宣。观之者,似入庙见神,如窥谷无底;俯猛兽之牙爪,逼利剑之锋芒,肃然巍然,方知草之微妙也。"(《张怀瓘书论》,第25页,《资料》,第600页左)高明的草书得造化之理,却让观者往往不知其所以然。这就像孙子讲的,打赢了仗,众人只知其然而不知其所以然,不知到底胜在何处;主事的将军即便知其所以然,却也不能说清楚里边的因果关系,也就是"可以心契,不可以言宣"。然而,不可用语言直接说出的,却可以通过意象而呈现,乃至形诸意象化的语言。"深识书者,惟观神彩,不见字形。"(《张怀瓘书论》,第228页,《资料》,第600页左)这被观的"神彩",超出字形(草书本身已经超出了一般字形),随象而现,而且也能够以非观念化的"无端崖之辞"说出来,就像张怀瓘这里所言:入庙见神、窥谷无底;俯处猛兽牙爪之下、身撄利剑锋芒之逼。那时感受到的边缘威势,草书也能以风骨变态来呈现,让人直接体验到其神彩(如九方皋相马),不由得肃然巍然。知晓到草书的微妙之处,而不只是看热闹了。

"文则数言乃成其意,书则一字已见其心,可谓得简易之道。"(同上)你通过文章或者文句来表达一个意思,往往需用多个字或几句话才能做到;但你要看一个人的书法,让他写一个字就可以了。可见书写能体现出简易之象。我们以前讲过,《易》象如阴阳爻、乾坤卦,其性简易,是全部《易》学的生命线。易象之所以不止于形象而成其意象、时象、变象和几象,就是因其阴阳结构至简至易,以至于内含发生、动变和感通。所以汉字书写通阴阳绝非虚言,这样的书法当然是极高深的艺术,可达到云霞聚散、龙虎神威等层层境界,大书法家可以一代一代地出现,当然有的时候一两百年出不了一个,但有的时候风云际会,如唐代,多少个扎堆儿出现。之所以能够形成这么悠久的传统,因为它得了造化之理,与《易》相通,从结构上进入了几象、意象的层次,达到了真正微妙的纯创造、可更新和耐欣赏的境界。

所以书法既是实用的,后来又成了一种大艺术。而这恰恰就是咱们中国哲理的特点,所谓高妙的、超越的东西和经验的、日常的东西是打成一片的。这在书法上看得非常清楚。我不知道其他哪个民族文化中也有这种书法境界。西方自己的评论家都讲,他们的书法只有美术字的水平,即便可以将字母写得特别复杂和优雅。西方人到了过节过年,或结婚生子,时常送贺卡,有的上面就印了美术字,咱们的现代中国也跟着来,用美术字来写板报、做广告、标识、写贺卡。我上小学的时候,觉得这就是最漂亮的字体了。其实那真是邯郸学步啊,你把毛笔的书法字体写上、贴上去多好啊。民间有些老先生还能写,但已经被看作是"封建遗老"了。湖南有一家私塾,那是真正的老先生在教,到了 20 世纪 90 年代才消失,代表一个文化物种的灭亡。有比较敏感的记者,去报道了一下。当地的交通很不方便,离县城很远的一个小城镇。那里的人觉得学点儿古学(开蒙、做对、练字、珠算,写简单文章,甚至学中医)还有用,能给人写对联和告示,还能替人写家信,就入了私塾。你要是收到一封信,是竖着写的毛笔字,半文半白,那不简单。现在又出来一些新的书院,有的志在重振古学,让人高兴,也让人为之担心。作为业余爱好,或孩子们的教育,当然没有问题,但怎么让它们能进入主流教育和社会,或者说,怎么找到自己的用武之地呢?

　　说到草书,应该提及历史上的伟大草书家,比如唐朝的草圣张旭,怀素也很了不起。一些文学家和诗人比如杜甫、窦冀特别欣赏他们。他们的书法凭借风骨展开身体和灵魂的羽翼,高飞潜泳,美不胜收,让观者意气勃发。杜甫赞张旭:"张旭三杯草圣传,脱帽露顶王公前,挥毫落纸如云烟。"(《饮中八仙歌》)张旭喝三杯酒就能进入癫狂状态了(看来酒量不大),写起草书来不顾一切,在王公面前脱帽子、露头顶,挥毫直书。杜甫抓得很准,草书的境界就像"云烟"一样,全凭势行,毫无把柄可循。《新唐书·文艺列传》记张旭:"嗜酒,每大醉,呼叫狂走乃下笔。或以头濡墨而书,既醒自视,以为神,不可复得也。世呼'张颠'。"这就是迷狂状态,一入其中,则不由自主。杜甫《观公孙大娘弟子舞剑器行·序》曰:"昔者吴人张旭,善草书帖,数常于邺县见公孙大娘舞西河剑器,自此草书长进,豪荡感激。"张旭几次观看公孙大娘舞剑器,被那"来如雷霆收震怒,罢如江海凝清光"的超常境界震撼,于是草书能力大长,进入"豪荡感激",也就是豪迈回荡、感通激漾的境界。可见,草书已脱却字形而与其他艺术的意象相通。另外还有一首诗形容怀素,即窦冀的《怀素上人草书歌》,其中有这么几句:"粉壁长廊数十间,兴来小豁胸襟气。……忽然绝叫三五声,满壁纵横千万字。"一般的纸绢尺幅有限,已不足以让怀素过瘾。他兴致一来,怪叫几声,数十间长廊的粉壁上就纵横出草书文字。到了这个境界,书写本身的气势将他与墙壁融为一体,这人就完全消失在里面了。

第二节　诗　　论

　　从以上的讲说中可以感受到,中国古代的美感经验不看重经验到的对象,不管这对象是书法、绘画、雕刻、塑像,还是文章、诗歌、音乐和舞蹈,而是看重它们开启出的境界或意境。而且,这意境虽然可贯通众多艺术对象或门类,但其本身就像人生经验一样,从本质上就是多样化的。

　　《诗品二十四则》以前被归为唐人司空图所著,[①]它阐发诗的二十四种境

---

① 　关于此作品的作者和年代,20世纪90年代以来有不少争议,迄今未有定论。本书暂从旧说。

界,也就相当于我们一再讲的二十四种意象,也可说是"诗象"。但当年选用此《诗品》的《中国美学史资料选编》的编辑写道:"其总的倾向是鼓吹一种脱离现实生活的空灵意境。"(《资料》,第600页右)在我看来,选编者的这个批评是不成立的。《诗品》讲的是美感意境,而非美感对象,因此无所谓脱离现实生活的问题。它讲的那些境界,其中的这种或那种,也可能出现在我们的现实生活中啊。我们可以在塞外体会到雄浑,或在水天一色处体会到冲淡,在山野月夜里体会到沉着,这些境界现实中都有啊。

我们来看它讲的"雄浑"境界。《诗品》的二十四品都不长,也是用诗写就,每品四言十二句。"[雄浑:]大用外腓,真体内充。"腓就是腿肚子,又有变化和避开的意思。"大用"即《老子》讲的"当其无,有车之用""无之以为用"(《老子》第11章)和《庄子》讲的"'无用'之'大用'"之意(《庄子·逍遥游》《庄子·人间世》《庄子·外物》)。一首诗词让阴阳相交,元气涌出,真体就从内部充实上来,也就必有无用之大用的外象变化,雄浑境界就被兴发出来,诗人也就进入了张旭写草书的状态,落笔如云烟。你看李白、王昌龄、辛弃疾的一些诗词,应该就是在这种状态中挥洒而出的。

"返虚入浑,积健为雄。"这时候如果只要大用,不要对象化的小用,就不能执着于那些观念化的东西,所以要"返虚",从执着于对象返回冲虚乘势的状态。"入浑"就是像老庄讲的"混成""浑沌",也就是人与世界浑然一体的境界。"健"可以理解为乾卦的那种天行健、云行雨施的元气蓬勃状态。积健就是积聚起此浑沌之气,这样才是大刚飞龙之雄。

"具备万物,横绝太空。"能够返虚入浑,则万物就都在这里,如《老子》讲的"致虚极,守静笃,万物并作"(《老子》第16章),那么灵感就来了。换句话说,虚极处阴阳可以原发地相交,而万物都是阴阳生发出来的,所以这个虚态是和万物相通的。于是,你想表现什么,你想画个什么,你想说个什么,你想唱个什么,这时候就能抒发出它们真正的情态来,因而可以"横绝太空"。

"荒荒油云,寥寥长风。"这就是乘长风而破万里浪的气势了。此时你不用费劲儿,就如大鹏乘长风,随心所适,如同《乾》卦九五爻的时机和势态。"超以象外,得其环中。"这个地方讲的"象"是小象,可以理解为形象、象征,所以必须要超出这样的象。"环中"是《庄子·齐物论》里的用语。你把握那个所谓"是非""彼此",是现成者相对的"偶"象,让我们陷于或彼或此的固定和狭隘之见。"彼是莫得其偶,谓之道枢。"(《庄子·齐物论》)也就是,让彼此或是非失去其固执的对偶状态,而相互连属式地动态对生,如门之开合,那才可能领会到"道枢",也就是万物的枢机。什么彼此是非,不过是开合,而一开一合形成回环,其中心都在枢,也就是门轴上。"枢始得其环中,以应无穷。"(同上)因此,你不要执着于是开还是合,或者角色情节的设计与是非,你的创作精神应该进入万物之枢,也就是阴阳相交的地方。"持之匪强,来之无穷。"不要把持它,不要想着留住它,不要把它硬造出来,而是要像前面讲的返虚、入浑,这样才能来之无穷。这个雄浑境界,我觉得写得不错,将美感的非对象化、非定域化地发生而构境的哲理气象,揭示得颇有诗意。应该说,二十四品全都是这样的。

略举一例,让我们直接体会一下雄浑。李白《关山月》的开头:"明月出天山,苍茫云海间。长风几万里,吹度玉门关。"积不积健、雄不雄浑?符不符合他讲的这个境界?王之涣《登鹳雀楼》也是如此。

再来看冲淡。"[冲淡:]素处以默,妙机其微。饮之太和,独鹤与飞。犹之惠风,苒苒在衣。阅音修篁,美曰载归。遇之匪深,即之愈稀。脱有形似,握手已违。"第一个字是"素",是老庄都推崇的。素就是素朴,就是不要那些装饰和附加的东西。也就是像印度人讲的,去掉那些名相,进入原本的梵我。我觉得司空图或《诗品》的作者是很受道家影响的,但也有《周易》的影响。素朴是人的原本状态,尤其要在宁静、无欲之中达到。"素处以默"有点儿像诸葛亮写的"淡泊以明志,宁静以致远"。到这个状态就能感受到"妙机"——"妙机其微"。这个机又是几,说的是一种很巧妙的机会也好,机智或机制也好,总之是在有无、往来之间,非常微妙地发生出来了。

"饮之太和,独鹤与飞。"你这时候就饮下了或领会了"太和"。太和就是阴阳原本的相交而没分裂的状态。《周易·乾·彖》曰:"保合太和,乃利贞。"只有在阴阳交合中保持太和,才会有"以美利利天下"的境界。中国人就憧憬保合太和、天下太平的世道。紫禁城中有太和殿,康熙有"保合太和"的印玺。天下太平是什么境界?我们当代人都不怎么想到它了,似乎觉得美国的民主制多好啊,要不就向往北欧的"社会主义"。其实它们都不是天下太平。太和境界是尧舜时代的特征,那才是真正的人类幸福。

"独鹤与飞",冲淡得像一只鹤伴你缓缓飞过。你们看见过鹤的飞翔吗?

有一年，我到江苏盐城观鹤，那是丹顶鹤过冬的地方。起床时，四周黑极了，天上的星星似触手可及。随人走上观鹤台，等了好一阵，天微微有些晨意，鹤就已经开始活动了。太阳刚刚升起，鹤群就一家一家地（两头是大鹤，中间是小鹤）飞起来，因为它们白天要到另外一处去觅食，晚上回来过夜。丹顶鹤的飞翔姿态无与伦比，可谓飘飘欲仙。白鹤飞起来脖子是弯的，而丹顶鹤飞翔时腿脚和头颈都是伸直的，白羽黑端的宽大双翅不慌不忙地扇动，真是非常娴静优雅。当你完全沉浸在阴阳相交、环中和谐的状态时，你的意兴就与独鹤一起在霞光里翱翔，或者你就化作了那只鹤。这个境界真是冲淡。

"犹之惠风，苒苒在衣。"这句很有趣。冲淡境界就像一阵春夏和风吹过来，钻到你的衣服里面，轻轻流动，似有还无。你那时体会到风的美好舒适，但是没法子把它当个对象给抓住。你想去抓它，用心体会它，享受它，但它马上没有了，这就叫冲虚之闲淡。你的诗的意境就得这样，别拖泥带水，别画蛇添足。"阅音修篁，美曰载归。"修篁是长长的竹子，遇风而鸣，风过则归宁静，其中有美感，但想把它载回家去却不行。"遇之匪深，即之愈稀。"你想把它加深了，它就没了；你往那里使一点儿劲，它就少一点儿。你遇见它，是什么样儿就是什么样儿，就像苒苒在衣那个感觉。"脱[如]有形似，握手已违。"不要去追求与它形似之态。你想把握它，就已经违逆其生机而失其踪影了。这就是冲淡，完全不可对象化的意象，但却是个真实境界。去读陶渊明、谢灵运的诗，"采菊东篱下，悠然见南山"（陶渊明《饮酒》），"池塘生春草，园柳变鸣禽"（谢灵运《登池上楼》），你就可能进入它。

咱们中国的诗论、书论都相当独创，达到了极高的水平，从我们的角度看来，西方美学无以望其项背。我们介绍过西方人对美的一些看法，也能看出一些独特的味道来，但谁能达到如此微妙生动的程度呢？其实说到底，两边的理解和表达的范式不同，没有可比性。我一直深信，身为中国人，这些皆是我们应该感到骄傲的地方，起码不必自卑。我们祖先的生活世界中包含着这"二十四品"，某些文人确达到了这些境界，能体会到、生活在它们里面。蒙古人、满洲人这些军事上的征服者来了以后，只要一体会到中原文化，就"中毒"了，喜欢上了，慢慢就"华化"了，或说是双方融合了，所以中华文化里有各族文化的独特贡献。我们年轻时，其实就天性的感受而言，我们爱听有草原或边疆风味的、但又是以某种方式融入了中国文化主流的作品，比如王洛宾、雷振邦改编和创作的歌曲。它们是新时代的"国风"。由于司空图讲的以及更多的品味境域的存在,咱们中国的古人就觉得自己的生活是极其自足的。观天察地,体会四时递嬗;作诗抚琴,吟咏人生穷通。他的世界虽也不乏痛苦,但意义充沛,就此而言是无比美好的,还要去抢人家的地盘和钱财干吗呀? 这就跟希腊人、罗马人或欧洲人大不一样了。亚历山大占的地方不小,把希腊都统一了,但还嫌不够,还得征服、抢夺,往东边打,一个国一个国,甚至一个文明一个文明地灭,他觉得这样的生活才过瘾。中国人不是,中国人觉得自足知止的境界才过瘾,所以这是完全不同的生命境界。

　　关于冲淡,我再举些例子吧。王维"松风吹解带,山月照弹琴"(《酬张少府》),每一读起,便觉自己的人生也被这松风吹得散逸了,心弦被山月下的琴音拨动了。另一首诗中的句子:"倚杖柴门外,临风听暮蝉。"(《辋川闲居赠裴秀才迪》)写他在辋川的宅边拄着手杖,靠着柴门,秋风把傍晚的蝉声吹过来了,冲淡得让人想起自己人生中那些与利害无关的宁和场景。王籍《入若耶溪》:"蝉噪林逾静,鸟鸣山更幽。"蝉声让树林显得更加安静,鸟的几声鸣叫反衬出山野的深幽,也是冲淡。这是不是所谓的"韵外之致""味外之旨"呢?(《资料》,第601页右)我们前面讲到欢增、新护。他们主张"韵"和"味"是艺术达到的境界,但是司空图这里却讲"韵外之致"和"味外之旨"。这意味着一个更深的境界吗? 还是仅仅遣辞用语的差异所造成的表面冲突,实际上双方虽有区别却并不矛盾、没有高低? 都有可能,后一种设想的可能性更大。我只是感到,中国古人的美感世界有自己独到的境界,尤其是书法所揭示者。

第三节　儒家和道家的美学

一、儒家

　　以上有不少讨论已经涉及这个话题,现在只着重于一个例子。我特别喜欢孔子讲的"兴于诗,立于礼,成于乐"(《论语》8.8,《资料》,第594页)。以上多次引用,但好像没有充分解释。什么叫"兴于诗"? 兴的正体字是"興",它的字源是四只手一同高高举起中间的东西,可以设想是打夯或祭祀之类的动作。所以其义是"兴起""起身""发生""创立""发端"等。孔子认为诗的根本在兴,即一种原发的兴作,而非象征,或仅仅抒情。子曰:"小子何莫学夫诗?《诗》,可以兴,可以观,可以群,可以怨。"(《论语》17.9,《资料》,第86－18页左)首要的也是兴。兴表面上是作诗的一种手法。《诗》有风雅颂三种体例,还有赋比兴三种表达法,这是《毛诗序》讲的。赋是叙述,有的诗就是叙述一件事情;比就是比喻;兴是最原本的,先于比和赋,所以它是那种暗示义中的源暗示义。它独自先抒发一通在大自然或生活情景中的自发感受,如"关关雎鸠,在河之洲""参差荇菜,左右流之""桃之夭夭,灼灼其华";它们与后边的诗句没有什么内容上的联系,却以自由感通的方式构造出领会后来者的晕圈。① 孔子赞《关雎》"乐而不淫,哀而不伤"(《论语》3.20,《资料》,第78页右),这实际上是他对诗的极高评价,视之为达到了美感中道的极点,而且正是我们所说的古代华夏的典型表达式"A而不a"的体现。如果没有前面这个兴句"关关雎鸠,在河之洲",那么后面的被兴句"窈窕淑女,君子好逑"会失去了什么呢?从对象化的内容上讲,它没失去任何东西,因为两者没有那种关联,尤其你读到后面,如"参差荇菜,左右流之"与"窈窕淑女,寤寐求之"之间,会更清楚地知道它们没那种关系。但它们之间也不只有韵脚的关联。这里的关键是,诗歌通过兴句,兴发出来一种意象,而紧接着的被兴句只有在这个意象之境域中,才能得到最合适的领会。也就是说,只有在"关关雎鸠"烘托出的氛围、意境中,后面这句"窈窕淑女,君子好逑"才能获得它的真义和美感。它当然也有对象化的一面,讲的是一位君子慕求一位窈窕的淑女,但是你如果一上来就讲它,就像现代人对它的翻译,比如"纯洁美丽的姑娘,真是我的好对象"(程俊英译),还有"漂亮善良的姑娘,该是君子好对象"(周振甫译),等等,没有前面那句,那么它就不是那个"乐而不淫"的意思了。淑女就既不淑贤,也不窈窕了,我们君子的味儿也没了,"好逑"就不那么"好"了,变成"找对象"式的追求。也就是说,所谓"温柔蕴藉",尤其是纯情迷狂的风味没有了。

从哲理上讲,兴就是以差异感通的方式,荡涤掉语言的对象化成分或定

---

① 近现代的山歌也还保有此"起兴"的传统。如"红丹丹阳婆蓝茵茵天,瞭不见我哥哥泪涟涟"(爬山调),"青线线(那个)蓝线线,蓝格英英(的)彩,生下一个兰花花,实实的爱死人"(信天游),"阳洼山上羊吃草,我的小阿哥呀杨宗保"(花儿),"正月里冰冻者立春消,立春消,二月里尕鱼娃儿水上漂呀,水上漂呀小呀啊哥哥,……(花儿)。

域化关联,进入它的当场生成着的纯意境。"差异"既指物类的差异,比如植物、动物、日月、山川与人或人的精神感受之间的差异,也指更原本的差异,也就是阴与阳的差异、五行之间的差异。比如"参差荇菜,左右流之"(参差不齐的荇菜,顺着水流忽左忽右地摆荡①)与"窈窕淑女,寤寐求之",两者很是不同,差异极大。其中不仅缺少比喻关联,就是隐喻也说不上。但两者可以感通,因为它们都源自阴阳大化,以至于水流中的荇菜可以与爱情思念之间产生微妙几象的联系,就像桥上的庄子可以与水中的鱼有"乐"象联系(《庄子·秋水》);而且,两者的差异越大,相距越远,而又可以感通,才越会兴发出超形象的隽永意象,唤出越纯粹的、越有迷狂醉意的美感。

总之,兴就是给你一个自然氛围,将你感发起来,兴作起来,你在这个晕化境界中所体验到的东西,会很美好。为什么人们在读散文或朗诵诗的时候,往往要配上乐曲,就是想获得某种兴发的效果。我想告诉你们的是,孔子这一生,最喜欢的就是这种状态。他的所有行为,哲学、政治、道德、教育、礼乐,等等,都是诉诸这种境界晕律来感动人。所以说"兴于诗",下面才有"立于礼",你不进入兴,你不感受到那么美好的意境,就不能真正地凭借礼来立身。男女之间相互吸引好像是好色,不过在兴作中就不再是那种对象化的好色,所以"好德如好色"就要好到这种色才行,这时候德就成了风,不胫而走。你进到这种"君子之德风"的世界,你才会知道儒家能让家庭关系、男女关系达到什么样的一个美好境地,尽性尽命。然后你就能明白儒家讲的礼不是繁文缛礼,而是把人性中的可爱状态当场实现出来,就像用饱蘸墨水的毛笔在宣纸上当场书写。儒家六艺就是这样一支神奇的软笔("惟笔软则奇怪生焉"——蔡邕),把人们心中和生命中潜藏的最美好的东西书写出来,最终延伸到整个政治。为什么能以仁德得天下? 就是因为靠这种诗兴乐感来得人心,而不是靠暴力,或者主要不靠暴力,包括观念上的暴力,统治国家主要靠

---

① "左右流之"的"流",按《尔雅·释诂》,其义为"择"。在这个解释中,此字通"摎"。但《诗经》中其他"流"字都不这样用。比如:"泛彼柏舟,亦泛其流"(《邶风·柏舟》),"河水洋洋,北流活活"(《卫风·硕人》),"七月流火"(《豳风·七月》),"譬彼舟流,不知所届"(《小雅·小弁》),"观其流泉"(《大雅·公刘》)。所以,现代相关的注解有两种:一种如上,意为女子忽左忽右地采摘荇菜(但又常常不自觉地加上了"顺着水流",暗示出这种解释中含的某种困difficulty);另一则依此字的通常义,"指荇菜随水流摇摆貌"(引自《诗经》,刘毓庆、李蹊译注,北京:中华书局,2011 年,第 3 页注释 5)。本书依从第二种、也是更自然通顺的解释。

礼乐而不是法律、刑罚。

"成于乐",什么是乐？它是纯音之兴,是最终实现出诗、礼本义的兴。真正的纯音乐靠什么感动人？不靠内容,也不只靠形式,比如五线谱上的音符形式,而是靠乐音构造出的时间流。如果非要说这个乐句表达的是春天,那个乐句表现的是夏天,那就味同嚼蜡了。真正的音乐是无标题的,就靠纯粹的音高、和声和音色所构造的带有泛音的时势来打动你(其中的春秋任你来应机实现),可以打动到无以复加。恰恰是纯音乐再回头来进入语言,就成了兴,因此诗和礼都完成于乐,也发端于乐。实际上这三者是一个无尽的循环,所构造的境界是儒家所有学说的出神之处。不到这里,儒家的真态就出不来,画龙就还没有点睛。孔子为什么这么有信心,敢于说:你给我一个小国来管,很短时间内就能治理好,最后就像周文王、周武王那样,先搞好一个小地方,然后改变整个华夏民族的历史命运？那是因为他深信他能达到这个境界,而谁又能躲得开这个境界？

二、道家

1. 美丑转化于素朴

道家思想的音乐感也同样强烈,但更多的是在人与大自然之间得其几象。庄子的《逍遥游》全篇和《齐物论》开篇,都是自然而又神奇的层出意象,像巨鲲大鹏、海涛春气、蝉虫鸠鸟、灵龟大椿、死灰长风、山谷树洞之类,"臭腐复化为神奇,神奇复化为臭腐"(《庄子·知北游》,《资料》,第222页右)。象中有兴,兴中有道。道家认为世界的原样儿就是这般,所以讲"通天下一气耳"(《资料》,第222页右),天下万事万物林林总总,人们按自己的需要和想法做出各种分类,但是庄子说,阴阳交生的一股元气就可以使之相通了。这就把整个世界的根底而非其形象,做了一个非范畴化、非概念化和非定域化的理解,因此显示出这世界本身充满了含义,也就是那种在不断的转换中产生的原初意义。人所谓美好的或丑陋的东西,"其所美者为神奇,其所恶者为臭腐"(同上),也是可以相互转化的。这跟柏拉图的美学思想就很不一样了。在柏拉图那里,真正美的东西就绝不是丑的,因它分享了美的理式;丑当然没有理式,只是美的缺乏,它们两个绝对不能相互转化。

在中国文化里面,这种出神入化的转换思路却很多,包括禅宗,也体现了中国人的思想特质。你问："如何是佛?"(什么是佛法的本意?)他就回答说是一个很丑的东西,如"干屎橛"(《无门关·云门屎橛》)。这是《庄子》讲的"道……在屎溺"(同上书,第223页左)的遗风。问题是这儿也有美感:"天地有大美而不言。……圣人者,原天地之美,而达万物之理。"(同上书,第222页右)如果我们替庄子设想,那么在他看来,柏拉图区分的美丑只是小美小丑,未及天地之大美。所以《庄子》里面的仙人分两种,一种表面上很帅,吸风饮露,仙风道骨,美好得像处女一样;另一种则是又丑又残,不是脖子上长了一个盆般大的瘤子,就是被人家砍了一只脚,要不然就是驼背瘸拐无唇,再不就是难看到了极点,而这些人却有道性,让人喜欢,因为他们破形而存神。总之,道家脱开了形象和传统价值观的束缚,直达美的意象,所以后来有那种写意画。你看八大山人的写意画,跟工笔画很不一样。咱们中国的工笔画与西方那种完全按解剖比率来透视取象的方式不同,已有形中取意的味道。但是到了写意画,如前面所讲的草书意境就在画中大行其道。这个形完全可以被扭曲改变,甚至省略虚化。所以整幅画中留有大块的空白,中间或角落处画一只怪鸟、一条水鱼,却是气韵生动蓬勃。这种画受禅宗的影响,后面还有中国书法和中国哲理的背景,其中道家是一个重要源头。

"夫虚静恬淡寂漠无为者,万物之本也。"(同上书,第596页右)这跟以前我们读到的老子思想也是相通的,是典型的道家哲理,虽然属于《庄子》的外篇。《庄子》中最集中的出色表述在内八篇,但外篇和杂篇里也颇有一些好东西。这里说的"万物之本",有点儿像印度人讲的梵我。它是无形的、非对象的、非主体的,你无法割裂它,所以要虚静恬淡、寂漠无为,你的心灵才能进入它("梵即我,我即梵")。

"静而圣,动而王,无为也而尊,朴素而天下莫能与之争美。"(《资料》,第596页右)先秦好几派都是这么看的,认为真正好的统治者必须无为而治,但是无为里面蕴含着很大的作为("动而王"),看怎么理解。道家讲无为而治,孔子也讲无为而治,法家、黄老学都讲。有的后来蜕变成统治术,君主无为于上,职名化的臣子则有为于下,所以君主能完全控制臣子,得知他们的真相,而不让臣子揣摩清楚他自己的意思。这样臣子就无法欺瞒你,只能作为对象让你认识他们,掌控他们,大权就不会旁落。这是一种从老子的无为思想衍变出来的取巧思路,用上了心机。可是在庄子这儿,我们一再讲了,这个无为是真的化开了，把人的心机都化掉了，所以下文就讲朴素之美，沿着老子的正宗思路前行。

什么是朴？就是一块还没有被雕刻的木头。素则是还没有上颜色的一幅白绢。这实际上就是万物本来的状态，而朴素恰恰是最美的，你画上了五彩反而使它有所缺失了，因此庄子说"朴素而天下莫能与之争美"。我刚才讲到的写意画中的大块空白，确实能表现深远的东西，但是你不能只是空白（这样空白反倒成了某种高级对象了），像现代派艺术，它就给你一张全白纸，这确实是太过了，不行。那你说为什么不行？因为我们还没成道，我们一般还都是俗人，你就拿一张白纸来，说这就是伟大作品？当然伟大了，可问题是我们还理解不了，总得给点儿提示吧。你这张白纸上总要有点儿痕迹吧，让我们能够循之而"追虚捕微"，这样朴素之美才能够一下子把我们征服。当然，这要有机缘，在一定的生命情境中，你一瞥之中，忽然深感到其中之美。我记得年轻的时候，有一次看到齐白石的画，一下子觉得妙极了，那只虾、那个葫芦怎么就那么有味道啊！他追求的不是形似，也不只是文人写意，而是日常生活之物的意晕化，其他现代人的画都比不了。一棵白菜，一只蝈蝈，几只虾米，哎呀，那个天趣盎然啊，真是没的说。齐白石本是位木匠，居然能达到这个境界。

2. 天乐

"与人和者，谓之人乐；与天和者，谓之天乐。"（同上）"天乐"在这儿很重要。人虚静素朴，则能与天相和共鸣，其乐不可支、不可尽也。它有点儿呼应《齐物论》一开始讲的天籁和地籁，人乐则有点儿像人籁。庄子接着叹道："吾师乎！吾师乎！"这里的"师"既可以看作是天乐，又可理解为天道，两者一而二，二而一，庄子以它为师。"齑万物而不为戾"，它就是把万物都摧毁，别人也不会觉得它暴虐；"泽及万世而不为仁"，它对万世万物有生生之恩泽，但却不以此为仁德；等等。"此之谓天乐。故曰：知天乐者，其生也天行，其死也物化。静而与阴同德，动而与阳同波。"此处"阴阳"进来了，这是中国美感中特别重要的。其实他前面连说话都是对偶着的，也是阴阳，只不过这里把它点明了。静和动相对，阴和阳相对，天和人相对，生和死相对，到处充满了对立互补的生发。

"天乐者，圣人之心以畜天下也。"（《资料》，第596页右）什么叫圣人？圣人跟仁者不一样,圣人肯定是仁者,但是仁者不一定成圣人。孔子是仁者,也是我们心目中的至圣,但是孔子心中的圣人是能够干出一番泽及天下的大事业,把仁爱实现为仁政、治国平天下者。而道家认为,圣人与万物相通、跟四时相融,他的心中充满了天乐。也就是说,当这位圣人成了君主(当然此"君主"可以是多重意义上的,像柏拉图讲的哲学王,或佛陀那样的转法轮王),这时候他来"畜天下",也就是来滋养化育天下,天下就得到最大的益处,他心中的天乐就实现为人间的欢乐和至乐。所以这种美的境界实际上也是和平的境界、正义的境界,一个人间至美至善的境界。这么看来,这种美就不是主观的。有人认为庄子讲的齐物、逍遥是一个主观的境界,其实不然。当然了,人修炼的时候,主要体现为你心灵状态的改变,但是真正的得道一定是与万物相通、与天地相通的,都有一种超主客二分的原初快乐和乐感。

终极处必有"乐"(lè-yuè)。在这一点上,道家和儒家是完全一致的,这是华夏主流思想的共识。"庖丁解牛"(同上书,第597页)是《庄子》中比较著名的例子。这位庖丁或屠夫达到了既是美又是真的境界,洋溢着乐感,促使文惠君开始领会生命的含义。"庖"就是厨子,他们有时候也管杀牛。从世俗的观点看,这是一件多么不美的差事!儒家也从某个角度讲"君子远[离]庖厨"对吧?又残忍又血腥,有什么好的和美的?但是道家不一样。在庄子的视野里,任何使用工具的活动,不管显得多么卑微,其精妙处皆有道有乐。就像一个老头儿黏知了,也可以黏出道性来。

3. 庖丁解牛

让我们来看这则寓言。"庖丁为文惠君解牛,手之所触,肩之所倚,足之所履,膝之所踦,砉然响然,奏刀騞然,莫不中音。合于《桑林》之舞,乃中《经首》之会。"他的刀在牛的肉里或者骨头缝里划出的声音,都产生出和声或乐音。《桑林》是商汤的乐曲,很美的音乐和舞蹈;《经首》则是尧时候的乐曲,"中……会"就是切中了它的节奏。文惠君听完之后说:"嘻,善哉!技盖至此乎?"啊呀,太棒了!你的技艺怎么达到了如此高的地步呢?"庖丁释刀对曰:臣之所好者道也,进乎技矣。"我喜好的是道,而不只是技术,所以要以技艺来得道。"始臣之解牛之时,所见无非全牛者。"他当年刚学着去分解牛体的时候,所见的就是那么一只对象化的牛,整个儿牛体摆在那儿,怎么办?要砍要剁,要切要剥,都是一套对象化的主体对客体的方式。"三年之后,未尝见全牛也。"解了三年牛,技艺大进。这个人肯定有悟性,眼中已无全牛了。也就是说,牛的对象性开始消失了,但是牛作为他工作的对象并没有不在场,只是那作为僵死的、有自性的对象消失了,所以眼中就无全牛了。"方今之时,臣以神遇而不以目视。"到了今天,我根本就不拿它当个对象看了,我用"阴阳不测之谓神"的那个"神",即最有灵性的那种感应去和它打交道。

"官知止而神欲行。"我的那些认知外物的官能,不管是感官还是认识的功能,到某个地方、某种程度就无能了,于是止步,但是凭借那"神"妙的直觉,我还能在这牛身上发现微妙的可行之路,还可以接着往前走。"依乎天理",我去解牛,全依照牛身上的天然肌理结构。"批大郤,导大窾,因其固然。"顺着它本身的结构走。"技经肯綮之未尝",有的注释者将"技经"解为"枝经",指经络,"肯綮"是骨、肉和筋交汇的地方,所以是最难解开的。我不直接去切割它,就像《孙子兵法》讲的,我不去攻城拔寨,那不是好将军。"而况大軱乎?"大軱是大骨头,我根本不去碰它,不去砍它。"良庖岁更刀,割也",很好的厨子去解牛,他一年就要换一把刀,因为他还免不了切割。"族庖月更刀,折也,一般的厨子一个月就要换一把刀,因为他是用它来剁砍。今臣之刀十九年矣,所解数千牛矣,而刀刃若新发于硎",用此刀析解了数千头牛,其锋刃仍像新磨的一般。"硎"就是磨刀石,我这把刀久用也不用磨,它就好像是刚从磨刀石上下来的一样,因为它从来没遇到过对象。这等于是说,庖丁根本不用它去砍,去割。那他怎么解的牛?"彼节者有间,而刀刃者无厚",牛身上的骨节乃至筋肉间是有缝隙的,平常人看不到,而我的刀刃被神识运作,就几乎没有什么厚度;"以无厚入有间,恢恢乎其于游刃必有余地矣",他觉得这些缝隙还很宽敞。就像孙子所说,真正用兵高妙的,到敌境中行千里,如入无人之境,因此能取上将首级。"是以十九年而刀刃若新发于硎。"尽管这样,这个技艺要当场完成,切勿大意,切勿自满:"虽然,每至于族[筋骨汇集处],吾见其难为,怵然为戒,视为止,行为迟",难弄的地方很小心。"动刀甚微,謋[huò,被肢解貌]然已解,如土委地。"每次都是一次艺术的创作,动刀微妙,整个牛的身体就像土一样分解开了。"提刀而立",这时候提起刀起身站立,杀牛的时候可能弯着腰,"为之四顾,为之踌躇满志,善刀而藏之",天乐盈怀,志得意满,再将那把牛刀密藏起来,以免伤人。所以文惠君说:"善哉,吾闻庖丁之言,得养生焉。"也就是说:好啊,太棒了,通过庖丁的话,我明晓了养生之道。所以这一篇题为养生主。

这是一篇至文,写得极为出色,中国哲学、中国文化的特点在这里几乎都有活灵灵的体现。除了儒家讲的亲子关系缺席之外,那种阴阳相交而神遇的非对象性、当场的生成性,以及技艺和艺术的纯思想性和时几中道性,都在这么一则小小寓言里登场。

4. 梓庆与画师

另外,"梓庆削木为镰"(《庄子·达生》,《资料》,第597页左)也是一则有趣的寓言。"梓"义为木匠,有人说"梓"是姓氏,无所谓的,反正是一个叫庆的匠师。"镰"是一种乐器,据说是放在架台上的一种夹钟。这里的要点是,庆将这件乐器做完了以后,"见者惊犹鬼神",别人一看,都吃惊得以为见到了鬼神,我的天啊,太神妙了! 鲁侯就问他:你用了什么道术,以至于达到这个境界呢? 这梓庆就解释了一番。其中的关键是,他在动手前,要静心斋戒以养气,把心中的欲望统统去掉,使他和外部世界融为一体,然后他才去山林里,寻找合用的木材。他如果看到了可用者,那镰就仿佛已经存在于树木里了,这时候他才会取用它。不然的话,也就是如果他不能以非对象化的几象方式已经在树身上看到这个镰,他就不做。所以,他这种创作方式是"以天合天",以人的天性去应合物的天性。"器之所以疑[凝]神者,其是与!"这件乐器之所以能把神妙都融凝于其中,让人一看惊为鬼神,就是这个原因啊!

再看另一则故事。"宋元君将画图,……君曰:'可矣,是真画者也。'"(《庄子·田子方》,《资料》,第597页右)宋元君邀请人来给他画图,能画的画师都来了,但是一个个循规蹈矩地等着,或者在做一般的准备。只有一位画师来了以后,大大咧咧,根本不在乎,把这些人乃至君主视若无物,到了屋里,把衣服一脱,光膀子叉腿而坐。宋元君说:好了,就是他,这才是真画家。为什么? 因为他想着要做画,就忘却其他一切了,物我中间没有障碍,没有其他,非常干净。

5. 无端崖之辞

最后讲一下庄子的语言风格。他的语言如风如乐,惚恍磅礴,就像张怀瓘形容的草书。所以《庄子》对后世的影响极其深远,尤其对艺术、诗歌和散文。"芴漠无形,变化无常"(同上书,第598页右),这好像说的是他的学说,但也是他的语言,即整个《庄子》尤其是内七篇的语言特征。"死与生与,天地并与,神明往与! 芒乎何之,忽乎何适,万物毕罗,莫足以归。"没有一个实实在在的东西让人抓,完全是顺应阴阳大化的气息流变和境域,来成说、来发言。所以"古之道术有在于是者。庄周闻其风而悦之,以谬悠之说,荒唐之言,无端崖之辞,时姿纵而不傥"。其中的"道[大道、说道]术",既是得天道之术,又是言天道之术。所谓"谬悠之说……"之类,意思是说了半天,那些习惯于"言之有物"的人都不知道庄子说了什么,但是他还是让你领会到了那个意思。别人一问,庄子说了什么呀? 你的回答是:他的话没端崖,荒远悠漾,找不到头,摸不到边。确实,庄子的话完全是天性发挥,合不合别人的想法和说法根本不在乎。"不以觭[偏颇一端]见之也",你以为他自傲得要死,也不尽然,他并不坚持自己的一得之见。"以天下为沈浊,不可与庄语。"天下这么无知污浊,我跟他们说正经八百的语言,不相配,就是要说得诙谐谲怪。"以卮言为曼衍,以重言为真,以寓言为广。"这是从正面来形容庄子的语言风格。"卮"是一种酒器,随境况(其中是否盛满了酒)来改变它的姿势,因此"卮言"就是随情境而变、而发的言。"重言"有不同解释,比如"尊老之言""重复之言"。"寓言"则是通过讲故事来言。总之都不是陈述己见的概念化之言,而是依时机和情势的曲折回旋之言。

"独与天地精神往来而不敖倪于万物,不谴是非,以与世俗处。"前半句很狂放,通过这种思想和语言,一个人独与天地精神相往来;但是后边马上说,对这个世界和万物,他并不傲慢,绝不说谁对谁错,以此来混世度日。"其书虽瑰玮而连犿无伤也。其辞虽参差而諔诡可观。彼其充实不可以已,上与造物者游,而下与外死生无终始者为友。"他的书虽然奇特不群,却宛转随机而无伤害。他的话语或虚或实而不定,但却滑稽有趣而可观赏。"彼其充实……上与……下与……",《庄子》里面多是这种仙风道骨的、与上下同游的人物和风格。"其于本也,弘大而辟,深闳而肆",这个根本弘大到去开辟新境,深广宏阔到能挥洒自如。"其于宗也",他所宗尚的既是天,也是道,"可谓稠适而上遂矣",因而与万物调适,又不沉溺其中,而是上达天聪。"虽然,其应于化而解于物也,其理不竭,其来不蜕,芒乎昧乎,未之尽者。"既能上达,又能应机化物,所以他的思想和语言没有穷竭,来源绵绵不绝,窈冥恍惚,没有尽头。

讲了半天,却是"芒乎昧乎",但是美感就出来了。所以读《庄子》有它独特的美,而幻化到别的作品中、书法中、绘画中,也同样富于美感。《红楼梦》就特别受道家尤其是《庄子》的影响。所以你学道家,要是感受不到这种美,就蛮可惜。像郭象、王弼的注,我不怎么欣赏,老是想把那么鲜活的老庄用几个原则框起来,让人觉得既不过瘾,也有些煞风景。

第四节　西印中美学特征对比

还是列出一张表,将西方、印度和中国的三个文明美学做一比较:

表6　西、印、中美学特征比较表

("√"表示肯定,"×"表示否定,"?"表示不确定)

比较主题 ＼ 哲学传统	传统西方哲学		传统印度诗论	传统中国主流哲理(儒、道、释)
	唯理论(以柏拉图的观点为主)	经验论		
1. 美是一种终极体验吗?	√	×?	?	√
2. 美是主观的还是客观的?	客观	主观	非主亦非客	在主客分离之前
3. 美感可以被对象化吗?	√?	√	×	×
4. 美感主要源于?	理念化的形式	感知对象的特征	情的当场激发态(味)或暗示义的诗化(韵)	阴阳相交所生成的气象、神韵
5. 一切现象都可能美吗?(如日用品、文字)	×	×	×	√
6. 美感是心灵与身体不分的状态吗?	×?	√	√	√
7. 美出现的方式	回忆(先天形式的感性表现)	特定的感知	潜在的情与意(潜印象)的当场呈现	阴阳结构造成的回旋式遭遇

哲学传统 比较主题	传统西方哲学		传统印度 诗论	传统中国 主流哲理 （儒、道、释）
	唯理论（以柏拉图的观点为主）	经验论		
8. 美的出现有根本的时机性（自由性）吗？	√？	×？	√？	√
9. 哲人一定有诗化美感吗？	？	×	×	√
10. 美因其自身而动人吗？	√	√	√	√

第七部分

当代西方哲学

第十九章　当代西方哲学思潮（一）

——当代西方哲学特点和柏格森论变易的真实性

我们来阐述当代西方的哲学思潮，还要讨论这种思潮对于东西方哲理的关系有什么影响。相对于西方的传统哲学，它的当代形态发生了重大改变，而这种改变也深刻重塑了东西方之间的思想态势。为了使后边的讨论更加顺畅，我要讲的第一个问题就是西方哲学的当代转向，或者说是当代西方哲学的一些基本特点。

第一节　西方哲学的转向——当代西方哲学的基本特点

一、颠覆性的转变

每个人或者是每一个时代的人，都会认为自己的时代是全新的、独特的。但是从哲学史上看，从 19 世纪后期一直到现在的所谓"当代（contemporary）西方哲学"，它有更多的理由来声称自己是新的哲学。从笛卡尔开始，我们称西方的哲学为现代的（modern）西方哲学，也可以翻译成近代西方哲学，但是它还不是当代。"当代"应该是在黑格尔之后。它的主要发生地在欧洲，后来美国也参与进来了，形成了两大思潮，也就是欧洲大陆哲学和英美分析哲学。它们起初有过交集，但后来分裂严重。我们叫"欧陆哲学"的，实际上是指当代欧洲大陆哲学，它里面包括生命哲学（其中主要包括我下面要谈及的唯意愿主义即尼采、叔本华，此外还有狄尔泰、齐美尔等）、弗洛伊德的心理哲学、现象学（含存在主义、解释学等），后来在法国还出现了结构主义、解构主义，还有西方马克思主义、科学哲学以及直觉主义（比如我们下面马上要讲的柏格森,他的学说既可以算生命哲学,又因他标榜直觉而可算直觉主义)。20 世纪的英美分析哲学(它的开端也主要在欧洲大陆,即德国和奥地利)的主要特点是,通过分析语言的逻辑语法或者语言的运作方式来解决哲学问题。我们没时间讲分析哲学,大家感兴趣可以去看弗雷格、罗素、维特根斯坦、卡尔纳普、塔斯基、蒯因、戴维森等人的著作。除了这两块,在北美还有一个很重要的哲学运动叫实用主义。大家知道,皮尔士、杜威、威廉·詹姆士等人都是实用主义的代表,可以说代表了美国人的主要精神气质。这种实用主义(pragmatism)与现象学有些联系,又影响过美国的分析哲学和科学哲学,但把它归为哪边都不合适。按照一些到北大来做讲座的新实用主义的哲学家(如罗森塔尔)的说法,真正的实用主义——尤其是上面举出的后两位实用主义者——还是和欧陆哲学的基本思维方式,尤其是现象学相近。但是我们还是将它单列出来。在现代中国,由于胡适的宣传,实用主义的名头很早就为人所知,但对它的理解往往有偏颇。胡适是杜威的学生,回到中国后宣扬实用主义,但是他讲的实用主义偏实证主义化,或者说偏科学主义、工具主义化。杜威也讲工具主义,但是绝不止于此,因为他还主张有机的、动态的和历史构造出的终极实在、社团价值和传统继承。国内学界以前老把他往分析哲学这边拉,说他的思想方式是工具化的分析理性,讲着讲着更偏向了科学主义的实证理性,这就不准确了。应该说,实用主义是一个居中的形态。我们选编的《资料》里,收入了威廉·詹姆士《心理学原理》中"思想流"或"意识流"的那部分,这些内容非常出色,影响了现象学的创始人胡塞尔。而且,意识流学说对当代的心理学、哲学,甚至文学也有重大影响。

现在来看当代西方哲学的一些特点。如果你熟悉西方传统的或古典的哲学,那么在读当代西方哲学的时候,就会感到一个非常明显的反差。你从古希腊进入中世纪(比如从亚里士多德到托马斯·阿奎那),起码从我们现代人的角度看来,它们虽然有重要区别,但没有那么大的反差。从中世纪进入近代(比如在斯宾诺莎、莱布尼兹那里),也没那么大的反差。从他们的用语上、思路上和论证套路上看,还是有某种连续性的。但是一旦来到 19 世纪后期 20 世纪早期,情况就不同了。这种变化在广义的人文思潮中也能观察得到。看看西方那时的绘画、雕塑、建筑,经历了多么大的颠覆性改变! 以前西方的古典绘画和雕塑,讲究解剖学意义上的准确性和现实感。达·芬奇所绘的《蒙娜丽莎》,米开朗基罗的创世纪壁画和大卫雕像,拉斐尔、伦勃朗、鲁本斯的作品,那都是什么样的油画和形象,大家应该有印象。然而,到了毕加索(1881—1973),又变成了什么样子? 尽管毕加索一生的绘画风格变来变去,一会儿蓝色时期,一会儿抽象派,一会儿立体主义,一会儿又超现实主义,但给人印象最深的还是那些惊世骇俗的现代派画作。有一位作家回忆道:在一次画作展览中,一位参观者驻足于毕加索为一个女人画的几幅画前,越看到后边,画就越抽象,刚开始还有点儿人样子,最后的画却让他惊叹道:这不是一头立方体的猪吗?! 这样的作品的确挑战人们的鉴赏力,也挑战评论家们的美学观。此外,抽象派的雕塑也很流行,我们的公园里就有不少这类作品。以前的古希腊雕塑是何等地形式突出、形象逼真、细节完美,文艺复兴也延续并发展了这种古典精神;而到了当代,这些特征几乎都被破掉了。不要形似而要神似,这是古代中国人追求的,西方当代艺术也有某种类似的倾向。但破掉形似容易,而达到神似就难了。你能神似到什么程度呢? 如何从卡夫卡的小说看出其中有美? 不容易。萨特的小说、加缪的荒诞戏剧,没情节或者即便有情节,也让你捉摸不透,仔细琢磨后是不是真的能体会到它的深刻味道? 服装也是越来越怪了,流行音乐、歌曲、舞蹈也都受到影响,风格变化巨大。这就是当代西方的精神。

科学更是经历了根基性的改变,比如 19 世纪出现了非欧几何,20 世纪前期又诞生了相对论、量子力学。数学和科学是西方知识界的思想发动源。数学一变,别的都要跟着变。对于非欧几何,一开始人们觉得它只不过是个思想游戏,真正的物理空间怎么会是你罗巴切夫斯基或黎曼说的那种样子呢? 过直线外一点,可以做出不止一条平行线,或者根本做不出平行线? 两点之间不以直线为最短? 后来爱因斯坦的相对论必须用非欧几何来理解,这就了不得了。再加上量子力学,观察者和被观察者从根本上是有联系的。你要观察那个基本粒子吗? 那么你就要用另一个基本粒子去干扰它。主体的作用和客体的呈现状态就无法完全分开了。更何况,还有量子叠加和量子纠缠这样的非定域现象,这让许多科学家都无法理解,于是有心人开始另觅蹊径。再加上两次世界大战,把传统西方的优越论一下子打得稀里哗啦,"西方衰落"的论调出现了,新的哲学思想像雨后蘑菇一样长了出来。可以说,第一次世界大战前后,西方经历了思想的包括哲学上的革命性变化或转向。

这转向的趋势,是从厚重的转向轻巧的,甚至是轻浮的;从理性思辨的转向人生实际经验的(含科学实验经验);从凝聚于中心的转向随机网状的,或者从定于一尊的转向多元化的,甚至从定域性的转向非定域性的。

二、唯一现象世界的多样性和可切身理解性

如果从哲理上讲,它的思想方式朝向什么方向转变呢? 在我看来,相比于传统西方哲学的"两个世界"的基本方法套路,它是朝向一个世界的,但又不是定于一尊的世界。我们以前一再讲,西方传统哲学的方法论是 dichotomous,也就是二元分叉的。它认为有一个更高的理式世界和一个低级的现象世界,巴门尼德、柏拉图的学说在这方面最典型。在这个视野中,本质和现象、形式与质料、普遍与特殊有质的不同,逻辑上就不同,前者更高级。与之相应,确定性的与可变的东西也根本不同,真理属于确定的一方。一和多也如此,依从上述思路,当然要追求一。真理是唯一的,实体是唯一的,当然神也是唯一的。

当代西方哲学思潮否认二元分叉划分和唯一的确定性在追求真理中的权威,所以它的最重要的一个特点就是朝向一个世界,也就是那个被我们直接体验到的现象世界,一个变化着的、有其显隐生成结构的多样世界。说得更确切些,当代西方哲学的主流趋向是:对于唯一现象世界的可能性的关注。这个可能性应该首先被理解为可直接理解性。一言以蔽之,不在现象世界(它本身可以是多层次的)之后、之上找一个有着不同本质的世界,不管叫它理式的世界、物质的世界、客观实在的世界,或者是别的什么世界,以便统一对这个多变的现象世界的解释。人们开始自觉地关注这一个本质上丰

富和多样的世界,而且要求它对于我们具有一种直接可理解性。①这是当代西方哲学的新朝向,尽管传统思维的惯性在现实中或某些时期仍是强大的。

所以,与毕达哥拉斯以来在哲学上盛行了两千多年的旁观者态度形成鲜明对照,当代西方哲学倾向于认为并不存在这种旁观者的看台。有一位并不特别出名的当代西方哲学家奥托·纽拉特——虽然表面上是一位物理主义者,但他坚持人的所有认识都脱不开语言(此观点下一小节会阐述)——讲了一段可以用来刻画这个思路的话,后来常被人引述。他说:人类知识实际上是一艘永远在茫茫大海上漂泊的船,出了问题也只能在海上修理自身。你找不到一块稳定的大陆,停靠在它的港口以后,大拆大卸,找最好的材料、用最合理的方式把它重新组装。这不可能,没有那么一个状态。在某一处消除的不确定性,会在另一处更加有力地涌现。

我这里讲的现象世界的"现象",也不同于以前讨论过的经验主义者们讲的现象,因为这个现象不是与本质相对立的。像经验主义理解的那种现象,是一种完全被动的、通过感官去接受的外来东西,在每个时刻只进来一个感觉印象或观念,也就是一种片面的、贫乏化的现象。在当代的许多哲学家看来,情况不是这样的,我们最初接触的现象,绝不是孤立的、贫乏的和单质的——那只是理论家们抽象的结果,而是与其他现象潜在沟通的,因而隐隐造成了一个有意义的世界。而形成一个世界就意味着它有一个整体结构,有自己的意义发生机制,并因此而包含了自身的本质。所以这种现象与本质没有根本的逻辑区别,它们是相通的。人靠什么意识到这种相通状态呢? 靠直接的可理解性。这"直接",并不仅仅指直观,特别是那种主体对客体的线性直观,而且是人对于世界的前对象涉入和非观念化的边缘交融,以及对这种涉入和交融的自觉。

这样一种哲学思潮,它最感兴趣的就是那个最活跃、最本原的直接可领会状态。也就是说,就在运动中来理解运动,就在投入的活动中来理解这个活动的情况和结果。我并不后撤一步在旁边看,而是就在我边缘性地、不完全对象化地意识到某物的同时,来揭示这个意识的动态结构,这是现象学创

---

① 当代物理学及其哲理阐发也讲"可能的世界",或与我们这个世界"平行"存在的其他世界。但这种多元世界观不同于柏拉图式的一高一低的两个世界说,因为这些平行世界没有本质上的高低可言,而且都是基于我们生活的世界中观察到的现象而提出的。

始者(晚期)胡塞尔①,特别是后来的现象学家们比如舍勒、海德格尔、梅洛-庞蒂、列维纳斯的想法,也是有悟性的分析哲学家如后期维特根斯坦的主张。所以人们特别关注的是一种身心不分的游戏方式、构造方式和知觉方式,而不再完全信任由概念原则或者理论框架所抽象或推导出的东西。从另一个角度看,这也是没办法的事,因为一旦你研究的东西被对象化,能加以因果推衍,科学马上就接过去了。近代以来科学大大发展,哲学家所谓的认识论问题,心理学要接过去;而所谓的本体论、存在论、宇宙论的问题,物理学要接过去;至于伦理学、政治哲学的问题,生物学、社会学要接过去。所以给哲学留下的只是对于世界和人生的纯领会、纯思想和纯直觉,是处在边界上的窥测、虚构和提示,在变化的潮汐中来直接显示这个变化的动态构造正在生成着的滚烫含义。它能够给人的帮助是:提示人们的生存本原和重识此本原的方式,蓄气而得势,以便能时机化和动人化地实现出对象。

近现代的西方思潮产生了许多后果,其中最重要的一个就是科学霸权的建立。培根当年讲"知识就是力量",后来体现为"科学就是力量",这个潮

---

① 胡塞尔开创的当代现象学,对于这个"就现象来理解现象本质"的特点有着突出的方法论自觉。现象学的还原法(可比于老子讲的"损之又损")使我们摆脱习惯思维框架,直接面对现象。这时我们会发现现象并不像西方传统哲学眼中的那般现成、孤立、贫乏和破碎,而是有着更多、更丰富的生成和自维持结构,既虚实相间,又显隐对生。首先就是现象不止于向我们直接呈露的显现面(休谟叫"印象"),而是必包含由这个显现面牵引着的周边的、前后的边缘晕层,以及由这些晕层再引向的更广大深远的边缘域(Horizont, horizon)。它既表现为比较空间化的权能-习性化的势域及生活世界,更应理解为超个体的内时间意识流(可略比于唯识学讲的"[如瀑流般的]阿赖耶识"和中国古哲人心目中的"阴阳大化[之时流]")。此时间流使得意识永远在进行隐蔽的"被动综合",也就是进行潜在的、前对象的生成准备或冥会铺垫,以便显意识在适当时机中突显其某部分为可直观的对象,比如胡塞尔中期常讲的"意象对象"(noema,又译作"意象相关项")。

因为意识总要从隐流虚象兑现为显象实事,即从隐蔽的或半隐蔽的时间意识流和生活势域之中来兴发运作,以实现出各色对象,所以它直观和理解到的原初者,不可能是光溜溜的现成对象(如经验主义者或反映论者们说的那种对象,即Objekt),而只能是牵拉着、粘黏着原时空边缘域的意向对象或noema。这意向对象既有当场现身的实显面,又有由它引领着的虚作的、可能化的、自身纠缠着的层层叠加势域或向度,以至于我们显意识的原初活动只能是包括原想象的意向构造式的,或主客共构式的,而不会是自我主体认知外在客体式的。其成果也只能首先是虚实相掺的"立体或多维的""活生生的"意向对象,而非扁片状的印象或完全定域化的因果对象;并且这活动必具有对自身及其对象的当下"自身意识"(可称为"[当下即是的]热反思意识",不同于事后的"冷反思意识"),凭此而与更深长广大的内时间意识流和生活世界相联通。人类的所有特点,无论是东西方哲学家刻画的、文学艺术表现的,还是人生的悲喜剧上演的,皆源于兹。现象本身的生成和维持结构造就了人能体验和认知的一切,所以人无须也无法从本质上超出它,不管从它那里实现出的是堕落还是拯救,是灵感四溢还是平淡无奇。那些柏拉图的理式、亚里士多德的第一实体、笛卡尔的"我思"实体、康德的"物自体"等,只是这个真正"自有自本有"的现象世界的潜在生成向度的抽象化、冷凝化和固定化而已,有其哲理功能,但未得事情本身之真际。

流直到今天还毫无改变。而哲学的地位跟科学霸权的建立很有关系。只要科学能够研究的,哲学就不得不退出来,没你的事儿了。你还想来指导科学研究? 科学家绝对不会听你的。黑格尔在《逻辑学》讲"量"的部分里,表述了一些对于高等数学、微积分的理解,后来有的数学家就说这是 disaster(灾难性的错误),黑格尔讲的辩证道理与他们感受的数学真实根本不搭配。其他的哲理指导,包括分析哲学的指导,科学家一般也都说不行。你们想靠摆弄思辨概念和建立逻辑实证标准(比如衡量什么是有意义命题的标准)来指导我们这么形式致密的推算和常有意外的实验研究,只能是讲一些外行话。但是我们也知道,在西方的文明史上,这些科学恰恰就是从哲学里不断分离出来的,从古希腊就能看出这一事实。最早,哲学和数学几乎是同时诞生的,毕达哥拉斯既是哲学家、宗教领袖,又是数学家,他创立的学派中产生了许多科学家,极大促进了一些科学比如天文学、医学的发展。亚里士多德既是大哲学家,又是大科学家。近代以来,哲学实际上是被那些"没良心"的科学抛弃了。哲学孕育了它们,可它们只要一独立,就声称哲学已经过时。我 1978年初刚进北大的时候,心理学还是属于哲学系的,但其实它在西方早就独立了。而它一旦独立,就觉得你们哲学研究的认识论问题,我们都能量化地精准研究,也就是将它认知科学化,从此你们就毋庸置喙了。这样,哲学从知识的最核心处被驱赶出来,成为一种像福柯讲的"疯癫的文明",或者说像一位发疯的先知一样。又好比尼采《查拉图斯特拉如是说》描写的那样,一个疯子在那儿叫:"上帝死了!"大家问:"怎么回事? 谁把上帝杀死了?"回答是:"是我们大家一起把他杀死了。"从此哲学以一种疯狂的面貌出现,因为哲学既不再是科学之王,也再不能靠划出一片属于自己的领域来成为严格科学,或者叫科学女王,因为它根本无领域可言。

　　如上所及,哲学只能作为纯领会,或直接可理解的思想来存在。下面我们会看到,科学达不到这一点,因为哲学要从自身意识(而非反思意识)的方式、意义构成的方式、游戏领悟的方式上找到领会终极问题的契机,而这一点科学是鞭长莫及的(近几十年的认知科学、人工智能想深入这个尖端,但并不真能赶走哲学)。也正是这一点,对于一个大写的人来讲,是至关重要的,哲学唯一的生命力和它的立足之处就在这里。当代西方哲学对于这一点有所自觉,不认为哲学是关于最高级或最基本的对象的知识,所以它是反本质主义的(anti-essentialism)、反还原主义的(anti-reductionism)。本质主义主张现象背后有更高级的本质,而还原主义就是把实在、认知都还原为一些要素。一旦这样做了,比如还原为原子,还原为感觉观念或先天观念,就可以对象化了,这时候物理学、心理学就可以来研究了,而哲学则是那可以把握本质对象的科学。当代西方哲学不这样看。它倾向于认为,在我们对终极实在的认识中,找不到一个最基本的或最高级的东西,从这个东西往上建造,或往下推论,就绝对不会错。我们建的电视塔的基底要打到地下深处的基岩,这样地震来了就不会震塌了吧?不,一样会塌,要看是多大的地震。因为这些"主义"都是以脱开现象界而寻找更高的、更基本的实体世界、本质世界为目标,而我们实际上能够直接认知的只是现象,首先是意义现象、意识现象和直观现象。所以,对这种思想方法上的二元两分倾向,当代西方哲学的主流一概反对。

三、转向语言或"语言转向"

正因为如此,当代西方哲学中出现了一个重要转折,可以叫做"语言转向"(linguistic turn)。什么是语言转向?是语言本身的转向吗?不是。是转向了语言,即 turning to language。也就是说,无论分析哲学还是欧陆哲学,都倾向于通过转向语言——分析乃至重建我们所使用的语言或重审语言的本性——来解决哲学问题。欧陆哲学在开始时,这个特征不明显,后来到了海德格尔,这个意识就越来越强。再后来到了结构主义、解构主义,对语言进行结构分析和哲理分析的倾向就更明显了。海德格尔说过一句很有名的话,在中国大陆已经耳熟能详。北京一位收集民间谚语的人,在广播里接受记者采访。当记者问他收集谚语的动机时,他回答道:"海德格尔说过:'语言是存在之屋。'我们要了解北京人的存在,就要熟悉这里人们的习惯用语。"可见这句话许多人都知道了。

在这个转向语言的氛围中,语言就不再被认为仅仅是用来传达观念的手段,没有自身的含义,而是被认为具有一个原本的构成意义的结构。相比于以前讲的那些观念辨析啦,实体确认啦,形式推衍啦,语言是更现象化的、直接可理解的。语言要不是直接可理解的,那就没有什么是直接可理解的了,对吧?当代西方哲学越来越强烈的一个倾向认为,你说什么语言,你就有一个什么样的意义世界,因此语言的原本性受到了极大的关注。以前只是认为语言是传递现成思想的工具,它本身是中性的、透明的,因此我们可以创造一种世界语言,甚至造就一种完全合乎逻辑语法的理想语言,以便统一和科学化我们的用语。但后来发现,人从小学会的第一语言(母语)或自然语言的发生功能,不能被任何人工语言代替,因为语言是引发原意义的游戏(后期维特根斯坦),而游戏要先于规则。

其实,语言本身会影响我们的思想、认知和能力,这个说法早就有了。《旧约·创世纪》里讲的巴别塔寓言,就反映了这种意识。它说:我们人类最早的语言只是一种,不同民族的人群可以顺畅交流。于是人们商议好了,要建造一座通天的巴别塔。上帝害怕人类通过这种合作变得太强大,就下来变乱人们的语言,让我们各自说不同的语言,这样人群之间不能互相交流,力量被大大削弱,就都要听上帝的了。后来,西方的有些学者比如莱布尼兹和索隐派(figurism)学者如白晋(Joachim Bouvet)和傅圣泽(Jean Françoise Fouc-quet)①认为,中国《易经》里面的卦象以及与之相通的原初中文就是一种原本语言,因为它能直接显示意思,让所有的人一看就明白。

与欧陆哲学不同的是,分析哲学的语言转向中有时还掺杂着还原主义,也就是认为人们可以找到一种可分解为最纯粹成分的理想语言。起码在它的前期,曾经有过这样的抱负。当时数理逻辑特别是谓词逻辑出现了,它是一种对量词化的逻辑符号进行数学式推衍的公理化系统,也可以看作是一种简单的形式化语言。这种语言或“概念文字”的最早思路是由莱布尼兹提出的,他设想并初步尝试了一种演算语言,它的初始符号是像中文或古埃及文字那样的符号,可直接显示意义。对它的期待是:自古以来的哲学问题,不用再没完没了地争论了,代入到这种语言里面一推演,就可算出来谁对谁错。莱布尼兹又是电脑二进制的发明者,还自己设计了很简单的计算器。我们现在这个电脑数字化的时代,可以说就从他开始。由此能看得很清楚,只要科学(包括形式化科学)能接过去的,哲学就只能退出来,哲学问题在那儿根本就不再是真正的问题了。但由于海德格尔、后期维特根斯坦的睿见,以及蒯

---

① 关于“索隐派”和傅圣泽,可参见〔美〕魏若望:《耶稣会士傅圣泽神甫传:索隐派思想在中国及欧洲》,吴莉苇译,郑州:大象出版社,2004年。

因、德里达等后来者的研究，人们开始认识到，透明的理想语言的设想是不可能成功的。任何语言都有它自身的构意机制所造成的视域或"必要的偏见"，一定会限制、改变（同时也是必要的引发）使用者看待世界的方式。所以对于人来讲，语言也是一种人生现象，在某种意义上甚至是更原初的现象，你认识世界时躲不开它的染色和聚焦方式。

如果是这样，那么语言是不是就代替了康德讲的人认识世界的"先天形式"，成为我们必带上的"有色眼镜"呢？可是语言，尤其是自然语言是经验的、多样化的，这岂不就意味着我们认知和感受世界注定是相对的，局限于各自的语言之屋，而永远达不到普遍有效的知识？并非如此。虽然语言不能靠设计理想语言乃至发掘深层语法来达到普遍性，但真实的语言都是构意的结构，超出了我们的主观观念和显意识却又收敛于意义构成的方向，所以它们之间就可能出现相互理解和转译的通道，哪怕只是潜伏的通道。这种通道不会总是一一对应的，或有公度性（commensurability）的，但还是可以凭借非线性、非概念、多层次、多角度乃至跳跃腾挪的意会方式，让不同的语言意域相互沟通。因此，语言对于人类意识和认知的根基性虽然会使那种理式化、形式普遍化的认知和直译在深层失效，但毕竟可以"**曲而中**"（《周易·系辞下》）。换言之，这种在变易、多色和构意中浮沉的认知和交流，虽然不会达成形式的普遍有效，却可能赢得实质的或情境化的普遍有效。就像庖丁说他是通过非对象化的技艺之道，与牛形成了"以神遇而不以目视"的内在关联（《庄子·养生主》）；语言间的深度认知、交流和领会尽管隐蔽曲折，却允许我们达到"时中"（《礼记·中庸》），也就是时机化地命中那语言间的可共通真理。

第二节　柏格森：应该怎样知觉变易？

明白了这样一个大背景，有利于我们解读下面这篇文章，即法国当代重要哲学家柏格森的《关于变易的知觉》。柏格森（Henri Bergson，1859—1941）出生在法国，天赋很高，人生也是顺风顺水。他是哲学家，写了著名的《创化论》（*Creative Evolution*）。很多人读到这本书，就像读了一本新时代的《福音书》一样，一下子被唤醒了。他的文笔流畅生动，凭借此书在 1927 年被授予诺贝尔文学奖。还有两位哲学家得过诺贝尔文学奖，即罗素和萨特，但是萨特拒绝去领奖,体制上的东西,他一概拒绝。柏格森 1889 年发表《时间与自由意志》,他的成名作是 1896 年的《物质与记忆》,而他最为人知的著作则是 1907 年出版的《创化论》。1934 年他又推出《思想与运动》(英文本为《创造的心灵》)论文集。柏格森的思想风格和表达方式非常清晰,无论多么艰深的东西,都能表述得清澈明晓,鞭辟入里,甚至带有诗意。哲学家能达到这个程度的很少。他成名以后,在巴黎的法兰西学院做讲座,一些名人和社交明星都去听,像聆听精彩的布道一样。

一、解读《关于变易的知觉》

1. 提出问题

《关于变易的知觉》这篇文章①出自柏格森的论文集《思想与运动》,应该算是他晚期的成熟论文,其主导问题是:如何真正知觉到、思想到变易? 你觉得应对这个问题困难吗? 好像不难。谁不能知觉到变化呢? 我们都生活在变化之中,整天都可能知觉到一些改变。但是要从哲学上、思想方式上真正进入变化里,却很不容易,因为我们习惯于关注知觉中对象化的或"静止的"部分,而忽视那过渡的或正在"飞翔着的"部分。许多人即便是盯着飞翔着的鸟儿,实际上还是将它的飞翔看作是一连串静止瞬间连接成的轨迹,不能真正进入那个飞翔的状态。西方两千多年的哲学史中,一开头确有这种动态化的思想,我们讲过的赫拉克利特就意识到这一点,但是后来就没有了,或基本上没有了,所以要从根本的道理上"知觉到变易",确实是对西方哲学的一个重大挑战。②

所谓知觉到或理解变化,就是要把变化作为真实的东西来感受,这才叫真理解;而西方传统认为不变者才是真实的或更为真实的,认识变化着的现象则要通过理式、范畴或逻辑上得到论证的概念,这是西方传统的基本路数。柏格森考虑到这一点,所以说:"我们进行推理和哲学思维时则似乎根本没

①　我们选编的《资料》收入了它的中译本(第 469 页开始)。出自陈启伟翻译的《现代西方哲学论著选读》,陈启伟主编,北京:北京大学出版社,1992 年,第 50—73 页。

②　参见乔治·雷考夫和马克·约翰逊的《我们赖以生活的隐喻》(George Lakoff & Mark Johnson：*Metaphors We Live By*, Chicago, IL & London：Chicago University Press, 1980)。它发现时间这变易的灵魂在英语中被空间化或对象化了。

有变易这回事。"(《资料》,第 469 页左)他说的并不为过,即便是黑格尔,虽然大讲发展变化,但是其根基处没有变化,没能终极地发动起来。所以传统的西方哲学要贬低知觉,要倚重概念理性。而按照柏格森的看法,知觉恰恰是我们思想的黄金,概念不过是表示黄金的纸币而已(同上书,第 469 页右)。在他那个时代,金融业实行的是所谓"金本位"制,纸币是一定要对应黄金的,一个国家印多少钞票,就对应了多少黄金。现在了不得,抛弃了金本位,一个政府可以撒欢儿地印纸票子,而这些纸票子的实际兑换价值要看国力和市场。有的国家如美国因握有美元霸权,就可以靠印刷和倒腾纸票子还债和剥削他国,但也可能引发金融危机。柏格森这里讲的"黄金"并非对象化的金子,而意味着源头,即我们对于现象的知觉是我们思想的唯一闪光的涌动源头,而概念和理论不过是从那里流出的静态沉淀或抽象,就像岩浆流出后变成了熔岩,又慢慢凝固成了山岩。

2. 无法知觉到变易的原因

无论是唯理论还是经验论,都是以一种残缺的、静态的方式来看待知觉,"无论古代的还是近代的哲学家[,]都认为哲学是用概念代替知觉。"(同上书,第 470 页左)他们觉得知觉低级,因其只能接受感官的东西,也就是片段的、偶然的东西,于是就要通过概念抽象达到普遍的、确定的东西。因此,按照柏格森的看法,传统西方哲学就知觉不到、也理解不了变易和运动本身,因为我们了解它们,首先要通过知觉来进行。

这方面的典型就是巴门尼德对变易真实性的否定和芝诺的运动悖论。柏格森写道:"形而上学是从爱里亚派的芝诺关于变易和运动问题的论证中产生的。正是芝诺使人们注意到他所谓运动和变易的荒谬性,从而引导哲学家们(首先是柏拉图)要在不变的东西中去寻求真正的自相一致的实在。"(同上书,第 473 页左)刚才有同学问:"什么是形而上学?""形而上学"是日本人翻译 metaphysics 时造的一个中文词(中文原词是"形而上",出自《周易·系辞》),用来表明它是探讨有形的现象之后的那种根本性存在的学问。对于西方人来讲,它首先是研究大写的存在本身或实体,而不是那些可变化的存在者。

柏格森认为传统西方哲学理解不了变易的最重要的一个方法原因,是企图通过不变来理解变易,将知觉抽象成概念,或者说是将变化、运动和时间都还原为不变的东西,比如还原为空间,也就是位置、节点、状态。芝诺悖论就是这样,其他的西方传统哲学也莫不如此,以不变应万变,通过不变来理解变,同时又硬将这些不变东西冒充的伪变看作是变易本身。"最初被芝诺后来被一般形而上学家视为运动和变易的东西既非变易亦非运动,在变易中他们保留的是不变的东西,在运动中他们保留的是不动的东西"(《资料》,第473页右),而按照柏格森的看法,这个掉包或伪装是这样造成的,即把运动(变易状态)变为运动者达到的位置(其本身不变),于是就从道理上否定了运动的可能。

　　在"阿基里斯追不上乌龟"的悖论中,阿基里斯跑到了乌龟刚离开不久的位置点,乌龟却又朝前爬出了一段;再跑到下一个位点,乌龟又爬出一段。这么看来,两者之间的距离会越来越近,但这位跑得最快的希腊战将却总也赶不上乌龟。芝诺把运动的连续过程变成了运动达到的一系列位点,不断按比例切分两者之间的距离,那当然是切分不完的。但是通过这种本身不变的位点和比例关系,他恰恰是要来说明运动及其相互关系(速率关系),这就造成了荒谬。所以他所谓的运动悖论或运动变易的荒谬,恰恰是出于这个思想方法和论证路数,而不是说运动本身不可理解。柏格森对此做了一个很精彩的分析:"[在芝诺悖论中]使我们感兴趣的并不是运动中位置的改变,而是这些位置本身,即运动已经离开的位置、运动将要占据的位置、运动在途中即使停止也会占据的位置,等等。"(同上书,第474页右)大家想想,芝诺的运动悖论里,情况是不是这样的?这"位置"在芝诺第一个论证即"一半的论证"中,是他讲的"中点":你要走过一段路程,总要先到达它的中点,以及下一步,到达出发点至这个中点的中点,由此以往而无穷无尽。在"阿基里斯追不上乌龟"的论证中,这位置是两者的起点和途中到达的那些点。再者,在"飞矢不动"的论证中,这位置是飞矢在一瞬间占据的头尾之点。

　　要打破这类悖论,首先要认识到,理解运动根本就离不开那个原本的运动进程,不可将它还原为运动到达的或所处的位点,因为一旦离开正在进行着的运动过程或运动现象本身,你的分析就是不对号的。原本的运动已经消失了,你是在用静态的空间性质拼凑出本来是存在于时间中的运动。柏格森举例说:我们挥一下手,从 A 点移向 B 点,这个动作谁都会做,这是一个运动。但是,如果你觉得这个运动可以分解为我移到一半停一下,再移动到 B,

中间加了一个 C 点的停顿,哪怕只是思想上的停顿,这就不叫一个运动了。它已经分裂为两个运动:一个是从 A 到 C,停下来,下一个运动则是从 C 到 B,原来的那个运动就消失了。(《资料》,第 474 页左)如果你要用加入了停顿的运动去说明原来连续进行的(从 A 到 B 的)运动,就违背了运动和理解运动的本性。这么看来,我们实际上是不能够依据运动之外的死点或空间距离来解释运动的,那样我们解释的就不是一个完整的活的运动,而只是运动的尸体和骨架。

3. 阿基里斯的回答

假定我们要阿基里斯来解释一下他的跑步运动,他的回答无疑是这样的:"芝诺坚持说我是从我现在所在的这一点走到乌龟已经离开的那一点,又从那一点走到它已离开的另一点,等等;这就是他让我跑的方法。但是我是用另外的方法做的。"(《资料》,第 475 页左)那阿基里斯是如何跑的呢? 当然是处于跑步的运动之中的跑,没有中间的(到某点和从它再起头的)停顿。"我跑了第一步,然后跑了第二步,如此等等,在跑了许多步之后,我终于跑完了超过乌龟的最后一步。这样我就完成了一连串不可分的动作。"虽然我们可以用数字比如步子的数目和所用时间的秒数来计算阿基里斯运动的状况,甚至把它标分成许多部分,但那都是在认可了他跑步的连续性或绵延真实性的前提下所做的方便之举。我们没有权力按照根底处是静态的法则来分解它,或者设想它是以另外的方法连接起来、拼凑起来的。"像芝诺那样做[,]就是承认可以随意地把赛跑像它通过的空间那样加以分割;那就是认为赛跑的过程实际上是被用之于跑道上;……因而把运动和静止混同了。"实际上,要理解运动就要进入正在进行的运动里面。让阿基里斯这个运动者来解释他进行的运动,并不意味着这种解释是完全主观的,因为他在运动的同时,还有伴随着这运动的前反思的自身意识,可以将当下进行者与过去和将来者内在打通,同时也可以打通主体间的感受,乃至打通他与其他事物的存在状态(想一想庄子与惠施关于"鱼之乐可知否"的争论)。而我们作为阿基里斯之外的观察者,也不一定采取芝诺那样的静态观点,而是可能通过新的哲理和观察方式来与阿基里斯一同存在、一同运动,就像父母可以直接体验到子女的苦乐,菩萨可以活生生地体会到他人的痛苦并由此产生大慈悲而不止于移情一样。相反,如果我们按照芝诺安排的方式去跑,跑几步就在乌龟的出发点停一下,尽管只是思想上,那就把跑步这么一个过程还原成了跑道,将活的时-空间加以空间化,也就是用静止或静动杂拌来重构运动。好好想一想,是不是这样的?

认真读柏格森的书,一定会受到极大的启发。我在这里所做的解释,实际上已经有些分割了。他的语言有时候是无法替代的。此处的要点是说:运动和变易有自己的真实性,或者说相比于静止更具有真实性。要理解它、知觉它的人就没有权力按照另外的法则来分解和重构它。你只能首先按照像阿基里斯说的"我跑的方法"来理解它,而这个方法一定能使阿基里斯追得上乌龟。也就是说,你只能首先按照在实际中、在现象中发生的方式来知觉运动,这恰恰是当代西方哲学的特点。所有领潮的当代西方哲学学派都能够以这种或那种方式体现出这个特点,一种反还原论的、进入实际经验的活性顶端的特点。而且,虽说这种对运动的直接知觉是不可被还原、不可被从根底分割的,但它是可以被理解的,而且是更可理解的,有自己活生生的合理性和结构性。我们的生活本身就包含这种原知觉理解,比如在"行住坐卧、劈柴担水"中,而且还可以凭借各种合适的方式来多角度地进入这种可理解性与合理性,比如通过测量和计算运动现象,了解它们之间的关系,预测它们的将来。但是,如我上面说到的,我们必须明了它的整个结构从根子上是动态的,就如我们对它的活生生原知觉所感通的那样,一切对它的摆弄只是权宜之计、方便法门。我们也可以把这里讲的运动和变易理解为现象,相应的含义就是,传统西方哲学想要超出现象,达到本质和实体,然后通过不变的本质和实体来理解现象,是行不通的,就像芝诺悖论的论证那样是以理破势的。现象界的变易动态只有在它本身的势头中才能得到合理的领会,就像这里的阿基里斯关于自己的运动所说的那样。你如果真能深切地品尝到这一关键点的思想韵味,那么就会有一次智瑜伽的开悟。

更进一步,柏格森认为"根本就没有真正的静止,如果我们把静止理解为无运动的话。运动就是实在本身"(《资料》,第474页右)。这也就相当于说,根本没有超出变易现象的本质与实体,变化着的现象就是实在本身。"在变易的下面并没有任何变易着的事物,变易不需要一个支撑者。……运动不意味着有一个可动的事物。"(《资料》,第476页左)运动或变易本身恰恰是理解的核心,是最重要的东西,不能够还原为运动者,而这些运动者、支撑者只是运动的方式。仔细体会，这种看法已经接近中国古代《易经》的变易终极观了，与量子力学也暗通款曲。

那我们平常感受到的杯子的静止和稳定是怎么回事呢？柏格森认为，所谓静止，实际上只是运动的某种状态。就像两列火车，如果对着开，它们的相对运动就更快了；可如果两列火车往同一边开，速度一样，这样我们就可以在车门两边交流、传递东西，好像那辆车是静止的。我们现在觉得这个杯子是静止的，只是因为这样一种关系。（同上书，第474页右）可见，在柏格森的视野中，运动变易现象是最真实的，只能通过它们本身的特点来得到理解。但是，我们平常出于实用的目的，就尽量把我们对于运动的知觉简化、贫乏化，只关注运动者而不关注运动本身，因为这样更容易掌控，更有成就感。所以实际上，是我们这样一个要求效率的、体制化的、追求力量的生存结构，使得我们的知觉和思想方式都被贫乏化了，以至于我们对运动的本然知觉消失了。这里我忍不住要引用《坛经》中慧能的话："恰至'应无所住，而生其心'，言下便悟：一切万法，不离自性。"[①]变易着、生发着的趋势，就是"万法"的"自性"啊！

4. 真实的绵延就是时间

"我们所当做的乃是在其原始的能动性中把握变易和绵延。"（同上书，第473页右）这里讲的"绵延"（durée，duration），是柏格森哲学的核心词语，也就是我们上面一再讲的"直接处于运动或变易之中"而非之外的实际状况和思想状态。"真实的绵延就是我们之所谓时间，但是作为不可分的东西被感知的时间。"（同上书，第477页左）时间是绵延的最显著表现。他讲的时间从根本上是如水流中行船那样的，是全动态的，前后、主客有差异但互补交融，所以是"不可分的"，其本身也不可用钟表测量。我们要理解时间本身的绵延，只能通过我们的直觉或直接的知觉，就像听音乐的知觉。对于感受着生活的人们而言，时间的绵延——过去与将来交织为正在时行的当下——是再自然不过的状态；但是对于传统的西方形而上学，这是再神秘不过的东西。一支乐曲之所以能够打动我们，靠的就是这种绵延，也就是时间三相的不可分割的、绵延流动的差异互补及其导致的原意识发生。人的感受力对于它最为敏

---

① 郭朋：《坛经对勘》，济南：齐鲁书社，1981年，第20页。

感。而如果把一支乐曲或者时间分割为不同的音符,或切割为钟表指示的"先""后"时刻,那么就是把空间形象带进了乐曲,或把同时性注入了顺序互联,音乐与生活本身的动人性或原发的可理解性就消失了,我们就不再能够"倾听生活深处的不断的歌吟"(《资料》,第 477 页左),而那种歌吟正是绵延的源头。

此文通篇特别强调的是连续,其实就是有差异——比如时间顺序(先/后)差异——的互补交融。而且,这种绵延首先存在于主客不分的生命连续之中。因此对于柏格森来说,记忆就不像人们一般认为的,是被储存在大脑里面的信息,就像是被储存在了电脑里面,想要的话就可以把它调出来。如果是那样的话,你怎么知道到哪里能找到这个信息?那岂不是又需要另外的信息?如此后退,以至无穷。简言之,电脑的"记忆"方式是人设定的,而人的原发记忆及其运作方式则是人的生命绵延所赋予的。说到底,记忆源自我们生存本身的绵延,而任何绵延——过去与现在和将来的交织——都是身心不二的,都有记忆的保持功能,而且应该是以一种非对象化的方式融藏、蕴含着过去,在合适的条件下浮现为对象化的信息。就此而言,记忆是天然的(用维特根斯坦的话讲,就是由生命体的"生活形式"决定的),绵延的生命一定会有记忆。"因此记忆不需要解释。更确切地说,没有一种特殊的能力,其作用就是保存大量的过去,以便把过去倾注于现在之中。过去自动地保存自己。"(同上书,第 478 页右)

对柏格森来讲,真实的时间绵延就如同还没变味走调的真实运动和现象,是自成一气的、自身合理的、可以直接倾听和领会的,就像你可以直接倾听一首乐曲和观赏一幅画作。"生命深处的歌吟"谁不能理解?最能被理解的、最能打动人的,恰恰是这种歌声,用佛家的用语讲,就是"海潮音"。阻塞我们的原初听觉和视觉的,是异化的、完全实用化的人生方式,它让我们只关注可被我们操控的东西,而对那么丰富的生命体验(首先是对变化自性的知觉体验)不屑一顾。

5. 如何恢复对运动-变易的知觉?

柏格森相信,我们有办法恢复对于原本运动或变易的知觉,其中两个重要的复原方法是艺术和哲学。"艺术足以向我们表明知觉能力之扩展是可能的。"(《资料》,第 471 页右)因此他在此文中大讲艺术的哲理作用,阐述艺术家们如何使得我们的知觉又恢复到很丰富敏感的状态(同上书,第471—472页)。音乐家、诗人、画家的天才就表现在他们没有丧失对运动-变易的某种原本感受,所以他/她的音乐、诗歌或画作会使你突然知觉到,世界原来是那么深邃丰满、原义涌现,于是被深深打动而有所领悟。而另外一个唤醒原知觉的方式是哲学。实际上,他的哲学就有这个功能。真正的哲学能够让我们意识到这个问题,又能讲清楚相关的道理,所以能够为我们的思维方式、知觉方式提供一个"回复本心"(陆象山、王阳明)的路标乃至契机。如果你深加体会,悟透其中道理的真切性,就可以获得复原,就像印度人讲的"智瑜伽"的效果。哲学带给我们的开悟虽然在一开始可能不如艺术体验那么生动和富于感染性,但一旦进入其中,能够"随着阿基里斯跑起来",那么它引出的领悟一样动人。而且相比于大多数艺术感悟,哲学的效果更持久,因为它有"讲道理"这个方便法门。"它[艺术]丰富我们的现在,但是它不大可能使我们超越现在。通过哲学,我们[却]可以使自己习惯于决不把现在同与之协作的过去分离开来。由于哲学,一切才具有深度,不仅有深度,而且还具有某种类似第四维度的东西。"(同上书,第480页左)所谓"第四维度",主要就是指时间的绵延,它超出了物理的三维空间,也不限于物理学意义上的"时间轴",而是那能使一切现象具有深度或生存内在含义的意源之涌流。"其[即庄子的]言洸洋自恣以适己,故自王公大人不能器之。"(《史记·老子韩非列传》,《资料》,第380页右)这种哲学就不是一种枯燥的理智研究,让你已经贫乏化的生命进一步贫乏,而是让人通过认识真理而恢复直接感知生命意义的能力,因此是一种很深刻的意义上的"复活",具有伦理的和宗教的解脱效应,只不过首先以智能的方式表现出来。"于是实在不再以静力学状态、不再以其[现成]存在的方式出现,而是动力学地、在其趋向的连续性和变异性中证实其自身。"(同上书,第480页右)能够达到这种"动力学的""趋向化"的实在观,就意味着整个人生意识的转化和觉醒,"言下便悟",绝不只是理智上的认知成就。

于是我们读到柏格森这段激情洋溢的话:"在我们的知觉中被冻僵不动的东西又被暖和过来,运动起来了。我们周围的一切都复苏了,我们之内的一切都重新赋有生机了。一个伟大的冲动力推动着万物。我们感到自己被这个伟力激动得精神昂扬,陶醉入迷,被它牵引过去。……那些重大的哲学之谜可以解决了,甚至也许无须再提出来了,因为它们来自那种僵死的实在观。"(《资料》,第 480 页右)这段话的确让我们想起一曲经典音乐或一件伟大的作品带给人的深切动人的体验。我们周围的一切都复苏了,都富有生机了,好像是在读托尔斯泰的《复活》。哲学让我们又重新体验到作为孩子、少年时对世界的那种欣欣向荣的感受,因为过去、现在和未来又活生生地交织在一起,但又不是混沌一片,只是在根底处交融在一起。于是出现第四维度的绵延,让人有了生命运行本身的思想领悟、道德自觉和信仰再生。

二、柏格森哲学的当代特点

柏格森的思想中有这么几点特别能表现当代西方哲学的精神:

第一,以变易、运动、绵延现象为最真实者。只有一个世界,一个正在变化之中的、绵延之中的、又可以暂时静止的世界。所谓暂时静止,就是我们刚才说的那种,即运动的某种样式造成了相对静止,但底下还在动。所以只有这一个自身足够丰富和多样化的世界,没有一个柏拉图设想的本质上更高级的世界。换言之,传统哲学推崇的数学只是对运动变化速率的计算,理式也只是变化的样式。

第二,这种变易、运动和现象的绵延是最可直接理解和领会的,用现象学的话讲,就是"自身被给予的"或"明见的"。"无二之性,即是佛性。"(《坛经对勘》,第 30 页)你要是觉得这艘总在海上漂泊的航船不牢靠,想找一个完全稳定的码头,通过对船只的大拆大卸和重新组装来捕捉它的本质,就像芝诺做的,通过外在的观察把运动分解为位置点,再凭借这些点的集合来认识运动,那你反而理解不了变易和运动的现象,想得越深,越会遇到悖论。就像理解游泳,要以直接体验到的游泳知觉为前提,为此事之"菩提""命根儿",而不只以岸上的观察和量化分析为前提,尽管后者也可以是对前者的补充。

第三,最能表现变易和现象的这种非本质主义、非基础主义的绵延特点的,是一种原发的时间,也就是过去、现在、未来三维差异互补、合为一气的时间感知。它有其内在的次序,有正在生成着的绵延结构,但你确实不能只通过一维或一条矢量线来理解时间。还记得吗?当我们讲巴门尼德论证为什么"只有存在,没有非存在"的时候,他说存在只是现在,既不是过去也不是未来,所以只有存在而没有非存在。这是西方传统哲学对时间的最典型的看法,过去只是不再现在了,未来是还没现在,真正实在的就只是现在。这就是西方形而上学的时间底蕴。后来海德格尔特别强调它造就西方形而上学的历史地位,并力图破除它,而柏格森却是在海德格尔之前(《时间与自由意志》发表于1899年)把这个时间凝滞给打破了。你想理解现在,不通过过去和未来,根本就不可能。哪有一个纯现在?如果你坚持,那么就请拿出那个现在来,哪怕只在实行着的思想里。你正抓住现在的时候,它已经变成过去,仔细想想,纯现在到底在哪儿?实际上,你体验到的现在,无论多么"瞬间",一定交织在对未来的自发期待和对过去的自发保持里,难道这个是不可理解的?还是说它才是被我们直接领会的,而那些哲学的思辨、科学对运动的分割式计算,是真正不可理解的?

第四,这种意义上的感知、知觉、理解是就运动而理解运动,就现象而理解现象。或者如现象学的口号"到事情本身中去!"所说的,你如果想理解一件事情,那就只有进入这事情的生存本身之中,不要想站在一个永固的岸上来打量我们这艘可怜的漂泊之船。你只有上船才能理解这艘船,在岸上只能看到这船的皮相或假象,就像芝诺理解的运动,而且"岸上"也只是另一艘船而已。从外边看人生,不是对欢乐的羡慕,就是对痛苦的恐惧;可如果你直接经历它们,就可能晓得,快乐之中还有不那么快乐之处,痛苦里边却也并没有无法忍受的苦楚。所以,柏格森哲学的关键不在于只承认变化的真实,像黑格尔也从理论上承认这种真实,而是看出我只有身处这变易之中,才能理解这种真实性。换句话说,绵延不只是物质的或意识的绵延,而首先是心身或意物不分的原初绵延、自然绵延。

第五,以这种知觉和理解为源头的哲学,就和优秀的艺术乃至出色的游戏没有本质区别,都能够扩大我们知觉变易的能力。只是哲学要讲道理,跟艺术一般只通过意象来感动我们不太一样。比如对阿基里斯追乌龟运动的分析,就有一种更贴切、更普遍、更可理解的开启力。在这一点上,哲学带来的感悟是更持续不断的。它可能不如艺术那么动人,那么直接地透入灵魂深处而至真至纯,但如果你真正领会到了变易的终极真实性,它也动人。按照这个看法,哲学、思想、感知的深处是一种类似诗歌、音乐那样的纯时间的节奏和旋律,所以柏格森说我们"生命深处的歌吟"。由此也可见,西方学术界用来排斥"中国哲学"的那些理由,比如缺少概念化思维和形式突出的论证,没有纯形而上学等,统统不成立。哲学并不只靠那些特点来立身,只要能通过讲道理让人达到思想的边缘,振聋发聩、唤醒本心,就都是哲学,而且讲道理的方式,也可以是各种各样的。

第六,由于所有这些新的特征,那些传统西方哲学中出现的相当一批重大的哲学问题,就都可以得到解决了,甚至无需再提出来了。因为整个的哲学思想方式被相当深刻地改变了,即从二元分叉的变为差异对生中的一气相通和拓扑流变。几乎所有当代西方哲学中有所开创的哲学流派,都有这种感觉,都觉得自己一下子飞身凌绝顶,一览众山小,几千年的哲学之迷雾一下子被驱散了。不是一对一的解决,那样解决不了,而是把思考问题的根底整个置换了。于是传统哲学问题,比如芝诺悖论问题、一与多的关系问题、认知的相对性问题,一下子消失了。多少位当代西方哲学家都说哲学终结了,他们的感觉就是从这里来的。其实哲学并没有终结,只是传统的西方那种静态的、概念化的思想方式,也就是那种进不到发生过程中、只知在过程之外、之后来打量和分析它的那种搞哲学的方式终结了。当然,我决不能说在西方学院派里面、在大学里,教的都是这种新哲学了,传统西方哲学不教了。一样教,而且教得更多,某种意义上,西方传统哲学还是很主流,这些年又呈现一种复古的倾向。要知道,西方的文科学术跟他们的政治和文化状态有关。两次世界大战使得他们的文化和思想具有了某种革命性,对于这些新思潮也就比较容易接受。存在主义曾经在 20 世纪五六十年代的西方非常热,但是这些年,他们赢了冷战,高科技也在范式内高歌猛进,那种对哲理变易的渴望就黯淡了,而传统哲学的复兴也就顺势而行,参与修筑那些遮蔽、遗忘和阻挡新哲学思想的堤坝。这是另外一个问题,我这里就不多讲了。你们进入哲学系,将来学的会越来越多,要学西方哲学史、当代西方哲学,有的同学还要出国留学,就更能逐渐感受到这些东西。其实,恢复到以前的思维方式,抬高以前的这个或那个哲学家,这个不难,也没什么新鲜的;更难得多的是出新,不出新你就站不到哲学思想的前沿。不管你是哈佛还是牛津的哲学大腕,只知"整理国故",就跟真实的哲学进展无关。

第七,这种知觉和理解变易的哲理,与《周易》的基本哲理倾向——变易、不易和简易的"三易"耦合——相当接近。我相信,如果柏格森读到《周易》以及对它的高明解释,比如汉儒的"三易说"和"卦气说"、惠栋的《易尚时中说",那么很可能会有思想上的共鸣。因为双方的思想品质实在是太相似了,尽管各自的文化和学术背景很不同,具体论述也有不小差距。两种哲学都可以释放出伟大的思想冲动力,《周易》让我们直接感受和认知到阴阳互补对立所生发出的气、势和时,而柏格森的绵延说则使我们有能力进入哲理的"奔跑"状态,而不再总盯着逻辑论证和对象化思考的"跑道"。

第二十章　当代西方哲学思潮（二）

——叔本华、尼采和弗洛伊德

第一节　叔本华和尼采的意愿终极观和音乐的哲理地位

我这里只是简略交待一下叔本华（Arthur Schopenhauer，1788—1860）和尼采（Friedrich Wilhelm Nietzsche，1844—1900）在西方当代哲学中的地位。叔本华在黑格尔之后，生活年代与黑格尔还有一段时间上的重叠，可他非常反感黑格尔。实际上这反感包括了康德之后的三位德国古典唯心论者，即费希特、谢林、黑格尔，他称之为三个骗子。他有些愤世嫉俗，因为自视甚高，可他写的书在当时却乏人问津。而且，当他在柏林大学教学时，他故意向黑格尔挑战，把自己的课安排得与黑格尔的课同时间；可是黑格尔正如日中天，没有几个人上他的课，不得已，他只好退回法兰克福。

但是叔本华的思想确实代表了哲学的一个新起点。他提出：意愿（Wille，will，也译作"意志"）才是世界与人生的终极实在。这个主张与西方传统哲学有重大不同，开启了意愿主义甚至生命哲学的潮流。主要的不同是他心目中的终极实在与传统哲学主张的终极实在——存在、理式、实体、我思——很不同，不再是概念、范畴或反思的构造和把握，而是人可以直接体验到的生命状态。这个意愿的特点是：第一，和身体内在相关。我们的意愿和我们的原本身体（而非作为对象的身体）实际上是合为一体的。它的本性就是要生存、要满足。康德讲的"自由意愿"有某种本体性，对叔本华或许也有过启发，但它没有身体血脉，所以不会想到要生存和满足，而只是一个劲儿地"为自身立法"。第二，这种身体化的意愿是我们直接就能够知觉到的，最可理解。所以它既是现象，又是本体或物自体。康德讲物自体不可知，叔本华却说意愿直接可知,当然双方讲的"知"含义不同。万物的根底都是这种意愿,只是在人这里体现得最鲜明。第三,意愿从根本上是因内在缺乏而运动不已的,总在渴求而无法真正地满足,因而总处在追求新的满足的意愿之中。可见,传统哲学中主体与客体的分离、现象与本体(或实体)的分离、心灵与身体的分离,都被叔本华的意愿终极观甩在后边了。

他之所以能够提出如此新颖的思想,一个重要原因就是受到了印度思想(主要是佛教和《奥义书》)的影响。他觉得他这一生最幸运的事情,就是读到了印度的古代经典,这使他有了一个思想创新的深邃契机。既然意愿是终极者,它就不会消失,因它永远得不到完全的满足,每次暂时的满足只是为下一个更深的意愿做准备。于是他说,人生是在一条烧得发烫的跑道上跑步的过程,一停下来就会把脚给烫伤,只能拼命地错步奔跑,以得暂时的喘息。所以如佛教所说,痛苦是人生的根本,所谓的快乐只是暂时的、虚假的。他因此被认为是悲观主义者,受到了东方神秘思想的影响。那些西方的概念化哲学家因无法理解而忽视他,甚至对他进行人身攻击。

此外,叔本华认为艺术具有深刻的哲学含义。它们超出了因果律,将理式体现为直观,因此能够给痛苦的人生带来慰藉和某种超脱。尤其是纯音乐,甚至超过了理式,被他看作是意愿的直接倾诉,却将意愿那种制造苦痛的机制反用,以至于产生出灿烂如虹的作品。所有其他艺术只是音乐的投影,而那能够进入这种倾诉的哲学才能窥到真实。

作为一位开创哲学思想新时代的先行者,叔本华的伟大地位是不容置疑的。他影响过的重要人物数不胜数,比如弗洛伊德、托尔斯泰、屠格涅夫、左拉、莫泊桑、普鲁斯特、契诃夫、艾略特、托马斯·曼、荣格、维特根斯坦、王国维、薛定谔、瓦格纳。通过他的后继者尼采,意愿终极观受到欧陆哲学的瞩目。

尼采淡化了叔本华学说的东方色彩,转头从古希腊哲学、古希腊悲剧获得理解意愿的新灵感。他将叔本华的"对生存的意愿"改造为"对强力的意愿"(从这"生存"转向"强力"的变化中,也可感受到古印度哲学与古希腊哲学的不同倾向)。意愿既然超出了因果范围,那也就会超出一切功利的或求生避死的算计,完全以获得越来越强的力量为本性。尼采第一部重要著作是《悲剧的诞生》,里面已经讲到"对强力的意愿",尤其详论了那造就古希腊悲剧的酒神精神。古希腊神话和宗教中的酒神叫狄奥尼索斯,实际上就是尼采理解的原初自然和强力。他毫无拘束,突破个体化和体制化,其原力汹涌澎湃,秋死春生,让人和万类都酩酊大醉,陶然忘机。当酒神和日神阿波罗相遇的时候,前者提供原力,后者给与尺度,在奇异的火花迸射中,悲剧诞生了。悲剧就意味着人明了并承受那无时不在、无处不在的突变大潮,让生命的强力意愿底蕴充分释放,由此而得到净化,放弃小我。

但是他认为从苏格拉底到他那个时代,整个西方文明把酒神忘掉了,只推崇阿波罗;在哲学上则追随苏格拉底,因而只关注理性和确定性,以及形式和谐意义上的艺术和科学,包括后来的主导宗教基督教,都是些没有酒味的白开水乃至蒸馏水。所以尼采要"重估一切价值",对西方传统文化的各个方面痛加批判,引发了极大的思想震撼。为此,他声称自己是炸弹,要把西方传统的围墙炸开一个缺口,当然也把自身炸得粉身碎骨。他后来也真的发疯了,由他母亲和妹妹照料,直到去世。

与叔本华一样,尼采也崇尚音乐的纯思想功能。悲剧的灵魂就是音乐,但不只是阿波罗式的竖琴音乐,而是更能抒发醉感或强力意愿的酒神音乐。哲学的真实性就存在于两种音乐的共鸣合奏之中。体会不到那不受一切形式羁绊的永恒变易之潮汐,或击碎个体化原则之汹涌强力,那么,无论求助于多么精巧的论证,也只是在制作概念木乃伊。

他既是哲学家又是某种意义上的预言家。他讲的"强力意愿""上帝死了""酒神""超人",是对 20 世纪乃至今天人类状况的某种隐喻。他那以酒神为底的哲学在欧洲大陆哲学里面发挥了极重要的作用,一直到现在,无数哲学家、文学家和心理学家,从德国、法国到东欧和俄罗斯,再到中国和日本,已经并还在从他的思想中吸取重要的东西。他的影响是世界性的,这里就不必再一一列举了。

总之,叔本华和尼采这两位德国哲学家,都以各自新奇的方式体现出了我们所讲的当代西方哲学的特点,也就是对于这个唯一现象世界的直接可理解性的关注。这是传统的西方哲学所没有的。

第二节　弗洛伊德的地位和潜意识的存在

一、弗洛伊德的思想地位

传统西方哲学主流之所以割裂现象和本体，一个特别重要的原因就是他们对现象的理解太贫乏，无论是大讲感觉现象的经验主义者，还是推崇先天理性的唯理主义者，都是这样。我们以前讲过，他们对现象的理解是静态的、片段的，以主客二分为前提，所以他们觉得，要依靠这种现象获得真理，要么要压低真理的成色，换成比如休谟讲的"习惯"，要么要超出现象，诉诸超现象的另一个世界。当代西方哲学的突破口往往就在这里，也就是发现这两边对于经验现象的看法都是成问题的，并由此而探讨一种更加完整、动态和丰满的现象观。以上我们讲到了，柏格森发现现象一开头就是极其丰富和动态生成的，只是由于我们对它的知觉被功利目的或者形而上学理论切割和静态化，使得我们跟不上它的变易或者绵延而已。

弗洛伊德（Sigmund Freud, 1856—1939）最重要的贡献就是扩充和加深了我们对意识现象的了解。说得更具体些，他发现了人类意识中的潜意识或者无意识层，而且揭示了这种意识的存在特点，对于我们理解人类的意识现象，甚至对于理解人类世界观和人格的形成方式，都有重要的意义。因此，他提出的这个新思路不只是用来治疗精神病，虽然一直被用于这方面，而是由于发现了一个不可忽视的新意识层，促成了人们的意识结构观的革命性变化，并因此而加深加宽了我们对于整个现象界的理解。它表明，在人用来认识世界的意识源头处，我们对世界、对他人、对自身从一开始就有着显和隐这样两个层次，一个是外露的，一个是潜藏的。它们有时相互合作，有时则是分裂的或起摩擦的。这可了不得！它等于说，以前的西方哲学因为没有想到这一层，其所有的理论都只是基于露出海面的冰山上的那一角，于是造成了一个尴尬局面，即他们对世界和自身的全部认识是残缺的。总之，弗洛伊德的研究一下子开启了很多新的思路和可能。当然这么说并不是在要求大家去接受他的一些具体结论，事实上我就不同意他的某些特定观点，但是因为他发现了更丰富、也更真实的意识结构，所以他被认为是改变了人类世界图景的开创者,是 20 世纪少有的几位大思想家之一,是人类意识研究历史中的达尔文。

他认为自己是科学家,首先是心理学家,而且至今心理学界对他也不能忽视;但他的有些讲法是骇人听闻的,有些具体的结论也是后来的心理学界不一定接受的。但是直到现在,弗洛伊德的精神分析学说和实践,还是一种治疗人类精神病的方法,也还是很有影响的;我今年年初,还读过几本讨论人类意识研究新进展的英文著作,其中还出现了弗洛伊德的身影。有的时候,一些人觉得他的学说已经完全属于心理学史了,但现在发现,他在其他方面也还是蛮有启发的;所以弗洛伊德绝对不是一个已经过去了的思想家。作为一个心理方面的科学家,他的学说的某些方面有比较强的对象化倾向。他要临床治疗,要辨别和讲出一些可以把捉的东西,所以他的具体说法,比如,儿子恋母和抗父的性情结(女儿相反),人除了求生本能之外还有死亡本能,等等,实际上可能有一些任意性,或者只是西方文化的某种反映。

他的整个学说我们就无暇顾及了,主要专注于他对潜意识的发现。另外一个相关的要点,就是他对梦这一现象的解释。我的主要目的就是显示他学说的新意所在,或许能引发你们的一些兴趣,然后自己去阅读他的书。记得我当年第一次读到高觉敷先生翻译的弗氏《精神分析引论》,一下子被完全震撼,进入一个吸引我可又让我感到相当痛苦的这么一个莫名其妙的境地。可以想见,他的思想当年出现的时候,在西方定会引起轩然大波,东方人读了则可能反应更强烈。尤其是刚提及的俄狄浦斯情结,更是让我不能信从。但是他的学说经过了一百多年,还是在启发着我们。

二、如何证明潜意识的存在? ——"不知其已知"和"差误的原因"

"潜意识"又被译作"无意识",德文就是 Unbewußte(英文是 the unconscious),是谢林(Friedrich Schelling,1775—1854)创造的一个词,但弗洛伊德让它闻名于天下,因为他找到了研究它的方法。所谓无意识或潜意识,是指对于我们的显意识而言,它好像不存在,但它又对显意识发挥着影响,而且可以通过某种边缘渠道如口误、梦境而泄露出来,所以,它不是完全没有意识,而是以潜伏的和东鳞西爪的方式来运作的意识。

弗洛伊德讲道:"梦者确实明白自己的梦的意义;只是他不知道自己明

白，就以为自己一无所知罢了。"(《精神分析引论》第六讲，《资料》，第537页左)我们每个人都做梦，可你明了自己梦的意义吗？你可能会觉得，不少梦或起码有些梦是挺荒诞的，或者是无意义可言的；但是弗洛伊德讲的这段话就很厉害了，它不但肯定梦有意义，而且断言做梦者实际上是明白自己梦的意义的，可是他又不知道自己明白。这一下就把我们带到以前讲过的西方古代哲学所说的"存在又不存在"那个状态，这里就是"他知道但又不知道自己知道"的状态。又有点儿像柏拉图"学习就是回忆"之说：人已经知道理式，但又不知道自己已经知道，所以要通过某种提示来回忆起它们。但是弗氏的这个说法是更为具体的，没有对于理式的形而上学预设。

小孩子的梦是直率的，几乎就是白天没有实现的愿望的满足。动物如果能做梦，应该是更直率的。鹅梦见什么？玉米。猪梦见什么？栗子。小鸡梦见什么？那就是谷粒。人长大了，梦里面的化装登场的东西就多了。你会奇怪，我怎么总是梦见这么一个怪诞无稽的情节呢？或很久以前的人或者事情呢？这就涉及一个问题：人怎么才能不知道自己已经知道了的东西呢？如果像笛卡尔说的，人对自己的意识知道得最清楚——比如说我们读到笛卡尔的这么一句话："对于我来说，没有一件东西比我的心灵更容易认识了。"(《选读上》，第373页)——那么我的意识对我就是完全透明的，我怎么可能不知道我知道的东西呢？它的荒谬性就像，我怎么能用我的左手给我的右手一件礼物呢？或者我的右手怎么跟我的左手打起招呼来了呢？右手对左手说："你好！"左手欠欠身儿答道："哦，好好。你怎么样？"这就好像一个人里面有两个自我，好比周伯通(金庸小说中的武林高手)那个境界。一个指挥左手，一个指挥右手；左手画圆，右手画方。最后他练出了一种怪拳，谁也打不过他，因为他这一个人实际上变成两个互补对生的人了。这是小说，但是人确实能有这个"老顽童"的本事吗？所以弗洛伊德一开篇提的就是极深的哲学问题，跟我们从头讲到现在的很多问题都是相关的。

如果弗洛伊德所言不谬，人在某种情境中或某种边缘形势中，确实是"不知道自己原来明白的东西"，那么，以前人们对意识的看法，从笛卡尔到休谟的看法，就大成问题了。弗洛伊德的学说就是以这个为突破口，进入一个前人没有意识到的领域。

弗洛伊德怎么证明它呢？他说他之所以能得到这个思路，来自对催眠现象的研究："['人可以不知其已知'的证据]得自催眠现象的研究。……[实验者]请他[被催眠者]将催眠时的经过说出。那人则自称全不记得。……[在实验者一再坚持他总该记得的催促下,]那人迟疑不决,开始回忆,……到后来竟不再有所遗漏。"(《资料》,第538页左)你们起码听说过催眠术吧? 就是医生或实验者用某种技术,使受试者进入无意识或潜意识状态,但受试者(的潜意识)还可以在此状态中与实验者交流,接受实验者的指令。但受试者在清醒后,却通常记不得催眠中的事情。"那时并没人告诉他,都是他自己想起的,可见这些回忆开头便在心里,只是拿取不到而已;他不知道自己知道,只相信自己不知道。"(同上)这是对于我们人类典型的状况的一种有趣描述。实际上,我们大家都是这样,我们不知道自己知道很多重要的东西,只是相信我们不知道。你要是真的能够把你知道的东西全都意识到,那你就是一个伟人,就能干惊天动地的事情。当然,也可能是个大恶人,也能干惊天动地的坏事情,是吧? 要看你底下是些什么东西了。

　　另一个对他的研究很有启发的相关实验,是对所谓"过失"现象的再解释。什么样的过失呢? 比如口误(slip of the tongue)、笔误(slip of the pen)、忘事儿。也就是说,我不自觉地说错了话,跟我要说的意思对不上,就像广播员平常表达平稳准确,今天就忽然念错了好几处。一般认为他是疲劳了,工作太累了,或者有这样或那样的原因。弗洛伊德说不是的,所有这些口误、笔误,绝大多数情况下,都是因为你的心里面还有另一个倾向,它是潜在的,想表达而不得其道。你的显意识,或者是你脑子里的另一个更高的意识,叫超我,管着底下这个潜在的所谓本我。一个要管,一个要冒,上面那个命令说不许出来,下边的则不甘寂寞,怎么也要潇洒走一回,于是两边冲突。最后达成一个暂时的妥协,就是底下这个冲动可以通过化装的方式,以口误或者笔误的擦边儿形式透露出来。所以弗洛伊德的心理研究几乎不相信偶然,任何可见的意识现象都有原因。

　　再看他举的另一例:一个人有一次跟人约会,约好了几点钟,最后他忘了,赶紧道歉,说我不是故意的! 可第二次再约,使劲儿告诉自己别忘了、别忘了,到时候去了,发现又把时间记错了,要不就把地点记错了,总之这个约会就没完成。① 这是偶然的吗？弗洛伊德说这个人心里肯定有另一种倾向，实际上他根本就不想见那个人，可他的显意识又知道应该见，甚至必须见那人，于是就以犯错误的或遗忘的方式表达了潜意识的冲动。

另外还有遗忘名字和笔误的情况。"有一个人想用种种方法记起一个已经遗忘的字，而思索时竟将那个可为第一个字线索的第二字又完全忘掉了。他若因此追求第二个字，第三个字又被遗忘，如此等等。"(《精神分析引论》，第15页)这说明他排斥那第一个被遗忘的字。排字的错误也是这样。"这种错误据说有一次见于某一'社会民主'[左翼]报上。该报记载一次节宴，说：'到会者有呆子殿下'(His Highness, the Clown Prince)。第二天更正时，该报道歉说：'错句应更正为"公鸡殿下"'(His Highness, the Crow-Prince)。"(同上)这里两次与 Prince 有关的出错之处，原文应该是 Crown Prince(皇太子殿下)。但社会民主党的左翼报纸的编辑或排字员的潜意识看来抗拒这个尊称，所以两次搞错，而且都带有侮辱性，正好发泄潜意识中的不满。

"又如某将军颇以怯懦闻名于世。有一随军记者访问将军，在通信中称将军为 this battle-scared veteran[意即临战而惧的军人]。次日，记者道歉说昨日的话应更正为 the bottle-scarred veteran[意即好酒成癖的军人]。"(同上)正确的原文应该是 this battle-scarred veteran(久经战阵的老军人)，但这位记者的潜意识却知道这位将军一点儿也不勇敢，从心底里没看起他，可又必须说他的好话，于是就以两次笔误的方式取笑了这个老家伙。

弗洛伊德将对错误的反应分成三类。第一种，事后你对他一提醒，他爽快承认：哦，是我说错了，我原来想表达另一个意思。这也是常有的吧？比如一个人讲："这事发龊。"让人莫名其妙，他却没有意识到。经别人提醒，他承认自己原是想说"这事儿被发现是龌龊的"，但又囿于环境而不好直说出来，于是就剪裁了原来想说的，而讲成"发龊"(同上书，第29页；译者根据中文特点做了改写)。第二种，事后你跟他提出，如弗洛伊德讲的，你还有另外一个潜在的想法牵制着你的表达；这个人就说：你说的这个潜在想法我确实有，但是跟我犯口误或者笔误没关系。第三种，你跟他指出来了，说他有另外的想法，他

---

①　〔奥〕弗洛伊德：《精神分析引论》，高觉敷译，北京：商务印书馆，1986年，第15页。

完全否认:我既没那个想法,那个想法也没影响我。例如在一个重要场合,一位助手原要说:"诸君,请大家干杯(anzustossen)以祝我们领袖的健康",却误说为:"诸君,请大家打嗝(aufzustossen)以祝领袖的健康。"(同上书,第17页)弗洛伊德就分析说,实际上除了你表面和正面的动机之外,你还有另外的动机就是想取笑一下这位尊贵的客人。那个前程有望的年轻助手就十分生气,说我怎么会那么想呢? 您的怀疑足以毁掉我的全部事业啊! 甚至威胁要对弗洛伊德"不客气"了。他的解释是:"我因为说了两次 auf,以至于误把anstossen 说成了 aufstossen。这就是梅林格所谓'语音持续'的例子,背后决没有其他恶意。你知道吗? 那便够了。"(《精神分析引论》,第31页)他的解释似乎合理,但弗洛伊德却从他"不免太起劲"的否认中,看出了某种欲盖弥彰的东西。而且,你有没有这个动机也不是由你说了算的,你对一个人的好感或者恶感其实是你自己控制不了的。弗洛伊德根据前两种现象,就是刚才说的痛快承认的和承认一半的,推论第三种现象的解释也是可以的,因为前两者表明,人的确可以有隐藏的动机,也的确可以将改装了形式的话语当场表现出来。人是很复杂的,他的意识可以非常深邃悠长,里面有不同的动机和倾向,很可理解。

三、弗洛伊德心目中的意识结构

弗洛伊德将人的意识说成一个三相两极的结构。所谓两极,就是"本我"和"超我";而三相,就是在它们中间加上一个"自我"。

本我又叫 id 或"里比多",是在意识底层沸腾的欲望本能,也是人的内在驱动力,其原则是享乐或趋乐避苦。就此而言,本我是尼采讲的"酒神"的享乐版。按弗洛伊德的说法,人一出生只有本我,只受享乐本能的驱动,只要求感性的如食物、饮料、舒适的满足,很小的孩子比如三岁到五岁就有性享乐的要求,只是还缺少稳定的组织性,其表现是"恋母情结"或"恋父情结";而且这种性趋向会直接影响其潜意识,间接地影响其整个意识的发展。这当然是一个骇人听闻的说法。

与本我相对的是超我。本我只顾自己,只追求个体的欲望满足,根本不考虑别人,这与社会是冲突的,所以意识里面就必会有一个超我,体现社会的意志。首先是家长,然后是社会、教育、道德的规范,共同参与构造这个超我。

它基本上是一种规范和禁令,严令本我不许干什么,所以在本我和超我之间就充满着冲突的张力。而意识的第三方,也就是我们所认同的这个可怜的自我,就处在本我和超我中间,左不是,右不是,没有完全舒服的时候。本我要满足,超我不许它满足;但本我要顽强地表现出来,就会自发而又狡黠地适应超我的管制,以不让超我、别人、社会警觉的伪装方式,来让自己的意愿通过超我的粗暴检查,渗透到自我或显意识中来。这些伪装的方式,除了我们已经讲到的各种"失误",还有一个重要的,就是做梦。在梦境中,本我和超我达成一个妥协,以维持睡眠。这些意思可用一张简图表示:

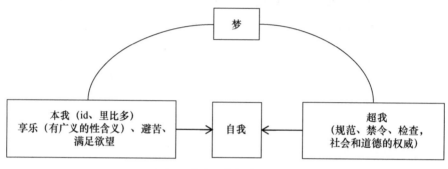

图 5　弗洛伊德的意识学说

　　我们下面将阐述他如何"释梦",这里先引一段他分析口误的话,可以帮助我们感受他的整个思路。他写道:"说话者决意不将观念发表而为语言,因此他便说错了话;换句话说,那不许发表的倾向乃起而反抗说话者的意志,或者改变他所允许的意向的表示;或者与它混合起来,或意取而代之,而使自己得到发表。这就是舌误的机制。"(《精神分析引论》,第44—45页)这段话里的"说话者"可以看作是自我,而"说话者的意志"则可以视为超我,而"那不许发表的倾向"当然是本我。自我直接意识到、受命于超我,所以不能将那些大逆不道的倾向直接发表出来。但他又不像超我那样铁板一块,而是夹在中间的"维持会长",所以也可以容忍本我的各种化装诡计,只要它不直接说出来,或不直接对抗超我的威权,它便可"使自己得到发表"。

　　这样一种对意识结构的说明,对于理解弗洛伊德怎么看待梦,甚至怎么看待精神病,有关键的方法论意义,也解释了人为什么确实可以"不知道自己知道",或者人为什么总会处在"存在又不存在"的边缘状态。人之所以不知自己已知,是因为他所知者,乃是一种对立混合的表现,是潜意识或本我的乔装改扮、突破管制的曲折表现。除非他得到高人的指点,否则不能从这混成的惚恍中分辨出下面的始作俑者。但这混合的表现中,的确已经包含了可破译的信息了,从它们那里,他可以知道实情。但他通常并没有破译伪装的能力,所以他又不知道自己已经知道了。可见,意识之所以对自己不完全透明,是因为它的一部分对另一部分在隐藏、在乔装,这也说明人的"统觉"(自我的收敛极)的贯通功能是有限的。康德认为我们的意识是由统觉收摄的,所以它是个统一体。而到了弗洛伊德的学说里,这个统觉的统摄力是有限的。换句话说,我们的意识结构,假如用政治体制来比喻的话,根本不是中央集权型的,而是联邦制的——底下的意识层也有某种自治权,甚至是分封制的——底下完全是自治的,但要表现出来的时候,要经过上面的同意。

由此就说明或者证明,人的显意识并没有穷尽我们意识的功能,还存在着更大更深得多的潜意识,参与构造着我们的各种行为,尤其是那些重要的边缘行为。你们回去后可以自己做一下心理分析,想想自己以前什么时候有过口误或笔误,或莫名其妙地失误,比如把婚礼的时间忘了或记错了,或者总是忘带门钥匙,分析分析有没有什么深层的原因。弗洛伊德终生都在对自己做心理分析,进行无情的解剖。

第三节　梦的显意与隐意

在弗洛伊德的学说中,梦是一种满足欲望的方式。当本我与超我及自我不直接冲突时,这种满足是直率的;如果它们之间有冲突,则梦就被扭曲,带上了各种突破检查的变形装饰。这时,梦就分裂为它的明显含意和隐藏含意,而要理解梦境所隐藏的意思,就需要侦探一般的破案技巧。

弗洛伊德认为,梦现象和过失、遗忘现象之间有着深刻的联系。他写道:"[比较复杂的]梦的元素本身并不是主要物或原有的思想,而是梦者所不知道的某事某物的代替,正象过失背后的潜伏意向,梦者虽确知某事或某物,可是已经想不起来了。"(《资料》,第542页左)"梦的元素"在这儿就是指梦到的现象,也就是梦的显意,梦境所显现出来的内容;而"所不知道的某事某物"就是复杂之梦的隐意,相当于导致过失的潜伏意向。可见,造成梦现象的结构与他讲的口误现象或"确知……[但又]想不起[某个东西]"现象的结构是直接相关的,或者说,它们出自同一个结构。而要明了梦境的真实含义,也就是它们的隐意,则与发现导致过失的潜伏动机等是一个过程。

理解弗洛伊德学说的一个方法论诀窍就是循序而上:先搞清楚比较简单的"破案"方法,比如以上讲过的解释很少掩饰的梦的方法、找到犯日常过失的原因的方法,以及下面会讲到的回想起遗忘者的方法;然后踩着这样的台阶拾级而上,就会慢慢熟悉他所解读的更复杂者(比如伪装很多的梦境、根源久远的精神疾病,乃至人类的文明形成)的方法和思想风格,这样就不会一上来就觉得他的释梦和精神分析太牵强了。所以一开始,对他给出的例子和提出的学说一定要理解透了,感受到它的某种合理性(这么一个影响巨大的学说,开头处不可能只是胡说),你再往里面走,就会觉得脉络是很清楚的。其实,弗洛伊德的学说恰恰是脉络特别清楚的,但是我发现以前的不少二手介绍,越读越糊涂,真不如看弗洛伊德本人的书和文章清楚。其中一个重要原因就是他给出了很多实例,让你一下子就明了用理论说不透的东西。而那些不给例子,上来就介绍弗洛伊德理论的文章和书籍,经常会把弗氏思想弄得云遮雾罩的。

上面弗洛伊德所讲的这一段话,可以说就是"睡眠的口误或过失",这就是梦的显意,是其中有另一个牵制力量所造成的错位。这样的梦中必有管制,即有对隐意或真实意图的剪辑、隐瞒和乔装改扮,总之就是有梦的显意和隐意之区别。"说出来的梦可称为梦的显意(the manifest dream-content),其背后隐含的意义,由联想而得的,可成为梦的隐意(the latent dream-thought)。"(《资料》,第545页左)而解释梦,中国以前叫"圆梦",就是要找到某种方法从显意达到隐意。"释梦的目的便在于发现这些潜意识的思想。"(同上书,第542页右)发现的方法就是上一段引文中提到的"联想",也就是自由联想。这是他释梦的一个基本框架。

上面已言及,梦也不一定是有改装的,如果这个超我在某个方面不管制这个本我,那么本我就直接实现出来,这就是比较简单的梦了。只有当本我被禁制得特别强的时候,才会出现复杂的梦,甚至离奇的梦。但它们都是梦,也就是睡眠中对欲望的某种满足或牵挂。所以先理解简单的梦,他称为率真的或朴实的梦,也是很必要的,如他列举的动物的梦(同上书,第549页右)。

儿童的梦也是率真的。比如一个一岁十个月的小孩儿要送别的孩子一篮樱桃,作为对方生日的礼物,但他显然不乐意,虽然他也可以得一些樱桃。于是,第二天早晨他说,他梦见赫尔曼(过生日的孩子)已经把樱桃吃完了。还有一个小女孩儿跟着大人去游湖,她没玩够,晚上做梦就又梦见游湖了,这就把她还没满足的愿望满足了。(《资料》,第547页右)再看一下由迫切的生理需要或者安全需要而做的梦,"这些梦都由迫切的生理需要——如饥、渴、性欲等——所引起"(同上书,第550页左)。你饿得要死的时候,做梦一般总能梦到吃东西。他举了这样的例子,即一个探险队受困而在南极过冬,粮食不够了,每天不能吃饱,也没有烟抽,这帮人做的梦就特别鲜明,大多与吃有关:一个队员早上起来,说自己吃了三道大餐;另一个说梦见满山的烟叶子;还有就是梦见家乡,梦见有船开过来救他们。于是大家就特别爱睡觉,因为里边有某种满足。还有一个例子,是施温德的画作《囚犯的梦》,画的是一个囚徒做的梦:牢房一面墙的上部有一个带着铁格的窗户,这囚徒就梦见几个重叠的妖神爬上去,而最靠近窗户的那个的脸与他的脸是相似的,实际上就是他的化身,就这样,他梦着自己爬出去了(《精神分析引论》,书前插图及第100页)。

可见,对人类的最重要的影响首先来自本我,也就是避苦享乐的冲动源,所以弗洛伊德基本上是一个性恶论者。人从根本上就是要自己的安全和食色满足,这就跟一般的哺乳类动物差不多了。所谓守规矩和道德良心,不过是社会施加的人为积淀所致,建立在对本我的压制上,尽管弗氏也希望两者即本我和超我达成某种平衡,以便此个体能在社会中立足。但是有个地方他提了一句却没有说清楚,我这里就随便插一点评议。他提及人有时候会做一些噩梦。问题是,如果梦都是对愿望的满足,哪怕是曲折的,那他为什么要在梦里折磨自己呢?这就比较费解了。你说是潜意识的化装,那为什么一定要化装得如此凶残?以至于在梦魇中被逼得跳崖,要不就被恶人厉鬼威胁折磨,痛苦得要死。好像人的意识比他讲的本我/自我/超我的结构还要复杂一些,具有某种内在的构意素质,不完全是对欲望的满足。我承认弗洛伊德讲的大结构是有些道理的,但问题是超我是怎么出现的呢?难道只应该归为文明、国家、法律等集体暴力的压制力量出现以后?还是意识本身就需要这种结构上的收敛极?文明出现前,已经有普遍的乱伦禁忌了。所以一个问题就是,本我里面是不是一定有乱伦冲动,或是不是在幼年时以此冲动为主导?

不一定啊,不少鸟类、哺乳类都已经有乱伦规避了。所以还是有很多别的可能。

梦还有一个重要功能就是维持睡眠。是的,梦因愿望而起,借幻觉经验的方式以表达愿望的满足。(《资料》,第 548 页右)但这个"愿望的满足"里面包括继续做梦以维持睡眠。人进入梦境以后,一个是本我要表达,还有一个是他不愿意醒,"但愿长醉不愿醒",所以就需要化装,以维护一个表面上平滑的梦境情节。生理与现实如果直接冲突,这人就会饿得睡不着觉;或者,本我与超我的争斗如果太明显,这个人就会被惊醒。梦使得生理与现实的矛盾得到缓冲,而通过化装,被超我禁止的欲望就好像无害了,它的某种曲折满足也就不那么惊心动魄,于是那个意识就可以继续做梦。

弗洛伊德举的例子也是有选择的,开始那些梦的显意和隐意或者没有什么差别,或者虽有差别但也不是很大。接着举出另一些例子,其中本我被压抑的程度加强了。再转向另一些例子,其中本我动机和那个超我代表的社会规范或者理想状态是强烈冲突的,这样潜意识中的个体享乐原则和显意识中的道德原则和规范禁忌就剧烈冲突,显隐意识的差距就会很大。比如禁忌规定"不可乱伦""不可杀人",而本我却偏要干那些事儿,于是就要乔装打扮以便曲折地表达和暂且满足愿望,以维持睡眠。总之,压制越强,则伪装越多,这样的梦解释起来难度就越大。

这却恰恰是治疗精神病要常常面对的局面,因为精神病人表现出来的症状,就像那些怪梦或第三类梦的显意。而要治疗这病,第一步就是要找出它的隐意。为此就要凭借它的显意,用某种得力的方法来追踪到它隐藏的东西。所以精神分析师就是一个破译者,就像历史上那些解梦的行家一样。比如在古代中国、古希腊,会解梦的人有着特殊的地位,皇帝、君主都特别重视,因为他的技术能力和解读结果可能关乎国家的命运。而破解精神病的显意,对于这个病人而言,也是关系重大的。为了比较顺利地找出精神病症状和复杂之梦的隐意,弗洛伊德要从解释口误、遗忘等过失开始,再来解梦,最后体现为分析和解释精神病。能让人患精神病的东西,里边常常有更大的意识扭曲和隐瞒,而精神分析师的任务就是去破译其症状后面的动机和结构,然后才能设法消除让他犯病的主导原因,起码缓解之,让他的超我和本我达到某种妥协,这样这个人就能正常生活了。

弗氏大致就是这么个思路,就是从解读我们生活中最常见的一些过失现象和梦现象,一直延伸到破译精神病现象,层层递进。精神分析的力量就在这里,基于人的实际生活经验而一以贯之。不像其他一些治疗精神病的方法,将人的精神现象还原到大脑部位上去,只从解剖学上(比如大脑的组织病变)来解释,而治疗方法就是对大脑动刀,比如把大脑的某部分(如前额叶)与另一部分(如丘脑)的联系神经切断。而弗洛伊德及其后学们所发现的这个基于精神分析的治疗方法,不离开人的活的精神现象,有着深刻的人文含义和哲学含义,所以它在 20 世纪风靡西方乃至世界。起码大家都听说过吧? 不只是精神病的诊疗,而且渗透到文学、哲学、宗教、人类学、历史甚至政治现象的分析,而这些现象我们都可能直接或间接地接触到。它还可以引出更多的问题和想象,比如超我与本我什么时候对立? 什么时候不对立? 是不是人们做的梦越率真或越美好,这个社会的幸福感就越强呢? 如果百分之七八十的国民经常做怪梦,这个国家看似好像北欧那些国家一样繁荣,但自杀率也不会低。而所谓发展中国家如尼泊尔、不丹、瓦努阿图,其人民都做些什么梦呢? 这只是一个题外议论。我只是想说,精神分析学说能够让我们对人、社会、文化甚至人类史有一个新的看法。弗洛伊德后期就写过好几本这样的书,比如如何理解图腾和禁忌、人类文明史、宗教起源等。

第四节　解释梦的方式——自由联想和克服遗忘

精神分析师面对的几乎都是伪装极强的梦。当然了,要不然被治疗者怎么会得病呢? 里面充满了由超我的"检查作用"所逼出来的省略、浓缩、删节、移植、修饰、暗示、影射、象征(《资料》,第 553 页左)。那么如何通过残破和扭曲了的显意而破译出那背后隐藏着的隐意或牵制力的幽暗源头呢? 你不找到它,这个病就好不了。可怎么找呢? 答案是,靠自发的自由联想。弗洛伊德说:

> 我们的方法就是利用关于这些元素的自由联想使他种代替的观念能进入意识之内,再由这些观念,推知那隐伏在背后的原念。

(《资料》,第 542 页左)

"原念"就是原来的那个念头,而"自由联想"就是从"自己不知道已经知道"

到"开始知道些自己已经知道的东西"的桥梁,其中的道理和运作机制可由"克服遗忘的回忆方式"来显示,所以弗氏讲"专名的遗忘实可用以说明梦的分析"(同上书,第541页左)。你看,他都是从这些我们日常最容易见到的精神现象,再往复杂现象里面推衍。我们把一个名字忘掉了,这是常有的事,怎么想也想不起来;忽然有某个契机触动了我们,一下子就想起来了,这个现象谁都经历过。

　　更具体地说,在他看来,什么叫做自由联想呢?"我若问某人对于梦中的某一成分有什么联想,我便要他将原来的观念留在心头,任意想去,这便叫做自由联想。"(《资料》,第539页右)为什么自由联想能够帮助我们破解梦的隐意呢? 因为在弗洛伊德看来,实际上并没有完全自由的联想。任何联想,你越让它自由舒展,它越可能显示出牵制你联想的那个东西。所以一定要自由,尽量让它自发冒出,以便让背后的操控者显露出来,就像风筝的"自由"飘荡显示出牵引它的那根线。

　　来看弗氏提供的"想女朋友名字"的例子。弗洛伊德写道:"我曾在治疗一个青年人的时候,偶然谈到这个问题,说我们在这些方面看起来好象有选取的自由,而事实上所想到的专名,无一不决定于当时的形势和受试验者的特癖及地位。因为他表示怀疑,我就请他当场实验。"(同上书,第540页左)按弗氏的学说,越是自由的联想,则越是没有"选取"所联想者的"自由"。这位男青年不信此说法,弗氏就提议当场实验。这是精神分析的长处,可当场和亲身试验这学说的真假。"我知道他有许多女朋友,其亲密的程度各不相同,所以我告诉他,如果他要随意记起一个女人的姓名,便有许多姓名可供他自由取舍。他同意了。可是不仅我感到惊奇,连他自己也觉得诧异了,因为他并未顺口举出大量女人的姓名,而是先静默片刻,然后承认自己所想到的只有 Albine(译按:其意为'白')。"弗洛伊德知道此人有许多女朋友,如果他反对弗氏观点的意见是对的,那么他就应该可以自由地、随意地想起其中任何一位的名字。这位男青年当然同意。于是就进行弗氏讲的自由联想,在此就是让他心里保持"我的女朋友"这个念头,然后任意想去,不加约束。你们会以为,这位登徒子可以很容易地想起他女朋友的名字,而且想要想谁就能想谁。但事实大相径庭,他依此法想了一会儿,然后承认他能想到的只有"白"(Albine,白化病患者)。"这就怪了!"弗洛伊德对此人说,"你和这个姓名有什么关系呢？你所知道的有多少 Albines 呢？"但更奇怪的是，这个人并不认得叫 Albine 的人，这个名称也引不起他的什么联想。"你们也许认为分析是失败了，其实分析是完满的，不需要其他联想的补充。原来这个人的肤色非常洁白，我对他作分析的谈话时，常戏称之为 Albino(意即'天老儿')；而且那时我们正是在研究他的性格中的女性的成分。所以他那时候最感兴趣的女人或女天老儿就是他自己。"他为什么只想到 Albine 呢？一般都会觉得无解了，或这次联想失败了，因为他的所有女朋友都与这个名词无关，对吧？但是如果你有前面我们讲到的那些学说的准备，加上弗氏提供的背景信息，即这个人皮肤颜色很白，且正在与弗氏探讨自己性格中的女性成分，那么就可能找到这个联想的真正答案，即他从"我的女朋友"这个观念所自由联想到的，只是他自己。可见，自由联想并不在随心所欲的意义上是自由的，而是被内心深处的潜意识牵引着的。弗氏生活的 20 世纪早期，欧洲的文化氛围并不鼓励同性恋(或变性)，所以这个男青年的同性恋倾向就化装成了找女朋友的行为，起码在他对别人表现出来的形象中是这样。

　　这就可比拟于对遗忘名字的回忆。那被遗忘者就好比要破解的隐藏梦意或心结，也就是潜在的牵制源，而那些入手的字词或者边角信息，就相当于梦的显象或显意。依据对这些词语和线索的自由联想，就可能发现和回忆起那个被遗忘的东西。可见，如我们以上所说到的，这个自由联想就是从已有的一些线索，哪怕是很残破的，去试图达到那个通向被遗忘者的(似有还无的)桥梁。还可见，弗洛伊德的这个自由联想方法，和西方传统的方法很不一样，它里面包含着真实的断裂、边缘处的摸索、跳跃式的猜度和突然顿悟。你去想一个名字怎么也想不起来，于是你去想可能跟这个东西有关的一些线索；可能摸索半天，最后还是失败，但也有可能突然想起来了，或隔一段时间忽然冒出来了。所以这种方法和传统哲学里的概念抽象法、逻辑上的推理法或者辩证法很不一样，那些方法基本上是在控制了局面的情况下的一种静态方法。你去做概念抽象时，其实你已经知道了形成概念所需的共同点在哪里了，由此才能去概括。这整个儿是一个用已知的东西去整理、归纳出普遍性知识的方法，没有真正的发现在里面。即便是辩证法，它的三段式和发展方向也是已知的。弗洛伊德的自由联想法就很不一样了。我这里就不多讲了，你们自己去品味它们的不同、其实就是近代与当代的不同、观念化思维与情境化思维的不同。

　　弗洛伊德方法论的灵魂,如柏格森的绵延说所言,其根子是全动态的,它就寄身于真实的经验本身。经验给我们一些无法归纳成概念的线索,我们就根据它们去破案、去破译,这恰恰是当代欧陆哲学和分析哲学的优异者(如现象学、他者哲学、解构主义、后期维特根斯坦、蒯因的反还原论、库恩的科学革命理论),或有创造力的科学,在研究工作的前沿常用的方法。哪位科学家或哲学家如果一上来就用概念归纳,那他就完了,根本做不出像样子的研究。真正的行家在进入前沿的时候,只能靠在实例中的摸索、试探和猜谜。他提交的那些科研项目的报表——其中往往要求说明他的研究内容和方法——在真实的研究中没有什么用,只是为了得到科研经费的策略。咱们中国大陆的学生出国以后,在相当长的一段时间内,很少有做出重大科研成就的,就是因为他们缺少探索边缘的能力。他们可能算题算得特别好,或在可控的框架内,解决问题的能力很强,但是真到了前沿,面对已知和未知的界限不清楚——他不知道自己已经知道了,或者他自以为知道的东西是一种变相的无知——的边缘局面的时候,中国学生和研究者就表现得不那么出色了。其实,这些人去当工程师可能更合适。当然,这些年来这种情况有所改观,有些人已经做出了重大的科学发现。而在有些教育氛围中,从小就鼓励你去玩儿这些边缘的东西,他就可能在那进入前沿的关键时刻大施拳脚。要达到前沿,当然必须通过前面一级一级的台阶,或比较死板的训练,在这些"规定动作"上中国大陆的教育是非常出色的;但是到了博士阶段或进大学做了研究型教师,就要做出"自选动作"乃至临场发挥,那就全靠自己向前摸寻了。

　　我个人在美国留学时,与另一些学科的同学或教师聊天,他们对我讲,当进到探索最前沿、做起科研游戏的时候,犹太人往往能占上风。为什么?只提一点,即犹太人从小的家庭教育。他们的家庭教育其实与自由主义鼓吹的完全发挥个人兴趣,也是很不一样的,里面有非常保守的一面。我认识的犹太朋友,人家的孩子从小可是要学习乃至背诵犹太经典的,每个周末都送到犹太人的辅导班去读经。但是另一方面,家中的氛围往往很自由,鼓励你提问题和争论。这样,一方面很保守,一方面很自由,交错互斗又互补,鼓励思想上的打斗,然后在中间找缝隙,钻空子,这都是他们爱干的事,所以他们特别会投机。犹太人经商很成功,善于捕捉时机,而投机这玩意儿是绝对不服从辩证法的。你不能按照正反合来预估股票的涨落、期货的进退,没这回事儿,完全是时机化的。科研也是,真正的高手到最后就是要善于捕捉可能性,而不是什么必然性,或者说是善于根据残破的线索而联想于无形,轻触而旁通,最后寻踪破案。而他们保守的一面使他们有共同的信仰,起码有这方面的熏陶,因此他们又善于合作,相互提携,有团队精神。这样一阴一阳,就其中有道了。真正的物质主义者只考虑功利,而那些只建立在利害算计之上的合作,是不会长久的,其境界也不会很高。

　　真实的现象中,没有百分百的必然,但也不是纯偶然。谁敢保证自由联想肯定能成功? 但是不用自由联想,你在这里就寸步难行。弗洛伊德又举一例,说明想起忘掉的名字的机制,以开启对梦的分析。他写道:"我想用下面的例子来说明这种分析:有一天,我记不起在里维埃拉河上以蒙特卡洛为首都的那一个小国的国名。"(《资料》,第 541 页右)这是常有的现象。于是他费了很大劲,先回忆有关它的一些事情。"关于这个国家的事,我所知道的,什么都想过了;我想起鲁锡南王室的艾伯特王子,想起他的结婚,他的深海探险的热情——总之,一切都回忆到了,但都归于无效。"这也是一些联想,但有时起作用,有时没有用,这次就没用。"因此,我就不再去想了,只让种种代名涌上心头。"这就是更自由的联想了。"它们来得迅速:最先是蒙特卡洛 [Monte Carlo],其次便有 Piedmont、Albania、Montevideo、Colico。阿尔巴尼亚(Albania)第一个引起我的注意;其次是蒙特尼哥罗(Montenegro),或许是因为黑和白的对比(译按:Albania 之意为白,而 Montenegro 之意为黑)"对立互补是语词间的一种重要联系,但此处这个原则没有起作用。"再次,我便注意到那些代名有四个同有'Mon'这个音节,就立即记起那已经遗忘的国名而叫出摩纳哥('Monaco'),可见代名实起源于已忘的原名。四个代名来自原名的第一音节,而最后一个代名恰依原名各音节的次序,而且包括了末尾的音节,使原名的音节都齐全了。"这次自由联想是成功的,但其具体格局——代名中包含了原名的全部音节——是纯偶然的,无法当作下一次联想的规则。总之,每次破译都是不一样的,你想总结规律,然后按律联想,这没用,只有"代名实起源于已忘的原名"这一原则是有效的。而且,破译得多了,你的破译能力就会增强,但此能力是无法概念化、形式化的(但人工智能通过深度学习的方法有可能获得此能力的一部分,因那种方法有一些时机化的素质)。这就是他的工作方式和猜谜的方式。

对有遮蔽的梦的解释也是如此,就像沿着悬空索桥而行,那是一种浸泡在文化、语言、风俗、时代和个人日常生活情境中的破解(破译)艺术,大不同于有固定逻辑骨架的传统方法。弗氏给出了几个解梦案例(《资料》,第544页左—545页右),而解开它们的要点,就是先选取梦中的某个或某些要素,比如梦(一)中的"上帝头上的纸帽"、梦(二)中的"水道"、梦(三)中的"桌子"、梦(六)中的"登山望远";然后让梦者对它做出自由联想,再根据联想透露出的线索,绕开"检查作用",尝试着解释梦的隐意。这些梦虽有化装,但隐意并非骇人听闻的动机,所以对背景有所了解并对要素稍做联想,就可破解。而另外一个"看戏见空位"之梦(同上书,第546页左),就更复杂些。一女子梦见自己与丈夫去看戏,见正厅前排的座位还有一边是空着的,由此引出与丈夫间的对话。经弗氏对梦境情节和背景信息的联想和细致分析,得出此女子在梦中表露出悔恨自己结婚太早太仓促的潜意识。戏已开演,戏院中还有佳座空着,这与该女子觉得自己已经出嫁却还有更好的配偶可得之间就有隐隐的呼应,尽管两者相隔已有一段距离;而其中隐含的对自己丈夫的不满和对她人幸运的嫉妒,更是她不愿面对的潜意识,所以那意识就以似乎完全中性的戏院空位的梦境情节化装出现。下面的一个梦,可称为"爱役之梦"或"自愿做军妓"之梦,就更有不可见人之潜伏动机,与弗氏关于精神病的核心学说如乱伦情结也更相关了。

所以,在弗洛伊德看来,释梦有原则可循:首先是愿望满足,还有就是意识的两极三相结构,但是它们又须完全情境化,各个梦释皆不相同,而释梦的成功与否也不是一笔糊涂账。有的梦,他也承认他解不了,或不能完全解透;但是很多梦,他说他真的解出来了,而且别的人甚至是当事人也同意。所以从这些没有或很少化装的梦的解释出发,比如因犯的梦、饥饿者的梦、孩子的梦等,然后沿着一个个台阶,逐步进入复杂的梦,你就可以知道解梦确实是可能的。简单的梦一目了然,稍有化装的梦一经解释就行了,而要解释复杂的或化装多的梦,比如爱役之梦,就需要知道人大致可能有些什么愿望,特别是最深的和最不愿让社会知道的愿望,才可能有更多也更犀利的解释法。而展示这种隐藏的动机,就成为弗洛伊德关于人性的基本学说。在他的思想发展过程中,这些学说也经历了一些变化,但是有一点基本上是不变的,即他对人性的看法基本上是负面的:"你曾看见过胜过你的和等于你的人们满怀好意,你的仇人富有侠义,你的朋友绝少嫉妒,所以你才不得不驳斥性恶的观念吗? 你岂不知道一般人在性的生活上都很难控制和信赖吗? 或者你竟不知道我们夜梦中的一切过度和反常的行为都是人们每天在清醒时所犯的罪恶吗?"(《资料》,第 555 页右)所以他说柏拉图的这样一则格言是对的:"恶人亲往犯法,止于梦者便为善人。"(同上)我们个个都在作恶,只不过,你如果只在梦里作恶,你就是善人;你在现实中把它实现出来,你就是恶人。所以我说我当年看他的书时,觉得昏天黑地,质疑这人生还值得活吗? 但是你真看得多了,再与其他同样深刻的性善学说做对比,就不会觉得那么灰暗了。

现在来简述"爱役之梦"。梦者是一位受过很好的教育、年近五十、有子女的妇人。"[她梦到:]她到第一军医院去,对门警说要进院服务,须和院长一谈。她说话时,非常着重'服务'二字,以致警官立即察觉她所指的是'爱役'。因为她是一个老妇人,所以警官有些迟疑,后来才许她进院。但是她没有去见院长,却走进一个大暗室内,室内有许多军官、军医或站或坐于一大餐桌之旁……"(同上书,第 552 页左)爱役就是做随军妓女。在世界大战中,奥地利是不是有这个现象? 应该有,反正日本和德国是有的。按照某些报道,有些女人出于爱国情怀,自愿为了那些准备为国捐躯的战士们,贡献自己的贞操,以鼓舞士气。一个年近五十的妇人怎么会梦见这个? 而分析得出的结论更加令人吃惊:动机还是里比多(libido,本我),那些年轻军官是她儿子的替代,中间的数次停顿和含糊不清的喃语,则是梦的检查作用的牺牲品。总之,释梦表明她对自己的儿子有性愿望。"甚至那位五十来岁的妇人的梦也是一个乱伦的梦,她的'里比多'显然以儿子为对象。"(同上书,第 554 页左)你要是不知道人可能有这种愿望,你多半不会往这方面想,此梦也就至多被解释为该妇人对年轻异性有着被压抑的性兴趣而已。

按照弗洛伊德所讲,里比多和饥饿是同一种力量或本能,一般可说是性的本能,饥饿时则为营养本能,借这个力量以完成行动(《精神分析引论》,第 247 页)。换句话说,里比多是一种要满足自己的原发欲望,有的时候表现为性本能,有的时候表现为饥饿本能,如告子所言"食色性也"(《孟子·告子上》)之"性",而性本能也可以跟柏拉图讲的那个爱欲(Eros)相比。古希腊区分两种爱,Eros 是比较性感的爱,还有精神上的爱 Agape。但弗洛伊德好像没怎么区分,或者说没有考虑后者,爱就是肉欲性爱。具体讲来,从婴儿起,人就有广义的性要求,比如它的吮吸快感就有性含义(《精神分析引论》,第 248 页),在早年也就是三到五岁表现为对异性父母的依恋和对同性父母的排斥。这种愿望所构成的心态或情结(complex),在孩子的成长中会逐渐被社会化,相当于部分地显象转化,也就是从藏身的幽暗地方以某种合适的方式浮现出来,然后被化解了、升华了,转移到为社会认可的对象上,这个人的精神就进入了正常态。如果没有被成功地社会化,则会出问题,严重的就是精神病,轻的则是一些精神上的问题,比如注意力不集中、爱焦虑。当然,人们之后产生的性问题也会引起精神上的疾病,但多半与早年的性成长不健全有关。而人类文化的形成与发展,就是由于这原始的性冲动被升华到了一个更广阔和有普遍性的境界之中。

这是他后期著作中的一个主旋律,人类的文明就是从这种原本的里比多冲动中,经过种种挣扎升华出来,展现为普遍化、精神化的成果的历史。其中有各种各样的故事,包括儿子们怎么谋杀父亲,然后感到要忏悔,就把父亲的形象树立得无比高大。比如说犹太教里面的先知摩西带领犹太民族逃出埃及,可按弗氏的破解,犹太人把摩西给杀死了,然后再把他立为最伟大的先知。这里面有各种曲折的讲法。总之,这种性本能和社会规范总有冲突,导致人自儿童期就有性压抑,在潜显意识之间形成检查机制,于是就有了梦的显意与隐意的分离,两者之间只有很狭窄、很曲折的沟通渠道,里边充满各种伪装、含糊化和边缘化(处于有意义和完全无意义之间)。认识到这一点,我们才可能成功破解一些复杂的、荒唐的梦,比如上面言及的爱役之梦,乃至精神病的怪诞表现。你们觉得这种学说和释梦的方式可信吗?

中国古代哲学比如《周易》的学说里,也有性的含义;而西方传统哲学则把思想的性含义隐藏了,用存在、实体、形式等来掩藏在早期希腊哲学中还具有的阴阳对立的思想。中国古人认为太极就是阴阳互补对立所构成的,而阴阳就是雌性和雄性。可是在咱们的古哲这里,有没有对潜意识的认识? 这个问题可以再探讨。

2016 年暑假,我到云南泸沽湖的摩梭人那儿做了一次采访。① 那是一个母系社会。一位很有见识的摩梭人告诉我,他们那儿没什么性压抑,也没有同性恋。有的西方学者不相信这个事实(因为西方流行的理论认为同性恋者按人口比例自然发生),就去那儿调查,可一直也没有发现同性恋。在摩梭人的家屋中,所有人都有血缘关系,但没有人有性关系。舅舅在家中承担了我们这种父系社会里的父亲的大部分功能,但父亲还是有的,只是不与妻儿住在一起,而是住在他自己的即他的母亲和祖母的家屋中,与妻子儿女这边的联系比较弱。家屋中的孩子们对于生母与她的姐妹——我们这边叫姨母——都叫"妈妈"(阿咪),感情上没有多大区别。可见,那里几乎没有弗洛伊德所阐发的"俄狄浦斯情结"(拒父恋母的性倾向)发生的环境。

他们的性表达很率真,一个原因是走婚。摩梭人以母亲的家屋为家,所以年轻人性成熟了,怎么办呢? 就走婚,也就是男子夜里"走"到女子家屋中,与她交异性朋友,乃至产生分居的夫妻关系,白天或翌日凌晨则"走"回到自己的家屋。在正式的走婚之前,是男女青年的试情阶段。这是性关系上管束不很严格的社团生活中都可能有的。但两人明确了朋友关系,乃至生了孩子以后,就有某种为家庭和村落共同体所承认的仪式——敬锅庄(女方家庭招待男方)和摆满月酒(男方母亲招待女方全村家长)。我称这三个阶段为"暗走""明走"和"常走"。在暗走阶段,男女青年是比较自由的,两情相悦,暗中来往。敬锅庄之后,进入明走阶段,男女青年的交往已经得到女方家庭的同意,他们就可以光明正大地在花楼上相会了。摩梭人家中只有女孩子有花楼。我们去拜访摩梭人的家屋时,受到接待的地方是母屋,有火塘,用餐、议事、祭祀等活动都在这里,是家中最重要的地方。花楼则在四合院二层的较偏僻处。当这个女孩子的母亲觉得她可能要走婚了,就在楼上打扫出一间屋子,让女孩子单独住。到了晚上,她新交的男朋友就要爬上花楼,从窗户钻进去。所谓常走,就是摆满月酒之后的阶段。说得更详细些就是,当男女确定走婚关系并生了孩子,新生儿满月时,男子的母亲就会在女方的村子中摆满月酒,遍请村中所有家屋的母亲,以通告此事。在这个近似于父系社会

---

① 加上后来的研究,形成一篇论文:《儒家能接受母系家庭吗? ——父系制与母系制关系刍议》,《广西大学学报(哲学社会科学版)》,2018 年第 3 期,第 1—7 页。

的婚礼之后，男女或夫妇双方就进入了更加稳定的常走阶段。当然，此种交往虽然可以是终身的，但没有正式的法律保障，双方又不居住在一起，所以终以双方的感情为准。

摩梭人的意识中，有没有弗洛伊德讲的超我？如果非要用这个说法的话，应该也有，因为这边的社团互助精神深入人心。但这里个人欲望与社团要求之间的冲突，似乎远没有弗氏所说的那么尖锐。这两方面有不少结合乃至融合之处，起码禁忌要比其他社会少些，尽管乱伦禁忌一样有。在这样的家屋和社会中，就其原本形态而言，有比较高的满足感乃至幸福感，所以它的"进取心"不足，文化分层不发达，满足于老子讲的"小国寡民"状态。弗洛伊德的眼界里是没有母系社会的，尽管在他那个时代，对母系社会的研究或议论已经颇有其人，如巴霍芬、摩尔根、恩格斯等，但是弗洛伊德确实没有加以考虑。母系社会太少了，而且巴霍芬、摩尔根对母系社会的解释也是很成问题的，比如这些解释或者说是推论与摩梭人的社会和文化事实就有很多不相符之处。我个人的看法是：母系社团乃至某种范围内的母系社会肯定是有的，但所谓的母权社会，特别是断定母权或母系社会曾在人类史上独占一个漫长的历史阶段，之后为父权社会阶段所代替，是不对的。就像早期人类学家们真正看到的，这些不同家系的社团是可以共存的。母系社团并不是早已逝去的历史阶段的"残存"者，父系社团也不只是扎根于私有制的历史暂在，之后要让位给无家庭的社会，而都是依各自的生存需要和历史传统做出自主选择的结果。

第五节　弗洛伊德学说的哲学含义

这样一种融宗教、文化、科学、文学、哲学于一体的学说，在20世纪产生了重要的影响。他的学说最兴盛之时是在第一次大战前后，尤其是第一次世界大战之后，整个西方世界的文化信心受到严重挫折，于是这种一开始被认为是很怪异的学说名声大振。第二次世界大战之后，广义的精神分析学说向各领域的更深处弥漫，当代法国哲学就受到它的不少影响。而且，至今这种氛围依然存在，"潜意识"之说深入人心。

接下来，让我们对他的释梦学说做一个总结。第一，人可以不知道自己已经知道的东西。这个不知道是表面上的不知道，我多次说过，因为人的意识对自身并不是当下完全透明的。这是弗洛伊德学说最有哲理启发力的地方,后来得到广泛的赞同。

第二,人的意识中确实是有潜意识的,尽管在显意识中几乎不存在。这种潜意识来自人的生命本能和人生经历在时间中的积淀,比如儿童期的经历或者你以前的经历。它是意识中更深层的也更有力的维度,参与乃至隐蔽地主导着人生行为的塑造。正是由于有这种意识的分层或联邦制那样的分治,意识对自己而言不是透明的。所以,对人类意识来说,存在、在场与不存在、不在场,它们的区别不可能是确切的、精确的和清晰的,它们在原意识中的交织才是更真实的状态。换言之,意识本身就是在场和不在场的共生体。这就为我们理解人类意识现象提供了更加广阔的视野。

第三,潜意识或无意识与人的身体内在相关。比如上面讲到的性本能、饥饿本能、生存本能、死亡本能,都跟人的身体内在相关。由此可见,身心从根本上就不可分离,这也就突破了西方那无整体身体可言(即便经验论也只讲认知感官)的哲学传统。

第四,要从梦的显意达到其隐意,或寻找那被遗忘的名字(这种遗忘相当于不知道那已经知道者的状态),可以通过人的自由联想来逐步达到。它说明人的想象力特别是原初的、应机的、"自由的"或者是量子分布式的跳跃想象力,要比统觉意识、抽象意识、逻辑意识(包括辩证逻辑意识)和遵循规则的意识更重要,也更原本。实际上,认知科学或人工智能最难攻克的恰恰就是这一块。

第五,个体的最私密的体验、怪癖之中,也已经是纯关系的了,比如显意识与本我(欲者)和超我的关系,并有相应的表达方式。其中,语言的和行为的"过失",是潜意识的重要表达方式。由此可见,个人的经验中,表面上没什么意义的或怪诞的行为,实际上都有被关系和情境造成的可理解的向度。个别和一般从来都是交融的,根本就没有一个完全孤立的个体。

第六,家庭关系比如亲子关系,对于弗洛伊德首先是问题之源,而不是生命与幸福之源;而这个问题的解决要靠走出家庭的社会化,也就是通过把引起错乱的情结升华为非家庭的关系,比如朋友的关系、公民的关系、宗教教徒间的关系,来解决家庭问题。这代表西方人文学说自古就有的(特别是经过现代个体主义发展之后)对家庭的一种根本性怀疑。就此而言,弗洛伊德提出的"俄狄浦斯情结"是古希腊宗教、文化、艺术中包含的家庭观的心理学延伸。古希腊宗教中，神的家庭充满了问题，人的家庭也是造成悲剧的原因。这种观点尤其与中国古代的看法大相径庭。但是，弗洛伊德的这个学说表明家人关系起码是亲子关系对于我们人类来讲最原初的，是你躲不开的、不可替代的人际关系，人格的塑成和人对世界的理解，都与它内在相关。虽然按照他的说法，你必须超出它，才能够成为一个健全的人。

第七，弗氏学说有一种将本性上是非对象化的潜意识加以对象化的倾向。比如，弗洛伊德将无意识作为性本能和饥饿本能，它只遵从享乐原则；幼儿有俄狄浦斯情结；超我是后天形成的道德监察和总管，它的特点是严酷和惩罚，源自人的破坏和攻击的死亡本能的内化；等等。这些说法除了反映西方传统的一部分特征之外，从哲理上讲，是一种将非对象化的东西——这里我指的是潜意识——加以理论化、对象化的做法。潜意识从总体看来，是非对象化的。现象学也发现了这么一个意识层次，胡塞尔把它叫做内意识的时间意识流，它也是不被我们的显意识直接意识到的，处在边缘或者是潜藏着的，他称之为匿名的。胡塞尔认为我们能对它进行研究，窥测它，但是作为一个总体，它不能像弗洛伊德所做的，被讲得如此井井有条，大结构如此确定，就像发现了一座地下宫殿似的。所以弗氏的这些具体说法很快就招致了本来的追随者的反叛，导致了精神分析运动的分裂，比如1911年到1914年之间他和荣格及阿德勒的分裂。这些弟子们后来自立门户，阿德勒提出了自卑情结、男性的抗议说，荣格提出了心理能量说和性格类型说等，也都是用对象化的方式来说潜意识，也都有各自的问题，但是起码丰富了对于本我的思考。

法国哲学家巴什拉讲："精神分析学家思考过多，而梦想得不足。"[①]这话充满了讽刺意味。虽然弗洛伊德以《释梦》闻名，但是此学说用理论解释得过多，而没有把梦的非对象化的特点充分体现出来。精神分析学家很少想过，是否有一种本我、自我、超我还未分离的、正常成人的原意识。比如我们可以设想，在庄子讲的那种至德之世里，人们率性而为、尽性而活，可以理解为文明前的人类状态，占据了我们人类百分之九十多的历史；或者说像摩梭

---

①　加斯东·巴什拉：《梦想的诗学》，刘自强译，北京：生活·读书·新知三联书店，1996年，第187页。

人的那种生活状态,起码在性方面没有太多压抑,而且都是以亲缘家庭、家族和社团为生存单位,经济的自足程度比较高,抗灾能力也比较强。在这种生活形式里,人的精神意识难道与异化严重的文化和社会中的情况是一样的吗?那些人做梦也是与 19 世纪、20 世纪欧洲人做的梦类似吗?但无论如何,精神分析把这么一个潜意识层次以这么鲜明的甚至是骇人的方式呈现在人类思想面前,引发人们对于自身意识的革命性认知,很了不起。

第二十一章　当代西方哲学思潮（三）

——梭罗和中西哲学的当代共鸣

第一节　梭　罗　其　人

一、背景

梭罗（H. D. Thoreau，1817—1862），是美国 19 世纪重要的思想家、作家、博物学家和哲学家，可以说是非暴力抵抗哲理和生态哲理的开创者。他最著名的著作是《瓦尔登湖》（*Walden*，1854）。以前我在美国读研，上的第一门课是"美国政治与社会哲学"，它的教学用书之一就是这部著作。老师说梭罗是美国思想中的个体主义代表。杜威讲社团，主张民主的根子不在选举制度，而在于健全的社团精神；而梭罗关注个人，认为个人有权对抗国家。我不同意他是个体主义者，在期末论文中论证说，梭罗将自己完全投身于自然，更近乎道家的天人合一，与政治自由主义版的个体主义是两回事。老师专门让我为此论文做了一次口头答辩，然后给了我最高分。瓦尔登是一处湖泊的名字，就在波士顿西北十几英里的地方，现在那里还有梭罗故居的遗迹，已经成了热爱自然者们的朝圣之处。译成"渥尔登"可能更接近它原来的英文发音，无所谓，"瓦尔登"已是约定俗成了。

就我所知《瓦尔登湖》大陆已经有好几个中文译本了。台湾也有两三个，他们大都译为《湖滨散记》，似乎不很合适，因为这本书的内容并不"散"。他的另外一篇重要文章是《论公民的不服从》（*Civil Disobedience*，1849），论证公民面对非正义政体的权威有权不服从，或者说有权进行非暴力的反抗。当时这些著作不太受人重视，但后来都产生了世界性的影响。前者高标独创、灵气四溢，成为热爱自然和精神深层自由的人们的旗帜。在美国一说到自然和生态保护，梭罗就是一个代名词。后者揭示个人良知的独立，论证人面对不正义权力而做非暴力抵抗的理由，甚至是抵抗的策略。它鼓舞和影响了像俄国的列夫·托尔斯泰、印度的甘地和美国的黑人民权领袖马丁·路德·金。甘地在南非进行反种族歧视斗争的时候，读到梭罗的文章特别受启发。后来甘地还一再讲到梭罗对他的影响。金则在大学期间就读到梭罗的《论公民的不服从》，之后再经过甘地的转递和深化，使他一生都在践行这种非暴力的抵抗，为消除美国的种族歧视和争取少数族裔的民权英勇献身。

梭罗在世的时候，出版了著作《康科德和梅里麦克河上的一周》，描写他和兄长约翰在河上的游历，一共印了 1000 本，四年里共卖出了 219 本，送出了 75 本，后来出版商以没有库存空间为由，剩下的都交给梭罗自己保存。于是他在自己的日记中自嘲道："我的藏书有九百多本，其中有七百本是我自己写的。"在他生前和死后很长一段时间里，梭罗被认为是先验主义（transcendentalism）哲学家爱默生（Ralph Waldo Emerson, 1803—1882）的追随者，爱默生提出思想纲领，梭罗则善于实践。爱默生在当时是极有名的，其思想也确实很出色，我下面也会做一些介绍。但是一直到世纪之交，这个被掩盖在爱默生光辉之下的局面才被打破。

我们会简单地介绍梭罗的生平，因为他的人生和思想如此紧密地交织在一起，不了解他的生活，对他的著作也不会有深入的理解。他的《瓦尔登湖》，写的就是他独自一人进入森林，在那湖边居住两年的经历和心得。我们的《资料》只选了此书的第二章，算是比较短的一章，而第一章"经济"是最长的。你会奇怪，一本讲自然的书，为什么要一开篇就谈经济？这是因为他对自然的爱不只是感情，而是完全融入他的生活的，而自然化的生活需要经济支持。他要给你算账，说到底是算人生这笔账。自己建一座小屋花了多少钱？在森林里生活一年，干了多少活，花了多少钱？最后告诉你，他当时只花了二十多美元就建起了自己的木屋，还能在那里活得很好。他一年也就干一两个月的活儿吧，然后就能逍遥自在，做自己最愿意做的事儿，这很重要。人想从外在的体制中得到解放，需要基础，他在书的一开头就给你交代这个经济基础，告诉你没问题，在现实中可以实现，只要你不贪图多余的奢侈。

以下在介绍了他的人生以后，我们再来介绍他的思想，尝试说明其中的哲理特点,这是前人做得不多的。我从一开始读他的书,就感到这很值得做,尤其对于我们东方人,通过梭罗可以看到东西方思想在某些要点上的交汇。

二、生平

梭罗1817年7月12日出生于马萨诸塞州的康科德镇。那个州又称麻州或麻省,应该算是美洲最早的英国人殖民地之一,是五月花号的登陆处。康科德镇在波士顿西北18英里,也是独立战争的第一个战场。梭罗的父亲是一个小商人,做生意包括做铅笔都不太成功。后来他帮助父亲改进了做铅笔的工艺,生意大为改善。他很聪明,是手很巧的那种人。他的母亲喜欢自然,经常带全家到野外远足,而梭罗的天性又那么喜欢自然,于是很早就沉浸于其中而得其所哉。十岁的时候他写了一篇名为《四季》(*The Seasons*)的作业,后来成为他传世的第一篇作品。梭罗1833年进入哈佛大学,大四的时候读到爱默生的《论自然》(*Nature*,这是一组文章),深受触动。但是人们常常夸大了爱默生对他的影响,以为他就是不断地跟随爱默生。爱默生后来写的很多东西,他也没怎么看,起码没有对他产生重大的影响。只是在他年轻的时候,也是最恰当的时候,两人的思想碰出了火花。与爱默生认识之后,他参与后者发起的一些活动,而爱默生也正好搬到这个地方来住,就与梭罗形成了亦师亦友的关系,而且对梭罗也有具体的帮助。梭罗到爱默生的亲戚家做家庭教师,而他在瓦尔登湖边上建的房子,就位于爱默生家的土地上。

爱默生创立了新英格兰的先验主义。这个词是德国人发明的,跟康德、谢林等人有关,但是爱默生给这个词以美国的、新英格兰的思想风格。新英格兰的自然风貌是很美的,爱默生又充满了诗人气质和开拓者的豪迈自信。他主张人和宇宙有原本的先验联系,也就是说,在"灵魂"或"自然"中的联系,而灵魂又不只是我们心灵的一种功能,比如记忆力、思维、同情心,也不只是理智和意愿力,而是包含它们但又更根本的存在依据。贺麟先生很早就对爱默生有所研究,我还曾为他老人家翻译过他在美国留学时写的关于爱默生的英文论文,经贺先生修改后收入他的《现代西方哲学讲演集》里。

对于爱默生来讲,灵魂和自然(乃至上帝)是统一的,或是一体两面的。这个思路有些意思,跟我们以前提到的印第安人对于人(及神)和自然关系的看法有某种很遥远的呼应。虽然爱默生作为一个还有传统哲学家风格的思想者,没有进入那么亲密的人和自然的统一,但是毕竟有这种倾向。按照爱默生的思想,既然灵魂与自然是一体相通的,那么人认识它们的主要通道就不是实证认知,而是凭借人的直觉、天性和想象,所以贺麟先生称爱默生的先验存在论为泛神论(pantheism)。当然也有人主张爱默生也是信上帝的,因而是一种一神论(theism)。贺先生在他的文章中对此辨析良久,还是认为泛神论的称呼比较贴切,因为这种学说相信自然中充满了灵性,自然是灵魂的外化,而且大讲“依靠自己”(Self-reliance),与完全信赖神的基督教一神论有相当大的差别。贺麟先生写道:“爱默生的哲学主要是一种适合诗人和天籁直观观物的人们的哲学。先验论者是一个自然的解释者,……一般是一个理想主义者、浪漫主义者,或神秘主义者,……[他们]都是热爱自然的人。”①

但是还有另一面,即爱默生的实用主义和功利主义的一面。有同学提到新英格兰在 19 世纪的经济繁荣,可是不要忘了,这种繁荣是建立在这片土地之上,而这些土地和资源都是从印第安人那里抢过来的。当然,这里我们就不用详细讨论这个问题了。无论如何,这种繁荣和对功利的追求也影响到了爱默生,所以他对人尤其是作为开拓者的个人的力量非常看重。后来当惠特曼的《草叶集》出版(1855 年)时,没人注意,爱默生却给惠特曼写了一封热情洋溢的激赏之信,极大地鼓舞了惠特曼。可以说,《草叶集》受到了爱默生开创的先验主义运动的影响,或者说是这个运动的一个表现。他们都是那么乐观,那么高扬自由进取的开拓精神,但是他们对个人的崇拜、对科技力量和现代性的颂扬,导致了某种略显粗糙的实用主义,与他们对自然的推崇也不协调。盖·威·艾伦说过:惠特曼的观点,尤其是他的人道主义、神秘主义,以及重视现今和不加修饰的实用风格,非常适用于 20 世纪的西方国家。②爱默生提出要依靠自己,个人就是自足的,冲淡了殖民地早期清教徒对上帝的那种虔诚信仰,而且这种高扬个体的主张中也带有功利主义和实用主义的倾向。所以贺麟先生说他很奇怪,为什么詹姆士不把爱默生当作实用主义的创始人,而是只追溯到要把观念弄清晰的皮尔士。爱默生认为自然是思想的

---

① 贺麟:《现代西方哲学演讲集》,上海:上海人民出版社,1984 年,第 22 页。
② 惠特曼:《草叶集》(上册)译者前言,楚图南、李野光译,北京:人民文学出版社,1994 年,第 9 页。

工具,自然是精神的符号;他还认为生活是对权力的追求;工作就是胜利,无论何时,做了工作就会成功;等等。这都是美国人从早期一直到 20 世纪 70 年代的做派,现在还是不是这样就难说了,反正是以效用学说(the doctrine of use)来为教为政(《现代西方哲学讲演集》,第 26—31 页)。也就是说,一个事物和思想是好的、真的,仅仅是因为它于我的人生有效用。因此,贺麟先生批评爱默生是折中主义:一方面热爱自然和认同灵魂,像诗人一样是非功利的;另一方面,则是实用主义的功利追求。贺先生认为它反映了美国在开拓时期的情况,不少人物在思想和生活上浪漫和功利交替并用,并不觉得这种自相矛盾有何不妥。美国人很实用,但实际上也很天真,他们的政治行为在欧洲人看来是太莽撞了,就是个愣头儿青,尽管这种愣头愣脑现在看来好像没有多少当时的天真状态了。但是,贺麟先生认为爱默生的伟大是不容否认的,他属于照亮了人类灵魂的一类人(同上书,第 38 页),不是靠思想的严格体系、论证的严密,而是靠灵感和直觉的闪光,靠思和诗的共谋或伴生,他启发了无数人。梭罗与爱默生先验论中的第一个倾向,即灵魂和自然的统一,一拍即合,而且还有更深切得多的体验和发展,但是他基本上没有呼应后者的实用主义那一面。

大学毕业以后,梭罗先到公立学校教书,但因为反对体罚学生而辞职。之后和他的兄长约翰一起开了一家私立学校。你可以设想一下,那里面一定很注重对自然的体验,老师带着学生到处看植物、鸟兽和山川,向自然学习。三年后他兄长患病,学校就维持不下去了。约翰去世,因兄弟之间感情甚笃,他无比悲伤。后来他和爱默生形成师友关系,还为先验主义的季刊《日晷》(Dial)撰稿,但他没有参加先验主义运动的人生试验。这个团体组织了一个农场叫溪流农场(Brook Farm),大家在那里一起追求先验主义式的生活,但最后失败了。其实,那种理想主义的试验往往都会失败,而梭罗一开始就拒绝参与。他表现得好像特别不同,认为人想要亲近自然、过自由的生活,为什么偏要搭伙儿一块儿去? 一人足矣。

1845 年 3 月,他携一把借来的斧头在瓦尔登湖畔爱默生家的土地上砍树建屋,于 7 月 4 日美国国庆日搬了进去,一直住到 1847 年 9 月 6 日,一共两年多。他后来就依据这段在湖畔林中的人生体验,写成传世的《瓦尔登湖》,不过其情节压缩到了一年的四季之中。由于他的第一本书不成功,于是对此书反复修改,一直到 1854 年 8 月才出版。那里面,你看着是对自然的描述,但几乎都有寓意,是融入了深心妙思的著作。

他同情受压迫者,协助黑人奴隶逃亡到加拿大,并且非常赞赏一位激进的废奴主义者约翰·布朗。这位布朗毕生从事废奴运动,为了将此运动引向深入,自己招募了游击队。1859 年 10 月 16 日,他带领一批武装人员,其中包括他的儿子和五名黑人,袭击了位于弗吉尼亚州的美国政府的军火库,想夺取武器,为废奴创造条件。(注意啊,这是美国《独立宣言》宣布人人生而平等之后八十多年,奴隶制在美国还依然存在,这种事实很值得我们深思。)但是起义很快失败,两个儿子战死,约翰·布朗负伤被捕。梭罗以前见过布朗一面,对他的印象非常好。得知布朗被捕,10 月 30 日在镇上自己敲钟,把人召唤过来做了一个演讲:《为约翰·布朗上校请愿》。12 月 2 日,约翰·布朗经过审判定罪后,被执行绞刑。梭罗很快在追悼集会上发言,悲愤地悼念他。布朗的行为是有历史功绩的,它唤起和强化了人们的废奴意志,是美国南北战争的先导。因此,后来布朗被不少人视为烈士来纪念,全国多处立有他的纪念碑,有的城市道路以他的名字命名,艺术家则绘画来表现他的壮烈,其中一幅表现他临刑前亲吻一个黑人小孩儿的油画很感人。但从法理上讲,对约翰·布朗的造反行为到现在也有争议。他用武力夺取军火,违背了当时民主政府的法律。当年我上的那门课里,老师组织大家讨论的一个问题就是布朗这样做(以及梭罗对他的赞扬)对不对。如果人人都像他那样,凭借个人的正义感或良心,就抄起武器对抗有问题的合法政府,岂不要天下大乱?梭罗对他极为推崇(尽管他本人主张的是非暴力抗争),可见梭罗对于人间的不公平,乃至对当时美国政治文化的虚伪,极其敏感,就好像他对大自然的美好也极其敏感一样,这是一枚钱币的两面。而且,这个人的特点就是直心直行,怎么想就怎么做。1846 年他还住在湖边的时候,为了抗议美国政府,或是因为美国政府还认可奴隶制,他就不交人头税——我就故意让你把我抓起来,我要到法庭上去揭露这个政府的罪恶。但是刚被关了一夜,就有人(后来据考证是他的姑母)替他把那个税给交了,所以第二天人家说你走吧。后来那人每年都替他付,使他一直没机会再入狱。

1848 年他发表了非常著名的演讲《论公民的不服从》,也可译作《非暴力抗争》,后来整理成文出版,产生了深远巨大的历史影响。他认为每个人都有坚守自己的良知来反抗非正义的权利,也就是以非暴力的方式来反抗非正义的法律乃至国家政权的权利。他说:我们首先是人(man),然后才是臣民(subject),还引用了《论语·泰伯篇》的"邦有道,贫且贱焉,耻也;邦无道,富且贵焉,耻也"来论证。所以他接着说,在一个非正义地将人投入监狱的政府之下,一个正义者该去的地方就只能是监狱。①

梭罗喜欢古希腊,但是他也喜欢古印度、古中国。我们《资料》所选印的这一章没有多少页,却三次引用了东方文献,一处是《礼记》的《大学》,一处是《论语》,一处是《吠陀》。他的性格和主张还是更倾向道家一些,但也有孟子那样为民请命、担当天下的浩然之气。由此可见,当一位正直、诚恳的西方人的思想真正深入到原发自然的层次时,他就很可能突破西方中心论,真真实实地领略到东方真理的深邃和美好。梭罗和中国的话题,虽然不是在我们哲学界,而是在国内的英语文学界,引起过某种关注。所以,虽然真理是染有文化色彩的,但又不会被封闭在一个文化中。就像梭罗在《瓦尔登湖》中名为"孤独"的那一章中引用孔子的话"德不孤,必有邻"(《论语》4.25)所表达的,即便是一个人、一个所谓"落后"的文化,只要有德行,那有什么可孤独的?

1862 年,他的肺病加重,他坦然面对死亡,平静地整理自己的文稿,还做了各种安排。其实当时他也没有多少名气,有些影响但是不大,可他却相信自己的著作一定会被人们接受。他于 5 月 6 日逝世,临终前,他说的最后一句话,含含糊糊,但是其中有两个词旁人听得清楚,就是 moose 即麋鹿或者驼鹿,还有就是 Indian 即印第安人。②驼鹿对北方的印第安人是非常重要的动物,由此可窥见他心灵深处所牵挂的是自然和自然人。

梭罗终身未结婚,只有过一次爱情,就是在 22 岁时,他和哥哥约翰同时爱上了夏天来访的 17 岁少女艾伦·西华尔(父辈朋友的女儿),后来两人各自求婚,但是都没成功。以后梭罗再也没有恋爱过,但我们应该说,他一生里只有过一次真正的而且是成功的恋爱,那就是与自然的热恋,如他在日记中(1857 年 4 月 23 日)所写:"整个自然是我的新娘(All nature is my bride)。

---

①　Henry Thoreau: *Walden and Other Writings*, New York: Modern Library, 1981, p. 646.

②　Walter Harding: *The Days of Henry Thoreau: A Biography*, New York: Dover Publication, Inc. 1982, p. 466.

那样的自然,对某些人是荒凉和恐怖的,对于我却是甜蜜、柔嫩和无比亲切的共同体。"他从 20 岁起受爱默生的影响,开始写日记,终身不辍,身后出版的日记有 200 万字。20 世纪初他的著作集共 20 卷被整理出版,后面 14 卷都是日记,内容非常丰富。他写道:"自然充溢着天才和神性,以至于没有一片雪花不是出自她的幻生之手。"他还在日记里画了一朵雪花,真是太美了。他最著名的一句话可能就是:"荒野保护着世界。(In wildness is the preservation of the world.)"(出自《行走》[Walking])也有人改译为更精练的"蛮荒护卫着文明"。

1906 年,霍顿·米夫林(Houghton Mifflin)出版社出版了 20 卷的梭罗作品集。从此以后,美国人还有世界上热爱自然的人们终于发现了这位自然思想者的伟大卓绝,正如几乎在同时,德国人和世界上崇尚诗歌和思想神韵的人发现了荷尔德林,以至于对当代诗歌和德国精神的发展产生了重大影响。当然从某种观点看来,这影响不一定都好,后来纳粹也对荷尔德林特别推崇,但是这没有关系,更多的人可以从别的角度来推崇荷尔德林。

1993 年,在沉搁了 130 多年后,梭罗去世十年前所写下的观察自然的大量文字,被选择、编辑和出版,题为《种子的信仰》(Faith in a Seed),轰动了文坛和博物学界。台湾版就是这个译名,大陆版则是《种子的信念》,还让我写了一个简短的底封评语。这本书可说是用"田野的语言"和"森林的语言"写成,纯描野地中植物种子的传播。阅读它令我陶醉,特别平和宁静,又充溢着内在的生动、有趣和美好,让人忘掉人世间的一切尔虞我诈,投入一个能做出美梦的世界。我建议大家不妨去读一读这本"负阴而抱阳,冲气以为和"的奇书。台湾版翻译得更好一些,大陆版译得还可以,但是前言写得有不到位之处。书中的一段话被人摘出来,放在书前当作题语,它是这样的:"虽然我不相信没有种子的地方,会有植物冒出来;但是,我对种子怀有大信心。若能让我相信你有一粒种子,我就期待奇迹的展现。"①下面我还会提到这本书。

课间有同学问,为什么古代的或以往的哲学家好像很久才出一个,而当代哲学家却这么密集,像繁星灿烂一般? 我想,很重要的一个原因就是那个

---

① 梭罗:《种子的信仰》,金恒镳、杨永钰译,台北:大象文化出版社,1995 年,第 19 页。

时代离我们远了，就把不是最珍贵的一些宝石淘下去了，所以显得比较少。我们这个时代却还没有。再过一百年、两百年，你知道哪位当代的哲学家还能留在哲学史册上呢？很难说。但梭罗和我们上面讲到的当代哲学家，肯定不会被时代的大浪所淘去的。刚才还有同学讲，好像当代哲学的特点不再是体系的表达，而是对人的启发，似乎不再怎么追究终极问题了。我觉得这么说不够准确。当代哲学家们还是有这种追究的，只是他们基本上都认识到了一点，就是古代的包括近代的西方哲学所追求的那个目标，即让哲学成为一门第一科学，也就是成为一门严格的体系化的形而上学，或观念化科学，是不可能实现的，而且不值得去追求。这是一个重要的共识。但他们还追求终极问题的解决吗？当然了，这是哲学的神圣使命。只不过很多哲学家认识到，终极不可能再被观念化、概念化和在这种意义上的对象化。终极实在或真理不会成为一个最高理念对象放在那儿，也不再是黑格尔讲的绝对精神，可以通过概念的辩证发展体系来把握。这些都不是对经验本身的直接理解。只有哲学的边缘启发力，是高于一切的。未来哪种哲学家能被我们记住呢？是他的体系构造得严格、复杂和细密，让你在这个迷宫中盘绕升腾，以致最终迷失了自性的哲学家吗？根本不是。以后没有人还有精力或兴趣去细究那种体系或剁馅儿式的论证，不管是概念化的还是分析化的，就像近代以来已经没人关注一个针尖上能站多少个天使跳舞一样。我想，人们可能会关注那种有揭蔽的猜谜能力的哲理思想。每读它一遍，你的思想就被摩擦乃至划出新的光彩和缝隙。真正伟大的西方思想家像康德、叔本华、柏格森、弗洛伊德、胡塞尔、维特根斯坦、海德格尔、梅洛-庞蒂、列维纳斯，历史上的毕达哥拉斯、赫拉克利特、巴门尼德、芝诺、柏拉图、亚里士多德，都是这样。当然东方的哲学家、思想家也绝不逊色，比如奥义书的作者们、佛陀、龙树、无著，更不用说我们的孔子、孟子、老子、庄子、慧能、周敦颐、王阳明、王国维、贺麟。当然，每读一次，要相隔一段时间，你如果连着读，感受就弱了。就跟读小说一样，你隔半年一年再去读它，又是一番体会。

第二节　梭罗思想的特点与中西哲学的共鸣

一、思想源头——发生着的、意义自足的自然

梭罗思想的源头,实际上也就是梭罗哲学思想的主导特点。有同学问:以前在哲学史上讲梭罗吗? 好像不太讲。阐述美国哲学史的时候,可能有人提到他,也很可能不会提到他。但按照我们这门课的哲学观,他应该是哲学家,而且是很深刻的哲学家。下面我就来追究一下他的哲学的特点。梭罗既不是爱默生的先验主义的信徒和忠实追随者,也不是一些政治哲学家断定的个体主义者。但是他在政治伦理学上的地位——来自他的非暴力抵抗不正义权力的思想——是大家公认的,于是往往就把他归到政治学领域了。实际上,如上面提到过的,我在美国读研究生的第一篇论文中,就跟授课老师(一位研究杜威的著名学者)辩论过这种划分。老师说他是个体主义者,以个人的良心为取舍标准;我说他不是或主要不是一位个体主义者,因为对于梭罗来讲,个人的良知和主体性如果不完全浸透到自然里去,不对自然产生终生不渝的深情之爱,就不算是真正的良知和人性。因此,你能说他是一个像一般的自由主义者那样的个体主义者吗? 那种典型的个体主义主张的社会契约论、个体价值观和对于世界的分析式看法,差不多都奠定在个人权利或个人的先验自由本性上。但梭罗不只是这样,或从根本上说来他就不会认同这些孤立的实体和价值。

到今天,我们能够更加明晰地感受到,梭罗的一切人生表现(我们以上只是略举大端)乃至他独立思想中的秘密,那种不可思议的吸引人之处,都处在这样一个充满魔力的词中,这就是大写的"自然"(*Nature*)。爱自然的西方思想家乃至哲学家,在梭罗之前也不乏其人,比如德国的浪漫主义者,还有新英格兰的先验主义者,但是梭罗的人生、思想与自然之间的关系还是不同于这些人。对于浪漫主义者和神秘主义者,自然是人的精神的神秘外化,是获得诗意、灵感和美好生活感受的一种通道。当我们远远地打量大自然时,与它在郊游中邂逅时,或与它擦肩而过时,它是那么美好,可一旦我们直接地、深入地经验它,就不是那么回事了。在他们那里,自然经不住人们长久

地直接面对,一旦这样,自然就成了研究的对象,比如动物学家、地理学家、地质学家等探讨的对象;或者成了工作的对象,比如农民、猎人、土地测量员、气象员、伐木者等加工和观测的对象;或者成了逃避政治权力或动乱的避难所,也就是成了绿林好汉、避难者的藏身之处,《水浒传》里的"好汉"就藏在那里。到了那样一个对象化的时候,自然的美好魔力就会消失,公主又变回了灰姑娘。

爱默生在《自然》这本小册子中讲:"田野与丛树所引起的欢愉,暗示着人与植物之间的一种神秘联系。"[①]讲得非常好。我们为什么在观看田野、古树、灌丛时这么欣欣然? 如果我们跟它们没有一些"神秘的"联系,就不会这样。我们观看一座冒着各色浓烟的工厂,怎么就没有那种联系或感受? 我上小学时的语文课文写道:我们站在高处——不是景山顶就是颐和园佛香阁上,看北京的天空就像一块蓝宝石,工厂冒出的浓烟像朵朵黑牡丹。那时候国人还在崇拜重工业,不知道这些"黑牡丹"的厉害。不过我也总觉得那不光是个时代问题,我们看工厂总不会真觉得美,这跟看田野、看森林完全不是一回事。爱默生接着讲:"它们在向我点头,我也向它们致意。……然而可以肯定,产生这种欢愉心情的力量并不存在于大自然之中,它出自人的心灵,或者出自心灵与自然的和谐之中。"(《爱默生集》,第 10 页)这种神秘联系是我们赋予它的,或这种美感是人赋予自然的,不是自然本有的。这确实也代表了先验主义者们的看法,甚至隐含在他们的人生形态中。爱默生实际上是一个文化人,一位了不起的作家、哲学家和演说家。他喜欢自然,抒发这种感情的文字也写得非常美、非常好,但那是一种远眺中的美,与他的现实生活没有直接的关系,所以爱默生可以将先验主义和实用主义并行。我需要哪个就用哪个,先验主义是理想,实用主义是生活。就像对于王国维,可爱的或美好的不可信,而可信的、现实的却不可爱,也不美好。

但是对于梭罗,自然可不只是被远眺的风景,而是他热恋的新娘,愿意和她共度一生。无论梭罗如何切近地接触她,与她厮守生活,这自然都不会被完全对象化,也不会失去她豆蔻年华的朦胧风采。而且,他越是深入地了

---

① 爱默生:《爱默生集:论文与讲演录》,吉欧·波尔泰编,赵一凡等译,北京:生活·读书·新知三联书店,1993 年,第 10 页。

解自然,比如居住在自然之中,长久地观察记录自然,就越是爱她。梭罗为了长久地观察、记录自然,曾担任过土地测量员的工作,利用这一职务到各地去观察自然万物。其实他从哈佛毕业时,或在以后的相当长的一段时间内,都有机会找到收入可观的稳定工作,就像他的同学们一样;或者,如果他愿意利用他的发明比如在生产铅笔方面的工艺改进来赚钱,那么也可以过上富裕的日子。但那都不是他想过的生活。他觉得人生一世,要活就要活在生命最自由、最有生长活力的晕光之中,也就是与自然的实质性交融中。现在有人把他称为博物学家、自然史学家,我觉得也不错,但他绝不只是这种专家。他是学者却又不只是学者。他对自然观察和描述得非常仔细准确,完全有博物学的价值,但是他又不止于这些。他越是深入了解自然,就越是深爱自然,越是能从自然那里感受到翩若惊鸿、婉若游龙的风姿,也就是那"远而望之,皎若太阳升朝霞;迫而察之,灼若芙蕖[即芙蓉或荷花]出渌波"(曹植《洛神赋》)的窈窕神韵。这确实是一绝,一般人做不到。他们一跟自然就近打交道,马上就山高月小、水落石出,那些魔幻就都没了。在别人看到这个那个的对象之处,他看到的却是惚兮恍兮、其中有象;在别人还只会沿着因果关系、逻辑关系而顺藤摸瓜的时候,他却早已势如扩弩、节如发机一般地进入自然的气势里,直接感受到其中腐朽化为神奇、神奇复化为腐朽的转化伟力和迷人境界,这是他很了不起的地方。

我们去读《瓦尔登湖》和《种子的信仰》,就会有这种体会和感叹。《瓦尔登湖》一开篇,是讨论"[保障生命意义之]经济"的一章,第二章就是我们《资料》所选用的,题为"我生活的地方,我生活的目的",后面各章对自然的描述就越来越多了。他是夏天住进去的,写到春天的来临就结束了。最后那一章特别出色,描写万物复苏,观察极为细致,但又气魄恢弘。评论家常说贾宝玉是如何痴情,没错,那是痴到通灵的至情,但毕竟只是脂粉堆里的情,而梭罗对自然的痴情简直是无与伦比,所以我称他为"自然之情圣"。此两书充分显示出这自然情圣的品性,其中折射出的哲理思想,突破了一和多、普遍和特殊的二元,在一片叶子、一朵雪花中他能看到整个宇宙的魅力,从一个季节能看到四季年华的美好。痴情使得自然现象在他眼中不仅极度丰富,而且具有灵性深度。以这种方式,梭罗的思想突破了主客分离,让我们在其中品尝到现象学的至味,而且正是以前讲到的当代西方哲学的特点的鲜明写照。

他成熟的年代紧跟着黑格尔,后者(一位标志着传统西方哲学终结的大师)于1831年去世。当然,梭罗处在遥远的新英格兰,不在欧洲,但我们可以说他是一只报春的早燕,以他独特的、永含魅力的思想姿态预示了西方当代哲学大潮。根本不能说20世纪的西方哲学把梭罗抛在后头了,不是那样的。他那种"自然到生活本身的哲学"预示着后来出现的哲学的一些重要特点。而且,他的著作本身的魅力是永恒的,只要自然不消失,梭罗就永远在召唤着我们。

二、梭罗自然现象学的特点

以下我拣几个突出点来阐发他这种自然化的现象学,或者叫它"自然现象学伦理学"。第一,真正的自然来自最原本的现象学的生命还原。我们这门课没有介绍过现象学的还原(Reduktion,reduction)方法,但是这个词大家很容易理解。它不是技术化的语词,所以才可以叫做"现象学的生命还原",也就是通过一种简约、消损的方式,把跟我们生命意义无关的所有东西都去掉或悬置起来,让生命的本性自然纯净地出现。这种生命还原在他的书中回响,比如他对那种自以为很真实的现实生活的众多批评中都蕴含着它。

"我到林中去,是因为我希望过着深思熟虑的生活,只是去面对着生活中的基本事实,看看我是否能学到生活要教给我的东西,而不要等到我快要死的时候才发现自己并没有生活过。"(《资料》,第486页左)这就是一种生命现象学的态度,以生命或生活本身为人生本性,而绝不要用任何"生活教给我"之外的东西来冒名顶替,以致"快要死的时候才发现自己并没有生活过"。因此,梭罗声称:"我要深入地生活,吸取生活中应有尽有的精华,刚强地像斯巴达人击溃敌人那样,清除一切不成其为生活的东西,大刀阔斧加以扫荡,小心翼翼加以清理,把生活逼到一个角落去,将其置于最低的条件之中。"(同上)这就是我前面讲到的"现象学的生命还原",把与生命或生活本身——生命的维持、生活原本意义的获得——无关的、不必要的东西都清除掉,以便感受到生活本身的魅力,"吸取生活中应有尽有的精华"。所以梭罗的口号就是:"简单,简单,再简单!"(同上书,第486页右)这"简单"的意思就和老子讲的"损"和"素朴"有些相通,"损之又损",最后达到无为的素朴,因此才能无不为。《老子》里面经常讲素或朴,第15章、19章和28章都有。

可见,这种还原、减损是一种找回,也就是找回自己生命的原意义,或达到纯粹的自然本身。让我们来读第一章中的一段著名的话:

> 很久以前我丢失了一头猎犬,一匹栗色马和一只斑鸠,可至今我仍在追踪寻找它们。我曾对许多旅行者谈及关于它们的情况,描述它们的足迹,以及它们对什么样的呼叫声会产生反应。我曾遇见过一、二个曾经听到过猎犬的吠声和跑马的蹄声的人,有人甚至还见到斑鸠飞没入云层后面,他们亟想重新找到它们,像是自己丢失了它们一样。①

这里面涉及了三个隐喻,即被丢失了的猎犬、栗色马和斑鸠。好多评论者都讨论了这一段话,猜测它们暗指什么。他们想回答这样的问题:梭罗丢失了什么? 每个隐喻意味着什么? 是青春时代的元气,是一段美好的回忆,还是某个具体的人? 但我们可以注意到,这三只动物即犬、马、斑鸠,其活动的位置从地面往上再往上。犬在跑,马在奔,但这奔跑在升高和加快;而斑鸠一下子就飞到云彩后面去了,它最小但是最高最快,没入了一个自由的空间。所以或许可以这么解释:梭罗认为他丢掉了三样东西,这种丢失会促使他或受他感染的人去寻找,但是他似乎永远不会将它们作为对象再找到,而只会被这种寻找过程本身带入一个又一个新的境界,直至没入云层后面的那种飞翔,也就是越来越深地进入自然,经历到越来越纯净的自然中的自由。这是我的理解,只是一种可能,但也有所依据。比如他马上接着写道:"[我]不只是期望着看日出和黎明的到来,而且可能的话,还要看自然本身(nature herself)!"由消逝着的犬、马和飞入云后的鸟儿引领着,他要看到日出和自然本身,因此我觉得我的解释也不牵强。"夏天和冬季,有多少个早晨,在任何一个邻居忙于料理他的事务之前,我早已把自己的事安排妥了!……多少个秋日,哎,还有冬日,我是在城外度过的,我试听着有什么事情将要发生,一经听到立即传送。……多年以来,我是一个自行任命的暴风雪和暴风雨的监察员,并忠实地履行我的职责。"(同上书,第375页)这表面上有点儿半疯半傻。没有人和机构任命他,没有任何人付他工资,而他每天早晨去迎接日出,观察

---

① 梭罗:《梭罗集》,罗伯特·赛尔编,陈凯、许崇信、林木椿、姜瑞璋译,北京:生活·读书·新知三联书店,1996年,第374—375页。

自然。他说自己是暴风雪和暴风雨的监察员,雨雪从哪里来,怎么来,他要预测、观察和记录。他并不是气象员,但他跟自然有这种感应。总之,他一直在寻找,自愿地、无偿地寻找着,试图找回那把握不住的东西。

实际上,我也曾迷恋过一个设想,就是要办一份与自然本身相关的报纸。我把它的名字想了又想,比如说叫《自然信报》《天地神报》或《天人福报》。这份报纸干什么呢? 就是报道最美好、最边缘、最自然的那些消息。什么地方找到华南虎了,什么地方早春的叶子出来了,什么地方的老百姓唱了一种动听的山歌,或还在使用传统的耕作法,什么地方久涸的山泉又流淌了,乱石坡上长出了一片树丛——一个个让我们听上去会感觉到生命本身的韵律和生活本身的美好的那种报道。要是我办了这份报纸,那梭罗就是最好的报道员和编辑。人为什么非要过一种眼下社会舆论认为是成功的生活呢? 那种生活只是生活中的一种,为什么我们要夸大其中的一种,而忽视、贬低其他的生活呢?(《梭罗集》,第 377 页)可见他这种孜孜矻矻、自行任命的雪雨监察员举动,或者说这种自然骑士的风度,如前所叙,和一般那种只限于对自然做美学欣赏的态度不同。爱默生说,当你站在城里的大街上,仰望这些星星的时候,它们是多么璀璨动人啊!(《爱默生集》,第 8 页)那时候的街道和现在不一样,没有多少路灯,要不然根本看不清星星了。他又说,一条河流实际上就是一条画廊,它每月都要隆重推出一个画展(同上书,第 16 页)。哎呀,你看他说得多好啊! 一条五彩画廊的四季变化,这种感受和动人的描写,梭罗也有,而且更多更深。但他摆脱了只过一种成功生活的羁绊,热爱自然不只是他生活的点缀作料,而是他生活的灵魂。这就像现象学讲的,要面对事情本身,他是在面对自然现象本身。

第二,自然本身就是人性本身。这相当于说,自然(Nature)就等于人性(human nature)。"自然"这个词在西方多种语言中,同时有自然和本性两个含义。我们来看看,他描写的自然本身和人性是何等地相互交织:"从湖心处望出去,森林的背景从未如此悦目,也没有这么独具一格的美丽。因为森林倒映在湖水中,湖水不但使前景美不胜收,而且由于湖岸弯弯曲曲,给湖水形成了一道最为自然而又令人愉快的边界线。……一个湖是风景中最美丽、最富于表情的姿容。它是大地的眼睛;**观看着它的人同时也可衡量着他自身天性的深度。**"(《梭罗集》,第 533 页)你瞧,他把这湖观看得有多深多美,他的本性也就焕发出了多少。"湖边的河生树是这眼睛边上细长的睫毛，而四周林木郁郁葱葱的群山和悬崖，则是悬在眼睛上的眉毛。"(《梭罗集》，第533页)

《种子的信仰》中对种子如何借助风、水、动物和自身弹射的传播，观察得极其敏锐，其描述则有趣动人。它既是博物学的，又是人类学、现象学和伦理学的。我每次半夜睡觉前看几页，就觉得夜色如此深沉，感到有一位大地母亲在看护着这世界，这样我睡着的时候，梦里就都是种子、松鼠、画眉、松苗，乃至在冰原上乘风疾驰的枯叶和树籽，可谓风声鹤唳，草木皆灵。"大自然造就一片森林，是如此漫不经心，踩着看起来偷偷摸摸又软弱无力的步伐——若以地质年代来计算的步伐——却征服了最远的距离，获得最伟大的成果。"(《种子的信仰》，第62页)比如他描写刚叶松的种子如何传播，处处都是妙笔："刚叶松[刚松，短三叶松]和白松不同，松果开裂后，繁衍种子的行动会持续整个冬天。除了借助风力飘往远方，还会利用冰雪在上面滑行。……我不止一次到雪地测量，发现从最外延的松树种子落地处，到上风处最近的松树之间的直线距离，竟和最辽阔的草原[或一块牧场]一样宽。……秋天，路上的野草树丛还会造成阻碍，但一俟冬雪初降，这不折不挠的松子借助平坦雪地，像是隐形的爱斯基摩雪橇队伍，一路急驰而去，直到失去了翅膀，或是遇到了不可穿越的障碍，这才落地生根，等待机会长大。自然和我们人类一样，有它一年一度的滑雪活动。在我们多雪多冰的北美洲，这种树才能从大陆的此岸传播到彼岸。"(同上书，第51—52页)他还专门画出刚叶松的种子的样子，像是一颗彗星，真正的籽粒只是边上的那个小彗核，而其余的占这种子大部分的彗尾则是这种子的翅膀，凭之而可旋飞。森林边上的松树结子最多，因为飞行的障碍少。等到风力很强的时候，松果才开裂，这样松子就能乘风势而行远。书中记有许多这类规律性的现象，都是他长期和细致的观察结果，而他后来得肺病，就和他在野外受凉有关。

他观察到的自然规律永远不是用干巴巴的因果律来表述，而是通过现象本身那些能够给你带来美感和生存感的生动方式，来呈现自身。就好比他描述的鸟鸣，不是录音机式的记录，而是"林间自在啼"的"百啭千声"(欧阳修《画眉鸟》)。用他的话来说就是，他听鸟鸣不是靠把鸟关在笼子里，而是通过把他自己关在笼子里，也就是那间林中小屋里，与树声和风声一起来倾听(《资料》，第483页右)。另外他在《瓦尔登湖》"声音"那一章里，描写了列车开走后的林间声音。列车很讨厌,从康科德到波士顿的蒸汽机列车,我们现在想起来有点儿思古的味道,他却觉得那机器的声音像魔鬼一样。每天列车一开走,恢复了宁静,各种可爱的声音就浮现出来了。他这样描述隐隐的钟声:因它从远处飘来,被中间的空气染上了天空的微蓝,又被草叶和松针之弦拨动,再被一个个山谷回漾转送,于是这声音发生了和声化的变化,浸透着自然的魔幻和甜美,就像林中女妖唱出的呢语和乐音。然后,他又倾听远处的牛鸣,如人的歌唱。入夜后,则是夜莺的歌唱,青蛙的鼓吼,猫头鹰的叹息,直到公鸡的晨啼。

他让我们试着思考,如果没有人类的开垦,这片大地会是什么景色呢?他描述过一所被弃的房屋,曾经的主人是一位爱尔兰人,参加过滑铁卢战役。老主人去世,一家人搬走,之后他走到那家,看到当年小孩子们手栽的丁香树,"它们还是像在那第一个春天一样开出美丽的花,散发甜美的清香。我还注意到它那依然柔和、优雅欢快的丁香色彩"(《梭罗集》,第603页)。美国有一个记者,他向很多专家发问:人类消失后会发生什么?根据那些回答,他集成一本书,名字就叫《没有我们的世界》,在美国掀起阅读热潮。为什么这种对人类之后的地球的观察,还让人感到饶有趣味?我们似乎并不为此感到完全绝望悲哀,这反倒会让我们的思想变得沉静,思考得更加悠远。我觉得原因恐怕就是:自然就是我们。这样的著述中描写自然如何复活,纽约如何被草覆盖,大楼和道路如何塌掉,大坝如何崩溃,外星人来看这地球是如何自然,等等,不会令我们接受不了。因为一个复原了的、那么丰富美满的自然中,怎么可能没有我们呢?相反,如果我们设想一个被太阳烤焦了的地球,或一个像火星、木星那样沉寂的地球,则会悲哀。

第三,对于梭罗来讲,自然就是意义的源头。原本的自然并不等于所有自然物的集合,而是一个产生意义的原初结构。它不可被穷尽,不是说在数量上不可能被穷尽,地球还是有限的,而是说在深度上不可被穷尽。它丰富得没有实底,是一个总可旋转出新意的天道魔方。用当代科学的话来说就是,它不止于三维、四维,而是有更多维度。按老子和《易传》所讲,就是虚极而作,阴阳不测之谓神。在这个意义上,自然充满了不竭的生机、神性和智慧。

因此对他来讲,人即便单独居住在森林中,也不会有孤独感,因为这林

木就是意义的来源。梭罗在"孤独"这一章中讲到,他与最近的邻居相距有
一英里,在任何方向上都看不到房子,因此他说他拥有一个自己的太阳、月亮
和星空,一个自己的小世界。一开始他有过那么一小时,怀疑没有人类邻居
是不是孤寂了点儿;但是,"在微雨中正当我这方面的思想占上风时,我突然
感到大自然里面,在雨点的滴嗒声中,同时也在我屋子四周听到和见到的每
一事物中都存在着一种美好而又仁爱的友情,这种无穷无尽、难以解释的友
谊一下子像一股支持我的气氛,使得那空想出来的人类邻居的种种好处的想
法变成毫无意义,从那时起我再也不去想什么邻居的好处了。每一条小小的
松针都增长并扩大了同情心,待我如挚友。我非常清楚地知道,这里存在着
一种对我亲如骨肉的关系"(《梭罗集》,第482—483页)。这是只有梭罗才会有
而爱默生不会有的感受,所以他才能在猫头鹰的叫声中听出悲哀而又迷人的
倾诉,甚至由于隔着一条河、一座山谷和林带之后而变得旋律优美,"仿佛这
是音乐的阴郁、催人泪下的一面,是人们愿意去歌唱的悔恨与叹息之情"(同
上书,第476页)。这是很出彩的一段,一方面描写得毛骨悚然,另一方面又生
动感人。他来模仿猫头鹰的叫:"'哦—呵—呵—呵—呵我从未出生—生—
生过!'湖的这一边一只猫头鹰做这样的叹息,带着失望的焦急不安的情绪
在空中盘旋,终于停落在一株老橡树上栖息。接着,在更远的湖的那一边,另
一只猫头鹰带着颤抖而真挚的感情发出回声:'我从未出生—生—生过!'接
着,老远老远从林肯森林里又微弱地传来了'出—生—生—生过!'"(同上)
中国人因习俗讨厌猫头鹰,但是在他这儿,猫头鹰的叫声从腐朽化为神奇。
他说你可以把猫头鹰的叫声想象成大自然最忧郁的声音,但是他又让我们从
中得到一种新的感觉,知道我们共同居住的大自然具有多么繁多和异样的
能力。

这样的抒写很多很多。比如他描述春天到来时流沙化冻的状态,说是
大地翻出来的肠子,表明整个地球是一个生命体,极其生动。太阳下山以后
温度变化,湖中的冰咔咔作响,就像一个巨汉伸懒腰打哈欠醒来,之后还要吵
闹几个小时,就像晚间放炮。然后是冰块摩擦湖岸发出的那种奔腾吼叫的声
音,很是低沉喑哑。又描写霜怎么像一只四足动物,在春天爬出来,寻找音乐
的海洋,要不就移居到云中或者其他地带去。有一天,他看到了第一只麻雀,
新年伊始,充满青春的希望。蓝鸟、歌带鹀和红翼鸟银铃般的啭鸣传遍了湖

湿的田野,仿佛是冬天最后雪花的降落发出的叮当声。在所有的林间谷地中,都可以听到融雪的滴落声,冰在湖里迅速融化。草在山坡上燃烧起来,像是一阵春火,裸露的湖面上充满了快乐,瓦尔登湖死而复生。(《梭罗集》,第641—643页)这是他最后一章的一些描写。还记述雁群如何飞过来差点儿撞到他的房子,乌龟和青蛙如何来传信报春。我们一说报春,就是迎春花,只有在那种自然中生活的人知道,更早得多的时候,春天就已经来了。

所以他认为,在这样一个春光宜人的早晨,所有人的罪恶都应该得到宽恕。由于我们自己恢复了清白,我们也就觉察到邻居的清白。为什么狱吏不把牢门打开,为什么法官不撤销他的案件,为什么布道人不让会众散去?！这是因为他们不服从上帝给予他们的暗示,也不接受上帝无条件赐予众人的赦免。(同上书,第644页)这个说法尼采在《悲剧的诞生》里也表达过,但是那本书比梭罗此书要晚发表将近二十年。我们中国的《礼记·月令》还有《黄帝内经》,都是讲春夏秋冬四季,人的行为要应和自然,所以四季的行为各不一样。春天不能杀人,尽量把狱门打开放人,因春天时上天有好生之德,一定要配合,跟梭罗这里讲的很有些相近的地方。

第四,也是最后一点,自然是先于其他一切的终极感召。从我们前面所说的,你应该已经感受到了它。一个农场主以为他拥有整个农场。来了一位诗人,把他的风景看完后,就走了。这个农场主觉得这个怪人只捡了几个落地的苹果,却不知道他把这块地方最美好的东西已经带走了。当然不是说带走就没有了,其实还在那里,只是乡下财主无缘见到罢了。"因此我觉得我始终是一个无损于自己贫穷本色的富人。不过我把风景保留了下来,从那时起我每年无需用独轮车便把美景所产生的果实带走。"(《资料》,第482页左)贫穷就意味着他生活简单,不被体制笼子的挂钉固定住,不被对象化、角色化,所以他在全年大部分时间里拥有自己的时间和精神天空,得以在自然中通行,获得巨大的身心财富。在这个意义上,他又是富人。

第三节　中西印哲理的当代对话及课程结语

通过以上阐发,可以看出,当代西方哲学前沿的大方向,的确是在转向我已经从多个角度讨论过的中国古代哲理思想的某些特点。当然,由于语言、文化背景和时代的巨大差异,这种当代新潮与古代中国哲学之间的区别依然很多很大;但是,相比于传统西方哲学,当代西哲与中国古哲包括印度古哲的距离,确实是大大拉近了,有时甚至近到了可以有效对话的地步。比如叔本华与奥义书及佛教,梭罗与印度及中国古代智慧,柏格森与《周易》,海德格尔与道家,德里达与中国文字,罗姆巴赫与中国及日本的古代哲学之间,已经发生了深入的对谈。

第一,关于终极实在,当代西方哲学批判了传统西哲主流的静态终极观,转向"变易的现象",甚至可以说成是非定域的(non-local)现象,认之为最真实者,这就与以《周易》为首的中国古代阴阳四时五行的天道观、"三易"融合的终极观靠近了。

第二,知识论方面,对于这样一个关键问题,即认识终极实在真理是否与人的具体生存形势相关,处于当代前沿的西方哲学家们大多给出了肯定的答案。其中一个重要因素就是重新发现了身体在认知中的根本地位。有了思想的身体,或者说有了身体化的思想,才会有思想本身的奔跑,就像柏格森笔下的阿基里斯追乌龟的情境。叔本华和尼采之所以能发现意愿的终极真实性,弗洛伊德能够揭示潜意识的存在,梭罗拥抱自然为新娘,都是因为身体成为认知实在中的不可或缺的向度。因此,抽象真理返回了人间,从根本上有了血气,有了意愿,有了激情、灵魂和一个伟大生动的自然。而我们也知道,中国古代的阴阳发生型的哲理中,身心不分裂,身体的长生久视和世代生生不息是哲理的基底。与之内在相关,认知的首要方式就不再是主客之间的观念化(含感觉观念化)认知,而是边"跑"(在变易中体验)边思的直觉认知或时机化认知。

第三,生存时间的存在论地位得到承认。中国先秦哲理(《易》《春秋》《诗》《乐》、范蠡、孔孟、老庄等)的"时"感,在当代西方哲学中有了可呼应者,比如作为倾诉意愿的"音乐"、记忆的源头、潜意识的早年形成、自然四季的生命韵律、清晨与黑夜。"朝向未来"的特点也已出现。

第四,艺术揭示实在和真理的功能得到某种确立。尤其是音乐与富于乐感的诗与哲理思维的关系,从传统西方哲学的基本不承认,甚至认之为相互反对,到当代西方哲学中的内在相关,发生了巨大变化。中国古代的变易观、天时观势必包含对音乐和艺术的极端重视,礼乐教化有着丰富的哲理含义，"宫商角徵羽"呼应着四时五行和人的行为方式，自然中有天籁、地籁。因此诗、乐在中华文化的哲理传承中享有崇高地位，所谓"素质教育""人文教育"的根子就在这里。

第五，性别意识也开始萌芽。西方传统哲学基本上没有它，而古代中国的哲理主流关注阴阳，具有明显的性别意识。因为有了身体感，当代西方哲学在这方面开始有了一些心得。比如尼采讲的酒神精神中，有强烈的性感；梅洛-庞蒂阐发的身体现象学，也很关注性的问题；弗洛伊德揭示的潜意识，更是以性冲动为引起问题的源头。但是当代西方哲学的两性意识还是不很明确，所以女性主义的哲学运动和社会运动（它本身有道理）中有时出现比较偏激的倾向。为同性恋婚姻合法化的辩护在某些方面——比如反驳基督教传统中对同性恋的严酷歧视——是对的，但也有些问题。而高科技的进展，则力图模糊掉两性的差异。

第六，家庭的哲理与伦理是传统西方哲学的盲点，当代西方哲学依然没有克服它，尽管在列维纳斯那里有了某种改变。

最后，对这门课做一个小小的总结。我们从讨论什么是哲学开始，主张哲学是对边缘问题的合理探讨。当然这个合理不限于论证，一切讲道理、能增进边缘理解的都可以算作合理。哲学使我们能在一个令人困惑又令人着迷的边缘视野中，来进行思考。我们以这种方式探讨了终极实在的问题，真知识如何可能的问题，人生哲学与道德哲学的问题，政治哲学的问题，如何领会美感的问题，还有当代西方哲学的新进展及其与东方哲学的关系问题。我不知道你们是否完全理解了我的讲解和你们自己所读的东西，但最关键的还是获得思想的边缘感受，也就是觉知到问题的分量，即便找不到现成的答案，也还是能真切地感到探讨它的意义、进展乃至时机化解决带来的豁然开朗。这种边缘感的产生，除了切己体察之外，往往要在阅读或解读伟大的哲学原著中遭遇到。实际上，我们一直是在古今、中西还有印度的原著中艰难跋涉，大家也是辛苦了。但是，由于有了教学大纲所给出的一些大问题、小问题的提示，加上老师的课堂讲授，以及你们的预习、复习及课下交流，从你们写的两篇论文看来，我觉得大家还算是基本上走过来了，而且是比较成功地走过来了。这门课看来并没有让同学们觉得哲学高不可攀，但确实，哲学的大门是以它应该有的沉重才被吱吱嘎嘎地推开了一条缝。我希望这门课能起到这种开启的作用。虽然大纲上的思考题有某种导向,我的阐述也带有个人的理解角度,这些都在某种意义上套住了你们;但是,此课又用原著还给了你们某些自由,因为你们所读的哲学著作才是真正重要的,是花不完、找不尽的大钞票。

梭罗讲,世界上没有比自由地享受广阔视野的乐趣之人更幸福的了(《资料》,第484页右)。我希望哲学能给你们带来这种享受。为了实质性地扩大你们的视野,这门课不限于某一种思想范式,而是在中、西、印三大哲理传统之中、之间,辗转腾挪,使之相激相荡,擦出更加边缘化的思想火花,产生对立、冲突、映射、比较、沟通、共鸣等关系。

我们在这门课的开头,提到了黑格尔对哲学的看法,那是一种猫头鹰式的灰色看法:"当哲学把它的灰色绘成灰色的时候,这一生活形态就变老了。对灰色绘成灰色,不能使生活形态变得年轻,而只能作为认识的对象。"(同上书,第443—444页)但是我们这门课不赞成他的这种哲学观,那只是将哲学思维完全概念化、观念对象化和根基静态化所造成的结论。我希望我们这门课向你们展示出来,有一种还没有完全对象化的或者不可能完全对象化的真知识和终极实在。所以,我特别欣赏梭罗的这段话:

> 每个早晨的降临都是一次令人愉快的邀请,使我的生活变得和大自然本身同样朴素,也可以说,同样纯洁无瑕。我始终像希腊人那样,是曙光女神的真诚的崇拜者。我很早起床,随即跑到湖里洗澡;这是一种宗教仪式,也是我所做的最称心的事情之一。据说成汤王的浴盆上刻有大意如下的文字:"苟日新,日日新,又日新。"(《资料》,第485页左)

我希望哲学对于你们来讲,是他讲的清晨的降临,是可以让你洗清思想尘垢的湖水,是可以带回英雄时代也就是带回一个思想纯真时代的那样一个曙光灿烂的黎明。当然了,我们也需要猫头鹰,需要传统西方哲学提供的概念脚手架,以便从更高的、更准确的方位来起飞,尤其是当猫头鹰是隔着一段距离来听的时候,就更加动听。我们已经知道了它的特点,所以它不能够控制我们,不能将我们的哲学观染成灰色。

我希望这门课在你们四年的学习生活中,留下某种印迹。它肯定会被遗忘,你们以后会面临很多的课程,而且许多都是相当重要的;但是,这门课是不是能够以一种隐约的方式来伴随你前行，我就不知道了。我只是希望，当你四年学业结束的时候，或者你上最后一门课的时候，回头想一下，这门《哲学导论》课是不是已经完全被你抛到后头，完全死去了；还是说它以某种方式，就像梭罗讲的种子，随着又一个春天的来临，在新的落脚地上复生了。苟日新，日日新，又日新。

最后，让我们再诵读一段梭罗的话："《吠陀经》说：'一切知，具于黎明中醒。'诗歌和艺术，以及人类最美好最令人难忘的行为，都始于这个时刻。所有的诗人和英雄，一如门农（Memnon）那样，都是曙光女神之子，在朝阳升起时弹奏出他们的乐音。"（《资料》，第 485 页右）知识、行为、艺术和灵魂之美好，就在于黎明的曙光，也就是光明与黑暗交生出的婴孩儿，或那已经出现但还没有对象化的时间与生命的晕圈。

好，谢谢大家！

参 考 文 献

中文参考文献

 扫描二维码,可以阅读《"哲学概论"课教学资料》(上、下)

1.《西方哲学原著选读》(上卷)[M],北京大学哲学系外国哲学史教研室编译,北京:商务印书馆,1999。

2.《西方哲学原著选读》(下卷)[M],北京大学哲学系外国哲学史教研室编译,北京:商务印书馆,1999。

3.〔瑞士〕尼古拉·吉桑:《跨越时空的骰子:量子通信、量子密码背后的原理》[M],周荣庭译,上海:上海科学技术出版社,2016。

4.〔美〕沃尔特·艾萨克森:《爱因斯坦传》[M],张卜天译,长沙:湖南科学出版社,2014。

5.〔美〕乔治·马瑟:《幽灵般的超距作用:重新思考空间和时间》[M],梁焰译,北京:人民邮电出版社,2017。

6.《罗汝芳集(上)》[M],方祖猷,梁一群,李庆龙等编校整理,南京:凤凰出版传媒集团,2007。

7.〔德〕康德:《纯粹理性批判》[M],邓晓芒译,北京:人民出版社,2004。

8.〔德〕黑格尔:《法哲学原理》[M],范扬,张企泰译,北京:商务印书馆,1979。

9. 汪子嵩、范明生、陈村富、姚介厚:《希腊哲学史》[M],北京:人民出版社,1997。

10.〔德〕威廉·冯·洪堡特(Wihelm Van Humboldt):《论人类语言结构的差异及其对人类精神发展的影响》[M],姚小平译,北京:商务印书馆,1999。

11.《德国思想家论中国》[M],夏瑞春编,陈爱政等译,南京:江苏人民出版,1995。

12.《论语译注》[M],金良年译注,上海:上海古籍出版社,1995。

13.《古希腊罗马哲学》[M],北京大学哲学系外国哲学史教研室编,北京:商务印书馆,1982。

14.《古希腊哲学》[M],苗力田主编,北京:中国人民大学出版社,1989。

15.〔法〕若-弗·马泰伊:《毕达哥拉斯和毕达哥拉斯学派》[M],管震湖译,北京:商务印书馆,1997。

16. 张祥龙:《思想避难:全球化中的中国古代哲理》[M],北京:北京大学出版社,2007。

17.《河图洛书解析》[M],孙国中主编,北京:学苑出版社,1990。

18.《旧约》(圣公会版)。

19.《周易译注》[M],黄寿祺,张善文撰,上海:上海古籍出版社,1989。

20. 张善文:《周易辞典》[M],北京:中国大百科全书出版社,2005。

21. 刘大钧:《周易概论》[M],济南:齐鲁书社,1988(1986)。

22. 王树人:《回归原创之思——"象思维"视野下的中国智慧》[M],南京:江苏人民出版社,2005。

23. 尚秉和:《周易尚氏学·周易古筮考》[M],北京:光明日报出版,2006。

24.《印度文化史》[M],A. L. 巴沙姆主编,北京:商务印书馆,1999。

25.〔德〕康德:《实践理性批判》[M],邓晓芒译,杨祖陶校,北京:人民出版社,2003。

26. 张祥龙:《〈尚书·尧典〉解说:以时、孝为源的正治》[M],北京:生活·读书·新知三联书店,2015。

27.〔印度〕斯瓦米·帕拉伯瓦南达,〔英〕克里斯多夫·伊舍伍德:《帕坦伽利〈瑜伽经〉及其权威阐释》[M],王志成,杨柳译,北京:商务印书馆,2016。

28.〔荷兰〕斯宾诺莎:《伦理学知性改进论》[M],贺麟译,上海:世纪出版集团 上海人民出版社,2009。

29.〔古希腊〕亚里士多德:《尼各马可伦理学》[M],廖申白译注,北京:商务印书馆,2003。

30.《古希腊语汉语词典》[Z],罗念生,水建馥编,北京:商务印书馆,2010。

31. 汪子嵩、陈村富、包利民、章雪富:《希腊哲学史》(第4卷)(上册)[M],北京:人民出版社,2010。

32.〔德〕康德:《康德道德哲学文集(注释版)》(上卷)[M],李秋零等译注,北京:中国人民大学出版社,2016。

33.〔德〕黑格尔:《历史哲学》[M],王造时译,北京:商务印书馆,1963。

34. 张祥龙:《家与孝:从中西间视野看》[M],北京:生活·读书·新知三联书店,2017。

35. 《新约全书》。

36. 《孟子译注》[M]，金良年译注，上海：上海古籍出版社，2004。

37. 《道家文化研究》（郭店楚简专号）（第17辑）[M]，北京：生活·读书·新知三联书店，1999。

38. 《基督教文化学刊》（第1辑）[M]，北京：东方出版社，1999。

39. 《基督教文化学刊》（第6辑）[M]，北京：宗教文化出版社，2001。

40. 唐文明：《近忧：文化政治与中国的未来》[M]，上海：华东师范大学出版社，2011。

41. 汪子嵩、范明生、陈村富、姚介厚：《希腊哲学史》（第2卷）[M]，北京：人民出版社，1993。

42. 〔德〕马克思：《1844年经济学—哲学手稿》[M]，刘丕坤译，北京：人民出版社，1979。

43. 张祥龙：《拒秦兴汉和应对佛教的儒家哲学——从董仲舒到陆象山》[M]，桂林：广西师范大学出版社，2012。

44. 《宗教与哲学（第5辑）》[M]，金泽，赵广明主编，北京：社会科学文献出版社，2016。

45. 杨宽：《西周史》[M]，上海：上海人民出版社，1999。

46. 《尚书正义》[M]，〔汉〕孔安国传，〔唐〕孔颖达正义，黄怀信整理，上海：上海古籍出版社，2007。

47. 《周易折中》[M]，〔清〕李光地纂，刘大钧整理，成都：巴蜀书社，1989。

48. 《尚书今古文注疏（下册）》[M]，〔清〕孙星衍撰，陈抗，盛冬铃点校，北京：中华书局，1982。

49. 〔意〕利玛窦、〔法〕金尼阁：《利玛窦中国札记（第一卷）》[M]，何高济，王遵仲，李申译，北京：中华书局，1983。

50. 《简朴生活读本》[M]，司各特·萨维吉编，蒋显璟译，北京：光明日报出版社，2000。

51. 《从非洲到禅：不同样式的哲学》[M]，〔美〕罗伯特·所罗门，凯瑟琳·希金斯主编，俞宣孟，马迅等译，上海：上海人民出版社，2003。

52. 《西方美学家论美和美感》[M]，北京大学哲学系美学教研室编，北京：商务印书馆，1982。

53. 张祥龙：《德国哲学、德国文化与中国哲理》[M]，上海：上海外语教育出版社，2012。

54. 〔古希腊〕柏拉图：《文艺对话集》[M]，朱光潜译，北京：人民文学出版社，1980。

55. 〔印度〕泰戈尔：《泰戈尔诗选》[M]，冰心，石真，郑振铎译，北京：人民文学出版社,2002。

56. 王树英:《宗教与印度社会》[M],北京:中国华侨出版社,1994。

57. 〔印度〕A.L.巴沙姆:《印度文化史》[M],闵光沛等译,北京:商务印书馆,1997。

58. 《梵语诗学论著汇编》[M],黄宝生译,北京:昆仑出版社,2008。

59. 刘大钧:《周易概论》(增补本)[M],成都:巴蜀书社,2008。

60. 《中国历代书论选(上册)》[M],潘运告编著,长沙:湖南美术出版社,2007。

61. 张怀瓘:《张怀瓘书论》[M],潘运告编著,长沙:湖南美术出版社,1997。

62. 《诗经》[M],刘毓庆、李蹊译注,北京:中华书局,2011。

63. 〔美〕魏若望:《耶稣会士傅圣泽神甫传:索隐派思想在中国及欧洲》[M],吴莉苇译,郑州:大象出版社,2004。

64. 《现代西方哲学论著选读》[M],陈启伟主编,北京:北京大学出版社,1992。

65. 郭朋:《坛经对勘》[M],济南:齐鲁书社,1981。

66. 〔奥〕弗洛伊德:《精神分析引论》[M],高觉敷译,北京:商务印书馆,1986。

67. 〔法〕加斯东·巴什拉:《梦想的诗学》[M],刘自强译,北京:生活·读书·新知三联书店,1996。

68. 贺麟:《现代西方哲学演讲集》[M],上海:上海人民出版社,1984。

69. 〔美〕惠特曼:《草叶集(上册)》[M],楚图南、李野光译,北京:人民文学出版社,1994。

70. 〔美〕梭罗:《种子的信仰》[M],金恒镳、杨永钰译,台北:大象文化出版社,1995。

71. 〔美〕爱默生:《爱默生集:论文与讲演录》[M],吉欧·波尔泰编,赵一凡等译,北京:生活·读书·新知三联书店,1993。

72. 〔美〕梭罗:《梭罗集》[M],罗伯特·赛尔编,陈凯、许崇信、林木椿、姜瑞璋译,北京:生活·读书·新知三联书店,1996。

期刊类

1. 《为什么人类还值得拯救?——刘慈欣 vs 江晓原》[J],《新发现》,2007(11)。

2. 〔美〕乔治·穆瑟(George Musser):《物理规律是客观的吗?》[J],《环球科学》,2019(10)。

3. 王庆节:《道德金律、恕忠之道和儒家伦理》[J],《江苏社会科学》,2001(4):95—103。

4. 杨建华:《论英语中的头韵及其与汉语的"双声"的区别》[J],《外语与外语教学》,2006(11)。

5. 张祥龙:《儒家接受母系家庭吗?——父系制与母系制关系刍议》[J],《广西大学学报(哲学社会科学版)》,2018(3)。

英文参考文献

1. Jeremy Lent. *The Patterning Instinct*：*A Cultrual History of Humanity's Search for Meaning*［M］. Amherst,New York：Prometheus Books，2017.

2. Xu Yuanchong. *Immortals*：*An Anthology of Classical Chinese Poetry*［M］. Beijing：New World Press，1994.

3. R. Puligandla. *Foundamentals of Indian Philosophy*［M］. Lanham·New York·London：University Press of America，1985.

4. *Questions that Matter*：*An Invitation to Philosophy*［M］. Ed. L. Miller. New York：McGraw Hill Book Company，1987.

5. John S. Bowes. *Avenues to America's Past*［M］. Morristown, New Jersey：Silver Burdett Company，1969.

6. John G. Neihardt. *Black Eld Speaks*：*Being the Life Story of a Holy Man of the Oglala Sioux*［M］. Lincoln&London：University of Nebraska Press，1979.

7. *Jeanne W. H. Maya Lin. Artist-Architect of Light and Lines*：*Designer of the Vietnam Veterans Memorial* ［M］. New York：Henry Holt and Company，2017.

8. *Susan G. R. Maya Lin. Thinking with her Hands*［M］. San Francisco：Chronicle Books，2017.

9. George Lakoff. *Mark Johnson*：*Metaphors We Live By*［M］. Chicago, IL & London：Chicago University Press，1980.

10. Henry Thoreau. *Walden and Other Writings*［M］. New York：Modern Library，1981.

11. Walter Harding. *The Days of Henry Thoreau*：*A Biography*［M］. New York：Dover Publication，Inc. 1982.

其他参考文献

1. 百度网站的"人类世"条目,网址:https://baike. baidu. com/item/人类世/6606588? fr = Aladdin。(2021.1.1)

2. https://baike. 1688. com/doc/view-d45364217. html. (2021.1.1)

3. http://blog. sciencenet. cn/blog-222-279007. html. (2021.1.1)

4. 引自百度搜索的"托马斯·斯特尔那斯·艾略特"条目,又见《诗探索》,1981(2)：104。(2021.1.1)

5. 引自百度百科"越战纪念碑"条目。(2021.1.1)

6. 360百科"华盛顿游记——越战纪念碑"条目。(2021.1.1)

索　引

C

后　记

　　这一部《中西印哲学导论》书稿的形成，历经了近二十年。不迟于2002年，我开始在北大讲授这门课程。起初是面对全校学生的通选课，后来则是为哲学系本科生开设的入门课，一连持续多年。学校为它录了像，放到网上，后来还似乎流传到海外。再往后，我在山东大学和中山大学（珠海分校）也开了这门课。很早就有出版社想推出它的文字版以及《教学资料》，也有同学——赵炎、张晓华——曾帮我做了讲课录音，形成简略的文字稿，但此事作为整体却一直拖延未就。北大出版社的王立刚先生特别认真于兹，多次催我完稿，态度温和却坚定，好像还与我签了合同。又经过几年的迟滞，在数位同学的帮助下，此稿最终得以完成。

　　在所有人的努力之下，此书是这样形成的。三位同学即许文超、姜慧博和祁伟，根据讲课录音、讲课稿（手写于两三百页大开本稿纸上，有的页上已被多年来的增补文字填满了边缘空白，甚至挤到背面）和以前做成的简稿，整理出初稿。他们的具体分工是，姜慧博：第1、2、4部分；祁伟：第3部分；许文超：第5、6、7部分。我则在此稿上做了力度不小的修订，再交由高源厚博士审读。像以往一样，他提出了许多修改建议，主要涉及文字表达和某些具体事实，很有助于此稿的改进。之后，我在他建议的基础上，对书稿再次加工，除了字句上的抛光和事实的厘定，还有一些思想上的补充。目前也就只能做到这个程度了，竭诚欢迎读者的批评和指教，以惠及将来可能的修订。

　　我要感谢所有参与此书成稿的同学和学者。除了以上提到的六位之外，还有那些曾经担任过此课助教的同学，有时他/她们给学生论文的批注，几与论文一半的篇幅相当。此外，还要提及那些积极参与课堂讨论和课下提问的修课的同学。与你们的对话，不管是在授课时、课间课后的讲台旁，还是在课程专门建的网站上和论文批改中，被追求真理的纯洁意向所引导，是那么生动有趣，对我的教学和思索都起过重要作用。真正的哲学导论，不怕幼稚,不怕偏激,只怕教条自重和故步自封。

　　还要感谢北大出版社尤其是王立刚先生及其同事的信任、耐心和帮忙。没有他的坚持,此书至今恐怕还在准备之中。在最后的编辑阶段,他们还费力帮我完成了书后的文献目录和索引。

　　最后,我想对已经久远的美国留学期间的几位出色老师表示感谢。他们是 Prof. Rama Puligandla, Prof. James Campbell, Prof. Kenneth Inada 和 Prof. Newton Garver。在为他们做"哲学导论"和"逻辑学导论"课的助教期间,我品尝到了许多珍贵的东西,比如开阔、多样、严格和睿智。从那时开始,还包括我在读博期间正式讲授的这两门课(这是美国某些大学的有益规定),开启了我的教学生涯。

　　　　　　　　　　　　　　　　庚子年深秋
　　　　　　　　　　　　　　　张祥龙记于畅春园

图书在版编目（CIP）数据

中西印哲学导论/张祥龙著. —北京:北京大学出版社,2022.5
ISBN 978 – 7 – 301 – 32914 – 6

Ⅰ. ①中… Ⅱ. ①张… Ⅲ. ①哲学—研究 Ⅳ. ①B0

中国版本图书馆 CIP 数据核字（2022）第 044371 号

书　　　名	中西印哲学导论	
	ZHONG XI YIN ZHEXUE DAOLUN	
著作责任者	张祥龙　著	
责 任 编 辑	王立刚　　陈佳荣	
标 准 书 号	ISBN 978 – 7 – 301 – 32914 – 6	
出 版 发 行	北京大学出版社	
地　　　址	北京市海淀区成府路 205 号　100871	
网　　　址	http://www.pup.cn　　　新浪微博：@北京大学出版社	
电 子 信 箱	sofabook@163.com	
电　　　话	邮购部 010 – 62752015　发行部 010 – 62750672	
	编辑部 010 – 62752728	
印 刷 者	北京中科印刷有限公司	
经 销 者	新华书店	
	965 毫米×1300 毫米　16 开本　35.5 印张　600 千字	
	2022 年 5 月第 1 版　2023 年 4 月第 3 次印刷	
定　　　价	128.00 元